中文參考用書指引

第二次增訂本

張錦郎 編著

文史哲出版社
印行

中文參考用書指引

編著者：張　錦　郎

出版者：文史哲出版社

登記證字號：行政院新聞局局版臺業字〇七五五號

發行所：文史哲出版社

印刷者：文史哲出版社

臺北市羅斯福路一段七十二巷四號

郵政劃撥五一二八一一彭正雄帳戶

電話：三五一一〇二八

中華民國六十八年四月初版

中華民國六十九年十一月增訂再版

中華民國七十二年十二月增訂三版

特價定價新臺幣六〇〇元

中文參考用書指引

目　次

第三章　索　引 ⋯⋯⋯⋯⋯⋯⋯⋯⋯⋯ 217

第四章　字典　辭典 ⋯⋯⋯⋯⋯⋯⋯⋯⋯⋯ 325

第五章　類書　百科全書 ⋯⋯⋯⋯⋯⋯⋯⋯ 489

第六章　年鑑　年表 ⋯⋯⋯⋯⋯⋯⋯⋯⋯⋯ 571

第七章　傳記參考資料 …………………………… 633

第八章　地理參考資料 ………………………… 715

第九章　法規　統計 ………………………… 751

王　序

　　近代圖書館均將讀者服務，列爲重要業務之一，因此對其所包括的主要工作，如參考服務、開架閱覽制度，以及館際互借制度等，無不全力推展。論及開架的實施，在歐美各國行之有年。一八五七年大英博物院首先將兩萬冊具有高度使用價值的參考書排置在圖書館大閱覽室四周，以謀調整和緩和出納閱覽方式的種種不便；其後德國大學圖書館做照辦理。一八七七年倫敦舉行的國際圖書館大會更以開架作爲討論之一主題，一八七九年美國圖書館相繼採行，而蔚成風氣。目前，各國圖書館除珍善版本圖書外，其他資料可任由讀者自由取閱，甚至圖書館建築的設計，亦減少固定隔間，以配合這些制度的推行。其次是館際合作制度的建立。館際合作是各館互通有無，相互支援的一項合作服務。我國圖書館界屢有建立館際互借制度的建議。近年來，國科會科資中心聯合各科技圖書館及資料單位成立合作組織，互相流通科技資料，極有成效。但是，在人文及社會科學資料方面，還欠缺有效的合作與相互支援辦法。

　　按館際互借實爲圖書館合作制度中首要的一項工作。這一制度的是否成功與聯合目錄編製有連帶關係，更與合作採訪圖書制度息息相關。故世界各國推行有年，任一讀者自任何一館都可以借到各地各圖書館的資料，並可配合複印方式，獲得無法借出館外閱讀的珍本佳籍，至爲便利。

　　最後，談到參考服務的推行。參考服務又稱資料查詢服務，主要服務項目爲：解答讀者問題、協助查尋資料、編製專題研究書目，以及教導學生如何利用圖書館等項。這些項目的服務實爲圖書館對於讀

者的一項親切而不拘形式的照料。但是這項服務須由曾受專門訓練，且具學科專長的人員負責其事，尤其重要的是必須具備相當充實的參考工具書。參考書在質量的是否充分適應與配合，是圖書館服務成敗得失的重要關鍵所在。

　　所謂參考書，其定義是指蒐集若干事實資料，依某種方法排比編纂，以便讀者易於檢尋爲目的的圖書而言，也稱爲工具書。這些書籍如：字典、辭典、類書、百科全書、年鑑、輿圖、書目、索引、指南、統計等。它與一般書籍的分別爲：

　一、性質：學問的成就，一方面要靠個人的鑽研和進修；另一方面也賴方法門徑，即屬於師承及書本上按圖索驥的功夫。論語：「工欲善其事，必先利其器」，工具書亦即「器」的一方面。在性質上，這是與一般書籍不同的。

　二、編纂：普通書籍的體例及編著方法，各有不同；工具書則有一定形式，即分別部居，成一完整系統，使人易於檢查。在形式排列上，或依筆劃，或用部首，或按號碼，或以韻目，或分類序列，或以年月爲次，或以地域分編，均有一定類型。普通書的內容，或爲廣泛性的，或爲專門著述，或簡或繁，都無一定；而工具書則在搜集材料方面，旁徵博引，兼收並蓄，一般僅有搜輯集成，而無論斷，目的只求切實有用，供人參考檢查。此爲內容與形式上之不同。

　三、閱讀：普通書籍，精讀者，需字字咀嚼，略讀的書，亦須首尾瀏覽，或抽覽其中一篇一章。而工具書，其目的不在讀，而在使用，既無須一字一句的披覽，也不用一卷一章的摘誦，僅爲供必要時的檢尋，與發生疑難時，尋求解答而已。這是閱讀與翻檢的不同。

　四、用法：學問係從閱讀普通書及專門著作中獲致；但爲一地名或人名、篇名，以及名詞典故，以致於專題考證工作，則非賴工具書不可。一則便於尋覽，免去翻閱原文原書，二則如用典證，亦可觸類旁

通，聞一知十，此即所謂之線索。此係就根底與線索之不同。

　　由於參考書是圖書館最重要的館藏資料，因此，世界各國的出版
機構，對於參考書的編印，無不全力以赴，各種類型的參考用書，乃
相繼問世。茲以溫且爾（Winchell, C. M.）女士主編，美國圖書
館協會出版的「參考書指南」（Guide to Reference Books）為
例，該書第八版，收編近七千五百種參考書，而仍未將各國的重要著
作蒐羅完備（該書第九版由 Sheely, Eugene P. 主編，於 1976 年
由美國圖書館協會印行）。像這種舉世聞名的巨著，尚難免有遺珠之
憾，遑論其他。

　　世界各國出版的參考書，如汗牛充棟，為使參考員能辨別各書的
優劣點，並提供圖書館系科學生能熟練運用各種參考書的使用方法，
各國都有出版評介參考書的工具書，其中最著名的，當以上述「參考
書指南」為個中翹楚。該書選輯精良，評介允當。其他在美國出版的
還有 Shores, L.: Basic Reference Sources；Katz, William
A.: Introduction to Reference Work；Chensy, F. N.: Fun-
damental Reference Sources 等。在英國出版的有 Walford, A.
J.: Guide to Reference Materials。法國則有 Louise-Noëlle
Malcle's: Les Sources du travil Bibliographique。在日本也
有「日本の參考書」等。

　　至於以期刊型態出版的，則有美國圖書館協會印行的「參考書季
刊」（Subscription Books Bulletin），該刊一九五六年與 Book-
list 合併刊行，定名為：The Booklist and Subscription Books
Bulletin。該刊對於新書的評介，直言無隱，在每篇書評之後，均
以「推薦」或「不予推薦」之斷語作為結論，出版界對此意見，也極
為重視。其他較為通用的資料，則有威爾遜圖書館學報（Wilson Li-
drary Bulletin）及圖書館月刊（Library Journal）各科的專欄。

　　我國參考書指南的編纂，英文方面有鄧嗣禹與 Biggerstaff，Knight合編的 An Annotated Bibliography of Selected Chinese Reference Works。中文方面，首有汪辟疆的工具書的類別及其解題一文，發表於民國二十三年四月的讀書顧問創刊號；以單行本印行的有二十五年六月鄧衍林的「中文參考書舉要」及同年九月何多源的「中文參考書指南」，後者於二十七年加以增訂再版，收書至二千零八十一種，連附見的書，共有二千三百五十種，每種書均加內容提要。政府遷臺後出版類似的參考書，有李志鍾、汪引蘭合編的「中文參考用書指南」，應裕康、謝雲飛合編的「中文工具書指引」，師範大學圖書館編的「中文參考書選介」，陳正治編的「學科工具參考書」等，以中文撰寫介紹西文參考書的則有沈寶環編的「西文參考書指南」，沈曾圻編譯的「科技參考文獻」，李德竹編的「重要科技文獻指南」，師範大學圖書館編的「西文參考書選介」等。

　　張錦郎先生編的「中文參考用書指引」是最為晚出又最完備的一種，本書據張錦郎先生民國六十五年編「中文參考用書講義」改編而成，約增補七百多種，並刪除若干已失去時效或無甚價值的參考書，全書約收二千種，分為十章。除在臺出版及影印者外，國外出版有關中國學術的參考書，亦摘要列入。每種書凡重要者，均加解題，說明編排體例及檢查方法，並附書評及研究資料。每章有一總序，敍述這一章裏的參考書的定義、起源、流變、類別、種類、功用或選擇法等。書後附有書影及索引，亦頗便讀者檢索。綜觀全書與「講義」比較，改進之處甚多，由此亦可概見張錦郎先生求新求變的精神。

　　編者畢業於師範大學，在校主修圖書館學，畢業後在中央圖書館服務，多年來致力於文史工具書的編纂，不遺餘力。本書是張錦郎先生另一佳構，本人深信，本書的出版不僅可供圖書館系科學生研習「中文參考資料」的參考，也是圖書館參考員必備的工具書。茲值付梓，故樂為序。藉表敬佩之意，並作介紹。

中華民國六十八年三月廿四日王振鵠序於國立中央圖書館

劉　序

　　張錦郎先生在世界新聞專科學校講授中文參考資料多年，在六十五年四月間把歷年的講義，編印成冊，以便利學生。其實社會人士，圖書館人員對這部書也都有好評。所以不到三年，便銷售了兩版。如今又加以增訂，說是修訂，其實很多地方是重寫過的，等於是新寫了一部，把書名改爲「中文參考用書指引」。

　　中文參考資料，包羅萬端，又都是部頭很大的書，例如古今圖書集成，本書就整整一萬卷，目錄和考證還在外。英人翟理斯曾加估計，如果譯成英文，約是大英百科全書的三倍半。單是介紹這極大的一部書的內容、編製、用法等，便不容易。而這祇是類書中的一部書而已，如果時間較多，還可從容講授。可是兩個學分，一學期授課的時間，祇有二十多節。介紹各類參考書之外，還得講授些有關參考工作怎樣去做，看起來幾乎是不可能的事，但是多年來張先生却敎得很成功。

　　我讀了三年前出版的「講義」，覺得比起在同類的參考書裡，最爲簡明扼要，而且很富彈性，就是對重要的書，都做了詳盡的評介，而且提供了進一步探究的資料，次要的書，評介的文字就簡略些，比較用得少的書，祇列一簡目。讓學生們舉一反三。用功的學生可以依照詳盡的各條評介的方式，去搜集資料，自己去對次要的書加以評介，這樣比讀現成的文字還要有用得多。

　　張先生對課外作業要求也很嚴，倒不是在量方面求多，而是訓練學生利用參考書的方法，每次都要準時交卷，不得稍有延誤，在學業之外，又訓練了學生爲人做事的方法。

這次「指引」，我雖然未能像對「講義」那樣細細看過。大略的比較一下，我認爲有幾點值得提出來告訴讀者的：

一、資料增多。這有兩種意義。一是所收的書多了。一是對書的評介資料增多。可是有了新的好的書出來，可以取代舊有的參考資料，便把舊的淘汰了。

二、新增資料。記得去年中央圖書館召開全國索引討論會時，張先生說近兩年是索引的豐收年，其實何止是索引，隨着經濟成長、生活改善、教育普及，大家注重文化建設，各種參考資料都有豐富的收穫。在質的方面，也多能後出轉精，所以市面上已有十多種參考用書指南之類的書，不管它當初寫得多麼好，單是就時間性來說，就顯得陳舊了。工欲善其事，必先利其器。有了新的工具，性能通常都比舊的性能好，當然要儘快介紹給學生。

三、會集衆說而且又能獨抒己見。「講義」對會集衆說已做得很成功了，到「指引」便可以看到較多的張先生自己獨到的見解。參考書部頭通常都很大，我們目前一般的論著，書評，尤其是好的書評，都不可多見。至於對參考書的，更是貧乏。偶然有些，不是照例捧場，便是瑣細而無關弘旨。而一個人是不可能有工夫去多事批評參考書的，在不到三年當中，在工作和教學之外，張先生能有這些收穫，可以想見他治學的辛勤和專精了。

四、文字簡鍊。「指引」的字數和「講義」不相上下，卻容納了更多的資料。固然是淘汰了不少現已不適用或是有新資料可以取代的舊資料，畢竟增加的資料比汰除的資料要多，可是字數並沒有增加，便可以想見在文字精簡上所下的工夫了。可以說充分做到了文省於前，而資料却增多了。讀過或持有「講義」的讀者，試加比較，便可知道我沒有過譽，從而可以看出張先生在這方面所費的心力。

五、附錄實用。「講義」和「指引」都附有書影數十頁，我覺得

很是有用。因爲張先生因工作關係，所接觸的參考資料甚多，「指引」中所提到的，他都曾看到過。可是一般的讀者、學生、學校以至圖書館，很少能具備有這些書，即使有，也未必能得心應手去隨時找出來和書本上的文字對照。現在附在書後，可以翻閱和前面評介的文字對照。既可增加讀書的效果，又可增加研習的興趣。同類的書裡，以前好像不曾有過，而是從「講義」開始的，然後有三兩種書也仿效這一方法，足見大家認爲很需要。「講義」把書影附在各篇章後的空白，版面既不整齊，查閱又不方便，「指引」集中在書後，要好多了。

張先生和我在國立中央圖書館共事十多年。有一段時期，我承乏世界新專圖書資料科的科務，深深感到中文參考資料的師資很不容易請到，幸而有張先生幫忙，很受到學生的歡迎。「講義」和「指引」，實是張先生好學不厭，誨人不倦的結晶，著者要我寫序，欽佩之餘，因而把讀了本書的感想寫了出來，以就教於張先生和本書的讀者。

中華民國六十八年三月劉崇仁序於國立中央圖書館。

喬　序

六十五年四月，張錦郎先生編了一部「中文參考用書講義」，由臺北市文史哲出版社印行。計七一七頁，精裝一冊。同年六月間，我曾寫過一篇文字加以詳介，刊載輔仁大學圖書館學會編的「圖書館學刊」第五期。指出了幾項優點：一、材料豐富。二、繁簡分明。三、擇善而從。四、考訂精確。五、附錄實用。也指出了幾項缺點：一、類目安排可商榷的地方。二、資料取捨不盡恰當。三、間有失誤。四、索引不完備。五、註腳起止不明。今天說實在話，上述優點並無溢美的地方，可是缺點多少有些避重就輕。不過我也不敢對同學、同事又住在同鎮的老朋友耍滑頭，後來我曾就翻閱過的部分，凡認為可以商榷的地方，盡情指出，可說極盡吹毛求疵的能力，便把畫得亂七八糟的書，換了錦郎兄的一部新的，他不以為忤，眞是不亦快哉。

這本講義，出來不到兩年，便告缺貨，各方需求甚殷，而雖然錦郎兄認為必須加以修訂，曾有少量的重印本。六十七年夏，錦郎兄的新稿陸續寫成，我曾讀過「傳記」部分，並提出了一些臆見。並曾攬下寫序的差事。如今全書和索引都排好了，序便不能再拖了，提起筆來，卻不知如何寫法。

我是很喜歡寫序的，尤其是有用的好書。而且寫過的幾篇序，無論是著書的或是讀書的人，常謬許為可讀性高。我想這是由於我不肯光寫些應酬話來敷衍了事，所說都是所序的書有關的。可是那類書的寫法，錦郎兄和我所見略同，能寫的便不多。

另一種方法是對本書略加評介，而評介最好讀過全書三兩遍（至少重要的或自己有興趣的部分），且隨手鈎劃批註，易於成功。我的

文債又多，特別是書評，能評而又值得評的書眞是可遇而不可求，也不能不留一手。勢必要另起爐灶才行。

無可奈何，姑且拋開本書，把圈子兜得大些。

參考工作是我們目前圖書館工作中做得最差而亟待加强的，要做好這項服務，又必須先對參考書能有正確廣泛而又深入的認識。可是如果祇是一種書一種書的認識，而不能參互靈活運用，仍不足以發揮參考的功用。譬如要找蘇東坡的傳記資料，如果你祇知道查人名辭典，當然已不算交白卷了。進而能知道查宋史，查哈佛燕京學社的四十七種傳記引得，查昌瑞卿（彼得）先生等編的宋人傳記資料索引，所得到的自是多些了。我們還可以查大圖書館的收藏書目，編得比較好的出版目錄彙編等所收有關蘇氏傳記的專著。查期刊論文索引所收的單篇論著。這些祇是一般的資料。蘇氏有着多方面的成就，無論在學術、政治、文學以至書法、繪畫等方面都足以名家。文集裡的蘇氏傳記資料，固見於昌先生的索引，然多是全篇和蘇氏有關的。至於部分涉及的就更多了。宋人的筆記最多，其中涉及蘇氏的地方很多，近人丁傳靖宋人軼事彙編收錄了一些，可是還不完備。這又是一大批資料。歷代的詩話、詞話等文學批評的論著裡常有涉及蘇氏的。清倪濤的六藝之一錄摘鈔關於蘇氏的書法資料有幾十條，利用哈佛燕京學社編的引得，便可一索即得。蘇氏曾在很多地方做過官，而且都有良好的治績；遊歷過和旅途路過的地方那就更多了，這些地區的文獻和方志等，便總有些事蹟、遺文軼事之類的記載。如果專門研究蘇東坡的生平，上面這些資料，仍不算完備，不過用來答覆通常的參考諮詢，總算可以過得去了，而多數資料，一般人並不認爲是傳記資料，常不注意。必得我們平常多讀書，多留意。可是要找這些資料，必得在規模相當大的圖書館去搜集。而我們所可利用的大圖書館並不多，也許你手頭連一部人名辭典都沒有，辭源、辭海一類的普通辭典也不湊

手，却亟需一點蘇東坡的傳記資料。那麼你便得想到從國民中學的國文課本裡，定能找到。

目前我們的參考工作，還在起步階段，我們不需要鑽牛角尖的空心專家；而要既能開刀動手術，也能開幾味草藥，甚至弄個偏方，便能藥到病除的全才。否則光會喊圖書設備不夠，人手不足，非但於事無補，而且也影響了脚踏實地的參考工作者的情緒。至於明明資料擺在眼前，却不知道找出來利用；或是祇會在人名辭典中找蘇東坡傳記的，那連做一個圖書館的讀者，資格都有些問題，更不要說去做館員了。

所以要想做個稱職的圖書館員，那怕做一個能充分利用圖書館的讀者。非得多接觸圖書館資料不可。我總覺得在書目控制方面，圖書館所做到的，一般說來不如書店。據說在重慶南路的書店做店員，要記得兩萬種書，方能勝任。這話不免有些誇張。目前市面上行銷的書，一共也不過萬種，沒有那一家書店會全部經售的。而且規模較大的書店，都是分門別類，分別由店員去管理，另有一兩位綜理其事的，才能有一全盤的瞭解。一般店員能知道三兩千種，多到五千種，想也夠了。可是圖書館員呢，恐怕多不能達到這一水準。所謂知道一種書，就是當顧客問起這書，便能知道店裡有沒有，如果有，在那一架那一格。賣完了，要從書庫裡什麼部位找來補充。要是沒有，那麼這書是那家書店出版的，是否已售完待重印。

最令我驚異的，便是有一次受人之託，搜購有關水經注的資料，我撥個電話給一家旣自己出書也代銷外版書的書店，請他們代找。半個小時光景，便送到一堆書來，其中竟有「胡適手稿」。胡氏的手稿我是看過的，前六集都是關於水經注的，可是要立卽開水經注書單，我便不能一下就想到這部書。不僅是我，恐怕很多圖書館員，那怕是專門負責參考諮詢或是採購的，也未必能夠。因爲手稿的後幾集則是

關於哲學、文學等雜著，在圖書館應是收入總類叢書裡面的自著叢書，也許要收在普通論叢裡。總類是收些不屬其他各大類，或涉及兩大類以上的資料。其中書目、類書等，還有人光顧；叢書、普通論叢便幾乎等於束之高閣了。章學誠所倡的互著、別裁等編目法，祇是在課堂上、書本裡講講寫寫，少有能實際應用的。

書局的店員，恐怕很少有知道什麽互著、別裁的，可是他們卻會實際的應用。其中關鍵，我想是由於要做到這一步，才能適應顧客的需要，增加營業收益，這是老闆所追求的。學生祇求考試及格，拿到學分，上焉者看看教科書，寫點筆記，下焉者到考試前借本筆記影印一下，臨時抱佛腳，開個夜車，也就應付過去了。圖書館員呢？有些坐在辦公室拿薪水，工作愈少愈好，不必講求績效，知道點理論不肯實際應用。此其一。店員們一天到晚要接觸圖書，雖然他們沒有工夫，而且老闆也不允許店員在上班時讀書，可是他們在工作上總是經常的翻來覆去的接觸到書，雖然祇是讀書皮子，卻是讀得多，讀得熟，而熟能生巧。況且有些店員很能在工餘讀書，行行出狀元，那自然可以做好書目控制了。此其二。

當然最好是兩者兼具，店員們也能講點四庫全書總目（四庫簡明目錄也好），翻翻書目答問之類，比從書堆中摸索更能確實的做好書目控制。學生們在課堂上、書本裡，提到某一部書，便能在課後（最好是課前）去找出這本書翻一翻，先看目次序跋，知道個大概。有興趣的話，選幾段看看。看得有趣了，找個機會慢慢讀。這樣才能有點效果。當然你自己家裡不能有太多的書，那可以利用圖書館，如今好多學校圖書館採用開架式，找書非常方便。學校圖書館沒有，到中央圖書館等對公眾開放的圖書館去找。嫌到圖書館路遠不方便，逛街時順便到書店去翻一翻總可以了。老是翻而不買，不免遭到店員的白眼，那你可以多跑幾家。

　　如果你光讀教科書、提要、書評而不翻讀原著，便祇能應付考試，考完了也就忘光了。翻過一下，便能記得久些。大致讀過一遍，當然不能過目不忘，可也很難完全忘記，過了幾年、十幾年以至幾十年，還會有些印象。

　　史記六國表序有段話：「學者牽於所聞見，秦在位日淺，不察其終始，因舉而笑之，此與以『耳食』無異。」什麼叫做「耳食」呢？就是說吃東西當然是用嘴，吃過了你自然知道所吃過的東西的滋味。如果你沒有吃，祇聽吃過的人說過這東西的味道是甜的鹹的酸的苦的，當然不能體會到眞正的滋味，過些時候便也忘了，至少不能再說得眞切。其實你自己吃過的東西，你也並不能把它的味道說得讓別人領會出來。試想我們祇讀提要，看書評，聽老師同學講，說是某書如何如何，不也正和「耳食」一樣嗎？我們讀過一本書，也是不能把書中的眞義，說得讓他人能和自己體會得同樣眞切的。

　　圈子繞得太大了，要轉回來。錦郎兄這部指引評介了成千種參考書，要比他三年前的講義精確得多，後面又附有重要的資料的書影，讀了這部書，對照書影，對參考書當然能有一些認識。如果你再有機會聽他講課，得到益處便更大了。可是這對你來說，也都祇等於「耳食」之言，要想領會到眞滋味，還得去找這些書來看一看、至少翻一翻。當然不能爲了這一門課去翻這麼多的書，既不可能，也無必要。至少每一類介紹得很詳細的去讀讀翻翻。老實說指引裡所寫的，並不都很好，甚且不一定都對，難免有些錯誤。我想祇要把指引和講義比較一下，你便可以發現指引比講義要好得多，而且訂正了一些錯誤。我相信過幾年再版時，錦郎兄一定會有不少修訂的。

　　我們讀一部書，學一門功課，不要祇是做一個讀者或學生，也要能做一個作者。梁啓超在國學研讀法三種裡便認爲學生需斐然有述作之意，讀書方能讀得透徹。你也許說我讀還讀不過來，又如何能做作

者？我告訴你一個法子。「不怕不識貨，祇怕貨比貨。」以辭典做例子，辭源和辭海，是大同而小異的兩種參考書。單看辭源或辭海，我們很難說出他的特點，優點或缺點。如果比較一下，就很容易看出來了。

怎樣比較呢？當然不能拿全書來一個個字去比，而要抽樣去比。選了幾個項目去比：

先比單字，挑出幾個部首，在這些部首裡，辭源和辭海都收了那些單字。先以辭源爲主，在辭海中有的，劃個記號，那麼未劃記號的便是辭海所未收的了。辭海有而辭源無的，另行記下來，兩者都有的，姑且不管，此有彼無，此無彼有的，便可做一分析。

再比單的注音、解釋、例句。相同的擱在一邊。不同的也做一番分析比較，誰的好，那部書對那一方面較爲偏重。還可以再和康熙字典、中華大字典等比較，看那一部書是抄現成的資料多，還是自己搜集的資料多。取捨如何，有多少地方沿襲了前人的錯誤，對前人的錯誤改正了多少？

詞的方面，可以先比條目，同一個字下面的詞，像單字那樣列出，比較此有彼無的部分，可以看出兩書的特點。同一條詞語，又可比較兩書的解釋、例證。這是最重要的部分，出入也最大。最可以看出那一部編得好，錯誤少，花的功夫深。譬如出處例句，能列出較早的資料，自是比後出的資料要好。出處僅有書名的，自然不如連篇卷也標出的好。當然一個字下面的詞的條目太多，不能拿整個部首的字來比，而要另行抽樣，譬如關於天文、地理、人物、草木、禮制、音律、圖書等比較多的字，各取三兩個字下的詞，分別比較，結果便較能具有槪括性。

一部大書一個人去比較，不免太煩，便可多找幾個人合做。這樣對這兩部辭書才能有較眞切的認識，不至於人云亦云了。把他寫成一

篇文字發表，定能受人注意。將來張錦郎先生再修訂「指引」，也得採用你的資料，因爲他無法做這麼多的細工夫。也許你說我很少利用辭源、辭海，是文言文解釋的，我看不懂或不願看。那你不妨找些給中、小學生用的辭典來比較，還更有用些，因爲這種辭典太多了，卻少有人肯留意的。不比較辭典，比較其他的書也可以，找你喜歡的，譬如園藝、攝影、服裝設計、菜譜之類的。旣讀又寫，可以增加你讀書的興趣。一種書讀好了，觸類旁通，對讀其他書也有用。

　　寫文章的方法多得很，比較祇是一種法子，我不能在這裡多講。也不必遠求，祇要細細體會「指引」所用的方法儘夠了。我們讀書治學，雖不能聞一知十，至少也得舉一反三。不能光是死記書裡寫的，老師講的，去混學分。卽使混畢業了，也沒有用。有位小兒科的醫生，他在學校裡幾年，都是考第一名，畢業後學校的實習醫院並不留他，自己開醫院，醫道很平常。有一次和他的同學談起來，爲何會這樣呢？他的同學說：這很簡單，學校裡讀的書，講的課，僅是範例而已，記得多便考得好，可是生病總不能祇照書上寫的生呀！參考書裡的天地之大、花樣之多，不下於生病，這件事很值得我們警惕。

　　讀一部書，修一門功課，最主要的在學怎樣搜集、取捨、分析、判斷，組織資料，學到寫這本書的方法。「鴛鴦繡出從教看，莫把金針度與人。」我覺得「指引」這部書，旣繡鴛鴦，也有不少度人金針的地方，要在讀者善爲體會，最重要的你也要用這些針法自己繡，這樣你便會由讀者成爲作者。開頭寫不必苛求，誰都不是一下就能寫好的。

　　參考工作好比一座大建築，要羣策羣力才能完成，固然需要優異的工程師，也不可缺少流血流汗的小工。我們讀了「指引」，得益自是不淺。可是最好自己也卻能做工程師、或者做小工，來使參考工作由起步到起飛。

寫完了看來不像序，也祇好這樣交卷了。又送給鄭恒雄、薛茂松兩兄過目，認爲雖不是正格，然還可用，就更壯了我的膽子了。

六十八年春望雲樓主人喬衍琯謹序

自 序

　　我自民國六十一年起，應世界新聞專科學校圖書資料科主任劉崇仁教授的邀請，在該校擔任「中文參考資料」的課程，恢復了已中斷十年的教學生涯。當時對此課程，除了索引與部份書目，略有所知外，其餘各種類型的參考書，只有把以前業師振鵠教授在講授「中文參考資料與參考工作」一課時，指定要我們研讀的何多源編「中文參考書指南」（當時以油印印發，市面上尚無影印本）一書，取出來對照翻一翻。至於在臺新編的參考書不多，一方面蒐集，一方面選出重要者，把內容摘要寫在資料卡上。

　　約在六十三年，由於當時缺少一部專門介紹各種參考書的工具書，在政治大學喬衍琯先生的倡議下，擬集體編一部參考書指南，開過兩次會，並初步擬定撰寫體例及收錄標準，當時議定重要參考書的內容，不妨多加介紹，不常用者列為簡目。該書後來雖沒有編成，但是，我覺得那些構想甚佳，於是自己就仿照那些體例，編了一部講義，那就是民國六十五年「中文參考用書講義」出版的由來。

　　「講義」只是將蒐集的資料，加以排比，極少有自己的見解。名為「講義」，只供學生上課的參考。該書出版後，朋友們陸續在報刊上，或書信中，或以面示，指出疏漏及應加改進的地方，尤其是遺漏一些在表面上無參考書之名，而內容上卻是具有參考價值的著作，如吳哲夫先生的「清代禁燬書目研究」。這一切都是自己一時的疏失。由於該書有部份銷售到市面上，均在此向持有該書的朋友，深致歉意。

　　「講義」出版後，即利用公餘之暇，將疏漏的地方陸續訂正補充，並將大部份的資料，重新編寫，刪除不必要的引文，並將參考書的介

紹文字，重要者以五、六百字，次要者以三百字，做爲提要，不常用者只列擧基本的款目。又如刪除官書一章，只保留法規及統計兩項；書目的分類，遵照喬衍琯先生的建議，採用梁子涵「中國歷代書目總錄」一書的分類法；各章的導論，也盡量照自己的意思表達，減少轉錄別人的觀點；並將書影全部集中在正文後面；並遵照業師振鵠教授的指示，刪除附錄的論文選輯。

　　本書雖已殺靑，在體例方面，仍待請敎方家的地方尙多，如：

　　一、本書兼收研究中國學術的外文參考書，此類圖書是否比照何多源「中文參考書指南」一書，列爲附錄？或列在各章之後？我當初決定把中西文合併敍述的理由，是認爲一個參考員提供給讀者某一主題的中文資料時，仍應提示讀者與該主題有關的外文資料。

　　二、參考書的著錄標準問題，是否需要有聞必錄，不論其是否常用或有無參考價値；或者是選擇性的。如以辭典來說，列爲要目者有一百八十種，列爲簡目者達三百餘種，超過要目兩倍之多，這些辭典是否再淘汰一部份不夠水準的，如同第二章的館藏目錄，簡目上只列擧較重要者。

　　三、書影集中在書後或分散在正文內的問題，分散指與提到的書並列同頁或隔頁。再者，書影的數量是否有增加的必要，或已太多，可加以減少。

　　四、參考書依體裁或學科編排的問題。世界各國出版的參考書指南，其編排方式，約有三種類型：1.依體裁分，如本書；2.依學科分，如 Walford, A. J. 將其指南分裝三冊：① 科學技術，② 社會和歷史科學，哲學及宗敎，③ 一般性，語言和文學藝術；3.兩者混合排列式，卽綜合性參考書依體裁分，各專門參考書，依學科歸類，如何多源「中文參考書指南」上編爲一般性參考書，下編先依學科分類，再視體裁複分。

近年來國內很多專家學者，如王爾敏、應裕康、姚朋、沈謙、鄭明娴、宋建成諸先生，先後在報章雜誌上，呼籲重視參考書的編纂，認爲要發展學術，必須先從健全治學工具做起，有些文章也很具體談到參考書指南的編著問題。把他們的意見綜合起來後再來自我評鑑這部書，發現有不少缺點，仍待改進。如應裕康教授在幼獅月刊談到編纂工具書指引，應注意下列七點：

1.要有謹嚴的體例，

2.要敍述工具書的演變與功用，

3.要評述各種工具書的優缺點，

4.要比較同類工具書的得失，

5.要注意工具書的書評和研究論文，

6.要注意資料的新穎，

7.要提示工具書發展的方向等。

本書對第七點，沒能做到，對於第三、四點嘗試去做，惟不夠理想。

沈謙先生在民國六十三年一月一日、二日的中國時報副刊上，曾提到要很具體的介紹各工具書的使用方法，業師振鵠教授在一次圖書館人員研習會上，指示我講授中文參考書時，也要特別強調這一點。

鄭明娴女士在中央日報「關於工具書的工具書」乙文，最後談到一部完整的工具書指引，應由國立圖書館或聘請各方面專門人才，「搜羅各方面工具書，加以彙集、校對、介紹、批評」。我自己以個人的能力完成這部範圍極廣，舉凡文史哲、社會科學、科學技術等學科，均在網羅之列，故缺點之多，自知難免。

國立中央圖書館臺灣分館參考諮詢組宋建成主任在最近的一期中國圖書館學會會報上，建議參考書指南可先照學科分類，如分爲自然應用科學、社會科學、人文科學等等三大範疇，再按參考書的體裁複

分。這也是值得愼重考慮的地方。

　　上述諸問題，希望將來增訂再版時，能加以改進。

　　本書告成之日，首先要感謝世界新聞專科學校圖書資料科主任劉崇仁教授，如果不是劉主任命我擔任「中文參考資料」這門課程，我不會去搜集這方面的資料，也就不會有本書的誕生；其次，如果沒有喬衍琯先生在我寫作過程中，不斷地予以指導、糾正錯誤和改正缺點，我也沒有信心編這一部書。

　　業師振鵠教授從在校到踏出社會，十幾年來，不論在治學、處事與爲人方面，均不斷地受到敎誨和引導，使我多年來不敢稍存有懈怠之心。本書在撰述過程中，又多承支持與鼓勵。師恩浩瀚，永難忘懷！

　　中央圖書館幾位主任的厚愛與照顧，使我能在公餘之暇，擁有一顆愉快的心，從事自己喜愛的工作。他們的大名是採訪組朱學其主任、編目組林愛芳主任、閱覽組劉崇仁主任。林愛芳主任在我民國六十一、二年工作環境不如意時，對我的關照，是我終生感念的。

　　朋友方面，東吳大學中文系劉主任兆祐教授和喬衍琯先生，是我多年來編書目索引，遇到疑問時，請敎的對象。反省一下踏出師大校門後，如果在學問上稍有增進，都是兆祐兄與衍琯兩兄所賜，他們兩位對我來說，是老師也是朋友。館內同仁，如黃淵泉先生、林孟眞小姐、宋建成先生、王國昭先生、王錫璋先生、梁桂梅小姐；館外朋友，如莊哲甫先生、彭正雄先生；多承提供參考資料，指示可加改進的地方，這都是值得我特別珍惜的友情。

　　最後要感謝內人石富美女士，她十幾年來終年的辛勞，使我每天下班後，能安心地踏入書房，關起門來，在一個不受干擾的環境中，做一些自己認爲有意義的工作。

　　本書完成之日，也要向一些親友致歉。十幾年來，由於工作繁忙，忽視了一些朋友的問候，如在國外的許淸波學長，還有一些學

生，多次來函，迄未覆信，這些失去的情誼，心裏豈止難過而已。
世新同學曾多次盛邀，參加各種聚會，均未參加過。每天往來於圖書
館與自己的書房之間，疏忽了對雙親的晨昏定省，也都要祈求老人家
的寬宥與諒解！

　　本書承振鵠師、崇仁教授、衍琯先生等，賜以序文，又承文史哲
出版社主持人彭正雄先生，給予本書出版的機會，付印前，又承黃淵
泉先生、薛吉雄先生、王國昭先生、汪慶蘇小姐的悉心校對，臺灣大
學圖書館學系學生陳雪華小姐曾爲「講義」一書，編一分類索引，於
此並致深謝。

　　由於參考書牽涉的範圍極廣，數量又多，近年來又不斷有新著出
版，本書無法將重要的著作蒐羅完備，乃意料中事（如卽遺漏學生書
局出版由王熙元教授主編的詞林韻藻），其他不常用的參考書，缺漏
一定更多，加上自己學識閱歷有限，錯誤遺漏情事，自知難免，懇請
學者專家及讀者們，不吝指教，俾再版時補充或訂正。

　　　　　　　中華民國六十八年三月張錦郎序於臺北新店

再 版 自 序

　　本書出版不到一年半的時間，卽告售罄。玆乘再版前夕，略述所感，以敬告讀者。

　　首先要感謝幾位師友。現任國立中央圖書館館長王師振鵠於本書出版時卽指示我，將來再版時，不妨把書影併入正文排列。就是說介紹某一部參考書時，書影就附在正文的旁邊，以便讀者對照閱讀。此次增訂時，已遵照振鵠師的指示改進矣。

　　王錫璋兄、宋建成兄、林慶彰兄於本書出版後，先後在書評書目、圖書館學與資訊科學、中央日報等報刊，撰文評介，提供珍貴的意見，指示應加改進的地方。東吳大學中文系劉主任兆祐兄、王國良兄，行政院農發會馬景賢兄，國立中央圖書館王國昭兄等，也先後以口頭或電話指出資料遺漏或文字欠妥之處。此次再版時，除牽涉到體例外，大部分均一一改正。

　　其次略述本書增補的情形。計新收參考書約二百四十種。都是接續本書初版後至六十九年十月間出版的，少部分是初版時漏收的，另刪去部分已失時效或因出新版而成爲無價值的參考書。其中列爲重要的參考書，佔一百十餘種，其餘列爲簡目。如按體裁分，書目索引佔最多，約有五分之二，其次爲字典，約佔五分之一，再其次爲傳記參考資料，其餘爲其他各型的參考書。列爲重要的參考書，另印單行本發行，書名爲「中文參考用書指引續編」，免費贈送給購買初版的讀者或機關，算是一種「售後服務」。增補部分，有不少是日本及美國編輯出版的，都是與研究中國有關的，如「中國文學研究文獻要覽」「近代中國關係文獻目錄」「中國歷代皇帝文獻目錄」「美加圖書館

廔藏北美洲中文報紙聯合書目」「漢代研究文獻目錄」「新漢和辭典」「英漢對照中日地名辭典」等，也是今年初我特地到日本各圖書館蒐集的。 日本編印有關中國研究的參考書，總數約在一千五百種左右，我打算另撰寫專書行世，本書將較新的先行刊出。

本書名爲中文參考用書指引，應以蒐集中文資料爲限，但是此次增訂還是溢出這個範圍，兼收有關中國研究的外文參考書。至於本書的體例，大體上仍與初版相同。將來再版時擬收錄一些資料彙編的參考書，如臺靜農主編的「百種詩話類編」，喬衍琯和王國昭合編的「詞話類編」，成文出版社的「中國文學批評資料彙編」等。重要的叢書，也擬將其子目全部刊出，列爲附錄。在此先行預告，敬請讀者惠示高見。

我多年來常以一種冷靜和客觀的立場，觀察國內編輯或利用參考書的情形，發現今日的進步與成就，已非昔日可比，很令人感到興奮與欣慰。以圖書館的參考書來說，經常可以發現一些書目與索引，被翻得破破爛爛，有些已有重裝的痕跡。記得民國五十六年初到中央圖書館服務時，期刊閱覽室書架上的索引，幾天沒有被搬動翻閱，是經常的事。十四年後的今天，不論綜合性或專科索引，封面也好，內文也好，無不翻得「面目全非」。再以參考書出版的情形來看，雖然近幾年出版業的經營日漸困難，但是對於參考工具書的編印，仍逐年增加，每年仍有一百種以上，而且規模也越來越大。就我所知道的，下列編輯竣事或編輯中的參考書，體例和規模，均在水準以上。如：王雲五百科全書（商務）、中華文化百科全書（黎明）、國語辭典（教育部、商務）、敦煌學研究論著目錄索引（鄭士元）、中華簡明百科全書（中國文化大學）、現代史辭典（中國國民黨黨史委員會）、中華民國圖書館年鑑（國立中央圖書館）、中國小說研究論著目錄（馬幼垣）等。其中規模最大的要推中華文化復興運動推行委員會主編的

「中國文化研究論著總目」（書名未敝最後決定），計收文史哲的
圖書和論文，共十三萬篇以上。更難得的是有些大學的院系也開始有
系統的編輯參考書了。如師範大學國文系王熙元、陳滿銘、陳弘治等
編有「詞林韻藻」，王熙元和黃麗貞編有「曲海韵珠」，分別列爲師
大國文系文學叢書之一、二，這是以前少有的現象。再以讀者來說，
有些人已逐漸認識到治學方法與參考工具書的密切關係，有些文史科
系的大學生已有買重要參考書的習慣了。有不少研究生或大學高年級
學生在撰寫報告時，也會熟練運用書目索引等參考書了。我一直有一
個看法，認爲從事學術研究或尋找材料的人，會善用書目、索引、摘
要等參考書，學術研究就不是建築在空中樓閣了。同時，圖書館的參
考工作，也慢慢受到大家的重視。有一部分參考室工作人員已深深地
體會到自己的職責所在，服務態度由靜態的願者上鈎，改爲主動服務。

　　當然，目前參考書的編輯技術和方法，仍多缺點，諸如檢字法無
法突破，普遍缺少輔助索引或有輔助索引而不便檢查，人名辭典而無
生卒年，地名辭典而無人口面積等。其他如忽略完整的規劃，以索引
來說，只重視期刊索引，而忽視報紙索引、古書索引和論文集索引
等，均亟待改進。

　　由於本書銷路之快，出乎我意料之外，遂在一種無充分心理準
備的情形下，進行修訂的工作。又正與幾位同事忙於前面所提文復會
的目錄，抽不出很多時間來從事訂正補編的工作，所以有部分重要的
參考書，如大陸音樂辭典、社會工作辭典等，未及收入。幸有國立中
央圖書館臺灣分館採編組主任鄭恒雄兄，經常在圖書館學與資訊科學
及其他刊物上撰文介紹新編參考書出版的情形，讀者可以先行參考。
至於本書能在短短一個半月增訂出版，多承王國昭兄、王錫璋、吳碧
娟賢优儷、彭正雄兄和俞寶華、施希孟、徐素貞等三位同學的協助，
犧牲假日和應有的休息，參與考證、校對、編索引等工作。謹此表

示衷心感謝。

本書出版後，世界新聞專科學校圖書資料科主任劉崇仁教授、政治大學中文系喬衍琯教授、中央圖書館編目組林愛芳主任、黃淵泉兄等，常慰勉有加。又，本年一月至二月為本書赴日本蒐集資料，行前承師範大學社會教育系講師林孟真姊安排行程，在日期間多承國會圖書館副館長酒井悌先生，中原ますゑ女士，東洋文庫近代中國研究センタ本庄比佐子女士，東京大學東洋文化研究所風間勉先生，靜嘉堂文庫庫長米山寅太郎先生及齋藤司良先生的協助，尤其是中原女士，不論資料的提供和圖書館參觀的連絡等事情，都由其負責幫忙，使我在短期間內很順利地找到所要看的資料。也在此一併深致謝意。由本書的初版、再版的過程，也使我深刻地體會到在人生的旅途上，師長的敎誨與朋友的相互切磋是不可或缺的。

中華民國六十九年十一月二十日張錦郎謹序於臺北新店

資料常新的工具書指引

——張著「中文參考用書指引」三版序

　　隨着文獻資料及出版品之日漸累積，爲了方便檢索這些資料而編纂的工具書，也越來越多，像各種索引、字典、辭典、書目、百科全書等，近年來都出版了不少。所謂「工具書」，又稱爲「參考用書」。工具書本來是用以方便、協助讀者檢索資料的，可是工具書一多，讀者又有了不知如何正確而有效的使用工具書的困擾了。

　　工具書不僅隨學科之不同，而內容、性質有所不同，卽使是屬於同一學科的工具書，有時其內容的重點、編輯的體製及使用的方法等，也有所不同。譬如「善本書目」、「普通本線裝書書目」、「圖書館基本圖書選目」等三書，雖然都是同屬書目類的工具書，但它們的性質、功用，顯然不同；又如「宋人傳記資料索引」、「四十七種宋代傳記綜合引得」、「宋會要輯稿人名索引」及「宋元方志傳記索引」等四書，雖然都是有關宋代人物傳記資料的索引，但是不僅各書所蒐集的資料範圍不同，卽彼此間的體裁、功用也不同。究竟某種學科，有那些工具書？同一性質的工具書，它們之間有那些不同？檢閱這些工具書，應注意些什麼？要解答這些問題，就需要爲工具書再編一個指引，以爲檢索工具書之資，於是工具書指引之類的書，便應運而生。「工具書指引」，也稱「參考用書指引」，是針對各種工具書的內容、體製、功用及其優點與缺失等，從事客觀的評介，以便讀者檢索。所以「工具書指引」，可以說是「工具書的工具書」。

　　從事研究工作，最重要的期望是要有「創見」。所謂「創見」，

含義很廣：提出新學說，像孔子提倡「仁」，墨子發明「兼愛」，孫中山先生創造「三民主義」，固然是創見；像司馬遷以既有的史料，用新的體裁寫成「史記」，也可以說是創見；又像顧炎武從羣書中鉤稽文獻，把許多相關的舊資料纂輯成一條新見解，這種「採銅於山」的寫作方式，也是一種創見。不論是用那一種方式成就的創見，一定要有兩個條件：一是正確的研究方法，一是援引新的文獻資料。而工具書和工具書指引，就是賴以發現新資料的圖書；善用工具書及工具書指引，就是正確而科學的研究方法。

　　工具書對研究工作既然如此重要，則工具書編纂的方法就值得研究了。一部好的工具書，需要具備的條件很多，譬如資料的蒐集是否充實，編輯的體例是否完善等，都是決定工具書良窳的因素。至於號稱「工具書的工具書」的「參考用書指引」，則除了要注意一般工具書應備的條件外，更要注意到評介是否客觀、深入。除了這些，對好的工具書及參考用書指引來說，還有一個最重要但却最容易為人忽視的條件，那就是所收錄的資料要保持常新。

　　我們常發現一些早期流傳很廣的工具書，如今已很少人使用它，這就是由於所收錄的資料沒能跟上時代保持常新的緣故。以「康熙字典」為例，這本完成於康熙五十五年（一七一六）的著名字典，由於收錄的字數多達四萬九千三十字，所以曾經盛行一時，但是兩百多年來，字音和字義都已有創新和變遷，而康熙字典由於未能時時增訂，所以已逐漸為別的字典所取代。同樣的，參考用書指引，如果不能時時增訂，時時從事汰舊更新，則不久即不再適用。例如鄧衍林的「中文參考書舉要」及何多源的「中文參考書指南」，都出版於民國二十五年，都是早期國人所編的重要參考用書指引，可是由於多年來未再修訂，現在已不適用。這說明了編纂工具書或參考用書指引，要比編纂其他的書，更為辛苦，更要注意時代性。

　　張錦郎先生是國內編纂索引最著名的專家學者，先後編有「中央日報近三十年文史哲論文索引」、「中文報紙文史哲論文索引」、「中國近二十年文史哲論文分類索引」等書，最近由中華文化復興運動推行委員會主編的六大冊「中國文化研究論文目錄（一九四六──一九七九）」，也是由他主持編輯工作。記得在民國六十五年，我有機會拜讀他的「中文參考用書講義」，覺得收錄的資料，遠邁其他同一性質的著作，對文獻的評論及解題也很客觀而深入，於是商請他到東吳大學中國文學系講授「研究方法」，指導學生如何使用參考用書檢索資料，以從事研究工作，承他慨允。多年來，諸生獲益匪淺。同時，也建議他把「講義」正式印行，以提供學術界人士使用。六十八年四月，終於獲睹他新出版的「中文參考用書指引」。由於銷路好，次年十一月，我又收到他的「增訂再版本」，他把一年內新出版的工具書全部增補進去，對他這種隨時增補新資料以服務學術界的精神，非常欽佩。最近，他又告訴我，他趁該書要三版的機會，把從民國六十九年底以後新出版的工具書，全部蒐採補入，並且把增補的稿本寄給我參考，使我得到先睹的快樂。「中文參考用書指引」初版時，共收書約二千種，這次三版則收書多達二千八百四十九種，計：書目類增加了六九〇種，索引類增三七五種，字典、辭典類增六四四種，類書、百科全書類增一一七種，年鑑年表類增一八〇種，傳記參考資料類增二六〇種，地理參考資料類增一二八種，法規、統計類增二七三種，名錄、手冊類增一八二種。除了收錄的文獻大量增加外，在論述及著錄的方式上，也有所改進。在著錄的方式上，張先生根據這些年來教學的經驗及學者使用情形的調查，把部分原來列為簡目的工具書，如杜詩引得、國朝耆獻類徵初編、國朝先正事略、清代書畫家字號引得等書，這次改為重要款目，予以詳細的評介。在論述部分，對類書的意義、歷史、種類、排列及百科全書的歷史等項目，全部重新

改寫，增添了不少新資料和新見解。

　　還有值得一提的，是「售後服務」這個觀念，好像只限於日常生活的百貨用品行業才有，事實上，出版社也應該重視這種對讀者的服務。印行本書的文史哲出版社，這次也把新增訂的資料，部分單印成冊，寄贈買過本書的讀者，這樣，原有的讀者，可以不必重買這本書。我想：如果每個出版社也都能傚效這種做法，每書再版時有所增訂的話，把增補的資料免費寄給買過書的讀者，它的意義，不僅僅是讓讀者方便與省錢而已，更重要的是，這樣做，也等於是隨時把新的資訊消息提供讀者。

　　從民國五十六年起，我和張先生在國立中央圖書館共事一段相當長的時間，我深知他最重視圖書館的參考諮詢工作。「中文參考用書指引」一書之能夠獲得學術界人士的重視，在短短幾年內，能一版再版而三版，就是他本著重視參考諮詢的服務觀念，使本書內容永遠保持常新所致。在本書三版前夕，張先生希望我為他寫篇序，我一方面感激他當年慨然答應我的邀聘，到東吳大學中國文學系講授「研究方法」，一方面覺得他這種使工具書保持常新的觀念，很值得學術界人士參考，同時，文史哲出版社的「售後服務」作風也值得提倡，所以很樂於寫這篇序。

　　民國七十二年十二月三日劉兆祐於東吳大學中國文學研究所

三版自序

一

　　本書於民國六十五年四月以「講義」的形式印行，供學生上課之用。六十八年四月正式以「中文參考用書指引」為書名對外發行。六十九年十一月增訂再版。其中於六十九年十月及七十一年十二月分別將當時新增加的工具書，另輯印別冊，贈送購買初版或再版的讀者。迄今，除承王師振鵠館長教誨外，就所知專家學者對拙編的評介文字，見諸報刊的有下列八篇，依發表先後，列舉如下：1.中文參考用書講義評介　喬衍琯　圖書館學刊第五期，六十五年六月；2.中文參考用書　彭歌　聯合報　六十五年八月二十八日；3.中文參考用書講義　楊如蕙　中華日報　六十六年十月二十七日；4.中文參考用書指引　宋建成　圖書館學與資訊科學第五卷第一期，六十八年四月；5.從講義到指引 —— 評介中文參考用書指引　王錫璋　書評書目第七十三期，六十八年五月（又收在王錫璋撰圖書與圖書館論述集，文史哲出版社，六十九年四月）；6.評介中文參考用書指引　林慶彰　中央日報　六十八年十月十七日；7.張著中文參考用書指引增訂本讀後　王國良　中央日報　七十年三月十八日；8.中文參考用書指引增訂本拾遺　王錫璋　中華日報　七十年十一月十日。

　　上述諸位先生及王志成先生、顧力仁先生、彭正雄先生、高志彬先生等，也經常直接將本書的缺失告訴編者。本書對於應予改正、補充之處，已盡量修正。有些可採行的建議，本版因準備不及尚未能採用，如王錫璋先生建議書後編「學科分類簡目索引」，彌補按體裁區分的缺憾；林慶彰先生也希望將哈佛燕京學社引得及中法漢學研究所通檢叢刊中的書籍索引，按各書所屬的類科排列，本書已實行了一部

分。希望第四版時，能將缺失一一訂正。

二

　　本版主要是收錄近三年國內新出版或影印的工具書，或國外出版有關漢學研究的工具書，也補充數種增訂本漏收（如宋代名人傳、國朝先正事略、國朝耆獻類徵初編等）或增訂本列爲簡目，本版改爲重要款目的工具書（如新唐書宰相世系表引得、增校清朝進士題名碑錄附引得、藏書紀事詩引得、杜詩引得等）。在論述文字方面，對類書的意義、歷史、種類、排列及百科全書的歷史等項目，全部重新改寫。編排方面，增訂本列爲簡目的，大多粗分爲人文科學、社會科學、科技類，本版則予以細分，歸入各學科重要款目之後，以便檢索，這是依林慶彰先生的建議而改進的。著錄方面，對於影印或再版圖書盡量加注原出版年及出版者，這些資料大部分由王國良先生提供。類目方面，在書目類增加展覽書目，其中大部分是國立中央圖書館編印，餘則由成文出版社印行。

　　本書付印前發現一些重要工具書未及編入，如：阿部隆一撰中國訪書志，應鳳凰編撰一九八○年文學書目（大地出版社），劉兆祐撰宋代傳記類雜錄之屬史籍考，王志成先生提供的多種虛字字典及光復書局出版的光復彩色百科大典等，俟第四版再予以補錄。

三

　　近幾年來，工具書的重要性普遍受到重視。編者曾冷靜地觀察，國立中央圖書館最近幾次舉辦的各種參考資料展覽，讀者參觀的情形，發現大家已逐漸瞭解工具書的用途。這幾年來，編輯工具書的風氣越來越盛，編輯單位遍及政府機關、學術機構、民間團體、出版社、雜誌社、報社及個人等。規模也越來越龐大，就所知編輯中的工具書，較具規模的就有：國史館的中華民國褒揚令集稿、黨史會的民國史辭典、高樹藩的國民常用字典、教育部的體育大辭典、立法院的

立法院大事記、國立編譯館的中國文學論著集目、馬幼垣的中國小說研究論著目錄、田宗堯的中國古典小說用語辭典等。

不過，檢討多年來所編輯的工具書，在印刷、紙張、圖片、裝訂方面，確實有很大的進步。但是，美中不足之處仍多，如缺乏完整的規劃，以專科辭典來說，有史地辭典，卻無文學辭典；有清朝的碑傳集，卻無民國的碑傳集。此外，在編輯體例與編輯技術方面，缺失更多。編者在「國內工具書編輯技術的缺失」一文（刊登出版之友24／25期）曾指出：1.缺少完備的凡例；2.缺少必須的圖表；3.內容介紹過於誇大；4.再版時忽略書評指出的錯誤；5.書後缺輔助索引；6.年鑑似論文集或資料彙編等。

經常使用國外先進國家所編輯工具書的人，頗易發現他們的工具書在體例方面、編排方面、檢索方面，比我國要科學、進步多了。考究其原因，不外由專業人員擔任編輯，如文學家編文學書目或文學索引，數學家編數學辭典；同時設有常設機構，編列固定的經費預算，因此，能夠經常出版續編或增訂。

編者以為要想改進國內編印工具書的種種缺點，除了參考借鏡外國人的做法外，不妨嘗試進行下列數事。如召開各類型工具書編輯研討會，成立工具書研究會，出版編輯工具書的專書，出版編輯或討論工具書的年鑑、雜誌。關於規劃工具書的編印工作，國立編譯館、國立中央圖書館、教育部、文化建設委員會等機構應共同負起責任。

至於鼓勵大家使用工具書，可從各級學校及圖書館着手。前者可增開利用圖書館及工具書使用法的課程，如文學院可開設人文科學文獻，法商學院可開設社會科學文獻等；後者可經由圖書館編印最簡單的工具書使用手冊，舉出實例，說明那些工具書可供應用；也可舉辦工具書使用法的研習會、展覽會；製作不同層次的工具書使用法錄影帶（如大學以書目、索引、摘要為主；中學以辭典、百科全書為主）。

四

　　編者自民國五十六年進入中央圖書館服務後，卽着手編輯文史哲的書目與索引，迄今仍繼續編輯中，並多次印成專書出版，對文獻整理工作，也算盡了一份責任。後來因應劉崇仁敎授及劉兆祐敎授之聘，先後在世界新聞專科學校及東吳大學任敎，又因敎學的需要，而編工具書指引，這是一件很繁重的額外負擔，雖然每一版都是承師友、同事的指導、提供資料，始能編成，但是編者在編輯的過程中，仍然覺得相當吃力。一方面是資料太多、太廣，憑個人單槍匹馬地蒐集資料，力有未逮；另一方面是範圍太大，包含的學科太多，有些工具書編者尚未親自使用過，不易寫出其特點，也很難寫出精要的評介文字。付梓前夕，展望未來的續編工作，頗覺惶恐之至！

五

　　本版承劉美鴻小姐、錢月蓮小姐、俞寶華小姐、陳文采小姐校對全書文字，並編製書名與著者索引；又承劉兆祐敎授賜予序文，謹此致謝。

　　又在增訂過程中，承師長、同事、朋友的指正與提供資料，謹恭錄其大名，以誌不忘：于大成先生、王國良先生、王秋桂先生、王志成先生、王壽南先生、王錫璋先生、王國昭先生、王會均先生、中原ますゑ女士、宋晞先生、宋建成先生、沈謙先生、吳碧娟小姐、李明賜先生、汪慶蘇小姐、林愛芳女士、林慶彰先生、林孟眞女士、胡楚生先生、高樹藩先生、高禩熹先生、高志彬先生、秦賢次先生、孫先助先生、馬景賢先生、張東哲先生、張棣華小姐、黃淵泉先生、黃新新小姐、梁桂梅女士、崔淸漪先生、喬衍琯先生、彭正雄先生、楊國雄先生、劉崇仁先生、劉兆祐先生、劉顯叔先生、鄭恒雄先生、蔡淸隆先生、應鳳凰小姐、魏秀梅小姐、鐘麗慧小姐、顧力仁先生。

　　中華民國七十二年十二月八日張錦郎謹序於臺北市三元街寓次

凡　例

一、本書之編輯，旨在供給圖書館系科學生在校研習「中文參考資料」課程時參考之用；同時爲在圖書館擔任參考工作的館員及一般大學生、研究生、學術研究工作者等，查尋資料的線索。其他，圖書文獻機構的採購人員，也可當做選擇參考書的指南；出版社編印參考書，也可當做編纂方法及體例的借鏡。

二、本書題曰「中文參考用書」，其「中文」一詞，所概括之範疇較同類書爲廣：除泛指以中文撰寫的參考書外，凡外文著作，內容完全與中國學術有關的參考書，不論其爲國內或國外出版者，均盡量收錄；其理由是參考員提供讀者中文資料時，也應知道國外所編印有關此類問題的外文資料。此項外文資料、本書約收二百餘種。至於「參考用書」一詞，則取狹義而言，除酌收某一問題的資料彙編外，不包括史料、實錄、公報、概況、概論、學科史等。

三、全編共收書二千八百四十九種，包括：書目六百九十種，索引三百七十五種，字典辭典六百四十四種，類書百科全書一百十七種，年鑑年表一百八十種，傳記參考資料二百六十種，地理參考資料一百二十八種，法規統計二百七十三種，名錄手冊一百八十二種。有題解者計九百九十九種，列爲簡目者一千八百五十種。

本編於沒有參考價值的藏書目錄、單種期刊索引、中小學生用的辭典、法規統計、名錄手冊等，不予收錄。外文部份，所缺者尙多，俟他日繼續蒐集後，再版時補充。

四、本編所收參考書，以自民國三十七年迄民國七十二年十月出版（包括影印）者爲主，並酌收民國二十七年何多源著中文參考書指

南發行後新出版的參考書（如國民政府年鑑、中華年鑑、中外人
名辭典），以及二十七年以前國外研究中國學術所編印的外文參
考書，此類參考書，以文史學科居多。

五、全書共十章，分參考書爲九種類型，係針對解答讀者的問題而設
計，讀者的問題，分析起來有下列各點：

1.檢查書名及非書資料（包括著作目錄、版本等）。

2.檢查圖書或文集中的重要辭彙。

3.檢查期刊、報紙、論文集中的篇目及論文資料。

4.檢查字形、字韻、字義及辭義。

5.檢查事物起源、掌故、典章制度及辭藻的資料。

6.檢查年代、大事年表。

7.檢查人物、傳記資料，包括生卒年、別號、筆名等。

8.檢查地名、地圖、方志、疆域沿革的資料。

9.檢查法規、統計資料。

10.檢查公私機關團體的地址及各種事實與做法等。

因此，全書共分九類，即：書目、索引、字典辭典、類書百科全
書、年鑑年表、傳記參考資料、地理參考資料、法規統計、名錄
手冊等。

六、首章爲通論，略述參考工作的意義、歷史演進、範圍與職掌；及
參考書的意義、特性、種類、選擇法等。除圖書館系科學生及圖
書館員外，一般讀者不必閱讀第一章，惟參考書的選書工具，仍
有參考價值。

七、書目索引爲治學的重要工具，前人已謂之爲「讀書入門之學」，如
今科學發達，要想隨時瞭解最新的研究成果，也非利用書目索引
不可，故首列之。數量約佔全書的三分之一，雖已遠超過其他各
類，但欠缺不全者，仍以此類爲最多。如圖書館藏書目錄，所載

者，僅及較重要的公私藏書目錄，餘者未能盡備，也不可能備載。

書目及索引，除收錄單行本外，兼及散見於各叢書或期刊報紙中的資料。凡傳記與地理的書目與索引，如二十五史人名索引、地學論文索引，另見傳記參考資料及地理參考資料。

八、書目索引，其性質同為提供間接資料，就其收錄內容看，並無不同。書目不一定以書為目；很多索引，也包括圖書資料；有些「文獻目錄」，即可當做書目，也可歸入索引。如「臺灣公藏善本書目書名索引」，名為索引，實為聯合目錄。本書從俗，將書目與索引，分為兩章，如內容論文分量較重者，歸入索引，如「臺灣農業文獻索引」；如內容圖書較多者，歸入書目，如「周秦漢魏諸子知見書目」。讀者查閱時，最好能兩類同時兼顧，以免遺漏。

九、其次為字典與辭典，收錄亦多，字典不但是最早的工具書，一般人的所謂參考書，也都以字典列為最普通的工具書。字典與辭典，如同館藏圖書目錄，均為數過多，不可能也不必盡錄。

最近臺灣商務印書館出版的「雲五社會科學大辭典」「中山自然科學大辭典」，各詞均用長文加以系統地敍述，除各辭後均有著者署名外，具列參考書目，全書後備有索引，雖名為辭典，已具備百科全書的條件與特性，惟本書仍將其列入辭典。

十、再其次，為類書與百科全書。本書將兩者併為一章，理由是兩者在條目的排列、書目及索引、修訂等方面，固然有很大的差距，然兩者仍有其共同的特點，即同為參考方便而編纂。性質相同、內容均無所不包。

一般參考書指南，將十通、會要、會典及職官表等，另立一類，本書鑒於上述諸書是供檢查典章制度用，因此，與檢查事物掌

故、事物起原、文章辭藻等，同列類書。

十一、除書目索引、字典辭典、類書百科全書外，時間、空間、人物是構成歷史的三大要項，與此有關的工具書，亦頗重要，故將年鑑年表、地理參考資料、傳記參考資料三部份，分別列入。凡名為工商年鑑，實為公司名錄者，歸入第十章名錄手冊；圖書出版年鑑，則歸入年鑑。

十二、法規統計與名錄手冊是全書收編最少的，雖較缺乏學術價值，但在圖書館裏，却常遇到此類問題，諸如：臺灣地區家庭計劃實施辦法何時公布？某類貨品進出口商的地址等，這些問題，非靠法規、名錄等參考書來解決不可。

十三、每類參考書之前，有通論，說明此類參考書的意義、源流、功用、種類、出版情形等，使讀者對該類的圖書有通盤的瞭解。第七、八章提出參考員擔任此項參考服務時，利用此類參考書時應注意的事項。

十四、我國出版的參考書，完備而實用者不多，故只須摘要介紹。介紹之詳略，分三等級：重要者內容介紹文字在三百字到六百字之間，次要者在二百字左右，不甚有參考價值者，列為簡目。所謂重要者，其標準指用途廣、編輯體例較佳者而言。簡目大都列於各類參考書之後，也有隨各書列於相同參考書之後者，如將不常用的七種佛學辭典，列於「法相辭典」「佛學大辭典」後面。簡目只列舉基本項目，即：書名、卷數、著譯者、出版年、出版地、出版者、冊面數等。重要及次要參考書，增列內容摘要一項。出版年如為專書，民國簡稱「民」，國外出版圖書，公元紀年均化為民國年代。

十五、各書著錄的款目，以三種不同字體顯示，藉資閱讀時醒目。書名用五號黑體字（卷數用五號宋體字），著譯者、出版年、出版

地、出版者、面數等，用五號正體字；內容摘要用五號宋體字。

十六、內容摘要一項，除闡述各書的出版經過、內容性質、編排體例、用途、特色、檢查法、優劣評鑑、與同類性質書的比較外，凡對該書有重要書評或研究論文者，酌予著錄，注明資料出處，以供讀者做進一步的參考。對於珍本圖書，偶也注明收藏地點，俾便利用。凡三人以上著者，只著錄一人，其餘在摘要中著錄。

內容摘要部份，曾引用下列各書：曾影靖著中國歷史研究工具書敍錄，應裕康、謝雲飛合著中文工具書指引，及何多源著中文參考書指南等，均在引用文字後注明，以示不敢掠美。

十七、凡同類參考書的排列先後，並無嚴格遵守某種固定的次序，大體上依重要者居前，次要者殿後；或具有時間性者，則以時代先後爲序；以外文編印的參考書，置於中文之後。至於各學科的次序，如學科書目及索引、專科辭典、專科年鑑等，則依照賴永祥增訂的「中國圖書分類法」排列。凡列爲簡目者，大都依成書先後爲序。

十八、本書取捨的標準，凡有集大成之作，或有新增訂者，則對於以前各書，予以淘汰，或在新版中注明，或置於簡目中，不再並列。如已有「叢書子目類編」，則「叢書子目索引」「叢書目錄索引」，不再錄列。

十九、最後爲書名及著者索引。書名及人名索引，酌收在序論導言中提到而屬於重要者；介紹重要參考書內容時，文中提到同一類較次要的參考書時，該次要參考書，亦列爲收編對象；凡書中提到的重要論文及書評資料，亦將其篇名視同書名編列。

著者索引，包括：著者、編者、輯者、校證者、譯者等，凡論文及書評資料的著者，也視同著者收錄。每一著者後附列其所著的書名及論文名稱。

上述二種索引，依首字筆劃順序混合排列；筆劃相同者，以點、橫、直、撇、捺爲序。凡中文書名冠有「欽定」「增訂」「新編」「最新」等字樣者，均加以合併計算；惟英文書名的排列，書前的冠詞，不予計算。書名及著者索引後的號碼，爲正文的頁數。英文書名及著者索引，列於最後，依英文字母順序排列。讀者使用本書時，如已確知書名或著者，可先利用書後的索引，以便檢閱。

第一章　參考工作與參考書

參考工作的意義

參考工作是圖書館業務的一部門。

圖書館的業務不外資料的蒐集、整理、保存與利用。前三者屬於技術服務的範疇，都是以圖書資料爲對象；後者屬於讀者服務部門，主要是以讀者爲服務的對象。讀者服務，又可分爲：圖書閱覽、圖書出納、圖書展覽、圖書分館、圖書巡廻車、館際互借、演講會及參考工作等項目。

在沒有解釋參考工作的意義以前，先看「參考」二字的涵義：

參考是「參合他說或他事而考覈之也」。（辭海）

後漢書班超傳：「願下臣章，參考行事。」

魏志杜畿傳注：「杜預著春秋左氏經傳集解，又參考衆家，謂之釋例。」

參考兩字的意義可以解釋爲「參合若干事物或學說而加以考定，是謂參考」（喬衍琯撰中文參考資料和參考工作稿本）

參考工作也稱爲參考服務，都是譯自英文Reference Work（公元1891年首次在Library Journal索引中使用）、Reference Service。日本人則喜歡用「參考業務」。

參考工作的意義，各家說法略有不同，舉其較重要者如下：

1.比蕭（Bishop, William Warner）在參考工作原理（Theory of Reference Work）一書中說：「參考工作是圖書館爲幫助讀者，迅速而有效地，使用圖書館，而作的有系統的工作。」

2.魏雅（Wyer, James Ingersoll）在參考工作（Reference

Work) 書中說：「參考工作是圖書館工作的一部門，其職掌是在讀者利用圖書館資料時，予以支援。」

3.蕭爾斯（Shores, Louis）在基本參考資料（Basic Reference Sources）一書中說：「參考工作對於圖書館的重要性，恰如機智對於軍隊的重要性一樣。參考室內的資料是為特殊的需要而設立的，首要為準備回答讀者的詢問，如某類圖書放於何處？或代尋及指導有關研究和解答問題；並介紹有關文化及消遣讀物。」

4.莫基（Mudge, Insadore Gilgert）在西文參考書指南（Guide to Reference Work）一書中說：「圖書館參考部門的工作為指導讀者使用圖書館，尤其是指導他們於館內使用圖書及圖書館資料，其與借書回家閱讀者不同。」

5.Rothstein, Samuel 於參考工作的演進（The Development of Reference Service）一書中說，參考工作含有三大條件：

(1)對於讀者親予指引協助，尋求知識。

(2)確認此一工作為圖書館履行其教育責任所必須者。

(3)成立特定單位及指派專人，從事此一工作。

其中，最為大眾所接受的解釋是美國圖書館協會術語名詞字典（A.L.A.Glossary of Library Terms）中所作的定義：「圖書館的參考工作，是直接地幫助讀者，尋求知識，以及利用圖書館的資料，從事研究工作。」

參考工作的歷史發展

——兼談我國參考工作的概況

現代圖書館的經營者，都把參考工作列為主要業務之一；但是，

以前的圖書館，參考工作是最弱的一環，似有似無，並不受重視。參考工作能在今日的圖書館中佔重要的地位，並非偶然，而是因爲圖書館管理觀念演變的結果。

　　早期圖書館的經營觀念，只有蒐集圖書加以保管罷了。西洋最初的典籍，都是記載宗教及政治上的重大事件，及帝王首領的語錄，所以庋藏、典藏的地方，自然是神秘的場所。圖書館不是設置在寺院內，就是設置在宮庭內，館員都是官吏，其任務就是保管圖書。

　　我國早期的圖書館，也是如此。試看以前的圖書館，都建築在遠離市塵的地方，四周隔以溪橋、翠竹。館員的任務，除保管圖書外，偶而提供帝王及少數官吏閱覽，雖然編有目錄，無非是供檢查淸點之用。一直到淸末，圖書館還稱爲「藏書樓」「藏書院」「書藏」。

　　這一時期圖書管理的優點是對於保存的方法，甚爲講究。

　　到了十九世紀中葉，由於民主政治思想的發展，各國先後實行共和政治，加上教育的普及，迫使圖書管理觀念的改變，不再專藏死書，應該流通閱覽，爲了便利流通出納工作，圖書必須分類及編目。這一時期，偶而指導讀者利用圖書資料，館員這種指導的行爲被認爲是一種施捨，並非責任。我們可以說，參考工作已在這一時期萌芽了。

　　到了十九世紀末葉，圖書館事業有長足的進步，不但廣設圖書館，對於圖書資料的收集，擴及非書資料，並能顧及民衆的需要；而且改變圖書管理的觀念，認爲保存、整理圖書，只是圖書館經營的一種手段，利用圖書及使用圖書，才是圖書館經營的鵠的。爲了提高圖書資料利用的效果，圖書館紛紛採取列下措施，如：圖書採開架式、解答讀者疑難問題、代讀者蒐集資料、舉辦圖書巡廻車、編製各種專題書目等。

　　這一時期評定圖書館成敗的標準，是以讀者利用圖書館的程度及參考工作的成績來決定，不是以藏書數、珍本及座位的多少來衡量。

　　此一時期，圖書館員本身在觀念上有一大覺悟，就是認為圖書館是一所教育機構，館員與教師的任務相同，把教育民眾和提高當地知識文化的水準，當做義不容辭的責任。

　　最近圖書館的參考工作，更形發達，服務範圍更廣，如專門成立一個單位，分科聘請專家，負責參考工作，或成立專科參考室，或大量購置參考資料，或服務方法利用電腦檢索資料等，可說日新又新。

　　目前國內圖書館的參考工作，以組織型態來說，少數圖書館設置參考部（有些圖書館除參考部外，另與別的部門共同負責，如東海大學的圖書館，參考諮詢工作由參考組與期刊組合辦。）多數圖書館沒有成立正式單位，但設有參考員在負責業務，以上兩種型態，都設有參考室；部份圖書館是設有參考室，由一般館員兼辦參考工作；其餘的是沒有參考室，參考業務由館員兼辦。

　　對目前國內圖書館的參考工作，我們希望能再進一步擴大參考部的編制，多購置適用的參考書，編製學術界及一般民眾需要的專題書目或論文摘要，尤其要設法提高參考員的素質，這個問題暫時可從下列三個方式進行：1.各圖書館科系增開有關讀者服務的課程；2.延長圖書館的訓練到研究所的階段；3.經常舉辦參考業務的研習會或觀摩會。

　　除外，各級學校多採用啟發式教學法，中小學校開設如何利用圖書館的課程，大專院校將「圖書資料運用方法」納入教學的內容，或大一就開設如何利用工具書、研究方法指導的課程等，也可以促成我國參考業務的進步。

參考工作的範圍

　　參考工作的內容與範圍，可歸納成直接服務與間接服務兩種。直接服務的項目有：

1.解答讀者疑難問題與代其蒐集參考資料。

　　讀者閱讀圖書常有疑難的問題發生，這種問題，在往日的教育方法，由教員代爲解答，但今日教育與從前不同，學生讀書大部份都是在圖書館，故解答此種問題，當然由圖書館參考部擔任。參考員對於疑難問題，先要確定其範圍，查問淸楚。有些詢問的人，往往因所要問的事太小，或太平常覺得不好意思，而借一個大題目來問。例如有人問「有關於中日戰爭的書嗎？你能告訴我戰爭的經過嗎？」其實，他所要知道的，只是中日宣戰的日期而已。你若信以爲眞，替他找許多中日戰爭的書，豈不是白費事！又有些人所問的問題非常含混，如「你們有講英國的書嗎？有古代風俗的書嗎？」其實他所要知道的，是英國政府的組織法，或古代中國人的衣服。所以參考工作的第一步，先確定題目的範圍，認淸題目，是屬於書目？索引？或傳記？再尋求參考書。參考問題變化莫測，如無法解答，連問題的字義也不明瞭，則暗中查辭典，再不能，則旁敲側擊，問讀者「我如何幫助您？」「此問題屬於那一類？」要求假以時間答覆，或函告，或用電話告之。

　　大槪讀者疑難的問題可分爲三種：

(1)常識問題　這種問題是各種圖書館中發生最多的，而尤以公共圖書館爲多，如臺灣高速公路有多少公里？留聲機何人所發明？李白的生平如何？民國六十三年何人獲得諾貝爾文學獎金？此種常識問題，若能熟悉各種參考書內容，可在四五分鐘內就能得到正確解答，答覆這種問題，愈快愈好。有訓練的館員與無訓練的館員，則在乎能否以最迅速的時間正確答覆此項問題來區別，故參考員對於各種參考書以及其他書籍，要能熟悉其內容與編製，至於檢查方法，尤需熟練。

(2)現在社會新發生的財經、教育及國際問題　如「石油漲價問題」

「留學考試問題」等，這種問題都是新近發生，當時最新的參考書及專門書籍都沒有記載，要解答此種問題，惟有在報章雜誌中求得。

(3)各種專門學術問題　此種問題在大學圖書館中最多，而尤其以學生作研究報告或學位論文時，詢問至繁，解答此種問題，非嫻熟各種基本參考書，如各種專科書目、索引及摘要不可。而此種問題，也非一時就能為之解答，需參考許多書籍刊物，並有相當的學識為背景才能辦到。此種問題如關於「中國書史」「中國古代瓷器製造方法」「梁啓超對於雜誌報業的貢獻」「翻譯外國書籍對於中國文化的影響」等。

綜上所述，讀者問題如此廣濶與複雜，所以參考員如想克盡厥職，應注意下列各點：

(1)重要參考書要明瞭其內容及使用方法。

(2)新到圖書必須過目，如能將館藏重要圖書完全過目，尤為妥善。

(3)新到期刊最好檢閱其目錄，期刊論文雖有索引可查，但若自己過目，則將來檢查更加容易。

(4)報紙必須瀏覽，因有時間性的參考材料，多在報紙登載，又從閱報可知社會上發生的某些新問題，自己須預先蒐集該問題的材料，以備讀者的諮詢，因為讀者詢問的問題，有須即刻回答者，遲者失其效用。

2.指導其使用參考書

解答讀者的問題與代其蒐集資料，是參考業務最重要的工作之一。若更進一步，指導其使用參考書，則更加有意義。在中國學校課程中，極少有「圖書館利用法」「研究方法指導」科目的開設，所以學生多不知利用各種工具書。如曾見一學生，找「吳梅村」的生平事蹟，在商務印書館出版的中國人名大辭典找了很久仍

找不到，找不到的原因，是因為該生不會利用附錄的「異名表」，「異名表」注明「梅村」就是清人「吳偉業」。

最好是利用解答讀者疑難問題時，順便指導其使用參考書的方法。但並非每人均須指導，有些讀者到圖書館是為了「求知」，而非「求教」。求知、求教是圖書館參考工作的兩大任務，應以何者為重，宜視對象而定。大體說來，青年學子應為指導，老人則逕行告知；或經常到館利用資料的人，予以教導，偶而來利用的，就直接給予答覆。

間接服務的項目有下列各項：

1.編製參考書目及新書介紹文字

參考部門除了解答讀者詢問外，為便於解答讀者疑難，並引導讀者利用館藏圖書資料，編輯各種參考書目，實為必要。事實上，參考員在工作中，由於常與讀者接觸，必定知道讀者們所需要的資料，這些需要未必為編目單位所顧及，應由參考部將此等資料編成各種書目、索引、摘要等。編輯此種參考書的基本條件，必須參考員對於館藏內容，瞭如指掌，以免重要資料的遺漏。

如目前我們急需編製各科入門的書目，如「文學入門書目」「國學入門書目」「經濟學入門書目」「科學入門書目」「社會科學入門書目」「太平天國資料目錄」「戊戌變法資料目錄」等。此種書目，如編有簡單的提要，舉示其內容更好。

又如國家有重大事故發生，立即蒐集有關的資料，不論是圖書資料或是非書資料，編成書目，使留心這事的人可以按照書目去找書。如可編關於土地改革的資料目錄，及十二大建設的資料目錄，這些資料應包括：專書、期刊上的論文、報紙上的論述、圖片、統計資料、有關法令規章等。

編輯竣事後，應及時宣傳與報導，其方式有下列四種：(1)印刷

出版；(2)公告讀者週知；(3)舉辦圖書資料展覽；(4)直接向讀者推薦。

　　新書到館，參考部門（或閱覽部門）應撰述介紹文字刊登館刊或張貼公告欄，以促請讀者利用閱覽。一般說來，讀者對於新出版的圖書，最能引起閱讀的興趣。大學圖書館對於全校教師，應知道其研究重點與主題，有新書到館，主動通知他們。

2.關於參考書的選購與蒐集，使其充足而適宜

　　　在圖書館中，圖書資料的採購，通常由採訪部門負責。如屬參考書的增購或補購，可由參考部門負責。所謂增購，指使用頻繁的參考書，而館藏較少，購置復本而言。補購指圖書遺失、損壞或一套書缺某一部份時予以補全而言。參考室均採開架式，參考書難免遺失，或經常使用而破損，則需補購。如有連續刊行的出版物，如年鑑、統計、要覽、手冊、書目、期刊等，中間有缺期，也應購置，以成全璧。

3.參考書籍的管理

　　參考書籍的管理，包括下列各項：

　(1)排列參考書　　參考書因應用頻繁，在書架上的次序易於凌亂，為便於使用，每下班後，應按分類順序排列。排列時每一層書架預留三分之一的空間。

　(2)淘汰參考書　　參考書未必都有永久的使用價值，有下列情形的，應予以廢除或存放書庫：①增訂本出版，舊版本可淘汰；②性質與內容年年一律的過期年鑑；③連續刊物或小冊子，已有累積本的；④內容材料因時過境遷，已失去參考價值的。

　(3)改正錯誤　　參考室陳列的圖書有些並非參考書，如書名為「指南」，並非指南；書名為「手冊」，並非手冊。這種普通圖書應加改正，改放書庫。書庫內通常也有些可列為參考書的，應儘速改正，放置參考室。

(4)重裝　　參考書除電話簿、小冊子不必精裝外，其他如爲平裝的，應予改裝，最好在採訪部門卽予精裝。參考書如頁數脫落，或被讀者割竊的，應予重新購置或到他館複印，重新裝訂。

(5)參考室應備一書架，專列應時的參考書或專列新到館參考書。

(6)參考書爲管理方便，最好接近書庫。

(7)非依規章所訂有權出借的人核准，參考書不得借出，借出人逾期歸還，罰金視一般圖書辦理。

參考書的意義及特質

參考書有廣狹二義。

辭海：著作或研究時，用備參證之書籍曰參考書。這是指廣義來說的，一切的書都有時可供參考之用，一切的書都有時可供參考的價值，這種參考書與普通書就沒有絕對的區別。

一般書籍編製的目的，主要是供讀者連續性的閱讀，但也有些書在編製的時候，便不希望讀者從頭到尾的閱讀，其目的主要是供人查尋事實的，例如字典，便是以供人尋求字義爲目的的，又如中華民國年鑑，是供人檢查最近中國政治、社會、經濟各方面的發展情形的，這類的書在通常的情形，沒有全部閱讀的必要，這種專供檢尋而編輯的書，就是狹義的參考書。圖書館學的所謂參考書，都是指狹義的參考書而言。劉國鈞在圖書館學要旨一書中，給狹義的參考書下一個定義：「參考書是蒐集若干事實或議論，依某種方法排比編纂，以便人易於尋檢爲目的的圖書」。何多源編的中文參考書指南，鄧衍林編的中文參考書舉要，都是指狹義的參考書而言。

文史界的人，喜歡用工具書一詞代替參考書，如：汪辟疆的「工具書的類別及其題解」、方管的「工具書與入門書」、曾影靖的「中國歷史研究工具書叙錄」、陳新雄的「如何利用工具書」、應裕康與

謝雲飛的「中文工具書指引」、王熙元的「國學重要工具書指引」等。

　　參考書的編製設計，與普通書籍有顯著的不同，絕大部份的參考書，都有下列四點特質：

　　1.**解答問題**　參考書只備我們學術研究或有難題不能解決時，檢查之用。如我們要找一件事情的有關資料，一件東西的記載，或是一個字的意義，或在研究上發現有些什麼疑難的地方，就去利用參考書。例如我們想知道曹植是什麼時代的人，若是拿一部普通歷史書籍來找，不知如何下手；若是拿一部人名辭典來找，就可以一檢卽得。這人名辭典就是參考書。

　　2.**部份閱讀**　參考書不必自首至尾全部閱讀，只爲稽查檢閱之用。如中華民國年鑑，是供人檢查最近中國政治、社會，經濟各方面的發展情形的。這類的書在尋常的狀態下絕無全部閱讀的必要。不過也有些參考書，因爲內容簡便實用，卻也值得全部閱讀的。

　　3.**編製不同**　參考書的編製，以便讀者檢閱爲目的，其體裁格式，與一般圖書不同，其內容排列，或用部首，或用筆劃，如康熙字典，圖書學大辭典等是。或分類序列，如東方書店出版的東方百科全書。或依韻排比，如開明書店出版的辭通。或以其他系統排列，如以年月日期爲次，或以地域分編，其編製與普通書籍，迥然不同。

　　4.**內容廣闊**　無論何種參考書，其對於一般或某一專科的知識，均包羅很廣，如教育大辭書則關於教育名詞均收羅在內，加以解釋。有時候因爲用法和用書人的程度上關係，也有縮小範圍的；不過在一定範圍之內，也是應有盡有的。

參考書的種類

　　參考書的類別，可粗分爲兩種類型：一種是直接可以提供答案的，例如字典、辭典、百科全書、大事年表等；一種是不直接提供答

案，却能明示答案出處的，例如書目、索引、摘要等。

參考書的類型，如詳加分類，則各家略有不同。茲舉例說明如下：

汪辟疆的工具書的類別及其解題一文（刊載讀書顧問創刊號，民國23年 4 月），收二十九種重要的國學參考書，分爲九類：檢字、檢年、檢人、檢地、檢官、檢事、檢書、檢辭、檢文。

應裕康、謝雲飛合撰的中文工具書指引，收一千三百七十種參考書，分爲十一類：檢查文字音義、文辭意義、分類記事、年曆紀元、人物傳記、地理方志、篇目內容、書名目錄、典章制度、論文期刊、書畫金石等。

王熙元的國學重要工具書指引，收六十二種參考書，分十二類：檢查字義、辭義、文句、篇目、書籍、聲韻、年代、人名、地名、典章制度、典故辭藻、事物起源等。

以上三種分類法，依問題的性質及讀者檢索的立場分類。所選參考書偏重國學方面。

何多源的中文參考書指南（民國27年出版），收二千三百五十種參考書，其中有二百四十三種係非純粹參考書。該書所收參考書的範圍，包括字典、辭典、百科全書、類書、書目、年鑑、年表、索引、輿地、指南、法規、統計、一覽、傳記、史料等。

藍乾章撰中文參考講授大綱，將參考書分爲下列六種：書目、索引、類書與百科全書、字典與辭典、歷史傳記參考資料、地理資料等。

書目索引爲治學主要工具，該大綱把它列爲篇首。

本書將參考書依其體裁分爲下列九類：

書目：以書爲目，檢查圖書內容用的，包括圖書目錄及非書資料目錄。

索引：檢查期刊報紙內容的，如爲書籍或文集索引，也列在本類。

本類附收摘要。

字典與辭典：供檢查文字形音義或複詞意義的參考書。

類書與百科全書：類書專供檢查事物掌故起源、文章詞藻及典章制度用的。百科全書均由專家執筆，每一條目都是一篇完整的著作，條目後附有參考書目，書後並附有索引，外國的百科全書還經常加以修訂。

年鑑與年表：以時間爲範圍，供檢查大事記及年月日用的。

傳記參考資料：供檢查古今人名、生平事蹟及生卒年用的，查姓氏來源及現代社會的各種人名錄，也列於此類。

地理參考資料：包括古今地名辭典、歷史地圖、方志、地理總志。

法規與統計：這兩種圖書大部份屬於政府出版品的範疇。前者包括法律及規章，法律須經立法院三讀通過，並經總統公布，才有效；規章通常由各機關發布。統計是官方出版中最具價值的參考書，包括人口統計、生產統計、經濟統計、貿易統計、衛生統計等。

指南與手册：指南指機關團體的名錄，內容包括：團體的名稱、地址、沿革、職員等；手册是蒐集某一主題有關的既成知識或既成資料，有系統的彙編起來，使有關的人知道在短時間內如何進行工作。

參考書的選擇法

參考書的數量，不在多而在精。材料豐富而新穎，內容正確，排列便於檢查的參考書，固然可以幫助讀者治學，或節省時間；但內容惡劣，錯誤百出的參考書，却可以貽誤後學。有些參考書價格昂貴，又不一定和品質成正比。所以對參考書的鑑別方法，應略知一二。茲略述如下：

1.閱讀專家學者的書評　較有價值的參考書出版後，國內刊物，多

有發表對於該書批評的文字，此種書評，如不是做廣告而出於專家學者撰述的，其評論多屬正確而有見地，故選購參考圖書，可以這種書評爲根據。近三十年來新參考書出版的不多，所以這一類書評也少，然遇有新書出版，仍可看到有關的書評。

2.閱讀參考書指南　參考書指南將各種參考書，錄其書名、著者、版本、內容、評其優劣等，是選購參考書的重要依據。這種參考書指南，最近影印的有「中文參考書指南」，最近新出版的有「中國歷史研究工具書敍錄」「中文工具書指引」「中文參考書目選錄」（英文本）「中文參考用書講義」等。

3.向專家學者請益　「近二十年來發表的書評不多，而且往往把好的辭彙用盡，短處一點不說，指責的又常是人身攻擊，如想由這些書評去看書的優劣，效果甚於緣木求魚。可是專家學者對一部新書的優劣，讀過的還是瞭如指掌，只是怕得罪人，或不願多事，不肯以文字發表出來，我們如能虛心請教，也許比讀一篇書評還要好些」。（喬衍琯撰中文參考資料與參考工作未刊稿）

4.審查書的內容　莫基（Mudge）說：「惟有時常的實際 的 運用一種參考書，也可以叫人徹底熟悉它的性格和用途。」如果不能從上述三途以定一書的優劣；或是所得的評論還覺不夠，只好自己實際去使用參考書，時間一久，卽可鑑別出優劣點。此外，審察書的內容，也是評定參考書的方法。茲分述如下：

(1)書名與內容是否相符？

「出版界有一種習慣，爲了書的銷路或其他原因，擅自改易書名和編撰人的姓名，如不細察，很容易誤爲新書。有的編著人所定的書名與內容不符實，如有一本宗教小辭典，所收辭彙，僅以天主教爲限」（喬衍琯撰中文參考資料與參考工作未刊稿）。

(2)編者的學歷如何？

「在一般情形而論，從編撰人的履歷及聲望，可以決定一本參考書的優劣。然在近年來，僅管有些人擁有像樣的學經歷，然所編輯的參考書却難令人恭維，蓋其覓人代編代校，封面所謂『主編』『審定』掛名而已。又有些學者剽竊他人之作，不加改易，或稍加修改，如刪去序跋體例，攘爲己有。然此中往往有好書」。（同上）

(3)出版者是否有名書局或學術機關？

「規模龐大或注重信譽之出版社，常擁有堅強的編審部門，無論是自編或外稿，都經嚴格審定，或逕請特約編審和專家學者審閱。所以出版圖書不肯草率，選購時可以信賴。近年出版事業雖很發達，但是出版社多是小規模經營，重在出版發行，有編輯部門的事實上不多，更少專家，或竟無編輯部及編輯人員，抓到書就印。經營方針又惟利是圖，不計較樹立信譽，所以對早年編印的參考書，不妨憑出版者的信譽做參考，新近編印的，對出版者所可保證的水準，還需愼加留意」。（同上）

(4)注意該書序言凡例所述的特點是否可靠？

「固然賣瓜不說瓜苦，然亦不應過分吹噓。常見若干方長寸許之英漢字典，動則標明生字若干萬，試以每頁生字乘其面數，雖合中文以計，亦不能足數，立見其僞」。（同上）

(5)記載是否正確？

可就自己有研究的部份翻出來看看，便可容易決定其價值。

(6)出版時是否最近？有無改訂或補編出版？

參考書當然以新版書及增訂本較具參考價值，但是有些出版商將幾年前出版的書印上最近的年月日，然後加「初版」二字，或無改定、增補的書，加上「增訂本」三字。購置參考書時，對於改訂或補編圖書，應特別愼重審查。

(7)排列方法是否便利？

　　同是按類分類的書，其排列方法各有不同，同是按筆劃排列的字典，其順序也是不相同，同是用英文字母順序排列的參考書，也有 Letter by Letter System與Word by Word System的分別。

　　(8)有無索引與附錄？

　　如以書目與索引來說，凡分類排列者，應有人名或書名的輔助索引，如按著者排列，應有標題或分類的輔助索引。如有附錄，應審查是何性質，共有幾種，與正文如何聯絡。

　　(9)紙質字體大小如何？

　　紙張太薄了，容易縐起和捲角，使書容易破壞。字體方面以清楚明晰不傷目力為上，面數過多的參考書］，最好有指標（Thumb Index），以便檢查。

參考書的選書工具

　　前一節參考書的選擇法，談到購置參考書應利用參考書指南這一類書。參考書指南的用途，可供大專院校講授「圖書館利用法」「參考書利用法」「參考工作與參考資料」等課程當做教材外，也可供研究學術的人指出找尋材料的途徑，其中用途最大的是可當圖書館選購參考書的指引。

　　我國有參考書，由來已久。漢成帝時，劉向校讎羣書，編成別錄；他的兒子劉歆根據別錄，編了七略；這兩部書都是治學的參考書。漢安帝時，許愼撰說文解字，是我國最早的字典，魏文帝時王象等編有皇覽，是我國第一部類書。到了唐代，參考書的範圍擴大，除北堂書鈔、藝文類聚、初學記等類書外，還有供查典章制度的類書——杜佑的通典。宋代由於印刷事業的發達，圖書資料的發展有一日千里的趨勢。撰寫參考書的學者日益增加，撰寫的種類也日益繁多，到了清朝，是我國參考書編纂最盛的時期，而且編寫的體例頗為謹嚴

精密；到了現代，參考書可說是多如繁星，選擇參考書反而成了圖書館員及讀者困擾的問題，所以就要有一種參考工具，專門介紹各種參考書的內容，敍述各種參考書的用法，評論各種參考書的優劣等。

汪辟疆可說是最早撰寫這種參考工具書的人。民國二十三年四月，汪辟疆發表工具書的類別及其解題一文，載讀書顧問創刊號，全文二萬字，除說明參考書的重要性，參考書在中國學術界不能發展和普遍應用的種種原因外，最重要的是介紹二十九種重要國學參考書，每種參考書標明著者、初刻版本、新印書局。然後再介紹其內容、價值，並指陳得失，敍其源流等。民國二十五年九月，何多源編了一部中文參考書指南，列為嶺南大學圖書館叢書之一，收參考書一千三百種，民國二十七年增訂，收書至二千零八十一種，連附見的書共有二千三百五十種，這是繼汪辟疆以後，也可說是中國目前介紹參考書的一本最大鉅著。全書分上下兩編。上編為通論及普通參考書，收字典、辭典、百科全書、類書、普通書目、叢書書目及索引、雜誌日報目錄及索引、政府機關及學術研究機關目錄及指南。下編為專科參考書，收圖書館學、經學、哲理學、社會科學、統計、年鑑、自然科學、應用科學、語言、文學、藝術、歷史、傳記、地理、地圖、指南等。

該書所著錄的參考書，除載其書名、著者、發行所（古書則記其代售處）、出版年月、頁數或冊數、版式、定價等項外，更附有內容提要，間有舉例以說明用法，對於一部份書籍更兼註評語。全書按分類排列，並採用互見之例。書後有書名、著者、類目三種混合排列的筆劃索引。本書臺灣古亭書屋及文史哲出版社曾據增訂本影印。

民國二十五年鄧衍林也編了中文參考書舉要一書，收錄書籍一千五百餘種，沒有內容介紹，僅著錄：書名、卷數、編著人、出版日

期、版本及出版者。

　　民國二十四年鄧嗣禹編輯燕京大學圖書館目錄初稿：類書之部，將該館所藏的類書共三百一十六種（內有附錄三十七種）各撰提要。每種類書，先寫其書名卷數、著者姓名、版本、冊數等，次述內容概況。各種類書，分爲十類，卽：1.類事門；2.典故門；3.博物門；4.典制門；5.姓名門；6.稗編門；7.同異門；8.鑑戒門；9.蒙求門；10.常識門。書前有洪業、田洪都序及自序，書後附有：現代辭書錄略、原分門類各書引得、引得筆劃檢字、引得拼音檢字、著錄各書筆劃引得。該書民國五十九年臺北古亭書屋影印時改題中國類書目錄初稿；民國七十一年臺北大立出版社影印時已正原書名。

　　民國二十五年鄧嗣禹與美國人畢耐德（Biggerstaff, K.）合編了一部中國參考書目選錄（An Annotated Bibliography of Selected Chinese Reference Works），收參考書二百八十餘種，以英文撰寫的內容提要；民國三十九年在美國增訂再版，增收一百三十種；民國六十年第二次增訂再版，共收四百七十三種，全書分爲八大類，計爲：書目、類書、地理、傳記、表式、年鑑、引得等。每類之下又再細分子目。條目以書名爲單位，排列並沒有一定準則，或以重要性，或以時代性。書名後列編著者、出版者、出版地點、出版日期、冊數及解題。以上各項除了書名、編著者、出版者兼有中英文外，其餘均爲英文。解題以說明內容爲主，間有評論，書後附有著者篇目綜合索引。

　　民國三十九年以後，出版此類圖書，有下列數種，依成書先後，介紹如下：

Contempoary China: A Research Guide （現代中國研究指南）

　　吳文津　Berton, Peter 合編　民 56 年　美國加州　The Hoover Institution on War, Revolution and Peace　695面

係以英文撰寫的研究現代中國的解題書目，共收二二二六種。以臺灣及中國大陸出版品爲主，兼收香港、日本、美國、英國、蘇俄等國家（或地區）出版物。時間自1945年（中國大陸自1949年）至1964年止。語文包括中文、日文、英文與俄文。

全書分四編二十二章，每章以下，再分節目。著者在每編章之前，先作提要介紹。四編卽：1.書目索引；2.一般參考書（如辭典、年表、年鑑、地圖、指南、百科全書）；3.官方資料選輯（如條約、法令、律例及一些有關社會、經濟、政府、黨派組織的重要文獻）；4.報章期刊選輯（包括臺灣、中國大陸、香港等地出版的連續性出版品）。

排列依時代先後爲序，也有將重要者置於前。著錄的款目包括著者、書名、出版者、出版地、出版年、頁數及解題。附錄與中國問題有關的圖書文獻機構一覽。書後有標題索引和著者書名綜合索引。

中國歷史研究工具書叙錄（稿本）

曾影靖編　民57年　香港　龍門書局　324面　油印本

爲研究中國歷史必備的工具書指南。此處所謂歷史一詞，乃就廣義而言。本書共載錄工具書七一九種，以香港大學馮平山圖書館所藏者爲主。全書分爲七部，卽：

1.書目（內分書目總錄，叢書目錄，舉要解題書目、藏書目錄、分類書日、現代出版消息性書目、期刊目錄、翻譯書目、外文目錄等目，共收二六八種）。

2.索引（內分論文索引、專書索引、分類索引等目，共收有一二五種）。

3.年表（內分年曆、歷代紀年、歷代紀元、大事年表等目，共收五十九種）。

4.歷史地理（共收八十一種）。

5.人物（共收九十三種）。

6.辭典（共收三十二種）。

7.年鑑（共收六十一種）。

　　排列同類的以重要者居前，具時間性者，則以時代先後爲序。所收的參考工具書，以臺灣、日本、香港三地出版者爲主。每種書著錄的款目，包括：書名、編撰者、出版者、出版年月日、出版地、庋藏地點、附注（多用以注明該書的版本）及內容摘要。內容摘要一項，除闡述其書的性質、重要性、用途、體例、特色及檢查法外，對其得失優劣，也偶有評騭，對於性質相同的書籍，也加以互相比較。

　　對於書籍兩屬者，如果兩「部」均爲重要著作，則採互見例，如二十五史人名索引，二十四史傳目引得，既屬索引之部，也可列於「人物」之內，所以予以兩見。

　　本書爲編者的史學畢業論文，所收工具書遍及中文、日文及英文，所收晚出的工具書比較何多源中文參考書指南爲多；惜全書沒有輔助索引，翻檢時稍感不便。

　　書評：中國歷史研究工具書叙錄（稿本）評介　喬衍琯，國立中央圖書館館刊新第2卷第4期，民國58年4月，頁143—145。

　　政府遷臺後，出版此類圖書，有下列數種，簡介如下：

中文參考用書指南

　　李志鍾　汪引蘭合編　民61年　臺北　正中書局　625面

　　收列參考書一千五百三十五種，以民國三十四年臺灣光復後至六十年六月在臺編印出版及影印出版的圖書爲主。全書分爲六編，卽：

　　1.通論（含參考服務與參考用書，書目學與書目）

　　2.總類（含革命文庫，圖書館學、書目、官書、期刊、報紙、索引、提要、畢業論文、會社、機構、類書、百科全書、叢書、字典、辭典、經學）

3.人文（含哲學、宗教、語文、文學、藝術）

4.社會科學（含總類、政治、法律、社會、統計、經濟、財政、工商、教育、心理、軍事）

5.歷史及地區研究（含歷史、傳記、漢學、中共研究、其他各國）

6.應用及自然科學（含總類、天文、氣象、生物、化學、物理、數學、地質、礦物、工程、醫學、交通、農業）等。

　　每一種書著錄的款目，包括：書名、著譯者、出版年、出版地、出版者、面數、並附有簡介。書末附有書名及著者索引，依筆劃多寡排列。

　　收錄一百多種，並非純參考書，也予著錄，重要參考書遺漏甚多，如郭廷以撰近代中國史事日誌，太平天國史事日誌。

　　缺點甚多，如中央圖書館編印的中華民國臺灣區公藏中文人文社會科學期刊聯合目錄寫成按「分類排列」，事實上，該書按刊名筆劃多寡排列，餘見藍乾章：評中文參考用書指南，載耕莘集第16期，民國62年6月，頁1—2。

中文工具書指引

　　應裕康　謝雲飛合編撰　民64年　臺北　蘭臺書局　442面

　　收錄各類參考書一千三百七十種，察其內容，以國學工具書居多。收錄參考書的期限，自清末至民國六十一年左右。

　　全書按分類排列，共分十一編（見前節參考書的種類），每編再酌予細分，如檢查年曆紀元的工具書，分為：年曆、紀元譜系、年表日誌、中西曆對照。類中各書，再以性質相同者相匯集，間也以時代序其先後。

　　每種參考書著錄其書名、編著者、出版者、出版年、出版地。若該書有重印或影印本，注明其重印或影印的機關、發行日期及地點，以便採購。各重要的參考書，大多撰有提要，以介紹其內容、體例，

以及使用方法，間或評其優劣。其餘同類的工具書，以及書名含意極顯明的參考書，則省略其提要。

　　本書特點之一就是在每類參考書之前，都有說明此類參考書的意義、種類、歷史、淵源、功用、選擇方法、利用方法等。特點之二就是各重要參考書，在書名前加「☆」星號表示。

　　書評：1.中文工具書指引評介　鄭恆雄，教育資料科學月刊第9卷第2期，民國65年3月，頁27—28；2.關於工具書的工具書，編纂中文參考書指引刻不容緩　鄭明娳，中央日報，民國65年11月2日。3.關於中文工具書指引　黃錦鋐，書和人第294期，民國65年8月，頁5—7。

中文參考用書講義

　　張錦郎編撰　民65年　臺北　文史哲出版社　717面

　　係編者就講授中文參考資料之講義整理編印而成。其內容收錄民國以來之中文參考書，以在臺出版者為主，國外出版有關我國學術之參考書亦擇要列入。重要各書均撰有解題，較不常用或次要者列入「簡目」，無解題者附於各類之末。

　　首論參考工作與參考書，次按參考書的類型分為書目、索引、字典和辭典、類書和百科全書、年鑑與年表、傳記參考資料、地理參考資料、官書、名錄與手冊等十章。書末附有書名著者索引；另將有關中文參考書之論文選輯一併刊印，以便參證。本書對各類參考書之定義、種類或功用、歷史沿革等均有介紹。選介各書依次著錄其書名、卷數、編著者、出版時、出版者、面數（或冊數）、叢書注及該書解題。

　　據手抄本影印出版，有關本書之書評及介紹文字見：1.喬衍琯：中文參考用書講義評介，刊載於輔仁大學出版之圖書館學刊第五期（民國65年6月15日出版）；2.姚朋：中文參考書，刊於民國65年8月28日聯合報副刊，三三草專欄；3.楊如蕙：中文參考用書講義，刊於

民國66年10月27日，中華日報文敎與出版。（鄭恆雄撰，載圖書館學
與資訊科學三卷一期）

中文參考資料

　　鄭恆雄撰　民71年　臺北　臺灣學生書局　24,395面　　（圖書館
學與資訊科學叢書）

　　對於參考工具書的源流與發展、內容與編排、功用與檢索方法
等，進行介紹、研究或評論的著作，稱爲工具書指引、參考用書指南
或參考工具書解題。

　　自民國二十三年汪辟疆發表工具書的類別及其解題一文以來，五
十年來國內共出版五十餘種中文參考書指引。就其體例而言，可分成
二種型式，一種是重視資料（含版本）的新穎和完備；另一種是把
重要又常用的同類或相關的參考書集中綜合評述，做一優劣詳略的比
較。前者適合從事學術研究工作的人士使用；後者則適用於學習中的
學生或一般社會大衆。

　　本書的體例屬於後者。全書分十一章，首爲導論，敍述中文參考
資料的意義、範圍、排檢法及利用的原則等，其次爲書目、索引、字
典與辭典、類書（政書、百科全書）、傳記參考資料、地理參考資
料、年鑑・年表・曆譜、名錄・手册、統計資料、法規等，各章詳述
各型參考工具書的定義、沿革、種類、功用和體制，並選錄重要的參
考資料，綜合比較評述。

　　書後有總索引，將書中提及的書名、作者及標題混合排列，按筆
劃多寡及筆順次序定先後，有助於檢索。

參考服務與參考資料——圖書館參考服務之理論與實務

　　薛文郎撰　民70年　臺北　臺灣學生書局　349面

　　著者於民國六十四年撰「圖書館參考服務之理論與實務」一書，
本書卽據前著增補參考資料，約收二百六十餘種，其中中文約二百

種，西文約六十餘種，另國學名著四十三種，略加解題。

　　全書分為導論、參考服務的人力要素——參考館員、參考服務的物質要素——參考用書、參考服務部門的組織、參考服務的基本態度、參考工作的實務、參考館員與國學、參考館員與科技知識、中西百科全書、重要參考書述介等十章。

　　著者曾任國立中央圖書館臺灣分館參考諮詢組主任、專科學校圖書館主任及大學圖書館館長，對參考工作具有實務的經驗。

國立中央圖書館臺灣分館館藏中外文參考工具書選介

　　　　國立中央圖書館臺灣分館編輯　民68年　臺北　該館　296面

　　該分館多年來，不斷將各種不同型式的館藏資料，陸續編為書目或索引，予以刊行；不但便利讀者檢索資料，也頗受到國際漢學界的重視。本書是最近出版的一種參考書書目。收錄民國六十八年六月以前該館蒐藏的中外文參考書，共二一〇九種，每種書均略加中文介紹。

　　排列分為：總類、人文學、社會科學、自然及應用科學、歷史及區域研究五大類。除綜合性參考書入總類外，凡各學科的參考書，均入其他四大類。如教育論文索引及教育年鑑入社會科學的教育類。這是針對讀者使用方便而設計的。

　　每書著錄的款目，有：編號、書名、編撰者、出版年、出版者、該館書號及中文簡介。書末附書名索引。

中文參考書選介

　　　　國立臺灣師範大學圖書館編　民65年　臺北　該館　100面

　　收該館參考室陳列的中文工具書九百八十餘種。依照中國圖書十進分類法排列，各書均加簡明提要。

中文參考書選介

　　　　國立高雄師範學院圖書館閱覽組編　民71年　高雄　該館　152面

中華民國六十六、七年新編參考書選介

鄭恒雄編　圖書館學與資訊科學第 5 卷第 1 至 2 期，民國 68 年 4、10月，共40面

編者曾編中華民國六十五年新編參考書選介，刊圖書館學與資訊科學三卷一期，收重要參考書六十種。本書爲其續編，收錄六十六、七兩年新出版的重要參考書一三六種。其據古籍影印的一概不收，惟加以改編，內容有增補，酌予列入。港澳出版在臺發行的，也摘要收入。

按參考書類型分爲：書目、索引、摘要、百科全書、字典（辭典）、傳記參考資料、年鑑（年表）、表譜、手冊（名錄、指南）、法規等，計十類。每書著錄：書名、編撰者、出版時、出版地、出版者、版次、面數、叢書注、售價、解題等。

學科工具參考書　第一至六輯

陳正治　嚴錦　孫寧瑜等編　民67至68年　臺北　臺北市立女子師範專科學校　6 冊　（共425面）（臺北市立女子師專教學研究叢書9）

編輯主旨，在提供師專學生各科重要工具書，分類介紹其內容，俾能養成利用工具書解決問題或從事研究工作。共出六輯，第一輯語文科，第二輯史地科，第三輯體育科，第四輯美勞科，第五輯音樂科，第六輯數學科。各輯體例不盡相同。第一輯介紹工具書，收錄的資料，頗爲詳備，第二輯兼及參考資料（如二十四史、資治通鑑）與普通書，第三、四輯均一般普通書，第五、六輯只收錄極少數工具書，大部分爲普通書。

國防部圖書館參考圖書目錄

國防部史政局編　民55年　臺北　該局　1 冊

香港中山圖書館中文參考書目錄

香港中山圖書館編　民69年　香港　誠館　227面

收一六三七種，含期刊。國立中央圖書館臺灣分館有此書。

科技參考文獻

沈曾圻編譯　民65年　臺北　技術引介社　367面

據 Malinowsky, H. R. 著 Science & Engineering Reference Sources 譯成。

可視爲西文科技參考書指南，收四百多種，以英文書籍爲主，重要的別種文字參考書，也包括在內。

第一章文獻檢索，概述文獻檢索的特質；第二章文獻形式，介紹各種類型的參考資料的定義、功用、種類、特性等；第三章至十三章分別列舉普通科學、數學、物理學、化學、天文學、地質學、工程學、生物學、植物學、動物學、醫學等學科的重要參考文獻，如：書目、索引、摘要、史籍、字典與百科全書、地圖、傳記、手冊、名錄、期刊等。每種參考資料均介紹其書名、著者、版次、出版地、出版者、出版年、內容提要等。

附錄有著者書名索引、基本參考書刊選目、各學科重要參考書簡目。

科技資料指引

陳善捷編撰　民71年　臺北　臺灣學生書局　536面　增訂本
民國68年初版。

據 Ellis Mount 所撰 Guide to Basic Information Sources in Engineering 一書，按國內讀者需要，加以選擇，並加入中、日文科技資料。全書共收一一四八種，較初版增收二四五種。其中中文二九三種，日文一二九種，西文七二六種。內容分四部分：1.技術文獻的定義、性質與檢索方法；2.參考圖書，包括字典、辭典、百科全書、書目、手冊、文獻指引、科技史、傳記資料、指南與年鑑等；

3.期刊及科技報告；4.其他資料，如會議記錄、廠商名錄、規格及標準、專利及商標等。

各書著錄的款目有：書（刊）名、版次、著（編）者、出版地、出版者、出版年、面（冊）數、內容摘要等。

書後有中、日、西文索引，每種索引均為書（刊）名、著者及標題混合排列。

重要科技文獻指南（第一輯摘要與索引）

李德竹編撰　民67年　臺北　自然科學文化事業公司　383面

選擇世界重要科技摘要及索引二十三種，限英文及國內圖書館收藏者為主。分五大類：1.一般性；2.化學、物理及核子科學；3.農業及生物科學；4.工程及技術；5.醫學。

每種參考書介紹內容、編排檢索方法、優劣點、館藏單位等。

中國醫藥學院圖書館館藏參考工具書指南

中國醫藥學院圖書館編　民71年　臺中　該館　96面

教育參考資料選粹

胡歐蘭編撰　民69年　新竹　楓城出版社　440面

我國介紹教育參考書的第一部專著。

收錄中、日、西文教育參考資料九百二十餘種，其中期刊三百六十種，收列資料截至六十八年底止。每種資料的介紹，分詳略兩種；重要者就其資料範圍、用法、特性等，加以詳細解說，次要者只列書名（刊名）、編著者、出版者、出版地、出版年等款目。

全書按資料型式分為：視聽教育資料、文獻指引、字典與辭典、百科全書、書目、索引與摘要、傳記資料與名錄、年鑑與統計資料等，各型資料下再分為中文、西文、日文。書後附中西文標題索引及著者書名綜合索引。

西文參考書指南

沈寶環撰　民65年　臺北　臺灣學生書局　477面

民國55年臺中東海大學初版。

以淺顯的文字及扼要的敍述，介紹歐美重要參考書。全書分八章：1.參考工作與參考書；2.百科全書；3.年鑑；4.字典；5.期刊與索引；6.傳記參考資料；7.地理參考資料；8.專科參考書。

西文參考書選介

國立臺灣師範大學圖書館編　民66年　臺北　該館　114面

收該館各參考室陳列的西文工具書七百十八種，分為總類、人文科學、社會科學、自然及應用科學、史地五大類。各書加簡單內容提要，注明收藏地點。書後有書名及著者索引。

第二章　書　目

書目的意義及歷史

　　書目為記載各書書名、著譯者、卷冊、版本、出版年、定價，並有著者生平介紹、圖書內容評介、授受源流、收藏處所等。通常按照分類排列。

　　書目與目錄，相互為用。以書目為名的，如東晉初李充編的晉元帝四部書目，宋人尤袤編的遂初堂書目，宋人鄭寅編的鄭氏書目，明人楊士奇編的文淵閣書目，清人孫星衍編的孫氏祠堂書目，民國如國立中央圖書館編的善本書目等。以目錄為名的，以近代圖書館的藏書目錄居多數，如四庫全書簡明目錄、江西省立圖書館圖書目錄、湖北省立圖書館圖書目錄、臺灣省立臺中圖書館圖書目錄、京都大學人文科學研究所漢籍分類目錄等。正史裏的書目，多用「藝文志」或「經籍志」為名，如：漢書藝文志、宋史藝文志、隋書經籍志、舊唐書經籍志等。

　　我國目錄學有二千多年的歷史，詳情見姚名達撰的中國目錄學史及許世瑛撰的中國目錄學史二書。本節擬以目錄的分類法為重心，略述我國目錄的演進。

　　我國目前所能看到最古最完整的目錄是班固的漢書藝文志，它是根據劉向的「別錄」，劉歆的「七略」編輯而成的。梁阮孝緒七錄序說：「劉向校書，輒為一錄，論其指歸，辨其訛謬，隨竟奏上，皆載在本書。時又別集眾錄，謂之別錄，即今之別錄是也。子歆撮其旨要，著為七略。」別錄只不過將各書的敍錄，另寫一份，未加分類，集為一書而已。七略據漢書藝文志序說：「（劉）歆於是總羣書而奏

其七略，故有輯略、有六藝略、有諸子略、有詩賦略、有兵書略、有術數略、有方技略。」

漢書藝文志係刪七略而成，將圖書分為六略，去劉歆的輯略，各類再予細分，共分三十八小類。漢志的體例，首為總序，敍述漢室的藏書、校書的源流。次列書名、撰人、篇卷數、小注。各小類後，計其總數，如：「凡易十三家，二百九十四篇。」然後有一段小序，敍述這種學術的源流，並論定其是非得失，或說明自成一類的理由。六略後面，必有一段稍長的序文，統論此略學術的大勢，批評的話較多，敍述的話較少。最後一行「大凡書六略，三十八種，五百九十六家，萬三千二百六十九卷」，以總括其大數。

漢志後有南齊王儉編七志，梁阮孝緒編七錄，也將圖書分為七大類，這是我國目錄學上七分法的系統。

我國圖書分類法另有一系統，即四分法，這是我國圖書分類法的主流。四分法起源於魏鄭默的中經及晉荀勗的中經新簿，到李充的晉元帝四部書目完成，他們將圖書分甲乙丙丁四部，至於正式用經史子集名稱的，始於隋書經籍志。自隋志後，一切正史的書目，都加以採用，即使官修目錄或私人所編的目錄，也加以採用，如宋代的崇文總目、郡齋讀書志、遂初堂書目。到了清代編纂的四庫全書總目，四分法才臻於完備的境界。張之洞的書目答問出，大致採用四庫分類法，別將叢書另列一門。後世的藏書目錄，除四部外，另加叢書一類，可以說是受書目答問的影響。

隋志與漢志在體例上有很多相同的地方，如首列總序，每類後均有小序，每部後復有較長的序。兩者不同的是隋志特創注明存亡殘缺，因此，每類統計，也分開存書總數，另注存亡合計的總數。

我國的史志目錄，以漢志與隋志體例最為完備，舊唐書經籍志以後的各史藝文志，都缺每一類後的小序，及每一部後較長的序。有關

四庫全書總目及書目答問的體制，詳本章各節，此不贅述。

其他不守四部成規的目錄，較著名的有宋鄭樵的通志藝文略，將圖書分爲十二類，清孫星衍編的孫氏祠堂書目，也將圖書分爲十二類。

在我國目錄史上，不論七略或四部，甚少進步，惟佛經目錄，從東晉道安的綜理衆經目錄始，中經南齊僧祐的出三藏記集，隋法經的大隋衆經目錄，費長房的歷代三寶記，唐代道宣的大唐內典錄和智昇的大唐開元釋教錄，明末智旭的閱藏知津等，體例完善，尤其隋唐所編的最好。梁啓超在佛家經錄在中國目錄學之位置一文，認爲佛經目錄優勝於普通目錄的地方有：

1.歷史觀念甚發達　凡一書的傳譯淵源，譯人小傳，譯時，譯地，都詳加記載。

2.辨別眞僞極嚴　凡可疑的書，都詳審考證，使讀者知所去取。

3.比較甚審　凡一書有數種譯本的，都詳細列擧，比較其異同得失。在一叢書中抽繹一二部，或在一部書裏抽譯一二篇，而另題書名的，都一一探究其出處，分別注明。

4.蒐采遺逸甚勤　凡已佚圖書，必保存它的名目，以候採訪，令讀者得按照某時代的目錄，而知道某書佚於何時。

5.分類極複雜而周備　或照著譯時代分，或照書的性質分。性質裏面，或照書的涵義內容分，例如既分「經」「律」「論」，又分「大乘」「小乘」。又如注解的書，別自成部，不和本經混合。

我國傳統目錄學自淸末起，逐漸式微，新起的都是受西洋目錄學的影響，不再有小序、敍錄等。分類法大部分改用杜威十進分類法，以便容納新的著作。此種分類法把學術分爲九類，另立一個總類，來放置綜合性不屬於某一學科的圖書，每類下再細分十小類。同時爲適應時代的需要，產生一些新式目錄，如聯合目錄、學位論文目錄、兒

童圖書目錄、標題目錄等，薪書目錄的報導也較前快速而完備，有各
種形態的書目期刊出現，同時有彙編本的創編。

　　目前我國迫切需要各種學科書目及舉要書目。前者的目的，是向
專家學者完整地報導他們所注意、所研究的問題有關的圖書資料。此
種書目，目前較完備的只有嚴靈峯編的周秦漢魏諸子知見書目而巳。
後者指如書目答問或外國的標準書目（Standard Catalog）。此種目
錄對於初學或選購圖書，功用較大。其他在書目編輯技術上，亟需改
進的是多做參見款目或分析款目，如叢書不編分析目錄，很難利用。

書 目 的 功 用

　　書目的功用，余嘉錫撰目錄學發微一書中，列舉六點：

1. 以目錄著作之有無，斷書之眞僞。
2. 用目錄書考古書篇目之分合。
3. 以目錄書著錄之部次，定古書之性質。
4. 因目錄訪求闕佚。
5. 以目錄考亡佚之書。
6. 以目錄書所載姓名卷數，考古書之眞僞。

　　昌彼得撰中國目錄學講義一書中，也提到目錄的功用有七：

1. 治學涉徑之指導。
2. 鑑別古籍之眞僞。
3. 可考典籍之存佚。
4. 藉知佚書之崖略。
5. 可核書名之異同。
6. 檢覈古書篇名之分合及卷數之增減。
7. 可考古書之完缺。

　　梁子涵撰中國歷代書目總錄一書中，在目錄學和學術研究的關係

一節中，談到目錄的功用有九點：

1. 藉目錄學作爲利用圖書的線索。
2. 藉目錄學推究歷史上學術發展的情形。
3. 藉目錄學考證典籍的存佚。
4. 藉目錄學作徵訪圖書的參考。
5. 藉目錄學補充正史記錄書籍的遺漏。
6. 藉目錄學辨別書籍的眞僞。
7. 藉目錄學研究書籍的名稱、著者、卷帙及部居。
8. 藉目錄學研究書籍的傳本。
9. 藉目錄學研究書籍的雕鏤及校勘。

上述三家的說法大同小異，而以梁氏的說法較爲完備。

姚名達在目錄學一書上，也談到目錄學的目的是把繁雜的書籍編成簡明的目錄，使得讀者據目錄以尋求書籍，從書籍以研究學問。姚氏並把書目的功用，分成對圖書館、對讀者、對著者、對藏書家的功用等。

現代目錄學的功能，着重於昌彼得所說「治學涉徑之指導」，梁子涵所說「藉目錄學作爲利用圖書的線索」「藉目錄學推究歷史上學術發展的情形」，及姚名達所謂對讀者及著者功用等方面，茲再說明如下：

1. **提示資料的範圍**　研究學術，最重要的門徑之一是從何處找材料，研究文學的人，應該知道有關文學方面的圖書，研究中國歷史的人，也應該知道西洋人或日本學者有關中國歷史的外文著作。目錄學可以提供瞭解那門學問的範圍及問題的種類，以供資料的蒐集。

2. **明瞭已往研究的成就，避免重複的研究**　目錄讓我們瞭解古今中外學者研究的成果與現狀，提供我們前人的研究結論、遭遇的困難、待解決的問題。知彼知己以後，可以避免重蹈覆轍，可以避免重

複研究，枉費筆墨。關於這一點，中央研究院院士屈萬里教授有一段精闢的話，轉引如下：

　　國人研究文史的，除了極少數學術研究機關和極少數大學的人員外，一般的情形，是知古而不知今（對於現代人研究的成果多不知道），知中而不知外（對於外國人研究漢學的情形多無所知）。由於不瞭解學術的行情，於是他們自己，所選擇的研究題目，或指導學生所作論文題目，常常是早已有人研究過，而且已經得到正確結論的。因爲自己不知，於是花上幾年冤枉工夫，所得的結論，不是人家早已說過了，就是還遠不及人家的水準。這豈僅是浪費了時間，還必然會受到國際學者的輕視。

書 目 的 種 類

　　書目的分類，因應用的不同，所以有各種不同的分法。

　　余嘉錫據小序及敍錄的有無，分爲三類：

　　1.部類之後有小序，書名之下有解題，即有小序及解題的書目，如晁公武的郡齋讀書志、陳振孫的直齋書錄解題、馬端臨文獻通考的經籍考、四庫全書總目等。

　　2.有小序而無解題的書目，如漢書藝文志、隋書經籍志。

　　3.無小序、解題的書目，只著錄書名、著者，如舊唐書經籍志、宋史藝文志、明史藝文志、通志藝文略、書目答問等。

　　姚名達將目錄分爲十類，即：一書的目錄、羣書的目錄、私人藏書家的目錄、公共圖書館的目錄、史書的目錄、方志的目錄、考訂家的目錄、彙刻本書目、爲特別人編的目錄、鑑賞家的書目等。

　　梁子涵在中國歷代書目總錄一書裏，根據現存的圖書目錄，綜合匯爲五大類，每類細分若干小類。列舉如下：

　　1.圖書總目：書目總錄、叢書總目、叢書子目、聯合書目、展覽書

目。

2.**史乘目錄**：歷史藝文志、郡邑藝文志、著述考。

3.**學科書目**：經典書目、小學書目、歷史書目、地理書目、金石書目、傳記書目、哲理書目、宗教書目、藝術書目、技藝法制書目、文學書目。

4.**特種書目**：舉要解題書目，羣書題記、敍錄、翻譯書目、辨僞書目、引用書目、知見書目、徵存徵闕書目、禁燬書目、刊行書目、燉煌書目。

5.**藏書目錄**：清代以前公家藏書目錄、私家藏書目錄、圖書館藏書目錄、各國收藏漢籍目錄。

梁氏並說明如此分類的緣由：

首列圖書總目，因爲它的性質爲茫茫的書海的一幅鳥瞰圖，所以就列入開宗明義的第一章；其次史乘目錄，是因時間、地域、或因個人而編輯的著作總目。再次學科目錄與特種目錄，全是限於一個特定範圍所編的，有的是以一種獨立的學科爲範圍，如經典小學等。有的是以專紀一類事項的書爲範圍，如禁書、刻書等。這兩種目錄，因爲它的專精，固然對於學術很有貢獻，但是範圍狹小，所以列於第三、四章。藏書目錄，完全以收藏的書爲範圍，同時它的編輯，也不是學術研究的工作，所以列入最末的一章。

本書採用梁氏的分類法，書目分爲五大類，惟小類略有增删，舉例如下：

1.**圖書總目**：併叢書總目與叢書子目爲叢書書目。

2.**史乘目錄**：以個人著述目錄代著述考。

3.**學科目錄**：梁氏照經史子集排，本書照中國圖書分類法排。分爲：革命文庫書目、經典書目、哲學書目、宗教書目、科技書目、社會科學書目、歷史書目（含甲骨學）、語文書目（含小學、藝術）。

傳記書目另見第七章傳記參考資料，地理書目另見第八章地理參考資料。

4.**特種書目**：刪引用書目、徵存徵闕書目，增善本書目、學位論文目錄、兒童圖書書目、同書異名目錄、國科會報告目錄、書目期刊、非書資料目錄（含金石書目）

5.**藏書目錄**：同梁氏分法。

圖 書 總 目

書 目 總 錄

中國歷代書目總錄

梁子涵編　民42年　臺北　中華文化出版事業委員會　484面（現代國民知識基本叢書第1輯）

係將現存目錄書籍，彙輯一編。探錄的書目以中文爲主，附以日文；探錄的書目，除單行本外，見於叢書中的，也加以收錄；至於正史、地方志、類書中有關圖書目錄的篇章，或文集雜誌中有關的論文，也偶而裁篇別出。

照分類排列，書前首載敍論，說明目錄學的定義、發展、種類、目錄學和學術研究的關係。其次將書目分五大類；每大類中再分若干小類。每類前冠類序，敍述其源流。每種書目，除將卷數、著者著錄外；對於版本特加詳錄。

這五大類及各子目名稱，以及爲何分成五大類的原因，詳前節書目的種類，此不贅述。

國人對於書目總錄的編輯，以淸季周星詒編的目錄考爲最早，迄今已有二十多種，其中體例各不相同，如有：1.通錄古今書目，不分存佚，匯列一篇，並撰解題的，如前述目錄考；2.通錄古今書目，不

加解題的，如邵瑞等人編書目長編；3.僅錄現存書目並附解題的，如日人長澤規矩也的支那學書籍解題書目書誌之部；4.僅錄現存書目的，如周貞亮的書目舉要；5.僅錄現存書目的，如國立北平圖書館書目目錄類。本書是綜合前人這方面研究的成績，再把現存的書目彙爲一編，是最完備的一種。

後有附書林掌故一門，著錄澹生堂藏書約、天一閣藏書考、皕宋樓藏書考等。

China; An annotated bibliography of bibliographies（中國書目解題彙編）

錢存訓　James K. M. Cheng　合編　民67年　美國波士頓
G. K. Hall Co.　17,604面

計分普通及專題書目，學科書目三大部，共計二十章：1.普通參考書及書目總錄；2.綜合書目；3.學要入門書目；4.史乘書目；5.期刊目錄及索引；6.收藏書目；7.機關團體及其個人著述書目；8.叢書、類書、譯書書目；9.書影、善本、禁燬、辨僞書目；10.複印及縮影書目；11.經子書目；12.宗敎書目；13.歷史及傳記書目；14.輿地書目；15.社會科學書目；16.語文書目；17.文學書目；18.藝術及考古書目；19.自然科學書目；20.農技書目。每章再分四至七節。

所收資料以近代或最晚的爲主，間或也著錄較早期的資料。每條依順序爲：1.編號；2.著者，如爲東方人，在英文姓名後加注中文姓名；3.書名，如係中日文，則先用英文逐字拼音，再列中日文書名，最後是書名的英文意譯；4.出版項；5.解題；說明內容、資料總類、編排方法、附錄等。間有很短的評語，或附錄相關資料。

資料以英文、中文、日文爲主，兼收法文、德文、俄文和其他歐西文字。

本書所選，大體上很精審。唯版本項記載不夠明確，尤其是重印

本，僅有地方和年代，而不管底本如何。有些書目臺灣地區有重印本而未註明。

卷首有前言及識語，附錄著者、書名及標題索引。（節錄：書品——中國書目解題彙編　喬衍琯，圖書與圖書館第1卷第1期，民國68年9月，頁95—103）

國立北平圖書館書目：目錄

蕭　璋編〔民61年〕臺北　古亭書屋　392面　影印

民國23年8月國立北平圖書館印行。

據該館所藏的目錄類圖書分類編輯而成。其分類依次爲：圖書學、圖書目錄、圖書館學三大類。每類下再細分子目。每部書除將卷數著者考覆者外，對於版本的注明，特別詳細。

所收各書，只限於單行本，他如正史、類書、方志中的藝文志，期刊文集中的目錄，未有收入。凡具兩種性質或兩種以上的書籍，採互見例以說明。書後附有著者索引及書名索引。

書目叢編

廣文書局編　民56年　臺北　該書局　62冊　影印

內容：

第1—6冊　千頃堂書目，（清）黃虞稷撰；

第7—9冊　讀書敏求記校證，（清）錢曾撰、章鈺校證；

第10—14冊義圃藏書題識續錄，（清）黃丕烈撰、繆荃孫等輯；

第15冊　曝書雜記，（清）錢泰吉撰；

第16冊　東湖叢記，（清）蔣光煦撰；

第17冊　滂喜齋藏書記，（清）潘祖蔭撰；

第18—21冊　楹書隅錄、續錄，（清）楊紹和撰

第22—26冊　鐵琴銅劍樓藏書目錄，（清）瞿鏞編；

第27—32冊　善本書室藏書志，（清）丁丙輯；

第33—34冊　藝風藏書記、續記，（清）繆荃孫撰；

第35冊　宋元舊本書經眼錄，（清）莫友芝撰：

第36—39冊　藏園羣書題記初集、續集，傅增湘撰；

第40—50冊　五十萬卷樓藏書目錄初編，莫伯驥撰；

第51—52冊　文祿堂訪書記，王文進撰；

第53冊　拾經樓紬書錄，葉啓勳撰；

第54冊　經籍訪古志，（日）森立之撰；

第55—58冊　日本訪書志，（清）楊守敬撰；

第59冊　書舶庸譚，董康撰；

第60—62冊　古文舊書考，（日）島田翰撰。

書目續編

廣文書局編　民57年　臺北　該書局　44冊　影印

內容：

第1—3冊　直齋書錄解題，（宋）陳振孫撰；

第4—5冊　內閣藏書目錄，（明）張萱等編；

第6—7冊　崇文總目輯釋，（清）錢侗等輯釋；

第8—9冊　適園藏書志，（清）張鈞衡撰；

第10—14冊　欽定天祿琳琅書目、續目，（清）彭元瑞撰；

第15—18冊　郡齋讀書志，（宋）晁公武撰；

第19冊　授經圖，（明）朱睦㮮撰；

第20—21冊　寒瘦山房鬻存善本書目，鄧邦述撰；

第22冊　羣碧樓善本書目，鄧邦述撰；

第23冊　善本書室藏書志簡目，廣文編譯所撰；

第24冊　經義考補正、通志堂經解目錄，（清）翁方綱撰；

第25—26冊　儀顧堂題跋，（清）陸心源撰；

第27—28冊　儀顧堂續跋，（清）陸心源撰；

　　第29—30冊　經義考目錄校正，羅振玉撰；

　　第31冊　史略、子略，（宋）高似孫撰；

　　第32冊　九經三傳沿革例，（宋）岳珂撰；

　　　　　　遂初堂書目，（宋）尤袤撰；

　　　　　　百宋一廛賦注，（清）顧廣圻撰、黃丕烈注；

　　　　　　徵刻唐宋秘本書目，（清）黃虞稷、周在浚合撰；

　　　　　　澹生堂藏書約，（明）祁承㸁撰；

　　　　　　流通古書約，（清）曹溶撰；

　　　　　　藏書紀要，（清）孫從添撰；

　　第33—44冊　皕宋樓藏書志、續志，（清）陸心源撰。

書目三編

　　廣文書局編　民58年　臺北　該書局　35冊　影印

　　內容：

　　第1冊　別錄、七略輯本、漢書藝文志補注、四史儒林外史文苑
　　　　　　傳注，廣文編譯所編；

　　第2冊　文淵閣書目，（明）楊士奇撰；

　　第3冊　世善堂藏書目錄，（明）陳第撰；

　　　　　　重編紅雨樓題跋，（明）徐𤊹撰；

　　第4冊　絳雲樓書目，（清）錢謙益撰；

　　　　　　述古堂藏書目，（清）錢曾撰；

　　第5冊　孫氏祠堂書目內外編，（清）孫星衍撰；

　　　　　　平津館鑑藏書籍記，（清）孫星衍撰；

　　　　　　廉石居藏書記，（清）孫星衍撰；

　　第6—7冊　文選樓藏書記，（清）阮元撰；

　　第8冊　開有益齋讀書志，（清）朱緒曾撰；

　　第9冊　華延年室題跋，（清）傅以禮撰；

第10冊　雙鑑樓善本書目、雙鑑樓藏書續記，傅增湘撰；

第11冊　**莚**圃善本書目、張乃熊撰；

第12冊　湖錄經籍考、吳興藏書錄，（清）鄭元慶輯；

第13—20冊　溫州經籍志，（清）孫詒讓編；

第21—25冊　台州經籍志，（清）項元勳編；

第26—30冊　大清畿輔書徵，徐世昌撰；

第31—35冊　小學考，（清）謝啓昆撰。

書目四編

廣文書局編　民59年　臺北　該書局　30冊　影印

內容：

第1—4冊　八千卷樓書目，丁仁編；

第5冊　江南圖書館善本書目，江南圖書館編；

第6—7冊　江蘇省立國學圖書館現存書目，江蘇省立國學圖書館編；

第8—22冊　江蘇省立國學圖書館總目，附補編，江蘇省立國學圖書館編；

第23—25冊　盋山書影，江蘇省立國學圖書館編；

第26—29冊　鐵琴銅劍樓宋金元本書影，瞿啓甲編；

第30冊　柳翼謀先生文錄，柳詒徵撰。

書目五編

楊守敬等編　民61年　臺北　廣文書局　44冊　影印

內容：

第1—10冊　彙刻書目，（清）顧修撰；

第11—13冊　續彙刻書目，羅振玉撰；

第14—21冊　觀古堂書目叢刻，葉德輝等撰；

第22—23冊　郘亭知見傳本書目，（清）莫友芝撰；

第24—27冊　崇雅堂書錄，甘鵬雲編；

第28冊　清史藝文志，朱師轍撰；

第29—31冊　國史經籍志，（明）焦竑輯；

第32冊　文瑞樓藏書目，（清）金檀撰；

第33冊　稽瑞樓書目，（清）陳揆撰；

第34冊　季滄葦書目，（清）季振宜撰；

　　　　中江尊經閣藏書目，（清）袁昶撰；

　　　　日本國見在書目錄，（日）藤原佐世撰；

第35冊　銷燬抽燬書目，（清）英廉等編；

　　　　禁書總目，（清）軍機處編；

　　　　違礙書目，（清）榮柱刊；

第36冊　思適齋集外書跋輯存，顧廣圻撰；

　　　　方志商，甘鵬雲撰；

第37—38冊　四庫湖北先正遺書提要，附遺書存目，盧靖輯刊；

第39冊　續校讎通義，劉咸炘撰；

第40—42冊　留眞譜初編，（清）楊守敬編；

第43—44冊　留眞譜二編，（清）楊守敬編。

書評：讀書目五編抒感　陳香，食貨月刊復刊 6 卷11期，民國66年 2 月，頁40—45。

書目類編

嚴靈峯編　民67年　臺北　成文出版社　114冊　影印

收編中日兩國古籍書目及有關資料，約二百種。中國書目以民國三十八年前出版者爲主，以後出版的有二十九種，臺灣新編者佔三種，儘量不收在臺重印本。日本書目有三十種，有些是以販賣中國古籍的文求堂、松雪堂、淺倉屋等三家書店編印的。

有關資料，指目錄學著作及歷代公私藏書經歷、版本知識、版刻

源流、重要書籍現藏處所及讀書門徑等，約十種。

內容分十大類，即：公藏、私藏、專門、叢書、題識、版刻、索引、論述、勸學及日本書目等。

圖書大辭典簿錄之部

梁啓超撰　民47年　臺北　臺灣中華書局　61面　影印

書目舉要

國立中央圖書館編　民53年　臺北　中華叢書編審委員會　72面

叢　書　書　目

叢書大辭典

楊家駱編　民56年　臺北　中國學典館復館籌備處　1294,1008面　影印

民25年7月初版，近改由鼎文書局印行。影印本附「叢書總目類編」。

收叢書約六千種，子目十七萬餘條。凡叢書總名、叢書編撰校刊者姓名、各叢書內所包含的子目書名·叢書子目各書的撰注者姓名等四種，均各立一條，然後按四角號碼排列。不諳四角號碼的人，可利用書前的筆劃及部首索引。書前還有序例，詳述叢書歷史及叢書目錄史等。

所附：叢書總目類編，即中國叢書總錄第一冊總目分類目錄。「叢書總錄」收北平圖書館等四十一圖書館所藏叢書，二千七百九十七種，均係古典文獻，新學叢書及釋藏叢書不錄。「總目分類目錄」分彙編及類編兩部份。彙編分雜纂、輯佚、郡邑、氏族、獨撰等五類。類編分經、史、子、集四類，類之下再分細目。

各種叢書著錄的款目，包括：叢書名稱、編撰人姓名及朝代、版本及版刻年代、全部子目的書名、卷數及撰人姓名等。

「總目分類目錄」書後附叢書書名索引及索引字頭筆劃檢字。因書名索引是按四角號碼索引，不諳四角號碼的人，可利用字頭筆劃檢

字，該字頭均附有四角號碼。

叢書總目續編

莊芳榮編撰　民63年　臺北　德浩書局　387面

收近二十五年來自由中國編刊重印的傳統式叢書六八三種。內新編者二四六種，重印者四二三種，民國六十三年已印或擬印者十四種。

仿「叢書總目類編」分彙編、類編二部，彙編分雜纂、輯佚、郡邑、氏族、獨撰五類，惟其中輯佚、郡邑今從缺；類編分經、史、子、集四類。各類之下再分若干小類。爲適應新編刊部份叢書的性質，其分類與「叢書總目類編」有異，計經類之下分詩、易、書、禮、四書及小學六大類；史類中增類書；集類增民間文學，其分類依各叢書所含子目的多數書性質而定。

叢書子目類編

民56年　臺北　中國學典館復館籌備處　1752,791面　影印

卽中國叢書總錄第二冊子目分類目錄，第三冊子目書名索引、子目著者索引的合刊本。「子目分類目錄」，是根據第一冊「總目分類目錄」，所收二千七百九十七種叢書的子目七萬多條編成。是目以子目爲單位，採用四部分類，部下又析爲類、屬，以反映所屬圖書的性質爲原則，各屬中再以成書時代先後爲序。

本目各書著錄的款目，包括：書名、著者及所屬叢書名稱等三項。如一書爲兩種以上叢書所收錄，均加比勘同異，分別作一種或數種處理。

「子目書名索引」「子目著者索引」乃供檢索「子目分類目錄」之用。兩種索引均按四角號碼排列。爲便於檢查，書前附有：四角號碼檢字法、索引字頭筆劃檢字、索引字頭拼音檢字，檢索時可據此三種方法中的任何一種來覆查索引。

本書及前述叢書總目類編，是目前編製最完備的叢書書目，研究

集
　　叢書集成初編・哲學類
孝經引證一卷
　　(明)楊起元撰
　　　　寶顏堂祕笈(萬曆本、民國石印本)普
　　　　集
孝經考
　　(明)江元祚撰
　　　　孝經大全子集
傳經始末
　　(明)江元祚撰
　　　　孝經大全子集
全經綱目
　　(明)江元祚撰
　　　　孝經大全子集

文字音義之屬

孝經今文音義一卷
　　(唐)陸德明撰
　　　　士禮居黃氏叢書(博古齋景黃氏本)附
　　　　三經音義
　　　　粵雅堂叢書三編第二十一集
孝經音訓不分卷
　　(清)楊國楨撰
　　　　十一經音訓(道光本、光緒本)

序錄之屬

進石臺孝經表
　　(唐)齊古撰
　　　　孝經大全丑集・唐孝經

爾　雅　類

正文之屬

爾雅
　　　　十三經　　經文
爾雅佚文一卷
　　(清)王仁俊輯
　　　　經籍佚文

傳說之屬
漢

爾雅許君義一卷
　　(漢)許慎撰　　(清)王仁俊輯
　　　　玉函山房輯佚書續編・經編爾雅類
爾雅許氏義一卷
　　　　十三經漢注
爾雅註一卷
　　(漢)□□撰　　(清)王謨輯
　　　　漢魏遺書鈔・經翼第四冊
爾雅犍爲文學注三卷
　　(漢)□□撰　　(清)馬國翰輯
　　　　玉函山房輯佚書(嫏嬛館本、重印本、
　　　　楚南書局本)・經編爾雅類
爾雅犍爲文學注一卷
　　(漢)□□撰　　(清)黃奭輯
　　　　漢學堂叢書・經解小學類・爾雅古義
　　　　黃氏逸書考(民國修補本、民國補刊
　　　　本)・漢學堂經解・爾雅古義
　　　　榕園叢書甲集・爾雅古義
爾雅舍人注一卷
　　(漢)□□撰　　(清)王仁俊輯
　　　　十三經漢注
爾雅劉氏注一卷
　　(漢)劉歆撰　　(清)馬國翰輯
　　　　玉函山房輯佚書(嫏嬛館本、重印本、
　　　　楚南書局本)・經編爾雅類
爾雅注一卷
　　(漢)劉歆撰　　(清)黃奭輯
　　　　漢學堂叢書・經解小學類・爾雅古義
　　　　黃氏逸書考(民國修補本、民國補刊
　　　　本)・漢學堂經解・爾雅古義
　　　　榕園叢書甲集・爾雅古義
爾雅樊氏注一卷
　　(漢)樊光撰　　(清)馬國翰輯
　　　　玉函山房輯佚書(嫏嬛館本、重印本、
　　　　楚南書局本)・經編爾雅類
爾雅注一卷
　　(漢)樊光撰　　(清)黃奭輯
　　　　漢學堂叢書・經解小學類・爾雅古義
　　　　黃氏逸書考(民國修補本、民國補刊
　　　　本)・漢學堂經解・爾雅古義
　　　　榕園叢書甲集・爾雅古義
爾雅李氏注三卷
　　(漢)李巡撰　　(清)馬國翰輯
　　　　玉函山房輯佚書(嫏嬛館本、重印本、
　　　　楚南書局本)・經編爾雅類
爾雅注一卷
　　(漢)李巡撰　　(清)黃奭輯
　　　　漢學堂叢書・經解小學類・爾雅古義

者可從叢書名、子目名、著作性質、著者姓名等任何角度，查索所需
要的書或書的分類等，均可一索即得。本書不但是學者檢尋參考資料
的依據，也是圖書館編目員古籍分類時必備的工具書。

臺灣各圖書館現存叢書子目索引

　　王寶先編　　民64至66年　　美國舊金山　　中文資料中心　　3册（書
名索引2册，1556面　　著者索引1册，190面）

　　　將臺灣十所主要圖書館現存叢書一千五百餘種，約爲四萬多條的
子目，編爲索引。子目索引分書名及著者兩部份。均按筆劃排列，筆
劃相同，依部首分先後。

　　　書名索引著錄的款目有：書名及卷數、著者及年代、叢書條目及
說明。著者索引係根據子目書名索引編輯，所著錄的款目，首列著
者，次列頁碼及位置，其中頁碼及位置，都是指在書名索引的頁碼及位

　　　爲配合本索引的使用，書名索引第二册，附有臺灣各圖書館現存
叢書目錄，按叢書名筆劃排列，每種叢書，注明所包括的子目數、編
撰時代及編撰者姓名、版本及臺灣現藏此書的機關。

　　　編者於民國二十三年入中央研究院史語所圖書館工作，民國五十
七年十二月因病逝世。編有：臺灣各圖書館現存叢書目錄（載大陸雜
誌28、29卷）、歷代名人年譜總目（東海大學圖書館出版）、歷代名
賢敎子書（臺灣書局出版）。

百部叢書集成發書清册

　　　藝文印書館編　　〔民59年〕　　臺北　　該館　　133面

百部叢書集成分類目錄

　　　藝文印書館編　　〔民60年〕　　臺北　　該館　　4册

百部叢書集成書名索引

　　　藝文印書館編　　〔民61年〕　　臺北　　該館　　65面

百部叢書集成人名索引

　　藝文印書館編　〔民61年〕　臺北　該館　89面

叢書集成續編目錄索引

　　藝文印書館編　民60年　臺北　該館　1冊

　　包括分類目錄、書名及著者索引。

叢書集成三編目錄索引

　　藝文印書館編　民62年　臺北　該館　1冊

大部叢書總目錄

　　臺灣商務印書館編　民69年　臺北　該館　126面　影印

聯　合　書　目

臺灣公藏善本書目書名索引

　　國立中央書館編　民60年　臺北　該館　2冊 (1845面)

　　據右列八種善本書目彙編而成，即：國立中央圖書館善本書目增訂本、國立故宮博物院善本書目、中央研究院歷史語言研究所善本書目、國立臺灣大學善本書目、臺灣省立臺北圖書館善本書目、國防研究院善本書目、國立臺灣師範大學善本書目、私立東海大學善本書目等。

　　各書依書名的筆劃多寡爲序，如筆劃相同，則按點、橫、直、撇、捺爲序。每書著錄的款目，包括：書名、卷數、著者、版本、收藏單位善本書目簡稱及頁碼等五項。書名及卷數以五號黑體字，著者及版本以五號宋體字，收藏單位善本書目簡稱及頁碼則用六號字體排印。書前冠書名筆劃檢字表。

　　該館另於六十一年八月出版臺灣公藏善本書目人名索引，也據上述八種善本書目彙編而成。此處所謂人名，包括：撰、編、輯、增訂、注、評、述、選、校、譯、繪、纂、修、敕撰、手批、手跋等。凡官修、敕撰、帝后、釋氏、外人等著述，均分別歸於一處，列於書末。人名的排列，以筆劃多寡爲序。

臺灣公藏善本書目書名索引

臺灣公藏普通本線裝書目人名索引

國立中央圖書館編　民69年　臺北　該館　1,1109面

據下列八種書目彙編而成，即：國立中央圖書館普通本線裝書目、國立故宮博物院普通舊籍目錄、中央研究院歷史語言研究所普通本線裝書目、國立臺灣大學普通本線裝書目（含補編）、國立臺灣師範大學普通本線裝書目、私立東海大學普通本線裝書目、國防研究院普通本線裝書目等。

各書依人名的筆劃、筆順爲序。姓氏首字相同，單姓在前，複姓在後；姓名相同者，依時代先後排。每一人名之下，著錄其書名、卷數、版本、收藏單位、普通本線裝書目簡稱及頁碼。同一人名之下，書名在一種以上的，依書名的筆劃多寡排列。本書凡稱撰、編、輯、選、修、纂、校、注、評、繪等，皆於卷數後以括弧注之。收藏單位項後，偶加補注，注明同書異名、卷數殘缺及印本先後。

臺灣公藏普通本線裝書書名索引

國立中央圖書館特藏組編　民71年　臺北　該館　1213面

據下列八種書目彙編而成：國立中央圖書館普通本線裝書目、國立故宮博物院普通舊籍目錄、中央研究院歷史語言研究所普通本線裝書目、國立臺灣大學普通本線裝書目（含補編）、國立臺灣師範大學普通本線裝書目、私立東海大學普通本線裝書目、國防研究院普通本線裝書目、臺灣省立臺北圖書館普通本線裝書目。

按書名之首字筆劃排列，如筆劃相同，則按其筆順之點、橫、直、撇、捺爲序。若書名相同，而卷數不等，卷數多者列前，少者在後。卷數同而版本不同者，依版本時代先後排。

各書著錄其書名、卷數、作者、版本、館藏（所見書目之頁碼）諸項。原書目中有謬誤者，予以考訂更正。（凡例）

中國歷代詩文別集聯合目錄

　　王民信主編　民70年至　　年　臺北　國學文獻館　12冊　（國學文獻館書目叢刊之1）

　　收兩漢以後的個人文集（別集），所著錄圖書以國內十一所圖書館典藏及坊間刊行者爲限，不收流逸海外者。

　　排列依著者時代爲序，同一著者的著述，依圖書刊行時間爲先後。別集之出於「輯錄」者，置於單行本之後。如曹集銓評十卷在先，曹子建文鈔一卷在後；坊間刊行本，又附於「輯錄」「彙集」之後。又如書名卷數相同者，依版本刊行之先後爲序。

　　各書注明著者、書名、卷數、版本、收藏地點。凡著者生平有傳者，均一一附錄。

　　約有十二輯，已出版七輯，卽：第一輯兩漢三國之部；第二輯南北朝隋之部；第三輯初唐之部、盛唐之部、中唐之部上；第四輯中唐之部下、晚唐之部上；第五輯晚唐之部下、五代之部；第六輯北宋之部、南宋之部上；第七輯南宋之部下。第二輯書後附第一、二輯人名索引，第五輯書後附第三、四、五輯人名索引，依筆劃排列。

現存清詞別集彙目

　　王國昭編　書目季刊第13卷第3期，民國68年12月，頁29—75。

　　輯錄清詞別集八百家，約一千一百多種。除單行本外，凡附於叢書、總集、詩文集內的，或近年影印的清詞集，均加收錄。

　　依時代先後排列。明末遺民歿於清初的，如王夫之、屈大均等前；其歿於民初的，如王闓運、朱祖謀等殿後。各書著錄的款目，包括：書名、卷數、著者、版本、收藏單位。附於叢書及總集的，在本項後注明。

　　本書蒐羅遠較清史藝文志、清史稿藝文志所著錄的一百八十四家多出數倍，也較彭國棟，重修清史藝文志所著錄的六百三十餘家，多

出一百五十餘家。彭氏著錄的清詞別集錯誤近五十條，本書編者另撰
「重修清史藝文志『清詞別集之屬』校正」一文，刊登於國立中央圖
書館館刊第十二卷第一期，可參考。本書主要根據國內外十一所圖書
館的藏書編成，也可視爲一種聯合書目。

臺灣公藏宋元本聯合目錄

昌彼得編　民44年　臺北　國立中央圖書館　70面

臺灣公藏高麗本聯合目錄

國立中央圖書館編　民44年　載中韓文化論集1—32面

中華民國圖書聯合目錄　民國63—65年

國立中央圖書館編　民66年　臺北　該館　1218面

收錄國立中央圖書館及其分館、九所大學圖書館、四所公共圖書
館，共十五所圖書館，收藏民國六十三年至六十五年出版的圖書一萬
四千六百多種。包括學位論文、小冊子、期刊、油印本及微捲圖書。

編排以書名筆劃爲序，凡書名前有「實用」「最新」「增廣」「罕
本」等字樣不計，筆劃相同，以起筆分先後。每種書照目片形式排
印，加列收藏單位的簡稱。

中華民國圖書聯合目錄

國立中央圖書館編目組編　民69—70年　臺北　該館　4冊

接續民國六十六年出版的「中華民國圖書聯合目錄」，收編國
內十五所圖書館所藏民國六十六年至六十八年出版的的圖書、學位論
文、小冊子、期刊等，約五萬種。亦兼收各館未及收錄在六十六年版
之「圖書聯合目錄」內的圖書，也就是說包括部分六十三年至六十五
年出版的圖書。

編排與六十六年版相同，均以筆劃爲序。唯對叢書的著錄，較六
十六年版詳細，即叢書片與書名分析片，均分別著錄。

中華民國臺灣區公藏中文人文社會科學官書聯合目錄

　　　國立中央圖書館編　民59年　臺北　該館　385面

　　收錄臺灣地區下列七圖書館：國立中央圖書館、中央研究院史語所圖書館、國防研究院圖書館、國立臺灣大學圖書館、國立臺灣師範大學圖書館、私立東海大學圖書館，以及臺灣省立臺北圖書館。

　　收列官書約四千種，官書的種類，包括各級政府機構、各級民意機構、各公營事業機關、學術機關編印的專書、公報、期刊、調查、統計、法規、會議記錄等。

　　分甲、乙兩編，甲編收各級民意機關的書刊資料；乙編收各級政府機構的書刊資料。資料的排列大體依各機構的組織體系。同一機構的資料，再依書刊名稱的筆劃排列。

　　書後附有編印機構名稱索引，依筆劃排。

中華民國全國圖書館公藏國父孫中山先生遺敎總統蔣公中正言行圖書聯合目錄

　　　中國國民黨中央委員會孫逸仙博士圖書館編　民67年　臺北該館442面

　　收錄國內五十四所圖書館所藏國父遺敎及總統言論，共有四千五百餘種，收錄圖書均在民國十三年至六十六年間出版，部分爲六十七年出版者。

　　每種圖書著錄的款目，包括：編號、書名、編著譯者、出版年、出版者、册數（無注明頁數）、藏書單位等。

　　圖書依分類排列，如國父遺敎分爲遺敎、傳記、思想研究等，每類再予細分。凡屬同一類的，依書名筆劃排列。書後附有書名及著者索引。

國外各大圖書館館藏有關國父學說及傳記外文書目

　　　國立中央圖書館編　民54年　臺北　該館　28面

臺灣各圖書館所藏中文書目聯合目錄

臺灣省立臺北圖書館編　民52年　臺北　該館　77面

圖書館學與資訊科學西文圖書期刊聯合目錄

私立淡江大學覺生紀念圖書館編　民71年　臺北　該館　357面
增訂本

民國 63 年初版，收圖書二二九〇種，期刊二四九種。增訂本收錄國內十四所圖書館所藏有關圖書館學、視聽教育科學及資訊科學之西文圖書四〇九四種，期刊一〇八種。

本書分兩部分。圖書部分依標題排列（書前附標題表）。每種圖書著錄的款目，依英美編目規則第二版，包括：著者姓名及生卒年、書名、版次、出版地、出版者、出版年、收藏單位代號。

期刊部分按刊名英文字母順序排列，著錄款目與一般期刊目錄相同。

書後附有書名及著者索引。

臺灣各大學圖書館現藏圖書館學聯合目錄

臺灣省立師範大學圖書館學研究會編　圖書館學報第 4 期，民國 51年，頁145—153。

中國天主教聯合圖書目錄

光啓出版社編　民63年　臺中　該社等　129面

全國西文科技圖書聯合目錄

行政院國家科學委員會科學資料中心編　民62年　臺北　該中心 10冊

收錄國內七十二所學術及科學研究機構收藏的理、工、農、醫等學科的西文圖書。依著者姓名英文字母順序，排列先後。每一部書著錄的款目，包括：著者姓名、著者生卒年代、書名、出版地、出版者、美國國會圖書館分類號、杜威分類號、出版年、藏書單位等。後二冊爲書名索引。

新竹工業研究園區科技圖書館聯合目錄

　　行政院國科會科學資料及儀器中心編　民59年　新竹　該中心　4冊

中華民國各軍事機關在臺出版的軍事圖書聯合目錄

　　國防研究院編　民49年　臺北　該院　50面

中國各圖書館收藏日本研究圖書目錄

　　中日關係研究所編　民61年　臺北　該所　232面。

South of the Sahara, A Union Catalog of Holdings in the Republic of China

　　國立政治大學非洲研究計劃編　民63年　臺北　該校　136面

A Hong Kong Union Catalogue: Works Relating to Hong-Kong in Hong Kong Libraries

　　賴廷士編　民61年　香港大學　2冊（967面）

　　收書籍及論文，依標題排列，書後附中英文索引。

日本現存宋人文集目錄

　　吉田寅　棚田直彥合編　民61年　東京　汲古書屋　150面　增訂本

　　民國四十八年初版。

　　收錄日本靜嘉堂文庫、內閣文庫、尊經閣文庫、米澤圖書館、京都大學人文科學研究所、東洋文庫、東京大學東洋文化研究所及大木文庫、天理大學圖書館等九所圖書館所藏宋人文集六百餘種。依著者姓氏的五十音順排列。各書著錄的款目，包括著者、書名、卷數、編者及校訂者、刊行年、編號、收藏者。

　　書後附書名索引，依五十音順排列。如有書名或著者的筆劃索引，將更便於檢索。

增訂日本現存明人文集目錄

　　山根幸夫編　民67年　日本東京　汲古書院　205,67面

民國五十五年初版，油印本。

收錄下列日本十所圖書館現存明人文集三千種，除古籍外，凡現刊本、叢書本等也加收入。這十所圖書館是：京都大學人文科學研究所、京都大學文學部、宮內廳書綾部、國會圖書館、尊經閣文庫、東京大學東洋文化研究所、東洋文庫、內閣文庫、靜嘉堂文庫、蓬左文庫等。

每種書著錄的款目，包括：著者、書名卷數、冊數、刊刻時代及版本、收藏者、備注。有些款目不完備，是因係就上述圖書館的書目編成，原書目即不全。備注注明叢書名、現行刊本的出版者等。

依著者的五十音順排列，著者的同一部書依卷數的多寡及刊行年代的先後分。缺著者的列於後面。

附錄有三：1.書名索引，依五十音順排；2.中國晉姓氏索引；3.叢書所在目錄。

民國六十七年十二月編者曾將該書的錯誤刊登明代史研究第六期。

日本現存清人文集目錄

西村元照編　民61年　日本京都　東洋史研究會　438面

現代中國關係中國語文獻總合目錄

亞細亞經濟研究所編　民56—59年　東京　該所　10冊

收集日本二十二所著名圖書館及藏書單位，所藏民國元年至五十四年間出版的中文圖書十一萬餘種。第一冊至三冊爲社會科學，第四冊爲自然科學，第五、六冊人文科學，第七冊爲著者索引，第八冊爲首字索引，第九、十冊爲補遺及書名索引。每種書均列出：書名、冊數、著者、出版者、出版時間、大小、頁數、收藏單位。從本書略可看出中國最近五十年來的出版事業。

日本收藏中文書的聯合目錄，較早者有民國四十六年，小竹文夫

編輯的近百年來中國文文獻現在書目，東方學會印行，油印本，共八三八頁。收錄國會圖書館、東洋文庫、東京大學中國文學哲學研究室所藏1851至1954年出版的中文書，約一萬多種。

展　覽　目　錄

工具書展覽目錄

　　中華民國圖書出版事業協會　國立中央圖書館合編　民70年　臺北　編者　102面

當代學術論著展覽目錄

　　教育部學術審議委員會　國立中央圖書館合編　民70年　臺北編者　289面

三民主義學術著作展覽目錄

　　中華民國中山學術會議籌備委員會編　民70年　臺北　該會213面

中國歷代圖書展覽目錄

　　國立中央圖書館編　民70年　臺北　該館　236面

老列莊三子圖書版本展覽目錄

　　國立中央圖書館編　民69年　臺北　該館　258面

中外兒童少年圖書展覽目錄

　　臺灣省立臺中圖書館編　民71年　臺中　該館　181,11面

全國最新財經企管書刊目錄（1979—1981）

　　經濟日報社編　民70年　臺北　聯經出版事業公司　80面

工商參考資料展覽目錄

　　國立中央圖書館編　民72年　臺北　該館　125面

　　同年又與高雄市立圖書館聯合編印，增十一面。

中國歷史與傳記工具書展覽目錄

　　國立中央圖書館編　民71年　臺北　該館　126面

　　同年又與省立臺中圖書館、高雄市立圖書館聯合編印，增六十二面。

中華民國建國史討論會書展書目

　　成文出版社編　民70年　臺北　該社　176面

史 乘 目 錄

歷 史 藝 文 志

藝文志二十種綜合引得

　　燕京大學圖書館引得編纂處編　民55年　臺北　成文出版社　4册　影印（哈佛燕京學社引得第10號）

　　據民國22年影印。

　　藝文志二十種爲：漢書藝文志、後漢藝文志、三國藝文志、補晉書藝文志、隋書經籍志、舊唐書經籍志、唐書藝文志、補五代史藝文志、宋史藝文志、宋史藝文志補、補遼金元藝文志、補三史藝文志（也稱補遼金元藝文志）、補元史藝文志、明史藝文志、淸史稿藝文志、禁書總目、全燬書目、抽燬書目、違礙書目、徵訪明季遺書目。書前有「十五種藝文志內容表」，列書名、著者、版本、卷次頁數、部次、類別及其起訖頁數。

　　此二十種藝文志所收錄的圖書，自先秦以迄淸末，凡四萬餘種，實即我國國家總書目。因各書多分別印行，又各分類排列，要檢某人所作圖書，或某書見於何種藝文志某卷之內，殊不容易，燕大引得編纂處有見於此，遂將二十種藝文志所載的書名著者，編成綜合索引，各條依中國字庋擷法排列，書前附筆劃檢字，拼音檢字，以便檢查。如欲檢查嶺南名勝志一書，何人所作，見於何種藝文志，則可依「嶺」字筆劃檢得下列一條：

嶺南名勝志　郭棐　明　2—26A.

卽此書爲郭棐所作，見明史藝文志二卷二十六頁第一面。

藝文志二十種
綜合引得

I
00010—00600

00010　心白日齋集；尹耕雲：清4/14b.
心王傳語；傅大士：宋4/8a.
心遠堂集；張溯：遼71b；元4/14a.
心遠堂詩集；李蔚：清4/4a.
心術；方涵：清3/4a.
心泰；佛法金湯編：遼50a；元3/18a.
心目論；吳筠：唐3/9a；宋4/12b.
心圖詩序；尹嘉銓：綦41b.
心玄文.雜；慧淨：唐3/12a.
心玄章幷鈔.雜；道基：唐3/12a.
心玄章鈔疏.雜；慧沼：唐3/12b.
心齋文集；王艮：明4/12a.
心齋雜俎；張潮：清3/23b.
心齋詩橐；任兆麟：清4/12a.
心齋語錄；王艮：明3/2b.
心齋聊復集；張潮：綦57a.
心泉學詩橐；蒲嗣晟：遼56b；元4/7a.
　　清[乾隆時較輯]4/18b-19a.
心泉集；何鞏：綦24a.53a.
心箴十二義；尹嘉銓：綦39b.
心箴注；世宗[明]：明3/1b.
心巢文錄；成撰鏡：清4/15b.
心學宗；方學漸：明3/3b.
心學淵源；俞長城：遼37b；元3/2a.
心學探微；金䥾：明3/1b.
心庵詞；何兆瀛：清4/28a.
心注骿子記；宋5/25b.
心源[釋]；如幻集：清3/26a.
心術；待詔臣懷：漢28b.
心機算術格；一行[僧]：(參見：心機算術
　　括)一行：宋6/3a.
心機算術括；一行[僧]：唐3/23b；
　　宋6/3a.
心機算術括注；黃梧巖(參見：心機算術
　　括注；懷鹿：唐3'23b.
心機算術括注；懷鹿[僧]：宋6/3a.

心梅野叟；南國志崝：日14a.
心性論；曾異申：元3/1b.
心悄心識經；三4/66b.
心經；註疏：宋4/7b.
心經.金字；黃保儀[李後主妃]：五12a.
心經文句；宋濂：明3/20a.
心經集注；徐隆綷：清3/26a.
心經集解；楊時芳：明3/20b.
心經注；宗泐：明3/20a.
心經說；洪恩：明3/20b.
心經釋；曾鳳儀：明3/20b.
心經標指；俞王晉：明3/21b.
心經略疏小鈔；錢謙益：清3/26a.
心燈錄；瑞瑋師：清3/17a.
心印正說；吳台頤：清3/3b.
心印紺珠；羅知悌：清3/12b.
心印紺珠經；朱撝：遼45b；元3/14a.
心明[釋]；永厝祀年：唐[易].
心明女梵志婦飯汁施經；竺法護譯：
　　晉5/4b.
心賦注；延壽[僧]：五11b.
心銳論；李思訓：舊唐2/4b；唐3/10b.
心銳歌；宋5/25b.
00600　永平起居注[晉]；隋2/9b；舊唐1/27b.
　　一李軌：舊唐1/27b；唐2/11a.
永平府志；張廷綱：明2/21a.
　　一游智開：清2/13b.
永平神雀頌；後4/68a.
永平故事；唐2/13b.
永泰新譜；柳芳：唐2/29b.
永春直隸州志；鄭一崧：清2/16a.
永寧通書；王維德：清3/15b.
永寧起居注；隋2/9b.
永寧公輔梁記；王緖：唐2/19b.
永寧州志；沈藏璣：清2/17b.
永寧地志；晉3/28a.

心
永

如欲知董其昌有何著作，則可依「董」字筆劃檢得下列各條：

　　董其昌：萬曆事實纂要　明2/6b.

　　容臺集　明4/20b；　　禁4a；　　違3b.

　　卽在明史藝文志二卷六頁第二面及四卷二十頁第二面，及禁書

　　總目第四頁第一面，違礙書目第三頁第二面。

　　書前有聶崇岐長序，詳論二十史藝文志的內容及得失，爲研究史

志的重要參考材料。

中國歷代藝文總志──經部易類書類初稿本

　　國立中央圖書館特藏組編　民71年　臺北　該館　119面

　　著錄範圍以見於正史藝文志、經籍志及諸家補志爲主，其中清史

稿藝文志代以彭國棟重修清史藝文志。除外，另加千頃堂書目、經義

考、四庫全書總目、續通志、續修四庫全書提要、販書偶記。

　　採四部分類法，各部下細分類目，類目下再細分屬目。如經部之

下分爲易類、書類、詩類 …… 等。易類再細分：白文之屬、傳說之

屬、圖與圖說之屬、象數之屬、分篇之屬、專著之屬、文字音義之屬

……等十類。

　　編排：同一類屬中各書，大抵依撰人之時代先後爲序。不詳時代

的，則依其書之始見於何代書志中，而置於該代之末。外國人的著述

則列於同時國人著述之後。各書著錄的款目，包括：書名、卷數、編

著注釋者的時代及姓名、著錄該書的書志名稱（以括弧示之）、仿經

義考例注明存、闕、佚、未見。

　　本書先刊載易、書二類，其餘各類將賡續刊行。

中國歷代經籍典　五百卷

　　民59年　臺北　臺灣中華書局　8冊　影印

　　據中華書局古今圖書集成經籍典影印。

　　記河圖、洛圖、洛書、十三經、國語、戰國策、二十四史、通

鑑、史學、地志、諸子、集部、類書、雜著等，大抵偏重於經史。

每類圖書，均分：彙考、總論、藝文、紀事、雜錄五目，所引各書間有稀見本，宋元明人筆記文集中資料、爲近人不甚注意者，往往採入雜錄，是其可取的地方，然因編纂體例凌亂，不便檢查。

歷代經籍考

（元）馬端臨等撰　民49年　臺北　新興書局　4冊　影印

內容包括文獻通考、續文獻通考、清朝文獻通考及清朝續文獻通考等四種之經籍考。

中國歷代圖書大辭典

遠東圖書公司編輯部編　民45年　臺北　該公司　623面　影印

原名中國歷代藝文志正集，民國二十五至二十六年出版，上海大光書局編印。根據二十四史及宋史新編，元史新編所載三藝文志輯印而成。

新校漢書藝文志　新校隋書經籍志

（漢）班　固　（唐）長孫無忌等撰　民52年　臺北　世界書局　1冊　影印　（中國學術名著第六輯中國目錄學名著第三集1）

藝文志之價值：1.知當時藏書概況；2.知古籍至當時爲止的散佚情形；3.從當時的著作目錄，可以反映出當時的著述風氣，作爲衡量一個時期文化成就的標準。（十史藝文經籍志目錄敍言）

收漢書藝文志、漢書藝文志拾補錄目、隋書經籍志、隋書經籍志補錄目等七種。

世界版中國目錄學名著第三集，除本書外，另有兩唐書經籍藝文合志等五種，宋史藝文志廣編等九種（含宋史藝文志補、四庫闕書目、中興館閣書目、中興館閣續書目、宋國史藝文志等），西夏遼金元藝文志等二十五種（含千頃堂書目遼金元部分、續文獻通考經籍考遼金元部分、補遼金藝文志、補三史藝文志、補元史藝文志等），明史藝文志廣編等九種（含明書經籍志、明書經籍志拾補、國史經籍志等）。

漢書藝文志考證　十卷

　　(宋) 王應麟編　收在民國48年印行二十五史補編，臺灣開明書店印行。

　　二十五史補編「藝文志」部分，收三十一種，除上述外還有：漢書藝文志條理六卷並敍錄、漢書藝文志拾補六卷、前漢書藝文志注一卷、漢書藝文志舉例、補續漢書藝文志一卷、補後漢書藝文志四卷、補後漢書藝文志三十一卷、補後漢藝文志四卷、補後漢書藝文志一卷、補後漢書藝文志考十卷、補三國藝文志四卷、補三國藝文志四卷、補晉書藝文志四卷附錄一卷補遺一卷刊誤一卷、補晉書藝文志六卷、補晉書經籍志四卷、補晉書藝文志四卷(清黃逢元編)、補晉書藝文志四卷(清秦榮光編)、補宋書藝文志一卷、補南齊書藝文志四卷、補南北史藝文志三卷、隋書經籍志考證十三卷、隋書經籍志考證五十二卷並敍錄、隋書經籍志補二卷、補五代史藝文志一卷、宋史藝文志補、西夏藝文志一卷、補遼金元藝文志一卷、補三史藝文志一卷、補遼史藝文志一卷、遼藝文志一卷、遼史藝文志補證一卷、補元史藝文志四卷等。

補魏書藝文志

　　賴炎元編　師大國文研究所集刊第 1 集，民國46年 6 月，21面

補北齊書藝文志

　　蒙傳銘編　師大國文研究所集刊第 1 集，民國46年 6 月，19面

補梁書藝文志

　　李雲光編　師大國文研究所集刊第 1 集，民國46年 6 月，118面

補陳書藝文志

　　楊壽彭編　師大國文研究所集刊第 1 集，民國46年 6 月，15面

補周書藝文志

　　王忠林編　師大國文研究所集刊第 1 集，民國46年 6 月，18面

宋史藝文志史部佚籍考

劉兆祐撰　民62年　臺北　撰者　3冊（15,2045面）

考訂宋史藝文志史部所著錄而今已亡佚的史籍。凡其書已佚而不傳者，或雖已佚而後人有輯本的，具包括在內。

全書分上下兩編，上編爲已佚而無輯本的，下編爲已佚而有輯本的。各編的分類及次序，依宋史藝文志：正史、編年、別史、史鈔、故事、職官、傳記、儀注、刑法、目錄、譜牒、地理、霸史等十三類。

每書著錄書名卷數、著者時代及姓名、著作內容。著者考訂的資料，據史傳、方志、碑銘或摘自年譜；著作內容的考訂，據有關序跋及足資論證的皆加採錄。書後有：1.宋史藝文志史部各書存佚表；2.引用書目。

元史藝文志補注

何佑森編　新亞學報第2卷第2期，第3卷第2期　民國46年，47年，共213面

千頃堂書目　三十二卷

（清）黃虞稷撰　民56年　臺北　廣文書局　6冊影印（書目叢編）

所錄皆有明一代圖書，較明史藝文志爲完備，各書分類排列。經部分爲十一門，史部分十八門，子部分十二門，集部分八門，別集以朝代科分爲先後，無科分者，則酌附於各朝之末。每類之後各附宋金元人著述。著錄各書，列著者、書名卷數，或冊數，並間注著者小傳及各書內容、版本、源流等。

書評：1.晉江黃氏父子及其藏書（千頃堂書目研究之一）喬衍琯，文史季刊第1卷第2期，民國60年1月，頁21—29；2.論千頃堂書目經義考與明志的關係　喬衍琯，國立中央圖書館館刊新10卷1期，民國66年6月，頁1—10。

明史藝文志史部補

蔣孝璃撰　民58年　臺北　臺聯國風出版社　143面

重修清史藝文志

彭國棟纂修　民57年　臺北　臺灣商務印書館　338面

書評：重修清史藝文志讀後記　喬衍琯，國立中央圖書館館刊新2卷3期，民國58年1月，頁112—116。

評重修清史藝文志　梁容若，書和人第296期，民國65年9月18日，頁1—8。

中華民國出版圖書目錄彙編

國立中央圖書館編　民53年　臺北　該館　2冊 (846面)

係根據該館歷年所編中華民國出版圖書目錄，彙編而成。著錄的圖書，包括民國三十八年政府遷臺至五十二年底，依出版法送繳入藏的圖書，間也包括國外自由地區出版的圖書在內。以中文圖書爲主，惟在臺出版的外文書也予收入，編於中文圖書之後。編排依中國圖書分類法，並以目片形式排印，以便各圖書館編目的參考。著錄的圖書，凡五十面以內的小冊子，除較有價值者外，一律與教科書及青少年讀物等，分別輯編，附錄於後。

每一種書除著錄各書名、著譯者、出版、稽核、附注各項外，並補列價格。

中華民國出版圖書目錄彙編續輯

國立中央圖書館編　民59年　臺北　該館　2冊 (1177面)

以民國五十三年一月至五十七年六月底該館入藏的圖書爲限。其編排格式與規則同「中華民國出版圖書目錄彙編」。第二冊爲書名及著者索引，分開排列，均依照筆劃順序，書名後或著者後附的數字爲上冊的頁數。

中華民國出版圖書目錄彙編三輯

國立中央圖書館編目組編　民64年　臺北　該館　2冊 (2116

哲　學　類

總　論

哲學論文集　第一輯
中國哲學會主編　　民國五十六年　臺北市　臺灣商務印書館印行
8,285面　21公分　平裝
（中國哲學會哲學年刊第四期）
英文書名：Anthology of philosophy
N.T. $ 2.00

科學與哲學
沈國鈞撰　　民國五十三年　臺北市　文星書店印行
2,186面　18.5公分　平裝
（文星叢刊之九十七）
英文書名：On science, philosophy, and thinking n general.
N.T. $ 15.00

哲學系統
克勒梭（Cresson, Andre, 1869–1950)撰　葉日葵譯　民國五十五年　臺北市　臺灣商務印書館印行
〔4〕,185面　17.5公分　平裝
（人人文庫之〇二〇　王雲五主編）
原書名：Les systemes philosophiques.
N.T. $ 8.00

哲學的趣味
杜蘭（　　）撰　胡百華譯　民國五十三年　臺北市　協志工業叢書出版公司印行
18,549面　18.5公分　平裝
（協志工業叢書）
原書名：The mansion of philosophy.
N.T. $ 40.00

哲學概論
溫公頤譯　　民國五十四年　臺北市　臺灣商務印書館印行　臺一版
〔17〕,381面　20.5公分　平裝
（大學叢書）
基 $ 2.40

物質論
曾霄容（天從）撰　　民國五十六年　臺北市　青文出版社印行
13,160面　有圖　21公分　平裝
本書係現實存在論——科學的哲學基礎論——之第二部

現代哲學之科學基礎
傅統先撰　　民國五十四年　臺北市　臺灣商務印書館印行　臺一版
〔13〕,245面　有圖　21公分　平裝
（哲學叢書）
基：$ 2.00

自然哲學與社會哲學
廖維藩撰　　民國四十一年　臺北市　撰者印行
〔8〕,259面　有圖表　21公分　平裝
N.T.：$ 2.00

理論哲學
羅　光撰　　民國五十年　香港　香港公教眞理學會印行
3冊　有圖表　19公分　平裝
英文書名：Theoretical philosophy
內容：上冊，理則學(Logic)中冊，宇宙論心理學(Cosmology and psychology)
每冊H.K. $ 3.50

哲學中的科學方法
羅素(Russell, Bertrand, 1872-　)撰　王星拱譯　民國五十五年　臺北市　臺灣商務印書館印行
〔7〕,342面　17.5公分　平裝
（人人文庫之〇〇三——〇〇四　王雲五主編）
原書名：Scientific method in philosophy.
N.T. $ 16.00

思想界的出路
謝幼偉撰　　民國三十八年　廣州市　現代問題叢刊編輯社印行
1,46面　18.5公分　平裝
（現代問題叢刊）

哲學辭典
商務印書館編審部編　　民國五十三年　臺北市　該館印行臺一版
1冊（面數龐雜）　15公分　精裝
基價 $ 2.50

思　想

現代哲學思想
馬璧撰　　民國五十六年　臺北市　帕米爾書店印行
2,169,4面　21公分　平裝
基 $ 1.00

現代思潮新論
張其昀等撰　　民國三十七年　〔北平市〕　正中書局印行
177面　18公分　平裝
（思想與時代叢刊第二種）

面）

接續該館前二彙編（中華民國出版圖書目錄彙編，中華民國出版圖書目錄彙編續輯），收錄民國五十七年七月至六十三年底，共六年半送繳該館圖書。其中以中華民國出版的中文圖書爲主，港澳等海外各自由地區出版的中文出版品也一併收入，在臺出版的外文圖書，也予收入，編於中文圖書後面。

收錄圖書約一五〇五五種，其中總類一三七五種，哲學類六九〇種，宗教類五〇九種，自然科學類一〇六四種，應用科學類二二〇八種，社會科學類二九五六種，史地類一九二四種，語文類三三五六種，藝術類七二二種，外文圖書二五一種。

編排以該館圖書目片形式編印，依目片所載書碼排列（前二編無書碼），外文圖書則依字母順序排列。

每書著錄的款目與彙編續輯相同，惟每書前附加該類的統一編號。

第二冊爲書名索引與著者索引，按筆劃多寡排列，後列該書的統一編號，以供查索用。

中華民國出版圖書目錄彙編四輯

國立中央圖書館編目組編　民69年　臺北　該館　3册(2942面)

接續該館前編「中華民國出版圖書目錄彙編」「中華民國出版圖書目錄彙編續輯」「中華民國出版圖書目錄彙編三輯」，收錄民國六十四年至六十八年依出版法送繳之圖書，另港澳等海外自由地區之中文出版品及在臺灣出版之外文圖書，亦予輯錄。共收圖書二一二三二種，其中總類二三九〇種，哲學類一二三五種，宗教類一三一九種，自然科學類一〇二六種，應用科學類三九三四種，社會科學類四三五七種，史地類一三一四種，語文類四三三六種，美術類九九三種，外文類三二八種。

編排體例與前編相同。部分類目則因圖書增加，逐予細分。如學位論文細分八小類，工程類細分四小類。書後增列民國三十八年以前出版之中文舊籍。

中華民國出版圖書目錄

國立中央圖書館編　民45至50年　臺北　該館　五輯（6冊）

第一輯至第四輯（現代國民基本知識叢書）於民國四十五年至四十七年及四十八年，由中華文化出版事業社出版。第五輯分上、下兩冊，由國立中央圖書館出版。

著錄的圖書，以民國三十八年政府播遷來臺後在臺出版的中西文圖書，依照出版法的規定，送繳該館收藏者爲限，間亦包括香港澳門自由出版界及旅居國外學人的出版品。按照中國圖書分類法的次序排列，依目片形式排印。

第五輯，收列民國四十七年至四十九年入藏的圖書，編目規則，一仍其舊。惟不收辭義淺陋的作品及中小學校的教科書。

自四十九年九月起，該館創刊新書簡報，按月刊行，本目錄乃輟而未印。五十九年起，該館又每年印行中華民國出版圖書目錄，前二年由教育部中華叢書編審委員會印行，以後均由該館印行。

中華民國出版圖書目錄　七十年度

國立中央圖書館編目組編　民71年　臺北　該館　726面

郡 邑 藝 文 志

大清畿輔書徵　四十一卷

徐世昌編　民58年　臺北　廣文書局　14冊　影印（書目三編）

據天津徐氏排印本影印。

畿輔指國都附近的地方。

編者先編有大清畿輔先哲傳四十卷，附有列女傳六卷。次編本

書，約收一千七百家，四千一百多種，包括十一府六州，計有：承德、永平、河間、天津、正定、順德、廣平、大名、宣化、遵化、易州、冀州、趙州及閨秀等。

編排先照州府排，再按著者時代分先後，與一般藝文志按經史子集分類不同，類似西洋的著者目錄。各書注明書名及卷數，並加內容提要。

溫州經籍志　三十一卷　外編二卷　辨誤一卷

　　（清）孫詒讓撰　民58年　臺北　廣文書局　16冊　影印　（書目三編）

據民國10年杭州浙江公立圖書館刊本影印。

收錄一千三百多家，按四庫分類。每書首行列著者姓氏、書名及其出處；次行卷數，各本卷數有出入者，分別注明；次注存、佚、闕、未見，存者注明版本；次錄序跋、目錄、評議、遺事叢談，殿以孫氏按語。序跋部分，如爲宋元古籍，照錄，明代以後，酌加採錄。

金華經籍志　二十七卷

　　胡宗楙撰　民59年　臺北　古亭書屋　972面　影印

據民國14年永康胡宗楙萬選樓刻本影印。

仿溫州經籍志，包括金華郡人的撰述。郡轄八邑：金華、蘭谿、東陽、義烏、永康、武義、浦江及湯溪。起自三國，以迄明季，共收一千三百多種。按經史子集排列。每書列書名卷數、著者朝代、姓氏里籍、仕履、引據、存佚及按語。

另別輯關於郡故五十六種爲外編，留待訂正的爲存疑，附以辨誤，各一卷。

浦陽藝文考

　　高伯和編　民57年　臺北　立志書局　190面

浦陽縣唐時舊稱，五代吳越以後改稱浦江，明淸均屬金華府。

　　著錄宋元以來浦江縣人士著述目錄，以有獨立專集名稱者爲限。按照四庫舊例，分經史子集排列。每書首敍存亡、卷第、著者的思想、著述及內容，再次爲版本流別，注釋附考等。

台州經籍志　四十卷

　　（清）項元勳編　民58年　臺北　廣文書局　10冊　影印（書目三編）

　　據民國4年浙江省立圖書館排印本影印。

　　台州屬浙江省，轄臨海、黃巖、天臺、仙居、寧海、太平六縣。

　　收編已見未見四千多種，依經史子集順序排列。各書體例也與四庫相同，如有序跋或諸家論斷，均加著錄。重印序認爲其中頗多課藝啓蒙讀本，無甚價值的未完稿，略嫌冗濫。原書缺總目，廣文版特予補輯。

湖錄經籍考　六卷

　　（清）鄭元慶撰　民58年　臺北　廣文書局　2冊　影印（書目三編）

　　據民國9年吳興劉承幹吳奧叢書本影印。

　　湖錄原書有百卷，今僅存經籍考，而且僅爲集部。原書缺總目，重印時加以補輯，卽：卷一奏議、三國六朝人文集、唐人集、唐人詩集；卷二宋人集、宋人詩集、元人詩；卷三、四明人詩集；卷五歷代人詞曲、方外、閨閣、總集一；卷六總集二、詩學、目錄。

　　各書略記著者爵里生平、書的存佚、有關該書各家的題記等。

山陽（淮安）藝文志

　　山陽縣志籌備會編　民70年　臺北　該會　375面　影印

臺灣藝文志稿

　　鄭喜夫編撰　民　年

　　收錄清代迄今二三六○家臺籍人士五千六百種著譯書目，並綴有

著譯者小傳。據著者稱書已交鼎文書局，列爲中國各省著述志。又據
著者稱，擬重加增編，作爲「刪輯臺灣省通志」的一卷。

個人著作目錄

中國著作家辭典(A Biographical & Bibliographical Dictionary of Chinese Authors)

　　陳澄之 (Charles K. H. Chen) 編撰　民63年　美國紐約
Oriental Society　　14,703面

　　以中文編寫，從西漢起，迄於現在 ，書前有姓氏筆劃檢字表。
民國65年出版補編本，共2冊（1253面）

歷代婦女著作考　並附錄等二十六卷

　　胡文楷撰　民62年　臺北　鼎文書局　888面　影印（國學名著
珍本彙刊書目彙刊之1）

　　我國書目列閨秀藝文，始自隋志，唐宋明清諸史也有著錄，然所
著錄不過數十種而已 。 本書著錄漢朝至民國初年婦女著作家四千餘
人，著作八千餘種。

　　排列以年代爲序，每代之中，以姓氏筆劃多寡排先後。滿蒙方外
及姓名佚者列於卷末。每一種書均錄其序跋，詳其版刻，佚書也注明
著錄所據。後附書名索引、人名索引，按四角號碼排列，以便檢尋。

中央研究院院士及研究人員著作目錄

　　中央研究院編　民60年　臺北　該院　732面

　　如書名所顯示，包括中央研究院院士著作目錄及研究人員著作目
錄兩部份。所收著作截止於民國六十年八月三十一日以前。院士著作
目錄，係依院士所屬組別，當選屆別及姓氏筆劃爲序排列。研究人員
著作目錄，係按數理、生物、人文、社會科學次序排列。每一著者並
列簡歷，包括現職、出生年月日、籍貫、學歷及經歷。附印該院及各

研究所出版品目錄。

國立臺灣大學教職員著作目錄

　　　　國立臺灣大學圖書館編　民64年　臺北　該館　**1211,17**面

國立臺灣大學教職員著作目錄（續編）

　　　　國立臺灣大學圖書館編　民69年　臺北　該館　766面

　　　　國立臺灣大學爲慶祝二十、三十、三十五週年校慶，曾先後於民國五十四、六十四、六十九年之十一月十五日，在圖書館舉辦敎職員著作展覽。圖書館據展覽的資料及調查所得，彙集編印目錄，前二次書名爲「國立臺灣大學敎職員著作目錄」，後一次加「續編」二字。

　　　　五十四年版收五百四十人，著作七千九百零八件，包括已出版的單行本、報刊論文、論文集的論文。六十四年版收一千一百十二人，著作二萬零六百七十九件，大部分以前編爲基礎，再加上十年來的新資料。六十九年版收八百六十五人，著作一萬零一百七十八件，都是六十四年十一月以後出版的，或是六十四年版目錄所漏收的。

　　　　依文、理、法、醫、工、農學院順序編排，行政單位殿後。敎職員排列次序，係按該校編印的敎職員錄。書後附人名索引。

　　　　國內各大學均編有敎職員著作目錄，其中以本書最受讀者的重視和利用。

國立臺灣師範大學出版品暨敎職員著作目錄

　　　　國立臺灣師範大學圖書館編　民65年　臺北　該館　401面
　　　　包括研究生論文及學生社團出版品。附索引。

國立臺灣師範大學校友著作目錄

　　　　國立臺灣師範大學畢業生輔導委員會編　民65年　臺北　該會164面

國立臺灣師範大學出版品暨敎職員著作目錄（續編）

　　　　國立臺灣師範大學圖書館編　民71年　臺北　該館　250面

國立政治大學教職員著作目錄

　　國立政治大學中正圖書館編　　民71年　　臺北　　該館　　393面

　　收教職員四百四十六人的著作，包括專書二一六九種，論文四二九一篇。編排：先列各研究所；次列各院系，如文理學院、法學院、商學院；再列共同科目教師、國際關係研究中心、附設實驗學校、行政單位等。書後附人名索引。

　　缺點：「著作」的範圍失之過寬，不宜列入升學參考書；漏收部分教師的著作，如尉天驄、胡自逢、閔孝吉、袁頌西、胡述兆等。

國立清華大學教職員著作目錄

　　國立清華大學編　　民67年　　新竹　　該校　　236,17面

國立中興大學教師著作目錄（第二輯）

　　國立中興大學教務處編　　民70年　　臺中　　該校　　274面

　　民國六十七年出版第一輯，五二四面。

國立成功大學教師研究及著作一覽

　　國立成功大學教務處編　　民70年　　臺南　　該校　　167面

中國文化學院教職員著作目錄

　　中國文化學院中正圖書館編　　民67年　　臺北　　該院　　593面

淡江大學教職員著作目錄

　　淡江大學覺生紀念圖書館編　　民69年　　臺北　　該館　　253面

逢甲大學教職員著作目錄

　　逢甲大學編　　民70年　　臺中　　該校　　288面

中央警官學校四十年來師生學術論著目錄

　　謝瑞智編　　民65年　　臺北　　中央警官學校　　232面

中山學術文化基金董事會有關人士著作目錄

　　中山學術文化基金董事會編　　民67年　　臺北　　該會　　331面　　增訂本

收錄下列該會有關人員著作（包括論文、譯述）：董事長及全體董事、各審議委員會歷任委員、基金運用委員會歷任委員、文藝創作獎助審議委員會歷任評審委員、歷屆學術著作、文藝創作、技術發明得獎人士、歷年擔任專題研究人士、歷年獎助之各大學博士、碩士班研究生等。

民國五十八年初版者收一百八十七人，修訂本收二百零一人，較前增收十四人。

目錄著錄款目與一般同，惟缺頁數或起訖頁數。編排直排分三欄，每種目錄佔三至四行，不合一般著錄方法。

中華民國文史界學人著作目錄

劉德漢編　書目季刊 6 卷 1 期（民60年 9 月）起至16卷 2 期（70年 9 月）

十一年共介紹八十人。

當代漢學家著作目錄

書目季刊第16卷第 3 期（民國71年12月）起

國際關係研究中心同仁論著目錄

國立政治大學國際關係研究中心編　民 72 年　臺北　該中心269面

中華民國當代文藝作家名錄

國立中央圖書館編　民59年　臺北　中華叢書編審委員會 318面（國立中央圖書館目錄叢刊第6輯）

收錄自由中國當代文藝作家四五七人的作品，作品的種類，包括：散文、小說、詩歌、戲劇、文藝理論及批評。

排列順序，照作家常用筆名或作家本名羅馬拼音法排列先後。每一作家的資料，包括：性別、籍貫、通訊地址，均中英對照排列。最後列中文作品名稱、出版地、出版著、出版年。

　　書前有中英文的中華民國近二十年來散文、小說、戲劇、詩歌的
發展，及中華民國文藝團體簡介。書後有作家中英文本名筆名索引。
中文依筆劃排，英文依羅馬拼音排列。

　　資料收錄時間至五十八年底止。因據調查表編輯，頗有殘缺。

作家書目

　　應鳳凰編　民68年至69年　臺北　爾雅出版社　2冊

　　第一集收二百零六人。第二集收一百零六人。收編的標準是以臺
灣地區的作家「有過一本以上的文學創作」爲主，「寫過文學方面的
研究論著」亦兼列之，不收翻譯作品。依作家較常用筆名（或眞名）
的筆劃排列，作家的作品則依出版先後爲序。

作家與作品

　　夏　楚編　民70年　臺北　國軍新文藝運動輔導委員會　598面

　　將國軍戰鬪文藝研究會所有成員的作品，編爲目錄，注明著者、
書名、種類（小說、散文、詩歌……）、出版時間、出版者等；並附
作家小傳，包括：筆名、性別、出生年月日、籍貫、學經歷、服務機
關及職務、通信處。

　　作家依下列順序排列：輔導員（如陳紀瀅、趙友培）、文藝理論
研究會研究員（如黃永武、何欣）、小說研究會研究員（如朱西寧、
段彩華）、散文研究會研究員（如林煥彰、姜保眞）、詩歌研究會研究
員（如吳宏一、王慶麟）、美術研究會研究員、音樂研究會研究員、
新聞研究會研究員等。

中國現代詩作者資料彙編

　　現代文學第46期，民61年3月，頁161—170

　　收現代詩人九十人，列其作品，每人附以小傳。

　　附錄：

國父著述年表

　　收在國父全集第6冊頁1—414，民62年中國國民黨黨史委員會印行。

近世漢學者傳記著作大事典　附系譜年表

關儀一郎　關義直合編　民55年　東京　琳琅閣書店　573,100, 44面

民國32年初版，書名：近世漢學者著述目錄大成。

是日本元和五年（1619）以來至昭和12年（1937），三百十九年間研究漢學的日本學者的著述總目。是目所載專修與兼修漢學者，約有二千九百人，至於他們的著述，編纂校點作品，則收有二萬餘種。除專攻漢學者外，一般國學者、書家、畫家、醫家、卜筮家等，也在收入之列。本書編排是以漢學者爲單位，根據其姓名首字，以日本五十音順作先後次序。每一著者下，都有標明其所屬學派，計收有學派共八個，即：程朱、敬義、陽明、古義、復古、古註、折衷及考證學等是。其後附有該著者畧傳，並注明出處，最後便是著者著述書目與卷數。各著書的敍列，大體上是根據經、史、子、集的順序，至於父子兄弟同姓學者，則以尊卑作先後次序。

編首有人名目錄，列著者姓名與稱號，下注原目頁數。此編缺一書名索引，爲不足之處。書後附有八個學派的系譜。檢者可就此譜翻查某人的學術淵源。（錄自中國歷史研究工具書叙錄）

東洋文庫所藏近百年來中國名人關係圖書目錄

市古宙三　國岡妙子合編　民49年　日本東京

載近代中國研究第四卷，民國49年，頁1—136。

所收的是六百位清道光二十年(1840)以後出生中國名人的作品，及有關他們的著作，凡二千多種。其中大部份是中文作品，只有極少數是用英文或日文寫的，條目排列悉依日本五十音順。每一名人之下，先注其生卒年，然後依次序列其作品，如：文集、書信、日記、要錄、個人作品及傳記、年譜、有關其人的研究與評語等。作品的排列，往往是中文居先，日文英文在後。編前冠有「著者姓名一覽表」

（其後標明人名所在頁數）。（錄自中國歷史研究工具書叙錄）

中國文學專門家事典

日外アツシエ──ツ編集部編　民69年　東京　編著　288面

據日人吉田誠夫等編「中國文學研究文獻要覽」及其他參考資料編輯而成。

收錄戰後三十二年間（1945─1977）日本研究中國文學的漢學家五五五人的生平與著作資料。依姓名的五十音順排列。

生平資料包括：職業、專長、興趣、生卒年月，最高學位、服務單位、地址、電話、參加社團、筆名等。

著作僅限於日本國內刊行的圖書、論文集、期刊論文，不包括中國文藝作品的翻譯、書評及教科書的監修等。著作資料略依作品性質分類，如飯田吉郎的作品分爲八類，類名有：中國文學一般、中國文學一般：書誌、金元文學：戲曲、明代文學：小說、清代文學：小說、清代文學：作家、中華民國以後、中華民國以後：作家。著作較少的則依圖書、論文集、期刊論文分類。

著錄的圖書、論文集及期刊論文，均詳細注明出版者、出版年、頁次、刊名、卷期、年月、起訖頁次、論文集名稱等。

西洋經濟學者及其名著辭典

周憲文主編　民61年　臺北　臺灣銀行經濟研究室　1166面

輯錄經濟學家及其經濟學名著，均加以簡介。

學　科　書　目

學科書目又稱專科書目，多出於專家之手，對研究學問，最爲有用。宋時高似孫編有子略及史略，是爲我國有學科書目之始。清時朱彝尊編有經義考三百卷，專記我國經學書籍。民國以來學科書目雖不下千種，惟頗多陳舊而不適用，有很多學科，還付闕如。政府遷臺

後，嚴靈峯編的周秦漢魏諸子知見書目，張偉仁編的中國法制史書目，是蒐羅較廣的兩種。

　　本目收錄的學科書目，較重要者，加以內容介紹，次要者列爲簡目，附於篇後。排列除經學書目置於哲學書目前外，其餘按中國圖書分類法順序排列。

革命文庫書目

三民主義書目初編

　　羅　剛編　民40年　臺北　三民主義研究會

中國國民黨黨史參考書目

　　蘇德用編　學術季刊第1卷第2期，民國41年12月，頁205—216

有關國父遺敎西文著述

　　羅時實編　中央日報民國44年11月12日，第6版

國父文獻中外文的重要著述

　　姚漁湘編　中央日報民國49年11月12日，第12版

有關國父文獻的日文著述

　　陳固亭編　國立政治大學學報第3期，民國50年5月，頁121—160

國外各大圖書館館藏有關國父學說及傳記外文書目

　　國立中央圖書館編　民54年　臺北　該館　28面

國父思想研究目錄（初編）

　　中國國民黨中央委員會設計考核委員會編　民57年　臺北　該會
1冊

經　學　書　目

經子解題

　　呂思勉撰　民69年　臺北　河洛圖書出版社　197面　影印

　民國15年初版。

　另有商務國學小叢書本，萬有文庫薈要本，人人文庫本。

　是指示初學者研讀經子書籍的書目。其中所討論到的「經」，有詩、書、儀禮、禮記、大戴禮記、周禮、易、春秋、論語、孟子、孝經、爾雅。「子」的部份，有儒、道、墨、法、名、雜。其餘縱橫、陰陽、農及小說，則付闕如。每書均加內容提要，並略述其研究方法。本書原序中謂是編有益初學之處凡三：1.切舉應讀之書，及其讀之先後；2.本書就經子各書內容逐一分篇論列；3.舉正確之說，作持平之論。

　有關指示國學入門的參考書，還有：屈萬里教授的古籍導讀，民國五十三年，臺灣開明書店印行；朱自清的經典常談；梁啓超的要籍解題及其讀法，華正書局，臺灣中華書局，參見舉要書目。

公藏先秦經子注疏書目

　張壽平編撰　民71年　臺北　國立編譯館中華叢書編審委員會556,175面

　編輯旨趣：爲治先秦經子之學者提供一部「卽目求書，因書究學」的工具書。

　收錄國內十九所圖書館所藏先秦經子注疏圖書五九九九種，其中經部四九八五種，子部一〇一四種。全書分成四大類：1.彙輯先秦經部注疏書目；2.叢書中所見先秦經部注疏書目；3.彙輯先秦子部注疏書目；4.叢書中所見先秦子部注疏書目。

　每類再細分子目，如經部分爲易類、尙書類、詩類、周禮類、儀禮類、禮記類、大戴禮記類、三禮總義類、春秋左傳類、春秋公羊傳類、春秋穀梁傳類、春秋總義類、四書類、孝經類、爾雅類、羣經總義類等十六小類。又如子部分爲儒家類、兵家類、法家類、醫家類、曆算類、術數類、雜家類、道家類、諸子類等九小類。

　　各書著錄的款目，包括：編號、書名、撰人年代姓名、校訂人姓名、版本、批校題跋、收藏圖書館簡稱。叢書部分則注明：編號、書名、撰人年代姓名、叢書編輯人年代姓名、所屬部類或第幾集第幾卷、收藏圖書館簡稱等。

　　書後有書名索引，依筆劃排。如有人名索引，將更方便讀者檢索。

經義考　三百卷

　　（清）朱彝尊撰　民54至55年　臺北　臺灣中華書局　8冊　影印（四部備要經部）

　　另有京都中文出版社影印本，民國67年出版，2冊，一五三六面。

　　是中國歷代經學書目的提要。「初名經義存亡考，惟列存亡二例。後分例曰存、曰闕、曰佚、曰未見，因改今名。各書分類排列，每一書前列撰人姓氏、書名、卷數，次列存佚闕未見字，次列原書序跋，諸儒論說，及其人之爵里，彝尊有所考正者，即附列案語於末，惟序跋諸篇與本書無所發明者，連篇備錄，未免少宂，然上下二千年間，元元本本，使傳經原委，一一可稽，亦可以云詳贍矣，至所注佚闕未見，今以四庫所錄校之，往往其書具存，彝尊所言不盡可據」。（引四庫總目語）本書的優劣點，喬衍琯在書目要籍解題一文（刊登慶祝第十屆出版節特刊二十三至二十五面）曾有詳述。經義考書前缺目錄，檢查不便，羅振玉爲之補編目錄八卷。每書列：著者、書名、卷數、次注存、佚、闕、未見。並就朱氏所著有疏失的，爲之校記一卷。此補編目錄八卷校記一卷，民國五十七年曾由臺北廣文書局據民國二十二年羅氏石印本影印刊行，共五冊，書名「經義考目錄八卷校記一卷」。

　　清翁方綱也曾就朱氏的闕失有所補正，計得一千八十八條，成書

稱經義考補正十二卷，也於民國五十七年，由廣文書局據粵雅堂本影印，與「通志堂經解目錄」合刊。

授經圖　二十卷

　　(明) 朱睦㮮撰　民57年　臺北　廣文書局　2冊　影印　（書目續編）

北平圖書館原藏宋金元版經部解題

　　阿部隆一撰　長澤先生古稀記念圖書論集，民國62年，頁145—172

石經書目

　　童鷹九編　嘉義師專學報第4期，民國62年5月，頁33—58

今存南北朝經學遺籍考

　　簡博賢撰　民64年　臺北　黎明文化事業公司　277面

今存唐代經學遺籍考

　　簡博賢撰　民59年　臺北　撰者　1冊

魏晉南北朝易學書考佚

　　黃慶萱撰　民64年　臺北　幼獅文化事業公司　739面

清代尙書著述考

　　古國順撰　民64年　434面（政大中國文學研究所碩士論文）

詩經學書目

　　裴溥言編　書目季刊第10卷第3期，民國65年12月，頁63—106

論語集目

　　國立中央圖書館編　學術季刊第6卷第3期，民國47年，共10面

春秋闡義書目類輯

　　王光儀編　大陸雜誌第19卷第8期至第21卷第10期，民國48—49年

周秦漢魏諸子知見書目

福州嚴靈峯編著

第一卷

第一部　道家

目一　老子

一、中國老子書叙錄

書　名	卷數	作者姓氏略歷	著作年代	內　容　概　述
老子五千言	二卷	【老　聃】陳國相人姓老氏，世號曰「聃」，春秋末爲周守藏室史，後見周衰歸隱，不知所終。	西元前　年　至前四八一年	【存】上、下二篇：漢司馬遷史記老子列傳略稱：『楚苦縣厲鄉曲仁里人，姓李名耳，字伯陽；諡曰「聃」。周守藏室之史也。見周之衰乃歸隱，著書上、下篇，言道德之意五千餘言言』。此爲原始著述，其書言清靜無爲，守柔執後，因自然，歸大順；正言若反。宋謝守灝混元聖紀引七略曰：「劉向校讎，定著八十一章，

哲　學　書　目

周秦漢魏諸子知見書目

嚴靈峯編　民64至67年　臺北　正中書局　6冊

著者自民國四十六年起，先後出版下列有關道家、法家、墨家的書目，如：

中外老子著述目錄：民國四十六年，中華叢書委員會。

列子莊子知見書目：民國五十年，香港無求備齋。

老列莊三子知見書目：民國五十四年，中華叢書編審委員會。

墨子知見書目：民國五十八年，臺灣學生書局。

管子知見書目：民國61年國立中央圖書館館刊新5卷3、4期合刊。

管子晏子知見書目：民國62年，國立中央圖書館館刊新6卷1期。

根據上列諸書及儒家、雜家等書目編輯而成。全書分六卷。第一、二卷均爲道家書目，民國六十四年出版，第一卷收錄有關老子圖書論文資料，第二卷收錄列子、莊子、關尹子、鶡冠子、文子等，並以楊朱、莊子專篇及別錄爲附目。卷三民國六十六年出版，分三部：1.儒家，收晏子春秋、荀子、曾子、子思子、孔子家語、子叢子；2.法術，收管子、商君子、韓非子、愼子、申子、尸子；3.名墨，收墨子、公孫龍子、鄧析子、尹文子、惠子、鬼谷子、范子計然等。卷四民國六十六年出版，收兵書、包括孫武、孫臏、吳子司馬法、尉繚子、六韜三略等。其餘第五卷秦漢魏諸子，第六卷附錄，收重要諸子版本目錄、歷代重要藏書志讀書志目錄。

全書收編我國舊籍四千四百種，日本及東方各國文字一千一百餘種，歐美各國三百十餘種，附目一百四十餘種，共六千餘條目。每書均簡介其著者、注明年代，並對原書的存、殘、佚等內容加以注明。期刊則注明篇名、著者、刊名、卷期等。

　　是民國以來編輯的專科書目中，著錄書籍期刊資料最多的一種。

諸子概說與書目提要

　　蕭天石撰　民67年　臺北　中國子學名著集成編印基金會
〔84〕,694,〔13〕面

　　本書爲中國子學名著集成基金會發行的中國子學名著集成的書目
提要，「集成」全套共一百册，第一册爲本書，最後一册爲索引。

　　按「集成」的編次，分儒家、道家、陰陽家、法家、兵家、縱橫
家、墨家、名家、農家、雜家等十類。先撰概說，次列各家收編各書
提要。提要仿四庫全書總目的體裁，各書除闡述大旨所在外，復敍其
人之簡要史略。計收子書三四一種，大都一書一提要，也有數書合爲
一總提要，再就其各書內分撰提要。（摘錄自鄭恆雄撰66、67年新編
參考書選介）

子略　四卷　目錄一卷

　　（宋）高似孫撰　民55年　臺北　臺灣商務印書館　72面　影印
（叢書集成簡編）

中國哲學思想史書目（初稿）

　　廖元華編　民58年　新加坡　編者　72面

省內中文哲學著作目錄

　　藍一果編　載於「現代中國哲學」，民60年，正文書局，頁225
—241

哲學類參考書目

　　唐君毅編　附於「哲學概論」下册

　　分四類：1.關於中國哲學入門書籍；2.關於中國哲學本身的重要
參考書；3.關於西洋哲學概論書籍；4.關於西洋哲學本身的重要參
考書。

中國思想・宗教・文化關係論文目錄

中國思想宗教史研究會編　民65年　日本東京　國書刊行會
639面

民國70年臺北明文書局影印。

收明治初年（1868）至昭和四十八年（民國六十二年）日本期刊
及論文集所載與中國思想、宗敎、文化有關的日文論文九〇七八篇。

依分類排列。共分十大類，卽：總論、經學、諸子學、諸思想
（政治、法律、社會、經濟思想、史學思想等）、佛敎、道敎、三敎
交涉關係、基督敎、民間信仰、習俗、學界消息等。每大類再酌予細
分。

論文著錄的款目，有代號、篇名、著者、刊名、卷期、年月等。
書後附五十音順的著者索引。

荀子書錄

阮廷卓編　師大國文研究所集刊第5集，民50年，頁405—437

附有民國以來荀子論文要目。

莊子書錄

馬　森編　師大國文研究所集刊第3集，民48年，頁243—327

秦漢思想研究文獻目錄

坂出祥伸編　民67年　日本　關西大學出版部　137面

淮南子傳本知見錄

鄭良樹編　國立中央圖書館館刊新1卷1期，民國56年7月，頁27
—39

宋學研究文獻目錄

廣罕人世編　民52年　日本　東京大學文學部中國哲學研究室
49面

據中國與日本學者研究宋學有關的專書及論文彙編而成。全書分
論文及單行本兩部份。前者著錄的款目有：編號、篇名、著者、刊

名、刊行日期等。刊行日期以日本紀元爲主；後者只收錄二十八部，著錄的款目有：編號、書名、著者、出版者、出版年。年代以西元爲主，有些書後，兼錄書評。書名的排列是以出版年爲序。

書後附有著者索引，分日本之部，與中國之部。前者是以日本五十音順排列，後者悉依著者姓名首字筆劃繁簡爲次。

宋學研究文獻目錄　附略年表

今井宇三郎　山井湧編　民48年　日本　東京敎育大學漢文學研究室　25面

研究明代道家思想中日文書舉要

柳存仁編　崇基學報第5卷3、4期，第6卷第2期，民國55—56年

宗　敎　書　目

中國佛敎史籍槪論

陳　垣編　民63年　臺北　文史哲出版社　8,160面　影印

又收在臺北鼎文書局出版中國佛敎史及佛敎書籍一書內。

民國38年中華書局初版。文史哲出版社影印時另編徵引書目略，與張義德序文冠於書前。

主要是將六朝以來研究歷史必需參考的佛敎史籍，按成書年代，分類述其大意，可爲史學研究的幫助。共有六卷，收書三十五部。其中多爲士人所常讀，考史所常用，及四庫所錄存而爲世所習見的圖書。所收佛敎史籍範圍，是與中國史事有關爲主，故以梁釋慧皎「出唐三藏記集」，梁釋僧祐「高僧傳」爲首，而「釋迦方志」則不在收錄之列。此外，本書所錄也有意補正「四庫總目」的疏漏，及改正其錯誤。

著者對於每書的名目、署名、撰人畧歷、卷數異同、版本源流，

和各書的內容體製，以及與歷史有關的其他問題等，都能運用豐富的
歷史材料，旁徵博引，並實事求是的加以分析。因此，本書雖是以佛
教史籍的研究爲主，但其內容不僅是研究佛教史所需要，就是研究其
他方面的歷史問題，也很有參考價值。（中國歷史研究工具書敍錄）

法寶總目錄

高楠順次郎編　民64年　臺北　新文豐出版公司　3冊　影印
民國23年日本大藏出版株式會社初版。

民國46年臺北建康書局也曾影印。

分下列二十部門：大正新修大藏經總目錄、大正新修大藏一覽、
大正新修大藏經勘同目錄、大正新修大藏經索引目錄、宮內省圖書寮
一切經目錄、東寺經藏一切經目錄、南禪寺經藏一切經目錄、上醍醐
寺藏一切經目錄、知恩院一切經目錄、安吉州恩溪法寶資福禪寺大藏
經目錄、平江府磧砂延聖院新雕藏經律論等目錄、正倉院御物聖語藏
一切經目錄、石山寺一切經目錄、東寺一切經目錄、神護寺五大堂一
切經目錄、御譯大藏經目錄、如來大藏經總目錄、敦煌本古逸經論章
疏幷古寫經目錄、日本奈良時代古寫經目錄、大正新修大藏經著譯目
錄。傳世釋典目錄，略備於此。

閱藏知津

（明）釋智旭編　民62年　臺北　新文豐出版公司　3冊　影印

全書分：經藏（分大乘經、小乘經）、律藏（分大乘律、小乘律
）、論藏（分大乘論、小乘論）、雜藏（分西土撰述、此方撰述）
等。每部或每品佛經，敍述其大意。

大藏會閱

會性法師撰　民68年　臺北　天華出版社　4冊（3309面）

道藏目錄評注　民國37年初版。　民國20年醫學書局初版。

李　杰撰　民64年　臺北　廣文書局　326面　影印

臺灣之道教文獻

施博爾（Shipper, K.）編　臺灣文獻第17卷第3期，民國55年9月，頁173—192。

中國基督教史研究書目——中・日文專書與論文目錄

中華福音神學院中國教會史研究中心編纂　民70年　臺北　中華福音神學院出版社　6,116面

收錄中、日文有關中國基督教史的專書或論文二四八五種，共分十類，卽：1.文獻・書目；2.通史・概論；3.唐朝景敎；4.元朝也里可溫敎與天主敎；5.明淸天主敎；6.淸朝更正敎；7.民國以來更正敎；8.中共統治下的基督敎；9.其他；10.補遺。

專書或論文著錄的款目，包括：著譯者、書名、篇名、出版社、刊名、出版年、卷期、頁次等。

書後附著譯者索引。

基督敎神學書目

紀元德編　民72年　臺北　臺灣神學院　606面

收錄民國七十年底以前在臺灣地區可獲得之中文基督敎神學圖書及相關書籍，計三〇三六種，分爲十大類，六十九小類。十大類爲：聖經神學、舊約神學、新約神學、敎義神學、歷史神學、宗敎學、實踐神學、基督敎敎育學、敎會音樂學等。每類依中文書名筆劃排列。書後附中文著譯編者索引、西文著譯編者索引、西文書名索引。

中國基督敎史書目初編

趙天恩編　民59年　臺北　中國神學研究院　54面

有關臺灣基督敎文獻目錄初輯

賴永祥編　文獻專刊第5卷第12期，民國43年6月，頁37—46

Studies of Chinese Religion: A Comprehensive and Classified Bibliography of Publications in English, French,

and German through 1970

Thompson, L. G.編 民65年 美國加州 Dickenson Publ. Co. 190面

科　技　書　目

宋以前醫籍考

岡西為人撰 民58年 臺北 古亭書屋 4冊 (1528面) 影印 民國37年初版。

為日本醫史權威岡西為人積三十餘年的努力始告完成的巨著。輯錄我國自漢代以降，宋代以前醫藥書籍達一千八百餘種。全書按其性質別為四大類：1.醫經；2.經方；3.本草；4.雜纂。每類再予細分，共分三十一子目。每一書目之下，分出典、考證、序跋、版本等項。

對於每一種醫學書籍的卷數、存佚、出處、著者傳略等，均詳加考證，是研究中國早期醫學文獻的重要工具書。書後附有書名及人名索引，查檢稱便。

中國醫學書目

黑田源次編 民60年 臺北 文海出版社 1030,33面 影印 民國20年滿州醫科大學出版。

續中國醫學書目

岡西為人編 民60年 臺北 文海出版社 580面 影印 民國30年滿州醫科大學出版。

中國醫書目錄，最早見於漢書藝文志，其中「方技」一類由宮廷醫生李柱國主編，是專家編書目的先例，收書不多，但已做到「醫經」「經方」等分類。最早獨立成書的中醫書目，一般人都認為是著錄在南宋紹興年間「秘書省續編到四庫闕書目」卷一目錄類中的「醫經目錄」二卷，但早已亡佚。現存最早的是明朝萬曆年間秀水殷仲春所編

「醫藏書目」。其次卽上述兩書。分別於民國二十年，三十年刊行。

.上兩書爲據僞滿洲醫科大學中國醫學研究室所藏我國中文醫學書籍編目而成。著者均係歷代中日名家。全書分爲內經、金匱、傷寒、瘟疫、難經、脈經、鍼灸，本草、幼科、痘科、麻痧、女科、外科、眼科、喉科、法醫、獸醫、醫史、醫學辭彙、咒巫、叢書等二十四類。正編收書一千五百種，續編收一千零四十九種。均附書名及著者索引，以筆劃爲序。

四部總錄醫藥編

丁福保　周青雲合編　民68年　臺北　鼎文書局　528,45,37面影印

民國20年醫學書局初版。

影印者尙有臺北南天書局，書名改爲中國歷代醫藥書目，民國68年出版。

四部總錄是專爲續補四庫總目而作的。分經史子集，專搜羅古代以至近代學者的著作，而以現今還有傳本者爲限，各書並備載前人序跋解題。本書是先將子部醫家類提出付印，發行單行本，改名四部總錄醫藥編。

收書（含補遺附錄）一千五百種以上，分八大類，卽：經脈之屬、專科之屬、雜病之屬、藥學之屬、方濟之屬、醫案之屬、養生之屬、雜錄之屬。專科之屬又分九子目。

書後附有：1.現存醫學書目總目；2.現存醫學叢書總目；3.中國醫學大辭典著錄醫學書目。

本書蒐羅完備。自宋晁公武的郡齋讀書志至民國十八年間的目錄，凡醫學書的題跋，差不多盡錄於此。是研究中醫的基本工具書。

中國農學書錄

王毓瑚編撰　天野元之助校訂　民64年　東京　龍溪書舍　351

面　影印

　　據民國53年刊本影印。另有民國70年臺北明文書局影印本。

　　收錄我國講述傳統的農業生產知識和技術的圖書五百九十種，不論存佚，一併著錄。每一部書，均介紹其著者生平、成書年代，以及書的主要內容。

　　依成書先後排列。書後加分類索引、書名索引及著者索引，均按筆劃排列。校訂文字書於天頭。

　　日人天野元之助另撰中國古農書考，民國六十四年，由東京龍溪書舍印行，共四九八面。本書據「中國農學書錄」加以考訂補正，增補四十二種。本書收錄各書均注明收藏地點，也算是一種聯合目錄。

　　較早期的農學書目、有毛雝（章蓀）編的中國農書目錄彙編，民國十三年，由金陵大學圖書館印行。是根據四庫全書總目等七十三種書目彙輯而成。除農業專著外，其餘散見於其他著作中的農業資料，均列出書名。分為二十八類。各類的排列，以書名首字筆劃為序。每書列：書名、卷冊數、著者、見於何種書目或叢書、附注等五項。民國五十九年臺北古亭書屋曾影印本書。

臺灣農業問題文獻目錄

　　南方農業協會編　民58年　日本東京　アヅア經濟出版會426,34面

中華民國企業管理資料總錄

　　王會均編輯　民68年　臺北　哈佛企業管理顧問公司出版部669面

　　收錄管理科學、管理實務、企業管理的中文圖書資料，共四千五百餘種。其中，工具書佔二五九種，期刊二五二種，博碩士論文一〇三一篇，其餘為圖書。

　　全書分五部分，即：總論、各論、各國企業體系、企業管理參考用書、期刊、博碩士論文。各部分再依分類排列。如各論分爲：效率管理、組織管理、人事管理、事務管理、生產管理、經營管理、財務管理、行銷管理等。

　　各書依圖書館目片方式排列，著錄的款目有：書名、著譯者、出版年、出版者、頁數等。書後有書名及著者索引。

中華民國管理科學出版品目錄　第一輯至第三輯

　　行政院國科會科資中心　現代企業經營學術基金會合編　民66年至69年　臺北　該中心及該會　3冊

　　蒐集有關管理科學（Management　Science）的文獻資料，包括圖書、碩士論文、研究及調查報告、期刊（非期刊論文）等。第一輯收錄民國六十四年至六十五年六月間的資料，六十五年七月以後至六十六年六月間出版的資料，列爲第二輯。第三輯收錄六十七年七月至六十八年七月間的資料。

　　依分類排列，如圖書分爲：一般管理、計劃、組織、領導、控制、情報管理、管理科學、行爲科學、其他類等。每類再酌予細分。書後附有標題索引（實爲書名筆劃索引）及著者索引。

中華民國管理科學出版品目錄

　　行政院國科會科學資料中心編　民66年　臺北　現代企業經營學術基金會　711面

中國科學史原始資料目錄索引

　　郭正昭編　民63年　臺北　環宇出版社　332面

　　收編科學史圖書三千四百八十種。

現代中國數學研究目錄（1918—1960）

　　袁同禮編　民52年　編者　154面

有關心理衛生及行爲科學參考資料目錄

葉英堃等編 民59年 臺北 中國心理衛生協會 127面

中國鹽書目錄

何維凝增訂 民40年 臺北 中國鹽業公司 256面

中國建築參考書目初編

王鎮華編 民68年 臺北 編者 35面 油印本

私立中原大學圖書館藏有此書。

Acupuncture: A Selected Bibliography

Chang, Chi-ting編 Chinese Culture第 5 卷第1期，民國52
年，頁156—160

Acupuncture: A Research Bibliography

Liao, Allen Y.編 民64年 美國 New York University
Medical Center Library 66面

社 會 科 學 書 目

**近代中國社會研究——類目分析索引（Modern Chinese Society：
An Analytical Bibliography Publications in Chinese 1644—
1969）**

史堅雅（Skinner, G. W.）等編 民63年 美國 史丹佛大學
出版部 3 冊（2368面）

收錄有關中國近代社會的論著，包括中國社會經濟、政治吏治、
風俗文化及國民性格等。涉及地區，有中國大陸、臺灣與港澳華人社
會。資料包括單行本圖書及學術期刊論文，共收三萬一千四百四十一
篇，分印三冊：第一冊西文，收一萬三千零五十七條，史堅雅主編；
第二冊中文，收一萬一千二百十五條，史堅雅、謝文孫合編；第三冊
日文，收七千一百六十九條，史堅雅、富田重亮合編。

據圖書及論文性質分類排列，計分五十多類，每類依資料多寡，

再酌予細分。此五十多類類名如下：

中國社會通論

全國人口

政治及吏治

社會領導階層與官吏之宗教
　信仰

全國經濟及經濟計劃

軍事

社會階層及社會流動

全國教育及文學教育

全國性福利及生活水準

近代化運動及社會改革

地方社區整體研究

地方人口

地方政治制度

民間之宗教信仰

地方經濟

械鬪盜賊及地方武力

地方社會之階層與流動

初等教育及職業補習教育

地方福利及生活水準

習俗方言等地域性差異

組織原理及社會團體通論

娛樂組織

生活史及傳記

觀念及價值體系通論

政黨

宗教派別及組織

農業生產組織

退伍軍人組織及軍人之社會
　活動

社會領導階層與專門職業之
　會社

教育團體及教育運動

慈善團體及互助組織

鄉誼組織

親屬制度通論

婚姻與家庭

氏族與譜系

親屬關係與稱呼

財產及繼承

性

婦女地位及男女分別

非親屬關係

嬰兒及童年

教育化育

生活起居

疾病及醫療

死亡及喪葬

正統思想及意識型態

民俗

人格及行為　　　　　　　　「華夷」「中外」之分辨及對

認知　　　　　　　　　　　異族之觀念

倫理　　　　　　　　　　　華人研究中國社會

　　每種圖書或論著，著錄的款目，首先以下列五點加以注解：1.所涉題材；2.歷史時代；3.地理區域；4.地方類型，例如鄉村、城市、大都會；5.資料性質，如依據檔案、原始文獻或田野調查等。中日文兩冊圖書或論著標題及著者姓名，均加英譯及羅馬拼音。各章節及標題名稱，均用中、日、英三種文字並列。

　　本書最大特色之一，即書後附有多種索引，如：歷史索引、地理索引、地方索引、編著者姓名索引、編著者機關名稱索引、綜合索引。書前有收錄期刊一覽。

社會科學共同參考書選目解題

　　趙來龍編　政大學報第10期，民國53年，頁345—398

社會科學分科參考書選目解題

　　趙來龍編　政大學報第11期，民國54年，頁403—487

有關中國人口研究之參考書目

　　李增祿編　社會學刊第3期，民國56年4月，頁191—207

有關中國家庭研究之參考書目

　　蔡文輝編　社會學刊第3期，民國56年4月，頁179—190

Protest and Crime in China: A Bibliography of Secret Associations, Popular Uprisings, Peasant Rebellions

　　鄧嗣禹 (Teng Ssu-Yu) 編　民70年　紐約 Garland Publishing Inc.,　455 面

　　收集近四千條有關中國秘密會社與農民叛亂的資料。資料的形式，包括專書、論文、書評和許多原始資料；諸如見於地方志、檔案文獻、小說文集上的記載。不過，收錄的檔案只限於已出版者。資料

的語言，包括中、日、韓、英、德、荷等國文字。

　　全書分爲西語與東語兩部分。各部分再依作者及書名（或文章題目）的英文字母順序排列。中文的作者及書名都附上漢字。書後附標題索引，依各主題的英文次序排列。例如「秘密會社」一項，讀者可從「古代與中古的秘密會社」、「秘密會社與辛亥革命」等二十八條目著手翻檢。

　　本書蒐集的資料，上起秦漢的農民叛亂，下至今日黑社會的活動都在搜羅之列。（劉錚雲撰。節錄）

生活素質中英文參考文獻

　　明德基金會生活素質研究中心編　民70年　臺北　該中心　93面

臺灣出版有關少年犯罪研究之參考書目

　　周震歐編　社會學刊第 4 期，民國57年 4 月，頁177—191。

有關光復後高山族社會文化人類學文獻目錄

　　陳其南編　中研院民族所集刊第40期，民國64年，頁38—47。

心理學及教育學圖書專目

　　臺灣省立師範大學圖書館編　教育論文索引第 4 輯，民國55年，頁273—392

臺灣省九年國民教育資料中心目錄

　　臺灣省立臺中圖書館編　民65年　臺中　該館　72,59,36面

日本所出版研究我國教育學之專書論文目錄

　　林景淵編　書評書目第95期，民國70年 3 月，頁118—128。

近三十年來我國出版之特殊教育圖書索引

　　蔡崇建編　教育資料集刊第 7 期，民國71年 6 月，頁305—356。

西洋經濟史史料及文獻題解

　　周憲文編譯　民63年　臺北　臺灣銀行經濟研究室　660面

政治學研究參考書目

國立臺灣大學政治學研究所編　民67年　臺北　天一出版社
315面

　　收錄臺大政治研究所三十七種課程的參考書目，包括中英文圖書
及期刊論文。書目分一般書籍、專門書籍、中文研究著作、西文研究
著作等。圖書注明著者、書名、出版者、出版地、出版年、收藏地
點；期刊注明著者、篇名、刊名、卷期及年月、收藏地點等。

　　書後附臺大政治研究所所開課程的名稱、擔任教授、講授綱目及
內容。這是國內第一本根據課程編輯的書目。

清代行政制度研究參考書目

　　馬奉琛輯　民60年　臺北　文史哲出版社　227面　影印

　　據國立北京大學社會科學季刊五卷三、四期（民國二十四年九、
十二月）影印。

　　就北大、北師大、清華三所大學圖書館藏有關清代行政制度古籍
約五百餘種編成。內容分六類：總類、中央行政、地方行政、特殊行
政、清末的行政改革、雜著。各大類再分若干子目。各書均加內容提
要，注明收藏地點。

東亞華僑研究參考書目

　　李亦園編　中研院民族學研究所集刊第18期，民國53年9月，頁
143—235

中國歷代法家著述考

　　孫祖基撰　民59年　臺北　古亭書屋　78面　影印

　　民國23年上海開明書店初版。

　　著錄三千年來法家的著述、迄於清末，共五百七十二種。主要以
歷代諸史藝文志、經籍志及後賢補志爲根據，間參名家文集及藏書題
記，輯錄考訂，分成六編。舉凡歷代法家闡明法理的讜論名言，政府
撰定的律令格式，編敕條例，與關於刑法的疏議提要考證等著作，以

及關於司法行政實務的書，均予收錄。每一種書注明書名、卷數、撰
者、存佚，間附提要。

中國法制史書目

張偉仁主編　王玉葉等二十八人編輯　民65年　臺北　中央研究
院歷史語言研究所　3冊（序例47、目錄5、正文1334、索引172、
勘誤表5面）

法制史書目本書是第三部，第一部爲民國二十三年，孫祖基的中
國歷代法家著述考（民國五十九年），臺北古亭書屋有影印本，收集
書目五百七十二種。第二部是民國四十六年，李祖蔭的中國法制史參
考書目簡介，收集書目九百三十二種。本書是第三部，收錄現藏於臺
北地區的十四所圖書館有關法制史書籍二千三百五十二種。除法令典
章及審判實務外，還包括經濟、財政、軍事、外交，凡是與典章、規
例、制度、政策，而爲探討法制史所可參考的圖書，都加以考訂，予
以編列。

依分類排列，計分爲規範、制度、理論、綜合等五篇，篇下復分
三十七章、八十八節。每種圖書注明版本、著者簡介、圖書內容摘要、
收藏地點及圖書館的分類號等。書後有著者及書名索引。

是近年所編的學科書目中網羅宏富，分類細密，考訂周詳的一種
書目。有關本書的書評，見張義德「評中國法制史書目──兼論學科
書目之編輯」一文，刊登圖書與圖書館第三輯，民國66年4月，頁41
─48。又見張富美「評介張偉仁著中國法制史書目」一文，刊登東方
雜誌第12卷第2期，民國68年2月，頁50─55。另見陶希聖「中國法
制史書目」，中央日報民國66年4月21日。

歷代兵書目錄　六卷

陸達節編　民58年　臺北　古亭書屋　170面　影印
據民國22年4月南京國府路軍用圖書社刊本影印。

所收中國歷代軍事學書籍，凡一千三百零四種，以著者的時代爲排列順序，每書載：書名、著者、卷數、版本各項，並誌其存佚，統計現存的書有二百八十八種。

兵書目錄另有香港中山圖書公司影印的中國兵學現存書目，共六〇面。參見社會科學書目簡目。

中國兵學現存書目

陸達節編 民 年 香港 中山圖書公司 60面

民國33年6月（序）出版，收編二七九種。

孫子（兵法）書目及論文篇目

黃志祥編 書目季刊第14卷第3期，民國69年12月，頁78—87。

Hong Kong: A Social Science Bibliography （香港：社會科學研究書目）

葉富強等編 民63年 香港大學亞洲研究中心 355面（亞洲研究中心書目索引第7）

Annotated Taiwan Population Bibliography

Chinese Center for International Training in Family Planning編 民63年 臺中 115面

A Selective Bibliography

Orleans, Leo A.編 Population Index V.42 No.4，民國65年10月，頁652—693。

歷 史 書 目

China in Western Literature; A Continuation of Cordier-'s Bibliotheca Sinica

Yuan, Tung-li編 民47年 美國 Far Eastern Publications Yale University New Haven Conn. 802面

　　臺北古亭書屋有影印，民國71年臺北學海出版社亦影印。

　　是考爾牒氏漢學書目的續編，收民國十年至四十六年間出版有關中國研究的書籍，包括英、法、德、葡文，共一萬八千種。不收錄期刊論文。共分二十八類：書目與參考書、一般性書籍、地理遊記、歷史、傳記、政治與政府、海陸空軍、法規、對外關係、經濟工業貿易、社會狀況與社會問題、哲學、宗教、教育、語言、文學、考古與藝術、音樂體育、自然科學、農林業、醫藥公共衛生、東北、蒙古、西藏、新疆、臺灣、香港、澳門等，條目均以著者姓名英文字母排列，著者後詳注：書名、出版地、出版者、頁次，不附解題。

　　附錄兩種：定期刊物、補遺。

　　書後爲著者索引，依英文字母順序排列。

　　編者袁同禮（1895—1965）爲我國名目錄學家，曾任國立北平圖書館館長。

　　按考爾牒氏（Cordier, Henri）編漢學書目（Bibliotheca Sinica）於淸光緖七年至十一年（1881—1885）初版，光緖三十年至三十四年（1904—1908）年出第二版，四冊。民國十一年至十三年補編，出版一冊。此書收民國十一年以前的西文漢學論著，包括專書、論文及中國古代名著的譯文，分類排列。編者考爾牒是法國早期的著名漢學家，臺北由成文出版社影印，民國五十五年出版，共五冊，四四九面。

Bibliography of Chinese Humanities: 1941—1972 （近三十年中國文史哲論著書目）

　　Ling, Scott K. 編　民64年　臺北　The Liberal Arts Press（文史哲出版社）　645面

　　據 The Association for Asian Studies 編下列書目爲基礎編輯而成：

1. Cumulative Bibliography of Asian Studies, 1941—1965, Author Bibliograrhy, 4 vols.

2. Cumulative Bibliography of Asian Studies, 1941—1965, Subject Bibliography, 4 vols.

上述二書目民國五十八年由美國G. K. Hall Co. 印行。

3. Cumulative Bibliography of Asian Studies, 1966—1970, 共六冊，包括著者及標題兩部份。

按分類排列，分：總類、哲學、宗教、歷史、傳記、地理、考古、美術、語文等類。收錄資料，含圖書及期刊論文，均以英文爲主。缺著者索引。

中國正史研究文獻目錄

國書刊行會編　民66年　日本東京　該會　165,13面

收錄明治初年至昭和五十二年（民國六十六年）止，刊行的中文、日文、韓文討論中國正史的單行本、期刊論文。討論非正史的，如：明史稿、清史稿、清史等，也加以收錄。共收一五二三篇，依正史順序排列。書後附著者索引，依五十音順排。

國書刊行會另出中國正史總目錄，也是在民國六十六年九月出版，共四八四面。是書將中國正史二十五史及明史稿、清史稿、清史等共二十八史，將其細目編成目錄。這種書目雖然不必花費太多的編輯功夫，卻便於讀者檢索資料。

史略　六卷

（宋）高似孫撰　民57年　臺北　廣文書局　258面　影印（書目續編）

前編史記解題稿本
後編史記研究書目解題稿本

池田四郞次郞撰　池田英雄增補　民70年　東京　長年堂　416

面

　　前者就史記一書，加以解題，探討史記的名稱、編纂、注釋及著
者生平抱負等，由池田四郎次郎撰。後者收中日韓研究史記的圖書六
百八十六種。原由前書作者編撰，收一百三十種，後由其子池田英雄
增補，民國六十七年曾由東京明德出版社印行，共二〇九面。

　　「書目解題」部分，將全書依性質分爲十六類，卽：1.史記的版
本及其參考書；2.版本；3.總論；4.校訂注釋（全書）；5.校訂注釋
（部分）；6.校勘；7.文字‧音韻；8.文評；9.佳句名言；10.史、漢
異同；11.太史公年譜；12.地理；13.日文解說；14.稗史；15.有關史記研
究圖書；16.附錄史記佚書十九部。 同類的圖書先依中、韓、日順序
排；再按著者時代分先後。每種書注明：書名、卷冊數、著者、校訂
者、版本、出版者、收藏者、內容解題。並儘量附書影。

　　書後有書名索引、異名索引、著者索引。

　　本書編法，頗具創意。其他重要史籍值得做此體例編輯。

史記研究之資料與論文目錄

　　王民信編　民65年　臺北　學海出版社　〔33〕114面

　　收錄古今中外有關史記的圖書及論文資料。全書依資料性質分爲
十類，卽：版本、目錄、解題、關於史記全書的研究、關於史記各部
份的研究、司馬遷的生平事跡及其學術貢獻、稿本和未見傳本目錄、
有關史記的非專門著作目錄、唐宋元明清筆記中有關史記的文字條
目、外國學術期刊中有關史記的論文及專著目錄等。書前有圖版二十
九幅，書後附全書的總索引。

　　地平綫出版社於民國六十一年影印史記書錄共二三四面，原書民
國四十七年初版，賀次君編撰。收鈔本及刻本，共六十多種，依時代
先後排列，有內容提要、版本介紹，也可參考。

　　書評：評介史記研究之資料與論文索引　陳飛龍，出版與研究第

30期，民國67年 9 月，頁40—41。

漢史文獻類目

　　馬先醒編　民65年　臺北　簡牘社　368面　增訂本

　　原名漢史材料與漢史論著綜合目錄，發表於民國五十九年的中國文化（Chinese Culture），共三三五面，增訂本增加三十三面。

　　收錄漢代的著作及後世研究漢代史事的論著資料，以中文刊行者爲主。內容分三部分：近代期刊論文；歷代文集、隨筆、雜著；書籍。每部份再依資料內容排比。

　　內容採用互見法，惟缺著者索引。

今傳西漢史籍考

　　王仁祿撰　民61年　臺北　臺灣中華書局　231面

漢代研究文獻目錄 ──邦文篇

　　早苗良雄編　民67年　京都　朋友書店　177面

漢簡研究文獻目錄

　　邢義田編　史學評論第 2 期，民國69年 7 月，頁125—170。

　　收1905年至1979年有關漢簡研究的專書與論文，先依中、日、西文分，再按出版年代排列。

兩晉史部佚籍考

　　廖吉郎撰　民59年　臺北　嘉新水泥公司文化基金會　236面

宋史研究論文與書籍目錄（1905—1981）

　　宋　晞編　民72年　臺北　中國文化大學出版部　415 面　增訂本

　　編者長期研究宋史之學以來，除有多種專門性的著作，平時敎授學生尤其強調工具書對學術研究的重要性，又躬自編撰宋史研究論著書目，分別於民國五十五年、六十年、六十五年出版。是國內唯一能保持經常出版的斷代史書目。

　　本書是編者將前三編另加民國六十五年以後出版的宋史論著彙編而成。計收清光緒三十一年（1905）迄民國七十年以中文撰寫或譯述之有關宋史研究論文六一三九篇，書籍五一〇種。論文與書籍分開排列。前者分爲十六類：1.通論；2.內政與外交；3.財經；4.社會與宗教；5.軍事與國防；6.教育；7.學術思想；8.哲學；9.史學；10.文學；11.科技；12.藝術；13.金石考古；14.文化交流；15.文獻；16.傳記。後者分爲二十二類，多出的六類是：史料、年譜、年表、版本、引得、目錄及其他。

　　論文與書籍著錄的款目與一般書目索引無殊，故不多述。書後附有著者索引，以便讀者檢索。

宋史研究論文與書籍目錄

　　宋　晞編　民55年　臺北　中國文化學院史學研究所　1冊

宋代研究文獻提要

　　青山定雄編撰　民63年　東京　東洋文庫　842,11面

　　民國50年初版。

　　收錄日本學者研究宋遼金西夏的日文論著，資料範圍自明治初年（1868）至昭和三十二年（1957）。分論文之部及單行本之部二種，每種再細分十六類：一般歷史、歷史地理、社會史、經濟史、政治史、法制史、宗教史、學術思想史附教育、科學史、文學史、美術史、考古學、金石古文書學、民族學（單行本無此類）、言語文字學、書誌學、附錄（論文無此類）。單行本及論文均撰寫提要，前者在二千字以下，後者在八百字至二百字之間。書後有著者索引。

宋代研究文獻目錄

　　東洋文庫編　民46年初編印行，民47年、59年補編、三編印行。

　　收單行本及期刊論文，有著者索引，書後附英文論著。

研究宋史參考書籍舉要

　　方　豪撰　書目季刊第 1 卷第 1 至 3 期，民國55至56年，共23面

宋代正史類史籍考

　　劉兆祐撰　國立中央圖書館館刊新11卷1、2期，民國67年 6、12月，共34面。

An Introduction to the Sources of Ming History（明代史籍彙考）

　　傅吾康（Franke, Wolfgang）編　民67年　臺北　宗青圖書出版公司　347面　影印

　　民國57年初版。

　　據明史要目解題初稿（Preliminary Notes on the Important Chinese Literary Sources for the History of the Ming Dynasty (1368—1644) 加以增補訂正而成，該書於民國三十七年初版。約收明代史籍八一九種，加以英文注釋。每種書介紹的款目，有書名（含中文）、卷數、著者、版本源流、內容摘要、參考資料、收藏地點等。如為叢書，則詳列子目，另收錄沒有提要的史書，約九七六種。

　　分九類，卽：1.編年類，包括實錄，收四十九種；2.公私編輯的一般史書，收一一〇種，如朱國楨撰皇明史概；3.傳記類，收八十六種，包括合傳的叢書；4.筆記、雜記類，收七十六種，如水東日記、觚不觚錄等；5.奏議、別集類，收二二四種，含缺提要的書八十三種；6.職官、政書類，收七十六種；7.外交、軍事類，收一二二種，如華夷譯語；8.地理、方志類，收四十七種，另有八九三種缺提要；9.經濟、科技及叢書類，收二十九種，如天工開物、圖書編等。

　　本書體例頗為完備。書前有詞語簡稱對照表，序言長達廿八面，詳述目前明史研究概況及其引用參考書等；書後有人書及書名索引。

晚明史籍考　二十卷　附通檢一卷

　　謝國楨撰　民57年　臺北　藝文印書館　3 冊　影印

　　民國22年 5 月印行，國立北平圖書館出版。

　　國楨字剛主，河南安陽人，北平清華大學研究院畢業，歷任國立北平圖書館金石部主任，開封河南大學教授等，著作有此書及清開國史料考，明清之際黨社運動考等。

　　此爲晚明（1621—1662）史籍書目，所收書籍的時代範圍，由明天啓崇禎以迄康熙間平定三藩時爲止。每書著錄其書名、卷數，並詳載各種版本，及注明藏之何家，次載撰人及其略歷，次詳述書的內容，至原書的序文題跋如有關史事掌故者則擇要著錄，其他文獻之論及此書的，也選要錄之。

　　全書分下列各類排列：1.通記，收通史，南明史，野史叢書；2.萬曆至崇禎諸朝記載；3.黨社，收明季黨社如東林黨等書；4.流寇，收李自成、張獻忠蹂躪各地的記載；5.甲乙之際，記國變及甲乙之際的書；6.南明三朝，收記弘光、隆武、永曆之書；7.魯監國；8.賜姓始末，收記賜姓成功之書；9.清初三藩，收吳耿尚三藩之書；10.城守義師；11.史獄；12.傳記；13.雜記，收雜記明清時事之書；14.詩話傳奇。書後有書名人名索引、校勘記，及補列板本表。

　　全書之成，歷時五六載，又嘗奔走浙江塞北各地，遠涉東瀛，搜求探討而後僅成，其蒐集之勤勞，於此可見。（摘自國學書目舉要何多源撰，廣大學報復刊1卷1期）

明史研究論著簡介

　　吳智和編　明史研究專刊第3期，民國69年9月，頁252—271。

戊戌變法書目解題

　　民62年　臺北　鼎文書局　77面　影印

　　附在鼎文書局印行的戊戌變法文獻彙編第四冊，五七三至六四九面。收書二九六種，分十三類，另附西文參考書目。

　　同年鼎文書局印行：1.義和團文獻彙編，第四冊五二九至六二一面，附有義和團書目解題，收錄有關討論義和團的專書；2.太平天國文

獻彙編，附有太平天國資料目錄，分五部份：太平天國文獻，淸方記載、近人編著、外人論著、天地會資料。附注明書名、卷數、著者、版本外，間附以簡單說明；3.中法戰爭文獻彙編，第七冊五五七至五八三面，附有中法戰爭書目解題；4.中日戰爭文獻彙編，第七冊六一三至六四六面，附有中日戰爭資料書目解題，分漢文之部、日文之部、西文之部；5.鴉片戰爭文獻彙編，第六冊四八一至五六八面，附有鴉片戰爭書目解題。

淸開國史料考　六卷

　　謝國楨編輯　民57年　臺北　藝文印書館　346面　影印

大淸歷朝實錄總目

　　新文豐出版公司編　民67年　臺北　該公司　380面

研究中國近代史的趨勢與必要參考書目

　　李恩涵撰　思與言雙月刊第4卷第5期，民國56年1月，頁17—26。

　　闡述研究中國近代史七項趨勢及六項研究重心。最後部份爲書目，分爲兩部份：1.基本閱讀著作書目，限於英文出版者，並以涉及十九世紀與二十世紀初期者爲限。分一般性、政治史、外交史、社會史、經濟史、敎育史、思想史、軍事史、傳記及其他九類；2.基本參考書目，分中日文及西文兩部份。

中國現代史資料調查目錄

　　中央研究院近代史研究所編　民57年　臺北　該所　10冊

　　根據中國國民黨中央委員會黨史委員會所藏期刊、報紙、公報（1902—1949），一般資料（1894—1949），及近代史研究所藏外交部檔案（1901—1926）編輯而成。第一冊：報紙、雜誌、公報（雜誌、公報無注明詳細卷期及月份）；第二冊至第五冊爲一般資料；第六冊

爲總理孫中山的資料；第七冊：總裁蔣中正、革命人物（上）；第八
冊：革命人物（續）、抗戰及剿共忠烈錄；第九冊至第十冊：外交檔
案部份。

關於現代史資料，中國國民黨中央委員會黨史史料編纂委員會於
民國五十八年刊行中華民國開國五十年文獻總目一冊，共四二六面，
可參考。

民國史料書目初編

蘇德用編　學術季刊第1卷第3期至第2卷第1期，　民國42年
3月至9月，共65面。

係「中國國民黨黨史參考書目」（刊載學術季刊第一卷二期，民
國四十一年，第205—216面。書目分四類：1.黨史；2.總理傳記；3.
總裁傳記；4.先烈及黨國先進傳記。每一書目，著錄：書名、著者、
出版者、出版年及藏書處）的續編。全書分總誌、文化史、教育史、
憲政史、政治史等二十類。

每一書目著錄的款目，與前述國民黨黨史參考書目同。

中華民國開國五十年文獻總目

中華民國開國五十年文獻編纂委員會編　民58年　臺北　中國國
民黨黨史史料編纂委員會　426面

China: A Critical Bibliography

Hucker, Charles O.編　民51年　美國　The University of
Arizona Press　125面

收編有關中國研究的書目及論文，計有二千二百八十五種，以民
國二十九年以後出版的英文單行本圖書及論文爲主，間收法、德文作
品。各書均加解題。

按類排列，計分：緒論、土地及人民、歷史、知與美的形象、政

治、社會、經濟等七部份，各部下再分細目，如知與美的形象細分：哲學與宗教、科學與技術、美術與建築、文學、音樂等子目。同一類作品，依出版年代排列先後，也有以類相從的。每一部或子目前，均有一簡短的緒論。書後有著者索引。

中國研究文獻案內

市古宙三　Fairbank, J. K. 合編　民63年　日本京東　東京大學出版會　199面，索引25面

革命文獻總目

中國國民黨中央委員會編　民62年　臺北　該會　316面

革命文獻自民國四十二年起印行，第一輯至四十輯總目於五十七年出版，本書爲四十一輯至六十輯總目，附一至四十輯簡目。

有關中國現代史的西文著作

鮑家麟撰　人與社會雙月刊第 2 卷第 5 期，民國63年12月，頁36—41

研究辛亥革命重要中文資料簡介

林　泉編　近代中國第13期，民國68年10月，頁169—190。

五四運動文獻目錄

藤田正典等編　民66年　東京　汲古書院　230面

戰後十年中國關係圖書目錄

北川和彦　龜井慶子合編　民44年　東京　極東書店　94面

近代中國關係文獻目錄彙編

東洋文庫近代中國研究委員會編　民49年　東京　該會　44面

Bibliographical Guide to Modern China: Works in Western Languages

Fairbank, J. K. 編　民37年　美國麻省　Harvard University Press

Modern China: A Bibliograhy Guide to Chinese Works 1898 —1937

Fairbank, J. K. Liu, Kwang-ching 合編　民50年　美國麻省 Harvard University Press　重印本

Japanese Studies of Modern China Sinese 1953, A Bibliographical Guide to Historical and Social Science Research on the Nineteenth and Twentieth Centuries, Supplementary Volume for 1953—1969

Noriko Kamachi ; Fairbank, J. K. 合編　民64年　美國麻省 Harvard University Press 602面。初編民國60年出版，331面

Chinese Historrigraphy on the Revolution of 1911; A Critical Survey and Selected Bibliography

Hsieh, Winston 編　民64年　美國加州　Hoover Institution Press　165面。

中文書名：中國辛亥革命史研究：簡評與書目選輯，收錄資料截至民國六十一年止。

Chinese Studies; A Bibliographic Manual

Wolgg, Ernst 編撰　民70年　舊金山　Chinese Materials Center　152面

Soviet Scholarly Resources on Sun Yat-sen, An Annotated Bibliography

Sorich, Richard 編　民66年　美國紐約　Johns University

現代中國關係資料總合目錄：社會科學　1949—1962

アジア經濟研究所圖書資料部編　民53年　東京　該所　2册油

印本

中國關係圖書目錄：和文　1957—1970

　　東洋文庫近代中國研究委員會編　民60年　東京　該會　189面

外人所著中國文化史要目

　　王雲五編　學術季刊第 1 卷第 1 期，民國41年，頁228—239

近代中日關係史文獻目錄

　　山根幸夫編　民68年　日本東京　東京女子大學東洋史研究室

　191面

　　收編討論日本明治維新至太平洋戰爭期間中日關係的中日文單行本及論文，共三四七〇篇論文，六九七種單行本。

　　分單行本之部。每部再予以細分類目。單行本的著錄，包括：著者、書名、出版社、出版年；論文的著錄，包括：著者、論文名稱、期刊名稱、卷期、出版年。

　　日人市古宙三同年也編有「近代中國、日中關係圖書目錄」一書，九十三面，單收圖書資料，由東京汲古書院印行。

中國各圖書館收藏日本研究圖書目錄

　　中日關係研究會編　民61年　臺北　該會　232面

中國關於越南著述目錄

　　國立中央圖書館編　中越文化論集，民國44年，頁311—349

中國關於韓國著述目錄

　　國立中央圖書館編　中韓文化論集第二冊，民國44年，附錄頁1—62

中國關於土耳其著述目錄

　　國立中央圖書館編　中土文化論集，民國46年，共17面

中國關於泰國著述目錄

　　國立中央圖書館編　中泰文化論集，民國四十七年　頁281—313

中國德意志書目

鄭壽麟編　Chinese Culture第5卷第2期，民國52年，頁96-167

Americans and Chinese: A Historical Eassay and Bibliography

Liu, Kwang-ching編　民52年　美國麻省 Harvard University Press　211面

六十年來之中國歷史地理

王　恢編　收在中國歷史地理頁283—371，民國64年，世界書局印行。

廣東研究參考資料敍錄：史地篇初編

李景新編　民59年　臺北　臺灣學生書局　277面　影印

廣東文獻書目知見錄

黃蔭普編　民61年　香港　崇文書店　338面

東西南沙羣島資料目錄

杜定友編（與丘岳宋編海南文獻目錄，國立中央圖書館臺灣分館編中國南海諸羣島文獻資料展覽目錄，均收在民國64年臺灣學生書局印行的瓊崖誌略一書內）

國立中央圖書館臺灣分館日文臺灣資料目錄

國立中央圖書館臺灣分館編　民69年　臺北　該館　422面

該館前身爲臺灣總督府圖書館，藏書特色爲擁有豐富的民國三十四年前出版的臺灣文獻資料及東南亞地區文獻資料。該館曾於四十七年將館藏中外文臺灣資料編輯成書，由臺灣省文獻委員會印行，書名爲「臺灣文獻資料目錄」。西文部分當時只收一百二十餘種，六十五年該館復就西文部分加以重編，名爲「國立中央圖書館臺灣分館西文臺灣資料目錄」。本書係就日文部分加以重編，除增補外，並將館藏東南亞資料中有關臺灣文獻者抽檢編入，甚至將日本所發行的期刊或研究報告中，可採作臺灣文獻參考者，亦一併列入。全書共收六六六

五種，包括：圖書、研究報告、期刊、公報、小册子。凡是連續性出版品，均注明各輯之內容。一部書，如各册內容不同，亦分別注明。

全書分十類，卽：臺灣（叢書、書目、雜書、兒童文學）、哲學與宗教、教育、文學與語學、歷史與地誌、政治與經濟與社會、理學與醫學、工程與軍事、藝術、產業；另有期刊及報紙。每類再酌予細分子目。

書後附書名及篇名索引，以便檢索。

編者劉金狗先生民國七年卽在該館服務，迄今已有六十五年矣！在同一崗位工作六十餘年，數十年如一日，這種服務精神實在令人敬佩！

國立中央圖書館臺灣分館西文臺灣資料目錄

劉金狗編 民65年 臺北 該館 1册

包括圖書、期刊論文、小册子、地圖等，一般圖書有討論臺灣問題者，也予以裁篇別出。按分類排列，書後附著者索引。

臺灣研究中文書目（社會科學之部）

王世慶主編 應莉萍 鄭麗鈺助編 民67年 臺北 環球書社 174面（美國亞洲學會臺灣研究資料專刊之3）

美國亞洲學會臺灣研究小組於民國六十三年正式展開工作。次年開始出版兩種刊物：臺灣研究資料專刊和臺灣研究心得叢刊。前者的第一部書是臺灣研究中文書目—史地之部；後者的第一部書是臺灣研究的機構及資料。其後又繼續編印臺灣地區古文書彙編第一輯目錄。

本書為該資料專刊之一，收錄國立中央圖書館及其分館、國立臺灣大學等二十一館所藏有關臺灣的社會科學中文單行本圖書七八四〇種，以民國六十五年六月底以前出版者為限。

按分類排列，計分：社會科學總論、統計、教育、禮俗、社會、經濟、財政、法律、軍事等十項，每類再酌予細分子目。各書著錄的

款目及輔助索引，與「史地之部」同。

臺灣研究中文書目（史地之部）

王世慶主編　劉仰青　張竹萍助編　民65年　臺北　環球書社
329面（美國亞洲學會臺灣研究資料專刊之1）

收錄國立中央圖書館總館及臺灣分館、國立臺灣大學圖書館、臺灣省文獻委員會等二十館所藏有關臺灣史地中文單行本圖書，約二千種。所收錄圖書以民國六十四年六月底以前出版者爲限。

按分類編排，分爲史地、歷史、地理三大類，每類再予細分。同一類書，依書名筆劃順序排列。每一種書著錄的款目，包括：書名、卷冊數、綫裝書或抄本、著者、出版地、印行者、收藏處所。

書後附著者索引，中日文依筆劃排，西文依英文字母順序排。

有關臺灣研究的書目，還有下列數種：

臺灣文獻資料目錄

臺灣省立臺北圖書館編　民47年　臺北　臺灣省文獻委員會
172面

以編者日據時期所藏書刊爲主，不包括光復後收藏圖書。書分中、日、西文三部分。

臺灣文獻舉要

賴永祥編　臺灣文獻第9卷第2期，民國47年6月，共12面

有關臺灣西文史料目錄初稿

賴永祥　曹永和合編　臺灣風物第2卷第5期至9期，民國41年8月至12月，共12面

研究隋代流求是否臺灣之有關書目

賴永祥編　臺灣風物第4卷第1期，民國43年1月，頁14—16

臺灣文獻圖書簡介

劉寧顏主編　黃耀東編輯　民70年　臺中　臺灣省文獻委員會

294面

　　就臺灣省文獻委員會民國六十九年六月底以前所藏有關臺灣文獻書籍，約五百八十五種，加以摘要介紹。介紹的款目，包括：書名、著者、發行者、出版年、圖書分類號、內容摘要等。

　　全書分中文、日文翻譯中文兩部分。每部分再按分類排列。計分：總類、史地、法制、社會經濟、宗教、教育、文學語言、藝術、自然科學、工程等十大類，其下再酌分若干細目。

　　本書對已影印之圖書，可加注明，以便讀者購置。

臺灣文獻目錄

　　中國文化學院臺灣研究所編　民54年　臺北　該所　264面

　　資料來源包括編者所藏及臺灣省文獻會的收藏，含中日文，依分類排列。

臺灣研究的文獻資料

　　黃得時撰　國語日報書和人第281至282期　民國65年

　　敍述各圖書文獻機構收藏臺灣文獻的情形。

臺灣文獻圖書目錄

　　西川滿編　臺灣風物第22卷第1期，民國61年3月，頁1—51

　　民國24年初版，臺灣愛書會印行，收臺灣總督府圖書館及臺北帝國大學藏書。

臺灣考古學圖書論文目錄

　　宋文薰編　國立臺灣大學考古人類學刊第1、2期，民國42年5月、11月，共8面

蒙古參考書目

　　張興唐編　民47年　臺北　中華叢書委員會　278面（中華叢書）

　　收錄有關蒙古研究的中文、蒙文、日文及西文圖書及論文，共一千八百三十一種。主要取材於陶賢編蒙古書目、青海書目提要，丁實

存編綏遠圖籍錄等。惟遺漏參考民國四十二年日人岩村忍與藤枝晃合編的蒙古研究文獻目錄1900—1950，東海大學圖書館有此書。

　　依各書內容，分爲十類，計有：歷史、輿地、紀行、文化、語文、宗教、法政、社經、民族、雜類（統計、年鑑、人名錄、調查報告）。類下分中文、蒙文、日文三部，中文部又分年代，自宋以迄民國。十類後附有歐文類，分爲英、法、德文，各按著者姓名字母排列。

　　收編專書均注明：書名、卷數、著者、內容提要、版本及刊行年月；論文注明：篇名、著者、刊名及卷期。

日本研究我們邊疆之論文書誌目錄（1977—1981）

　　許明銀編　中國邊政第79期，民國71年9月，頁37—73。

中國歷代皇帝文獻目錄

　　國書刊行會編　民68年　日本東京　該會　145,62面

　　收編討論中國歷代皇帝的論文及單行本圖書，共一四七八篇，包括中文、日文、韓文。圖書論文資料，自明治初年至昭和五十三年（民國六十七年）截止。依歷代帝王順序排列。書後附著者索引，依五十音順排。

　　凡有書評的也加以收錄，著錄在該單行本後。

臺灣公藏族譜解題

　　昌彼得撰　民58年　臺北　國立中央圖書館　106面

臺灣公私藏族譜目錄初稿

　　王世慶　王錦雲主編　臺灣文獻第29卷第4期，民國67年12月，頁69—163。

哈佛燕京學社漢和圖書館所藏中國族譜敍目

　　羅香林編　國立中央圖書館館刊新2卷第4期，民國58年4月，頁7—17

中美著名圖書館所藏中國明代屬於善本類之族譜敍錄

羅香林編　國立中央圖書館館刊新４卷第２期，民國59年４月
，頁22—27

甲骨學論著提要目錄三種

彭樹杞　胡厚宣等編　民64年　臺北　華世出版社　600面

係就下列三書合刊而成：

甲骨書錄解題　　邵子風編，民國二十四年，上海商務印書館印
行。包括專書及單篇論文，均注明書名、篇名、著者、版本、出版者
、出版時期、序跋題記、內容大要。排列依發表日期爲序，西文論著
殿後。書後附書名篇名索引。

五十年甲骨學論著目　　胡厚宣編，民國五十五年，香港太平書
局印行。著錄自淸光緒二十五年（1899）發現甲骨文開始，至編者執
筆寫本書止，有關研究甲骨文字的專書、論文、單字考釋、龜甲著錄
等。全書依分類排列，分八目：發現、著錄、考釋、研究、通說、評
論、彙集、雜著。書前有總目，書後有著者索引、篇名索引、編年索
引，以備查檢。

甲骨學專書提要及論文目錄　　彭樹杞編撰，刊載Chinese Cultu-
re六卷三期，頁九十七至一百四十九。本文分上下兩篇，上篇著錄專
書或單行小冊，下篇爲論文。均以著者姓氏筆劃爲序，書末附外籍著
者索引。

中國古玉書目

楊建芳編　民71年　香港　中文大學出版部　141 面（香港中文
大學中國文化研究所中國考古藝術研究中心工具書１）

收編民國七十年以前古今中外有關研究中國古玉的單行本及論
文，但限於正式發表者，私人手稿及內部資料皆未列入。報紙上有關
古玉的文章，若內容充實，則盡量收集。全書計收二〇六六種，其中
中文九七二種，日文七五種，西文一〇一九種。

　　內容析分爲三：中文玉器書目、日文玉器書目、西文玉器書目。
除西文按字母順序排列外，中、日文則依內容分類。如中文共分十四
類：1.總論；2.玉材、產地；3.琢玉工藝；4.用途、釋名、雜考；5.
發掘出土玉器；6.傳世玉器；7.博物館及私家藏玉；8.古玉圖錄；9.
現代玉器；10.玉器紋飾研究；11.玉器圖籍輯錄；12.展覽目錄、圖錄；
13.注釋、評論；14.辭書。各類再依需要細分，如發掘出土玉器依時代
分爲：史前時期、商代、西周、東周等十三子目；同一時代的，再依
地區分。

　　著錄詳細。單行本略加內容提要，有插圖者亦分別注明，如單行
本內某一章節爲有關玉器的資料，則予以析出。期刊論文注明：篇
名、著者、刊名、卷期、年月、起訖頁次。所有論著均加編號。

　　書前有期刊簡稱及全名對照表；書後有著者索引。中、日、西文
分開編排。

古玉圖籍彙刊

　　那志良輯　民67年　臺北　漢華文化事業公司　2冊

研究玉器之圖籍

　　那志良撰　收在慶祝蔣復璁先生七十歲論文集頁187—201，民國
58年，故宮博物院印行。

石廬金石書志　二十二卷

　　林　鈞撰　民60年　臺北　文史哲出版社　3冊　影印
民國17年自印本。

　　收林氏所藏的金石著作九百六十九種，分十二類：分地、斷代、
錄文、存目、圖譜、石經、考證、字書、法帖等。各書均有提要。

　　金石書目以本書著錄較爲完備，撰述亦較詳切。

金石書錄目及補編

　　容　媛纂輯　民60年　臺北　大通書局　1冊　影印

金石書錄目民國19年出版，25年增訂版。

共著錄圖書八百七十八種，補編四十七種，全書分：總類、金類、錢幣璽印、（附封泥）、石類、玉類、甲骨類、竹木類、地志類等，附錄：一百九十二種地誌的考古類一覽、十二種考古學叢書子目表。書後有朝代人名通檢、書名通檢及勘誤表。

語　文　書　目

Chinese Linguistics: A Selected and Classified Bibliography（中國語言學分類參考書目）

楊福綿（Yang, Paul Fu-mien）編　民62年　香港中文大學
292面　增訂本

民國五十九年初版，美國 Georgetown University 印行，一四六面。

旨在為學者提供有關中國語言學文獻資料，蒐集範圍包括中國語言學一般通論、演變、源流、文字系統及現代語法等各項著述。資料來源自中、日、韓、英、法、德及俄文等重要出版書籍刊物。全書共列三千二百五十七條。

編排依內容，分為十二大類，即：書目與論文集、中國語言史、中國語言學方法論、中國語文史、上古語言、中古語言、近古語言、現代語言、中國境內其他語言等。每類再予細分。書籍或論文著錄的款目，有著者、書名、出版者、出版時、出版地、頁數；期刊論文，則注明著者、篇名、刊名、卷期、年月、頁數等。如有書評及其他有關資料，在附加欄內注明。均以英文著錄，另加中文書名（篇名）及著者。

書前有收錄期刊一覽，書後有中英文著者索引及周法高著二十世紀的中國語言學一文。

關於中國語言學書目，王士元（William S. Y. Wang）也編有 Bibliography of Chinese Linguistics，刊登民國五十六年的 Current Trends in Linguistics 第二卷，有三百十四面，後又在英國出單行本，收三千種，按著者英文字母順序排列，附有簡單的論文分類索引。

國語書目提要

鍾露昇編　載國語語音學，臺北語文出版社，民國55年，頁227—265

國語書目提要

王天昌編　書和人第159期，民國60年4月17日，頁3—8

收一百四十二種，分為八類。

漢語學研究簡介

吳守禮編　書和人第167期，民國60年8月7日，頁1—8

中國語關係書書目：1867—1945

六角恒廣編　民57年　東京　早稻田大學語學教育研究所　104面

最近中國語學關係書目（臺灣、香港）

村上嘉英編（日本）天理大學學報第86輯，民國62年，頁86—101

中國文學語學文獻案內

中國文學語學文獻案內編委會編　民68年　日本　早稻田大學文學部中國文化研究室　46面

方言考

丁介民撰　民58年　臺北　臺灣中華書局　158面　各書的，為

閩語方言研究選目

丁邦新編　書目季刊第11卷第2期，民國66年9月，頁1—41

臺灣方言研究文獻目錄

吳守禮編　臺北文獻第6期，民國52年12月，頁67—89

有關臺灣土著語言的論著目錄

　李壬癸編　中央研究院民族學研究所集刊第40期，民國64年秋，頁68—82。

中國諺語書目提要

　朱介凡編　圖書館學報第6期，民國53年7月，頁85—123

中國諺語研究書目和漢文篇

　島居久靖編　（日本）天理大學學報第36輯，民國50年

亞非諺語參考書目評註

　阮昌銳編　邊政學報第11期，民國61年5月，頁75—94

小學考　五十卷

　（清）謝啓昆撰　民58年　臺北　廣文書局　10冊　影印（書目三編）

　據清光緒十四年（1888）杭州浙江書局刊本影印。

　清人朱彝尊撰經義考，不包括小學類書籍。著者另網羅古來文字學圖書，按圖書內容分類編排，計分五類，即：敕撰、訓詁、文字、聲韻、音義。每書後均有題記，除輯錄各書的序跋外，兼錄前人考證論列的文字，並仿經義考體例，注明存、佚、未見三綱。

　書前旣無簡目，又缺書名索引，檢查不便。

古小學書考

　林明波撰　師大國文研究所集刊第2期，民國47年6月，頁43—122。

中國文學史書目

　梁容若　黃得時合編　圖書館學報第2期，民國49年7月，頁113—131

重訂中國文學史書目

　梁容若　黃得時合編　幼獅學誌第6卷第1期，民國56年5月，頁1—36

三訂中國文學史書目

　　梁容若　黃得時合編　文壇第87期，民國56年 9 月，頁19—37

　　收編自清末京師大學堂優級師範設中國文學史課程後所出版文學史書籍，至民國五十五年止，收六百種以上，兼收日人著作及課本。內容分四大類：通史、斷代史、專史、附錄。通史依出版先後排列；斷代史依本書內容階段排列，即由古至今；專史分九子目：韻文、詩、樂府、詞、曲、辭賦、駢文、散文、小說、文學批評、婦女文學；附錄載各種雜考概論圖書，如年表、表解、提要、問答等。

　　各書著錄款目與一般書目相同，如有影印本另加注明，較重要的著作，加著者生平介紹。

　　他人補正或續編本書目的有：

中國文學史書目補正

　　郭宣俊編　圖書館學報第 4 期，民國51年 8 月，頁133—137

中國文學史書目補正

　　江應龍編　文壇第85期，民國56年 7 月，頁22—26

歐美文中國文學史評介

　　馬漢茂編　書和人第79期，民國57年3月，頁1—8

中國文學史書目新編

　　青　霜編　書評書目第40、41、43、44期，民國65年8—12月

　　梁氏另有中國文學史書目提要乙文，刊載圖書館學報第 4 期，選書十種，包括序跋、簡評等。

新編中國文學史書目　民國26年嶺南大學圖書館出版。

　　收在碧山岩出版社印行中國文學小史頁157—178，較青霜所編多數種。

民國以來所出版文學論著總目

　　載楊家駱編中國文學百科全書，民56年，第 1 冊頁1—31

中國現代文學書目總編（初稿）

　　周　錦編　民70年　臺北　國家文藝基金會　第三次文藝會談秘書組　615面

　　收編民國八年（西華的「火焰」在汽笛詩社出版）至六十八年之中國現代文學作品，約七千種。包括：文藝理論、小說、散文、詩歌、戲劇等，不收翻譯作品。

　　內容分二部分：一照書名筆劃排列，每書注明作品類別、作者、出版地及出版者、出版年；一照作者筆劃排列，作者姓名下注明：筆名、籍貫、生卒年、作品名稱、作品類別、出版年。

　　書前有書名首字索引、作者首字索引。

　　有關現代文學書目的工具書，另可參考「中國現代小說書目」、「中國現代散文集編目」、「中國新詩集編目」。

現代中國文學研究文獻目錄

　　飯田吉郎編　民48年　東京　中國文化研究會　86面

A Bibliography of Studies and Translations on Modern Chinese Literature, 1918-1942（近代中國文學研究和翻譯書目）

　　Gibbs, Donald A; Li, Yun-chen 合編　民64年　美國　哈佛大學東亞研究中心　239面

　　收編重要作家一百三十三人。首列中文姓名或筆名、出生年月日；次列有關該作家的生平研究及該作家作品的討論，一一注明專書或論文的名稱、著者、出版者、發表的期刊，以及在民國傳記辭典（Biographical Dictionary of Republican China）的頁數；再列該作家的著作，包括詩、小說、戲劇、論文等。

　　書後附譯者、序跋者索引。

An Annotated Bibliography of English, American, & Comparative Literature for Chinese Scholars

　　Chi, Ch'iu-lang and John J. Deeney 合編　民64年　臺北
私立淡江文理學院西洋文學研究所　604面

比較文學基本書目選註

　　李達三撰　書評書目第55期，民國66年11月，頁149—157

　　本文增訂後載比較文學研究之新方向頁271至291。

比較文學書目叢編 (Comparative Literature Bibliography)

　　李達三編纂　未出版　3 冊

　　第一冊包括一切重要的比較文學書目（英文）的參考書目，每一
書目前，皆有注釋，有二一九面；第二冊爲在臺編輯的書目，著者
有楊孝定、紀秋郎、陳鵬翔、陳英輝、李有成等，有二三一面。第
三冊從各種閱讀書單到亞洲戲劇資料，無所不包，有十八項，共二
六六面。

Comparative Literature and China: A Bibliographical Review of Materials in English

　　Deeney, J. J. (李達三) 編　新亞學術集刊第 1 期，民國67年，
頁287—301。

中國大陸地下文學目錄

　　中國問題研究出版社編　民70年　臺北　該社　260面

臺灣現存元人別集小錄

　　孫克寬編　圖書館學報第 1 至 6 期，民國48年至53年，共49面

楚辭書錄

　　饒宗頤撰　民45年　香港　1 冊（選堂叢書1）

楚辭書目五種

　　姜亮夫撰　民59年　臺北　泰順書局　479面

　　民國50年初版。又收在嚴靈峯主編書目類編第55冊。

　　包括：楚辭書目提要二二八種，楚辭圖譜提要四十七種，紹騷隅

錄十九種又一九二題，楚辭札記目錄八〇二題及楚辭論文目錄。書後
附書名、篇名、人名的四角號碼索引。書目類編將原來頁次刪除，因
此四角號碼索引即失去功能。

研究中國古典詩的重要書目

黃永武編　幼獅學誌第14卷第1期，民國66年2月，頁42—75

全唐詩總目錄

復興書局編輯部編　民66年　臺北　該書局　626面

全唐詩編於清初康熙年間，共收二千二百餘詩人的四萬八千餘首
作品。

國立中央圖書館藏杜集敍錄

李清志撰　國立中央圖書館館刊新第4卷4期，民國60年12月，頁22—
33

清代詩話敍錄

鄭靜若撰　民64年　臺北　臺灣學生書局　218面

詩話就是以「隨筆之體，論詩、評詩者也」。本書收五十七種清
人詩話，敍述撰者的生平略歷，闡明各書的體制與旨趣，再論其內容
大要，評其優劣得失，末論版本。

清代臺灣詩集彙目

陳漢光　陸階章合編　臺灣文獻第10卷第3期，民國48年9月，
頁59—64

中國新詩集編目

林煥彰編　民69年　臺北　成文出版社　226面　（中國現代文學
研究叢刊12）

我國的新文學運動肇始於民國六年，七年一月胡適、沈尹默、劉
半農等有新詩發表於新青年，是我國新文學的第一頁新詩，九年許德
鄰編的「分類白話詩選」出版，是早期新詩最完備的選集。六十年來

新詩的創作成就，相當可觀，而新詩的整理編印，也有多次，就所知有李魁賢、趙天儀、星座詩刊社、龍族詩刊社、何錡章、邱隆發、魯蛟等。其中貢獻最大的，首推本書的編者。林氏先後編有「中國現代詩壇總目」、「近三十年新詩書目」。本書是最晚出，資料又較完備的一種。收一四五二種單行本的作品，資料截至六十八年止。內容分兩部分：首先是詩集編目，依詩集名稱首字筆劃排列，每一詩集列出版者、著者、出版年。凡是多人合集、與散文的合集、長詩、與其他文體的合集等，均在書名後，予以注明，第二部分是詩人姓名筆劃索引，並附詩人作品。

近三十年新詩書目

林煥彰編　民65年　臺北　書評書目出版社　183,58面

所輯資料，以民國三十八年四月至六十四年十二月止，在臺出版的新詩集、選集、評論集、詩刊、翻譯詩及評論爲主，新詩人所寫詩話、札記、書簡及海外地區作品也儘量收錄。共收錄一千多種。

分六部份：新詩書目、詩刊刊目、翻譯書目、海外自由地區新詩書目、選集著者及篇目、著者書目篇目索引等。除索引部份外，均按出版先後排列。

書評：近三十年新詩書目、近二十年短篇小說選集編目　黃俊東，東方文化第16卷1、2期，民國67年，頁211—213。

民國以來新詩總目初編──詩論、翻譯、史料及其他

瘂弦編　創世紀詩刊第43期，民國65年3月，頁66—113，詩刊部份刊登44期，民國65年9月，頁63—69

歷代詞話敍錄

王熙元撰　民62年　臺北　臺灣中華書局　180面

香港大學所藏木魚書敍錄與研究

梁培熾撰　民67年　香港大學亞洲研究中心　271面　（亞洲研究

中心書目索引13)

　　木魚歌，在中國文學發展的類屬上，是屬於詩讚系的民間說唱歌體。其所流行的地域，主要是在珠江三角洲、西江流域和廣東南路一帶；其所使用的語言，也是這些地區流行的廣府話。因此，它和粵調的龍舟歌、南音和粵謳，同是一種粵調民間的說唱歌體。

　　收二〇七種，以香港大學亞洲研究中心及馮平山圖書館於民國六十四年以前所藏爲限。

　　後半部（佔六十面）爲一論文，分九章，敍述木魚書的內容與流傳及其研究的過去與現在。

曲海總目提要　四十六卷

　　（清）無名氏撰　董　康輯補　民56年　臺北　新興書局　3冊影印

　　據民國17年上海大東書局刊本影印。民國48年出版陳乃乾校訂本。

　　著者據應裕康、謝雲飛合撰中文工具書指引一書載，並非黃文暘。

　　國內出版中國劇本書目，本書最爲詳備，原目收一千零十三種，但原書散佚，經董康據樂府考略並參考傳奇彙考，共收錄元、明、清三代戲曲六百八十四種，每種均注明時代、著者、內容提要。收囘七百七十餘種，每種均有內容提要。書前有總目，書後缺書名或著者索引。

　　民國二十五年伯英撰曲海總目提要拾遺一文，刊載劇學月刊五卷三、四期合刊，補錄六十二種，體例與曲海總目提要相同，文後附有正編拾遺綜合索引，依曲名筆劃排列，甚便查檢。民國48年北嬰撰曲海總目提要補篇二卷，二九八面，補七十二種，並對提要所說戲劇作者，不詳或有誤的，作了二四九條的補充和修正。

中國戲曲總目彙編

　　羅錦堂編　民55年　香港　萬有圖書公司　368面

繼王國維曲錄之後，一部集大成的曲學總目，包括日本學者曲學著作。分散曲總目與戲劇總目兩大部，部下再予細分。散曲總目分：散曲總集、元代散曲選集、元代散曲專集、明代散曲專集、清代散曲集、清代雜曲及近人曲集、散曲評論及研究雜著等。戲劇總目分：全本戲劇選集、散本戲劇選集、戲曲研究、戲曲雜著等。

每書著錄書名、著者、校訂者、版本。較重要的曲學著作，另加簡略提要。重要的選集，則臚列該集所包括的劇名。

本書編排似無定例，既不是以筆劃爲先後，也不是以各書出版年代爲次。

曲錄　六卷

　　王國維撰　民46年　臺北　藝文印書館　253面　影印

胡適曲海總目提要序：「關於這五六百年的劇本的總目，列舉最多的莫如王國維的曲錄」。計收錄三千一百八十種，每種書只著錄書名、著者等，沒有提要，有時附注關於該劇的軼聞掌故。因收錄繁多，難免有錯，胡適曾列舉其不妥之處：誤列非戲曲史的圖書、遺漏、不注明書的存佚（見胡適文存二集）。

善本劇曲經眼錄

　　張棣華撰　民65年　臺北　文史哲出版社　328面

將中央圖書館藏善本劇曲，敍述其版本源流、著者生平、內容大意及收藏經過。

曲話敍錄　顏秉直撰　師大國文研究所集刊第21期，民國66年6月，頁965---1046。

錄鬼簿　二卷　續編一卷

　　（元）鍾嗣成撰　（明）無名氏（賈仲明）續編　馬　廉校注　民49年　臺北　世界書局　1冊（中國學術名著曲學叢書第1集第5冊）

民國46年初版，兩書記載了元代戲曲作家一百五十二人，包括其

字號、籍貫、簡略的生平事蹟，並開列近五百種雜劇的劇目。又收在
新興書局筆記小說大觀第二十編第六册， 頁3351—3466。

中國俗曲總目稿

　　劉　復等編　民62年　臺北　文海出版社　2册　影印

　　民國二十一年初版，收六千多種，其流行區域共有十省。

現存元人雜劇書錄

　　徐調孚編　民64年　臺北　古亭書屋　178面　影印

　　以著者爲綱，依照錄鬼簿所載序列，然後是劇目。 在每一劇名
下，臚列現存版本。附錄元明之際無名氏作品。

明刊元雜劇西廂記目錄

　　傅田章編　民59年　日本　東京大學東洋文化研究所附屬東洋學
文獻センター　141面 （東洋學文獻センター叢刊11輯）

汲古閣六十種曲敍錄

　　金夢華撰　師大國文研究所集刊第10輯，民國55年，頁517—738

明雜劇一百五十四種敍錄

　　陳萬鼐撰　中山學術文化集刊第9、10集，民國61年，共158面。

清代雜劇體製提要及存目

　　曾永義編　收在中國古典戲劇論集頁214—243，民國64年，聯經
出版公司印行。

齊氏百舍齋戲曲存書目

　　齊如山編　中國一周第591至600期， 民國50年，共8面

平劇劇目初探

　　陶君起撰　民71年　臺北　明文書局　27,455,19面　影印

香港大學亞洲研究中心所藏粵劇劇本目錄

　　黃兆漢編　民60年　香港　該中心（該中心書目索引第2種）

五百舊本歌仔戲目錄

施博爾（Shipper, K.）編　臺灣風物第15卷第4期，民國54年
10月，頁41—60。

聯合書院圖書館藏中國現代戲劇圖書目錄

香港中文大學聯合書院圖書館編　民56年　香港　該館　156面

收四千六百八十五種。民國五十九年出版續編。

中國現代散文集編目

周麗麗編　民69年　臺北　成文出版社　270面　（中國現代文學
研究叢刊17）

收編新文學運動發生至民國六十八年止，我國出版的散文集，共
一四三四種。包括與新詩或小說合印的，或與論著合刊的，均加以收
錄。書分兩部分：首先是書名編目，體例與中國新詩集編目同；第二
部分是著者索引，除出版地、出版者外，另加出版年（民國紀元）。

書評：替「中國現代散文集編目」核對補遺　陳信元，書評書目第95
期，民國70年3月，頁109—117。

我國神話研究書目提要

古添洪編　收在從比較神話到文學頁358—379，民國66年，東大
圖書公司印行。

中國通俗小說書目

孫楷第撰　民63年　臺北　鳳凰出版社　323面　影印

民國22年初版，46年增訂版。

收錄自宋至清的語體舊小說，共計八百多種，包括已佚、未見及
見存三種。各書注明：書名及卷數、存佚、版本（善本記行款圖相）、
題記、收藏者等。

分四部：宋元部、明清講史部、明清小說部甲、明清小說部乙。
第四部又分四類：煙粉、靈怪、說公案、諷諭。排列除講史外，皆以
著者時代先後爲次。同演一故事或故事同屬一系統的圖書，都附於最

初演此故事書之後。

附錄有存疑目、叢書目、日本訓譯中國小說目錄。

書名索引依國音字母排列。

中國出版的小說書目，以本書最爲完備。

同年天一出版社將本書與日本東京所見中國小說書目（附大連圖書館所見小說書目）合印。

倫敦所見中國小說書目提要

柳存仁撰　民63年　臺北　鳳凰出版社　375面　影印

分中英文兩部。後者含五篇論述，卽：1.論明淸中國通俗小說版本；2.孤本及罕見本；3.論一書之時代與眞僞；4.小說史上諸問題；5.論近人研究中國小說之得失。

中文部份就大英博物院及皇家亞洲學會圖書館兩館所藏小說珍本一百三十餘種，逐一著錄其書名、卷數、版刻、行款、出版年月、內容提要、序跋題記等。

書後附書影三十餘圖。

日本東京所見中國小說書目　附大連圖書館所見中國小說書目

孫楷第撰　民63年　臺北　鳳凰出版社　205面　影印

民國21年初版。

收錄日本東京公私收藏中國舊小說九十餘種。均載明書名、卷數、回數、收藏地點、版本、內容提要等。

先按朝代分宋元部及明淸部。後者又分長短篇兩種。長篇小說再細分爲八類，卽：講史、煙粉、靈怪、公案、勸戒、傳奇、通俗類書、子部小說等。

書後所附大連圖書館的小說書目，收明淸小說二十七種，分類及著錄款目，如前。

古小說簡目

　　程毅中撰　民71年　臺北　龍田出版社　149,24面　影印

　　古小說指相對於近古的通俗小說而言，又稱爲子部小說或筆記小說。本書收錄五代以前之古小說，以文學性較強的志怪、傳奇小說爲主，兼收雜事、瑣記之類的作品。共收三一一種，另有「存目辨證」一一九種，考證書名和作者不盡可信的小說。每一部書先注明存佚及版本，次載著者及時代，再舉各書目分類與著錄的情形，間有著者生平介紹。排列大體以類相從，並不嚴格按年代先後爲序。同一著者的作品，盡可能合在一起。

　　爲查檢方便，書後附有按四角號碼編排的書名索引、著者索引兩種。

小說叢考

　　錢靜方撰　民68年　臺北　河洛圖書出版社　246面　影印

　　蔣瑞藻小說考證偏重網羅舊聞。本書對於每一部小說均拿來和正史、野史、私家筆記相比勘，以考證他的來源是否有據。

小說枝談

　　蔣瑞藻撰　民68年　臺北　河洛圖書出版社　217面　影印

Chinese Fiction, A Bibliography of Book and Articles in Chinese and English

　　李田意編　民57年　美國　耶魯大學 Far Eastern Publishcation

中國古典小說研究書目

　　李豐楙等　中國古典小說研究專集第 1 至 6 集，民國68年至72年聯經出版事業公司

　　中國古典小說研究專集自創刊以來，每集刊載一至二種古典小說書目，如第一集（68年 8 月）李豐楙編神話、傳記（頁263—274）；第二集（69年 6 月）王國良編六朝小說（頁305—309）；第三集（70

年 6 月）王國良編唐代小說變文（頁301—312）；第四集（71年 4 月）王三慶編紅樓夢（頁369—424）；第五集（71年11月）王國良編話本小說（頁325—329）；第六集（72年 7 月）鄭明娳編西遊記論著目錄（頁333—348）；王孝廉編中國古代神話研究論文目錄（頁359—399）。

王以焢所存中國舊通俗小說書目

王以焢編　民61年　臺北　編者　26面　油印

齊氏百舍齋通俗小說書錄

齊如山編　中國一周第602至609期，民國50年，共 8 面

唐代小說敍錄

王國良撰　民68年　臺北　嘉新水泥公司文化基金會　82面（嘉新水泥公司文化基金會研究論文373種）

收現存書目三十種，輯存書目十七種，亡佚書目二十一種，存疑書目八種。

紅樓夢研究文獻目錄

宋隆發編　民71年　臺北　臺灣學生書局　623面

蒐集近二百年來（1794—1979）討論紅樓夢的論著，共二千多種。包括：版本的考證、作者身世的探討、作品結構與技巧的研究、書中人物的品評、與西洋文學作品的比較等。

全書分七大類：目錄、版本、中文專書、中文論文、翻譯、日文論著、西文論著。版本類再細分：古抄本、程高刻本、未見抄本、程高本以後之刊本與抄本、評點本、未見刊本與評點本、現代印本等七子目。日文與西文論著各細分專書和論文二子目。論著資料依成書或出版先後排列，並注明書名（或篇名）、著譯者、出版年、出版者（或期刊、報紙名稱）、卷期、頁次等。其中約有二百二十餘種，有內容提要。

書後附著譯者索引（中、西文各依筆劃及英文字順排列），和有

關紅樓夢研究的論文七篇，如陳炳良的近年的紅學評述，余英時的近代紅學的發展與紅學革命──一個學術史的分析，林以亮的新紅學的發展方向，潘重規的紅學六十年等。

臺灣所見紅樓夢研究書目

　　那宗訓編撰　民71年　臺北　新文豐出版公司　210面

　　編者於民國六十八年編「紅樓夢研究書目」一書，一九五面，收國內外出版有關紅樓夢研究的專書和論文，共八四八種（篇），含中外文。七十年出版「續編」，三五五面，收初編出版後，再發現的新資料，其中以六十七、八年發表者居多，也有六十九年初期的材料，共收四七五種（篇）。二書編排體例相同，書後附參考書目及著譯者索引，且均由香港龍門書店印行。

　　本書係上述二書的續編，收錄以民國三十九年至七十一年在臺灣所見的論著為主，共收九二五種（篇）。全書分十二類，卽：書目、概論、版本、著者、批語、內容研究、文學方面研究、批評、翻譯研究、文集和資料、討論會、參考書。各類視需要再予細分。如版本細分為各種版本及版本研究；批評則按：趙岡、胡適、林語堂、潘重規、唐德剛等細分。各書（篇）的著錄與前二書相同，均用羅馬字拼音，後加中文名稱。書後附引用書籍、報紙、雜誌一覽表。

臺灣地區刊行紅樓夢研究資料目錄（稿）

　　王三慶編　文史集林（木鐸出版社）　第6期，民國71年3月，頁147─194。

　　收錄民國四十年至七十年臺灣地區刊行有關紅樓夢的研究資料七五九種，其中版本十一種，專書六十七種，論文六百八十一篇。

　　資料概分：版本、專書、論文三類，同類的依出版年代為序。

中國古典小說研究書目（四）紅樓夢

　　王三慶編　中國古典小說研究專集第4輯，民國71年4月，頁

369—424。

臺灣地區刊行紅樓夢研究資料目錄

閻琴南撰　木鐸第5、6期，民國66年3月，頁421—454。

臺灣刊行紅樓夢研究資料目錄初稿

閻琴南　許學仁合編　紅樓夢研究專刊第11期，民國63年12月，
頁92—111

香港所見紅樓夢研究資料目錄

民61年　63面（香港中文大學中國文化研究所文物館叢書之2）

合香港公私所藏紅樓夢研究資料編成。分版本、譯本、續書、專
著（圖詠、戲曲、有關曹雪芹著述）及論文五類。

西遊記學論說目錄版本所藏目錄與研究史料目錄

磯部彰編　民66年　日本仙臺　編者　1冊

1500 Modern Chinese Novels and Plays（當代中國小說戲劇一千五百種提要）

Father Joseph Schyns 等編　民55年　香港　龍門書店　1冊
影印

民國37年北平出版。

雖名爲當代中國小說戲劇提要，却旁及古典小說、漢譯外國小
說、古代戲劇、漢譯外國戲劇、詩歌、散文等，以上約四百八十種，
當代中國小說戲劇佔一千多種。

編書的動機，一方面是指導青年人對於每書的本身倫理價值，知
所去取；另一方面則向外國讀者介紹當代中國文藝。因此每書均標記
下列英文字母，表示各書的倫理評價，如E表示老少咸宜；R表示只
限於某種人；RR表示絕對不能讀；P表示不道德或是觸及不道德的
範圍。

書前有蘇雪林當代小說與戲劇導言一文，把近數十年的文學歷史

作一總結；另有趙燕聲當代作家小傳一文，介紹經歷、著作和筆名。

書後附有著者索引，以英文字母爲序；書名索引以筆劃爲序。

中國現代小說編目

周　錦編　民69年　臺北　成文出版社　356面　（中國現代文學研究叢刊20）

收編新文學運動發生至六十八年我國出版的小說，約二七五〇種。收編的原則有四：1.已經出版的現代小說；2.作品必須有創造性；3.民國三十八年以前除匪區出版者外，一律納入；4.民國三十八年之後，只限於海內外自由地區的作品。

依小說書名的筆劃排列，書後注明長、中、短篇，其次注明出版地、出版者、著者及出版年等。另一部分，依著者姓氏筆劃排列，著者下注明其所寫小說的書名。

近二十年短篇小說選集編目

隱　地　鄭明娳合編　民64年　臺北　書評書目出版社　50,112面

收編自民國四十年至六十三年出版的短篇小說選集，以臺灣出版者爲主，香港及海外出版，能在臺灣見到的，也列入。按出版年月排列。各書著錄的款目，包括：書名（或篇名）、著者、出版者、出版年月、備注。如選集有序言或後記等，予以注明或節錄。

書後附有依筆劃排列的著者索引。

林琴南所譯小說書目

馬泰來編　出版月刊第24期，民國56年5月，頁73—79

香港現存中譯西洋及日本小說彙書目錄

陳錦波編　書目季刊第2卷第2期，民國56年12月　頁49—55

中國笑話書　七十一種一四四卷　目錄一卷　卷首二卷　附錄二種二卷

世界書局編輯所編　民50年　臺北　該書局　526面　影印（俗文學叢刊第1集第1册）

世界文學名著辭典

潘壽康編　民52年　香港　東方文學社　858面

民國66年臺北河洛圖書出版社影印，書名改爲世界文學名著要覽。

梭爾・貝婁研究書目

葉衞民編　民66年　臺北　耕莘文教院　85面

收中英文圖書七十六册，論文三百二十四篇，注明國內收藏地點。附貝婁著作提要。

書畫書錄解題

余紹宋撰　民58年　臺北　臺灣中華書局　1册　影印

據民國21年國立北平圖書館刊本影印。

收自東漢迄民初所見書畫書籍八百餘種，分爲十類，即：史傳、作法、論述、品藻、題贊、著錄、雜識、叢輯、僞託及散失。未見各書別輯一篇，列於十類之後。

每書列書名、卷數、版本、著者、解題。書後附著者索引。

有關畫學書目錄，日人原田尾三編有中國畫學書解題，民國二十七年印行，收三百種，依成書年代排，國人近著有虞氏編歷代中國畫學著述錄目，收自先秦迄現代的畫學著述。

中國畫學書目表

曾　堉編　民69年　臺北　南天書局　114面

中國音樂書譜目錄

袁同禮編　梁在平增訂　民45年　臺北　中華國樂會〔100〕面

據中國音樂書擧要、中國音樂目錄增訂，收書譜六百多種。

中國古代音樂書譜目錄

莊本立編　民54年　臺北　樂友書房

臺灣省立體育專科學校體育圖書目錄

臺灣省立體專圖書館編　民64年　臺中　該館　28面

書目答問補正卷二

淮陰　范希曾　來研

子部

周秦諸子皆自成一家學術後世羣書其不能歸入經史者強附子部名似而實非，若以分類各冠其首愈變愈歧勢難統攝，今此類若周秦諸子及唐以前儒家議論經濟之屬宋以前儒家考訂之屬唐以前之雜家釋道家以前之小說家多在通行諸家書內此最善本

周秦諸子弟一
依四庫次弟名墨縱橫雜合寫
一類秦以前諸子姓名不錄

荀子楊倞注二十卷　謝墉校本　通行蘇州郡謝校本　儒　楊倞唐人　謝校出盧文弨手　杭州局二十二子本定州王氏幾輯叢書本皆懼謝本重刊　補　十子全書本郡謝校本　儒　宋錢佃荀子考異一卷江陰經　杭州局二十二子寶慶三昧書坊皆有翻本　新興書局影印校本

荀子補注一卷　郝懿行　郝　此書三卷　齊魯先哲遺書本　中國學會輯印周秦諸子斠注十種影印齊魯先哲遺書本　補　劉台拱荀子補注一卷端臨遺書本　中國學會影印本　實敎刋市苦荀子集解二十一卷已

遺義黎氏古逸叢書覆宋台州刻本其版今在蘇州局四部叢刊影印古逸叢書本　宋版本今版歸吳與張氏彙入擇是居叢書中國學會輯印周秦諸子斠注十種影印經覆刻對兩樓叢書本　長沙王先謙荀子集解二十一卷自刻本亦載國粹學

荀子逸文一卷未刊
括七奪二審在內並錄王念孫父子劉台拱陳奐俞樾郝懿行諸家校注彙爲一編甚便學者有光緒十七年長沙刻本民國間涵芬樓影印本光緒間坊印巾箱本　瑞安孫詒讓校荀子二十九則在札迻內

孔叢子七卷　浙江新刻影宋巾箱本　漢魏叢書本三卷　儒　七卷本有宋宋咸注指海續刻本七卷　四部叢刊影印明翻宋本七卷・潮州鄭氏龍溪精舍重刻漢魏叢書本三卷

孫子魏武帝注三卷平津館校本　兵

孫子十家注十三卷平津館校　兵　補　此本孫星衍據道藏本重刊附敍錄一卷道說一卷　杭州局二十二子重刻孫本涵芬樓道藏舉要影印四部叢刊影印明嘉靖鐡磵刻本

吳子一卷本・兵　補　此本二卷孫星衍讎宋本影刻本一卷　新昌莊繼光長恩書室刻本

中美德日體育書目

　　吳文忠編　民64年　臺北　國際體育研究社（漢文書店代售）402面

　　附中文、亞洲、歐美體育刊物，國際體育會議資料。

特　種　書　目

擧 要 解 題 書 目

書目答問

　　（清）張之洞撰　范希曾補正　民52年　臺北　新興書局　233
面　影印

　　臺灣翻印者有藝文印書館本及新興書局本。前者曾參考貴陽本，
糾出謬誤多處，然校訂者墨跡草草，模糊不清，且未全印出來；後者
對於該書謬誤的地方，均未加改正，民國六十一年、六十六年，做了
一次補正，所補者皆限於該書局的書，顯然破壞了原書的體例。

　　爲近代最詳備最切實用的國學書目。羅家倫有言：「張之洞的書
目答問，支配了中國學術界幾十年。」圖書館的選購古籍，多以此書
爲標準，蓋本書所列擧圖書，均爲學者應讀之書。

　　編輯旨趣，是著者督學四川時，「諸生好學者，來問應讀何書，
書以何本爲善，偏擧旣嫌掛漏，志趣學業，亦各有不同，因錄此以告
初學」。

　　共收錄圖書二千二百種，編選的標準如下：

　　1.下列圖書不錄：空疏者、偏僻者、淆雜者、注釋淺陋者、編刻
譌謬者。

　　2.經部擧學有家法，實事求是者；史部擧義例雅飭，考證詳核
者；子部擧近古及有實用者；集部擧最著者。

　　3.多傳本者擧善本，未見精本者擧通行本，未見近刻者擧今日現

存明本。

分類上本書有一特點，即除經史子集外，另立叢書部。經部包括正經正注、列朝經注經說經本考證及小學三類；史部包括正史、編年、紀事本末、古史、別史、雜史等十四類；子部包括周秦諸子、儒家、兵家、法家等十三類；集部包括楚辭、別集、總集、詩文評四類；叢書包括古今人著述合刻叢書及清代一人著述合刻叢書。另有附錄二種：1.別錄，包括羣書讀本、考訂初學各書、童蒙幼學各書等；2.清朝著述諸家姓名，列舉清代學者的姓名籍貫。

著錄每書的款目，包括：書名、卷數、著者、版本等，間也有注明其刻者、校者、注者、箋者等。本書對於兩類相關者，採互見法。著者如爲前代人，加朝代名。

自光緒以後，因古書影印的善本甚多，叢書之宏備出版也不少，爲張氏所未見者，范希曾爲之補正，計補列二千餘種。查閱本書可利用王緜編書目答問補正索引。

討論本書的論文有下列各篇：

1.書目答問概述　喬衍琯，圖書與圖書館第2輯，民國65年12月，頁19—32；2.書目答問與四庫全書總目小學類分類之比較　梁奮平，同上刊物及卷期，頁33—42；3.書目答問與四庫全書總目雜史類分類之比較　王國良，同上刊物第3輯，民66年4月，頁33—40；4.書目答問著者的推測　梁子涵，中國圖書館學會會報第8期，民國46年10月，頁26—28；5.書目答問之紹評　田鳳臺，中華文化復興月刊第7卷第2期，民國63年2月，頁18—24；6.書目答問編次寓義之一例　曹仕邦，新亞書院學術年刊第9期，民國56年9月，頁143—161。

書目答問補正索引

　王　緜編　民58年　香港　崇基書店　1冊

臺北文海出版社有影印本。

書目答問及補正原書，查檢不便，王綿女士乃將原書打散，按書名筆劃及著者姓名筆劃排列。原書仍附在書末，以便對照參考。

書名索引包括下列四項：書名、卷數、號碼（所附補正書，每一書名，都編有號碼，印在書眉上）、偶也注明版刻。著者索引包括：人名、朝代、書名、號碼。

書評：書目答問補正索引評介　喬衍琯，國立中央圖書館館刊新第3卷3、4期合刊，民國59年，頁78—83

書目答問的編訂與索引　　梁容若，書和人第114期，民國58年7月12日，頁1—5

國學研讀法三種

梁啓超撰　民45年　臺北　臺灣中華書局　1冊　影印

民國25年初版

包括梁啓超的「要籍解題及其讀法」「國學入門書要目及其讀法」「讀書分月課程」等三種。前者華正書局也有影印，民國63年。

國學要籍解題

梁啓超撰　民52年　臺北　廣文書局　44面

包括「國學入門書要目及其讀法」「國學要籍書目」。

黃章明與王志成近編國學方法論叢書目篇，也是一種舉要書目。

國學研究法

章炳麟等撰　民61年　臺北　西南書局　219面　影印

內容有關書目部份有：章炳麟的中學國文書目，梁啓超的國學入門書要目及其讀法，胡適的一個最低限度的國學書目，胡懷琛的怎樣研究國學及其基本書目，汪辟疆的工具書的類別及其解題、涉覽書的二大類別及其提要等。

國學研究方法專號

學粹雜誌第18卷第1至3期，民國65年4至6月

內容要目：讀學庸的目的方法與主要參考書、荀子研究參考用書
舉要、詩學參考要籍提要、淮南子解題、淺說左傳的讀法及重要參
考書等。

中國文化研究簡易書刊目錄

國立中央圖書館編　民69年　臺北　該館　10,326面

收錄有關中國文化研究的中外文書刊三二四四種，其中中文書刊
二九六七種，西文書刊二七七種。均以現仍在國內刊行或圖書館可查
尋者爲限。按書刊的內容性質分類，中文分爲：文化、哲學、國學、
經學、圖書學、宗教、科學、社會學、經濟學、法律學、政治學、教
育學、史地、考古、民族學、語言文字學、文學、藝術等十八類。西
文分十七類（缺民族學類）。每類再視需要，酌分若干小類。各類之
下，先按通論、歷史、工具書三項順序排，再依各書名的筆劃排列。
每種書刊採條列式著錄，其項目依序爲：編號、書名、著者、出版
年、出版者、面數、大小、館藏等。書末附有書名及著者索引。

近百年來國學入門書述評──書目類

林慶彰編　圖書與圖書館第 1 卷第 1 期，民國68年 9 月，頁49─
79。

收編清道光年間至民國 六十八 年秋 ，已出版有關國學入門的著
作。全文分四大類：1.書目類；2.古書讀法及研究法類；3.國學概要
類；4.國學問答題。本期收錄書目類四十二種。

各書著錄的先後，以初版日期爲準；如出版期與著成時代相距太
久，則以著成時代爲主。各書均加提要，內容包括：1.詳列版本，不
論見與未見，均加以臚列；2.敘述成書經過；3.介紹書的編排體例；
4.原作者或後人對該書的增訂經過；5.評其得失，有編者意見，也有
引用他人的評論 。 如有後人對該書的批評或研究論文 ， 則詳列其篇
目，注明出處，以資參考。

國學方法論叢書目篇

黃章明 王志成合編 民68年 臺北 學人文敎出版社 409 面

收錄民國以來各家治國學書目二十九篇，以供初學者參考。茲錄其要目如下：1.治目錄學之重要書目（劉紀澤）；2.目錄學的參考書（姚名達）；3.涉覽書的二大類別及其提要（汪辟疆）；4.中學國文書目（（章炳麟）；5.國學入門書要目及其讀法（梁啓超）；6.一個最低限度的國學書目（胡適）；7.國學基本書目提要（王熙元）；8.國學書目舉要（何多源）；9.國文系學生必讀書籍舉要（王更生）；10.中國聲韵學書目舉要提要（姜亮夫）；11.研究中國歷史的重要書籍簡目（張氏）；12.研究中國古典詩的重要書目（黃永武）；13.詞學研究參考書目舉要（王熙元）；14.修辭學的十三種書（沈謙）；15.辨僞書重要著作提要（程元敏）。

彙集報刊或附在圖書、叢書上的書目索引爲一篇，本書實開風氣之先。國外圖書館常將期刊上的專題書目抽出，裝訂成册，與同性質的單行本並列。國內少有這種做法。本書的作法，可供國內圖書館參考部門蒐集書目、索引、大事記、年譜、筆名等資料的參考或借鏡。

有關中華民國圖書選目

光華出版公司編 民69年 臺北 該公司 3 册 （共166面）

選錄供外籍人士、海外學人及一般國民研究我國問題的中西文圖書。以叢刊的方式印行，已出版政治、經濟、農業三種，其中政治圖書162種，經濟圖書180種，農業圖書110種。

依分類排列，各書著錄的款目有：著者、書名、出版地、出版者、出版年、頁數、內容摘要。

書後附中外文人名及書名索引。

國學導讀叢編

周 何 田博元主編 民68年 臺北 康橋出版事業公司 2 册

（1232面）

收各大學中文系或國文系現開的重要科目三十三種。每書撰寫的
體例，包括內容的介紹、研讀價值的分析、研究方法的說明及重要參
考書目等。

中華民國圖書館基本圖書選目

中華民國圖書館基本圖書選目編輯委員會編　民71年　臺北　中
國圖書館學會　9冊

三十餘年來，國內出版的圖書約在十萬種以上，此等圖書，良莠
不齊，應有內容摘要的選書書目，供圖書館及民眾作為購書的參考。
自從民國六十七年政府宣布文化建設為施政重點後，各縣市文化中心
接連成立，將來勢必大量購書。針對上述需要，教育部於六十九年委
託中國圖書館學會編印選書書目。至七十一年底出版告一段落。

共選錄臺灣光復至民國六十九年底的出版品（七十年上半年酌予
採入），凡八千八百八十四種，計分九大類。茲將各類所收種數列表
如下：

類名	總類	哲學宗教	自然科學	應用科學	社會科學	史地	語文	美術	兒童文學與兒童讀物
頁數	71	69	102	121	318	144	224	125	133
種數	466	425	666	763	2021	854	1157 744（缺提要）	791	997

每類自成一單元。各類除兒童文學與兒童讀物按「國民學校圖書
館暫行分類法」編排外，其餘參照「中國圖書分類法」。同類圖書，
再按書名筆劃為序；惟傳記及別集，先按時代分，次按被傳者姓名（
別集則按著者）筆劃排。參考工具書除綜合性入總類外，餘均歸入各

類。

　　除語文類「近三十年文學創作」缺提要外，其餘各類均含有提要。選錄圖書著錄款目有：書名、著譯者、出版年、出版地、出版者、冊頁數、叢書注、售價、分類號、提要、適用之圖書館等。平裝每冊書後有書名及著者索引，據聞精裝合訂本另有總索引。

　　本書對於譯書都能查出原書名、原著者加以著錄，偽書也加以考辨。惟綜觀全書，頗有缺失，略舉如下：1.既標明「基本」選目，不應遺漏大家公認的經典著作，如印刷史漏「中國印刷術的發明及其西傳」，史地類漏湯恩比撰「歷史研究」（桂冠），民國傳記漏沈宗瀚「克難苦學記」（或沈宗瀚自述）；此外尚遺漏很多基本工具書，如「臺灣公藏善本書目書名索引」，成文出版社影印「哈佛燕京學社引得叢刊」，「臺灣農業文獻索引」等。2.「適用圖書館」之選定，有些值得商榷。如「叢書集成」應不適合國民中學，而下列圖書應注明適合大學圖書館，如：大陸雜誌史學叢書、歷史與思想（余英時）、史記會注考證、續資治通鑑會注、廿五史補編等。3.有些學科缺乏一致的標準，以方志來說，只選錄學生書局影印的，而成文出版社影印的卻未收；以圖書館學來說，不應遺漏李志鍾等撰「美國圖書館業務」、倪寶坤撰「圖書館編目學」、金敏甫撰「圖書編目學」等。4.有些圖書的介紹文字，過分誇大其詞，如傳記類有「千古未有的大丈夫」「使他寫下劃時代的作品，在文學史頁發出萬丈光芒」「英雄已是難找，而英雄兼詩人更是世上罕有」等，此種字眼，似應盡量避免出現在「提要」類的工具書中。

An Annotated Bibliography of Selected Works about Republic of China

　　Lee, Karen Siu-chu　Tai, Anna Choung-mei 合編　民70年　臺北　光華出版公司　105面

　　收錄近三十年來出版研究中國的一般圖書、工具書與期刊，共二四九種。依圖書內容性質分爲二十六類，部分類目再酌予細分。各書注明：編著者、書名（或刊名）、出版地、出版者、出版年（或創刊年）、頁次（或刊期）、售價（如爲非賣品則注明贈送）、撰寫的語言、摘要等。全書用英文撰寫。

　　書後有出版者地址、英文書名及著者索引。

中國書綱

　　高越天編　民60年　臺北　維新書局　59,556面

好書書目

　　隱　地　胡建雄合編　民72年　臺北　爾雅出版社　134 面　增訂本

　　民國68年初版。

中國古典名著總解說

　　門福華譯　民70年　臺北　遠流出版事業公司　2 冊（832面）

　　據日本自由國民社「中國古典名著總解說」編譯而成。全書分作五篇：甲篇爲史書史論政治論言行錄，選最主要的史書八部，政治論言行錄三部，其他主要的史書、政治論二十一部，合計三十二部；乙篇爲思想處世訓，選儒家八部，道家三部，神仙家四部，法家、兵家八部，墨家、雜家、處世訓七部，佛家四部，其他主要思想書十九部，合計五十三部；丙篇爲小說戲曲記錄文學篇，選志怪傳奇小說六部，白話短篇小說二部，章回小說九部，逸話笑話文學三部，戲曲六部，記錄文學九部，其他主要的戲曲小說十部，合計四十五部；丁篇爲詩人詩集詩論詩文集篇，選詩人十一家，詩文集及其他四部，其他詩人與詩論詩文集二十八種，合計四十有三；戊篇爲藝道自然科學篇，選藝道書五部，自然科學書十一部，合計十六部。總計所選一百八十九種。

　　體例：每篇首列總論，如甲篇是「史書史論政治論的流變」，丙篇是「小說與戲曲的發展」，其目的在使讀者對該門學問先有概括之認識，然後將最主要之典籍逐一介紹，介紹的方法是：首作提綱與解題，接着介紹全書的內容大要，接着再介紹作者、編者，以及有關該書的種種問題，最後附錄出自該書的「名句精華」。

　　本書獨闢「藝道自然科學書」一篇，超出我國學者眼界之外。只是未知何故（中國文學）對於宋詞名家却隻字不提。宋詞是中國語言文字中的精金美玉，捨而不論，就失去了中國文學中重要的一環。（摘自曾永義：開啓中國古典名著的鑰匙）。

世界思想名著總解說

　　徐代德　黃恆正譯　民70年　臺北　遠流出版事業公司　2冊（847面）

　　介紹世界思想名著一百七十八種，分爲十類，其中哲學思想四十五種，婦女論思想五種，宗教思想五種，教育思想四種，處世論、人生論十九種，法律思想及其他法學名著二十四種，政治思想及其他政治名著二十一種，經濟思想及其他經濟名著二十二種，歷史、戰記、紀行及其他歷史名著二十七種，冒險與探險的名著六種。

　　體例：每類之首各有一篇導論，敍述引導閱讀的要領，如哲學思想類，要讀者不可停留在生吞活剝學說的內容或結論，而必須體驗那種思索的過程，並一起「思考哲學」（康德語），以培養自己的思考能力。接着分別介紹各書的內容、作者生平、摘鈔原書名句及注釋等。作品內容介紹，頗爲詳盡。包括：寫作的時代背景、經過、結構及版本等。介紹內容時，儘量引用原作的重點部分，把作者的口氣傳達出來。

　　書後附世界思想名著年表。

世界文學名著欣賞大典

聯經出版事業公司編輯部編　民67—71年　臺北　該公司　34冊

　　有系統的介紹世界文學名著，上自希臘羅馬，下至一九五〇年止，共一八八九種。分為四類：1.散文，收集範圍很廣，有傳記、遊記、日記、書信、演講辭、史學著作、哲學著作、政治學者作等，計二八一種；2.詩歌，包括田園詩、抒情詩、散文詩、哲理詩等，計二五三篇；3.戲劇，包括詩劇、歌劇、舞臺劇等，計三八〇種；4.小說，包括神話、寓言、故事、長短篇小說等，計九七五種。

　　編排：各類略依作者年代及作品出版先後為序，每種作品先簡介作品類型、情節類型、寫作時間及地點、初版日期；再詳介作者生平、主要作品、後人對作者生平及作品的研究書目、作品內容評介等。部分有撰稿者署名。各類作品，如已有中譯本，均一一注明譯者、出版者，列在各類之後，作為附錄。

　　約略統計書內介紹的一〇三二位作家（其中二八位佚名），英國（含英格蘭、愛爾蘭、蘇格蘭等）佔三八四人，美國佔二二一人，法國佔一一四人，義大利佔五三人，德國佔三四人，蘇俄佔二八人，西班牙佔二六人，希臘佔十四人，印度佔十人，墨西哥佔九人，瑞典、挪威各佔八人，日本、阿根廷各佔七人，荷蘭、捷克、波蘭各佔六人。

　　介紹世界文學名著的同類工具書中，以本書較為詳備，尤其蒐集後人對作家生平及作品的研究資料，頗具特色。

世界文學名著總解說

黃舜英譯　民70年　臺北　遠流出版事業公司　2冊（1177面）

　　介紹世界文學名著二百八十五種。包括：詩歌、散文、小說、戲劇。其中世界古典文學十九種，法國文學六十九種，英國文學四十一種，美國文學四十七種，德國文學三十一種，俄國文學二十六種，中國文學三十七種，其他各國文學十五種。時間上至紀元前八世紀的偉

大敍事詩，至二十世紀哈利的「根」。另加介紹兒童文學、推理及科幻小說家的動態與代表作。

　　依上述國別分類，每一類再依作家時代分先後。作品介紹的項目有：1.內容大要，把作品的主旨及全貌勾勒出來；2.主角形像，將作品中的靈魂人物作一掃描，說明其人格發展，思想動態；3.本書作者，介紹作者一生遭遇及寫作經過；4.名句精華，節錄作品中的名句良言。

　　書後附世界文學名著年表及諾貝爾文學獎簡介。

羣　書　題　記

讀書敏求記校證

　　（清）錢　曾撰　（清）管庭芳原輯　章　鈺補輯　民56年　臺北　廣文書局　3冊　影印　（書目叢編）

　　民國十五年刊本。

　　原輯書名爲：讀書敏求記四卷，校證補訂者達四分之三，所以改稱今名。分經、史、子、集四目，目下又分支目，四庫著錄各書，見於本書的，都引爲考證的資料。本書對於授受的流源，版刻的異同，辨別精詳。

日本訪書志　十六卷

　　（清）楊守敬撰　民56年　臺北　廣文書局　4冊　影印（書目叢編）

　　所載係著者清光緒時在日本搜購三萬餘卷圖書的一部份，多中國久佚圖書。每書備載序跋，考其原委，罕見的就詳錄姓氏，間考爵里，其中古鈔本及翻刻本，並載彼國收藏家題記。末二卷收佛藏及釋氏著述。

鄭堂讀書記　七十一卷

　　（清）周中孚撰　民49年　臺北　世界書局　2冊　影印（中國

學術名著目錄學名著第1集第3、4冊)

　　據民國十年吳興劉承幹刻吳興叢書本影印。附鄭堂札記三卷。

　　體例取法四庫，自漢迄唐存佚各書，鈎元提要，爲四庫之輔。書前有清戴望雲撰鄭記行狀。

越縵堂讀書記　三十卷　目錄一卷

　　（清）李慈銘撰　民50年　臺北　世界書局　3冊　（中國學術名著目錄學名著第2集第2至4冊）

　　就著者「越縵堂日記」編錄。分哲學思想、政治社會經濟、歷史、科學技術、軍事、語言文字、文學等十一類。

經籍跋文

　　（清）陳　鱣撰　民54年　臺北　臺灣商務印書館　31面　影印（叢書集成簡編）

　　與「知聖道齋讀書跋」合刊。

　　收輯宋元刻本跋文十九篇。每種疏其異同，兼記版刻年代及冊籍的款式，收藏的印記。

蕘圃藏書題識　十卷　刻書題識一卷

　　（清）黃丕烈撰　繆荃孫等輯　民56年　臺北　廣文書局　4冊影印　（書目叢編）

　　據民國八年刊本影印。

　　載題記六百二十二篇，按經、史、子、集排列。「除供目錄、版本之參考外，所記旁及書價，買賣情形，裝訂藏家，及授受源流，均書林掌故之絕佳史料」（敍錄）。

蕘圃藏書題識續錄　十卷　雜著一卷

　　（清）黃丕烈撰　王大隆輯　民56年　臺北　廣文書局　258面影印　（書目叢編）

　　據民國二十二年學禮齋刊本影印。

收集散見各家藏書黃氏題識一百十七篇，按經、史、子、集排
列。

藏園羣書題記　八卷　續集六卷

　　傅增湘撰　民56年　臺北　廣文書局　4冊　影印（書目叢編）

　　據民國二十七年及三十二年印本影印。

　　初集收一百六十二篇，續集收一百四十八篇。

開有益齋讀書志　六卷　續記一卷

　　（清）朱緒曾撰　民58年　臺北　廣文書局　2冊　影印（書目
三編）

　　據清光緒六年金陵翁氏古閣刊本影印。

　　仿「郡齋讀書志」例，分經、史、子、集，計經部十八種，史部
四十六種，子部十九種，集部六十四種。續志經部五種，史部五
種，子部四種，集部十四種，附金石文字三種，所附金石文字記三
十種，總計書考一百七十五種，金石文字記三十三種。

敍　　錄

四部要籍序跋大全

　　不著編者　民41年　臺北　華國出版社　20冊

　　原書名蠡測編。

　　收三千九百餘種，都是四庫全書總目各書的序跋。按經、史、
子、集編次，每類又分甲乙丙丁數輯，而殿以附編，卽混合經史子集
補遺於一冊。

　　原書爲抄本，現重加排印。惟缺書名或著者索引，不便檢查。

通志堂經解目錄　一卷

　　（清）翁方綱撰　民57年　臺北　廣文書局　影印（書目續編）

　　與經義考補正合刊。

　　通志堂經解有一七八六卷，收唐、宋、元、明人解經圖書，凡一百三十八種。本書對於各書有簡略解題，可與朱彝尊經義考相發明。

書目叢編敍錄

　　喬衍琯撰　民56年　臺北　廣文書局　1冊

書目續編敍錄

　　喬衍琯撰　民57年　臺北　廣文書局　1冊

書目三編敍錄

　　喬衍琯撰　民58年　臺北　廣文書局　1冊

書目四編敍錄

　　喬衍琯撰　民59年　臺北　廣文書局　1冊

書目五編敍錄

　　張壽平撰　民61年　臺北　廣文書局　1冊

唐集敍錄

　　萬　曼撰　民71年　臺北　明文書局　390面　影印

　　著錄有傳本的唐人詩集、文集、詩文合集共一百零八家。按著者時代排列。每一別集詳介著者、書名、卷數、成書年代、編輯者、刊刻者、收藏者等。其間，對於各集的版本源流、編次體例以及該書在唐、宋、元、明、清各朝直至近代的流傳、演變（存、佚、闕、未見）等情況，考述甚多。對唐以後各朝代的官修書目、正史的藝文志、經籍志、新舊唐書中的詩人本傳、私家的藏書目錄都作了廣泛的徵引，並利用清代一些著名考訂家、校讎家、收藏家的藏書敍錄題跋及有關考證、校勘成果，汲取本世紀初以來隨敦煌寫卷的發現而興起的敦煌學的研究成果，著錄了幾種敦煌出土的唐寫本殘卷。本書可作為一部唐代詩人別集的專題書目。

清人文集別錄

　　張舜徽撰　民71年　臺北　明文書局　688面　影印

民國52年初版。

張之洞認爲淸人文集「多碑傳志狀，可考當代掌故，前哲事實」「多刻書序跋，可考學術流別，羣籍義例」「多金石跋文，可考古刻源流，史傳差誤」。張舜徽也認爲淸人文集中，於「詁經、證史、議禮、明制、考文、審音、詮釋名物之文，最爲繁富，苟能博觀約取，爲用尤弘」。因此，作者從一千一百多種淸代文集中選出五百九十二家，按著者年代排列。每一文集，首列書名、卷數、版本，次詳述著者生平事迹，再記書中的要旨、究其論證的得失、核其學識的深淺。

書後附按姓氏首字筆劃編排的作者姓字索引，以便查檢。

利用淸人文集，另可參考王重民編「淸代文集篇目分類索引」（見本書287面）。

明淸未刊稿彙編初輯敍錄

劉兆祐撰　幼獅學誌第14卷第1期，民國66年2月，頁9—40。

無求備齋序跋

嚴靈峯撰　民62年　臺北　無求備齋　252面

涉園序跋集錄

張元濟撰　民68年　臺北　臺灣商務印書館　280面

臺灣文獻叢刊序跋彙錄

周憲文撰　民60年　臺北　臺灣中華書局　679面

譯　書　書　目

明淸間耶穌會士譯著提要

徐宗澤編撰　民47年　臺北　臺灣中華書局　507面　影印

收錄明末淸初耶穌會士所譯圖書，我國奉教前哲，在耶穌會士導引之下，所編著圖書，也錄入提要中。

分類仿照四庫全書總目提要，分爲聖書、眞教辯護、神哲學、教

史、曆算、科學、格言等七類。各類前有一總論，每一種均有提要，
述譯著者的姓名，刊印時期、出版地點等；有序者直錄其序；無序者
則抄目錄。

　　提要的書均爲上海徐家匯藏書樓藏書。書後附有：1.徐家匯書
樓、巴黎國立圖書館、羅馬梵諦岡圖書館所藏西士所譯西書目錄；
2.主要書名、人名，史事索引。

近百年來中譯西書目錄

　　國立中央圖書館編　民47年　臺北　中華文化出版事業委員會
328面（現代國民知識基本叢書第5輯）

　　爲近百年來，約自同治六年起至民國四十五年十月止（1867—19
56年）中譯西書的目錄。所收書籍連同重印者計有五千零四十七種。
是目所譯書，以歐西著述爲主，除間有印、埃等國作品外，其餘的，
如日韓等國著作均沒有收錄。

　　取材主要根據明淸間耶穌會士譯著提要、兵工研究院所藏江南製
造局譯書目錄、外交部藏書目錄、生活書店全國總書目、中華民國出
版圖書目錄等書。

　　分類依照中國圖書分類法，有總類、哲學、宗教、自然科學、應
用科學、社會科學、史地、語文、美術等類目。

　　每一譯書以中文爲主，分別著錄書名、譯名、出版年、出版地、
出版者、及冊數等事項，並附以西文著者及書名。

中譯外文圖書目錄

　　國立中央圖書館編　民61年　臺北　中華叢書編審委員會　1127
面　（國立中央圖書館目錄叢刊第11輯）

　　收錄自民國三十八年政府遷臺起，至五十九年二月止（1949—19
70）中譯外文書的目錄。前此該館所編近百年來中譯西書目錄，只限
於歐美文字，本書所收譯書除歐美外，兼及日韓等國著述。

編排依中國圖書分類法排列，同類則依書名筆劃多寡爲序，文學類個別著述則依著者時代及姓名筆劃多寡分先後。每一種書著錄的款目以中文爲主，包括書名、著者、譯者、出版年、出版地、出版者、冊數（頁數）、高寬、原書名等。

中國文獻西譯書目

王爾敏編　民64年　臺北　臺灣商務印書館　761面

收錄以西方文字所譯中國歷代文獻的書籍篇章三千餘種。所涉年代自上古以迄現代。所有譯文，無論大小雅俗，凡有知見，均加搜錄。

全書分十四大類，即：書目、思想、宗敎、文學、科學、農事、藝術、歷史、地理、敎育、社會、經濟、法律、軍事等。每類再酌分細目。本書體製，以每一譯者，分列七項要素，爲採輯目標。即：原書名、原著者、西譯名稱、西譯著者、出版地及出版著、出版年代、卷數或頁數。

書後附書名索引、原著者索引、譯者索引。前二者均依國語注音符號排列先後。後者依譯者姓氏英文字母排列。最後附參考書目。

中國譯日本書綜合目錄

實藤惠秀監修　譚汝謙主編　小川博編輯　民69年　香港　香港中文大學　124,973面　（香港中文大學中國文化研究所書目引得叢刊1）

中國翻譯日文書始於淸乾隆四十二年（1777）日人淸無量壽根據日本淨瑠璃劇本「戀娘昔八丈」譯成中文版「阿姑麻傳」。甲午（淸光緒二十年，1894）戰後，國人積極學習日文，政府也派遣學生留學日本，於是中譯日文著作，數量大增。

日人實藤惠秀曾於民國三十四年出版「中譯日文書目錄」，著錄譯書二千餘種，由東京國際文化振興會印行。戰後復續蒐集，參與編

440.167

應用機械學

重見道之（著）

范迪吉，等（譯）

上海　會文學社　1900（光緒26）

（普通百科全書）；線裝

440.168

營造名詞辭典

白井十四雄（著）

任化民（譯）

→920.006

440.169

簡易測圖法

白幡郁之助（著）

范迪吉，等（譯）

上海　會文學社　1903（光緒29）

$0.60　（普通百科全書）；線裝

440.170

關於竹筋混凝土的研究論文集

岩田恒，等（著）

建築科學研究院（譯）

北京　建築工程　1957

188頁　20.5公分　$1.10

440.171

鍺體積體和場效晶體

山崎英藏、大久保利美（撰）

鄒潔（譯）

臺南　正言　1977

〔7〕，283頁　21公分　NT$110.00

（精密電子科學叢書6）；有圖表

440.172

鐵路道路曲線測量表

木下武之助（著）

臺隆書店（譯）

臺北　該店印行　1971

〔5〕，445頁　17公分　精NT$90.00　有圖表

440.173

鐵路路線和曲線矯正法

田中覺太郎（著）

李懷忠（譯）

臺北　臺灣鐵路局　1952（序）

〔2〕，60頁　14.5公分　有圖表

440.174

變頻檢波與調制電路

池原典利（著）

鍾嘉華（譯）

臺南　北一　1972

〔2〕，144頁　18.5公分　NT$20.00

440.175

體效應半導體器件

片岡照榮、館野博（著）

鍾治澄、魏任民（譯）

北京　科學　1973

18.5公分　$0.45

440.176

鑄工學

千千岩健兒（撰）

葉朝蒼（譯）

臺南　正言　1977

〔3〕，170頁　21公分　NT$50.00

（應用機械工學2）；有圖表

輯者有松井大作、小川博以及韓國的洪淳昶。最後，再由譚汝謙增補
編纂成本書。

　　共收在臺灣、中國大陸、香港、日本及其他地區出版的中譯日書
五千七百六十五種。時間自淸光緒九年（1883）至民國六十七年止。
舉凡人文科學、社會科學、自然應用科學等中文學術論著或一般圖
書，經考定爲譯自日文者，不分雅俗，悉予收錄。其中以社會科學、
科技、語言文學，數量最多。

　　全書分三部分。第一部分是序跋之部，共計八篇，主編譚氏「中
日之間譯書事業的過去、現在與未來」一文，長達十萬字以上，分期
論述三百年來中日譯書事業的發展及其影響，並附三十三幅分門別類
的圖表。譚文使本書「不再只是工具書，亦是探討中日翻譯事業重要
的論著」。

　　第二部分是正文，也就是目錄之部。這一部分把著錄的圖書按照
賴永祥「中國圖書分類法」分爲十大類，每類之下再予複分。每一部
書注明：中譯書名、原著者、譯校者、出版地、出版者、出版年、册
頁數等八項基本資料。此外，有些書另附列版次、開本、版式、出版
時定價、叢書名、原書名、原書出版年、附錄、內容摘要等資料。每
一部書均編以六個數字的號碼，小數點前三個數字爲賴氏分類號，小
數點後的三個數字爲該書在該類目的排列次序。例如井上圓了著、蔡
元培譯「妖怪學講義錄總論」一書的編號是 100.005。指該書係歸入
哲學類（100），並於位該類目的第五號（005）。這個號碼並可供索
引之用。

　　第三部分爲索引，包括：書名索引、著者索引、譯者索引。均按
筆劃多寡排列，另附四種輔助索引，卽索引首字筆劃檢字表、索引首
字四角號碼檢字表、索引首字漢語拼音檢字表、索引首字日本語讀音
檢字表。另外，尚有本書中各出版者全稱簡稱對照表及參考文獻目

錄。

本書著錄的圖書頗為完備，編製的索引亦極便查檢，是近年來所見最重要的書目之一。

有關的書評有：評介中國譯日本書綜合目錄　潘華棟，書評書目第95期，民國70年3月，頁 129-136。評介譚編中國譯日本書綜合目錄及日本譯中國書綜合目錄　林明德　吳文星，食貨月刊第11卷第8期，民國70年11月，頁 37 至 40。又載中華民國七十一年出版年鑑頁419-423。批評と紹介 —— 譚汝謙主編中國譯日本書綜合目錄　山根幸夫，東洋學報第62卷第3、4期合刊，1981年3月。也可參見譚汝謙：中日譯書目錄編後記，載香港中國人月刊第2卷第8期，民國69年9月，頁31-34；又載書評書目第94期，民國70年2月，頁39-45。

日本譯中國書綜合目錄

實藤惠秀監修　譚汝謙主編　小川博編輯　民68年　香港　香港中文大學　127,557面　（香港中文大學中國文化研究所書目引得叢刊2）

有關日本譯中國書目錄的編輯，在民國四十五年日人實藤惠秀卽與小川博編有「日本譯中國書」，收清同治七年（1868）至民國四十五年三月止，共一千三百種。後又有續編，增收三百種。本書收錄清順治十七年（1660）至民國六十七年日譯中文書三千三百三十五種，其中總類三十五種，哲學宗教類五百六十九種，自然科學類五十五種，應用科學類二百八十三種，社會科學類一千零四種，歷史地理類三百十五種，語言文學類一千零一十七種，美術類五十七種。

據日人森清原編「日本十進分類法」（東京日本圖書館協會1967年版）分為十大類：總記、哲學宗教、歷史地理、社會科學、自然科學、工學工業技術、產業、藝術、語學、文學；每類再細分為十小類。惟類目所屬略異於中譯日書目錄，例如本書新聞學在總記類，醫

藥在自然科學，而在中譯日書目錄中，兩者分別屬於語文類及應用科學類。關於這一點，請讀者在使用時，稍微小心。每一部書注明：日譯書名、原著者、譯者、出版地、出版者、出版年、頁數、開本、叢書名等。

　　書前有陳方正、孫述宇日文序文及主編譚氏「中日之間譯書事業的過去、現在與未來」一長文。書後索引按書名、著者、譯者的日語讀音ＡＢＣ⋯⋯次序編排。

日本譯中國書目錄

　　實藤惠秀　小川博合編　民45年　日本東京　日本學生放送協會58面

A List of Published Translations from Chinese into English, French, and German

　　Davidson, Martha　編　民41至47年　Ann　Arbor 2vols.

Catalogue of Translations from the Chinese Dynastic History for the Period 220—960

　　Frankel, Hans H., 編　民46年　美國　加州大學出版部　1冊

今日世界譯叢目錄

　　美國新聞處編　民65年　臺北　該處　137面
　　本書收香港今日世界出版社和臺北新亞出版社發行的中譯美國名著三百多種，均加內容提要。

　　關於國人翻譯外文圖書的情形，詳見錢存訓撰譯書對中國現代化的影響一文，原著發表於英文遠東季刊1954年第十三卷第三期，該文應用計量目錄學的方法，對中國翻譯史作了綜合分析的研究。該文後由戴文伯譯載於明報月刊，再轉載書評書目民國六十七年六月號。

（四）用銳利之眼光。有上三者，則從事辨別充分用吾人所有之理智其銳利之眼光使照用之資料無隱遁

而悉集於手下作偽之點及前人所說之錯誤能發現之而不為所曚蔽。

（五）用公平之態度。　照辨偽律為辨偽而辨偽，不含其他目的，不存成見；如法官之判案根據事實照法律判

斷，不偏袒於原告或被告之一方如會計師之算帳根據帳款結算清楚不使債權或債務者一方吃虧或便宜。

（六）用科學之方法。　以科學之方法充分利用以上之辨偽方法措詞須合於論理學辨證須有條理。

辨偽事之發生

因有造偽書之人故發生辨偽書之事然亦有自相紛擾因不明古時情狀昧於古書之來源以今人著書之法

例之，由誤會揣測而某書於是在某種情勢之下，遂躋於偽書之列。致發生辨偽之事茲分述如左：

（一）古人不自著書。　古人寫字用簡冊刀錐，及進而用竹帛毛筆漆書均不若今之紙墨之便，更不如印刷術

發明後流傳之廣古人之言辭議論亦頗簡單不如今人之隨時任意發抒空論故古人幾可謂無著書之事在政治

界或學術界重要之人其口說及行事往往由其門人或後人記之，孔子所謂「述而不作」是也即唐宋時在本人

生前刻集行世者尚少多死後由其家人或門人或友人集而梓行猶承古代之遺風也如論語為孔子之門人所記，

管子則亦後人所記故有管子死後之事降至戰國始有自書其言於簡冊者亦不過記錄備忘而已，非有意於著作

也死後其門人集其言行者以其自書者冠於前如莊子一書之類故亦記莊子之死及死後之事後人以名生義見

僞 書 書 目

僞書通考

張心澂撰 民59年 臺北 臺灣商務印書館 2冊 (1142面) 影印

民國28年初版。

僞書產生的原因重要的有下列幾點：

1.借重古時有名的人，以增高自己一派的學術地位，如道家借重黃帝，醫家借重神農。所以說本草是神農著的，素問是黃帝和岐伯的問答。

2.借重有名的人，以增高書的價值，如宋人王銍撰龍城錄，而嫁名柳宗元，使讀者以爲柳氏寫的一定很好而歡迎它。

3.因爲恨某人，假造他著的書，以陷害他。

4.因爲恨某人，假他人名著書來陷害他。

5.不敢題自己的眞姓名，這是指誣衊人，不敢用自己的姓名發表。

6.不願題自己的姓名，如作品有失莊重，怕別人議論的。

7.爲求名，剽竊他人作品，當作自己著的。

本書收僞書一千零五十九種，其中經部七十三種，史部九十三種，子部三百十七種，集部一百二十九種，道藏三十一種，佛藏四百十種。全書大體依四庫分類而略有變通。每一種書著錄的款目，包括：書名、卷數、作爲程度（分十六類，如：僞、誤認撰者、疑僞、有疑、撰人可疑、襲取作成、有僞作增入、誤題撰人、僞題撰人等）、著者、引各家有關之說等。偶有著者按語或加以結論。

增訂本收書一千一百零四種，較前書增四十五種，另增加書名及著者索引，依四角號碼排列。（書影見586面）

僞書考五種、清代禁書知見錄

民49年　臺北　世界書局　1冊（中國學術名著目錄學名著第1集第4冊）

偽書考五種包括：1.唐孔穎達等撰唐人辨偽集語一卷；2.宋朱熹撰朱熹辨偽書語一卷；3.明宋濂撰諸子辨（一名「龍門子」）一卷；4.明胡應麟撰四部正譌三卷；5.清姚際恆撰古今偽書考一卷。附錄姚名達編宋、胡、姚三家所論列古書對照表。有關辨偽書，程元敏有辨偽書重要著作提要一文，舉二十九種，刊書目季刊第二卷第三期，可參考。

孫耀卿著清代禁書知見錄一卷、檢字一卷、外編一卷、檢字一卷，以陳乃乾索引式的禁書總錄（民國二十一年出版），爲底本而加以編輯，注明全燬書及抽燬書，並摘錄抽燬的原因。每書列書名、卷數、撰者、籍貫以及刊刻年代。依書名筆劃多寡排列。書的內容性質似在禁燬的範圍內而不見於禁書書目著錄，列爲外編。

知　見　書　目

增訂四庫簡明目錄標注　二十卷

（清）邵懿辰撰　　（清）孫詒讓等參校　　（清）邵　章續錄　邵友誠重編　民50年　臺北　世界書局　2冊　影印（中國學術名著目錄學名著第2集5—6冊）

編者居京師時，藏書甚多，案頭放置四庫全書簡明目錄一部，將所見宋元刻本鈔本，手記於各書之下，久而久之遂成此書。本書可供鑑別版本優劣之用。

販書偶記

孫殿起撰　民68年　日本京都　中文出版社　797面　影印

民國二十五年初版，四十八年中華書局重印，四十九年世界書局據以影印，改書名爲「四庫書目續編」。

實為清代以來的著述總目，其作用相當於四庫全書總目的續編。著錄圖書以清代著述為主，兼及民國以後，抗戰前有關古代文化的著作。其間也有少數明人著作，都為四庫總目所漏收者。

按四庫分類編次。每一種書，逐一詳錄其書名、卷數、著者姓名、籍貫、版刻年代等項，缺提要。如卷數、版本或著者須考訂，則偶有備注。

特點有二：1.凡見於四庫總目者概不錄，如四庫總目著錄黃宗羲的著作十四種，本書著錄四種：明夷待訪錄、黃氏家錄、曆學假如、南雷文案等，均是四庫總目所未收。如果著錄，則必然是卷數、版本與四庫總目有不同的地方；2.非單行本不錄，間有後來收在叢書者，必係初刊單行之本，或是抽印之本。因此，本書雖未具有叢書子目索引的作用，但恰可擔負叢書子目索引的功能。

書後附有書名和著者姓名的四角號碼綜合索引。世界書局重印本略去。

販書偶記續編

孫殿起撰　民71年　臺北　洪氏出版社　541面　影印

係繼「販書偶記」而輯錄，共收六千多種。體例同販書偶記，如不收單行本，不著錄見於四庫總目及販書偶記者，如著錄黃宗羲的著作，有弘光實錄鈔、黃梨洲思舊錄、杲堂文鈔等，均不見於上述二書，如再著錄，皆屬卷數或刊本互異者。

編排仍照四庫，分經、史、子、集四類，每類再加以細分。同一類的排列，或按內容所記的時代，或按所記人物的時代，或按著者的時代先後為序。外籍人士的著述，皆附部屬之末，以資區別。書後附有書名和著者姓名的四角號碼綜合索引，以便檢索。

貞元石齋知見傳本書錄

趙吉士撰　民70年　臺南　臺南第一書店　451面

　　讀書必先識目，始可按圖索驥，潛心鑽研，事半功倍。本書撰者，書錄知見傳本，以編目者不察，乃致失名；又或傳寫者未審，因以誤題，此皆疏於校讐之故。如論孟集注附考上下二卷，原題寶應劉寶楠著，而八千卷樓所藏寫本，則題山陽丁晏撰，同爲一書，作者有二。幸稿本俱在，得以考證，藉存其眞。

　　書分甲乙兩篇：甲編上爲稿本，甲編中爲寫本，甲編下爲校本，均以經史子集分部。乙編上爲經部，分八類。乙編中爲史部，分爲十三類。乙編下爲子部，分爲十三類。乙編爲明刊本。（程義撰，書目季刊第十六卷第一期）

刼中得書記　續記

　　鄭振鐸撰　民71年　臺北　木鐸出版社　228面　影印

　　另有民國六十七年成文出版社影印本，收在書目類編第80册。

　　民國四十五年初版。

　　收錄著者在對日抗戰期間搜購的圖書一百四十九種（含續記六十種），以文學及彈詞、版畫居多。各書作題記，敍述得書的經過及對該書的評論。

　　書後附三篇序跋：1.跋脈望館抄校本「古今雜劇」；2.清代文集目錄序；3.清代文集目錄跋。著者爲一藏書家，藏書以詞曲、小說、彈詞、寶卷、版畫爲主，逝世後遺書編成「西諦書目」印行（收在成文出版社書目類編），共收七千七百四十種，依經史子集編排。

禁　燬　書　目

清代禁燬書目研究

　　吳哲夫撰　民58年　臺北　嘉新水泥公司文化基金會　512面（嘉新水泥公司文化基金會研究論文第164種）

有關清代的禁書目錄，較完備者有陳乃乾索引式的禁書總錄及孫
耀卿的清代禁書知見錄（內容見前文）。藝文志二十種綜合引得，收
有四種禁燬書目，即：禁書總目、全燬書目、違礙書目等，也可供參
考。

本書是著者的碩士論文，包括五篇論文：1.帝王之禁錮文人思
想；2.遭燬書籍內容之分析；3.清代禁燬之小說戲曲；4.清代禁書運
動之高潮；5.清代禁燬書籍對後世之影響。其中附錄的「清代禁燬書
目」佔三百九十面，是全書重心所在。書目以「清代禁書知見錄」為
底本，並參酌各禁書目錄，及專案研究所列的各種書目，加錄一千多
種，全書共收錄三千多種，是最完備的清代禁燬書目。

為便利檢查，書名悉依筆劃多寡排列，並注明各書的著者、卷
數、刊刻年代、禁燬程度、資料來源等。如一書有數名，異名均附在
本名之下。小說戲劇另立「清代禁燬小說戲劇」一篇。

刊 行 書 目

宋代書錄

Balazs, E.籌編　Hervouet, Y.編輯　民67年　香港
中文大學出版部　約850面

民國六十七年八月出版。

是書編輯計劃開始於民國三十六年，四十三正式工作，Balazs教
授於五十二年十一月二十九日去世後，由Hervouet主持未竟工作。前
後參與工作的人員有八十餘人。

收六百六十種宋代典籍，按經史子集叢書分類排列，分類體例主
要參照京都大學人文科學研究所漢籍分類目錄，注釋用中文、日文、
英文、俄文、德文，少許有法文。

書後有書名、著者及標題索引。

書評：吳德明「宋代書錄」評介　李弘祺，食貨月刊第 9 卷第12期，民國68年 5 月，頁76—84。

現存宋人著述目錄

國立中央圖書館編　民60年　臺北　中華叢書編審委員會 8,294面（國立中央圖書館目錄叢刊第 7 輯）

民國以來出版新書總目提要初編

楊家駱編　民61年　臺北　中國辭典館復館籌備處　2 冊　影印

為民國二十二 年七月印行 圖書年鑑的下冊。 上冊為中國圖書業志，分為四編：

第一編為中國圖書大辭典述略，凡楊氏所擬著圖書，皆於此詳述。

第二編為圖書事業法令彙編， 將關於圖書館及出版二類的有 效 法 令，全部登載。

第三編為全國圖書館概況，分省排列，後附未設立圖書館的縣名。

第四編為全國新出版家一覽，分上海，上海以外各埠。未能證實明確者則入存疑一覽。

下冊為新書總目提要，即今影印的提要初編，全書分為十四編：總類、哲學、語文學、文學論著、創作文學、翻譯文學、藝術論著、教育、自然科學、應用技術、社會科學、經濟、政治、法律、歷史地理。

每一種著錄的款目， 詳略不一。 通常含下列各目：書名、撰譯者、內容介紹、出版者、價格。本書臺北版上冊附錄：林語堂據本書論西洋文學的影響一文，明清戲曲小說目；下冊附錄：新書總目提要概述，中國圖書大辭典述略等。

民國六十三年中華民國圖書總目錄

行政院新聞局編　民63年　臺北　該局　693面

收編國內當前銷行圖書三萬餘種，分三大部份：中文圖書目錄、

兒童讀物目錄、西文圖書目錄。中文圖書部份區分爲：總類、哲學類、宗教類、自然科學類、應用科學類、社會科學類、史地類、語文類、美術類等十大類。每類再酌予細分。每一種書分別臚列書名、著譯者、售價與出版單位等四項。書後附各出版機構名稱。

雖名爲民國六十三年總目錄，其實所有圖書均爲六十二年以前出版者，收錄的出版社約有二百五十單位，遺漏甚多出版社，如：志文出版社、光啓出版社、東華書局、大學圖書公司、中央書局等。體例也不一致，國父著作，有稱「孫文著」，有稱「孫中山著」，也有冠編者或出版社編輯者。無輔助索引。

民國六十四年樂天出版社也出版一部全國性營業書目，書名頁書名爲：中華民國六十四年全國圖書總目錄，版權頁書名爲：中華民國全國圖書總目錄，共七八三面，體例與行政院新聞局出版者相同。容若曾撰「臺灣出版界的綜合觀察 —— 評洪編全國圖書總目錄」一文，刊登書和人三四八期，民國六十七年十月。

行政機關出版品目錄

行政院研究發展考核委員會編　民67年　臺北　該會　2冊（91，311面）

第一冊爲定期部份，據行政院所屬五部會處局署暨省市政府提供的資料彙編而成。依政府組織體制排列。第二冊收錄民國六十年至六十六年的不定期出版品，約有五千多種。

該會同年又出版行政院研究發展考核委員會出版品目錄一種，收該會成立以來出版書刊。

國立中央圖書館館藏中華民國政府出版品目錄

國立中央圖書館編　民68年　臺北　國立編譯館　中華叢書編審委員會　672,141面

　　收錄該館所藏各級民意機構及各級政府機構出版品，共七五三三種，其中民意機構佔八十三種。各級政府機構，以教育部佔首位，計有一七八五種；臺灣省政府佔第二位，計有一二三六種。

　　所指稱的「政府出版品」，指由官方編輯或官方印行的。出版品的種類，包括中外文單行本及連續性刊物。著錄的款目與該館所編的各種書目相同。收錄的期間，自三十八年至六十五年底止。

　　書後附有書名索引及五十七種該館所藏民國三十八年以前的公報，後者的資料，頗爲珍貴。據悉該館最近又從美國購進部分早期的政府公報縮影微片。

中華民國政府出版品目錄

　　行政院研究發展考核委員會編　民70年　臺北　該會　2冊（定期部分97面，不定期部分398面）

　　編者曾於民國六十七年出版「行政機關出版品目錄」二冊。第一冊收錄行政院各部會的定期刊物；第二冊收錄六十年至六十六年不定期出版品，約五千種。本書據前書增編而成，時間截至七十年一月止，資料增加行政院各部會以外的民意機關及行政機關，包括：國民大會、總統府、立法院、司法院、考試院、監察院、福建省政府、臺灣省政府、臺北市政府的出版品；仍分爲二冊，定期部分收期刊七八九種，不定期部分收錄書籍、專題報告五八三八種。均按政府組織體制排列。書後附有機關地址。

行政院研究發展考核委員會出版品目錄

　　行政院研究發展考核委員會編　民71年　臺北　該會　90面　3版

　　初版收該會印行的出版品一五九種；增訂版收一八七種。本版收民國五十八年至七十年底該會印行的出版品二五一種。全書依內容性質分爲七大類，卽：綜合、一般行政、財政經濟、政治社會、研究發展、管制考核、圖書資料目錄學。各類依出版年月排。每種書約有一

百五十字至二百字的內容摘要。

書後有書名及著者索引。

中央研究院出版品目錄

中央研究院編　民69年　臺北　該院　228面

中國海關出版品簡介 (1859—1949)

張存武撰　中央研究院近代史研究所集刊第9期，民國 69 年 7
月，頁505—534。

二十年來之臺灣銀行研究室

臺灣銀行經濟研究室編　臺灣銀行季刊第19卷第1期，民國57年
3月，頁1—315。

介紹臺灣銀行經濟研究室出版的書刊，如臺灣銀行季刊、臺灣經
濟金融月刊、臺灣銀行年報及半年報、經濟學名著翻譯叢書、銀行研
究叢刊、臺灣研究叢刊、臺灣文獻叢刊等十九種。

中華民國政府出版品展覽展出圖書目錄

中華民國政府出版品展覽籌劃小組編　民68年　臺北　編者
196面

全國年度新書目錄選輯

陳康順主編　民66年　臺北　幼獅文化事業公司　260面

敦　煌　書　目

敦煌遺書總目索引

民52年　東京　極東書店　552面　影印

民國51年商務初版。又收入臺北成文出版社書目類編第90册；民
國71年臺北源流出版社亦有影印本。

將敦煌遺書二萬二千五百卷，經檢查原卷，編成目錄及索引，是

研究敦煌學不可或缺的一部工具書。

　　分爲總目、索引、附錄三部份。

　　總目包括四個目錄：1.北平圖書館敦煌遺書簡目，約八千卷；2.斯坦因刼經錄，約收六千七百八十卷，現存大英博物館，編有目錄（見附錄）；3.伯希和刼經錄，收三千三百七十八卷，現存巴黎國家圖書館；4.敦煌遺書散錄，收錄其他十九所的公私收藏。

　　索引係將上述四種目錄，按卷子首字筆劃排列，詳注著者姓名及卷數，有異名簡稱的，則分條互見。

　　附錄包括三種，卽：Giles, L. 編 Descriptive Catalogue of the Chinese Manuscripts from Tunhuang in the British Museum（大英博物館藏敦煌卷子分類目錄）；博物館藏敦煌卷子筆劃檢查目錄；斯坦因編號和博物館新編號對照表。

　　關於敦煌卷子，國立中央圖書館舊藏已全部影印出版，由石門圖書公司印行。蘇聯收藏的敦煌卷子可參考陳鐵凡選輯「蘇聯藏敦煌卷簡目」一文，刊登國立中央圖書館館刊新八卷二期及新九卷一期。

敦煌古籍敍錄

　　王重民編　民70年　臺北　木鐸出版社　384面　影印

　　民國47年商務印書館初版。

　　又收在成文出版社編書目類編第82冊。

臺港地區敦煌學研究資料目錄稿

　　鄭阿財編　文史集林第6期，民國71年3月，頁69—105

　　收錄民國三十九年至七十年臺灣、香港地區印行的敦煌研究資料，共計五百八十八種。依資料的形式，分爲三類：1.錄文，包含敦煌寫卷加以影印成書或加以抄錄刊行；2.專書，指單行本圖書；3.論文，指期刊論文。同類的再依出版年代先後排列。

善　本　書　目

國立中央圖書館善本書目

　　國立中央圖書館編　民56年　臺北　該館　4册（1872面）
增訂本

　　國立中央圖書館於抗戰期間曾大量搜購善本圖書，迄政府遷臺，該館亦挾善本東徙，時有書共十二萬餘册，其中有宋本二〇一種，金本五種，元本二三〇種，明本六二一九種，嘉慶藏經一種，清代刊本三四四種，稿本四八三種，批校本四四六種，鈔本（包括朝鮮，日本鈔本）二五八六種，高麗本二七三種，日本刊本二三〇種，安南刊本二種，及敦煌寫經一五三卷。上述圖書目錄於民國四十六年由中華叢書編審委員會印行，共三册。

　　本書係根據自南京運臺舊藏，近年在臺新購善本，及教育部委託保管國立北平圖書館與東北大學舊藏的善本等，彙編而成。

　　全書分經、史、子、集、叢書五部。各部再分小類。分類大體按照四庫總目，而稍有增損，如取消別史一門，將有關圖書，散歸各類。小類之下，再細分子目。同一子目各書，依著者時代先後爲次。各書著錄的款目：書名、卷數、編著注釋者、版本、批校題跋者。如係圖繪的卷軸或册幅寬大的，注明高寬的長度。

　　對於版本，本書記載特詳。著錄的項目，包括：朝代、元號、紀年、刻者及處所、版本的類別。

國立故宮博物院善本舊籍總目

　　國立故宮博物院編　民71年　臺北　該院　3册（1287面）

　　據國立故宮博物院善本書目、國立故宮博物院普通舊籍目錄及近年來該院接受各界捐贈之善本舊籍彙編而成。

　　採用四部分類法，並略予增加門類。如子部醫家，細分爲內經、

難經、傷寒、金匱、總論、內科、傷科、五官科、婦產科、兒科、鍼
灸等目。叢書則於四部外，另立叢書部，但各叢書書名之後不列子
目，而採別裁方法，將叢書子目依內容性質分別歸入較適當的門類之
中。晚清著譯有關西洋學術的圖書，仿江蘇國學圖書館所編書目例，
在史部中增外國史類，在子部之後增設社會科學及自然科學二類。另
在經部增識緯一類。

圖書著錄的款目，包括：書名、卷冊數、著者、版本等。各類圖
書排列以著者時代先後為次。同一書版本互異者，以刊刻年代為序；
若為外國人著述，依其國別時代列於國人之後。

本書在編目上亦頗多改革，如將一種內容分歧的圖書，分別著錄
在兩類或兩類以上的適當部類中。但為了避免讀者誤會是同時收藏兩
部或兩部以上的圖書，所以在著錄時，一入本類，著錄其書名、卷
冊、著者及版本；一入互著類，僅著錄書名及卷冊，而於版本欄中注
明互見某類。

凡是一部書中附有若干著作，而所附的著作內容與原書不隸屬於
同一部類者，將其篇卷裁別出來，標明應歸部類，再注明其原在某書
之內，俾便尋檢本書。又如各文集內容涉獵甚廣，本書均依其內容，
將凡可適於各類者，分別予以裁出，置於適當的門類中。（參考吳哲
夫撰國立故宮博物院善本舊籍總目，漢學研究通訊第一卷第四期）

國立故宮博物院善本書目

　　國立故宮博物院編　　民57年　臺北　該院　502面

中央研究院歷史語言研究所善本書目

　　中央研究院歷史語言研究所編　民57年　臺北　該館　322面

**國立臺灣大學、臺灣省立臺北圖書館、國防研究院、國立臺灣師範大
　學、私立東海大學善本書目**

　　國立臺灣大學等編　　民57年　臺北　該大學等　〔386〕面

國立北平圖書館善本書目

國立中央圖書館編 民58年 臺北 該館 555面

傳書室藏善本書志

王國維撰 民63年 臺北 藝文印書館 3函 (16冊) 影印

香港大學馮平山圖書館藏善本書錄

饒宗頤編撰 民59年 香港 龍門書局 〔14〕255面

神宮文庫漢籍善本解題

長澤規矩也編 民62年 日本伊勢 神宮司廳 62面另圖48面

圖書寮漢籍善本書目

宮內省圖書寮編 民19年 東京

收善本書七八八種，依四庫分類，每種書注明：書名及冊卷數、著者、版本、序跋、印記。故宮博物院圖書館有收藏。

足利學校善本圖錄

長澤規矩也編 民62年 東京 汲古書院 164面

美國國會圖書館藏善本書目

王重民輯錄 袁同禮重校 民61年 臺北 文海出版社 1306面影印

本書收錄的善本，計一千七百七十七種，其中包括明刊本一千五百十八種，宋刊本十一種，金刊本一種，元刊本十四種，清刊本七十種，稿本一百四十種，高麗版十一種，日本版十一種。

分類依經、史、子、集排，各書著錄的款目，包括：書名、卷數、冊數、函數、版本、每頁行數及每行字數、提要（包括撰者生平、內容介紹、殘缺情形、題跋）。

書後附著者索引及人名索引，均依筆劃多寡排列先後。

原名「國會圖書館藏中國善本書錄」，影印時將出版年1957年、出版者、出版地、編輯者英文姓名等略去。

普林斯敦大學葛斯德東方圖書館中文善本書目

屈萬里撰　民64年　臺北　藝文印書館　〔75〕584面

普林斯敦大學的中文圖書，在美國收藏中文圖書的圖書館，佔第三位。普大的中文圖書收藏，稱爲葛斯德圖書館。

該館書目的編印，始於吉里斯（C. I. V. Gillis）於民國三十年編印的葛斯德東方藏書庫書目，該書僅能從書的形式時代上作簡單說明。民國三十五年王重民應聘到該館編善本書志，稿未印行，胡適曾改訂補充一部份。民國五十四年特請屈萬里教授赴美就王、胡稿，刪補增訂，即爲本書。

收編圖書一千一百四十八種，三萬零三百六十九冊。

全書分類，大致依照四庫全書總目，而小有更易。凡四庫全書總目（包括存目）未著錄圖書，本書則略述其內容及著者的生平。對於四庫總目有錯誤的地方，或明代作品有僞託者，均加辨證。每一種書概述其版本優劣；或傳刻源流、或列舉行款及標明板匡尺寸。藏家重要手書題跋，也加以著錄。

書評：評普林斯敦大學中文善本書志　梁容若，書和人第275期，民國64年11月22日，頁1—8。

學 位 論 文 目 錄

我國學位論文目錄，曾刊行數次，如：

1.袁同禮編 A Guide to Doctoral Dissertations by Chinese Students in America ，收錄自1905年（清光緒三十一年）至1960年止，留美加兩國博士論文目錄，計二七八〇篇，於民國五十年出版。

2.李志鍾編 A List of Doctoral Dissertations by Chinese Students in the United States ，接續袁編，收錄自1961年1964年止留美博士論文，計八四三篇。

3.袁同禮編 A Guide to Doctoral Dissertations by Chinee
Students in Continental Europe 1907—1962，刊登 Chinese
Culture 第五卷第三期至第六卷第一期 (1963—1964) ，共收一七五
四人。

4.袁同禮編 A Guide to Doctoral Dissertations by Chinese
Students in Great Britain and Northern Ireland 1916—1961，
刊登 Chinese Culture 第四卷第四期，共收三四六人。

5.國立中央圖書館編中華民國博士碩士論文目錄，民國五十九年由
中華叢書編審委員會印行，列爲該館目錄叢刊第三輯，收錄民國三十
八年至五十八年間國內博士碩士論文及國軍派遣國外深造人員所撰學
位論文，共二六六九篇。先按學位排，再依學科分類。每一論文著錄
的款目，包括：著者姓名、論文名稱、學位、學校及研究院所、畢業
時間 、及指導教授 ，凡已發表或出版的論文則增列其發表及出版處
所。書後附論文著者索引及各校歷年博士碩士各科論文統計表。

全國博碩士論文分類目錄

　　王茉莉　林玉泉合編　民66年　臺北　天一出版社　654面
　　收錄全國博碩士論文，自民國三十八年至六十四年，包括六十五
年一部份，共八千七百零八種。主要是根據國立中央圖書館及政治大
學社會科學資料中心的收藏。收錄的地區，包括一部份港澳地區及國
軍派遣國外深造的論文。

　　採分類編排，主要是參照「中國圖書分類法」。並視實際需要酌
加細目，凡屬同一類的，依著者筆劃爲序。每篇論文，著錄的款目
有：編號、著者、論文題目、畢業院所、年度、指導教授、收藏地
點。

　　書後附有著者索引及篇名索引，均按筆劃排列。

　　因係採博碩士論文混合排列，爲了區別起見，博士論文於編號前

加「D」字。如論文已公開印行，則於篇名前加「☆」記號。

全國博碩士論文分類目錄 (1976-1980)

王茉莉編　民71年　臺北　國立政治大學　715面

　　為民國六十六年出版「全國博碩士論文分類目錄」的續編。收民國六十五年至六十九年，以及部分七十年（文史哲學類）、初輯遺漏的學位論文，共八千八百七十四篇（遠勝過去二十年的數量）。地區尚包括港澳地方。其中博士論文佔二百二十六篇，以應用科學及中國文學居多；碩士論文有八千六百四十八篇，以應用科學、社會科學、自然科學為多，此外另輯入民國三十八年以前大陸各大學研究所的部分論文四十五篇。

　　參考「中國圖書分類法」，分為九大類，即：總類、哲學類、自然科學類、應用科學類、社會科學類、史地類、語文類、美術類、敵情類等。每類再予以細分。同類者依著者姓名筆劃排列。論文著錄的款目包括：著者、論文題目、畢業院所、通過年度、指導教授、收藏處所。如為博士論文或論文已正式出版，分別在篇名代號以及論文題目首字前以「D」「＊」記號注明。

　　書前有各大學校名及研究所簡稱與全銜對照表、全國各大學院校設立研究所一覽表。書後有著者、論文篇名索引，以便檢索。

四十九年至六十七年博士論文提要

教育部學術審議委員會編　民69年　臺北　臺灣商務印書館 1006面

　　為國內第一部博士論文提要。收錄民國四十九年至六十七年底通過博士學位的論文提要，凡二百七十篇，計文科一二四篇，教育三篇，法科五七篇，理科三四篇，工科三二篇，農科二十篇。

　　按文、教育、法、理、工、農各學門順序排列，同一學門再照授予學位分先後。論文提要著錄的款目，有：論文名稱、姓名、論文提

要，而畢業學校，指導敎授姓名及論文通過年月等，却未列入。

　　提要的撰寫，內容應包括：研究動機、研究目的、研究方法、撰寫經過、研究成果等。能照上述項目撰寫提要者，有李雲光、羅宗濤、謝延庚、曾濟群等。其他各提要的體例，均不一致，有的只列綱目，有的只舉要點，有的提要只有二百多字，有的長達數千字。爲了避免上述缺點，研究所應開設有關論文寫作或撰寫提要的課程。

六十七學年度各校院研究生碩士論文提要

　　敎育部高等敎育司編　民71年　臺北　該部　2292面

　　民國六十四年全國敎育會議，建議敎育部編印研究生論文提要，該部高敎司乃於六十五年開始整理歷年碩士論文，並自六十七年起出版「六十三學年度各校院研究生論文提要」，六十八年則出版「六十四學年度各校院研究生論文提要」，餘此類推。至七十一年共出版五次，收論文提要七五〇五篇。茲將其研究所數、每年提要數等，列表如下：

出版年	學 年 度	院 校 數	研 究 所 數	論文提要數
67	63	24	144	1074
68	64	24	169	1259
69	65	23	114	1546
70	66	25	194	1694
71	67	26	194	1932

　　排列依照研究所類別，分爲：文、法、商、敎育、理、農、工、醫等八科順序。凡屬同一科者按校別分先後。各篇論文提要著錄的項目，包括：論文名稱、畢業學校名稱、姓名、指導敎授姓名、內容摘要。摘要部分，體例不一，有的僅列章節名稱，有的僅五十餘字。

　　書後有各大學暨獨立學院各研究所碩士班一覽表及研究生姓名筆劃索引。

　　本書原由正中書局印行，自六十五學年度起敎育部收回自行出版。

國立臺灣師範大學敎育研究所碩士論文摘要（第一輯）

　　黃昆輝主編　民65年　臺北　國立臺灣師範大學敎育研究所 286面

　　彙編師大敎育研究所碩士論文九十九篇，加以中英文內容摘要。凡五類，卽：敎育思想與敎育史、敎育心理與輔導、敎育行政與制度、課程、特殊敎育。各類論文的順序，依論文通過年月的先後排列。

　　每篇摘要注明碩士論文題目、著者姓名、論文通過年月、現職、指導敎授、內容摘要。又內容摘要均注明研究之旨趣、研究方法、研究內容及結果。

華岡碩士論文提要

　　中國文化大學中正圖書館編撰　民62,70年　臺北　該館　第1 輯1285面　第2輯2336面

各大學三民主義研究所博士碩士論文提要

　　三民主義學術研究資料中心編　民72年　臺北　該中心　244面

明史研究碩士論文提要

　　蔣武雄等撰　明史研究專刊第3輯　民國69年9月，頁272—281。

國立臺灣大學六十七學年度研究生論文提要集

　　國立臺灣大學編　民68年　臺北　該校　590面

國立政治大學新聞研究所傳播研究論文摘要

　　楊孝濚編輯　民61、62年　臺北　該所　第1期收21篇，共40

　　附錄：

專科以上學校教師送審著作目錄彙編

　　教育部學術審議委員會　國立教育資料館編　民70年至71年　臺北　正中書局　第 3 輯498面，第 4 輯464面

　　收民國五十五年一月至六十七年十二月止，在臺專科以上學校教師送部審查並經審查通過的著作。分四輯印行。第三輯收六十一至六十四年，第四輯收六十五至六十七年。

　　每輯依著作的主題分為：國父思想、文、法、商、理、工、農、醫、教育等九科。并依著作人經審定之敎師等別分為敎授、副敎授、講師三類。每類再依著作人姓名筆劃排列。每一著作人著錄的款目有：性別、出生年月日、籍貫、學歷、送審學校、著作名稱、字數、出版者等十三項。

　　書後附姓名索引。

兒 童 圖 書 書 目

全國兒童圖書目錄

　　國立中央圖書館臺灣分館編　民66年　臺北　該館　646面

　　收錄兒童圖書計四千餘種，依圖書目片形式排印。分類編目按中國圖書館學會編「國民學校圖書分類法」「中文圖書編目簡則」，再按王雲五「四角號碼著者排列法」排列。

　　每種書著錄的款目，除照上述規定外，凡國語注音的圖書，在書碼前冠「※」符號，低年級及幼兒用書加「廿」符號，參考工具書加「△」符號。

　　對於叢書，除在普通叢書類目中依叢書著錄外，並將該叢書子目所含各書，依其內容性質分入各類。

　　書末附有書名索引、收編圖書出版者一覽表、國民學校圖書分類法、中文圖書編目簡則等。

中華民國兒童圖書總目

國立中央圖書館編　民57年　臺北　該館　317面

以該館藏書爲基礎，再經調查補充而編成。共收書三千餘種，以民國三十七年三月後在臺灣及香港出版的兒童圖書爲限。按照「國民學校圖書分類法」編排。除著錄每書的書名、著譯者、出版地、出版者、頁次等項外，並加列價格，以便購書的參考。書後附書名索引。

同書異名目錄

同書異名通檢

杜信孚編　民63年　臺北　華世出版社　288面　影印

民國52年香港太平書局初版。

中國古籍浩繁，學者每遇困難。其中更有書同而名異，名亡而實存。有得一書即可概見其餘；有得其所散見即可臻合全文，又有一書而故多析異名。這種種情形都使檢者在翻查時事倍而功半，時間與精神俱予浪費。至於有關解決此種困難之工具書，並不多見。明人祁承㸁「藏書約」曾有論及同書異名，實開整理之端。近人杜聯喆「叢書書目續編」亦曾舉同書異名，但前二書，只是稍稍論及同書異名的問題，所舉書例亦少。直至本編「同書異名通檢」面世，才有一部解決檢書之困難，節省時間，以發揮古籍作用之工具書。本書所收是同一內容有異名之書四千餘種。凡無異名之書籍，均不收錄，所收各書之期限，基本上至民國三十八年爲止。

每一條目之下，列有四個項目，即：1.書名、卷數；2.著者（包括時代、籍貫）；3.版本；4.異名。凡一書有幾個異名的，在本書中均以數條列入。檢者查得一名，即可同時得知其他各名。各書異名的來源係根據原書序跋、目錄、書評、版本叢刊等摘探。

各書條目均以書名首字筆劃多少排列先後，無年代可據圖書，均

簡稱某朝刊本。（錄自中國歷史研究工具書叙錄）

國科會報告目錄

行政院國家科學委員會研究報告目錄（1960—1973）

　　行政院國家科學委員會科學技術資料中心編　民63年　臺北　該會　687面

　　收編自四十八至六十二年度的研究報告專題，有關理、工、農、醫等科的個人研究報告，共七千三百零二篇。按上述四大類分類，每大類再按下列順序排：學科別細分類、著者中文姓名筆劃。每篇報告著錄的款目有：中英文姓名、中英文研究報告專題名稱、發表年份。

　　書後附有三種著者索引：中文、英文、著者服務單位。

　　行政院國科會另於六十五年出版行政院國科會人文及社會科學研究報告目錄，共三五四面，也是收四十八至六十二年度。

行政院國家科學委員會研究論文摘要

　　行政院國家科學委員會編　民65年至　年　臺北　該會　年刊

　　行政院國科會自四十八學年度開始設立研究補助費（六十三年度起改爲研究獎助費）補助各公私立大專院校專任教學人員及公立研究機構研究人員從事研究工作。研究範圍，包括：人文及社會科學、自然科學及數學、工程及應用科學、生物及醫農學。已完成的研究報告，至六十二學年度止，共計一一，五八九篇，屬於人文及社會科學者佔三三八〇篇，國科會於六十五年十月，曾將此等報告分類，編成目錄，予以刊行，題曰「行政院國家科學委員會人文及社會科學研究報告目錄」，共三五四面，著錄的款目，包括：研究者、研究論文名稱、補助的學年度、出版的情形，書後附有中英文著者索引、研究機構名稱（45單位）、著者服務單位索引等。其他學科研究報告由該會科學資料中心印行。

　　自六十三年度起，書名改爲「行政院國家科學委員會六十三學年度研究獎助費研究報告摘要」，分自然科學及數學、工程及應用科學、生物及農醫學、人文及社會科學四部分，於六十五年三月，予以刊行。每篇論文另加二百字至一千二百字不等的內容摘要，書後略去索引，全書共四五七面（分別爲 94,68,178,117 面），仍由國科會印行。自六十四學年度起，書名又改爲「行政院國家科學委員會研究論文摘要」，仍分四部分，體例與前書相同，於六十六年三月刊行，全書共四九四面（分別爲 102,72,192,118 面）。六十五學年度封面題名，與前年同，目次頁則題「六十五學年度研究補助費研究論文摘要」，體例上增著者索引，全書共五七六面，於六十七年元月印行。

　　最新版民國七十一年出版，收六十九學年度研究補助論文摘要。

　　本書體例與前書相同，共收自然科學及數學論文摘要三〇〇篇，工程及應用科學論文摘要三六〇篇，生物及醫農學論文摘要四二篇，人文及社會科學論文摘要四〇六篇。

中華民國科技研究摘要　第五輯

　　行政院國科會科學技術資料中心編　民65年至　年　臺北　該
中心　年刊

　　第一、二輯（收民國六十年至六十五年研究摘要）以「行政院國家科學委員會專題研究摘要」爲名刊行。第三輯起改稱今名。

　　國科會科資中心爲加強國內科學技術研究系統化，避免有關課題之重複研究，以節省人力物力，同時協助各界瞭解我國科學技術研究進展實況，爰先後將國科會補助研究完成的專題報告，撰述成摘要，編目分類予以刊行。

　　內容仍分研究報告摘要及索引兩部分。前者先按理、醫、農、工四大類。每類再酌予細分。每篇論文摘要，包括的款目有：美國國會圖書館分類法的分類號、研究者姓名及服務機關、研究標題名稱、經

費補助單位及計劃編號、補助金額、發表期刊名稱卷期頁次、摘要。
後者索引部分，含著者、標題、主題、機構等四種。

　　最新版爲第九輯，民國七十二年出版，二冊（一一七四面）。

書 目 期 刊

　　書目期刊就是以報導新書出版消息爲主要內容的刊物。書目期刊
的主要任務，在於能「及時」向讀者或圖書文獻機構「完整」地報導
或評介新出版或即將出版的圖書資料。因此，書目期刊必須具備兩個
基本條件：一、報導迅速；二、資料完整。關於國內出版的書目期
刊，本書介紹圖書季刊、中華民國出版圖書目錄、書目季刊、書評書
目四種。

　　日本出版的東洋學文獻類目，年刊一次，收有當年出版有關漢學
的中、日文及西文圖書；法國巴黎出版的 Revue Bibliographique
de Sinologie，也年刊一次，專門報導有關中國的新書，也可視爲一
種書目期刊。

圖書季刊

　　　國立北平圖書館編　民60年　臺北　文海出版社　10冊　影印

　　本刊創刊於民國二十三年三月，年出四期，係國際聯盟世界文化
合作中國協會與國立北平圖書館合辦，而由後者編輯，內容有圖書
學、目錄學論文、新書刊的批評與介紹、學術界消息、西書中譯、期
刊論文索引等項。其間因七七事變發生，致二十六、二十七兩年停
刊。二十八年三月起復刊於昆明，仍年出四期，卷次期次，標以「新
」字，以示識別，內容體例如舊。三十一年因印刷困難，復停刊一
年。三十二年再移重慶出版，其卷次與昆明所刊者相銜接。抗戰勝利
後，又遷滬、平繼續編印。計在北平出刊三卷，昆渝滬出刊新一卷至
新九卷二期。該刊著者，俱係我國著名學者，尤可見抗戰前後及抗戰

期中中國學術出版界的概況。

中華民國出版圖書目錄

　　國立中央圖書館編目組編　民49年9月至　年　月　臺北　該館
月刊

　　本刊創刊時，名爲新書簡報，後改名爲送繳到館書目，新到圖書
目錄及新書目錄。民國五十九年一月起，改用今名。以收錄依出版法
送繳到館的新版圖書爲主，依中國圖書分類法排列。每書列：書號、
書名、著譯者、出版年、出版地、出版者、頁次、附注等項。本刊每
出版一年後，另出一年彙編本，出滿五年後，再出五年的彙編本。彙
編本已出版三次。

書目季刊

　　書目季刊編輯委員會編　民55年9月至70年9月　臺北　書目季
刊社

　　本刊自創刊以來，每期刊載「全國出版界最新出版圖書目錄」，
按出版社的筆劃排列。個人發行者及機關團體出版品，列於出版社之
後。每種書著錄的款目，包括：書名、著譯者、頁數、出版年月、定
價等，現由汪慶蘇編輯，名稱改爲「中華民國出版新書簡目」，每期
介紹六百種。

　　本刊另有二種專欄，卽：「中華民國文史界學人著作目錄」「最
新出版期刊文史哲論文要目索引」，前者由劉德漢執筆，後者由吳碧
娟（晞林）執筆。

　　本刊經常不定期刊載專題書目，如鄭明娳「儒林外史論著目錄補
編」（十一卷一期），宋隆發「文心雕龍研究書目」（十三卷一期），
王潤華「研究中國語文重要的英文學術期刊指引」（十二卷四期），
宋隆發「中國文學研究書目類編」（十三卷二期），史墨卿「中國近
三十年楚辭論文目錄索引」（十三卷二期），王秋桂「中研院史語所

所藏長篇彈詞目錄初稿」（十四卷一期），田鳳臺「呂氏春秋書目類舉析要」（十四卷一期），王郭靜姝「王國維書目索引」（十四卷一期）等。

書評書目

書評書目編輯委員會編　民61年9月至　年　月　臺北　洪建全教育文化基金會　月刊

自創刊號起，每期固定有「兩月新書」一欄，刊載新書目錄，改月刊後，易名「每月新書」，自六十六年八月起，再改名爲「每月新書分類目錄」，由張錦郎（金帛）編輯，每月約報導新書二百五十種，按分類排列。每種書著錄的款目，有：書名、著譯者、出版者、頁數、開本、定價。另附郵政劃撥號碼。

本刊另不定期刊載專題書目，如鄭明娳「近二十年短篇小說別集總目」，靑霜「中國文學史書目新編」等，沈謙「中國現代文學批評要籍述評」（六十五、七、九期），黃武忠「關於小說技巧的十四種書」（六十八期），趙天儀「哲學導論圖書目錄」（六十九）期，鄭樹森「比較文學中文書目」（七十期），應鳳凰「馬克吐溫作品已譯未譯中文書目」（七十二期），丁邦新「屈萬里先生學術論著簡目」（七十三期），顧力仁「中文圖書館及目錄學博碩士論文分類提要，1958—1979」（八十一至八十四期）。

本刊另有書評索引一欄，先由李秀娥編輯，後改由吳碧娟（晞林）編輯。

新書提要

林慶彰主編　書目季刊第16卷第1期（民國71年6月）起

中華民國出版新書簡目

汪慶蘇編　書目季刊第12卷第4期（民國68年3月）起

非書資料目錄

　　圖書館蒐藏的資料，除圖書外，還有其他非書資料，如：書畫、地圖、影片、幻燈、錄音帶、唱片、圖片等。我國古代將這些資料別為一目，稱為金石類。如四庫總目分目錄類為經籍及金石二屬。外國對於非書資料的編輯頗為重視，如威爾遜公司出版的「教育影片指南」（Educational Films Guide）、「幻燈捲片指南」（Filmstrip Guide）及「音樂家指南」（The Musicians Guide）等。我國所編輯的非書資料目錄，偏重於器物及書畫方面，茲介紹數種如下：

非書資料目錄

　　臺灣省立臺中圖書館編　民64年　臺中　該館　74面

歷代著錄畫目

　　福開森編　民57年　臺北　臺灣中華書局　2冊　影印

　　據民國23年刊本影印。　民國71年文史哲出版社也有影印。

　　所收畫目，以見於前人著錄的為主，其未著錄的畫概不收入。其編製，以人繫畫，因姓排比，每一人的畫，其題跋散見於各書的，為之著錄於一處，載其書名與卷冊頁數，所收畫家，計二千四百餘人，先後參考畫書專籍不下一百零八種。

　　書前有歷代著錄畫目引用書目略稱表，書後附錄有：1.集畫（合作畫附）；2.無名氏，附時代未詳外國畫；3.別號待考；4.緙絲附織繡。並有人名檢字、別號檢字、及羅馬拼音人名索引，以便檢索。

故宮書畫錄

　　國立故宮博物院編　民54年　臺北　該院　4冊　增訂本

　　初版民國45年，由臺北中華叢書委員會印行，三冊，列為中華叢書。增訂本對於列入正目書畫，品名說明，均有改正。簡目書畫，也有改列正目之件。

　　就故宮博物院運臺全部書畫中遴選精品，編寫入錄。其餘次等之件，另編簡目。所謂精品，其標準有三：1.歷代名跡，其作者的眞實性無疑問者；2.歷代名跡，其作者雖未易確定，而作品本身自具價值，或流傳有緒者；3.明清諸家作品之眞而精者。

　　本書分八卷：法書、名畫，各分卷、軸、冊，共爲六卷。南薰殿圖像自成一系，另爲一卷。墨拓、緙絲、織繡及成扇等，不錄。凡屬精品，均詳記其質地、尺寸、款式、印章、題跋及考訂等。

　　書評：「故宮書畫錄」述介　　祝秀俠，政論週刊第79期，民國45年7月，頁20。

中國繪畫總合圖錄

　　鈴木敬編　民70年　東京　東京大學出版部　411面

　　把世界各博物館收藏的中國畫編成目錄。全書分兩部分：一爲原畫濃縮部分；一爲依收藏機關，將作品編成目錄。前者分爲五卷，首卷爲美加篇，第二卷爲東南亞、歐洲篇，第三、四卷爲日本篇，第五卷爲索引篇（分主題索引、作者索引）；第一至四卷載原畫濃縮的圖片，並加以編號。後者爲目錄部分，每幅畫注明：編號、作者名、作品名、時代、形質（如絹、紙、墨等）、法量、收藏者登錄號等。

　　編印本書曾參考民國六十六年東京大學東洋文化研究所編「海外所在中國繪畫目錄」

明清間繪入本圖錄

　　長澤規矩也編　民69年　東京　汲古書院　200面

　　收錄三十四種明清戲曲小說的書影及版畫，共二百張。三十四種書名爲：埋劍記、雙魚記、旗亭記、雙忠記、琴心記、東牕記、躍鯉記、金貂記、白袍記、尋親記、還帶記、琵琶記、荊釵記、臙脂記、喜逢春、平妖傳、楊家府、剛峯公案、青樓韻語、詞林逸響風集、金瓶梅、水滸全傳、長命縷、玉鏡臺、望湖亭、三報恩、金印記、禪眞

逸史、斥奸書、精忠傳、貪歡圖、三報恩、香草吟、太霞新奏。

　　書前目次注明各書的版本、原書的高廣及收藏者。收藏者計有馬廉（字隅卿）、王素慈及孔德學校。

故宮銅器圖錄

　　國立故宮、中央博物院聯合管理處編　民47年　臺北　中華叢書委員會　2册　（中華叢書）

　　所錄係故宮博物院及中央博物院兩院運存臺灣的全部銅器，略分兩類：甲、爲重器精品，選附照片，其有銘文者，並附拓片；乙、爲較普通或疑僞之件，此項則僅列簡目。上册爲目錄部份，下册爲圖版部份，各分上、下篇，分別著錄兩院藏器。全書分八類編錄：1.食器；2.酒器；3.尋常用品；4.樂器；5.兵器；6.量器；7.鉨印；8.鏡鑑。

歷代著錄吉金目

　　福開森編　民60年　臺北　臺灣商務印書館　1365,196面　影印民國28年長沙商務印書館石印本初版。

三代吉金文存器影參照目錄

　　林巳奈夫編　民60年　臺北　臺灣學生書局　1册　影印民國56年東京大安書店初版。

故宮古玉圖錄

　　國立故宮博物院編　民71年　臺北　該院　1册

　　故宮博物院藏我國古代玉器甚爲豐富，惟自政府遷臺以來，僅輯印「故宮玉器選粹」一種，所收玉器件數，僅及數十，對該院收藏，實難概括，故該院再輯本書，以供參考。

　　書前有總說明，首爲前言，說明玉器與古人生活之關係。次按使用分類，計分禮器、符節器、環狀類玉器、佩飾器、鑲嵌器、喪葬器等類，分別說明各類玉器的來源、形制、功用等，並引古籍所述相印證。

　　圖版部分收商至宋朝，各類玉器三百六十七件，包括：圭、璧、

珮、琮、斧、珮璜、瑞、戚、玉劍首、瓏、珩、辟邪、觥、盃等。各器編排以時代先後爲序。圖版後爲三百六十七件玉器的中英文說明，各器記其規制，並述來歷、功用等。

　　本書爲近年出版有關玉器圖書的精品，對古玉研究及收藏、鑑賞都有幫助。（稚川撰，書目季刊第十六卷第二期）

龍門石刻圖錄

　　關百益編　民67年　東京　汲古書院　564面　影印

　　原書名：伊闕石刻圖表，民國24年河南博物館出版。

故宮瓷器錄

　　國立故宮、中央博物院聯合管理處編　民50至51年　臺中　該處 3 冊

　　所錄係故宮博物院及中央博物院兩院運存臺灣的全部瓷器。全書分三輯，分別編錄宋、元、明代以及清代瓷器，各依窯次編刊。每輯分上、下編，上編爲故宮博物院藏器，下篇爲中央博物院藏器。

中國郵票目錄正續編合訂本

　　交通郵政部總局編　民64年　臺北　該局　438〔230〕面

中國郵票目錄

　　交通部郵政總局編　民67年　臺北　該局　658面

中國郵票圖鑑

　　交通部郵政總局編　民67年　臺北　該局　1 冊

建國七十年郵展展品目錄

　　交通部郵政總局編　民70年　臺北　該局　236面

中華民國郵票圖鑑（1978—1980）

　　交通部郵政總局編　民70年　臺北　該局　16面（8開）

中國郵票圖鑑（早期）

　　何國安編　民70年　臺北　中國微信出版社　224面

中國郵票圖鑑（近期）

何國安編　民70年　臺北　中國徵信出版社　132面

中國郵票近期目錄

天工出版社編　民70年　臺北　該社　104面

中國近期郵票目錄

李庚申編　民71年　臺北　新光郵鈔雜誌社　1冊

中國首日紀念封目錄

呂松亮編　民68年　臺北　編者　206面

中國錢幣目錄

徐祖欽編　民71年　臺北　新光郵鈔雜誌社　360面

臺灣農林漁牧影片幻燈片目錄

李文瑞編　民67年　臺北　國立臺灣大學農學院農業推廣學系
295面

收錄八十九個機構所藏臺灣農林漁牧方面的視聽資料，計有四百三十八套幻燈片，一百六十四卷幻燈捲片，三百八十六部十六耗影片及五十一部八耗影片。

依分類排列，共分二十七類，如基本農業知識、水稻栽培、果樹栽培、農業加工、農村生活、家禽飼養、林業、漁業等。

每種影片注明：影片名稱、收藏單位、長度、製作年度、內容摘要、可否外借等。

附錄：各收藏單位保管單位負責人、地址一覽表。

國立教育資料館視聽教育教材目錄

國立教育資料館編　民69年　臺北　該館　170面

臺北市立圖書館視聽教育資料目錄

臺北市立圖書館編　民69年　臺北　該館　89面

中華民國加工出口區產品目錄

中華民國加工出口區管理處編　民71年　高雄　該處　243面

正字標記產品及廠商目錄

經濟部中央標準局編　民71年　臺北　該局　318面

正字標記係我國官方公認的「品質保證」標誌，除其產品符合國家標準外，經濟部中央標準局尚嚴格考核其工廠之品管制度與執行。故凡標示㊣字者，表示其產品絕對可靠。

收錄資料，自民國四十年正字標記制度創立，迄於七十一年四月底止。目錄分兩部分：第一部按產品別分爲十四類，如機動車零件類、化學類、農業食品類等。每類產品注明：證書號碼、廠商名稱、地址、代表人等；第二部按正字標記廠商名稱的筆劃排列，並列舉各廠商獲准使用正字標記產品的種類及其相關資料。

科學儀器聯合目錄

行政院國科會精密儀器發展中心編　民62年　新竹　該中心　441面

國立故宮博物院清代文獻檔案總目

國立故宮博物院編輯　民71年　臺北　該院　618面

故宮博物院遷臺全部資料，均已先後編成目錄出版。以器物來說，有故宮銅器圖錄、故宮瓷器錄、故宮書畫錄、故宮古玉圖錄等；以圖書來說，有國立故宮博物院善本書目、國立故宮博物院普通舊籍目錄、國立故宮博物院善本舊籍總目；以檔案文獻來說，有故宮博物院典藏清代檔案目錄及本書。

本書收錄遷臺全部清代檔案文獻，惟不包括滿蒙檔案文獻（關於滿文資料，見張葳：國立故宮博物院所藏的滿文資料簡介一文）。全書分爲五類：1.官書，包括聖訓、詔書、國書、奏議、實錄、起居注冊等；2.史館檔，約三千三百十二冊，是故宮遷臺文獻檔案中最全的一部分，包括本紀、表、志、表包（槪爲咸同兩朝忠義）、傳稿（有

清國史館及清史館前後所立傳，也有人名錄等。依其傳目，分爲諸
王、后妃、儒林、儒學等類，另列載全部一萬三千餘傳之姓名，依姓
名筆劃爲序）、傳包（屬史館所採集，按人分包，亦依姓氏筆劃爲
序，另編「傳包傳稿人名編號著錄索引」即將付梓」、列傳序目及備
查表冊、長編檔等；3.軍機處檔，包括上諭檔、議覆檔、月摺檔、捻
匪檔、敎匪檔等五十種；4.雜檔，分爲八十一類，類目如太平天國史
料、淸史館借書收據簿、大淸一統志淸冊……）；5.奏摺，包括宮中
檔奏摺十五萬三千件，軍機檔奏摺錄副十八萬九千件，是故宮現有文
獻最大宗者。此類因篇幅過巨，本書只載其分年目錄。

　　如果中央研究院歷史語言研究所所藏內閣大庫檔案，也能編成目
錄，加上本書，則利用有淸一代的檔案史料，就方便多了。

故宮博物院典藏淸代檔案目錄

　　國立故宮博物院編　　故宮文獻第2卷第4期至第3卷第3期，民
60至61年

內閣大庫書檔舊目

　　國立中央研究院歷史語言研究所編　民61年　臺北　維新書局
〔178〕面

　　民國22年初版。

淸代廣東省檔案指南 (A Critical Guide to the Kwangtung Provincial Archives Deposited at the Public Record Office of London)

　　Pong, David編　民64年　美國　哈佛大學東亞研究中心　203面

臺灣公私藏古文書彙編

　　王世慶主編　許祖琰助編　民66年至67年　臺北　環球書社
2冊（第一輯69面，第二輯83面）

　　民國六十六年美國亞洲學會臺灣研究小組在王世慶主持下，蒐集

臺灣北部地區所存古文書五百六十四件，一三六七面，編成「臺灣公私藏古文書彙編第一輯」十二册，後又在臺灣中部蒐得二百五十六件，南部二百五十七件，北部補集一百七十二件，共計六百八十五件，一三五六面，編成「臺灣公私藏古文書彙編第二輯」十二册。本書卽第一、二輯的分類目錄。計分爲：諭示案册、房地契單、稅租契照、財產分配分管契、典胎及貸借契、人事契字、訴訟書狀、商事簿契、水利契照、判決批諭、文敎執照、書院課卷、函札、詩文及「番字契」等。

　　每種文件著錄的款目，包括：分類號碼、總編號、名稱、年代、張數、收藏者、收藏者地址等。

廣東省各縣土地調查目錄 (A Catalog of Kuang-Tung Land - Records in the Taiwan Branch of the National Central Library)

　　中文資料中心編　民64年　美國加州　該中心　77面

藏 書 目 錄

清代以前公家藏書目錄

崇文總目　輯釋五卷　補遺一卷

　　(宋) 王堯臣　歐陽修等撰　(清) 錢東垣等輯釋　民57年　臺北　廣文書局　4册　影印 (書目續編)

　　宋仁宗景祐元年 (1044)，以昭文、史館、集賢三館及秘閣所藏，謬濫不全，命張觀等加以刪補，又令王堯臣等，予以分類編目。共收書三萬零六百六十九卷，三千四百四十五部，依四部分類。各書著錄的款目，包括：書名、卷數、撰注者姓名、略考存佚、撰者及書名簡介。各類之後有一小序。

四庫全書總目提要

卷一

經部總敘

經稟聖裁，垂型萬世，刪定之旨，如日中天，無所容其贊述。所論次者，詁經之說而已。自漢京以後，垂二千年，儒者沿波，學凡六變。其初專門授受，遞稟師承，非惟詁訓相傳，莫敢同異，即篇章字句，亦恪守所聞。其學篤實謹嚴，及其弊也拘。王弼、王肅，稍持異議，流風或信或疑，越孔、賈，稍持異議。及其弊也雜。洛、閩繼起，道學大昌，擺落漢唐，獨研義理，凡經師舊說，俱排斥以為不足信。其學務別是非，及其弊也悍。如王柏、吳澄，攻駁經文，動輒刪改，亦變亂古法，自宋末以逮明初。其學見異不遷，及其弊也黨。如王德、王守仁之學是也。又如王柏、吳澄之類。又各立門戶，別標宗旨，遞相攻擊，勢如讎敵，如二程、朱子之餘派，分為浙學、婺學，互相勝負，夫漢學具有根柢，講學者以為淺陋而不足道，宋學具有精微，讀書者以空疏薄之亦不足道也。消融門戶之見，而各取所長，則私心祛而公理出，公理出而經義明矣。蓋經者非他，即天下之公理而已。今參稽眾說，務持平允，各明去取之故，分為十類，曰易、曰書、曰詩、曰禮、曰春秋、曰孝經、曰五經總義、曰四書、曰樂、曰小學。

經部一

易類一

聖人覺世牖民，大抵因事以寓教。詩寓於風謠，禮寓於節文，尚書、春秋寓於史，而易則寓於卜筮。故易之為書，推天道以明人事者也。左傳所記諸占，蓋猶太卜之遺法，其切於民用者，王弼以下之遺法，其切於民用者，王弼黜象數，說以老莊。一變而胡瑗、程子，始闡明儒理。再變而李光、楊萬里，又參證史事，易遂日啟其論端。此兩派六宗，已互相攻駁。又易道廣大，無所不包，旁及天文、地理、樂律、兵法、韻學、算術，以逮方外之爐火，皆可援易以為說，而好異者又援以入易，故易說愈繁。夫六十四卦，大象皆有君子以，其爻象則多戒占者，聖人之情見乎詞矣，其餘皆易外別傳，非易之本也。今參校諸家，以因象立教者為宗，而其他易外別傳者，亦兼收以盡其變，各為條論，具列於左。

【子夏易傳（十一卷）】內府藏本

舊本題卜子夏撰。案說易之家，最古者莫若是書。其偽中生偽，至一至再而未已者，亦莫若是書。唐會昌初，詔子夏易傳，近無智者令儒官詳定，知幾謂漢志易有十三家，而無子夏作者。至梁阮氏七錄始有子夏易六卷，或云韓嬰作，或云丁寬作，然撰漢書韓易十二篇，丁易八篇，求其符合事殊齟齬，必欲行用，深以為疑。司馬貞議亦曰，案劉向七略有子夏易傳，但

原書已佚，今存輯本。

四庫全書總目　二百卷

　　(清) 紀　昀等奉敕撰　民60年　臺北　臺灣商務印書館　5冊 影印

　　商務印書館民國22年排印本，藝文印書館影印清乾隆刊本。

　　臺北商務版將本書與四庫未收書目及禁燬書目合刊，稱「合印四庫全書總目提要及四庫未收書目禁燬書目」。臺北藝文印書館也翻印此書，將本書與阮元「四庫未收書目提要」及余嘉錫「四庫提要辨證」合刊，共10冊。

　　四庫全書為近世最鉅大的一部叢書，於清乾隆三十八年 (1773) 詔令開設四庫全書館撰修，至乾隆四十七年 (1782) 告竣。得存書三千四百七十種，七萬九千零十八卷，以工楷手抄七部，分置內廷四閣及江浙三閣。另有存目六千八百一十九種，九萬四千零三十四卷。存目書不放置七閣。

　　館臣又將存書及存目共一萬零二百八十九種，十七萬三千零五十二卷書，仿劉向別錄，撮取每書要旨，撰成四庫總目二百卷。

　　按經、史、子、集分類。每部再複分，經部分十類，史部分十五類，子部分十四類，集部分五類。各類下或更分子目，名之為屬 (如目錄類，分經籍之屬，金石之屬)。

　　體制如下：四部之首，各冠以總序，撮述其源流演變，以絜綱領；每類前也各冠以小序，詳述其分併改隸之旨趣，以析條目。各類之末或類下分有子目的，在各類或子目之後，有一行文字，以計部卷數。存目之書著錄於各類目存書之後。

　　每書著錄的次序，首書名，次卷數，次注其版本，然後述著者姓名、爵里，並略考是書的得失。

　　至於同一類屬 (子目) 圖書的排列，以著者年代先後為次，惟歷

代帝王著作，冠於各代之首。如著者年代相同，以歷官或科第可考者依次排列，無可考者，附於各朝之末。

　　清乾隆以前的中國古籍，其未佚者，大都收羅在本書內，因此，本書不啻爲中國古書大辭典，也是我國有史以來最大且最重要的一部解題書目。

　　查閱本書可利用商務版依四角號碼排列的著者索引及書名索引。如查藝文版，可利用附在書後的著者姓名筆劃索引，每一著者姓名下綴有所著書及類別。也可利用燕京大學引得編纂處編印的「四庫全書總目及未收書目引得」。

四庫總目提要／四庫未收書目／四庫全書補正

　　（清）紀　昀　胡玉縉等撰　民70年　臺北　漢京文化事業公司 1168,441面　影印

四庫大辭典

　　楊家駱編撰　民56年　臺北　中國辭典館復館籌備處　1690,441 面　影印

　　民國21年南京辭典館初版。

　　近改由鼎文書局印行。

　　以四庫全書總目著錄存目各書及其著者爲範圍。範圍內的書名、人名各立一條，凡一萬七千條，每條依王雲五四角號碼排列。書名、人名，每條各分三項，每項以〇隔之。書名條三項爲：提要、版本、總目原書中的類次；人名條三項爲：書名、傳記、詳細傳記參考書。書名條的版本一項是四庫總目所缺的，人名條的傳記則較四庫總目詳細。

　　卷首有筆劃索引及拼音索引。附錄：四庫全書總目提要補正六十卷補遺一卷未收書目補正二卷，胡玉縉撰。

　　楊家駱另編四庫全書學典（民國三十五年上海世界書局），也是

著錄四庫總目的書名、人名，按筆劃排列。書名、人名下記載的內容
則與四庫大辭典相同。

四庫提要辨證　二十四卷

　　余嘉錫撰　民　年　臺北　藝文印書館　4冊（978面）　影印

　　民國26年初版十二卷，九七八面，47年增訂版二十四卷，一六○
五面。

四庫全書總目提要補正

　　胡玉縉撰　民70年　臺北　木鐸出版社　441面　影印

四庫全書簡明目錄　二十卷

　　（清）紀　昀等奉敕撰　民50年　臺北　世界書局　2冊（中國
學術名著目錄學名著第1集）

　　與四庫未收書目提要合刊。

　　乃四庫全書總目提要的節本，翻閱較便，惟四庫歸存目者，簡明
目錄從缺，間有與提要不同者。此書對於各書內容提要極為簡明。

　　卷前有楊家駱編「四庫全書綜覽表」，就名稱、編纂機構、數
量、書的類別、人的類別等列表說明。附錄：辦理四庫全書歷次聖
諭，四庫全書在事諸臣職名，阮元四庫提要刊成恭紀，進四庫全書表
文。

　　四庫未收書目提要五卷，清阮元撰，傅以禮重編，一名「揅經室
經進書錄」，按四庫全書總目分類排列。

　　民國六十四年，河洛出版社影印的「四庫全書簡明目錄」，一○
○三面，附有書名及著者索引，依四角號碼排列。

　　民國七十一年洪氏出版社也有影印，除與河洛版相同外，附有「
四庫全書提要箋注」，及胡楚生「四庫提要補正與四庫提要辨正」一
文。胡文內容敍述二書作者生平，並舉例比較二書的優缺點及功用。
該文原收於胡楚生撰「中國目錄學研究」一書內。（民國69年華正書

局出版）

四庫目略

楊立誠編　民59年　臺北　臺灣中華書局　2冊　影印

民國18年浙江圖書館初版。

係將四庫簡明目錄及莫友芝郘亭知見傳本書目，邵懿辰四庫簡明目錄標注三書改編而成。內收各書，依經、史、子、集四部分類排列，每書記載書名、著者、卷數、版本、內容提要四項，欲檢查書的版本，及欲略知書的內容者，以本書爲最便。（錄自中文參考書指南）

喬衍琯批本書「出於邵、莫而不甚可靠」。

四庫著錄元人別集提要補正

劉兆祐撰　民67年　臺北　私立東吳大學中國學術著作獎助委員會　〔12〕，284面（中國學術著作獎助委員會叢書78）

研讀古籍，首重選擇善本。四庫對於元人別集，因所據有的是殘闕本、後世節略本、明以後刻本，或不是傳本，而輯自永樂大典等。因此，四庫總目所著錄元人別集提要，頗多漏略乖錯，尤以版本爲甚。著者乃參稽史傳及歷代藏書目錄，復詳閱今存善本，多所補正。

考訂補正的元人別集，共九十九種，以四庫總目所著錄的爲範圍，不收四庫存目及未收書目。所據四庫總目爲藝文印書館據清乾隆內府刊本影印本。考正各書，其次序一仍四庫總目。

凡引四庫總目原文，均頂格排印。考訂文字，則下二格排印，以醒眉目；兩者的排印字體，也不相同，頗便識別。

書後附錄三種，即：1.引用及參考書目；2.臺灣公藏元人別集善本聯合書目；3.元人珍本別集書影。

續修四庫全書提要

民60年　臺北　臺灣商務印書館　13冊　排印

　　係四庫全書以後，解禁圖書、新發現圖書與新著圖書的提要。由日本的東方文化事業委員會，利用日本退還我國的庚子賠款爲經費編輯而成。本書所收圖書一萬零七十種，爲四庫總目著錄的三倍。按四庫例分經、史、子、集。計經部二三八四種，史部四四四三種，子部二一一五種及集部一一二八種。每條列書名、刊本、卷數、著者及提要，並盡量將撰寫提要者列名於提要之前。書前有「提要簡目」，依類列：書名、卷數及著者。第十三冊爲索引。

　　本書與四庫總目不同者有下列幾點：

　1.佛敎經典四庫所收不過數十種，續四庫則盡量收錄。

　2.道敎書籍四庫收二十種，續四庫收六百種。

　3.明人著述四庫多被刪改或歧視，續四庫特別注意明人著作，四庫不當之評語亦予修正。

　4.小說戲曲四庫未收者，續四庫則重要者盡量收錄。本書的缺點也多，見梁容若：評續修四庫全書提要，國語日報書和人第 245 期，民國63年 9 月14日，頁1—8；也可參見何朋：續修四庫全書提要簡介，書目季刊第 1 卷 1 期，民國55年 9 月，頁58—68。

私 家 藏 書 目 錄

郡齋讀書志　二十卷

　　（宋）晁公武撰　民56年　臺北　廣文書局　6 冊　影印（書目續編）

　　臺灣商務印書館有影印本：分別列入王雲五主編景印四部善本叢刊第一輯第七函，據宋淳祐袁州本影印；人人文庫本特547—550號，4 冊（933面），民國67年 1 月印行。

　　傳本有衢州本及袁州本之別，前者二十卷，後者四卷。廣文版據王先謙校衢州本，附刊趙希弁撰附志二卷。

　　晁志爲今傳最早最完備的私家藏書志。其體制爲首載總序，論所以分四部之由。每部之首，復有小序，先舉每部所分的類名，繼而或論各類的學術源流，或評各時代的學術得失。每部小序之後，即另行冠以類別，繼則著錄書名、卷數、提要。提要的內容，包括：著錄著者的時代，介紹著者的生平及其學術，解說書名的含義，介紹一書的內容，敍述學術的源流，評論一書的價值等。

　　按經、史、子、集排列，經部分易、書、詩經等凡十類，史部分正史、編年、實錄等十三類，子部分儒家、道家、法家等十八類，集部分楚辭、別集、總集三類。

　　本書衢本收一四六一種，袁本收一四六八種。本書可以補宋史藝文志之不足，也是查閱宋以前書籍內容的重要工具書。

　　劉兆祐教授撰有晁公武及其郡齋讀書志（嘉新水泥公司文化基金會研究論文第181種）一書，可參考。

直齋書錄解題　二十二卷

　　（宋）陳振孫撰　民57年　臺北　廣文書局　5册　影印（書目續編）

　　據清武英殿聚珍版影印。

　　民國67年京都中文出版社將本書與郡齋讀書志合刊一册。

　　原書久佚，僅明永樂大典中尚載其完帙。清乾隆開四庫館臣爲之校訂，定爲二十二卷，即今日傳世之本。

　　仿晁志而作，惟體例稍有不同，如不像晁志有總序，每部也無經、史、子、集之名，故也無小序，偶而在每類之後，有一行文字，以述其所以立此類的緣由。與晁志相同者，即每一書之後，均有一段文字，介紹著者生平、書中內容，並略評其得失、眞僞等。

　　按分類排列。將歷代典籍分爲五十三類。雖不標經史子集之名，而考其所列經類，如易、書、詩等十，史類如正史、別史、編年等十

六，子類如儒家、道家、法家等二十，集類如楚辭、總集、別集等
十，其編目次第，仍遵守四部的成規。

與晁志都是查考宋朝以前古書內容的重要參考書。有關討論本書
的論文有：

1.直齋書錄解題札記　喬衍琯，國立中央圖書館館刊新 4 卷第 3
期，民國60年 9 月，頁19—28。

2.陳振孫對圖書分類的見解　喬琯衍，同上館刊新 5 卷第3、4期合
刊，民國61年12月，頁29—32。

3.書錄解題之版刻資料　喬衍琯，同上館刊新 7 卷第 1 期，民國63
年 3 月，頁60—70；同上館刊新 7 卷第 2 期，頁27—31。

4.書錄解題的辨偽資料　喬衍琯，國立中央圖書館館刊新10卷 2 期
，民國66年12月，頁12—21。

5.直齋書錄解題佚文——兼論輯佚和目錄學的關係　喬衍琯，國立
中央圖書館館刊新12卷 2 期，民國68年12月，頁 7 —17。

前五文又收入喬衍琯撰陳振孫學記，民國69年，文史哲出版社印
行。

皕宋樓藏書志　一百二十卷

　(清) 陸心源撰　民57年　臺北　廣文書局　12冊　影印（書目
續編）

據清光緒八年陸心源十萬卷樓刻本影印。

載舊槧舊鈔流傳罕見者，計有宋刊二百餘種，元刊四百餘種，明
刊本、舊鈔本三千餘種。**每書列卷數、刊本、著者、略附解題。**版刻
記載特詳，宋元本的行款缺筆，都加以記載，先賢時賢手迹題識，校
讎年月，悉加登錄，并間錄收藏姓氏印記，未經四庫採入圖書，則附
題解，並載諸書序跋。

書前附日本島田翰撰皕宋樓藏書源流考一卷。

遂初堂書目　一卷

（宋）尤　袤撰　民57年　臺北　廣文書局　1册　影印（書目續編）

與「刊正九經三傳沿革例」合刊。

僅列書名，按經、史、子、集排列，間記著者，偶也記述版本。

並收入商務印書館「叢書集成簡編」。

菉竹堂書目　六卷

（明）葉　盛編　民54年　臺北　臺灣商務印書館　151面　影印（叢書集成簡編）

與「遂初堂書目」合刊。

文淵閣書目　二十卷

（明）楊士奇奉敕撰　民58年　臺北　廣文書局　2册　影印（書目三編）

世善堂藏書目錄　二卷

（明）陳　第編　民58年　臺北　廣文書局　2册　影印（書目三編）

愛日精廬藏書志　三十六卷　續編　四卷

（清）張金吾撰　民71年　臺北　文史哲出版社　2册（52，1535，18面）　影印（中國文史哲資料叢刊）

著者清江蘇昭文（今常熟）人，藏書八萬餘卷，本書卽其藏書書目。先於嘉慶二十五年（1800）擇其中世少留傳的宋元刊本和抄本，編爲「藏書志四卷」，用活字版印行，後又增補此志爲四十卷。每書先列書名、卷數、版本、著者，次輯錄各家文集、經義考、小學考、全唐文中有關的序跋和名人識語，再就原書加以考證、校勘，然後彙集所得，各爲解題。

分類按四庫總目編排，四庫未收的依類附入。各書標目，全依原

本，所增注的時代及撰者，則以陰文區別。

　　影印時加喬衍琯教授敍錄及出版社自編的簡目與書名、著者索引。

虞山錢遵王藏書目錄滙編　十卷

　　（清）錢　曾撰　瞿鳳起輯　民67年　臺北　成文出版社　影印

（收在書目類編第32冊）

　　民國四十七年排印本。

　　錢曾字遵王，江蘇常熟人，清代藏書家，錢謙益的族曾孫。其藏書目錄傳世者有三種：1.也是園藏書目，收書三千八百餘種；2.述古堂藏書目，收書二千二百餘種；3.讀書敏求記，收書六百餘種。本書係據上述三種書目彙編，每書只簡單列出書名、卷數，較詳者列著者或版本。利用本書時須再參考清人管庭芳、章鈺編「錢遵王讀書敏求記校記」（收在廣文書局編「書目叢編」）。

　　書後有書名、著者混合索引，依四角號碼排列。

天一閣書目　十卷

　　（清）阮　元輯　民59年　臺北　古亭書屋　1168面　影印

天一閣見存書目　四卷　卷首一卷　卷末一卷

　　（清）薛福成編　民59年　臺北　古亭書屋　506面　影印

文選樓藏書記　六卷

　　（清）阮　元編　李慈銘校訂　民58年　臺北　廣文書局　3冊

影印（書目三編）

絳雲樓書目　四卷

　　（清）錢謙益撰　　（清）陳景雲注　民58年　臺北　廣文書局

1冊　影印（書目三編）

　　每書列書名、間著撰者、冊數、卷數、版本等。

　　並收入商務印書館「叢書集成簡編」。

鐵琴銅劍樓藏書目錄　二十四卷

　　（清）瞿　鏞撰　民56年　臺北　廣文書局　5冊　影印（書目
叢編）

　　收藏卷數逾十萬，皆宋元刻本及鈔本，至明代止。目錄按四部
排。

季滄葦藏書目

　　（清）季振宜編　民55年　臺北　臺灣商務印書館　81面　影印
（叢書集成簡編）（廣文書局書目五編）（成文出版社書目類編第34冊）

孫氏祠堂書目　四卷　外編三卷

　　（清）孫星衍編　民58年　臺北　廣文書局　3冊　影印（書目
三編）

　　據清光緒九年李盛鐸補刻木犀軒叢書本影印。與「平津館鑒藏書
籍記」「廉石居藏書記」合刊。

八千卷樓書目　二十卷

　　（清）丁　仁編　民59年　臺北　廣文書局　4冊　影印（書目
四編）

文瑞樓藏書目錄　十二卷

　　（清）金星輯編　民55年　臺北　臺灣商務印書館　140面　影
印（叢書集成簡編）（廣文書局書目五編）

梁氏飲冰室藏書目錄

　　國立北平圖書館編　民59年　臺北　古亭書屋　358面　影印

翊羣文庫目錄

　　私立中國文化學院中正圖書館編　民69年　臺北　該館　309面
為顧翊羣藏書。

圖書館藏書目錄

公共圖書館藏書目錄

江蘇省立國學圖書館圖書總目

江蘇省立國學圖書館編　民59年　臺北　廣文書局　15冊　影印

國內圖書館藏書之多，除國立北平圖書館外，當推該館。清末該館曾購置丁氏八千卷樓藏書、武昌范氏木犀香館藏書；民國以後，續增桃源宋氏圖書。

本書編輯甚久，至民國二十五年全部出版，全書分經、史、子、集、方志、叢書六部，四十四卷，共二十四冊，書十九萬八千九百二十二種。

編排依上述六部分類。經、史、子、集仍依四庫，而子目加詳，如史部增專史、史表、金石；子部增商業、交通、哲學、自然科學、社會科學等類。經、集兩部，大致與前人相同。

體例有兩個特點：1.著者注明籍貫；2.一種書因版本不同題名不同的，均一一注明其原書名。

廣文版還包括民國二十五年出版的補編，所收圖書，迄於二十四年底止，得書萬餘種，行款體例，與正編相同。民國三十七年該館又編印存目二十卷，廣文書局也曾影印。廣文版書前冠喬衍琯先生江蘇省立國學圖書館總目讀後記長文。

國立中央圖書館臺灣分館館藏中文圖書目錄（1912—1949）

國立中央圖書館臺灣分館編　民71年　臺北　該館　615,161面

編者曾將館藏資料，先後編爲多種書目，頗便讀者檢尋。本書收錄編者所藏民國元年至三十八年間出版的中文圖書一萬一千種，不包括線裝書及報刊。依中國圖書分類法排列。書後附書名筆劃索引。

國立中央圖書館　國立臺灣師範大學　私立東海大學普通本線裝書書目

國立中央圖書館　國立臺灣師範大學　私立東海大學等合編　民60年　臺北　該館等　118,186,150面

按三個收藏單位分別編列，圖書均照經、史、子、集分類，另加

叢書部，東海大學另加方志部，各書著錄的款目，均包括：書名、卷數、冊數、編著注釋者、版本。罕見彙編圖書，則列舉子目。師大圖書館注明所藏圖書，共計五千二百種，四萬一千餘冊。

國立中央圖書館館藏西文漢學書目

國立中央圖書館編　民59年　臺北　中華叢書編審委員會　211面　(國立中央圖書館目錄叢刊第2輯)

臺灣省立臺北圖書館特藏資料研究室西文圖書目錄

民61年　237面。該館另於50年印行南方資料研究室西文圖書目錄，222面，油印本。

臺灣省立臺中圖書館圖書目錄

臺灣省立臺中圖書館編　民60至67年　臺中　該館　6冊

第一輯收錄該館民國五十二年五月至五十九年六月庋藏中文圖書資料，分三部份編列：普通圖書、參考圖書、臺灣資料。分類採用杜氏「三民主義中心圖書分類法」，各書著錄的款目，包括：書碼、書名、著譯者、出版年、出版地、出版者、冊數及在備注欄內注明複本等項。

第二輯收錄自該館民國三十五年三月接收起至六十年三月止，歷年購贈的日文及西文圖書。日文圖書分類採用國際十進分類法，西文圖書採用杜威十進分類法。各書的編目，西文依書碼、著者、書名、冊數等項著錄之。日文則同第一輯。

第三輯收錄民國三十五年至五十二年入藏的舊分類圖書及五十九年七月至六十一年三月的新購圖書。其分類、編目等，仍與第一輯同。第四輯收錄六十一年四月至六十二年底。第五輯續收至六十四年六月。第六輯續收至六十六年底止。第七輯收錄六十年十月至六十八年入藏外文圖書。

圖書目錄

　　臺北市立圖書館編　民66至69年　臺北　該館　7冊

　　第一輯收錄總館及九所分館，自民國四十七年七月至六十五年六月入藏圖書，第二輯收錄總館及九所分館，自六十五年七月至六十六年六月止入藏圖書，及十六所民衆閱覽室及圖書巡廻車自六十一年五月至六十六年六月止入藏圖書。第二輯附有盲人點字圖書。

　　本書排列，依中國圖書分類法分類。每種書著錄的款目，包括：分類號、著者號、書名、編著者、出版年、出版者、冊（部）數或面數、收藏地點、館存部數等。

高雄市立圖書館圖書目錄（1970—1979）

　　高雄市立圖書館編　民69年　高雄　該館　1冊

　　同年又出版六十九年度高雄市立圖書館新書目錄。

高雄縣立圖書館圖書目錄　第二輯

　　高雄縣立圖書館編　民69年　高雄　該館　380面

臺南市立圖書館中華民國七十年新書目錄

　　臺南市立圖書館編　民71年　臺南　該館　347面

　　同年該館另出版科學技術類及美術類圖書目錄。

大學圖書館藏書目錄

國立臺灣大學普通本線裝書目

　　國立臺灣大學圖書館編　民67年（序）　臺北　該館　497面

　　收錄國立臺灣大學圖書館總館、研究圖書館、文學院聯合圖書室所藏圖書，不論古今刻本，凡屬於綫裝者，一律著錄在內。

　　分類照四部成法，分爲：經、史、子、集四部，另加叢書部。部下再復分類、屬。同類圖書，均依朝代先後排列。叢書著錄原則，凡坊本詳子目者，本書從略，若坊本無此書或有而不同，則爲詳列子目。

　　每種書著錄的款目，有：書名及卷冊數、著者及朝代、版本、藏書處所等。另編「書名人名綜合索引」，將附在補編內刊行。

國立中山大學圖書館中文古書分類目錄（民國二十四年）

　　　梁　格編　民66年　臺北　南天書局　578面　影印

私立東海大學圖書館中文古籍簡明目錄

　　　東海大學圖書館編　民49年　臺中　該館　681,136面

中國醫藥學院圖書館圖書目錄

　　　私立中國醫藥學院圖書館編　民68年　臺中　該館　623面

中國醫藥學院圖書館圖書目錄特藏資料

　　　私立中國醫藥學院圖書館編　民68年　臺中　該館　73面

陸軍軍官學校中正圖書館圖書目錄

　　　陸軍官校中正圖書館編　民60年　高雄　該館　536面

專門圖書館藏書目錄

中央研究院歷史語言研究所普通本線裝書目

　　　中央研究院歷史語言研究所編　民59年　臺北　該所　678,564,9面

　　收錄該所自南京運臺收藏淸代以後刻本及傅夫人移贈該所傅故所長斯年私藏中文線裝書籍。各書依照何日章中國圖書十進分類法分類。各書的著錄，包括：書名、卷數、冊數、編著注釋者、版本。版本的著錄，包括：朝代、元號、紀年、刻者及處所。

國立故宮博物院普通舊籍目錄

　　　國立故宮博物院編　民59年　臺北　該院　316面

　　故宮博物院藏書徙運來臺者逾十五萬冊，其中善本書六萬餘冊，已編爲善本書目，於五十七年刊行。其餘未入善本的淸代以降刻抄圖書（卽該院運臺收藏的殿本、方志、史館、觀海堂各庫的普通本圖書

），彙編成冊，卽是本書。本書的分類，大體依四庫，而做書目答問例增叢書一部。少數體裁特殊的圖書，非四庫所能範圍者，則仿江蘇省立國學圖書館圖書總目例，酌增類目以部次之。

編次以著者時代先後爲序。惟淸人著作，該院所藏以殿本爲多，則仿四庫總目例，以欽定敕撰者冠於前，而後以時代爲次。方志圖書有一千六百餘種，按民國三十六年內政部所頒佈的行政區域，分省府縣編次。不全圖書，概依現存卷數著錄。彙編圖書，凡較稀見或有殊異者，列舉其子目。

國防研究院臺灣省立臺北圖書館普通本線裝書目

國防研究院圖書館　臺灣省立臺北圖書館合編　民61年　臺北　該兩館　126,148面

分二部份。前面部份爲國防研究院圖書館普通本線裝書目。收錄該館淸初至民國三十七年前出版的普通線裝書。間有明刻本數種。圖書分類採用中國圖書分類法。各書的編目，依次爲書名、卷數、著者、版本、附注等項，附注爲著錄有無評點，及書的存缺卷數等，彙編的罕見叢書則附列子目，藉便查閱。後面部份爲臺北圖書館普通本線裝書目。共收二千一百四十八種，也依劉氏分類法排列。每種書首列書名，依次爲卷數、著者、出版年、出版者、備注等項。書有殘缺卷數，於備注內注明。

國防研究院圖書館圖書目錄

國防研究院圖書館編　民56年　臺北　該館　1冊

民國49年出版第一輯。

中國國民黨中央委員會圖書館圖書分類目錄

中國國民黨中央委員會圖書館編　民46年至66年　臺北　該館　5冊

該館在蘇德用館長任內編輯很多次藏書目錄。如民國四十二年七

月編中國國民黨中央委員會圖書館圖書目錄初稿，爲油印本。民國四十三年三月出版續編，也是油印本。民國四十四年又印該館中西文新書目錄，也是油印本。（國立成功大學圖書館均有收藏）

第一輯甲編第一次於四十六年四月印行。收錄民國四十三年十二月底該館入藏的中文圖書。圖書分類採用杜定友三民主義中心圖書分類法。每一種書著錄的款目，包括：分類號、書名、卷數、所屬叢書、編著者、出版者、出版年、裝訂、冊數等。附參考書目錄。

甲編第二冊於五十二年三月印行。收錄四十四年至五十年十二月底入藏的中文圖書及期刊合訂本。分類、編目同第一冊。附參考書目錄及期刊合訂本目錄。

民國五十九年六月印行第三輯，卽繼續甲編第一、二冊，收錄該館五十一年一月至五十八年十二月入藏中文圖書，及三十九年十月至五十八十二月庋藏西文圖書。殿附參考書目。本書的分類，中文仍採用杜法，西文則採用杜威十進分類法。體例同甲編第一、二冊。

民國六十四年出版第四輯，名爲補不足齋藏書，卽據前考試院長孫科全部藏書彙編而成。

民國六十六年九月出版第五輯，收錄的圖書，包括中文、外文及中西文期刊。另外，該館在民國六十三年出版「中國國民黨中央委員會圖書館代管中山文化敎育館圖書目錄」一冊。

圖書目錄

中國國民黨中央委員會大陸工作會匪情資料供應中心編　民61年
臺北　該會　3冊

北京人文科學研究所藏書目錄　續目

北京人文科學研究所編　民59年　臺北　古亭書屋　4冊
（1840面）　影印

圖書目錄　第一編

立法院編譯處編　民30年　該處　581面　油印本

考試院圖書館圖書總目錄

考試院圖書館編　民66年　臺北　該館　612面

交通各機關圖書目錄彙編

交通部等編　民51至54年　臺北　該部等　11冊

收交通部及所屬各單位收藏圖書，按機關分開排列。

國防部圖書館圖書目錄　第一輯

國防部圖書館編　民67年　臺北　該館　555面

限於中文普通圖書，不包括軍事、外文及參考圖書。

財政部圖書室圖書期刊目錄

財政部圖書室編　民61年出版第一輯，65年出版第二輯

第二輯附有該室所藏財經類期刊中文賦稅論文索引。

國防部圖書館叢書目錄

國防部史政編譯局編　民69年　臺北　該局　502面

蒙藏委員會圖書暨微捲目錄　第一輯

蒙藏委員會編　民64年　臺北　該會　1冊

微捲資料包括：邊政公論、蒙藏委員會公報、民衆日報、蒙藏月報、蒙藏旬刊、邊事研究、邊政月刊、邊疆半月刊等。

國立教育資料館圖書目錄

國立教育資料館編　民70年　臺北　該館　620面

國父紀念館孫逸仙博士圖書館第一閱覽室圖書目錄

國父紀念館編　民68年　臺北　該館　164面

臺灣電力公司圖書暨資料目錄

臺灣電力公司企劃處編　民65年　臺北　該處　474面

臺灣省文獻委員會圖書目錄

臺灣省文獻委員會編　民70年　臺中　該會　455面　增訂本

經部　第三書類

第三書類

古文尚書殘一卷　存第十一　漢孔安國傳　昭和十年東方文化學院京都研究所用觀智院藏元亨三年鈔本景照

尚書殘一卷　存卷第六對解說　中原康隆鈔本景照

古文尚書殘一卷　存卷第四　用西域考古圖國語本景照　大正十三年東京東洋文庫用元德二年東洋文庫義刊本第五

尚書殘五卷　存卷第三第四　漢孔安國傳　昭和十二年東方文化學院京都研究所用東京文理科大學藏鈔本景照

尚書殘二卷　存卷第五　漢孔安國傳　昭和十一年清原宣賢鈔本景照　用東京藤田氏古梓堂藏鈔本

尚書殘二卷　存卷第七第八　漢孔安國傳　昭和十一年清原宣賢鈔本景照　用東京岩崎氏藏鈔本景照

尚書殘一卷　存卷第九　漢孔安國傳　昭和十一年東方文化學院京都研究所用東京小島氏藏鈔本景照

尚書殘三卷　存卷第十一第十二第十三　漢孔安國傳　昭和十一年東方文化學院京都研究所用東京內藤氏藏鈔本景照

尚書殘一卷　存卷第十三　漢孔安國傳　昭和十一年東方文化學院京都研究所用東京內藤氏藏鈔本景照

尚書殘三卷　京都帝國大學藏鈔本景印　昭和十三年清原宣賢鈔本景照　用東京內藤氏藏鈔本景照

尚書殘二卷　用清原宣賢鈔本景照　大正十三年京都帝國大學藏鈔本景印

尚書殘二卷　京都圖書館藏鈔本景印　昭和十三年東方文化學院京都研究所

尚書殘一卷　京都圖書館藏鈔本景印　昭和十一年東方文化學院京都研究所

尚書殘二卷　京都圖書館藏鈔本景印　昭和十一年東方文化學院京都研究所

尚書殘一卷　京都帝國圖書館藏鈔本景印　昭和十一年東方文化學院京都研究所

尚書殘二卷　景大英圖書館藏鈔本景印　昭和十一年東方文化學院京都研究所

尚書殘卷　鈔大英博物館藏鈔本景印　民國十七年東方學會用數煌石室及日本

尚書殘卷　清顧頡玉森　民國十七年東方學會用數煌石室及日本

古文尚書殘一卷　漢孔安國傳　昭和十年仙臺武內氏用伊勢神宮文庫藏鈔本

古文尚書殘十三卷　漢孔安國傳　昭和十年仙臺武內氏用京都藤田氏

尚書發一卷　漢孔安國傳　民國七年上虞羅氏用京都神田氏藏鈔

尚書發三卷　漢孔安國傳　大正七年東京東洋文庫用

尚書發五卷　漢孔安國傳　昭和九年東京文部省

尚書發一卷　存卷第十四第十三　漢孔安國傳　昭和十年東京文部省

尚書發一卷　存卷第十二　漢孔安國傳　昭和十年東京文部省

尚書發一卷　存卷第十三　漢孔安國傳　昭和十年東京藤田氏古梓堂藏鈔本景照

尚書發一卷　存卷第十三　漢孔安國傳　昭和十年東京藤田氏

古文尚書十三卷　野氏藏鈔本景照　漢孔安國傳　昭和十年東方文化學院京都研究所用東京內

古文尚書十三卷　亭文庫舊藏鈔本景印　漢孔安國傳　昭和十四年東方文化研究所用東京內野氏毎

尚書十三卷　日本清原宣條校　漢孔安國傳　寬延四年皇都書林風月莊左衛門等刊本

尚書十三卷　門等刊本　漢孔安國傳　日本清原宣條校　天明八年皇都書林風月莊左衛

尚書十三卷　日本刊本　漢孔安國傳

尚書釋音二卷　唐陸德明撰　光緒元年江山劉氏用宋本景刊

尚書正義二十卷對解題　唐孔穎達等疏　唐陸德明撰　解題日本內藤虎次郎撰　昭和四年大阪毎日新聞社用宮內省圖書寮藏宋本景

又

尚書正義二十卷　印　祕籍大觀第二集　漢孔安國傳　唐孔穎達等疏　弘化四年熊本藩時習館用足

尚書正義殘卷　存卷第一第十第十一　漢孔安國傳　唐孔穎達等疏　東方文化研究所用東京藤田氏古梓堂文庫藏鈔本景照　昭和中

尚書正義虞書五卷對校勘記五卷　漢孔安國傳　唐孔穎達等疏　昭和十四年東方文化研究所經學文學研究室排印本　十三經注疏定本之一

尚書正義虞書五卷對校勘記五卷　撰校勘記　昭和十四年東方文化研究所經學文學研究室校定本

尚書正義虞書五卷對校勘記五卷　撰校勘記　昭和十五年東方文化研究所經學文學研究室校定本之二

尚書正義夏書一卷商書一卷對校勘記五卷　經學文學研究室校定補撰校勘記　昭和二十年大阪全國書房景印本

尚書正義夏書一卷商書一卷對校勘記四卷　撰校勘記　昭和二十年大阪全國書房景印本　東方文化研究所排印本

尚書正義周書五卷對校勘記五卷　漢孔安國傳　唐孔穎達等疏　昭和十五年東方文化研究所排印本　十三經注疏定本之一

撰校勘記　昭和十六年東方文化研究所研究報告第十四冊　漢孔安國傳　唐孔穎達等疏　日本東方文化研究所經學文學研究室校定本及

版　經學文學研究室校定併撰校勘記　三經注疏定本之二　漢孔安國傳　唐孔穎達等疏　日本東方文化研究所經學文學研究室校定本　東

民國40年初版。

臺灣省訓練團圖書目錄

臺灣省訓練團編　民36年　臺北　該團　198面

國民大會圖書館圖書目錄

國民大會圖書館編　民55年、58年、61年，共出三輯。

臺北市議會圖書館圖書目錄（中文部分）

臺北市議會秘書處編　民69年　臺北　該會　288面

學前教育資料館圖書目錄

信誼基金會學前教育資料館編　民70年　臺北　該館　226面

附　錄　國外漢學研究機構藏書目錄

京都大學人文科學研究所漢籍分類目錄

京都大學人文科學研究所編　民70年　京都　人文科學研究協會出版　同朋社發售　2冊（1429,505面）

日本收藏中國古籍的機構，有以善本聞名者（如靜嘉堂文庫、內閣文庫、天理圖書館等），亦有以近、現代史籍聞名者（如東洋文庫），其中不以宋元稀見刊本炫世，而以注重一般實用古籍聞名者，首推京都大學人文科學研究所。

該所於昭和三十八年至四十年（1963—1965）編印「京都大學人文科學研究所漢籍分類目錄」二冊，收錄近五萬部中文古籍。該書目在目錄學上的特點是分類的準確性，叢書編有分析款目，近人著作另立新學部，按日本十進分類法排列，書名及著者索引按筆劃排列等。因此，該書出版後，頗受國際漢學界及漢學收藏機構的重視。

本書據該所昭和三十八年版書目改訂與補充而成。收編昭和五十一年（1976）以前中國古籍（部分圖書收至昭和五十三年，如四庫珍本第八集），其中大部分是清朝以前的刻本、抄本、批校本、影印

本，部分民國以後出版的重排本、標注本、影印本及文史目錄學著作。

全書按分類排列，計分爲經、史、子、集、叢書五部。每部下再細分。叢書部後附五種文庫（松本文庫、村本文庫、內藤文庫、中江文庫、矢野文庫）的漢籍目錄。各書著錄書名、卷數、編撰者、出版年月、出版者、版本。對書名及版本的記載較其他漢籍書目詳備、正確。

本書與昭和三十八年版在分類與編目上略有不同，如：1.每種書加冊數，並改正前編書名、卷數、版本的缺失；2.取消新學部；3.增加新類目，計有史部第十五金石類增縑帛簡牘之屬，集部第二別集明之屬，細分爲明初之屬、明中葉之屬、明季之屬三類；4.叢書依叢書總名分類與編目，再列舉包含的子目，俾利用者可知叢書的內容。前編則將叢書子目各立一條，歸入各類；5.下冊仍爲書名及人名索引，惟人名索引中官撰部分，將「帝后官撰」改按一般姓氏著錄（如唐太宗改爲李世民），併入一般人名索引排列（如唐太宗改爲七劃李）。

本書在日本頗具影響力，其分類、編目、檢字方法等，均爲收藏漢籍機構所仿效。

東京大學東洋文化研究所漢籍分類目錄

　　東京大學東洋文化研究所編　民62年　東京　該所　2冊（第一冊1174面，第二冊473面）

　　體例與京都大學人文科學研究所漢籍分類目錄完全相同。

靜嘉堂文庫漢籍分類目錄

　　靜嘉堂文庫編　民58年　臺北　古亭書屋　1251,244面　影印

　　大部份爲陸心源舊藏甌宋樓、十萬卷樓藏書。

東洋文庫漢籍叢書分類目錄

　　東洋文庫編　民55年　東京　該文庫　1冊　增訂本

民國33年出版初編本，共807面。

東洋文庫所藏漢籍分類目錄　經部

東洋文庫編　民67年　東京　該文庫　65,15面

內閣文庫漢籍分類目錄

內閣文庫編　民59年　臺北　古亭書屋　598,125面　影印

據1955年內閣文庫版影印。

東洋文庫近代中國研究室中文圖書目錄

東洋文庫近代中國研究中心編　民54至59年　東京　該文庫　3冊

民國30年又出版第三輯，共207面。

東洋文庫近代中國關係圖書分類目錄日本文

近代中國研究委員會編　民62年　東京　東洋文庫　343面

同年出版索引一冊，二三五面，分書名及著者索引兩種。

東洋文庫所藏近代中國關係圖書分類目錄中國文

近代中國研究委員會編　民64年　東京　東洋文庫　366面

東洋文庫別置近代中國關係歐文圖書目錄

東洋文庫近代中國研究委員會編　民63年　東京　該文庫　286面

尊經閣文庫漢籍分類目錄

尊經閣文庫編　民　年　臺北　古亭書屋　1150面　影印

民國37年初版，38年出版書名索引一冊，一一九面。

大阪府立圖書館漢籍分類目錄

大阪府立圖書館編　民62年　大阪　清文堂出版　3冊

名古屋市蓬左文庫漢籍分類目錄

蓬左文庫編　民64年　名古屋　該文庫　269,39面

悠然樓漢籍分類目錄

大谷大學圖書館編　民66年　京都　該館　182面

東北大學所藏和漢書古典分類目錄

　　東北大學附屬圖書館編　　民64年　　日本仙臺　　該館　949面

神戶大學附屬圖書館漢籍分類目錄

　　神戶大學附屬圖書館編　　民64年　　日本神戶　　該館　566面

長崎大學附屬圖書館經濟學部分館漢籍分類目錄

熊本大學附屬圖書館落合文庫漢籍分類目錄

　　東京大學東洋文化研究所編　　民69年　　東京　　該所　224,34,37面（漢籍所在調查報告）

新潟縣立圖書館漢籍分類目錄

新發田市立圖書館漢籍分類目錄

　　東京大學東洋文化研究所編　　民71年　　東京　　該所　231,30,40面（漢籍所在調查報告）

和刻本漢籍分類目錄補正　附書名索引。校點者索引

　　長澤規矩也編　　民69年　　東京　　汲古書院　129面

加州大學東亞圖書館藏書目錄　(Author-Title and Subject Catalog of the East Asiatic Library, University of Califonia)

　　美國加州大學東亞圖書館編　　民57年　　美國加州　　該館　19冊

　　將加大東亞圖書館的藏書輯為一目，其中以中文為主。標題目錄六冊，著者與書名分列式目錄十三冊。均照標題、著者、書名、書名的英文字母順序（或羅馬拼音）排列。所收的資料包括：圖書、期刊、官書、小冊子、公報、微捲書刊。每種資料均是圖書館編目卡片形式。

　　書評：最近出版的加州大學東亞圖書館藏書目錄　黃仲凱，國立中央圖書館館刊新第2卷4期，民國58年4月，頁141—143。

The Library Catalogs of the Hoover Institution on War,

Revolution, and Peace, Stanford University, Catalog of the Chinese Collection

　　美國胡佛研究所圖書館編　民58年　美國　該館　13册

　　該館以收藏近代及現代中國有關革命、戰爭的圖書資料豐富，聞名於世。其中歷任館長，如吳文津、馬大任等，功不可沒。

　　收該圖書館藏書，包括：中文圖書、期刊、小册子、地圖、微捲及其他視聽資料，期刊不詳細注明卷期，不收報紙及檔案資料。

　　照標題、書名、著者的字典式排先後。以圖書館目片形式排印。

美國哈佛大學哈佛燕京學社漢和圖書館漢籍分類目錄

　　裘開明編　民28年　美國麻省　該館　3册

　　第一册爲經類，第二册爲宗教哲學類，第三册爲歷史科學類。每類下再酌予細分。

葛思德東方藏書庫書目

　　白炳騏　I.V.Gills合編　民30年　北平　4册

　　爲美國新澤西州普林斯頓葛思德東方圖書館藏書目錄。全書共收六七三八種，約十萬餘册。其中包括很多罕見傳本及有關醫學的書籍。

　　美國各大學編印亞洲圖書館（或東方部圖書館）藏書目錄者，較重要的還有密西根大學（1978）、支加哥大學（1973），另有美國國會圖書館（1973）亦編遠東語文圖書目錄；以上三種圖書目錄均以中文爲主。三種書目均由美國 G.K. Hall & Co. 印行。

海外漢學資源調查錄

　　汪雁秋編　民71年　臺北　漢學研究資料暨服務中心　521面

　　收錄海外收藏漢學資料的機構二八八所，包括三十三個國家二地方。其中亞太地區一二三單位，亞西地區一七單位，歐洲地區五七單位，北美地區八四單位，中南美洲地區六單位。收藏單位著錄的款

目：館名、地址、 負責人姓名、 館藏統計、特藏 、 分類法與編目規
則、出版品等。藏書統計資料截至民國六十九年七月止。書後有中英
文機構名稱索引。

　　本書正文中有三篇敍述海外漢學圖書資源的論文，附錄中有七篇
報導漢學研究的概況，頗有參考價值。茲列舉其論文名稱及著譯者如
下：

　　王省吾撰　薛吉雄譯：澳洲圖書館的東亞語文圖書。

　　島田正郎撰　王芳雪譯: 日本有關東洋學中之中國學 的研究資源。

　　錢存訓撰　薛吉雄譯: 美國圖書館建立東亞研究館藏之發展趨勢。

　　李毓澍：日本東京有關中國近代史資料的收藏及近代中日關係史
研究的概況。

　　林明德：韓國漢學之興衰與展望。

　　應裕康、姜道章：新加坡漢學研究的現況。

　　畢英賢：蘇俄的「中國研究」（漢學）。

　　何沛雄：英國的漢學研究。

　　李國祁：當前西德中國學研究及圖書收藏之實況。

　　郭成棠撰　黃端儀譯：美國各圖書館現藏之東亞資料。

第三章 索 引

索 引 的 意 義

何謂索引？蔡武在漢學索引發展史簡編一文說：「索引亦稱引得，通檢。舊稱韻編、索隱、檢目、便檢或備檢。它是將書報中提到的人名、地名、物名、事名、書名、篇名或其他主題名稱，依照一定的排列方法（如筆劃、字順、拼音、四角號碼或分類）作成條目，並注明其在書報中的出處，或所在的地位、卷頁；這樣一個簡明的表或序列，叫做索引。」（人與社會第一卷第三期）

現將上文詮釋如下：索引二字，中國無此名稱。國人使用這二字，是沿用日人翻譯而來。辭源「將書籍之內容，別爲目錄，以便檢索者，日本謂之索引」。

索引被稱爲引得，始於民國十九年北平燕京大學成立哈佛燕京學社引得編纂處，編印多種書籍索引，都稱爲引得，如「說苑引得」「崔東壁遺書引得」「水經注引得」。蓋引得一詞，就是英文 Index 的音譯，取其意義與相近的緣故。洪業引得說：「引得一辭，乃從英文之Index一字翻譯出來的。……英文中之Index原意謂指點（故食指亦謂Index），假借而爲一種學術工具之名。日本人譯之爲索引，中國人沿用日譯，或轉變而爲索隱。我們改譯作引得，不過以其與西人原詞之音與義較近而已。」

索引被稱爲通檢，始見於清光緒五年（1879），黎永椿編的說文通檢，但是廣被採用，則爲民國三十二年以後，北平中法漢學研究所出版的通檢叢刊，如「戰國策通檢」「淮南子通檢」。

索引舊稱韻編是不錯的，如清人汪輝祖編有史姓韻編，將二十四

史中的人物，依韻編次。清人李兆洛也編有歷代地理志韻編，范志熙編有四庫全書總目韻編。

　　洪、蔡兩先生均認為索引與索隱相同，不盡然。索隱二字，本出於易經「探賾索隱，鉤深致遠」。唐時司馬貞撰史記索隱，其自序中稱「探求異聞，採摭典故。解其所未解，申其所未申」，究其意義，實與注釋箋疏的意義相同。臺北某出版社出版圖書，常在書名附加索隱二字，實即目次而已。

　　索引的對象，包括圖書、期刊、報紙等。而圖書範圍包括單篇論文組成的個人文集（別集）和總集；及今日頗流行的論文集，其又分成機關成立週年文集、生日退休逝世紀念文集、學術會議報告集、為某一主題而定的論文集。

　　蔡氏所舉索引的排列方式，有筆劃、字順、拼音、四角號碼或分類等。事實上，舊索引的排列法，一用官編韻書，一用部首。今日書籍索引，較流行筆劃檢字法，商務印書館編印的工具書，所附索引都照四角號碼排列，期刊索引通常照分類排列，也有少數按照標題順序的。

　　中國索引的檢字法，不論按筆劃、部首、四角號碼、中國字庋擷法等，均有缺點。西洋人的索引，如同字典一樣，都按照字母順序排列，日本人的索引，也常照五十音順排列，所以我們也希望國人編的索引最好能採用注音符號，以常用的二十一個聲母和十六個韻母，規劃為三十七個部類。最近王爾敏編的中國文獻西譯書目，魏秀梅編的清季職官表附人物錄，其輔助索引，即照注音符號排列。

　　附記：關於索引、引得與書目的異同，民國六十六年在中央日報上曾有討論，見三月二日李有成「引得與索引」，同月二十八日應裕康「『引得與索引』之外」，四月二十五、二十六日李有成「引得、索引、書目」三文。此三文刊登後，筆者曾問喬衍琯先生的意見，彼還是維持民國六十二年在筆者編輯的一本書

上的序文所說的意見，即：「按字順排列的，方是索引或引得，如果是分類的，
宜稱爲『篇目』，或分類目錄」。

索 引 的 歷 史

　　我國索引的編輯，不如書目有悠久的歷史。如指西洋式附錄於書
後的列表，則在明末崇禎十五年（1642）耶穌會士陽瑪諾譯印的聖經
直解一書附錄的中文索引，是中文書附有索引的第一部。（見明清間
耶穌會士譯著提要頁二十三）　十年後（1652）蔡烈先編成「本草萬
方鍼線」，也是一種書後索引。本草指李時珍編的「本草綱目」，共
五十二卷。全書收藥物一千八百多種，在各種藥物名下注明其產地、
形態、藥性、功用等。而且常附以該藥爲主藥的歷代方劑（藥方）一
個或數個，合計藥方一萬多個。這些藥方分散在各種藥品之下，查找
起來十分不便。清初蔡烈先將一萬多藥方作一番穿針引線的工作，編
成「本草萬方鍼線」八卷，使人利用它可得知：治療某病症有那些藥
方，這些藥方分別見於「本草綱目」某卷某頁。明崇禎十五同年傅山
編輯了幾種人名索引，如春秋人名韻、地名韻、國策人名韻、兩漢人
名韻。這是屬於獨立單行的專書索引。兩漢人名韻係將漢書及後漢書
中見於紀、傳、表、志等的人名傳記資料，依人名末字的音韻，將同
韻的末字羅列在一起，編輯成冊。清代的書籍索引較有成績，如汪輝
祖的史姓韻編，李兆洛的歷代地理志韻編，莊鼎彝的兩漢不列傳人名
韻編，黎永椿的說文通檢，范志堅的四庫全書總目韻編，蔡啓盛的皇
清經解檢目，三家村學究編的檢字一貫三等。（參見蔡武漢學索引發
展史簡編）

　　清朝對於索引的實踐與理論的闡發，都有兼顧。前者已如上述，
後者指章學誠（1738—1801）在校讎通義一書，提倡編索引的理論，
如該書辨嫌名第五「欲免一書兩入之弊，但須先作長編，取著書之

人，與書之標名，按韻編之，詳注一書原委於其韻下。但須按韻稽之，雖百人共事，千卷雷同，可使疑似之書，一無犯複」。該書條理第七之三又稱「校讎之先，宜盡取四庫之藏，中外之籍，釋其中之人名地號，官階書目，凡一切有名可治，有數可稽者，略仿佩文韻府之例，悉編爲韻，乃於本韻之下，注明原書出處，及先後篇第，自一見再見，以至數千百，皆詳注之，藏之館中，以爲羣書之總類。至校書之時，遇有疑似之處，卽名而求其編韻，因韻以檢其本書，參謀錯綜，卽可得其至是」。章學誠不但提出編輯索引的理論，還自己實際編索引，鼓勵親友編輯綜引。

　　民國以後，索引的編輯，不論在種類、數量及技術方面，較清代進步多了。

　　以書籍索引來說，民國十九年成立的哈佛燕京學社引得編纂處，在短短的數年內，在洪業的領導下，編印了六十一種書籍索引及二種期刊索引，貢獻最大。其次推中法漢學研究所自民國三十二年起，在聶崇岐主持下，在北平陸續編印了十五種書籍索引。這些索引，都注明卷頁，不像清朝的索引，大部分只錄篇目。

　　以期刊索引來說，民國十二年六月，清華學校政治學會出版的政治書報指南，包括有政治學書目及論文索引；十三年六月，該校教育學社出版的教育論文索引，收民國元年至十二年，四十多種雜誌報章上的論文；十四年十二月，該校清華學報第二卷第二期載有駱啓榮編二十年來中文雜誌中生物學記錄索引，這三種是中國較早的專科論文索引。民國十八年至二十五年是我國索引事業最發達的階段，國立北平國書館編印的國學論文索引，陳碧如等編的文學論文索引，金陵大學農業歷史組編的農業論文索引等三種，是民國三十八年以前編輯體例較佳，蒐羅最廣的專科論文索引。

　　綜合性的期刊索引，民國十六年七月，在上海的日本人編印的支

那研究第十四期上有「主要中國雜誌記事索引」，同年出版的第十五期，再加上三種重要的報紙：時事新報、民國日報及申報的重要記事，易名為「主要中國雜誌新聞記事索引」。至於國人自編的綜合性期刊索引，最著名的首推十九年二月創刊的人文月刊，每月附載的「最近雜誌要目索引」。該索引的編輯計劃，始於十三年七月，由黃炎培、馬儔卿、史量才等人議創甲子社，該社主要工作即剪貼各重要報紙上的史料，以及編輯日報雜誌要目索引；其次為二十二年十一月，中山文化教育館創刊的期刊索引，每期收錄期刊二百至五百種不等，按月刊行。嶺南大學圖書館在二十四年出版中文雜誌索引二巨冊，按標題排列。

　　近三十年來國人也編了不少索引，據筆者所編的全國索引編輯研討會參考資料（民國六十六年出版）一書所載，從三十六年至六十六年在臺新編的索引有一百九十八種。

　　以書籍索引來說，成文出版社及中文資料中心的成績，最為可觀，約有十五種，重要者有：國語引得、李賀詩引得、韋應物詩注引得、唐律疏議引得、人物志引得等。

　　以期刊索引來說，張其昀最先注意到這一點，如：中文雜誌論文索引、日報論文索引、期刊論文索引等，及章羣編的民國學術論文索引，都是由張先生倡導的。其次為包遵彭在國立中央圖書館館長任內編印的幾種索引，如：中國近二十年文史哲論文分類索引、中華民國期刊論文索引、中文報紙文史哲論文分類索引、中國近代人物傳記資料索引等，其中以第一種應用頗廣。前述中文資料中心也出版三種期刊索引，即：財政論文分類索引、貨幣金融論文分類索引、經濟論文分類索引，卷帙最巨，體例完善。其他如臺灣大學圖書館編的中文期刊論文分類索引，師範大學圖書館編的教育論文索引，臺灣省文獻委員會編的臺灣文獻分類索引，中華農學會等編的臺灣農業文獻索引

等，創刊的歷史都二十年了。

　　在香港方面，以個人努力的成績較爲可觀，如黃福鑾編的史記索引、漢書索引、後漢書索引、三國志索引等，均按分類排列；余秉權的中國史學論文引得，按著者筆劃排比，其續編則在美國出版。

　　日本人編輯漢學索引的歷史由來已久，早在明治四十五年（1912），日本文部省圖書局就曾爲古今圖書集成編了一部篇目索引，名爲：古今圖書集成分類目錄，大正十年（1921），森木角編了一部四書索引，後又續編五經索引，迄今日本到底編了多少漢學索引，據蔡武在「漢學索引發展史簡編」一文估計，約有一百數十種，據鄭恆雄編「漢學索引總目」統計，約有一百五十餘種，又據民國六十六年稻村徹元撰「索引の說」統計，書籍索引共八十三種，由於各家收錄標準不一，統計數字不一致，保守的估計，約在一百五十種以上。

　　民國以來，編輯索引的成績，遠超過書目的成就。回顧過去索引發展的軌跡，筆者認爲下列四點是目前可以先改進的地方：

　　1.編輯索引，枯燥無味，大多數人不願去做，卽使有人做了，出版費用也成問題。要有績效，最好成立專門機構經營。如過去的哈佛燕京學社引得編纂處、中華圖書館協會索引委員會。近三十年，迄無編輯索引的專門機構，或研究索引的團體。日前黃章明在出版與研究半月刊上撰文，呼籲成立索引學會，規劃、協調索引編輯工作，研究、改進索引編輯技術，使編輯索引的人，能互通消息，避免重復。更積極的作法是成立一個執行機構，專門負責索引的編輯工作，可以仿照前燕京大學的辦法，附在某大學內，或由企業家撥出經費，委託較具規模的大學來主持。

　　2.附原著刊行，列在書後的索引，以商務印書館編得最多，該館出版的工具書都在書後附編索引，按四角號碼排列，如十通、佩文韻府、辭源、歷代名人年里碑傳總表等，卽使普通書，如浙江、廣東、

湖南等省通志和嘉慶重修一統志等也附有索引（見喬衍琯索引漫談一文），我們希望其他的出版社都能仿效。

3.目前國內期刊索引的編輯，在資料的捨上頗有些缺陷。編輯索引的初步工作之一，首先須對期刊的價值作一評估，決定是否收入。索引的好壞，不是以收錄期刊的多少、收錄篇目的多少取勝，而是視重要論文資料有否遺漏。目前有些綜合性報刊索引，由於收錄沒有標準，有聞必錄，造成很多讀者據索引找資料，結果常大失所望。

編輯期刊索引，學報、學術期刊及多人合著的學術論文集，才是最佳的材料。國內編輯的索引，對學報、學術期刊的處理尚無問題，獨對論文集，尚缺妥善的處理辦法，都當圖書編目。目前的期刊索引，以國立中央圖書館按月刊行的中華民國期刊論文索引（近將編印彙編本），收錄最爲完備，惟只限於期刊論文，我們希望能擴大收錄範圍，增收論文集及會議報告中含有論文者。屆時刊名「期刊論文」四字酌予改動。

4.摘要的功用已超過索引之上，尤其是論文摘要，對於學術研究工作最爲迫切需要，師範大學圖書館編的敎育論文索引，已改爲敎育論文摘要，發行以來，頗獲好評，我們希望其他專科論文索引，也能仿效，可先從著錄學術刊物的論文着手。

索 引 的 種 類

索引的種類很多。如以資料的排比分，有：分類索引、標題索引、著者索引、篇名或書名索引、字典式索引；如以資料的內容分，有：人名索引、地名索引、書名索引、時名索引、物名索引；如以資料的時間分，有：收錄過去出版資料的追溯性索引，收錄新出版資料的現刊資料索引；如以資料的範圍分，有：專收一種書籍，一種期刊或一種資料的索引，也有收錄若干書籍，若干種期刊或若干種資料的索

引。

本書將索引按資料的形式分，計分爲索引的索引，期刊索引、報紙索引、書籍索引、文集索引等五種。

索 引 的 索 引

漢學索引總目

鄭恆雄編　民64年　臺北　臺灣學生書局　**11,100**面

收錄淸末至民國六十四年四月底，國內外出版的中文索引及外文有關漢學索引。其中書籍索引三百七十六種，期刊索引三百七十三種，報紙索引二十五種，西文關於漢學索引十六種，共九百七十種。

全書分四大類：書籍索引、期刊索引、報紙索引、西文關於漢學索引。每類再酌予細分。同類者，依筆劃多寡排列先後，西文則以英文字母爲序。每種索引著錄的款目，包括：書名、編輯者、出版時、出版者、版次、頁次、叢書注、附注、影印資料、書評資料等。如索引係附於報刊中，則注明刊名、報名、卷期、起訖頁次等。

書後附有著者索引，依姓名筆劃排列。

書評：「漢學索引總目」評介　宋建成，中國圖書館學會會報第**27**期，民國64年 **2** 月，頁55—56。

期 刊 索 引

期 刊 的 意 義

期刊指按期刊行的出版品而言，可分爲下列二類：

1.定期出版的刊物 （如三日刊、週刊、旬刊、雙週刊、半月刊、月刊、雙月刊、季刊、半年刊、年刊）

2.不定期出版的刊物 （如各學會、研究機關、文化機關及民衆團

體出版的學報、集刊、會報、會誌、通訊）

　　國人的觀念，期刊指雜誌而言。如圖書學大辭典，收有雜誌一詞、而無期刊一詞，對雜誌的解釋是：「雜誌乃定期出版物，如週刊、旬刊、半月刊、兩月刊、季刊、半年刊、年刊。凡出版有一定之期限者，均得謂之雜誌。按英文Magazine（雜誌）一字，原本倉庫之意，蓋以雜無所不載，故以名之。雜誌雖無所不載，然亦非漫無限制，蓋各雜誌有各雜誌之宗旨，以表明其使命而劃清其範圍，如斯於選材上方不致茫無邊循，於閱者方不致無所選擇，是故雜誌亦有類別焉。」

　　美國Serial一詞，國人譯為叢刊，其定義據美國圖書館協會印行術語名詞字典（A.L.A. Glossary of Library Terms）稱：叢刊是在一定的時間距離陸續印行的出版物而連續不停，其中包括期刊、年刊（報告、年鑑）、學報、議事錄，以及社團刊物等，如此則叢刊的範圍比期刊廣得多。再照美國國會圖書館印行 Serial Titles Newly Received的序言中詮釋，凡在一共同名稱下，無一定持續時間，依每冊卷期或時間決定順序，連續刊行的出版品謂之叢刊。業師王振鵠教授認為歐洲各國，多認為「期刊」一詞，較「叢刊」易於為人瞭解，故以「期刊」一詞代替「叢刊」。期刊，包括有叢刊、雜誌、議事錄、會報、報告等。

　　美國圖書館學家 Fargo 女士，曾就美國圖書館協會所詮釋的範圍，將叢刊根據出版間隔長短，合併為期刊及連續性出版品兩種，前者包括雜誌及報紙，後者包括年刊、報告、議事錄等項。詳情可見王振鵠師：大學圖書館之館藏資料一文，刊登圖書館學報第七期，民國五十四年七月，八十七至一〇一面，此不贅述。

期 刊 的 重 要 性

　　期刊的重要性，已有超過單行本圖書的趨勢，尤其是學術研究，可以離開書本，但不能離屛學報及其他學術刊物的論文。沈寶環在「論科學文獻中的期刊文學」一文，談到科學期刊所載的資料比書籍中所載的資料，永遠佔盡上風，其理由有下列十二點：

　　1. 期刊出版與發行迅速，因此內容新穎。

　　2. 期刊散佈面廣，發行數額較大。

　　3. 期刊通常爲訂購性質，訂費通常先付，發行較有保障。

　　4. 期刊出版時間多爲固定的regular，及多次的frequent，因此增訂、修正、均較爲容易。

　　5. 期刊所發表論文，多半爲原始資料 Primary sources，因此較爲正確，書籍大多引用來自期刊學報的資料 Secondary sources，難免錯誤陳舊。

　　6. 期刊論文，往往爲深入的，學術價值較高，書籍則因討論範圍較廣，常流於膚淺。

　　7. 期刊所發表的論文較爲完整，轉載入書籍之中，往往經過修改，以致面目全非。

　　8. 若干學科內容過於新穎，不適合以書籍形式發表。

　　9. 若干原始研究及論文，根本不可能見之於書籍之中，期刊爲發表最適合的場所。

　　10. 期刊中所載若干專欄（例如：通訊、消息、廣告、人事異動資料），不可能在書籍中出現。

　　11. 期刊學報所載論文資料，由於索引、摘要的進步，比較容易追踪。

　　12. 期刊較爲注意新的趨勢和發展，科學性研究在性質上偏重新的理論和發現，因此，在先天性質上，從事科學研究者，仰賴期刊文學的程度遠超過對書籍的需求。（見圖書館學與資訊科學創刊號，民國

·64年4月，頁2—3)

期 刊 的 利 用 法

期刊的重要，有如上述，因此學術界或圖書館界，對於期刊的蒐集、編目、出版及期刊論文的處理，日益受到重視，於是乃有下列各種利用期刊的工具書誕生：

1.期刊目錄　記載各種期刊名稱、刊期、創刊年月、編者、圖書館蒐藏的卷期等。

2.期刊索引　檢查期刊內容之用，包括論文的篇名、著者、以及發表的刊物名稱。

3.期刊聯合目錄　將某地各圖書館所藏的期刊，編成目錄，使讀者知道期刊收藏的地點。

4.期刊指南　主要供選購期刊之用，特別注意現行期刊的性質的介紹，訂購方法及訂費。

5.期刊年鑑　按年統計雜誌發行的狀況，或報導雜誌界的大事，以便閱覽參考的工具書，如民國四十三年出版的中華民國雜誌年鑑。

期 刊 目 錄

就參考工作而言，期刊目錄有三個用途：

1.供應關於查一期刊消息，如期刊的性質、刊期、創刊年月、出版等。

2.供給某一學科範圍內若干期刊的名稱和有關的資料，期刊目錄大都按類或標題排列，以便將性質相同的學科排列一處。

3.使研究者知道可以從那一所圖書館找到他所需要的期刊，如期刊聯合目錄。

國內出版的期刊目錄，可分為兩種：館藏期刊目錄、聯合目錄。

十四劃--(圖)　　　　　823 (007556-007566)

故宮　　　RE 1:1-11 (55-56)
省中　　　RE 1: (55-56)
氣象局　　1-2: (35-36) RE 1-2: (55-56)
教資館　　RE 1:1-4, 7-11 (55-56)
銘傳　　　RE 1:1-9, 11 (55-56)
澎湖　　　RE 1-7:, 8:1 (55-62)

7557 (010)
圖書出版月刊 (T'u shu ch'u pan yüeh
k'an) 月刊 65年7月 台北市 台北
市圖書出版商業同業公會
中圖　　　:1-7, 9-10 (65-66)

7558 (010)
圖書季刊 (T'u shu chi k'an) 季刊 59年
7 月 台北市 國立故宮博物院
中圖　　　1-3:, 4:1-2 (59-62)
大同　　　1-2: (59-61)
文化　　　2:, -4: (60-62)
文復會　　1-3:, 4:1-2 (59-62)
中研史語　2: (60-61)
台大研圖　1-3:, 4:1-2 (59-62)
台大圖學　1-2:, 3:1-3, 4:1-2 (59-62)
東吳　　　1-3: (59-62)
政大　　　1:1-3 (59-60)
故宮　　　1-3:, 4:1-2 (59-62)
師大　　　1-3: (59-62)
逢甲　　　1-3:, 4:1-2 (59-62)
淡江總　　1:1-2 (59)

7559 (010)(020)
圖書季刊 (T'u shu chi k'an) 季刊 23年
3 月 北平 國立北平圖書館 (26，
27及31年均曾停刊，26年復刊後卷期另起
)
中圖　　　1-3:, NEW 1-8:, 9:1-2 (23-37)
台分　　　1-3:, NEW 1-8:, 9:1-2 (23-37)
文化　　　NEW 1-8: (26-37)
中研史語　1-3:, NEW 1-2:, 3:1-2, 4:1-2,
　　　　　5: (23-35)
中研近史　1-3:, NEW 1-9: (23-37)
台大中文　NEW 8:3-4 (36)
台大法圖　1-3:, NEW 1-8:, 9:1-2 (23-37)
台大研圖　1-3:, NEW 1-8:, 9:1-2 (23-37)
東海　　　NEW 1-9: (26-37)M.F.
故宮　　　1-3:, NEW 1-9: (23-37)
省中　　　1-3:, RE 1-8:, 9:1-2 (23-37)
高師院　　1-3: (23-35), NEW 1-8: (26-37)
逢甲　　　1-3:, NEW 1-8: (23-36)
輔大人　　NEW 1-10: (26-37)

輔大社　　1-3: (23-25), NEW 1-8: (26-36)

7560 (020)
圖書季刊 (T'u shu chi k'an) 季刊 56年
12月 台北市 省立台北圖書館圖書季刊
社
中圖　　　1:1-3 (56-57)

7561 (010)
圖書展望 (T'u shu chan wang) 季刊
24年10月 浙江杭州 浙江省立圖書館
(26年8 月停刊，35年10月復刊，原月刊
，復刊後改季刊期數另起)
中圖　　　RE 1:1-5, 7 (36-37)
中研史語　RE :1-5 (35-36)

7562 (010)
圖書評論 (T'u shu p'ing lun) 月刊
21年 南京 圖書評論社、國立編譯館
中圖　　　1-2: (21-23)M.F.
中研史語　1-2: (21-23)

7563 (010)
圖書集刊 (T'u shu chi k'an) 不定期
31年3月 四川成都 四川省立圖書館
中圖　　　:1-6, 8 (31-37)
中研史語　:1-6, 8 (31-37)

7564 (020)
圖書資料季刊 (T'u shu tzu liao hsüeh
k'an) 不定期 60年 5月 台北市 世
界新聞專科學校圖書資料學會
中圖　　　:1 (60)

7565 (020)
圖書與圖書館 (T'u shu yü t'u shu kuan)
年刊 68年9月 台北市 圖書與圖書館
雜誌社
中圖　　　1:1 (68)

7566 (010)(020)
圖書與圖書館 (T'u shu yü t'u shu kuan)
不定期 65年9月 台北市 文史哲出版
社
中圖　　　:1-3 (65-66)
台分　　　:2-3 (65-66)
台大研圖　:1-3 (65-66)
台大圖學　:1-3 (65-66)
政大　　　:1-3 (65-66)
高雄師圖　:1-3 (65-66)

前者又可分爲三種，一種是附在圖書目錄後面的，如民國五十二年出版的中國國民黨中央委員會圖書館圖書分類目錄，民國五十六年出版的國防研究院圖書館圖書目錄第二輯，書後附期刊目錄；另一種是期刊與圖書混合排列的，如民國六十六年出版的臺北市立圖書目錄；另一種是單獨刊行的，如：民國六十二年出版的國立臺灣大學中文期刊目錄，同年出版的淡江文理學院中外文期刊聯合目錄，民國六十四年出版的國立中央圖書館臺灣分館館藏期刊報紙目錄，民國六十七年出版的國立中央圖書館期刊目錄。

關於期刊聯合目錄，近年來出版很多，以學科來說，有人文科學的，也有科學技術的；以地區來說，有國內的，也有國際性的。詳情可見筆者撰我國編製聯合目錄的回顧與前瞻一文，國立中央圖書館館刊新五卷三、四期合刊，頁1—10。茲擧較重要的數種說明如下：

中華民國中文期刊聯合目錄

國立中央圖書館編　民69年　臺北　該館　2冊(1842,102,282面)

收編淸末至民國六十八年止，全國一百七十一所圖書館所藏中文期刊、公報、淸末影印報紙、年度統計報告或工作報告、不定期的調查報告、期刊目錄、圖書目錄等。另有非期刊的「臺灣省通志稿」、「臺灣省通志」等，也予以收入。總共收錄七四一〇種。

每種期刊著錄的款目，有：期刊編號、中文刊名、羅馬拼音刊名、刊期、創刊期、出版地、編輯者、出版者、分類號碼、ISSN、總藏卷期及年代、各館簡稱及其館藏卷期年份。

全書依中文刊名筆劃多寡爲序。爲便於檢查，書前附有各圖書館簡稱對照表、刊名首字筆劃索引；書後有分類目錄、羅馬拼音刊名索引。

本書係利用電腦中文矩陣打字機打出，再經照相製版印行。可供在終端機上作線上卽時查詢服務。

中華民國臺灣區公藏中文人文社會科學期刊聯合目錄

國立中央圖書館編　民59年　臺北　該館　283面

收錄國立中央圖書館，中央研究院歷史語言研究所圖書館，國防研究院圖書館，國立臺灣大學圖書館，國立臺灣師範大學圖書館，私立東海大學圖書館，省立臺北圖書館等所藏清同治七年（1868）至民國五十七年底有關人文科學、社會科學及不屬於任何學科的綜合性的期刊二三三七種。

本書的排列依刊名筆劃爲序，每一種期刊包括的款目爲：刊名、刊期、創刊年月、出版地、編輯者、出版者、總藏、各館館藏等。凡期刊曾改名、停刊、復刊、改刊期者，或有特刊、有期刊自身所編的索引，均予注明著錄。後附刊名首字筆劃索引。

A Union List of Chinese Periodicals in Universities and Colleges in Taiwan （臺灣地區大專院校中文期刊聯合目錄）

諸家駿編　民64年　美國加州　Chinese Materials Center 580面

收錄臺灣地區一〇四所大專院校圖書館所收藏的中文期刊二四八七種。按刊名羅馬拼音的字母順序排，並以此順序編序代號，每條分三部份著錄，第一部份爲刊名，英文意譯刊名、刊期及創刊年月；第二部份爲簡單介紹刊旨或出版者；第三部份則是收藏處所代號及卷期。正文前冠有各院校圖書館代號表，書後附有羅馬拼音刊名索引，及中文刊名索引。

資料截至民國六十三年底。內容敍述均使用英文。

科學期刊聯合目錄　（Union List of Scientific Serials in Libraries of the Republic of China）

行政院國家科學委員會科學資料中心編　民67年　臺北　該中心 816,258面　第6版

　　第一版於五十九年出版，收全國八十五個學術及研究機構所藏的西文科學及技術期刊（偏重理工農醫等科）六千餘種。第二版於六十三年出版，參加單位增至一百二十個，收錄西文期刊七千二百多種，蒐集的資料截至六十一年底止。第三版六十四年利用電腦印刷，共十冊，分理工農醫四篇，參加單位續有增加，依刊名英文字母順序排列，每種期刊著錄的款目，包括：刊名、創刊年、刊期、出版地、出版者、收藏機構所收藏的卷期及出版年月。

　　收錄國內各著名大專院校和研究機構一五三個單位收藏的理、工、醫、農四科期刊一萬零六百六十九種。每種期刊著錄的款目，包括：刊名、刊期、創刊年、出版地、出版者、價格、ISSN、所藏機構代號及典藏卷期及年代等。本書按分類排列，書後附有刊名索引。本書除了出版綜合本外，另發行理、工、農、醫四科的分裝本。

中華民國臺灣省各機關科學與技術雜誌目錄

　　經濟部聯合工業研究所編　民56年　新竹　該所　262面

　　為科技期刊聯合目錄。參加單位七十七所。收錄範圍：自然科學、工業及工程，不收醫學及農業期刊。其中中文期刊一六三種，日文期刊六四七種，西文（包括英、德、法等國文字）期刊二五二三種，總計三三三三種。出版時間自1830年至1966年。本書按文字別分為：中文、日文、西文三大部份。中文期刊排列，按刊名首字筆劃為序，日文期刊按其名稱所用片假名的音序，用漢字名稱的，仿中文期刊，按筆劃順序；西文期刊按其首字字母順序。

香港中文大學圖書館藏期刊聯合目錄

　　香港中文大學圖書館編　民66年　香港　該館　268面

日本主要研究機關圖書館所藏中國文新聞雜誌總合目錄

　　市古宙三編　民48年　東京　東洋文庫近代中國研究委員會　171面

A Bibliography of Chinese Newspapers and Periodicals in European Libraries

The Contemporay China Institute, School of Oriental and African Studies, University of London ed.　民66年　美國紐約　Cambridge University Press　1025面

Chinese Periodicals in the Libraries of the Australian National University, the University of Sydney, and the University of Melbourne: a union list of holding

Australian National University Library ed.　民62年　澳洲　該館　192面

國立中央圖書館期刊目錄

國立中央圖書館編　民66年　臺北　該館　838面

收錄該館民國六十四年十二月以前入藏中外文期刊及政府公報。計中文三千零二十五種，日文四百五十一種，西文二千一百四十七種。每種期刊著錄的款目有：刊名、刊期、創刊年月、出版地、編輯者、館藏卷期、收藏單位等。

編排分四部份，中文以刊名筆劃爲序，日文以五十音順爲序，西文期刊以英文刊名字母順序排列，政府出版西文期刊，先按國分，再依機構名稱排。前三部份後均附有分類索引，第四部份的索引，依刊名英文字順序排。

國立中央圖書館臺灣分館館藏期刊報紙目錄 (清末至民國38年)

國立中央圖書館臺灣分館編　民64年　臺北　該館　89面

臺灣省立臺中圖書館期刊目錄

臺灣省立臺中圖書館編　民69年　臺中　該館　89面

國立臺灣大學中日韓文期刊目錄

國立臺灣大學圖書館編　民68年　臺北　該館　426面

國立臺灣大學西文期刊目錄

　　國立臺灣大學圖書館編　民57年　臺北　該館　217面

國立臺灣師範大學西文期刊目錄

　　國立臺灣師範大學圖書館編　民67年　臺北　該館　216面

中外期刊及報紙目錄

　　國立政治大學社會科學資料中心編　民61年　臺北　該中心
289面

國立清華大學圖書館中文期刊目錄

　　國立清華大學圖書館編　民65年　新竹　該館　〔107〕面

國立清華大學圖書館科學期刊目錄

　　國立清華大學圖書館編　民59年　新竹　該館　142面

科學期刊目錄

　　國立交通大學圖書館編　民61年　新竹　該館　88面

輔仁大學圖書館西文期刊目錄

　　輔仁大學圖書館編　民64年　臺北　該館　96面

淡江文理學院中外期刊報紙目錄

　　淡江文理學院覺生紀念圖書館編　民62年　該館　淡水　216面

科學技術期刊目錄

　　工業技術研究院技術經濟資料室圖書館編　民63年　臺北　該館
90面

科學及技術期刊目錄

　　中山科學院圖書館編　民60年　桃園　該館　160面

交通部電信總局技術圖書館期刊目錄

　　電信總局技術圖書館編　民71年　臺北　該館　224面

臺灣電信管理局技術圖書館期刊目錄

　　臺灣電信管理局技術圖書館編　民65年　臺北　該局　187面

香港大學馮平山圖書館所藏中文期刊目錄

朱絮瓊　胡周妙坤合編　民64年　香港　該中心　242面

國立國會圖書館所藏中國語‧朝鮮語雜誌目錄

國立國會圖書館逐次刊行物部編　民71年　東京　該館　85面

收錄日本國會圖書館所藏自清末迄民國六十九年底止中文期刊一四六〇種，韓文期刊九三四種。期刊包括公報、統計、研究報告及連續性的叢刊。

著錄的款目，包含：刊名、編者、出版地、出版者、館藏卷期與年月、索書號、館缺卷期等。如有改刊名、刊期、休刊、停刊、出版者變更等，均予以注明。

中、韓文分開排列，各依五十音順為序。書後附總目次、總索引一覽表。

中國語雜誌分類目錄

中原ます氢編　アジア‧アフリカ資料通報第19卷第3期，民國70年6月，頁1-42.

收錄日本國會圖書館藏中文期刊一四五〇種，期刊包括公報、統計、研究報告、連續性刊物等。出版地除臺灣、中國大陸、香港外，另有東京、六阪、漢城、平壤、越南、曼谷、新加坡等地。

按分類排列，計分：議會資料、法令資料、政治‧行政、法律、經濟、社會‧勞働、教育、歷史‧地理、哲學‧宗教、藝術、語言‧文學、科學技術、書誌‧圖書館、一般學術期刊‧大學學報、普通期刊等十五類。同一類的再按五十音順排列。每種期刊均注明索書號，以便借閱。

日本文中國文朝鮮文等逐次刊行物目錄

東洋學文獻センター連絡協議會編　民53年　東京　東洋文庫178面

東京大學東洋文化研究所藏逐次刊行物目錄：日本文中國文朝鮮文

　　東京大學東洋文化研究所圖書室編　民57年　東京　該室　131面

中國政府期刊目錄 (Bibliography of Chinese Government Serials 1880-1949)

　　Julia Tung 編輯　民68年　美國加州　史坦佛大學胡佛研究所
136面

　　收五百二十餘種連續出版品，包括：政府機關、國民黨、共產黨
及軍隊發行的期刊。凡連續出版的，不論其為調查報告、資料彙編、
統計要覽、職員錄、年度預算等，均蒐集在內。

　　依中文羅馬拼音排列，注明刊名、出版地、出版者及卷期。另附
有標題索引、中文刊名筆劃索引及出版者筆劃索引等。

中國的圖書館學刊物簡目

　　林清華編　中國圖書館學會會報第33期，民國70年12月，頁82—
105。

農業期刊目錄

　　農業科學資料服務中心編　民72年　臺北　該中心　72面

　　收國內二十九所圖書資料機構農業期刊一○五一種。

清末改革派五種期刊目次綜纂

　　高炳翔　閔斗基編　民66年　韓國　漢城大學出版部　282面

　　五種期刊刊名為：時務報、湘學新報、湘報類纂、清議報、新民
叢報。

期 刊 指 南

全國雜誌指南（民國六十六年至六十七年版）

　　鄭恆雄編撰　民66年　臺北　編者（臺灣學生書局經售）187面

　　民國以來出版的期刊指南有下列數種：

總　類

壹、綜合性學術期刊、學報

0001
※　人文學報　不定期　59年9月　純學術性刊物，刊載人文學科之論述　輔仁大學人文學報編輯委員會編　臺北縣新莊鎮中正路510號　輔仁大學文學院　非賣品　大學專門　中央臺大

0002
※　大同學報（Tatung Journal）　不定期　55年11月　純學術性之刊物，偏重於應用科學之研討　大同學報編輯委員會編　臺北市中山北路3段40號　私立大同工學院　非賣品　大學專門　中央臺大

0003
※　大陸雜誌（The Continent Magazine）月刊　39年7月　純學術性之刊物，論文以文史哲研究為主，法政經濟方面次之，自然科學又次之　大陸雜誌編輯委員會編　臺北市羅斯福路2段5號之2三樓　大陸雜誌社　電3518310　郵1899　國內售價每期20元，訂閱半年6期連郵共100元，全年12期共200元　大學專門公共中學　自60年7月第43卷起改為月刊，另編有「大陸雜誌第1-12卷目錄暨作者索引」，44卷6期附有1至44卷及特刊1、2輯分類總目錄　中央臺大師大東吳

0004
大華工專學報（Tower Institute of Technology Journal）　64年7月　刊載文史及科學方面之論文　新竹縣芎林鄉大華路1號　私立大華工業專科學校　非賣品　大學

0005
※　女師專學報　不定期　61年5月　登載有關教育、語文、政治、藝能之刊物　本刊編輯委員編　臺北市愛國西路1號　臺北市立女子師範專科學校　電3115585　3716664　非賣品　大學專門　中央臺大師大

0006
※　文史哲學報（Bulletin of The College of Arts）　年刊　39年6月　純學術性之專門刊物，登載有關文學、語言文字學、史學、考古學、人類學及哲學之研究論文　文史哲學報編輯委員會編　臺北市羅斯福路　國立臺灣大學文學院　電3510231　非賣品　大學公共專門　中央臺大

0007
※　文史學報（Journal of The College of Arts National Chung Hsing University）　年刊　60年6月　登載有關文史學之論述　國立中興大學文學院文史學報編輯委員會編　臺中市國光路250號　國立中興大學教務處出版組　國內售價每期50元　大學專門　又名國立中興大學學報文史篇　中央

0008
※　中山學術文化集刊（Bulletin of The Sun Yat-Sen Cultural Foundation）半年刊　57年3月　純學術性之綜合刊物，內容有哲學、社會科學、自然科學、應用科學、藝術、文史等　中山學術文化基金董事會編　臺北市永康街13巷23號　中山學術文化基金董事會　電3218754、3517595　國內售價每期250元　大學公共專門　臺灣經售處：臺灣商務印書館，臺北市重慶南路1段37號，電311-6118，郵165　中央臺大師大科技東吳

0009
※　中正嶺學報（Journal Chung Cheng Institute of Technology）　年刊　登載有關理工科學與技術方面之論文、創見　中正嶺社編　桃園大溪　中正理工學院　非賣品　大學專門　中央

0010
中央研究院院訊　雙月刊　63年2月　報導中央研究院動態、出版品、研究報導　茅澤霖主編　臺北市南港區　中央研究院　非賣品　大學專門

1. 中國報紙雜誌指南（China Publishers Directory），共一二七面，書未見。

2. 中國雜誌總目提要：鄭慧英等編，民國26年刊載廣州大學圖書館季刊第二卷第二、三期合刊，收二千多種，有介紹期刊的內容及定價等。

3. Taiwan Periodical Literature：民國57年，臺北成文出版社印行，61年增訂再版，174面。

4. 中華民國出版期刊指南：張錦郎　鄭恆雄合編，民國58年，列為國立中央圖書館目錄叢刊第一輯，收九百八十九種。

本書是最完備的一種，初版於民國六十一年，收一千一百八十九種。六十六年版收中西文期刊一千六百種。資料截至六十六年四月止。按期刊性質分為十大類：總類、哲學、宗教、自然科學、應用科學、社會科學、史地、語文、美術、敵情研究等，每類再視實際需要予以細分。同一類期刊按刊名筆劃排。每種期刊依下列款目順序介紹：刊名代號、刊名、刊期、創刊年月、內容簡介、主編、編輯者、出版地、出版者、電話、郵撥號碼、售價、適宜訂閱的圖書館、收編此刊物的索引。重要的期刊在刊名代號下加注星號「※」，以供參考。

書後附有影印期刊目錄，收一五四種；停刊期刊目錄，收二一八種。最後為現刊及上述二種目錄的總索引。

書評：評介全國雜誌指南　戴國瑜，中國圖書館學會會報 第24期，民國61年12月，頁56。

我國出版期刊指南評介　宋建成，中國圖書館學會會報第29期，民國66年11月，頁214—216。

期刊索引的意義與種類

期刊索引是將期刊的論文或資料，依篇名、著者、標題、分類或

字典式方法編排，並注明所在期刊的卷期、年月、起訖頁次等，以便查檢者。

期刊索引的種類，劉國鈞分爲下列三種：

1.普通期刊索引，這是選擇社會上最流行的期刊若干種，將他們的內容完全編成索引，因爲既不專限於一種，又不限於一方面，所以他的用處最大，最受人歡迎，這種索引在國內並不太多，民國三十八年以前出版較重要者，有下列三種。

(1)嶺南大學圖書館編印的中文雜誌索引。

(2)人文月刊所附的最近雜誌要目索引。

(3)中山文化教育館編印的期刊索引。

政府遷臺後出版者有下列幾種：

(1)國防研究院編的期刊論文索引。

(2)國立臺灣大學圖書館編的中文期刊論文分類索引。

(3)國立中央圖書館編的中華民國期刊論文索引。

2.專門爲一種學科或問題編的，這是從各期刊中採取關於某問題或某學科編成的。如前國立北平圖書館編的國學論文索引、文學論文索引，國立中央圖書館編的中國近二十年文史哲論文分類索引，國立臺灣師範大學圖書館編的教育論文索引等。此種索引大都單獨刊行，也有附在期刊上按期刊行的，如書目季刊的最新出版期刊文史哲論文要目索引。

3.專爲一種期刊的，通例期刊每卷結束時都附有本卷的索引，又有將數卷合編一索引的。後者如大陸雜誌第一卷第一期至第十二卷第十二期目錄暨作者索引、幼獅文藝二十周年目錄索引、警民導報五百期總目錄索引、Bennett, A.A.編的教會新報目錄導要（1868—1874）及萬國公報目錄導要（1874—1883）等。後二者由美國舊金山中文資料中心印行。

期刊索引的功用

期刊索引的功用，與書目相同，都是檢索圖書資料的工具，前者以檢索期刊論文資料爲主，後者以檢索圖書爲主。茲再將期刊索引的功用，分成三點，敘述如下：

1.**檢查期刊中的論文資料**　學術研究，離不開資料的蒐集，查閱期刊資料，可以根據期刊目錄，逐期翻閱各種期刊，此種方法費時費力，頗不科學，而且資料不易收集齊全，如屬於很久以前看過的論文，出處業已遺忘，則根據期刊找資料，有如海底撈針。期刊索引按照分類、標題排列，同一性質的論文彙集一起，利用者，檢閱索引，可以在短期內得到有關的資料，及那些資料在什麼期刊上，這也是期刊索引產生的最初動機，希望節省檢索的時間與精力，以便能很快地把所得到的資料，應用到研究工作上去。

2.**瞭解問題研究的程度和前人已往研究的成果**　今天的學術研究工作，都不太可能不參考別人的類似的研究成果，以避免重複研究，造成時間、精力和金錢上的損失。古人所謂知彼知己，應用到學術研究來說，即是知道學術行情。通常一個題目決定以後，應明瞭別人已做了那些工作，其成果與結論如何。此種工作，初步的方法是透過期刊索引，查閱別人對於此問題，研究與進展的程度、已有的成果或最新的發展等，以供自己研究的參考。如果發現自己的論點，別人已研究過，且有相當的創見，則應另闢門徑或繼此精進。學術研究與藝術創作不同，如果方法相同，則無論任何人進行研究，其結果大抵是相同的。

3.**反映社會問題並藉以知悉學術發展的趨勢**　期刊上的材料，最能反映某一時代的精神意識及整個社會對於某事物的看法。由於期刊索引是將各種不同的期刊的內容，按某種檢字順序，加以有系統的整

理，使同一事件及同一性質的資料聚集一起，反映了當時的學術研究
的特點與盛衰情形，及當時社會財經、文敎、思想等所產生的重大問
題，其討論及解決的途徑。依著者排比的索引，更可看出某一著者的
學術研究路向、研究專長及個人過去著作方向演變的軌跡。至於追溯
性的索引，更是一部學術發展的鳥瞰圖。包遵彭師在中國近二十年文
史哲論文分類索引一書的序上說該索引的功用，不僅可資分類檢索論
文資料，且可藉以綜覽國內二十年來文史哲學科研究發展的趨勢。

綜合性期刊索引

國學論文索引 ‘初編至四編

　　國立北平圖書館索引組編　民57年　維新書局　3冊　影印

　　原書分四編，分別於民國18、19、23、25年刊行。

　　另有臺北鐘鼎文出版公司影印本。

　　收錄自清末迄民國二十四年間發表在各種期刊上有關中國或國學
方面的論文，編成分類目錄。

　　初編收清光緒至民國十八年間刊物，凡八十二種，論文約三千
餘篇；續編所收，除少數係民初出版者外，餘均爲民國十九年間的
刊物，約八十種；三編收十七年至二十二年五月間出版的刊物一百九
十二種；四編收二十三年一月至二十四年十二月出版的刊物，約二百
十餘種，論文四千餘篇。

　　按分類排列。全書依論文性質分爲十七類：總論、羣經、語言文
字學、考古學、史學、地學、諸子學、文學、科學、政治法律學、經
濟學、社會學、敎育學、宗敎學、音樂、藝術、圖書目錄學。每類再
細分若干子目。同一子目的論文，按性質相近者排比，如有時代性
者，則依時代的先後爲序。

　　每篇論文著錄的款目，包括四項：篇名、著者、期刊名稱及卷

期。對於較有價值的論文，多列舉其內容，關於歷代文學家，則略記其籍貫，別號及生卒年代。

每編卷首，附有所收期刊一覽表，依筆劃爲序。與文學論文索引一樣，缺輔助索引。爲檢索抗戰前國內期刊論文最方便的工具書。

人文月刊雜誌要目索引

上海人文編輯所編　民64年　臺北　天一出版社　10册　影印

人文月刊，民國十九年二月由人文社創刊於上海，至二十六年十二月以「八一三」淞滬作戰停刊。民國三十六年四月出版，復刊第一卷第一期後，又停刊，共九卷一期。此月刊每年出十期。每期均有最近雜誌要目索引登載，約占此刊篇幅的大半。何多源以爲我國按月編印的最近雜誌索引，以此爲鼻祖，但編製的完善，及內容的豐富則不及後出的「期刊索引」。

所收期刊公報及報紙副刊，以能見到的爲主，國內的重要雜誌未必見盡錄。其編製係按各論文題目性質，略照杜威分類法分類排列，所索引的雜誌，以附印前一月內所出版者爲限。每條包括：篇名、著譯者、刊名、發行年月日，卷期、頁次（起頁）及附注等項。

每期附有所收雜誌一覽表，詳注其名稱，發行所、卷期、出版年月等。

從創刊至停刊，收錄期刊及報紙副刊論文約有十八萬五千篇左右。英文篇名、各種統計數字或統計表、物資指數表、施政計劃、訴訟、法規等，均有收錄。

期刊論文索引

國防研究院圖書館編　民49年　臺北　該館　月刊

是一百餘種刊行於臺灣、香港、澳門的重要中文期刊論文索引。每月出版一次，在民國四十九年創刊，六十一年三月停刊，共出版十二卷三期。

編排分爲總類、哲學、宗教、自然科學、應用科學、社會科學、歷史地理、語言文學、藝術等項目。其中所收的僅以有份量的論文爲限。此索引對於期刊中所載有關中國大陸的論文，另依「中國圖書分類法」排列。

中華民國期刊論文索引

國立中央圖書館期刊股編　民59年1月至　年　月　臺北　該館　月刊

把臺灣出版的中西文期刊及少數在海外僑居地出版的中文期刊，選出六百餘種，將其論文彙集一索引。創刊時收中西文期刊四百七十六種，民國六十七年六月份收中西文期刊六百四十三種。七十二年五月份收中西文期刊七三五種。分類係根據「中國圖書分類法」。每一小類的排列，以篇名首字筆劃多寡爲序。每篇論文著錄的款目，包括：篇名代號、篇名、著譯者、刊名、卷期、起訖頁數、出版年月。

書末附有收錄期刊一覽，如當期有收編者，在期刊名後附收錄卷期及年月。最後爲著者索引，依筆劃多寡排列。

本書是目前國內出版綜合性期刊索引中，收錄期刊總數最多的索引。創刊以來，已收二十四萬餘篇論文。自六十七年起將每年發行彙編本。

書評：中華民國期刊論文索引評介　盧荷生，國立中央圖書館館刊新3卷第3、4期合刊，民國59年10月，頁85—86

中文期刊論文分類索引

國立臺灣大學圖書館編　民49年至71年　臺北　該館　17冊

係將臺灣光復後刊行的期刊論文篇目，彙編而成，俾供讀者檢閱參考，若干海外期刊也有收錄。第一、二輯都是收錄民國三十六年至四十九年間出版的期刊。自第三輯起，收編最新出版期刊。第一輯至十一輯，單收中文論文，第十二輯起兼收西文論文，並且改爲橫排，

編錄六十六年　　**中華民國**　　民國六十六年

四月份資料　　**期刊論文索引**　　六　月　號

壹、總　類

一、革命文庫

篇名代號	篇　　名	著 譯 者	刊　名	卷 期	頁 次	出版年月
0001	一個革命者的人生取向——三民主義的人生觀	馬 剴 華	東方雜誌	10:10	9-11	66. 4
0002	三民主義名稱的初次出現問題	周 世 輔	廣東文獻	7:1	39-41	66. 3
0003	五權憲法理論中「權能平衡」之眞義	朱 文 原	政治評論	35:3	39-40	66. 4
0004	中國國民黨黨章修訂的時代意義	寒 冰	勵進	374	27-32	66. 4
0005	民生哲學基本理論之探討	法 俊 之	華夏學報	2	144-149	64. 3
0006	地理學應用於實業計劃	王 洸	航運季刊	14:1	3-4	66. 4
0007	有關總統 蔣公傳記的評述	陳 哲 三	幼獅月刊	45:4	2-10	66. 4
0008	「其介如石」——父親逝世兩週年紀念文	蔣 經 國	師友	118	3-4	66. 4
0009	革命志士浩氣長存	汪 惠 敏	幼獅文藝	45:4	71-83	66. 4
0010	恭述總統 蔣公與水利建設數事	朱 光 彩	工程	50:4	7-8	66. 4
0011	國父宗敎思想蠡測——兼論臺灣宗敎的整頓	郭 乃 琛	新時代	17:4	63-66	66. 4
0012	國父的哲學建構	張 肇 祺	幼獅學誌	12:2-3	119-185	65. 5
0013	國父的權能區分說	林 桂 圃	中山學術文化集刊	19	1-53	66. 3
0014	國父道德論的研究	墨 菊	今日中國	72	82-91	66. 4
0015	從蔣院長著「勝利之路」一書中體認總統 蔣公的思想生活和言行	中 國 勞 工	中國勞工	634	14-22	66. 4
0016	聖哲典型	鍊 堪 碩	文藝	94	24-31	66. 4
0017	蔣總統的人生論	王 大 任	新出路	12:10	14-15	66. 4
0018	蔣總統的養氣工夫	吳 一 舟	明道文藝	13	5-12	66. 4
0019	蔣總統對青年的號召	陳 如 一	文藝	94	10-23	66. 4
0020	總統 蔣公與中國水利二三事	沈 怡	工程	50:4	5-6	66. 4
0021	總統 蔣公對三民主義的策進	吳 曼 君	中央月刊	9:6	25-33	66. 4

二、目　錄　學

（一）圖　書　學

書後加著者索引。著錄的款目，原來有：篇名、著譯者、刊名、卷期、起訖頁次、出版年月；第十二輯起著譯者置於篇名前，並加篇名代號。

　　分類照「中國圖書分類法」排列，分為十大類，每類再分子目。

　　附收錄中英文期刊一覽表，中文附於書前，英文置於書後。

　　本書第十七輯發行後，宣布停刊，主要理由是收錄的期刊與論文分類法，與「中華民國期刊論文索引」重複或雷同。事實上，本書可以選五、六十種學術期刊，改出版論文摘要，這樣對學術研究工作者利用價值更大。

　　本書民國四十九年創刊時即有計劃地補收民國三十六年至四十九年的論文資料，以免檢索臺灣早期的期刊論文時，有不銜接的現象。出版後，隨着學術刊物的增加，逐漸增加收錄期刊的種數與論文的篇數。如首輯收期刊三十種，論文約六九三二篇；最後一輯收期刊達四百三十八種，論文則有一二七四二篇。在編排體例方面，也是經常不斷在改進，如增加西文期刊及著者索引，改橫式排列等。總之，本書不僅記錄和反映國內三十餘年來學術研究發展的方向與成果，也是查考民國三十六年至七十年間期刊論文的重要工具書。

中華民國期刊論文索引彙編

　　國立中央圖書館採訪組期刊股編　民67年至　年　臺北　該館

　　國立中央圖書館於民國五十九年創刊中華民國期刊論文索引，收編國內出版中西文期刊，及少數海外自由地區出版的期刊，編成分類索引，按月刊行，至今已有十年的歷史，收錄的論文約有二十萬篇以上。由於該索引收錄期刊最多、定期出版及體例完善，所以發行以來，普遍受到國內外學術界的重視。該館為擴大該索引的效用，使讀者在利用上更便捷，乃自六十六年度起着手編印年度彙編本。所謂年度彙編本，是將各月刊的論文資料，重新打散，重新編排，使利用者

可從整年的彙編本，檢索該年的全部資料。完善的索引，均有其彙編計劃（Cumulative Plan），如美國有名的索引出版公司 H. W. Wilson 所刊行的各種索引，都有一年或三年、五年的彙編本。其中如 Reader's Guide to Periodical Literature ，於一九〇〇年創刊，一九〇五年就有第一次彙編本問世。國人編輯期刊索引的歷史，已整整五十年，直到本書出版，國內始首次擁有期刊索引的彙編本。

該館現已出版四年度的彙編本，七十二年四月正利用電腦編製中。六十六年版輯錄六十六年一月至十二月的資料，收期刊五六〇種，論文二〇八三六篇；六十七年版輯錄六十七年一月至十二月的資料，收期刊六〇三種，論文二二七二四篇；六十八年版輯錄一月至十二月的資料，收期刊六 九種，論文二一七七四篇；六十九年版輯錄一月至十二月的資料，收期刊六一六種，論文二三六六九篇。

分類綱目據月刊本，再酌以細分。就已出版的兩年度彙編本與月刊本比較，仍分十大類：小類頗有增加。如地方志分爲通論、黃河流域、長江流域、珠江流域、臺灣等；中國文學各論分爲詩、詞、曲、雜劇、劇本、辭賦、散文、小說等。除分類外，其他論文著錄的款目、同類論文及著者索引的排列等，同月刊本。

書後附有收錄期刊一覽，較月刊本增列刊期、出版地、出版者及其電話、郵政劃撥號碼等，可供圖書文獻機構訂購期刊的參考。

本書特點如下：1.收錄學術的刊物最多，本書不但收錄期刊種數多，而且收錄各大學的學報、各學術機構及有名的學會的學術刊物最多；2.發行迅速，月刊本出版後一年內，即出版年度彙編本；3.體例謹嚴，分類得當。索引首重分類得當，本書編者主編月刊本及書評索引多年，對彙編本爲更愼重起見，把部分科技卡片目錄送請館外各科專家核校；4.本書對篇名有疑義的，另加按語；如書評不記原著者或略書名 ，則查出後在括弧內注明補充；傳記資料如篇名缺被傳者姓

名，也在篇名後用括弧注出。

　　書評：擴大索引效用的中華民國期刊論文索引彙編　王錫璋，圖書與圖書館論述集，文史哲出版社，民國69年4月，頁211—215。

中文雜誌論文索引

　　國防研究院圖書館編　民41年7月至48年3月　臺北　該館

　　創刊時每月出版一期，後改季刊。創刊時由革命實踐研究院編。

民國學術論文索引（1922—1950）

　　章　羣編　民43年　臺北　中華文化出版事業委員會　238面（現代國民基本知識叢書第2輯）

　　收中研院歷史語言研究所藏學術期刊七十三種，按分類採列。

中國學術期刊索引

　　美國哥倫比亞大學東亞圖書館編　民51年　美國　該大學　1冊

中文期刊人文暨社會科學論文分類索引

　　國立政治大學社會科學資料中心編　民55至58年　臺北　該中心4冊

六十年來之國學

　　程發軔主編　民61至64年　臺北　正中書局　5冊

　　書內收編多種國學書目及索引，舉要如下：

徐芹庭：六十年來之易學傳釋

許錟輝：六十年來之尙書學書目

張學波：詩經著述輯說五十種，詩經論文彙錄二三七篇

周　何：六十年來禮學論著存目

阮芝生：六十年來有關公羊學研究論著目錄

王熙元：穀梁學著述總目

劉正浩：六十年來之左氏學，收專書二十八種，論文一百三篇

邱燮友：六十年來之論語學論著

　尤信雄：六十年來之孟子學論文索引

　李　　鑒：民國以來之孝經學書目

　劉本棟：六十年來史記論著篇目

　劉兆祐：六十年來研究漢書論著目錄

　呂實强：新舊唐書之研究著述目錄

　辜瑞蘭：民國55—59年宋史研究論文索引

　賴橋本：六十年來之曲學一文，曲目及解題收元代雜劇全目、明代
　　　　　雜劇全目、明代傳奇全目等三十五種。

東洋學文獻類目

　　京都大學人文科學研究所附屬東洋學文獻中心編　民24年至　年
日本京都　該中心　年刊

　　原名：東洋史研究文獻類目，自民國五十二年改稱今名。民國三
十五至三十九年合刊一冊。

　　是中國、日本、韓國及西方各國出版有關東洋學研究的專書、論
文集及期刊論文的總目錄。每期約收期刊二百八十種，中日韓論文三
千篇，西文論文七百餘篇；中日韓文專書六百多種，西文專書近千種。

　　根據語言分爲中日韓文及西文兩部。每一部內專書與論文分列，
其下各細分類目，共有十八類：歷史、地理、社會、經濟、政治、法
制、宗教、學術思想（附教育）、科學、文學、美術、考古學、金石
古文書學、民族學、語言文字學、書誌學、雜纂、學界消息。每一條
目著錄：書名、著者、出版年、出版者、頁次。期刊則載其篇名、著
者、刊名、卷期、年月、起訖頁次等。有書評者，刊登在該書或論文
之後。書後附四個著者索引：日本著者索引、漢字著者索引、羅馬字
著者索引、蘇俄字著者索引。著者後附篇名編號。

　　所收資料大部份是有關中國研究的作品。

　　與本書性質相同的，還有民國四十五年三月（昭和三十一年）創

論　文　の　部

I　歴　史

1　通　論

0001　M.ウェーバーの「中國的人間」理解について　―現在の中國的人間像の理解への試論とも關連させて―　井上博二　東洋研究24　P.185〜215　2月

0002　マックス・ウェーバーの宗教社會學的方法と現代のアジアの動向　―とくに毛澤東の出現をめぐって―　池田昭　社會科學の方法4―7　P.1〜6　7月

0003　「大塚史學」の方法論をめぐって（座談會）　大石嘉一郎　太田秀通　田中正俊　山之內靖　和田春樹　永原慶二（司會）　歷史學研究375　P.38〜56　8月

0004　「資本制生産に先行する諸形態」について（1）　井上周八　立教經濟學研究25―3（小川德治教授記念號）　P.169〜193　11月

0005　ゾムバルトにおける體系の概念　―ウィットフォーゲル＜東洋的社會の理論＞解題―　川田俊昭　研究年報（長崎大學東南アジア研究所）12　P.17〜36　3月

0006　戸田芳實「前近代人民鬪爭論の課題と方法」を讀んで　渡邊金一　歷史學研究379　P.15〜17　12月

0007　歷史教育における近代アジアの扱い　川口博等　歷史學と歷史教育2　P.15〜21　10月

0008　東アジア問題とアメリカのアジア研究者　―CCASを中心に―　金原左門　歷史學研究368　P.46〜61　1月

0009　「歷史學の成果と課題」復刊企畫への注文　小倉芳彦　歷史學研究377　P.36〜39　10月

0010　戰後におけるアジア史研究總括のために　古厩忠夫　歷史評論250　P.72〜85　5月

0011　中華民族歷史精神　錢穆　中央月刊4―2　P.17〜20　12月

0012　中國民族性的構成第三次檢討（上）（下）　曲江　新中國評論40―4　P.5〜8　4月，40―5　P.10〜14　5月

0013　劉知幾の史學思想　內山俊彦　日本中國學會報23　P.51〜67　10月

0014　英國における中國の映像（2）　―フランス・イェズス會と18世紀英文學―　西尾朗　關西學院大學社會學部紀要23　P.43〜50　11月

0015　嚴復の中西比較文化論　橋本高勝　東方學41　P.76〜90　3月

0016　介山の中國認識　―その時事論にふれて―　尾崎秀樹　文學39―12　P.100〜111　12月

0017　西歐への對應としての日本と中國　佐々野昭弘　東洋學術研究9―3　P.136〜150　1月

0018　中國史における國家と宗教　―戰後東洋史學の批判的繼承をめざして―　奥崎裕司　歷史學研究378　P.62〜71　11月

東洋學文獻類目

刊的「東方學關係著書論文目錄」(Books and Articles on Oriental Subjects)，東京東方學會編，年刊一次。著錄資料較前書爲少。

漢學研究提要目錄（Revue Bibliographique de Sinologie ）

　　Michel Cartier 主編　民46至　年 巴黎 Mouton & Co. 出版

　　爲不定期的連續性出版品，介紹世界各國研究漢學的論著，包括中文、日文、西文。每期約收一千種左右。民國四十六年（1957）出版第一輯，收錄民國四十四年（1955）世界各國的漢學研究論著。國立中央圖書館現藏最新者爲十二、十三期合刊，六十九年（1980）出版，收五十五至五十六年（1966—1967）有關之圖書及論文一○八九種。

　　依內容分爲七類：1.圖書目錄；2.歷史與社會科學；3.考古·藝術與金石銘刻；4.語言；5.文學；6.哲學與宗敎；7.科學史。各類所收資料皆附有原文書名、篇名及其音譯，由西方中國學者用英、法文作內容提要。

　　書後附著者索引和標題索引（專門名詞、作品和資料索引）。

日本期刊三十八種中東方學論文篇目附引得

　　于式玉編　民55年　臺北　成文出版社　343面　影印　（哈佛燕京學社引得特刊第6號）

　　民國22年月9出版，由燕京大學引得編纂處發行。

　　日本期刊中，討論中國經學、語言學、史地、文學、哲學、社會科學、目錄學等論文甚多，本書卽據燕京大學圖書館所藏日本期刊討論此種問題的論文編輯而成。分分類、著者、篇名三種索引。分類索引與國學論文索引大致相同，分總論、羣經、語言文字學、考古學、史學、地學、諸子與哲學、政治、社會學、敎育學、宗敎等十七項。著者索引、篇名索引依中國字庋擷法排列。

　　書前有本書所收日本期刊表、筆劃檢字及拼音檢字。

一百七十五種日本期刊中東方學論文篇目附引得

于式玉編 民55年 臺北 成文出版社 14,198,124,36面 影印（哈佛燕京學社引得特刊第13號）

民國29年 2 月出版，由燕京大學引得編纂處發行。

爲增補「日本期刊三十八種中東方學論文篇目附引得」之作，前書收錄期刊三十八種，本書則包羅期刊一七五種，其中互見於兩書者，共有二十五種。獨見於前書者有十三種，而本書目共有七千餘篇。在兩書互見的期刊中，後書的卷期多接續前書，故後書實爲增補前書之作。

編排大致上與前書相同，也是分爲四篇。即分類篇目、篇目引得（前書在第四篇）、著者引得、著者音譯引得。第一篇分類篇目，與前書一樣，據「國學論文索引」分類法，分爲十八項，總目相同，子目則微有分歧。如前書中「史學」一項，原分八子目，本書則增爲十五，將前書「歷代史料」一項分爲政治法制史、中外交通史、經濟史、社會史、農業史。這一增訂，乃由於學術研究之趨向與新材料之發現，遂影響及有關某問題之論文之產生。其他二篇，篇目引得、著者引得，在編排檢用上均與前書相同。

此二種日本期刊中東方學論文篇目附引得，不僅可供學者作參考資料之用，且就書中所載的論文篇目，亦略可觀日人在研究中國文化之學術趨向與重心所在，故此二書，不單只爲一資料性之工具書而已。

（中國歷史研究工具書叙錄）

Index Sinicus: A Catalogue of Articles Relating to China in Periodicals and other Collective Publications 1920-1955

Lust, John 編 民58年 臺北 鍾山書局 30,663面 影印 民國53年初版。

所收爲二千多篇有關中國人文社會科學（也包括科學史）研究的
外國語文論文，主要是探自七百餘種期刊、一百五十餘種論集、備忘
錄及學術會議報告等。分類悉依袁同禮的「China in Western Li-
terature」。在內容上，本編正可補前編未及之處。書後附有著者索
引及人名、地名、篇目、書名（見載於論文中者）的綜合索引。

　　袁氏的「China in Western Literature」與本書正好是民國九
年至四十六年間有關中國研究的外國專書與論文的基本書目。（中國
歷史研究工具書叙錄）

書評索引初編

　　鄭慧英等編　民59年　臺北　臺灣學生書局　234面　影印
民國23年7月初版，廣州大學圖書館印行。

　　蒐輯民國二十三年七月前近十年的書評論文，約千餘篇，分爲書
名與分類兩部。

　　書名索引之部，依被評的書名筆劃排列。同筆劃者以點橫直撇等
筆法分。西文書名，則依字母的先後排列。

　　分類索引之部，按杜定友的圖書分類表的次序排列。每一書評列
出其書名、著譯者、評論者、登載處、卷期、頁數等。資料來源大多
數爲嶺南大學圖書館館藏的期刊報紙。

　　在書名索引前，附有書名筆劃檢查表；分類索引前，附有類名檢
查表，頗利於閱者的翻檢。

　　卷首有嶺南大學圖書館館長譚卓垣及圖書評論主編劉英士的序
文，書後附錄文三篇：1.書評的研究；2.書評的價值及其作法；3.書
評及新書介紹。

書評索引

　　國林　簡映合編　書目季刊第16卷第1期（民國71年6月）起
國立中央圖書館臺灣分館館藏中文期刊人文社會科學論文分類索引

（清末至民國三十八年）

　　國立中央圖書館臺灣分館編　民68　臺北　該館　42,687面

　　收錄館藏民國三十八年以前中文期刊二百七十四種，有關人文社會科學論文一萬五千二百四十八篇，予以分類編成。全書共分十四類，卽：總類、哲學、宗敎、敎育、禮俗社會學、經濟、財政、政治、國際關係、法律、軍事、史地、語文、美術。每類再視實際需要，予以細分。同類論文，依篇名首字筆劃爲序。

　　書後附著譯者索引，及收錄期刊一覽。

國立政治大學社會科學資料中心微捲期刊論文目錄

　　國立政治大學社會科學資料中心編　民54年　臺北　該中心　2冊

　　係將政大社會科學資料中心收藏的民國三十四年以前出版的十九種微捲期刊的目次彙編成冊。因均係學術刊物，除食貨半月刊、南開大學經濟統計季刊、國立北京大學社會科學季刊、國立清華大學社會科學季刊、說文月刊、學海、國聞週報外，在臺灣均有影印本。

　　著錄的款目，除刊名、卷期、出版年月外，包括：篇名、著者、捲數。

專科期刊論文索引

總　　　類

國父思想資料、博士與碩士論文目錄

　　國立政治大學社會科學資料中心編　民61年　臺北　該中心　96面

近三十年來國人研究故總統　蔣公著作論文目錄初編稿

　　郇紀萬等編　中華文化復興月刊第8卷第10期，民國64年10月，頁106—132

圖書館學論著資料總目（清光緒15年—民國57年）

　　王　征　杜瑞青合編　民58年　臺中　文宗出版社　190面（圖書館參考用書之4）

　　原載圖書館學報第十期，民國五十八年，頁1—190。

　　收錄有關圖書館學、圖書印刷史、出版業、目錄學、版本學、博物館學、檔案管理學、方志學、地圖、報紙、專科書目（不含專書）等的論文及圖書（包括專書、報告、概況、小冊子等）六千五百四十餘條目（凡連載的論文以一篇計，一文刊登在二種期刊的，照二篇算）。圖書與報刊論文合併排列。每一條目，包括：編號、篇名、著譯者、刊名（或出版者）、年月日、卷期、起訖頁次。書後有著者索引，按王雲五四角號碼排列。

　　臺灣出版有關圖書館學索引，還有師範大學社會教育系編「圖書館學論文索引」，民國五十二年出版，一百面，油印本。

中文圖書館學暨目錄學論著索引（1945—1975）

　　方　仁編　民64年　台北　編者　192面

　　收論文四千五十篇，分十六類，即：圖書館學總論、圖書館行政、圖書館管理、圖書館教育、圖書館歷史及概況、兒童圖書館、大學圖書館、專門圖書館、公共圖書館、資料中心、目錄學概論、圖書學、版本學、讀書法、大眾傳播事業、社會教育通論。書後附著者索引。

中文博物館（學）論著書目提要及資料索引

　　顧力仁編撰　教育資料科學月刊第16卷第3期至第17卷第4期，民國68年11月至69年6月，共70面

　　收錄民國以來有關博物館學的專書、期刊、論文及各書中有關的論文，共七八八種。按分類排列，計分：博物館學專書（有提要者四

三種，存目一〇種）、博物館（學）期刊（三六種）、散見於各書中有關博物館的論述（有提要者八種，存目二〇種）、博物館學報章期刊論文（六七一篇）等四類。同一類再依出版先後爲序。著錄的款目，不論專書或論文，均頗完備；提要的撰寫，亦頗爲詳盡。

書後有論著資料的統計分析及篇名、著者索引。

哲 學 宗 敎 類

中國思想、宗敎、文化關係論文目錄（日文）

東京敎育大學中國思想宗敎史研究會編　民49年（昭和35年）東京　該會　331面　索引52面

二十年來佛敎經書論文索引

佛敎文化研究所編　民61年　臺北　中華學術院佛敎文化研究所311面（中華大典）

現代佛學學術論文分類索引

李潔華編　中國學人第4期，　民國61年7月，頁189—205；中國學人第5期，民國62年7月，頁283—295

中華民國六十年來佛敎論文目錄

釋道安編　民64年　臺北　中國佛敎會文獻委員會　827面

科 學 技 術 類

中文報章雜誌科技論文索引　第一至四輯

行政院國科會科學資料中心編　民57至63年　臺北　該中心　4冊

第一輯原名：近六年（51—56）中文報紙雜誌科技論文索引，由

行政院國科會科學資料及儀器中心編印。自第二輯起改稱今名。

收錄自然科學及應用科學的論文，應用科學只限於農、工、醫爲主。四輯共收論文四萬一千多篇。論文依中國圖書分類法排列。除第一輯報刊混合排列外，其他三輯均把期刊、報紙分開著錄。每篇論文著錄的款目，有：篇名號、篇名、著譯者、刊（報）名、卷期、起訖頁（版）次、出版日期等項。

每輯均有著者索引，除第一輯外，均有收錄期刊一覽。第三、四輯兼收各種會議報告、研究報告、論文集、年報等。

中文期刊科技論文索引　第一至十三輯

行政院國科會科學資料中心編　民64年至70年　臺北　該中心半年刊

接續「中文報章雜誌科技論文索引」第四輯。所不同的有下列幾點：1.由雙年刊改爲半年刊；2.不收報紙，增收十多種西文期刊；3.應用科學增收下列學科的論文，如管理科學、商品學、市場學、製造業、化學工藝等。

其他如分類、每條款目的著錄方法、收錄期刊一覽、著者索引等，均與前編相同。

共出十三輯，約收錄論文五萬篇。

臺灣地質文獻目錄

顏滄波等編　民36年　臺北　臺灣地質調查所　58面

臺灣地質文獻目錄（1946—1972）

鄧雪瑩編　民62年　臺北　臺灣省地質調查所　137面

收中英文一千二百多篇，不包括礦業及礦冶工程。

臺灣昆蟲學文獻索引（1684—1957）

邱瑞珍編　民47年　臺北　臺灣農業試驗所　246面

收論文七千多篇，按分類排列，附收錄期刊（五百多種）。民國

五十五年出版續編，收錄四十六年至五十五年資料，共六十一面。

中華民國五十七年醫學院同仁在各種學術刊物登載之論文目錄

國立臺灣大學醫學院研究報告第15卷第 1 期，民國59年 5 月，頁40—78；民國59年論文目錄，載同上刊物第16卷第 1 期，頁60—92。

農業論文索引正編（1858—1931）續編（1932—1934）

金陵大學農業歷史組編　民60年　臺北　傳記文學出版社　3 冊影印

民國22年、24年由南京金陵大學圖書館印行。

就清咸豐八年（1858），至民國二十三年，七十六年間，中國境內出版的中西期刊叢刊中有關農學論文編輯而成；中文論文約四萬三千八百餘條，西文論文約七千餘條。其中正編收期刊三一二種，叢刊八種，西文三十六種，編爲中文論文索引三萬條，西文六千餘條，由咸豐八年至民國二十年止。續編由圖書館賡續編纂，收民國二十一年至民國二十三年中文期刊五四七種，叢刊六種，西文期刊及叢刊三十種，編成中文論文索引一萬三千八百餘條，西文一千零六十餘條。

正編的編纂，凡十年，始克竣事，續編也費時三載始告完成。其體例編排頗多特點，值得介紹：

1.本書不用分類，按標題排列（字典式排列），在國內猶爲創舉。每篇視論文的性質，予以標題。標題之下篇數較多時，則更細分爲小標題，一篇而涉及數標題的，則加以互見。一標題而與他標題有關係的則兼注之。標題所用字，往往有數種，本書採用其一，餘則別出轉注，例如「食糧」見「糧食」。

2.全書分中西文二部，其排列的方法，中文用漢字母筆法，英文用字母，書前有中文期刊及叢刊一覽表。書後有中文標題首字筆劃索引，以爲不善用漢字母筆法者之助。

3.每條首列篇名、次爲著者、刊名、卷期、起訖頁次及出版年月。爲節省篇幅，且求醒目計，從歐美索引通例，於期刊的卷數及出版年月等，概用縮寫法。如：5(2)32—41　18六　表示第五卷第二期三十二頁至四十一頁，民國十八年六月。

4.如文中有圖或表，則於篇名後加一「圖」字或「表」字，若該篇未完或未續，則於出版年月後加一「未」字。

5.本索引對於轉載、節錄、撮要、重載、修改等，均注明原文的出處。

臺灣農業文獻索引　第一至四輯

臺灣農業文獻索引編輯委員會編　民45年、55年、63年、72年
臺北　中華農學會臺灣分會等　4冊

收錄在臺灣出版的農業文獻及同一時期內在國外出版有關臺灣農業的文獻爲主體。所輯文獻以富有學術研究參考價値的論著及研究報告爲限。

按分類排列，約分十七大類，每類再酌分細目，各細目的排列以發表年份的先後爲序，每條目錄包括：代號、發表年份、著譯者、篇名、刊名代號、卷期及頁次。書後附按筆劃排列的著者索引。

第一輯收錄民國三十五年十月二十五日至四十五年十月二十五日的農業文獻；第二輯收錄四十五年十月至五十五年六月的農業文獻；第三輯收錄五十五年七月至六十二年六月的農業文獻；第四輯收錄六十二年七月至七十年六月的農業文獻。四輯共收論文六萬三千篇。有此四輯，臺灣光復後迄今的農業文獻，可一覽無遺。

臺灣林業文獻索引

王子定編　民42年　臺北　臺灣銀行經濟研究室　245面　(臺灣研究叢刊第19種)

收集的各類文獻，係依其原發表文字，而別爲中文、日文及西文

三大篇。最早發表年度爲清光緒十四年（1888），歷經六十四年，以迄民國四十年止。其分類依林學上通用的分類法而別爲十一類：一般林業、森林植物、造林、森林動物、森林保護、森林利用、森林經營、林業經濟、林業政策、水土保持、森林景緻等，每大類再予細分子目。各文獻排列的次序，係按其發表年度的先後。

　　每條目列：題目、著者、出版處、發表年次等，書後附國曆、公曆及日本曆對照表。

　　關於林業索引，臺灣省林業試驗所於民國六十一年一月出版「臺灣林業研究論述文獻索引」（一一五頁），收民國三十五年一月至六十一年九月的林業文獻，列爲該所研究資料第二十四號。

臺灣畜牧文獻分類索引

　　戈福江　陳立治合編　臺灣銀行季刊第5卷第2期，民國41年9月，頁191—224

臺灣省光復前農業化學論著索引

　　臺灣省農業試驗所農業化學系編　民36年　臺北　該所　98面　油印本

臺灣五十年來蔗作文獻目錄索引

　　周耦保編　臺灣糖業季刊第2卷第1期，民國37年10月，頁347—400

臺灣省蔗苗文獻分類索引

　　王啓桂編　臺灣銀行季刊第4卷第2期，民國40年6月，頁226—233

臺灣光復後七年來蔗作文獻索引

　　劉步達　張王鑽合編　臺灣糖業季刊第5卷第1期，民國43年2月，頁163—200

糖業文獻索引，附鳳梨及養豬文獻索引

　　臺灣糖業公司編　民50年　臺灣彰化　該公司　155面

有關心理衞生及行爲科學參考資料目錄

　　中國心理衞生協會編　民59年　臺北　水牛出版社　127面

蔗作推廣文獻索引輯要

　　黎啓穎編　民59年　臺北　臺灣糖業公司　82面

　　收民國五十至五十八年論文。

糖業研究論文索引 (1946—1972)

　　臺灣糖業試驗所編　民61年　臺南　該所　33面

食品工業發展研究所出版刊物及發表文獻索引 (1965—1980)

　　食品工業研究所編　民70年　新竹　該所　198面

中文管理科學論文索引

　　國立政治大學公共行政企業管理教育中心圖書館編　民64年　臺北　該館　406面

　　收編民國五十二年至六十三年期刊報紙中有關管理科學的中文論著，共五千七百五十七篇。按內容分類。論文著錄款目，頁次只有起頁。書後附著者索引，缺收編期刊報紙一覽。

社 會 科 學 類

社會工作中文文獻目錄 (1950—1976)

　　林萬億　汪美偉合編　民66年　臺北　國立臺灣大學社會學會　279面

　　收錄民國三十九年至五十五年國內出版中文社會學及社會工作文獻，計書籍八九五種，期刊論文三八四四篇，另選重要圖書，加內容摘要。

　　單行本與論文分開排列，均各分十八類，即：個案工作、團體工

作、社區工作、社會行政、社會福利、社會安全與保險、社會政策與
方法、勞工、醫療社會工作、學校社會工作、司法機構社會工作、婚
姻與家庭、社會問題、教育訓練、調查研究、機關團體等。每類再予
細分。

　　書後有著者索引，按筆劃排列。

近八十年來中國人口及人力論文研究

　　王月鏡編　民61年　臺北　中華民國社區研究訓練中心　752面

有關中國國民性研究著作選目

　　李亦園　楊國樞合編　收在中研院民族學研究所專刊乙種第四
號：中國人的性格一書。

教育論文索引　第一輯至十五輯

　　國立臺灣師範大學圖書館編　民52至66年　臺北　該館　年刊

　　係為便於該校師生的研究參考而編輯。選錄的範圍，以臺灣發行
重要期刊及報紙上的教育論著為主。

　　第一輯名為「近五年教育論文索引」，收編民國四十六年至五十
年間的教育論著，自第二輯起每年刊行一次。

　　按論文內容分類排列。通常分為十七大類：教育學總論、教育心
理學、教育社會學、教育行政、學前教育、國民教育、中學教育、職
業教育、師範教育、高等教育、社會教育、體育、特殊教育、科學教
育、藝術教育、語文教育、匪區教育等。

　　除第一、二輯外，均附有著者索引。第二輯不收報紙資料。第四
輯附有心理學及教育學書目，收編一千三百多種圖書。

　　本書十五輯，共收錄論文三萬二千四百七十八篇。本書與司琦編
「近十年教育論文索引」（民國46年，中華文化出版事業委員會印行
）相銜接，有此二書，從民國三十五年至六十五年，三十年間的教育
論著，可以一覽無遺。

　　按：近十年教育論文索引，收錄民國三十五年至四十五年論文四千八十六篇，按分類排列，書後附著者索引。

教育論文索引　第一至　輯

　　國立教育資料館編　民61年至　年　臺北　該館

　　與師大教育論文索引頗多相似之處，如：按年收編報刊上的教育論文，分類表大同小異，每條目著錄的款目相同，收錄期刊報紙大致與師大重複，如同是以六十四年出版者爲例，本書收錄期刊六十六種，報紙有十一種，與師大教育論文索引重複者，期刊有五十三種，報紙有八種。

　　民國六十一年出版第一輯，鉛印本。第二輯至第四輯分別於六十二、六十三、六十四年刊行，改爲油印本，每輯約收論文二千篇左右。第五、六輯附刊在該館印行教育資料集刊第一、二集。

三十年來我國特殊教育圖書摘要與論文索引

　　吳武典　蔡崇建主編　民70年　臺北　國立臺灣師範大學特殊教育中心　403面

　　收錄臺灣光復後三十年間（民國三十九至六十八年）有關我國特殊教育的資料，包括圖書、學位論文、研究報告、期刊及報紙論文等，共圖書五二八種，論文三一〇八篇。

　　內容分二部分，其一是圖書摘要與論文索引。分十類，依序是：通論、資賦優異、智能不足、視覺障礙、聽覺障礙、言語障礙、肢體殘障、身體病弱、行爲異常、學習障礙。各類再分圖書、期刊論文、報紙論文三項，各項再依出版日期排列。其二是著者索引，以筆劃爲序。

有關大專聯招資料目錄索引

　　大專聯招研究改進委員會資料選集專案小組編　民58年　臺北該小組　52面

經濟論文分類索引 (1945—1965)

　　袁坤祥　馬景賢合編　民56年　臺北　成文出版社　2冊 (1742面)（艾文博Robert L. Irick主編中文研究資料叢書第2號）

　　收錄自民國三十四年臺灣光復起至民國五十四年底刊行的中文期刊一八七種，有關經濟方面的論文三七〇八三篇。此等期刊以在臺灣發行的中文期刊爲主，間也收海外發行的期刊。

　　依論文內容分類，共分：一般經濟理論、經濟思想史、經濟史、經濟制度、經濟計劃政策與建設、經濟開發發展與成長、經濟穩定、國際經濟、商業經濟、農業經濟、社會經濟、其他（書評）、共匪經濟等。

　　書前有收錄期刊一覽，書後附有著者索引。

臺灣經濟地理文獻索引

　　陳正祥編　民43年　臺北　臺灣銀行經濟研究室　113面（臺灣研究叢刊第18種）

　　收集的範圍，限於與地理有關而已出版者爲限。其所包羅的年代，原係從明嘉靖四十二年（1563），至民國四十一年六月底止。後以其他原因，除第一類中「舊地誌」及第十三類「統計與報告」二者外，改而截取民國二十年至四十一年六月底止。文獻次序的排列，先就文獻性質分爲十五大類，每類再按照發表年代編排前後。凡文獻分數期或數年刊載完畢的，概以最後完成的年代爲準；並將其編列一起，以便查考。

　　十五大類目錄如下：地理、氣候與氣象、地質、土壤與植物、人口與聚落、水利與土地利用、農業、糖業、森林與林業、畜產與水產、工業與礦業、交通與商業、統計與報告、地方概要統計、其他（包括一般商業、專賣、地圖及有關刊物）。每條目列書名、著者、出版年月及出版者，附年曆對照表。

交通期刊論文分類索引 第1輯至 輯

　　交通部交通研究所編　民52年至 年　臺北　該所

　　一般期刊索引係將各種不同期刊的論文依內容混合排列，卽一類中包含多種期刊論文。本書第一輯至第四輯係將不同期刊分別編纂索引，卽每種期刊論文獨自分類，不與他種期刊混合。因此檢尋有關某類論文，須在各種期刊索引上查閱。第一輯收錄期刊有：交通建設、交通科學彙報、今日郵政、臺灣電信技術季刊等；第二輯收有：臺灣公路工程月刊、臺灣電信、招商局業務通訊、氣象學報；第三輯收有：交通研究、交通月刊、大道半月刊；第四輯收有：航運半月刊、今日交通、無線電技術季刊。自第五輯起將有關期刊混合排列，不再分刊編印。第五輯收期刊十一種。最新一輯爲第十七輯，民國七十二年刊行。

　　分類共分：總類、鐵路、公路、郵政、電信、港務、水運、航空、氣象、觀光等十類。所以資料除論著外，也收法令、報告、通訊、譯述等。

　　該所另於民國六十一年出版報章交通資料索引第一輯，收民國五十二年至六十年報紙上有關交通方面的論文。民國六十三年出版第二輯，收六十二年資料。第一輯有七一四面，第二輯有一九七面。

交通運輸資料分類索引

　　交通部運輸計劃委員會編　民63年　臺北　該會　313面

運輸專題論文索引

　　國立交通大學運輸管理系會編　民65年　新竹　該會　163面

合作經濟論文分類索引

　　中國合作事業協會臺灣分會編　中華民國臺灣省合作年鑑四十六年版，頁649—683；又載五十一、五十六年版。

投資法論著索引

臺灣省立中興大學法律研究所編　民58年　臺北　該所　**149**面

財政論文分類索引 (1945—1965)

袁坤祥　馬景賢合編　民56年　臺北　成文出版社　303面（艾文博Robert L. Irick主編中文研究資料叢書第1號）

收錄自民國三十四年臺灣光復起至民國五十四年底刊行的中文期刊一〇六種，有關財政方面的論文五九四六篇，此等期刊以在臺灣發行的中文期刊為主，間亦收海外發行的期刊。

依論文內容分類，共分：總論、公共支出論、國家收入論、租稅總論、租稅各論、財政調整論、洋務行政論、地方財政、公債、大陸財稅問題剖析等十大類。每類再酌分細目。每篇文章著錄的款目，包括：編號、篇名、著譯者、刊名、卷期、起訖頁次、出版年月、備注等。書後附著譯者索引。

貨幣金融論文分類索引 (1945—1965)

袁坤祥　馬景賢合編　民56年　臺北　成文出版社　329面（艾文博Robert L. Irick主編中文研究資料叢書第3號）

收錄自民國三十四年臺灣光復起至民國五十四年底刊行的中文期刊一二四種，有關貨幣金融方面的論文六二七四篇。此等期刊以在臺灣發行的中文期刊為主，間亦收海外發行的期刊。

依論文內容分類，共分：貨幣、金融兩大類。貨幣再細分十小類，金融再細分十二類。論文著錄的款目與財政論文分類索引相同。

書前有收錄期刊一覽，書後附著者索引。

中文賦稅論文索引

收在民國65年出版財政部圖書期刊目錄第二輯頁167—200

人事行政論著目錄

國立政治大學公共行政企業管理教育中心圖書館編　民63年　臺北　該中心　391面

華僑問題資料目錄索引（初稿）

中國僑政學會編　民45年　臺北　海外出版社　141面

民國四十六年出版續編，共一一八面。

華僑問題有關資料索引　第一輯

僑務委員會僑務研究室編　民54年　臺北　該會　433面

民國55年出版第二輯，共一五八面。

東南亞華僑研究參考書目（1905—1964）

李亦園編　中研院民族學研究所集刊第18期，民國53年9月，頁
143—235

收單行本圖書五九七種，論文一二二三篇。

中華民國國際關係研究所出版期刊論文索引

共出版三次，分別於民國55年、61年、64年印行

中文法律論文索引

東吳大學圖書館編　民62年至　年　臺北　該館

政府遷臺後，編了六次法律索引，儘管編者不同（都是東吳大學
的校友），各索引收錄的年代卻都能銜接起來，分類都很細密，體例
也頗嚴謹，眞是難能可貴。

首先，袁坤祥編了法律論文分類索引，收民國三十六年至五十一
年的資料，於民國五十二年出版（民國六十四年又重印），收八十九
種期刊中的法學論文六千多篇，按分類排列。接着，盛子良編中文法
律論文索引，收民國五十二年至五十九年發行的報刊有關法學論文七
千多篇，該書於六十一年　，由東吳大學印行。自六十二年起均由東
吳大學圖書館編印。

本書均按照分類排列，主要是根據六法分類，另增列「法學法律
及法制」「國際公私法」「中共法律」「其他」四類。每類再酌分小
類。每一論文均注明篇名、著譯者、刊名、卷期、頁次、年月等。

　　本書前後六輯，均有著者索引及收錄期刊一覽表。六十二年版增篇名索引。六十四年起，著者索引除原來篇名編號外，另加論文題名。

　　民國五十二年版，兼收論文集資料。

中國近二十年文史哲論文分類索引

　　國立中央圖書館編輯　民59年　臺北　正中書局　852面

　　係據國立中央圖書館所藏民國三十七年至五十七年出版的期刊及各種論文集編輯而成。期刊計有二百六十一種，以在臺出版者爲主，海外自由地區出版者次之，論文集三十六種。論文共有二萬三千六百二十六篇，內容包括：哲學、經學、語言文學、歷史、專史（各學科史）、傳記、考古學、民族民俗學、圖書目錄學等十類。除論文外，兼收書評、序跋等。每篇論文記載的款目，包括：論文編號、篇名、著譯者姓名、刊物或論文集名稱、卷期、起訖頁次、出版日期。

　　按論文內容分類排列，計分上述十大類，七十六小類，每類再視實際需要，酌分細目。各小類或細目論文的排列，則以筆劃多寡爲序。

　　爲檢索方便，書後附有著譯者索引，依姓名筆劃排列，後附所著論文的編號。另附收錄期刊及論文集一覽，依筆劃爲序。

　　資料截至五十七年底止，以後的資料，可利用書目季刊每期附載的「最新出版期刊文史哲論文要目索引」。

　　本書蒐羅宏富，不但展示了二十年間本國文史哲學研究的成果，便利學人分類檢索參考，也可藉以綜觀二十年間國內文史哲學研究發展的趨勢。

中國文化研究論文目錄

　　中華文化復興運動推行委員會主編　國立中央圖書館編輯　民71至　年　臺北　臺灣商務印書館　6冊

編輯者：張錦郎　王錫璋　吳碧娟　王國昭

助理編輯：俞寶華　施希孟

校訂者：喬衍琯　劉兆祐　王國良　林慶彰

收錄期刊、報紙、論文集、學位論文、行政院國家科學委員會研究報告中有關中國文化研究的單篇論文，條目凡十二萬篇。其中期刊九○一種，論文八萬餘篇；報紙十五種，論文三萬二千餘篇；論文集二○五種，論文三千九百餘篇；學位論文二千二百餘篇；行政院國科會研究報告一千二百餘篇。以民國三十八年至六十八年底在臺出版者爲主，兼收同一時期海外自由地區出版的期刊及論文集，並酌收三十五年至三十七年在臺出版的期刊、報紙及論文集。取材以國立中央圖書館館藏爲主，該館所缺者，則據國立中央圖書館臺灣分館、國立臺灣大學研究圖書館藏補全。

按論文內容歸類編排。共分六冊：

第一冊　包括國父與先總統蔣公研究、文化與學術、哲學、經學、圖書目錄學。

第二冊　語言、文字學、文學。

第三冊　歷史㈠，包括史學、通史、斷代史、考古學、民族民俗學。

第四冊　歷史㈡，指專史（學科史）而言，分博物館史、宗敎史、科學史、技術史、敎育史、社會史、經濟史、財政史、政治史、法制史、新聞史、美術史等。

第五冊　傳記。

第六冊　著者索引。

各冊均分數大類，大類之下再細分子目。有關分類的原則，詳見書前的凡例。同一子目的論文，按性質相近者排比；傳記類則先按時代分，同一時代的再按被傳者的姓名筆劃排。

篇名代號・篇	名・著 譯 者・刊	名・卷	期・頁	次・出版年月

經 學 類
壹、通 論

107077	十三經指要簡撮	吳 秉 昆	幼獅學誌	1:4-2:2	〔95〕	51・10-52・4
107078	十四經新疏擬目	楊 家 駱	中國一周	722	9-12	53・2
107079	凡經皆文與今日五經	費 海 璣	自由報	888	1	57・9
107080	「六經皆我注脚」	周 冠 華	臺灣新生報	12		68・8・13
107081	六經真面目	張 元 夫	中國學術史論集	1	1-15	45・10
107082	六經與孔子的關係	何 定 生	中央日報	3		48・4・28
107083	六藝亦六經說	魏 子 雲	臺灣新生報	12		65・7・21
107084	中國文化之要典──經	喬 一 凡	民主憲政	27:8	5-10	54・2
107085	中國文化之要點──經	喬 一 凡	醒獅	3:6-7	〔6〕	54・6-7
107086	中國文化之要典──經	喬 一 凡	學粹	7:5	10-15	54・8
107087	中國文化之精髓──五經精義	史 仲 序	國魂	369	25-31	65・8
107088	中國經學教育對於日韓越的影響	朱 雲 影	歷史學報	5	1-28	66・4
107089	中國經學對於日韓越的影響	朱 雲 影	趙鐵寒紀念集		47-76	67・4
107090	中國經學教育對於日韓越的影響	朱 雲 影	國科會論文摘要		〔387〕	68
107091	中國經學與中國教育之改造	廖 維 藩	學粹	7:3	10	54・4
107092	中華文化中之經學	屚 生	國魂	259-263	〔11〕	56・6-10
107093	中華文化與四書五經	閔 嗣 禮	臺中商專學報	2-3	〔67〕	59・6-60・6
107094	中華古代五大憲典（堯典、舜典、大禹謨、洪範、周禮）	李 寶	知本文集		147-159	58・3
107095	五經正義探源	潘 重 規	華岡學報	1	13-22	54・6
107096	五經探微	丁 宗 裕	今日中國	24	88-104	62・4
107097	五經中之獨立及句末語氣研究	李 國 良	人文學報	1	283-323	59・9
107098	毛子水談四書五經──讀書和做人	彭 桂 芳	青年戰士報	3		56・7・28
107099	古籍疑義考辨（甘誓考、微子考、左傳作者考、武王崩年與成王即位之齡辨…）	朱 廷 獻	學術論文集刊	4	70-82	66・6
107100	古籍疑義考辨	朱 廷 獻	孔孟學報	34	159-166	66・9
107101	司徒文正著「經子斠言」序	張 其 昀	華學月刊	41	1-2	64・5
107102	四書五經大全和新十三經注疏	百 閔	國魂	345	57-58	63・8
107103	四書五經的文學價值	羅 錦 堂	華學月刊	75	49-57	67・3
107104	用科學方法校正群經之差誤	程 發 軔	中央月刊	1:10	137-140	58・8
107105	用科學方法校正群經之差誤	程 發 軔	青年戰士報	10		65・11・4-6
107106	泛論六經問題	徐 照	臺灣新生報	6		41・9・28
107107	讀者給屈萬里先生的一封信	李 金 真	臺灣新生報	6		48・6・12
107108	讀者給屈萬里先生的第二封信	李 金 真	臺灣新生報	6		48・7・17

中國文化研究論文目錄

　　讀者使用本書時，宜先閱讀凡例說明（約六千字），再查書前的分類表。各類名後列該類收錄論文編號起訖號碼，可據此查檢自己需要的資料。如欲知收編那些報刊資料，可查每冊書後的「收錄期刊一覽表」「收錄報紙一覽表」「收錄論文集一覽表」等。

　　本書特點，東吳大學中文研究所劉兆祐所長在「三十年來學術界的智慧結晶──中國文化研究論文目錄」一文（刊登中央日報71年6月29至30日）中提到的有三點：

　　1.編輯嚴謹　收錄論文，一一寓目，以免望文生義，歸類錯誤。同時，每一類都請各學科的專家學者審訂。

　　2.文獻豐富　取材除期刊和報紙論文外，兼收論文集、學位論文及行政院國科會獎助的著作。

　　3.體例完善　在分類上廣徵學者的意見，並按照學者檢索資料的習慣經驗與實際需要而分類目。對於不容易顯示文章內容的篇名，以括弧加按語；對於內容複雜的學術論著，一一注明子目，使讀者一望即知其內容梗概；對於一篇論文討論兩個主題以上的平行主題時，均做分析片，歸入有關各類。

　　本書是繼「中國近二十年文史哲論文分類索引」之後，為檢索國內三十餘年來中國文史哲論文最重要的工具書。第一冊業已出版，第二至五冊可在民國七十三年底出齊。

　　書評：中國文化研究論文目錄評介　林慶彰，書目季刊第17卷第1期，民國72年6月，頁27─32。

中國史學論文引得 (1902─1962)

　　余秉權編　民52年　香港　亞東學社　572面

　　臺北影印二次，第一次泰順書局，民國60年；第二次華世出版社，民國64年，由十六開縮印成二十四開。

　　收錄自清光緒二十八年（1902）「新民叢報」在日本創刊起，至

作譯者	類 目	期刊名稱	卷期	年月	頁號	附註

一　畫

作譯者	類 目	期刊名稱	卷期	年月	頁號	附註
一　庸 0001	「中國銀行」之變遷史	國聞周報	12:17	35.5	1-8	
一　鳴 0002	英庚款美借款與國際開發中國	新社會半月刊	5:1	33.7	7-9	
一　廠 0003	關於西藏史實的幾個問題之商榷	歷史研究	59:9	59.9	65-66	

二　畫

作譯者	類 目	期刊名稱	卷期	年月	頁號	附註
丁　一 0004	讀王利器「『水滸』英雄的綽號」	新建設	55:6	55.6	62-63	
丁士選 0005	介紹日本考古學者濱田、梅原兩先生	考　古	6	37.6	61-83	
	壙塿瑣言	考　古	6	37.6	43-60	
	海外吉金圖象著錄表略例	考　古	6	37.6	84-86	
(丁雲青)	太平天國太陽河碼頭渡船規條碑跋	歷史研究	56:7	56.7	101-104	
(丁雲青)	忠王李秀成自傳原稿是曾國藩等所偽造的麼⊖	文史哲	57:3	57.3	53-60	Y
丁　山 0006	費誓題解	中大語史週刊	1:9	27.12	202-204	
	殷契亡尤說	史語所集刊	1:1	28.10	25-28	
	數名古誼	史語所集刊	1:1	28.10	89-94	
	召穆公傳	史語所集刊	2:1	30	97-100	M
	𢾗設跋	史語所集刊	2:3	31.4	415-418	M
	敔夷考	史語所集刊	2:3	31.4	419-422	M
	由陳侯因𦎧鐳銘黃帝論五帝	史語所集刊	3:4	33	537-536	
	辨殷商	文史叢刊	1	34.5	23-30	
	宗法考源	史語所集刊	4:4	34	399-415	
	由三代都邑論其民族文化	史語所集刊	5:1	35.10	87-130	
	開國前周人文化與西域關係	禹　貢	6:10	37.1	23-26	
	九州通考	齊魯學報	1	41	1-28	

民國五十一年十月，六十年間，三百五十五種期刊中，有關史學論文一萬零三百二十五篇。此索引指稱的「史學」一詞，範圍較廣，不限於純粹的史學，舉凡以「國學」爲範圍，或以社會科學的眼光，討論遠古至清末的中國社會，或述清末以來學者在學術上的貢獻，敍某一時期學術動態的文章，均在收編之列。

編排異於一般的分類索引，照著譯者姓名筆劃多寡定先後，因此同一著者諸文，可以匯集一處，也可考見某一著者學術研究的傾向。同一著者諸文，則以發表先後爲序。

論文著錄的款目，包括：著譯者、論文題目、期刊名稱、卷期、出版年月（用公元，略去19）、起訖頁次、附注（注明資料儲藏地點）。每一著者均有編號，供書後輔助索引檢索之用。

本書因不從類目區分，書後附有標題檢字輔助索引，可供應用。該索引將各論文的人名，地名、書名、典章制度、重大史實及其他重要項目摘出，按筆劃排列，標題後有兩組號碼，前者爲正文著者的號碼，後者爲刊行的年月。另一輔助索引爲卷期及年月輔助索引，可供只知論文發表的期刊名稱，而不知卷期時，可以利用。

書前有收錄期刊一覽，對於每種期刊的歷史略有介紹。書後還有：筆名別號檢查表、外國人名漢譯對照表等。收編的期刊均收藏於香港各文教機構，利用較爲方便。

書評：余氏「中國史學論文引得」平議　胡楚生，文史學報第11期，民國70年6月，頁1—10。

中國史學論文引得續編——歐美所見中文期刊文史哲論文綜錄（1905—1964）

余秉權編　民59年　美國麻省　哈佛大學哈佛燕京圖書館694面（哈佛燕京圖書館目錄叢刊第1種）

英文書名爲：Chinese History：Index to Learned Articles

Volume Ⅱ 1905—1964

　　爲中國史學論文引得的續編，就余氏民國五十三年及五十四年分別在美歐漢學圖書館十五所手錄卡片編成。收錄期刊五百九十九種，論文二萬五千篇。所錄論文，其性質並兼語言、文學、歷史、哲學；所論及時代大抵斷自清末民初。惟關涉現代學術史及當前學術動態者，也一併收錄。故書名雖稱中國史學論文引得續編，而另標歐美所見中文期刊文史哲論文綜錄爲副題。著錄體例，如前編，另加庋藏者，惟略標題索引。

　　對於所錄論文，其題義晦澀不顯者，或需加說明者，均作注釋，並用括號，藉示號括的文字非論題所原有。

國內外中文中國史史學論文索引（民61—62年）

　　收在中國史學論文選集第 1 輯頁883—986，民國65年，幼獅書店印行。

　　第 2 輯民國66年出版，收民國63—64年論文，共155面。

　　第 3 輯民國68年出版，收民國65—66年論文，共153面。

　　第 4 輯民國70年出版，收民國67—68年論文，共175面。

中國歷史地理研究論文目錄　1868—1957

　　吉田寅　棚田直彥合編　民49年　東京教育大學文學部東洋史學研究室　161面　油印

　　收中日論文二千篇。

中國上古史中文文獻分類目錄

　　中國上古史編輯委員會編　民55至57年　臺北　刊登中國東亞學術研究委員會年報第 5 期至 7 期，其中第 7 期爲補編

　　收錄專書及論文，以中文爲限，資料自清宣統三年（1911）至民國五十二年止，包括中國大陸出版品，全書依內容分爲五十三類。專書與論文混合排列。

專書著錄的款目包括：書名、著者、出版地、出版者、出版年；
論文著錄的款目包括：篇名、著者、刊名、出版地、出版者、卷期、
起訖頁次、出版年月。

魏晉南北朝史研究論文書目引得

鄺利安編　民60年　臺北　臺灣中華書局　260面

僅限於魏晉南北朝時代，因此，期刊報紙所收的論文及專書，其
時限則始自漢魏，下迄兩晉南北朝，止於陳的滅亡。然所收資料的性
質，則不限於純粹史學方面，舉凡經學、諸子、文學、社會、經濟
等。所收論文，大抵以民國初年起至五十八年七月止，共收一九二二
篇，論文分為民族、政治、財經、軍事、社會、哲教、經學、史
學、諸子、文學、文物等十四類，每類再酌分小類，計一五七子目。
每篇論文著錄的款目，包括：著譯者、論文名稱、期刊報紙名稱、卷
期、出版年月等。論文的出版地，僅限於自由地區為主。除論文外另
收專書一五二種。書後有著者索引及論文篇名索引，依筆劃多少為序。

唐史論文目錄初稿

石萬壽編　唐史資料整理集刊第1輯，民國60年，C1—110面

唐史論文提要初編

傅樂成編　唐史資料整理集刊第1輯，民國60年　頁B1—160

唐代史研究文獻目錄

中谷英雄編　民45年　日本和歌山高等學校圖書館研究會　95面
油印本

日本遼史學論著目錄

島田正郎編　大陸雜誌第34卷第5期，民國56年3月，頁19—24

遼史論文目錄索引

趙振績　高志彬合編　史學通訊第6期，民國59年11月

又收在民國64年鼎文書局遼史彙編第8冊，頁811—873

遼史研究論文目錄　附專書目錄

王民信編　收在王民信著契丹史論叢頁183—200，民國62年，學

海出版社印行。

元朝史研究文獻目錄

桑田六郎編　民44年　日本大阪

元代史研究文獻目錄

山根幸夫　大嶋立子合編　民國60年　東京　汲古書院　213面

收1900—1970年中、日文單行本201種，論文2027篇。

明代史研究文獻目錄（1900—1960）

山根幸夫編　民49年　東京　東洋文庫明代史研究室　258面
油印本

收論文二三九二篇，單行本圖書一二三種。

明史研究論文目錄

民國52年出版明史第 6 冊頁3843—3897

明史研究專著論文分類索引

吳智和編　明史研究專刊第 1 期（民國67年 7 月）起

明史研究中文報刊論文專著分類索引

吳智和編　民65年　臺北　編者　196,26,27面　油印本

明鄭研究論文目錄

賴永祥編　臺灣文獻第12卷第 1 期，民國50年 3 月，頁168—178

近代中國關係文獻目錄（1945—1978）

近代中國關係文獻目錄刊行委員會編　民69年　日本東京　中央
公論美術出版　640面

收錄以日文撰寫討論中國近代史的圖書及論文，共二一〇四〇篇
。所指稱的近代史，指自鴉片戰爭起，至現在為止。不收書評、座談
會記錄、翻譯作品、時評、三面以下的短論。

本書的資料，以東洋文庫近代中國研究室的著者目錄為基礎，並
參考下列數種目錄編成，即：東洋學文獻類目、日本における東洋史

論文目錄、史學雜誌、雜誌記事索引、全國出版物總目錄、戰後雜誌
目次總覽等。

　　依日本著者五十音順排列，機關團體著者列在個人著者後。著者
姓名後列出公元生卒年及其著作。圖書或論文著錄的款目，與一般書
目索引相同。

　　書後附有標題索引及著者名首字筆劃索引。

中國近代史論文索引稿　1840—1949

　　中國近代史研究會編　民46年　京都大學文學部東洋史研究室
65面

中國近代史研究論文選目

　　王綱領編　Chinese Culture第13卷第2期，民國61年6月，頁
90—173

義和團研究文獻目錄

　　山根幸夫編　史論第23期，民國60年10月，頁28—39

辛亥革命文獻目錄

　　山根幸夫編　民61年　東京女子大學東洋史研究室　96面

戰後日本における現代中國關係主要雜誌論文目錄　1946—1957

　　石川忠雄編　民46年　東京　慶應義塾大學法學部　2冊

新疆研究文獻目錄　1886—1962

　　袁同禮　渡邊宏合編　民51年

　　袁同禮編訂新疆研究叢書內，合中、日、英文三種，各自獨立。

臺灣文獻分類索引

　　臺灣省文獻委員會編　民50年至　年　臺中　該會　年刊

　　臺灣省文獻委員會為便利修志及研究臺灣的學人參考起見，於民
國五十年創刊臺灣文獻分類索引，每年刊行一冊，收集有關臺灣的
料，包括單行本圖書、期刊報紙的論文等資料。不收書評、短評及消

息資料。至民國七十二年已出版二十三輯。

　　按分類編排，係參照臺灣省通志稿綱目擬定，分爲二十六類一百五十一綱目，並再酌予細分。每類資料，按發表時間先後順序排列。

　　每條目著錄的款目有：題目、著者、刊物名稱或發行所、卷期及出版年月。無注明版次或頁次，也無著者索引。

臺灣省各縣市文獻會出版期刊目錄分類索引

　　陳漢光編　臺灣文獻第16卷第4期至17卷2期，民國54至55年，共73面

北臺文獻論文分類索引（民國41—66年）

　　石萬壽編　臺北文獻第42期，民國66年12月，頁67—200

臺灣地理文獻目錄（1931—1952）

　　陳正祥編　民42年　臺北　敷明農業地理研究所　119面

臺灣考古學圖書論文目錄

　　宋文薰編　國立臺灣大學考古人類學刊第1、2、4期，民國44、43年，共14面

有關臺灣土著民族文獻目錄

　　何廷瑞編　國立臺灣大學考古人類學刊第6期，民國44年11月，共20面

戰後日本刊行之有關臺灣歷史民俗考古論著要目

　　賴永祥編　臺灣風物第6卷第1期，民國45年1月，頁17—22

日文書刊所載有關臺灣土著論文目錄

　　吉原彌生編　國立臺灣大學考古人類學刊第29、30期合刊，民國56年，頁71—206

Directory of Current Hong Kong Research on Asian Topics （香港當前亞洲問題研究索引）

　　吳慧儀編　民67年　香港大學出版社　197面

南洋研究中文期刊資料索引

　　南洋大學南洋研究所編　　民57年　　新加坡　　該所　　363面

　　收錄研究新加坡、馬來西亞、萊汶、印度尼西亞、菲律賓、越南、柬埔寨、寮國、泰國和緬甸等十個國家的論文近萬篇，採自各國刊行的中文期刊，係清光緒三十一年（1905）至民國五十五年間刊行者。

　　分類先照國別編排，各國下再依其論文內容，分：總類、文化、宗教、教育、語文、文學、藝術、社會、民俗、政治、行政、經濟、法律、傳記等目。同一類再依發表日期排列。每一篇論文著錄的款目，包括：著譯者、論文題目、刊名、卷期、起訖頁次、出版日期。間附注內容綱要。

　　收錄除期刊外，兼及特刊與紀念刊；除專論外，並及簡報、序跋與書評等。

　　書前附有收錄期刊一覽，注明主編人或團體名稱、創刊日期、本索引所收卷期數等。

南洋文獻敍錄長編

　　許雲樵編　　南洋研究第1卷，民國48年，頁1—170

日本研究中文期刊論文分類索引　　民國36至57年

　　中日關係研究會編　　民61年　　臺北　　該會　　158面

美國研究中文圖書暨期刊論文分類索引（1948—1972）

　　淡江文理學院區域研究室編　　民63年　　臺北　　該室　　560面

近三十年來臺灣地區敦煌學論文目錄初稿

　　鄭阿財編　　文史集林第8期，民國68年12月，頁387—447。

敦煌文獻研究論文目錄

　　東洋文庫敦煌文獻研究連絡委員會編　　民48年　　東京　　該會　　82面　　油印本

民國63年 7 月香港創刊敦煌學，年出一冊，第三輯已出版。

語 文 類

中國語學文獻目錄

中國語學研究會編　第一編（1945.8—1957.7）民46年　東京江南書院印行，60面；第二編（1957—1961）民52年　東京先生館印行，61面

文獻包括專書及期刊論文。第二編收少數民族語言。

中國語言學論文索引

民68年　東京　龍溪書舍　甲編210面　乙編326面　影印

民國54年初版。收論文一萬二千餘篇。

中國刊新聞雜誌所揭中國語學文學論文目錄

天理大學人文學會編　民49年　日本　天理大學出版部　82面

中國語音韻研究文獻目錄稿

賴惟勤編　民62年　東京　櫻美林大學中國文學論叢內

近六十年來文字學研究論文索引

連金水編　民58年　新加坡南洋大學　1 冊

文學論文索引　正編至三編

陳碧如、張陳卿、劉修業等編　民59年　臺北　臺灣學生書局 3 冊 (1216面)　影印

原書分三編，分別於民國21、22、25年刊行。

收錄自清光緒三十一年（1905）至民國二十四年間在各種期刊及報紙上有關文學方面的論文，編成分類目錄。

是書正編收清光緒三十一年至民國十八年出版的期刊報紙共一六二種，論文四千餘篇；續編收民國十七年至二十二年五月出版的刊物一九三種，論文四千餘篇：三篇收民國二十二年六月至二十四年十二

月出版的刊物二百二十餘種，論文四千餘篇。

　　按分類排列。全書依論文性質分上中下三編。上編爲文學總論，與各國文學通論，每類再酌分細目，如各國文學以國別分子目；中編爲文學分論，依體裁分詩歌、戲曲、小說等；下編爲各國文學家評傳，以國分，次序略依年代排列。

　　每篇論文著錄的款目，包括：篇名、著者、期刊的名稱及卷期。本書對於較有價值的論文，作簡略的內容介紹；文學家評傳類，並注明文學家的生卒、別號、籍貫，西洋文學家，則附西文原名。

　　各編編首附有收錄期刊卷數號數一覽表，以筆劃多少分先後，編後有附錄，如：文學教學法、文學書目、文學書籍介紹、文學家介紹、文壇消息等。

　　爲檢索抗戰前國內期刊、報紙上文學論文資料的最佳工具。

中國文學研究文獻要覽 (1945—1977)

　　吉田誠夫　高野由紀夫　櫻田芳樹合編　民68年　日本東京
　紀伊國書屋　450面（二十世紀文獻要覽大系9）

　　收錄戰後日本出版有關中國文學研究的圖書與論文，資料至民國六十六年止。

　　內容分三部。第一部介紹研究中國文學的工具書及基本圖書。基本圖書分爲入門圖書（包括概論、詩、賦、樂府、小說、戲曲）及文學史二小類。工具書分爲辭典、百科全全書、年表、地圖、書目、索引、資料集等。第二部爲文獻目錄，分爲一般中國文學、先秦文學、秦漢文學、三國六朝文學、隋唐五代文學、宋代文學、金元文學、明代文學、清代文學、中華民國以後等十類。各代文學先依體裁分爲詩、詞、話本、演劇等，再按作家排。第三部爲索引，有事項索引、人名索引、作品名及書名索引、著者索引。均按日本五十音順排列。書後附有收錄期刊一覽。

　　本書第一部的體例甚佳，第二部的編排方法，與國內一般書目先依文體分，再依時代排不同。

唐代文學論著集目

　　羅聯添編　民68年　臺北　臺灣學生書局　132,25面

　　包括近七十多年來中外學者研究唐代文學的論著，外國學者論著約錄自一九〇〇年起至一九七六年止，本國學者的論著約錄自民國前五年至民國六十七年六月止。共收錄三〇六八篇，以單行本及期刊論文爲限，學位論文也儘量列入。

　　分通論、作家及其作品、傳奇小說、敦煌變文四大類。每一類依中、日、韓、西文次序按年月排列。

　　書後有著者索引。

　　王國良另撰「唐代文學論著集目補編」，刊登書目季刊第十四卷第三期，民國六十九年十二月，頁一至三十六，補收至六十七年六月止，共收七四七篇。

唐代文學關係研究文獻目錄稿

　　稻田耕一郎等編　中國古典研究第20期，民國64年1月，頁74—91

唐人小說文獻目錄

　　東洋大學中哲文研究室編　民62年　東京　該室　77面

現代中國文學研究文獻目錄 (1919—1945)

　　飯田吉郎編　民48年　東京　中國文化研究會

鍾嶸詩品研究論文目錄

　　何廣棪編　書目季刊第14卷第3期，民國69年12月，頁47—53。

兒童文學論著索引

　　馬景賢編　民64年　臺北　書評書目出版社　103面

　　收錄有關研究兒童文學的論文及專書，自清末 (1907) 以迄民國

六十三年六月止，共一千二百八十二條目。

　　內容分兩部份：1.兒童文學，按論文性質分十七類，如：童話、詩歌、童謠、神話、寓言、民間故事、兒童刊物等；2.兒童圖書館，分爲通論、經營、選書、分類編目、服務工作等八項。

　　專書與論文著錄的款目與一般索引相同。書前有我國兒童讀物發展概況一文，書後有著者索引，依筆劃排。

藝　術　類

戲劇論著索引

　　中國文化學院戲劇電影研究所編　民58年　臺北　該所　132面

中國藝術考古論文索引（1949—1966）

　　陳錦波編　民63年　香港大學亞洲研究中心　361面　（該中心書目索引第6）

附期刊按期刊行的索引

　　有些期刊索引是按期附在某期刊上，如著名的「最近雜誌要目索引」就是每期附在人文月刊上的，人文月刊是一種綜合性雜誌。在臺灣歷史最悠久的是「臺灣經濟文獻分類索引」，按期附在「臺灣銀行季刊」上，自第二卷第一期（民國三十七年九月）起，迄今未斷。據筆者統計，從二卷一期至二十四卷二期（民國六十二年九月）共刊登六四二頁。在此我們不能不佩服該刊主編周憲文的眼光與魄力。該索引收錄的資料包括期刊及報紙。如第一期收期刊二十九種，報紙十一種。內容分爲：財政、金融、物價、工礦、農林、交通、商業、特產、糧食、勞工、主計等類。

　　其次爲「國內各期刊人文及社會科學論文要目分類索引」，按期附在「思與言」雙月刊，自第一卷第五期（民國五十二年十二月）

起，迄今仍在刊行。該索引原由王民信編輯，現由何國隆編輯。該索引每期約收人文及社會科學期刊十五種，索引大約分哲學、文史、政治、法律、財經、人類心理與社會學等類。每篇論文著錄的款目，包括：篇名、著譯者、刊名、卷期、起訖頁次、出版年月。

後有「中英文報紙財經資料索引」，按期按月附刊在民國五十四年二月創刊的「臺灣經濟金融月刊」，仍在刊行中，收國內出版的中英文報紙有關財政、貨幣、金融及經濟方面的論文資料。

書目季刊於民國五十五年九月創刊時，闢有「最新學報及研究所集刊文史哲論文要目索引」「全國雜誌文史哲論文要目索引」二欄。至二卷四期，共刊行八期。自第三卷一期起（民國五十七年秋）易名「最新出版期刊文史哲論文要目索引」，由筆者編輯，有時以國立中央圖書館署名發表，自第七卷第一期起由筆者具名。迄今已出版至第十一卷四期，其中第六卷停刊一年。本索引收編的期刊均爲各大學學報、學術研究機關的集刊及著名學會團體的學術刊物，偏重於人文及社會科學的期刊。論文的分類或論文著錄的款目，與筆者所編的各種報刊文史哲論文索引相同。不同的是本索引收有英文篇目。

書評書目第四期（民國六十三年三月）起每期刊登「書評索引」，收編期刊、報紙上的書評文字，略按中國圖書分類法排列。原來由李秀娥（筆名方邁）編輯，自六十七年四月起改由吳碧娟（筆名晞林）編輯。

中華學報半年刊於民國六十三年創刊，每期附有章以鼎編「國內期刊有關三民主義研究中國國民黨黨史論文索引」，仍在刊行中。

出版與研究半月刊於民國六十六年七月創刊，每期附有「最新國內中文期刊報紙人文社會科學論文索引」一欄，按分類排列。自十四期起易名「中華民國報章雜誌篇目分類索引」，擴及自然科學及應用科學。每期約收編論文篇目一千六百餘條。

報　紙　索　引

　　報紙索引就是將報紙上的記事、標題或篇目，分門別類或依標題檢字順序編成序列，使參考者能在短時間內，利用此種工具，查閱所要的資料。歐美重要的報紙多編有索引，如英國的泰晤士報（Lonpon Times）美國的紐約時報（New York Times）都一年編纂一次。英國泰晤士報索引於清光緒三十二年（1906）開始編製，可算是現存最早的一種，民國二年以前的索引名為 The Annual Index to The Times，民國三年改名為 The Official Inx to "The Time 。美國紐約時報是世界最重要的報紙，其索引的編製，始於民國二年，現在的索引每半月出刊一次，每年有彙編本。

　　我國刊行報紙有一百多年的歷史，至民國十五年，始有杜定友主編「時報索引」的印行。這是我國第一部獨家報紙索引。收民國十四年一月一日至十二月三十一日下列各項事件：

　　1.凡關於全世界或全國之事件。

　　2.凡關於地方之事，而為全國或全世界所注意者。

　　3.凡關於科學之發明、研究報告，及重要問題之討論。

　　4.凡關於各地方各稱學術工商之調查報告。

　　5.凡關於地方之事而為全國或全世界所注意者，名人之演講及著述，要人之歷吏及傳記。

　　6.凡篇幅較長，敍事較有系統，而有參考之價值者。

　　7.凡關於各地統計。

　　8.其他重要事項。

　　不予收編的有：時刻表、物價單、審判報告、廣告啓事、徵求聲明、短篇文字，如時平雜纂及地方新聞，無關重要之電報、通電、命令雜訊等。

由上述收錄範圍看來，該索引兼收新聞記事。

該索引做杜定友著的圖書分類法編排，並略加增刪。每一條目包括月日及版次。凡是可以互見者，則分隸各類。除分類索引外，無著者索引及標題索引。

民國二十三年五月，南京中山文化教育館創刊「日報索引」（月刊），以收錄論文爲主，收編國內外報紙十二種，編排分爲分類索引及著者索引二部，前者分爲十大類，即：自然、社會、政治、國際、經濟、法律、交通、學術、教育、軍事，每類再分若干子目。後者依筆劃排列。

民國十九年二月創刊的人文月刊，每期附有「最近雜誌日報要目索引」，如以第八卷第七至八期合刊本爲例，收有上海大公報、大美晚報、新聞報等七種，其副刊上的論文與雜誌論文混合排列。

政府遷臺後，首有革命實踐研究院編印的「日報論文索引」，該索引的創刊和停刊年月均不詳，根據臺灣省文獻委員會的藏書目錄，該會藏有民國四十一年的日報論文索引。又據國立成功大學圖書館的收藏，最早的一期是四十一年七月。該索引約停刊於四十八年，四十七年已改名「國防研究院中文日報論文索引」，每期收近十種報紙，論文約九百篇。該索引有時按月刊行，有時改爲季刊或半年刊。

民國五十二年國立政治大學社會科學資料中心編印「中文報紙論文分類索引」，年刊一期，迄今仍在刊行中。五十九年郭榮趙創編「新聞紀要與新聞索引」月刊，該索引的特點是收錄新聞記事。民國六十年以後，筆者也編了幾種報紙索引，如「中央日報近三十年文史哲論文索引」「中文報紙文史哲論文分類索引」「中文報紙文史哲論文索引」「聯合報縮印本第一輯索引」，除後者外，都是屬於論文索引。

中文報紙論文分類索引

國立政治大學社會科學資料中心編　民52年　至　年　臺北　該
中心　年刊

　　收錄自由中國及香港等地出版的各種中文報紙十六種至二十種左
右中有關社會科學及與該校各院、所、系有關的人文科學的學術性論
文爲限，不收自然科學及應用科學方面的論文。

　　論文依據中國圖書分類法排列，計分：總類、哲學類、宗教類、
社會科學類、史地類、語文類、藝術類等七類。每類再予細分。每一
小類依論文發表日期排列先後。每篇著錄的款目，包括：分類號碼、
篇名、著譯者、報紙名稱、日期、頁次（版次）及備注等七項。七十
一年（收六十九年資料）版書後加著者索引，附篇名；七十二年版仍
編有著者索引，改附著者論文的頁次。

　　每年五月發行。六十四年爲油印本，分裝二册。五十二及五十三
年出版者，注明收錄篇數，以後不再注明。六十六、七年由天一出版
社印行。

中華民國報紙論文索引

英文中國郵報微縮資料中心編　民69年至　年　臺北　該報社
年刊

　　凡例書名：中華民國報紙論文微片縮影分類索引。

　　英文中國郵報社於民國六十九年成立報紙微縮資料中心，將國內
日晚報拍攝成微捲，並把論文資料編成論文索引。六十九年出版第一
輯，收六十八年國內十四家日晚報論文二三二五〇篇，論文資料包
括：評論、專欄、專刊、副刊論文及文藝作品之精華等。論文依分類
排列，約分爲二十五類，四百五十小類。論文著錄的款目有：篇名、
著者、報名、月日、版次等。

　　就本書收錄的標準、分類、體例等，與另一種綜合性的報紙索引
——政治大學社會科學資料中心編中文報紙論文分類索引相比較，本

書有較高的利用參考價值。

　　民國七十一年版已出版，收論文二四四九九篇。

新聞紀要與新聞索引

　　郭榮趙編　民59年1月創刊，民63年6月（第34期）停刊

　　又名中國當代之紀錄。

　　就當時中文報紙、期刊、公報、通訊社稿、重要出版品以及該刊採訪所得摘要編述。採用報紙二十餘種，期刊一百十餘種。分爲七大類：1.總統與副總統；2.各級政府機構，包括民意機關；3.其他機構團體；4.社會動態；5.近代中國研究新材料；6.大陸情勢；7.人物。每類再予細分，如第五類細分爲：書目、出版、現代中國歷史、地理、有機關團體、歷史、語言、人物、考古等。每一條目記載的類目，其人順序爲：日期、事實摘要、報名代字、版次。書後附有索引、共名、事物、法令規章及統計數字等四種。

　　國內編輯的報紙索引，都屬於論文索引，本書以處理新聞消息爲主，類似國外的報紙索引。

　　書評：談報紙索引，並評新聞紀要與新聞索引　蔡武，人與社會第2卷第1期，民國63年4月，頁38—42。

中文報紙文史哲論文索引

　　張錦郎編　民62至63年　臺北　正中書局　2冊（629面）

　　收錄中央日報、臺灣新生報、臺灣新聞報、中華日報、聯合報、自立晚報、公論報、申報、東南日報、大公報、益世報、商報、新聞報、全民日報、前線日報，正言報、和平日報、金融日報、國語日報、國民公報等二十種中文報紙，於民國二十五年四月至六十年五月間刊載有關中國文史哲論文資料一萬二千一百二十七篇，爲了檢索方便，中央日報部份輯爲第一冊，其餘各報的彙爲第二冊。分爲三部份：1.分類索引；2.著者索引；3.標題索引。第一部份分爲：總類、

編號	篇 名	著 譯 者	報名版次	出版日期

伍、文 學 類
一、文學總論
(一) 通 論

0733	文學與人生	上 官 予	華6	53.5.4
✓0734	文學的用語問題	王 平 陵	生6	41.12.27
0735	作家論作品	王 雲 英	聯7	54.4.28
0736	孔子的文藝觀	王 進 珊	申9	36.8.27
0737	文藝的時代價值與永久價值	王 集 叢	生9	39.8.4
0738	國父論文藝戰鬥功能	王 集 叢	華6	54.11.12
0739	我寫文藝新論	王 集 叢	華6	55.12.9
0740	文藝節談文藝運動	王 集 叢	自8	59.5.4
0741	民國文藝的光輝	王 集 叢	華9	60.1.4
0742	「作家作品工作」	王 藍	聯7	53.5.6
0743	談文風——從蔣芸「暫時 告別文壇」說起	尹 雪 曼	聯9	57.9.14
0744	文學作品與宣傳	尹 雪 曼	華5	58.12.15
0745	周揚與「三十年代文藝」	玄 默	央6	55.7.14
0746	共匪如何摧殘文藝工作者	玄 默	央6	55.10.6-7
0747	迎第十四屆文藝節	司 馬 中 原	聞8	53.5.4
0748	論文學的時代使命	史 村 子	生4	37.4.2
0749	報告文學的新義	史 紫 忱	聯9	59.3.18
0750	與顧一樵先生論中國文藝復興	江 天 蔚	和3	37.2.11-12
0751	怎樣維持作家們的生活	老	大2	29.2.11
0752	習作二十年	老	大3	33.4.17
0753	評丁淼著「中共文藝總批評」	匡 時 志	公6	44.1.7
0754	為文藝請命	朱 介 凡	公8	54.5.4
0755	戰鬥文學	任 畢 明	聞9	58.4.30
			華9	58.4.30

哲學類、經學類、語言文字學類、文學類、歷史類、專史類、傳記類、考古民族學類、圖書目錄學類等十大類；每大類下分若干子目，視其內容而定。每一條目，著錄：篇號、篇名、著譯者、版次及出版日期等五項。著者索引及標題索引是爲了便於檢索文章的作者及論文的內容而製。

書評：

評介中文報紙文史哲論文索引 劉兆祐，書目季刊第8卷第1期，民國63年6月，頁77—78。

張著中文報紙文史哲論文索引評介 宋建成，中國圖書館學會會報第6期，民國63年12月，頁139—140。

編者另於民國六十年以筆名餘光編印「中央日報近三十年文史哲論文索引」，收論文三六五三篇，體例與本書相同，書後附四所圖書文獻機構的報紙目錄。前述索引第一册，卽據本書增訂而成。

書評：

中央日報近三十年文史哲論文索引評介 喬衍琯，新時代第12卷第5期，民國61年5月，頁31—33。

聯合報縮印本第一輯索引

聯經出版事業公司編輯部編 民65年 臺北 該公司 394面

聯經公司將民國四十年九月十六至四十四年十二月三十一日出版的聯合報縮印成十六開本。本書編輯的目的，卽爲便利讀者檢閱縮印本之用。

索引分：文告、法規、社論、論述、副刊等五部份。每部再酌分細目。每條目注明資料名稱、發表的年月日、版次及縮印本總頁碼。

附大事記，著錄自四十年九月十六日創刊（當時爲全民日報、民族報、經濟時報聯合版）至四十四年底，按日期順序排列，載明重要新聞發展的經緯。

聯副三十年總目

聯副三十年文學大系編輯委員會編　民71年　臺北　聯合報社
2冊（74,966面）（聯副三十年文學大系之25、26）

收錄聯副自民國四十年九月十六日創刊以來，迄七十年六月三十日爲止，所載文章的每一篇目，計四二七六七篇。採編年方式，按文章內容分爲：文學、藝術、文化與生活、時評四大類，每類再細分子目。如文學類細分爲：理論與批評、小說、散文、詩歌、戲劇、兒童文學、寓言、附錄文壇點線面。每一篇文章列有：篇名、著譯者姓名、發表月日。

書前有分類目錄、劉兆祐敎授爲本書撰寫的序文及「風雲三十年」一長文，敍述三十年來中國現代文學之發展與聯合報副刊三十年來努力的目標。書後附：聯副三十年重要專輯、特刊、座談會索引、聯副三十年總目卷分類篇目統計索引、聯副作品在聯經出版公司出版的書目。另有編輯後記，說明本書編輯經過。

聯副作家索引

聯副三十年文學大系編輯委員會編　民71年　臺北　聯合報社
80,447面（聯副三十年文學大系之27）

據「聯副三十年總目」，收錄本國著者、譯者（含演講、口述、訪問、座談記錄等）及外國人以中文寫作者，共七六九三人。依著譯者姓名或筆名的筆劃排列。同一筆劃的，再按前國立北平圖書館「中文目錄檢字表」的筆順點「、」、橫「一」、豎「｜」、撇「丿」、捺「乀」分先後。每一姓名或筆名下注明文章發表的年份與在「聯副三十年總目」的冊數及頁數。讀者循此以求，即可查到該作家的文章篇名及發表的月日。

書前有姓名或筆名首字筆劃索引及張錦郎序文一篇，略述作家索引的六種功用。書後有編輯後記。

書 籍 索 引

　　書籍索引是將書籍中的人名、地名、物名、書名、事件及各種專名等，一一摘錄下來，依著一定的次序排列成表，每個名稱之下，注明該件所見的位置或頁次。 又可分爲單書索引及羣書索引。 單書索引，就是通常所說的專書索引，專以一部書爲檢查對象的，這種索引通常都附在原書的後面，間或也有獨立單行的。在西洋的現代著作，除了純文藝外，差不多都附有索引，中文書則不多見。我國第一部在原書後附有索引的，始於明崇禎十五年（1642）由耶穌會士陽瑪諾譯的「聖經直解」。專書索引獨立單行的，最著名者，如哈佛燕京學社編的引得叢刊，大部份屬於專書索引，如禮記引得、史記及注釋綜合引得、孟子引得等。

　　羣書索引用以檢索二種以上的書籍，數量多寡不等，如清光緒年間三家村學究編了一部「檢字一貫三」，就是用來檢查「說文段注」「經籍纂詁」和「說文定聲」三書，開明書店出版的二十五史人名索引、十三經索引和哈佛燕京學社引得編纂處編印的八十九種明代傳記綜合引得，以及鼎文書局編印的宋人傳記資料索引，所查檢的羣書範圍更廣。

總　　類

國父全集索引

　　在國父全集第6冊，頁1—412，民國62年中國國民黨黨史委員會印行。按人名、地名、事物名詞及理論等學術用語排列。

哈佛燕京學社引得

　　哈佛燕京學社引得編纂處編　民55年　臺北　成文出版社　40種（原有41種）　影印

　　民國十九年春，洪業提議編纂中國古書索引，得到美國哈佛大學和燕京大學合組的文化研究社的經費補助。當年秋天正式工作，最先出版的是說苑引得，時在二十年一月，出版最晚的是荀子引得，在三十九年三月，十九年間編成哈佛燕京學社引得四十一種，哈佛燕京學社引得特刊二十三種，爲研究中國經學、哲學、文學、歷史最基本的工具，民國五十五年成文出版社除少數幾種外，曾加影印，由亞洲學會及中國資料研究中心發行，惟將原印行年月削去。

　　喬衍琯先生在索引漫談一文（見書目季刊第二卷第四期，民國五十七年六月，頁20至28），將這六十餘種索引，按其內容及功用，分爲六類，茲轉錄如下：

1.查書中重要辭彙的　計有二十一種：

　　周禮引得附注疏引書引得　引得第三十七號

　　儀禮引得附鄭注及賈疏引書引得　引得第六號

　　禮記引得　引得第二十七號

　　白虎通引得　引得第二號

　　史記及注釋綜合引得　引得第四十號

　　漢書及補注綜合引得　引得第三十六號

　　後漢書及注釋綜合引得　引得第四十一號

　　三國志及裴注綜合引得　引得第三十三號

　　讀史然疑校訂附引得　引得特刊第二號

　　食貨志十五種綜合引得　引得第三十二號

　　水經注引得　鄭德坤編　引得第十七號

　　說苑引得　引得第一號

　　刊誤引得　侯毅編　引得第二十二號

　　考古質疑引得　梁佩貞編　引得第三號

　　容齋隨筆五集綜合引得　引得第十三號

　　　勻園圖錄考附引得　洪業輯並注　引得特刊第五號

　　　封氏聞見記校證附引得　趙貞信編　引得特刊第七號

　　　世說新語引得附劉注引書引得　引得第十二號

　　　蘇氏演義引得　侯毅編　引得第十四號

　　　杜詩引得　附九家注杜詩全文及各本編次表　引得特刊第十四號

　　　崔東壁遺書引得　引得第五號

　2.逐字索引　逐字以為目，包括虛字，兼及以詞為目，計有十種，都附有標校原書全文。

　　　周易引得附標校經文　引得特刊第十號

　　　毛詩引得附標校經文　引得特刊第九號

　　　春秋經傳引得附標校經傳全文　引得特刊第十一號

　　　論語引得附標校經文　引得特刊第十六號

　　　孟子引得附標校經文　引得特刊第十七號

　　　爾雅引得附標校經文　引得特刊第十八號

　　　荀子引得（附標校全文）　引得特刊第二十二號

　　　莊子引得（附標校全文）　引得特刊第二十號

　　　墨子引得（附標校全文）　引得特刊第二十一號

　　　杜詩引得（附宋郭知達九家集注杜詩、杜詩各本編次表，備列　　　某詩見何本何卷何頁）　引得特刊第十四號

　3.查傳記資料的引得

　　　四十七種宋代傳記綜合引得　引得第三十四號

　　　遼金元傳記三十種綜合引得　引得第三十五號

　　　八十九種明代傳記綜合引得　田繼琮編　引得第二十四號

　　　三十三種清代傳記綜合引得　房兆楹杜聯喆合編　引得第九號

　　　琬琰集刪存三卷附引得　引得特刊第十二號

　　　清代畫傳輯佚三種附引得　引得特刊第八號

引　得

I

00 010—08 900

00 010 心	○也聖乎, 11/6/30	故君子名之○可言也,
七十而從○所欲, 2/2/4	○也臨事而懼, 12/7/11	25/13/3
其○三月不違仁, 10/6/7	三人行○有我師焉, 13/7/22	言之○可行也, 25/13/3
有○哉樊須乎, 30/14/39	人○知之, 13/7/31	○世而後仁, 25/13/12
無所用○, 37/17/20	○使反之, 13/7/32	言○信, 26/13/20
簡在帝○, 41/20/1	毋意毋○毋固毋我, 18/9/4	行○果, 26/13/20
天下之民歸○焉, 41/20/1	雖少○作, 16/9/10	○也狂狷乎, 26/13/21
	過之○趨, 16/9/10	有德者○有言, 27/14/4
00 600 永	○復命曰, 13/10/2	有言者不○有德, 27/14/4
天祿○終, 41/20/1	○表而出之, 18/10/5	仁者○有勇, 27/14/4
	○有寢衣, 18/10/5	勇者不○有仁, 27/14/4
01 810 亡(參:無)	非帷裳○殺之, 18/10/5	何○然, 28/14/12
不如諸夏之○也, 4/3/5	吉月○朝服而朝, 18/10/5	何○高宗, 30/14/40
今也則○, 10/6/3;	齊○有明衣布, 18/10/5	○先利其器, 31/15/10
20/11/7(2)	齊○變食, 18/10/6	○有近憂, 31/15/12
○而爲有, 13/7/26	居○遷坐, 18/10/6	○察焉, 32/15/28(二)
我獨○, 22/12/5	祭○齊如也, 18/10/6	○失之, 32/15/33
今○矣夫, 32/15/26	○正席先嘗之, 19/10/12	後世○爲子孫憂, 33/16/1
今也或是之○也, 36/17/14	○熟而薦之, 19/10/12	而○爲之辭, 33/16/1(7)
焉能爲○, 39/19/2	○齋, 19/10/12	何○公山氏之之也,35/17/4
日知其所○, 39/19/5	雖疏○變, 19/10/18	禮○壞, 36/17/19
	瓜祭○以齊, 19/10/13	樂○崩, 36/17/19
亡	有盛饌○變色而作,	何○去父母之邦, 37/18/2
○之, 10/6/10	19/10/18	雖小道○有可觀者焉,
孔子時其○也而往拜之,	迅雷風烈○變, 19/10/18	39/19/4
35/17/1	升車○正立執綏, 19/10/19	小人之過也○文,
	何○改作, 20/11/14	39/19/8(5)
03 000 斗	言○有中, 20/11/14	○也視其所乎, 40/19/17
○筲之人何足算也,	何○讀書然後爲學,21/11/23	
26/13/20	○不得已而去, 23/12/7(二)	**08 281 戶(見:4/22 181 戶)**
	○也使無訟乎, 23/12/13	**08 900 之**
03 010 必	草上之風○偃, 24/12/19	學而時習○, 1/1/1
○聞其政, 1/1/10	在邦○聞, 24/12/20(二)	弟○有也, 1/1/2
吾○謂之學矣, 1/1/7	在家○聞, 24/12/20(二)	其爲仁○本與, 1/1/2
○也射乎, 4/3/7	在邦○達, 24/12/20	道千乘○國, 1/1/5
造次○於是, 6/4/5	在家○達, 24/12/20	吾必謂○學矣, 1/1/7
顛沛○於是, 8/4/5	○也正名乎, 25/13/3	求○與, 1/1/10
遊○有方, 7/4/19		抑與○與, 1/1/10
○有鄰, 7/4/25		
○以告新令尹, 8/5/19		
○有忠信, 9/5/28		
則吾○在汶上矣, 10/6/9		

心永亡斗必戶之

增校清朝進士題名碑錄附引得　房兆楹　杜聯喆合編　引得特
刊第十九號

歷代同姓名錄引得　引得第四號

藏書記事詩引得　蔡金重編　引得第二十八號

全上古三代秦漢三國六朝文作者引得　引得第八號

全漢三國晉南北朝詩著者引得　引得第三十九號

唐詩記事著者引得　引得第十八號

宋詩記事著者引得　引得第十九號

元詩記事著者引得　引得第二十號

新唐書宰相世系表引得　引得第十六號

清代書畫家字號引得　蔡金重編　引得第二十一號

4.查書名、篇名、類名的

藝文志二十種綜合引得　引得第十號

四庫全書總目及未收書目引得　引得第七號

佛藏子目引得　許地山編　引得第十一號

道藏子目引得　翁獨健編　引得第二十五號

明代勅撰書考附引得　李晉華編　引得特刊第三號

日本期刊三十八種中東方學論文篇目附引得　于式玉編　引得
特刊第六號

一百七十五種日本期刊中東方學論文篇目附引得　于式玉、劉
選民合編　引得特刊第十三號

六藝之一錄目錄附引得　馮續昌編　引得特刊第十五號

5.引書引得　這一類引得的功用有三：(1)可以考知一代圖書存佚的
情形，前人考一書的存佚，常以這部書到何時還經某書引用，到什麼
時候以後，便不再有直接引用，來斷定亡於何時；(2)可供輯佚之用；
(3)可供校勘之用，這一類的引得，共有十種：

毛詩注疏引書引得　引得第三十一號

周禮注疏引書引得　附周禮引得　見前引得第三十七號

儀禮鄭注及賈疏引書引得　附儀禮引得　見前引得第六號

禮記注疏引書引得　引得第三十號

春秋經傳注疏引書引得　引得第二十九號

爾雅注疏引書引得　引得第三十八號

太平御覽引得　引得第二十三號

世說新語劉注引書引得　附世說新語引得　引得第十二號

太平廣記篇目及引書引得　鄧嗣禹編　引得第十五號

文選注引書引得　引得第二十六號

6.其他

讀史年表附引得　引得特刊第一號

引得說　洪業撰　引得特刊第四號

　　前者可查歷代元號、皇帝廟號、尊號、諡號、陵名、名諱、代諱字等；後者係綜論引得及其編製、檢字法等。

　　以上引得，成文未影印的有史記及注釋綜合引得。

　　臺北鼎文書局六十二年曾影印：遼金元傳記三十種綜合引得及三十三種清代傳記綜合引得二書。引得特刊成文未影印的有：毛詩引得附標校經文、莊子引得、墨子引得等三種，其中弘道文化事業公司曾影印前二書。

　　各　種引得按中國字庋擷法排列，書前都有幾頁說明這種檢字方法。附有拼音索引，自第三種起增列筆劃索引。

通檢叢刊

　　中法漢學研究所編　民57年　臺北　成文出版社　15冊　影印

　　索引又稱通檢，清黎永椿編說文通檢，刊於清光緒五年（1879）。通檢廣被採用則為民國三十二年以後，北平中法漢學研究所出版

十五種通檢叢刊。該叢刊在民國三十二年開始刊行，第一種爲論衡通檢，就四部叢刊本王充論衡編輯而成。民國四十年至四十一年出版第十五種，卽文心雕龍新書附通檢。該叢刊現仍繼續編輯，編印者改稱巴黎大學漢學研究所，叢書名改爲「漢學通檢提要文獻叢刊」。

　　茲先將這十五種通檢名稱及出版年列舉注明如下：

1. 論衡通檢　　民國32年
2. 呂氏春秋通檢　　民國32年
3. 風俗通義附通檢　　民國32年
4. 春秋繁露通檢　　民國33年
5. 淮南子通檢　　民國33年
6. 潛夫論通檢　　民國34年
7. 新序通檢　　民國35年
8. 申鑒通檢　　民國36年
9. 山海經通檢　　民國37年
10. 戰國策通檢　　民國37年
11. 大金國志通檢　　民國38年
12. 契丹國志通檢　　民國38年
13. 輟耕錄通檢　　民國39年
14. 方言校箋附通檢　　民國40年
15. 文心雕龍新書附通檢　　民國40—41年

　　次將漢學通檢提要文獻叢刊，列舉數種如下：

漢官七種通檢（七種指漢禮器制度、漢官、漢官解詁、漢舊儀、漢官儀、漢官典職儀式、漢儀）

　　民51年出版，均附原文

抱朴子外篇通檢

　　民58年出版，883面

抱朴子內篇通檢

施博爾 (Kristofer Schipper) 等編 民64年

夷堅志通檢

張復蕊編 民64年 352面

民國65年臺灣學生書局據以影印。

史通與史通削繁通檢

民66年，附原文，2冊

曹植文集通檢

民66年，附原文，542,205面

初學記引書引得

中津濱涉編 民62年 日本 編者 384面

北堂書鈔引書索引

山田英雄編 民62年 日本名古屋 采華書林 125面

駢字類編引得

莊為斯編 民55年 臺北 四庫書局 24,261面

四部備要索引

諸家駿編 民60年 臺北 臺灣中華書局 114面

叢書索引宋文子目

麥克奈編 民66年 臺北 中文研究資料中心 373面

經 學 類

十三經索引

臺灣開明書店編輯部編 民44年 臺北 該店 1718面 影印

民國23年上海開明書店初版。

將十三經全文，逐句分割，下注該句出自何經何篇何章，如：

君子憂道不憂貧 論衡32

九畫 是9

即指此句出於論語衛靈公篇第三十二章。

按句首筆劃多寡排比。首字相同之條，於首條第二字旁列數字，即其筆劃數，次條以下不標，至筆劃有加，則改列另一數字，如首字相同之句數不滿十條，則第二字旁不標數目，因檢尋容易故。

卷首附檢字表及篇目簡稱表。

十三經篇帙浩繁，記誦不易，得此一書，於十三經中無論何句經論，均可隨手檢出，不必如昔日之強爲記憶也。

四書章句速檢

陳立夫主編　民65年　臺北　世界書局　667〔112〕面

供檢查四書章句的索引，前哈佛燕京學社編有論語引得、孟子引得，日人森木角藏於民國四十一年也編有四書索引，共一六六〇面，東京不時堂書店印行，依四書各詞的五十音順排列，各詞引出四書的章句，按大學中庸論語孟子的順序排列。附有部首分類索引及四書本文。東海大學圖書館藏有此書。

本書體例略與上書相同，改日本音順檢字爲筆劃檢字。章句速檢則利用哈佛燕京學社編印的論語、孟子引得及民國五十九年孔孟學會編的學庸章句引得，重新編排而成。書後也附有四書經文。

四書纂疏附索引

黃麗華等編　民66年　臺北　學海出版社　34,520面

將四書文句逐字編爲索引。每一單字的排列依筆劃爲序，同一筆劃再按康熙字典的部首分先後。單字後，將所屬的文句隨列於後。文句中凡該單字所在均以「○」表示、不再標本字。各文句的排列順序，依次爲大學、中庸、論語、孟子。文句後列有四種符號：第一段爲四書的英文代號（大學以A代之，中庸以B代之，餘類推）；第二段數字爲附在本書「四書纂疏」上的頁數；第三段上下兩字，表示在本書「四書纂疏」的上欄或下欄；第四段數字爲前述上欄或下欄的行

數。

　　查閱本書可利用書前的字劃索引。

綜合春秋左氏傳索引

　　大東文化學院志道會研究部編　民70年　東京　汲古書院　973
面

Index to the Tso Chuan（左傳索引）

　　Fraser, Everard D. H. 編　民55年　臺北　成文出版社
430面　影印

學庸章句引得

　　中華民國孔孟學會編　民59年　臺北　該會　1冊

哲　學　類

韓非子引得

　　莊為斯編　民64年　臺北　中文研究資料中心　978面

淮南子索引

　　鈴木隆一編　民64年　日本　京都大學人文科學研究所　545面

管子引得

　　莊為斯編　民59年　臺北　成文出版社　78,1188面

白虎通索引　附本文

　　伊東倫厚等編　民68年　東京　東豐書店　410面

人物志引得（附全文）

　　包吾剛編　民63年　臺北　中文研究資料中心　240面

貞觀政要語彙索引

　　原田種成編　民64年　東京　汲古書院　216面

二程遺書索引

　　九州大學中國哲學研究室編　民62年　日本　福岡該室　448面

（二程全書索引之1）

二程外書粹言索引

　　九州大學中國哲學研究室編　民63年　日本福岡　該室　232,20
面（二程全書索引之2）

　　以上二書均爲逐字索引，依中文筆劃排。

傳習錄索引

　　九州大學中國哲學研究室編　民66年　日本福岡　該室　307面

宗　教　類

正統道藏目錄索引

　　施博爾原編　李殿魁改編　民66年　臺北　藝文印書館　490面

　　正統道藏爲流傳至今的道敎文獻中，最完整的一部。由於其中書
名異常繁複，又經常以不同簡稱出現，因此，爲研究者增加許多困
擾。編者爲研讀道藏學者之翻檢方便，乃有本目錄索引的編製。

　　全書分三部分：1.道藏書目總錄，根據正統道藏原書順序排列，
並注明藝文版線裝本册次、書名次序、書名、普及本册數及頁數；2.
書名首字部首檢字；3.目錄索引，依書名筆劃排列，書名後列：書名
次序、線裝册次、普及本册次及頁碼。

　　本書缺注明著者，如須查考，可利用哈佛燕京學社出版的「道藏
子目引得」中的「撰人引得」。

中文聖經經文索引大典

　　芳泰瑞芝圃（Fenn, C. H.）編　中文聖經經文索引大典增訂
編印小組增訂　民66年　臺北　中華世界資料供應出版社　918面
增訂本

　　初版於民國十一年，名爲「經文彙編」，增訂本加編國語注音索
引，另在正文內各字詞加注國音。

　　將聖經經文中的字詞分別析出，筆劃相同的彙編一處，每一字詞標注國音及羅馬拼音，並注明出處，包括：書名的簡稱、章節及引出所有例句。

　　按羅馬字母排列，爲便檢查，書前附有部首國音及筆劃索引。

　　顧敦鍒等編聖經引得（Chinese Bible Concordance），民國六十五年由香港聖經公會印行，共五六九面，也可參考。

社　會　科　學　類

唐律疏義引得

　　莊爲斯編　民53年　臺北　文海出版社　945面

元典章索引稿　正編──四編

　　京都大學人文科學研究所元典章研究班編　民43─50年　京都該所　4冊

元典章年代索引

　　植松正編　民　年　京都　同朋社　214面　（東洋史研究資料叢刊）

歷　史　類

史記索引

　　黃福鑾編　民52年　香港　崇基書院遠東學術研究所　728面民國62年臺北大通書局據以影印。

　　以中華書局四部備要本史記（殿本）及商務印書館四部叢刊本史記（百衲本）爲根據，將史記書中的名詞、重要事項及辭句編成索引。

　　索引大致按照太平御覽分類，計分二十四部，卽：人名、地理、天時、姓氏、人事、服用、飲食、土功、學藝、工藝、職官、政教、

技博、諺喻等。各部內的名詞、辭句，按筆劃及部首排，注明「備要本」及「叢刊本」的卷頁數。有些名詞或辭句，須加解釋的，附以簡注。

與哈佛燕京學社出版的「史記及注釋綜合引得」略有不同。前者依事物分類，後者依檢字法排列；前者據殿版及百衲本，後者據同文書局本。李家祺認爲本書優於「史記及注釋綜合引得」有四：1.同時用中華書局刊行之四部備要本（殿版）及商務印書館刊行之四部叢刊本（百衲本），這兩種版本較爲普遍；2.檢字根據辭源及辭海兩辭典爲原則，較爲便利及普遍；3.索引依據太平御覽之分類法，稍加更改，分爲廿四部；4.彙刊名詞或辭句，有須解釋者，悉附簡注，名物有數說者，悉加考訂。（出版與研究）

編者另編有漢書索引、後漢書索引、三國志索引，均由崇基書院遠東學術研究所印行。上述四史索引，臺北有大通書局影印本。

國語引得

　　張以仁編　　民65年　　臺北　　中研院歷史語言研究所　　850面

將國語一書，以一句爲主，一字一引，專名不予分開；字下綴其原句，句中遇該字則用「○」號表示。句末標明卷頁次。檢字按筆劃排列，另附有拼音索引。

按以前國語索引曾編過兩次：一是日人鈴木隆一編，按重要辭彙排列，民國二十二年由京都東方文化學院研究所印行，民國五十六年東京大安株式會社曾予影印。另一是鮑吾剛（Bauer, Wolfgang）編的國語引得，利用電腦編印，通常不便查檢。書由成文出版社印行，共二冊。

後漢書語彙集成

　　藤田至善編　　民51年　　日本　　京都大學人文科學研究所　　3冊

金史語彙集成

　　小野川秀美編　　民49年　　日本　京都大學人文科學研究所　　3冊

宋史兵志索引

　　佐伯富編　　民67年　　臺北　　華世出版社　　410面

　　將宋史兵志中的職官名、人名、地名，以及關於刑法、經濟、制度和其他名詞等，據日本五十音順排列。爲檢索方便，同一文字集中在同一個地方。同音的再以筆劃多寡爲序。同音同筆劃的再依康熙字典的部首排。書前的年代表是以宋史兵志中所見的年號、年代，依年代順序排列。

　　編者爲使語句的意義明確，或使項目的意義有界定起見，偶加按語，用方括弧表示。書後附筆劃索引。

　　編者近另編有宋史刑法志索引、宋史河渠志索引，體例與本書相同。前書由臺北臺灣學生書局於民國六十六年九月出版，九十六面；後者由日本東京省心書房於民國六十八年十月出版，二一六面。

　　著者曾任日本京都大學名譽敎授、大谷大學敎授。著作有：宋代茶法研究資料，王安石，清代塩政四研究，中國史研究第一、第二、第三，中國隨筆雜著索引，宋史職官志、刑法志、兵志、河渠志索引，編印中的有宋史選舉志索引。

宋史選舉志索引

　　佐伯富編　　民71年　　京都　　同朋社　　215 面　　（東洋史研究資料叢刊）

遼史索引

　　岩城久次郎編　　民60年　　臺北　　大華印書館　　632面　　影印（趙鐵寒主編遼金元四史資料叢刊）

　　據民國三十六年京都東方文化學院研究所版本影印。

元史語彙集成

　　民52年　　日本　京都大學人文科學研究所　　3冊

明史刑法志索引

野口鐵郎編　民70年　東京　國書刊行會　184面

資治通鑑索引

佐伯富編　民50年　日本　京都東洋史研究會　323面

列女傳索引　附本文

宮本勝　三橋正信合編　民71年　東京　東豐書店　311面

清季外交史料索引

王　亮編　民52年　臺北　文海出版社　1冊

以清光緒、宣統兩朝的外交史料及西巡大事記中所載各項文電的目錄，分類編輯而成。

籌辦夷務始末分類索引目錄

饒大衛 (Rowe, David Nelson) 編　民62年　臺北　臺聯國風出版社　502面　影印

民國49年初版。

原書名：清代籌辦夷務始末索引。

係將人名、地名、官銜、官階、地理、會社團體、貿易、宗教名、船名、種族名、稅收類目、武器及要塞等各種詞彙按羅馬拼音排列。

敦煌俗字索引

金榮華主編　民69年　臺北　石門圖書公司　169面

據潘重規編「敦煌俗字譜」、國立歷史博物館藏「大般涅槃經後分聖軀廓潤品」，「妙法蓮華經安樂行品」及韓國嶺南大學藏「大般涅槃經卷第三」等三種敦煌寫卷，輯俗字約七千字，一一注明其楷書，供閱讀敦煌遺經用。如為「敦煌俗字譜」未收之字，於備註欄中標明出處。

各俗字的排列，按筆劃分先後；筆劃相同的再按起筆的順序排列。

文　學　類

文選索引

斯波六郎等編　民60年　臺北　正中書局　2冊（2084面）　影印

據民國五十六年至六十年京都大學人文科學研究所印本影印。

文選由梁昭明太子蕭統所編，所以又稱昭明文選，選錄自秦漢以迄齊梁間的詩文。唐人李善曾加注解，開元年間呂延祚再會同呂延濟、劉良、張銑、呂向、李周翰五人共為之注，於是後世有李善注、五臣注兩種。本書是編者據潯陽萬氏仿胡刻本李善注本編成。編法採用逐字索引，僅查一字，凡用此一字的辭句，都可檢得。對於二例以上的連語用例，以連語為標題，逐一舉出。

書後附筆劃、四角號碼、羅馬拼音等三種索引。

本書編者之一小尾郊一在「索引編纂的意義」一文（臺灣文獻第十三卷第三期），曾談到本書編輯經過。

廣雅索引

周法高主編　民66年　香港中文大學　725面

楚辭索引

竹治貞夫編　民53年　德島大學中文系　427面　油印本

另有民國68年京都中文出版社影印本。

文苑英華索引

華文書局編輯部編　民56年　臺北　該書局　315面

全漢三國晉南北朝詩篇名目錄

Marney, Mei-Lan 編　民60年　臺北　成文出版社　160面
(Chinese Materials and Research Aids Service Center
Occasional Series No. 8)

　　藝文印書館民國57年2月影印全漢三國晉南北朝詩，共六冊，依時代排印，卽：漢、三國、晉、宋、齊、梁、北魏、北齊、北周、隋。同一時代，帝王列先，文士列後。本書係依原書次序，將著者及篇名提出排列，另在篇目後，加注影印本面數。如：

　　　　　〔漢〕
　　　　　高帝
大風歌　　　　　0045
鴻鵠歌　　　　　0045

　　書後附著者索引，依四角號碼排列。著者後附注朝代、卷次及面數。

唐詩三百首索引

　　私立東海大學圖書館編　民66年　臺北　成文出版社　247面

　　唐詩三百首乃清乾隆間蘅塘退士就唐詩中膾炙人口之作品所選，其編選此書的動機，「……爲家塾讀本，俾童習之，白首亦莫能廢……」（書前題辭）。本書在從前是家絃戶誦，今日仍普遍受到歡迎，國中、高中國文課本，均選作敎材。因此，平常在寫文章時不免會引用其詩句，但在引用時，常不知著者或篇名，或記得上句，忘了下句。東大圖書館，爲便於讀者尋檢，乃編輯此書。

　　體制上是先將該書本文按篇名首字的四角號碼順序先刋於索引之前，每一篇目均編以代號。

　　索引部分，則分爲：篇目及句目索引、著者索引兩種。前者每條首列首字四角號碼、次列篇目或句目（注有「篇」字者爲篇目，其餘爲句目），再列撰者、篇目代號及所屬格律。後者首列著者姓名的四

角號碼，次列篇目、篇目代號、格律等。

　　書後附有：索引首字讀音與四角號碼對照表、索引首字筆劃與四角號碼對照表、四角號碼檢字法等，幫助不熟悉四角號碼的讀者查檢。

　　書評：書籍索引編製的方向——兼評唐詩三百首索引　王錫璋，圖書與圖書館論述集，民國69年4月，頁241—249。

索引本何氏歷代詩話　附標點本何氏歷代詩話

　　馬漢茂（Martin, Helmut）編　民62年　臺北　成文出版社
　2冊

韓詩外傳索引　附本文

　　伊東倫厚等編　民69年　東京　東豐書店　60,302面

韓詩外傳索引

　　豐嶋睦編　民61年　東京　比治山女子短期大學　372面

陸機詩索引

　　後藤秋正編　民65年　日本　松雲堂書店　155,10面

陶淵明詩文綜合索引

　　堀江忠道編　民65年　京都　彙文堂書店　473面

　　據世界書局陶靖節集編，按四角號碼排。

世說新語索引

　　高橋清編　民61年　臺北　臺灣學生書局　670面　影印

　　民國48年廣島大學中國文學研究室出版。學第2卷第4期，民國

玉臺新詠索引

　　小尾郊一　高志真夫編　民65年　東京　山本書店　502,190面

花間集索引

　　青山宏編　民63年　東京　東京大學東洋文化研究所　286面

岑參歌詩索引

新免惠子編　民67年　廣島　中國中世文學研究會　222面

李白詩歌索引

花房英樹編　民46年　日本　京都大學人文科學研究所　〔19〕
522,528面

杜詩引得

哈佛燕京學社引得編纂處編　民55年　臺北　成文出版社　3冊
（191,575,913面）　影印（哈佛燕京學社引得特刊第14號）
民國29年初版。

以清嘉慶間翻宋刻郭知達九家集注杜詩重爲排印，並將民國十年
上海掃葉山房石印仇兆鰲杜詩詳注中所有，而爲九家集注中所無者，
共二十二首附排於後，名曰補遺；據此新印之杜詩編爲索引。共分三
册：第一册爲洪業長序，共八十一面，對於杜詩版本源流考證綦詳，
尤以揭破錢謙益爲造吳若本一節，爲發前人所未發，序後爲敍例、筆
劃檢字、拼音檢字、馮續昌的杜詩各本編次表和杜詩各本逐卷章次起
迄表；第二册爲九家集注杜詩本文及補遺；第三册爲索引，以一句爲
準，逐字或詞編條目，字、詞下列出包含有這個字、詞的所有句字。
每一句下順次注明在第二册杜詩本文中的第幾卷、第幾首和第幾句。
條目按中國字庋擷法排列，不熟悉此法者可查第一册的筆劃或拼音檢
字。

杜甫詩集四十種索引

黃永武主編　民65年　臺北　大通書局　103面

韋應物詩注引得

Neilson, Thomas P.編　民65年　臺北　中文研究資料中心
220面

張籍歌詩索引

丸山茂編　民65年　京都　朋友書店　131面

李賀詩引得

艾文博編　民58年　臺北　中文研究資料中心　42,217面

中國隨筆索引

京都大學東洋史研究會編　民61年　京都　思文閣　1018面

影印

民國43年初版。

我國古代有大量的隨筆雜著（又稱筆記），唐宋以來尤盛。其內容大都是著者隨手筆錄的見聞雜說或治學心得，保存了不少官修「正史」所不載的珍貴資料，這類著作名目繁多，體例不一。

收錄自唐至民初的中國隨筆體小說、考訂故事、異聞雜記等一百六十種，將各題目中的主要語辭編成索引。

各詞按日本五十音順排列，每條目都注有書名的簡稱及原書卷數。

書後附有筆劃索引，供不諳日語檢字法的人使用。

中國隨筆雜著索引

佐伯富編　民49年　京都大學文學部東洋史研究會　1144面

可視為「中國隨筆索引」的姊妹篇。補收前索引遺漏者四十六種，計五百餘卷，其中以清代的為最多，重要的如錢大昕的養新錄，王士禎的池北偶談。

編排以日本五十音順為序，條目後注有原書卷頁數，書後附筆劃檢字索引。

體例內容與前編略有不同，前編的條目以原書題目中重要辭語為主，本書以原書中的重要事項，作為條目，編成索引，較前編精密詳盡。

太平廣記人名書名索引

彭　莊（彭正雄）編　民70年　臺北　文史哲出版社　137面

太平廣記人名書名索引

周次吉編　民62年　臺北　藝文印書館　364面

中國古典戲曲語釋索引

大阪市立大學文學部中國語學中國文學研究室　民59年　日本名
古屋　該室　581面

元雜劇韻檢

丁原基編　民65年　臺北　文史哲出版社　276面

中國歷史演義全集索引

遠流出版社編輯部編　民69年　臺北　該社　4,307,〔360〕面

中國歷史演義全集三十冊，其涵蓋的時間，起自東周，迄抗戰勝
利止，歷時兩千七百餘年，其間人物浩如煙海，事件繁複縱橫，爲使
讀者依脈而尋，該社乃增編此書。

索引包括事件、典故、人名三部分：1.年表暨事件索引。以年代
順序排列。分中國紀元、干支、西元前、大事記四欄。凡是關鍵性的
歷史事件悉以輯錄，並標明某事件出現於全集中某冊某頁。如蒙恬伐
匈奴（③39），此事件在第三冊三九面可尋出。此外，並收列世界歷
史大事，資相對照。2.典故索引。收集常用成語、典故、或重要的常
識，依照出現於全集的先後編排。如：精誠所至金石爲開　②676，
此成語的緣由在第二冊六七六面可查出。3.人名索引。以姓名首字筆
劃爲序。其查閱方式如：要查「杜甫」，先查出姓氏檢字欄中「杜」
的索引頁碼，根據索引頁碼在杜姓部分，依「甫」的筆畫查出「杜甫
⑭540，738，851」即在第十四冊五四〇、七三八、八五一面可以查出
有關杜甫的資料。人名索引後，另附帝王名號對照表。

書前冠蔡東藩與中國歷史演義全集一文，介紹蔡氏生平、寫作背
景、創作過程等。

本書不但可當中國歷史演義全集的索引看，也可當中國大事年表

和中國傳記資料索引讀。

法苑珠林志怪小說引得

　　培　勃（Paper, Jordan D.）編　民　年　臺北　中文研究資料中心

水滸全傳語彙索引

　　香坂順一編　民62年　日本名古屋　采華書林　527面

金瓶梅詞話語彙索引

　　明清文學言語研究會編　民61年　名古屋　采華書林　497面

兒女英雄傳語彙索引

　　香坂順一編　民59年　大阪　明清文學言語研究會出版　采華書林　580面

儒林外史語彙索引

　　香坂順一編　民60年　日本大阪　采華書局（大阪立立大學文學部發行）　231面

紅樓夢語彙索引

　　宮田一郎編　民62年　日本名古屋　采華書林　523面

紅樓夢人名索引

　　林語堂編　民65年　臺北　華岡出版社　6,30面　（新知叢書）

藝　術　類

An Index of Early Chinese Painters and Paintings（中國古畫索引）

　　Cahill, James（高居翰）撰　民69年　美國　加州大學出版部391面

　　一般研究及鑑賞中國古畫的人，常遇到的困難是，無法知道到底某一個名畫家存世的作品有多少？其中又有多少是可靠的？第二個問

題又可細分成二個小問題：那些作品是出自畫家本人的手筆？不是畫家本人的作品又是屬於那個時代的？

美國加州大學柏克萊分校的高居翰教授，素以研究中國繪畫享譽歐美及日本的藝術史學界，最近出版「中國古畫索引」，提供了一部極為有用的研究與鑑藏者必備的工具書。

本書所列皆為編者所知目前存世的原畫或複製本尚存人間的中國畫，其中若干可信，有些只是傳為某畫家所作；至於偽作或不太重要的摹本則不收。對於每件作品目前究為中外博物館或私人所藏，或複製於那一本書或期刊，均加以說明。

全書分為七章，另有概論、書目及縮寫表。七章分別為：唐及唐以前的畫家、五代的畫家、宋以前的佚名畫、宋代的畫家、佚名的宋代畫、元代的畫家、佚名的元代畫。

體例：每一畫家名字（包括本名、字、號）之後附有其出生地、生卒年或活躍的期間、作品的題材、師承的傳統、小傳、以及傳記資料的來源。其次為作品的記載，以收藏地為序（先博物館或公家收藏，其次為私人所藏，再次為書籍期刊上的複製本）；接着才是作品的形式（卷、軸、冊等）、材料（水墨或設色、紙或絹）、題跋、印章、簽名等。（郭繼生撰，節錄）

文 集 索 引

全上古三代秦漢三國六朝文篇名目錄及作者索引

民64年　臺北　宏業書局　1冊　影印

民國54年中華書局初版。

宋代文集索引

佐伯富編　民59年　日本　京都大學文學部東洋史研究會　9,845,18面

收錄下列十種文集：范文正公集、河南先生文集、盤洲文集、歐陽文忠公全集、樂全集、溫國文正司馬文集、元豐類藁、水心文集、西山先生眞文忠公文集、朱文公文集等。

將各種文集中的人名、地名、職官名、及其他有關經濟、社會、官制、法制、兵制、民族、宗教、文學、美術、思想、掌故等部門的名詞，約有七萬條目摘出，依日本五十音順排列。同音的依筆劃排列。文集中省略詩賦文字，惟洪邁的盤洲文集例外。

每一名詞後附文集簡稱卷頁數。文集採用的版本，以四部叢刊爲主。書後附筆劃索引。

編者另編有中國隨筆雜著索引、中國隨筆索引（共編）、資治通鑑索引（共編）、宋史職官志索引等。後者臺灣版將由華世出版社印行。

清代文集篇目分類索引

王有三編　民54年　臺北　國風出版社　1223面　影印

民國24年國立北平圖書館初版。

係將清代別集四百二十八種，總集十二種，間亦有附入近人如章炳麟等文集數種，每篇依其性質分類，編成索引。

本書依著作性質，共分三部：

1.學術文之部，分爲經史子集四類，其編次與四庫總目同。

2.傳記文之部，包括：傳狀、誌、贈序、壽序、哀、誄、銘、讚等各種文體。排列法分爲二：甲類依被傳者姓名排列；乙類依原文標題排列。

3.雜文之部，分爲書啓、碑記、賦、雜文等四類。

卷首附有所收文集目錄，所收文集提要，所收文集著者姓氏索引，學術文之部目錄，卷中附有傳記文目錄、傳記文部姓氏檢字表等，頗便讀者檢尋。

　　爲檢查清代學者學術論文的必要參考書，尤其傳記文部姓氏檢字表，可看作清人的傳記資料索引，頗具參考價值。

　　國人多編期刊或報紙索引，少將文集內的論文集資料，仿照報刊索引體例，編成分類索引，本書可謂開風氣之先。

皇朝經世文編總目錄

　　日本近代中國研究委員會編　民61年　臺北　文海出版社　1冊　影印本

　　原書名：經世文編總目錄，民國45年東洋文庫近代中國研究委員會印行，共三冊，附有著者索引及書名機關索引。

清季中日韓關係資料三十三種綜合分類目錄

　　李毓澍編　民66年　臺北　成文出版社　2冊

　　選清季中日韓關係較重要的資料三十三種，編爲分類目錄。這三十三種資料爲：清季中日韓關係史料、同治朝籌辦夷務始末、光緒朝中日交涉史料、宣統朝中日交涉史料、清季外交史料、清穆宗實錄、同治朝東華錄、清德宗實錄、光緒朝東華續錄、宣統政紀、文獻叢編、李文忠公全集、沈文肅公政書、劉坤一遺集、養壽園電稿、養壽園奏稿、北洋公牘類纂、張文襄公全集、愚齋存稿、許文肅公全集、東三省政略、退耕堂政書、薛福成庸盦全集、馬建忠東行三錄、甲午戰爭電報檔等。

　　目錄分成七大類：1.甲午戰前中日關係；2.甲午戰前中韓關係；3.甲午戰前韓與各國關係；4.甲午戰爭；5.甲午戰後之中日關係；6.甲午戰後中韓關係；7.日俄戰爭與東北危機。每大類再分若干小類，每小類再分若干主題，主題下列所摘要的子目。子目以時間先後爲序。子目著錄的款目有：收發者、時間（中西曆併列）、注明出版。

　　每一文件含二主題或以上的，製副片分類互見。

胡適文存索引

童世綱編　民58年　臺北　臺灣學生書局　136面

根據胡氏四種文集編輯。四種文集爲：胡適文存（上海亞東本），胡適文存（臺北遠東本），胡適論學近著（上海商務本）及胡適選集（臺北文星本）。索引分爲兩種：一爲「篇目分類索引」，參照「胡適選集」成例，分爲十六類目排列；一爲「篇目及其中要詞混合索引」。索引按照四角號碼檢字法排比先後。

每條首列四角號碼、次列篇目（或要詞），再次列書名簡稱、集數、卷數及面數。

書後附有「索引首字筆劃四角號碼對照表」、「索引首字羅馬拼音筆劃及四角號碼互見表」「篇目中所見西文名詞檢字表」等。

現代論文集文史哲論文索引

楊國雄　黎樹添合編　民68年　香港大學亞洲研究中心　505面（亞洲研究中心書目索引14）

論文集是彙編各自成篇的論文的一種書。圖書編目均把論文集當做一部書來處理，未能爲單篇論文編製分析目錄；而索引的編輯，又多以期刊和報紙爲對象。結果讀者在檢索資料時，常忽略是項資料。國外文獻單位爲彌補此項遺漏，常定期編輯論文集索引，或期刊索引兼收論文集（如東洋學文獻類目）。國內少有索引兼收論文集，而專爲論文集編輯索引的，以本書爲開始。

共收錄論文集八百五十五種，其中大部分爲臺灣、香港及中國大陸於民國十六年至 六十三 年間出版 。所錄論文都一萬零三百一十八篇。收錄的論文內容，上溯遠古，下迄清末，擧凡有關中國的文化、人文科學、社會科學、科技等的中文論著及譯作，皆爲輯錄。序跋、書評及以外文撰述的論文，則不在收編之列。

依分類排列，計分二十類，卽：文化學、學術思想、經學、宗敎、語言文字學、文學、歷史學、地理學、考古學、民族學、政治

學、法律學、軍事學、中外關係、社會學、教育學、經濟學、科學、藝術、圖書學。每類再酌予細分。各篇論文著錄的款目，有：編號、篇名、著譯者、論文集代號、起訖頁次、原刊處（指曾刊登於他種書刊者）。

為便利讀者從分類目錄以外的角度來檢索本書，另編有四種輔助索引，即：著者索引、標題索引、年代索引、地域索引。其中著者索引，在每一著者後附所著論文編號，編號後附以論文題名的首字。這種編法對讀者查考資料頗有幫助。

書前有論文集一覽，詳載：書名、著者與編者、版次、出版地、出版者、出版年、冊數、叢書項、庋藏者等。

附錄：

中華民國專利公告號數索引表

經濟部中央標準局編　民71年　臺北　該局　395面

我國自三十九年十二月至七十年底，經核准公告的專利申請案件共四萬多件。為便於查考申請案號、公告號數及證書號數，中央標準局於七十一年先後編印本書及「中華民國專利申請案號索引表」（403面）。前者供已知公告號數，查申請案號及證書號數之用；後者供已知申請案號，查公告號數、證書號數之用。

利用上述二種索引後，如要進一步獲得專利內容資料，可查四十年以後的標準月刊或六十三年一月創刊的專利公報，也可函請該局第三組洽詢。

中華民國專利分類索引（民國63—69年）申請人

經濟部中央標準局第三組編　民70年　臺北　該局　658面

內容分兩部分：

1.本國專利分類索引　按國際專利分類（IPC）排列。每一條目列：公告號數、專利名稱、申請案號、申請人（或公司，如為外國

人註明國籍）、公告日期等六項。

2.專利申請人索引　依申請人姓名的筆劃排列，英、日人士則按字母順序排列。每一條目列：申請人、分類類名、公告號數等三項。

書後附本國專利公報公告號數索引，註明各公告號數的公告日期。

民國七十一年出版七十年度新增資料，有二〇四面。體例與本書相同。唯增國際專利分類簡表及專利案件入二類或二類以上的參見表，以便查索。

附錄：摘　　　要

隨着科學技術的快速發展和出版事業的突飛猛進，形形色色的資料愈來愈多，因此發生所謂「資訊爆炸」（Information Explosion）。科技人員，如科學家、醫師、工程師、化學家，或社會科學家們，面對這些不同文字、不同類型如排山倒海而來的文獻資料，不免有我國俗語所說「吾生也有涯，而知又無涯」之嘆！

為了控制、檢索、處理和有效運用這些文獻資料，本世紀目錄學上有一新的發展，即書目控制（Bibliography Control），其意指有計劃地以各種類型的目錄作為控制出版品的一種手段，藉此使專家學者瞭解到他們應知道和掌握的新事物，並藉此也謀求各圖書文獻機構資料的充分利用；這種任務已非傳統性的收藏目錄所能勝任。此種目錄的類型，主要的有下列三種：書目、索引、摘要。書目是書目控制中最普遍的型式，索引是書目控制中最重要的型式，摘要是從書目、索引的基礎上發展出來的，它可以包括各種類型的文獻，如圖書、期刊論文、學位論文、研究報告、會議報告、專利說明書等。

摘要的意義，指對某種文獻，作一簡潔而正確地說明，不加任何評論或註釋，使閱者僅閱讀簡短的內容，即可充分得知原著的大意。

　　為什麼要做摘要？根據圖書館與資訊科學百科全書（Encyclopedia of Library and Information Science）一書中所載，約有下列幾點：

　　1.全世界科技方面的資料，使用的語文超過五十種以上，而大多數的人平均通曉一種半的語文；若摘要以英文為主，則解決了語文上的困難。

　　2.科技資料數量龐大，全世界如今約有三萬五千種科技期刊，平均每年出版約二十萬篇報告；摘要可以做為選讀資料的指徑。

　　3.資料性的摘要（Informative Abstract），濃縮原著論文，有時可以代替原著論文，即閱讀摘要後，就不需要去閱讀全文。

　　4.節省閱讀原文的時間。

　　5.原論文均分別發表在不同的刊物上，摘要的出版，通常將相關的論題集中一處。

　　6.利用摘要選擇資料，其準確性遠超過用篇名或評注來瞭解資料。

　　7.經過有系統整理的摘要，可以當做為書目、索引使用，可供採購與檢索的參考。

　　摘要的種類，可分為：

　　1.指示性摘要（Indicative Abstract）　係將論文的內容，用簡潔的文句表示，對於具體的內容，如方法、結果等，並未摘錄，通常僅在一百五十字以內。此為指示利用者是否必須閱讀原著論文。

　　2.資料性摘要（Informative Abstract）此為濃縮原著論文，包括主要論點、具體的研究方法、強調事項、結論等。通常在摘要集中所發現的，大都屬於此種。

　　通常摘要記載的款目有：著者姓名、圖書論文的標題、期刊或報告的名稱、卷期、起訖頁數、刊行年月、摘要本文、摘要者姓名等。

　　世界上最重要的四種摘要是：美國的 Chemical Abstracts，英

國的 Physics Abstrcts 及 Electrical & Electronics Abstracts及
蘇俄的 Referativnyi Zhurnal。

　　摘要做法見沈曾圻「摘要及摘要法」一文，載國立中央圖書館館
刊新第八卷第二期，民國六十四年十二月，頁九至二十二。

　　將外國科學期刊上的論文，包括物理、化學、化工、食品、機
械、電機、核工等科目，譯成中文摘要，每一摘要含下列款目：中譯
標題、原論文標題、原論文著者及刊登期刊的刊名、卷期、頁數、出
版年代、中文摘要及選譯者。

　　出滿二卷六期後，自民國六十二年起分爲下列四科目出版：食品
工業、電械工業、金屬機械工業、化學工業等。惟出版四期後（食品
工業出版五期）停刊。

　　第一卷編有索引，分著者、論文標題、標題分類、期刊等四種。

臺灣文獻叢刊提要

　　吳幅員撰　民66年　臺北　臺灣銀行經濟研究室　440面　　　（臺
灣研究叢刊第114種）

　　臺灣文獻叢刊的編印，始於民國四十六年六月，至六十一年十二
月止，共出三百零九種，計五百九十五冊。此一工作由周憲文主持策
劃，列爲臺灣銀行經濟研究室出版物之一。收錄的範圍，初以清代有
關臺灣的私人著述爲主，包括臺灣的地理、歷史、風俗、民情等，後
來漸及於南明史料、明季閩海關係史料及明清兩代有關琉球的紀錄。

　　各書分別作提要，內容包括：書名、冊數、字數、卷數、版本、
著者及生平介紹、書的內容（含序跋）、與該書性質相近各書的比較等。

　　書後有附編兩種。前者收九十九篇臺灣文獻叢刊的弁言與後記，
可與前述提要互爲參閱；後者是著者近年來已、未發表的論文十二
篇，均與臺灣文獻有關，如：琉球歷代寶案選錄弁言、臺灣寃錄弁
言、從清代使琉諸錄看釣魚嶼等。

目索引編輯中心」，負責協調規劃並研究改進書目索引之編纂技術，希望成為常設機構。

1034　師專應開設「圖書館利用」之課程

　　朱文雄　臺灣教育輔導月刊　27卷8期　29～32頁　66.8

　　▲從學制、學生程度、專業情況、學區、學習生活等各方面比較師專與一般大學、專校之不同，進而說明師專開設「圖書館利用」課程的必要性。

1035　理想的中學圖書館

　　劉兆祐　學粹　19卷4、5期　13～16頁　66.10

　　▲本文描述中學圖書館的功能，並舉出理想的中學圖書館應具備的條件與應有的措施，如應具有理想的圖書館員和圖書館舍，以及圖書設備等；並應與教學工作配合，舉辦各種活動。

1036　研究圖書館的開架式與閉架式（上）（下）

　　M. V. Rovelstad 撰　高禩熹譯　教育資料科學月刊　11卷2, 3期　66. 4, 5

　　▲本文旨在追溯以標題作為圖書排架的傳統方法，剖析歐洲各研究圖書館揚棄此一方式的原因，探討第二次世界大戰後學術圖書館所改進之全貌，並列舉近代反對主張將全部研究圖書予以開架式措施的爭論及各家的觀點。

1037　國民中學圖書館與「圖書館時間」

　　江英　臺灣教育　315期　54～55頁　66.3

　　▲北政國中自六十五學年度起試行「圖書館時間」，每班每週以原有的自習時間排定為「圖書館時間」，講解圖書的分類、編號和借、還書手續；指導學生閱讀報紙，蒐集資料；聘教授講解精讀、略讀方法；並鼓勵學生作口頭閱讀報告。今日教學觀念，是教學生如何去獲得知識，指導其獨立學習的能力，因此，指導學生運用參考書、工具書，都成為教師份內的工作。

1038　國際書目控制

　　張鼎鍾　中國圖書館學會會報　29期　131～138頁　66. 11　有參考

教育論文摘要　第一輯

　　國立臺灣師範大學圖書館編　民67年至　年　臺北　該館

　　原名「教育論文索引」，自六十七年起爲便利參考，增加內容摘要，更名爲「教育論文摘要」。

　　收錄論文以民國六十六年一月至十二月在臺刊行的中文期刊報紙爲限。本期共收期刊一一二種，報紙十一種，論文一千一百六十六篇。每一論文摘要文字約在八十字至二百字之間。

　　分類與該館前編教育論文索引相同。書後附「著譯者索引」及「類目索引」，均按筆劃排列。

　　最新版爲第六輯，民國七十二年出版，收論文摘要一四七〇篇。

四部備要書目提要

　　臺灣中華書局編　民62年　臺北　該書局　1冊

臺灣先賢著作提要

　　王國璠撰　民63年　新竹　臺灣省立社會教育館　195面

　　收一七五種，起自淸康熙，斷於民國六十年。

科學技術論文摘要

　　行政院國科會科學資料及儀器中心編　民60年6月創刊，民62年8月停刊，原爲月刊，自62年起改爲雙月刊

臺灣甘蔗病害文獻摘要集（1907—1970）

　　呂理燊編　民60年　臺南　臺灣糖業試驗所　211面

國立中興大學農學院森林學系歷年研究報告摘要（1950—1971）

　　廖坤福撰　民60年　臺中　該系　295面

鳳梨文獻摘要

　　徐伯申等編　民42年　臺北　臺灣農林公司　242面　（農林公司叢書第1種）

頁30—51

中國學前教育研究摘要

信誼基金會學前兒童教育研究發展中心編　民71年　臺北　該中心　125面

第一屆國際華學會議論文提要

中華學術院編　民57年　臺北　該院　1冊

洋菇試驗研究報告摘要 (1954—1968)

臺灣區洋菇試驗研究審議小組編　民58年　臺北　該小組　58面

有關人口研究之官書書目提要

張鐘濂撰　國立中央圖書館館刊新第5卷第1期，民國61年3月

美國有關中國研究書刊論文摘要

行政院新聞局駐紐約辦事處編　民56年起

Abstracts of Publications on Cancer Research in Taiwan, Republic of China (1960-1975)

National Taiwan University, Cancer Research Center, College of Medicine 編　民65年　臺北　該校　143面

第四章 字典 辭典

字典字書與辭典

專以解說單字的形體、聲音、意義、字源及其用法的書，稱爲字典。字典的名稱，始自清代的康熙字典。以前此種書，如爾雅，說文解字等，名爲字書。辭海對字書的解釋是：「解釋字體之所由構成，或詳其聲音訓詁者，並稱字書，古字書之存於今者，以說文解字，玉篇等爲最著，今俗所稱字典，皆字書也。」可見字書與字典，雖名稱不同，性質是一樣的。

字典與辭典，英文均爲 Dictionary ，譯成中文，有字典及辭典二種，並無標準。但嚴格區別，字典是解說單字的形音義的書，辭典是解說兩字以上複詞的書。商務的辭源與中華的辭海，兼收單字與複詞，這是合字典、辭典於一書。

近年來商務出版的中山自然科學大辭典，雲五社會科學大辭典，對於每一條目，均由學者執筆並署名，重要條目也附有中外文參考書目，與外國的百科全書比較，並無不同，這又是合辭典、百科全書於一書。

字 典 的 歷 史

中國字典解釋字義的書，自然要算爾雅爲最先。但爾雅所說，差不多全是在字義上，是所謂「訓詁」「名物」的書。對於字形，字音兩方面，都沒有論及。具有近世所謂「字典」的資格的書，當然要推東漢許愼的說文解字爲起始，許愼就當時通行的字，分爲十四篇，五百四十部，解說各字的形體、意義、聲音。收九千三百五十三字，以

小篆爲主，古籒錄爲重文，即同字異體的有一千一百六十三字。許慎以後，各種字典續有編輯，較重要者有：

聲類　十卷　　　（魏）李　登撰　收一萬一千五百二十字。

字林　七卷　　　（晉）呂　忱撰　收一萬二千八百二十四字。

字統　二十一卷　（後魏）楊承慶撰　收一萬三千七百三十四字。

廣雅　十卷　　　（後魏）張　揖撰　收一萬八千一百五十字。

玉篇　三十卷　　（梁）顧野王編　收二萬二千七百二十六字。

廣韻　五卷　　　（隋）陸法言撰　唐孫愐重刊　宋陳彭年重修　收二萬六千一百九十四字。

集韻　十卷　　　（宋）丁　度撰　約收五萬三千五百二十五字，其實只收三萬字左右。

類篇　四十五卷　（宋）王　洙等撰　收三萬一千三百十九字。

字彙　十二集、首末二卷　（明）梅膺祚撰　收三萬三千一百七十九字。

洪武正韻　十五卷　（明）樂韶鳳等奉勅撰　收三萬二千二百五十四字。

其中卷帙最繁，影響最大的，要推康熙字典，不僅頒行全國，作爲讀書寫字的標準，而且影響日本韓國以及西方人用中文。本書共收四萬九千三十字。分二百十四部。後來出版的字典，不下百種，均受其影響。

民國以後出版的字典，較重要的首推歐陽溥 存等編的 中華大字典，共收四萬四千九百八字，雖然比康熙字典少二千多字，但音切明確，義訓增廣，添收新文，刪除僻字等，均較康熙字典爲優。辭典則有辭源與辭海。前者是我國第一部新式辭書，複詞兼收外國人 文科學、社會科學及科技名詞；後者以前者爲基礎，做若干改進，如 引書加

注篇名、用新式標點、增加常用字彙等。兩者均收單字一萬多字，複詞十萬餘條。大型辭典要推日人諸橋轍次撰大漢和辭典，收四萬九千九百六十四字，辭彙五十二萬六千五百條；辭彙比佩文韻府多七萬六千五百條；在臺編印的字典，最重要者有正中形音義綜合大字典，係由高樹藩先生費多年心力獨自編成。綜合性大型辭典只有中文大辭典一種，由張其昀先生策劃，高明、林尹兩先生主持，師範大學國文系所師生執行編輯工作。專科辭典以雲五社會科學大辭典體例最爲完備。

我國編印兩種語文的辭典最多，其中又以英漢辭典居首位。早期以世界書局的英漢求解文法作文辨義四用辭典較受歡迎，政府遷臺後則以梁實秋先生所編各種英漢辭典流行最廣。

近年來常見只是中外名詞的對照表，却稱爲辭典，此事值得商榷。編者以爲應稱爲詞彙——詞的匯集而已。或仿國立編譯館出版的各種科學名詞，稱某某名詞，如原子能名詞、會計學名詞。

過去數十年國人編輯的字典與辭典，數量雖多，惟在體例方面，較少改進。諸如未能經常修訂、選詞標準不一、釋詞忽略新的研究成果、缺少圖表及參見、缺少輔助索引等。其中以專科辭典的出版沒有完整的規劃，是最大的缺失。如編者職業上需要參考的「圖書館學辭典」「資訊科學辭典」即付闕如。

關於中文字（辭）典的歷史，下列論著頗具有參考價值：1.林慶彰撰中文辭典的源流與發展，刊登書評書目第八十一期，內容分：辭典的起源、六朝至明代的辭典、清代的辭典、民國以後的辭典等；2.方厚樞撰中國辭書史話，刊載辭書研究第一、二期，內容分：古代幾部主要字典、古代幾部主要辭書、古代幾部主要韻書；3.劉葉秋撰中國古代的字典，臺北麒麟書局影印，內容共四章：古代字書的類型和作用、古代的字典、古代的詞典、字書的別體——韻書。

字 典 的 種 類

字典可分作下列三種：

1.普通字典 收錄的字，不限於那一方面，每一單字都包括形音義三方面，通常義的一方面佔較大的份量。如康熙字典，中華大字典，正中形音義綜合大字典等，都是。

2.專科字典 專解釋某一種學科所用的字或名詞的，在中文方面，因爲各學科所用的多係複詞，所以這類的字典，往往叫做辭典。如中山自然科學大辭典，雲五社會科學大辭典。近來坊間出版很多專科辭典，細察內容，只不過是中英名詞對照罷了。

3.專書字典 這是專講一部書的著作所用的字的用法和意義的，因爲這些用法和意義等，時常有特別的地方，如陸德明的經典釋文，阮元的經籍纂詁等，就是這一類的。

普 通 字 典

（新修）康熙字典

（清）張玉書等奉敕撰　高樹藩重修　民68年　臺北　啟業書局 2 册（2424,276面）

民國70年另出十六開本。

本書臺灣有多家出版社影印，如：世界書局，民國51年，附王引之「康熙字典考證」；東華書局；新陸書局，民國54年；臺南北一出版社，民國61年，也附王氏「考證」；藝文印書館，民國62年，係將王引之的「考證」與日人渡部溫的康熙字典考異正誤，重加訂正編成。

自清康熙四十九年（1710）起編，至康熙五十五年（1716）成書。凡二百十四部，收四萬九千三十字。仿梅氏字彙，按部首排列，

一部

一部 一畫 一丁七

【一】弌

〔古文〕弌 〔音〕唐韻於悉切集韻韻會正韻益悉切，音壹。〔質〕入聲。

〔義一〕說文惟初大始道立於一，造分天地，化成萬物。〔廣韻〕數之始也。物之極也。〔易繫辭〕天一地二。

〔老子道德經〕道生一，一生二。

〔三〕〔廣韻〕同也。〔禮樂記〕禮樂刑政其極一也。〔史記〕六合之內，八方之外，道之所一也。

〔四〕〔廣韻〕純也。〔易繫辭〕天下之動，貞夫一也。〔老子道德經〕天得一以清，地得一以寧，神得一以靈，谷得一以盈，侯王得一以為天下正。

〔五〕均也。〔書泰誓〕受有臣億萬，惟億萬心，予有臣三千，惟一心。

〔六〕〔中庸〕及其成功一也。凡其所以行之者一也。

〔七〕〔正韻〕一萬王法遺谷正，孔子曰書。〔史記〕韓非子內儲說。

〔八〕韓非子內儲說南郭處士請為齊宣王吹竽，宣王悅之，廩食以數百人。宣王立。

〔九〕星也。一星在紫微宮門外曰太一星。

〔十〕太乙，山名。卽終南山一名太乙。南半度。

〔三〕秦一者天地未分元氣也，後漢陳蕃傳尺一選擇註版長。

〔三〕尺一詔版也以寫詔畫。

〔三〕百，詩篇名觀應躁著。

【丁】个

〔古文〕个 〔音〕唐韻當經切，音打。〔征〕平聲。〔說文〕十幹也。夏時萬物皆丁寶丙象人心。六書正譌物成形幾作丁承丙象，金木為丁附著之間韻借丙丁火丁。

〔二〕〔韻補〕葉當經切，音徵。春秋傳杞文公卒。

〔三〕力也。〔詩周頌〕秦惠王欲伐蜀造石牛五頭置金丁。

〔四〕〔爾雅釋詁〕當也。〔詩大雅〕寧丁我躬。

〔五〕民丁唐書食貨志租庸調之法以人丁為本。

〔六〕〔投丁〕投壺韻票二斛調之租丁。〔莊子養生主〕庖丁解牛。〔宋史高宗紀〕結船社。

〔七〕〔詩小雅〕伐木丁丁。〔征〕伐木聲也。

〔八〕〔廣韻〕零丁。〔唐書姜公輔傳〕亂離流落，漂泊零丁。

〔九〕丁丁通。

〔十〕丁寧也凡丁寧鐘鼓警戒之器。〔左傳宣四年〕楚伯棼射王，汰輈及鼓，跗著於丁寧。

〔十一〕丁水木經注洒水又東南流丁溪水注之。

〔十二〕丁令。〔爾雅釋魚〕魚枕謂之丁。〔註〕枕在魚頭骨中形似篆書丁字。

〔十三〕丁壮。〔王逸九思〕少生如丁有星丁天生鶲丁。

〔十四〕丁鳥名。〔草名〕丁壮。

〔十五〕丁香名。〔本草〕丁香本草註丁香有雌雄。

〔十六〕肉丁。〔征〕物類相感賦身上生肉丁。

【七】

〔音〕唐韻親吉切集韻韻會戚切正韻昔栗切，音柒。

〔義一〕少陽數也。說文陽之正也從一微陰從中。

部首按筆劃多寡分先後，部首相同的再依字的筆劃多少排。每字之下，先列唐韻、廣韻、集韻、韻會、正韻等反切，間加直音；次釋義，所引例證，依經、史、子、雜書順序排；次列別音、別義、古音等。每字之後，兼載其字的古體、重文、別體、俗書、譌字。

本書成於衆人之手，錯誤頗多，版面編排也不易查檢。今人使用，因缺新式標點及注音符號，頗感不便。高樹藩有鑑於此，乃予以重修，除仍照原書部首、筆劃編排外，做了下列六點改革：

1.正內容　把原書後補遺、備考的文字，各依其部首、筆劃，納入正文。所有單字，依一般出現率，區分為五類：常用、備用、罕用、同字、殘字等，並施以不同標誌，依次排列。

2.訂譌誤　據王氏「考證」與渡部溫「正誤」二書，訂正原書譌誤，二書間或有出入，則擇善而從。

3.實音讀　原書直音字，偶有冷僻難認，改以常見易識的字。音讀另增國語注音符號、羅馬字拼音、四聲及韻目等三項。

4.增句讀　將原書加注新式標點，惟對於書名號、私名號、破折號則暫從省略。

5.齊版面　每面三欄，各單字一律齊頭並列。凡有分項，冠以㈠㈡㈢……等數字，另行標舉。每面邊緣增標本面各欄的常用、備用、罕用各單字。

6.益附表　刪原書四種附表：字母切韻要法、切字樣法、檢篇卷數法、等韻切音指南。新增八種附表：⑴十三經簡介表；⑵廿四史簡介表；⑶先秦重要子書簡介表；⑷歷代重要文集簡介表；⑸歷代重要字書簡介表；⑹四聲韻目對照表；⑺國語注音符號與羅馬字拼音對照表；⑻重要化學用字一覽表。

中華大字典

歐陽溥存等編　民63年　臺北　臺灣中華書局　2冊　影印

民國4年上海中華書局初版。

清宣統元年 (1909) 迄民國三年編成。與事者三四十人，所收單字四萬八千有餘，是今日我國頗爲完備的字典。各字的排列，悉依部首爲準，每字之下，先注音，除反切外，均有直音；次解義，尤其注意於本義轉義假借的次序，分條列舉，較康熙字典清楚。所收各字，除正文本文外、其籀、古、省、或俗、譌、諸文，並皆甄錄。近代的方言，翻譯的新字，也均收列。至古今中外地名，悉詳沿革，標明今地。所引各書，詳載篇名，甚便查考。音韻則標識於各字之下，並以集韻爲主，集韻所無者，別採廣韻以下各韻書爲用。

書前有檢字表，先依筆劃，同筆劃再按部首排列。

本書對於康熙字典四千餘例謬誤，多所訂正，然遺漏的地方仍有，戴鎦齡撰字典簡論一文，曾列舉其缺點有十二，茲轉述數點如下：1.古書脫誤，經人考出，本書仍引其脫誤之文；2.舊說本謬，經人考出，本書仍引謬說；3.鈔書脫誤；4.引書前後名稱不一。

該書局於民國五十一年出版張相編實用大字典，即本書的簡本。

正中形音義綜合大字典

高樹藩編撰　民63年　臺北　正中書局　2284，48面　增訂本

民國六十年出版，收集單字七千五百餘，異體字一千五百餘。按部首排列。民國六十三年增訂版，加入近百單字，增多了四十幾面的篇幅，更正了若干闕失。

本書對於每一單字分爲「形」「音」「義」三部分。字形方面，以楷書爲本，下繫甲骨文、金文、小篆、隸書、草書、行書等，缺者略之，以明本義所在及字體流變之迹。對單字字源的詮釋，上溯甲骨文金文，而以小篆爲主，分析字的結構，說明其得義之所以然。

字音方面，以現行國音爲主，兼注反切、直音、羅馬字拼音、四聲、韻目。一字數音的單字，如音異而義同，則並列一處，再釋義引

例；如爲破音字，則分別排列，各自釋義引例。

字義方面，首依文法九品詞類說明每字的詞性，次於詞性下解釋該字含義所在，每一解釋又引出處明確的例句一至三則，作爲例證。間附圖表，約有七百餘幀。

對於若干字，如：同字異體、複詞異體、專名異體、同訓異義、本字辨似、本字正譌等，都在本字後，加列「辨正」一欄，分別介述，以糾正此字使用上的錯誤。

前有部首索引！筆劃檢字索引；書後有注音符號檢字索引及附錄十種。

書評：1.文字研究的再推進——評形音義綜合字典　柳長勛，幼獅月刊第46卷第 4 期，頁14—19；2.字典新猷——形音義綜合大字典評介　黃　中，中華文化復興月刊第 4 卷第12期，民國60年12月，頁55—56；3.正中形音義綜合大字典評介　趙友培，新時代第14卷第12期，民國63年12月，頁84—87。

經籍纂詁　二百十六卷

（清）阮　元撰　民49年　臺北　世界書局　2 冊　影印（中國學術名著增補樸學叢書第 1 集第 5 至 6 冊）

包括正編一百六卷，補遺一百六卷，合編序一卷，凡例一卷，姓氏一卷，總目一卷。係會同臧錦堂、臧禮堂、方起誧等人，費時二年編成。

編排依韻爲序，即按照通行的詩韻一百六部爲先後次序，再把聲母相同的，類列一處。每字之下，以收錄經籍的訓詁爲主，旁及諸子的訓釋。排列順序，先本義，次通轉，假借等，凡所舉例證，均注明書名或篇名。

使用本書時，如對詩韻不熟悉的人，可查書前的目錄索引，按筆劃排列，每字之下，注明世界書局版的頁碼。

經籍籑詁卷第一　上平聲

一東

上平聲　一東

本書是讀古籍（尤其是經傳）必備的字典。王引之序說：「展一韻而衆字畢備，檢一字而諸訓皆存」。梁啓超、胡適諸人，對本書也備極推崇。本書各字只解字義，而不注其音，是美中不足的地方。

另有明倫出版社，文光出版社，中新書局印本，與世界書局的木刻本同。

大學字典

　　大學字典編纂委員會編　　民62年　　臺北　　中華學術院　　2179，52，66面

以中文大辭典爲基礎，蒐集較切實用的單字九千九百六十三字，按部首排列，共分二百十三部，每部再按字頭的筆劃爲序。每字均加統一編號。所收單字，除正體外，凡本字、古字、或體字、繁字、簡體字、俗字、訛字等，均加收錄。

本書的字音，列有廣韻、集韻或正韻等古代韻書的反切，次列直音，再附以水平韻目，最後爲國語注音符號及國際音標，如有破音字，加以注出。字義的解釋，採用淺近文言，并擇取古籍中的佳句名言，如史傳諸子，詩詞等，以爲範例，並一一注明出處。

對字形有疑似而不能確定在某部者，約有六百字，另作見片。如萬字依字的構造，當入内部，然或有疑爲艸部字，乃在艸部九畫也列一萬字，注明見内部。

書前有部首檢字表，書後有筆劃檢字表。

該學術院民國六十二年九月，另出版國民字典，一二一八面，據上書及中文大辭典，收常用字五千六百四十二字，加白話注釋，供中小學生及社會人士應用。

國語日報字典

　　何　容主編　　民65年　　臺北　　國語日報社　　〔118〕842面

與該社民國六十三年出版的國語日報辭典不同，後者以解釋三萬

多條複詞爲主。本書以解釋**每一單字的形、音、義爲重點**。

共收一萬常用字，**每一單字的形、音、義均加注釋**，其中釋義部份，儘量容納成語及複詞。

按部首排列。書前有**按注音符號排列的助檢索引**、難查字及異體字表等。書後有注音符號發音表，標點符號用法簡表等五種附錄。

李氏中文字典

李卓敏撰　民69年　香港　香港中文大學出版社　176,370,138面

中國字典的傳統編排方法，有字義、偏旁和音韻法。字義法源於說文解字，而定型於康熙字典。前者分爲五百四十部，後者分爲二百一十四部。這種方法的缺點是檢字困難，即不知字義，便不知部首。再者，有不少字，就是知其義，亦難定其部首。如「屯」「珉」「東」「承」「舒」等是。因此，幾乎每本字典都以「難字檢查表」來應付這個困難。

時人劉達人提出以偏旁爲部首的方法。劉氏用電腦系統分析，發現在整體的部首當中，以左文爲部首的佔百分之七十二，以上文爲部首的佔百分之十三，合計百分之八十五以上。因此，劉氏選用文字的左文及上文爲劃分部首的對象，把康熙字典的二百一十四個部首改進爲二百五十一個部首。這個方法，較康熙字典進步。惟其缺點是同一部首，讀音與字義可能彼此毫無關係。

以音韻爲主的字書有廣韻、佩文韻府等，其最大問題是須先知音才能找到字。近年來的字典有以羅馬拼音或國語注音來分部。其困難與音韻法分部相同。

本書針對上述各種分類法的缺點，提出形聲部首法。所謂形聲，是指字的一半爲形或義（義符），一半爲聲（聲符）。我國的文字泰半爲形聲字，據統計約佔今漢字百分之九十五左右。所以中國人有一

共同的習慣，凡是遇着不會讀的漢字，便讀它的偏旁。因此，本書的分部，便以聲符爲主，形符副之。

　　本書收單字一萬二千八百多，劃分爲一千一百七十二部，部首中絕大多數是聲符，其餘爲形符。部首相同的，再依筆劃多寡排，筆劃相同的，按起筆、丿丨乁一爲序（垂扇檢字法）。

　　對單字的選擇是以常用、間用及雖罕用而有參考價值的爲準。注釋中詞語的選擇標準亦同。注音分國音及粵音。

　　讀者使用本書時，可利用書前的部首表、部首檢字表、總檢字表。也可利用書後的國語羅馬拼音索引、粵語國際注音索引。

國語字典

　　趙元任　楊聯陞合編　民31年　美國麻省　哈佛燕京學社　291面

日語注釋國音四聲字典

　　溫瑞峯主編　民36年　臺北　廣文出版社　1冊

同音字典

　　艾弘毅編　民62年　臺北　編者　〔94〕417,52面

國音標準新字典

　　臺灣中華書局編輯部編　民42年　臺北　該書局　330面

國音字典

　　王星華編　民44年　臺北　正中書局　〔110〕565面

新新字典

　　丁德先編　民45年　臺中　北辰出版社　653面

中文字典

　　任顯羣編　民47年　臺北　編者　856面

實用語文字典

　　李鴻球編　民48年　臺北　大中書局　629面

新編中華字典

　　許伏民等編　民49年　臺中　瑞成書局　2冊　再版

玉篇　三十卷

　　（梁）顧野王編　　（唐）孫強增字　　（宋）陳彭年等重修　民52

　年　臺北　新興書局　432面　影印

梅膺字典

　　楊品純編　民52年　臺北　大江出版社　544面

國臺音通用字典

　　李木杞編　民52年　臺中　瑞成書局　308面

廣雅疏證　十卷

　　（清）王念孫編　民49年　臺北　新興書局　415面　影印

新字典

　　陸爾奎等編　民65年　臺北　臺灣商務印書館　569，234面　影印

國音字典

　　汪　怡撰　民65年　臺北　臺灣商務印書館　399面　影印

　民國38年初版。

漢字的起源

　　加藤常賢撰　民68年　東京　角川書店　991面　11版

綜合大字典

　　邵亨言撰　民68年　臺北　撰者　1383面

國民字典

　　王漢星主編　民69年　臺北　遠流出版社　738面

最新万字典

　　洪振枝等編　民69年　臺南　編者　941面

桂氏檢捷字典

　　桂中樞編　民69年　香港　新亞書社　20,491面

國民常用字表初稿

　　國立臺灣師範大學國文研究所研訂　民64年　臺北　教育部社會教育司　337面

次常用國字標準字體表稿

　　教育部社會教育司編　民70年　臺北　該司　528面

　　附異體字表稿。

潮汕新字典

　　廣泰書局編　民68年　香港　該書局　〔21〕666〔197〕面

國粵注音漢英合解音形捷檢字典

　　霍寶材編　民66年　香港　霍氏出版公司　134,221,68面

甲骨金文字典

甲骨文字集釋　十八卷

　　李孝定編　民54年　臺北　中央研究院歷史語言研究所　16冊（該所專刊50)

　　取材以殷虛出土的甲骨文字，經諸家著錄並考釋者為主。其他如鐘鼎彝器銘文的考訂，足資參證的，間亦採入；凡有關甲骨文字考釋的專著，其流布較廣，搜求較易的；或單詞隻字的考訂，散見報章雜誌的，也儘量採入。

　　採用許氏說文的次第排列。每字於眉端首列篆文，次舉甲骨文的各種異體，再次列各家考釋，並注明出處，最後加按語以定已意。

　　因為目錄是依說文排列的，為查檢方便起見，另編筆劃索引。

金文詁林

　　周法高編　民64年　香港中文大學　16冊

　　據容庚三訂金文編編成，共收單字一千八百九十四字，重文約一萬八千，殷周彝器三千餘，一一注明銘文原句約四萬條，引用清代及

近代論著數百種，並由編者加按語二十餘萬言，全書約三百萬言。爲
研究中國上古文字、歷史、考古、藝術等必備的參考書。第十六冊爲
附錄，民國六十六年出版，內容爲四種索引，卽：1.金文詁林通檢；
2.採用彝器總目及索引；3.引用書籍論文目錄及索引；4.引用諸家索
引。

　　按容庚金文編初版於民國十四年，二十八年修訂版出版，四十八
年增訂版出版；續編初版於二十四年，臺北聯貫出版社於六十年，洪
氏出版社於六十三年，將此二書合印，共一六六〇面。

金文詁林補

　　周法高編撰　民71年　臺北　中央研究院歷史語言研究所　8冊
　　（5846面）

　　本書編者於民國五十六年至六十三年撰成「金文詁林」十四卷。
該書以容庚增訂三版之「金文編」爲據，而羅列各家之說於每字之
下，全書約四百萬言，由香港中文大學出版。本書爲「金文詁林」之
補編，收入中央研究院歷史語言研究所專刊之七十七。

　　全書體例與正編大抵相似，其不同者有二：一爲增錄三十年來出
版之銅器銘文七百餘件，逐字編爲索引，附於有關各條之下；二爲增
收容庚三訂「金文編」所無之字三百餘字。此外，日本學者之金文著
作，如：加藤常賢「漢字の起源」、赤塚忠「稿本殷金文考釋」、白
川靜「說文新義」等，亦擇譯數十萬言，以收攻錯之效。

　　全書八冊，卷首有十四卷所收字詳目，第一至七冊爲十四卷所收
諸字。第八冊別冊，爲本書各字之索引；增收彝器編號、分類目錄，
引用書籍論文目錄、索引，引用諸家索引，三代吉金文存器名通檢凡
例、部首檢字、四角號碼索引、筆劃檢字，金文詁林補後記，金文詁
林補續補遺及刊誤等十二種。檢索系統相當完備。

　　已故名國學家屈萬里院士說：「是書也，願爲者未必能爲，能爲

者未必肯爲，能爲而又肯爲，亦非若干年之工力不辦。」周先生於十數年間，前後完成數十册之巨著，其有功士林，自不待言。（稚川撰，書目季刊第十六卷第三期）。

金文詁林讀後記

李孝定撰　民71年　臺北　中央研究院歷史語言研究所　509面（中央研究院歷史語言研究所專刊80）

金文詁林附錄

周法高　李孝定　張日昇等編纂　民66年　香港　中文大學　1册

金文編正續編

容　庚編　民60年　臺北　大通書局　1660面　影印

說　文　解　字

說文解字注　三十卷

（漢）許　慎撰　（清）段玉裁注　民49年　臺北　世界書局1册　影印（中國學術名著增補樸學叢書第1集第1册）

說文、朱駿聲說文通訓定聲及段注說文有下列書局影印：

1. 說文解字十五卷　民45年　臺北　文化圖書公司　143面

2. 說文解字十五卷　民48年　臺北　藝文印書館　4册　綫裝（四庫善本叢書初編經部）

3. 說文解字十五卷　王雲五主編景印四部善本叢刊第1輯第4函）

4. 說文通訓定聲　民45年　臺北　世界書局　3册　與檢韻、說雅、古今韻準合刊

5. 說文通訓定聲　民60年　臺北　藝文印書館　8册　檢韻、說雅、古今韻準合刊

6. 說文解字注三十二卷　民44年　臺北　藝文印書館　880面

7.段氏說文解字注三十卷　民60年　臺北　宏業書局　628，268面
影印

8.說文解字注三十卷　民61年　臺北　蘭臺書局　1册

　　說文是檢查中國古代文字意義的工具書，也是一部研究中國文字
源流最古老而完備的著作。成於東漢和帝永元十二年（100），分五
百四十部首，九千三百五十三字，重文一千一百六十三字。按部首排
列，各部以小篆爲主，古籀文附於下，是爲通例；先古籀文，後小篆
者，乃其變例。每字大體先釋其義，次說其形體結構，間或引通人或
經典文字，偶也有說明其六書所屬，有時也注明其讀音。

　　清人段玉裁有鑑於許書的殘缺及宋人徐鉉校刊的謬誤，積數年之
力，以成「說文解字注」，予以補正。

　　廣文書局及蘭臺書局的說文，在每一小篆的書眉，都附注楷體及
注音符號。世界書局版附校勘記三十卷、清毛謨編說文檢字二卷及清
姚覲元補說文檢字補遺一卷。

　　藝文版附有筆劃索引，民國五十三年藝文印書館另出版翁世華編
說文段注索引一册，共二九八面。

說文解字詁林及補遺

丁福保編　民65年　臺北　臺灣商務印書館　17册　影印

　　東漢許愼的說文解字，是研究中國文字源流的一部最古老且完備
的著作。此後小學漸漸成爲專門的學問，各個朝代都有繼續許氏的頭
緒進行研究的；尤其是清代乾隆、嘉慶以來，學者以聲韻訓詁校訂群
經，可說是許學的極盛時期。這樣累積下來關於說文的著作，眞是浩
如烟海；後來研讀說文的人，如果要查檢一個字，就得翻遍各書；至
於那些單篇零義的著述，分散在各家文集或筆記中的，查閱起來就更
不容易了。

　　丁福保先生，爲便利後人研讀說文，先後花了三十多年的工夫，

彙集南唐徐鉉，徐鍇和清儒臧琳以下近三百家有關研究說文的著作，條分縷析歸類編列在許書各字之下，而成說文解字詁林一千三百六十卷。

　　本書依許書次第，逐字類聚。每字提行爲一條，重文附在後面。所引各書排列的次第，大徐本爲第一類，小徐本爲第二類，段注爲第三類。桂馥說文義證爲第四類，王筠說文句讀及釋例爲第五類，朱駿聲說文通訓定聲爲第六類，各家學說爲第七類，各家引經考證及古語考爲第八類，各家釋某字某句爲第九類；各家金石龜甲文字爲第十類。再以各書的原叙及例言與各書的總論說文或六書等各爲一類，爲前編，冠於書首，以逸字之屬，撰述爲後編。卷首有引用書目表及引用諸書姓氏錄。「補遺」增各家撰述七十卷。

　　胡樸安評本書有四善：「1.檢字而各學說悉在也；2.購一書而從本均備也；3.無刪改，仍爲各家原面目也；4.原本影印，絕無錯誤也。」

　　本書民國十七年八月由上海醫學書局出版。民國二十年十二月，改由商務印書館發行，除稍有增訂外，又加編說文解字詁林補遺一百七十卷；臺灣商務印書館版的「說文解字詁林及補遺」，就是根據商務滬版影印的。本書民國六十五年重印時附有總索引一冊，按四角號碼排列。臺北鼎文書局也影印本書，惟將補遺部份併入正編。

說文大字典

　　汪仁壽　王　鼎合編　民71年　臺北　學海出版社　1冊　影印

斷句套印本說文解字

　　（漢）許　慎撰　鈕樹玉注　民69年　臺北　漢京文化事業公司　1111面　影印

文　字　形　體　字　典

金石大字典　三十二卷

汪仁壽輯　民60年　臺北　大通書局　3冊　影印

據民國15年求古齋本影印。臺灣影印者還有：1.五洲出版社，民國58年，書名金文大字典，4冊。不附鐘鼎字源；2.京華出版社，民國62年，合訂一冊；3.考正出版社，民國60年，合訂一冊。

專收金石各體文字，上自籀古，下及碑印。每字先列楷書，依部首筆劃爲序。楷書下載說文、小篆、籀文、古文、鐘鼎暨戰國時期列國異文、石鼓文等，皆注明出處。書前有筆劃檢字表。書後附金石書錄目，容媛編，本書民國十九年由上海商務印書館印行。

金石字典

湯成沅編撰　民71年　臺北　維新書局　80,1550面

集錄金石各體文字一〇五六九字，以籀文爲主。依康熙字典順序排列。每字先列楷書，次字義，再次羅列據百餘種資料匯集之金石文字，如鐘鼎文、大籀、戰國時列國異文、石鼓、秦漢碑碣、漢磚、古幣、古兵器、蔡邕石經、金剛經文字等。按原字大小摹寫。各字注明出處。書前有檢字總目，將收錄的單字依筆劃排列，便利不諳部首者查閱。

本書金石文字選自汪仁鑄「金石大字典」，甲骨文選自商承祚「殷墟文字類編」等書。有關金文字典以容庚「金文編及續編」及周法高「金文詁林」「金文詁林補」收字最多。石鼓文字典則以商承祚「石刻篆文編」收字較多。

中國書法六體大字典

藤原楚水編　民60年　臺中　義士出版社　1459面　影印

據日本三省堂民國五十年印本影印，原書名書道六體大字典。臺灣影印者還有：1.文星書店，民國52年，用原書名；2.中行書局，民國52年，改名中國書法大字典；3.文友書局，民國五十八年，改名中

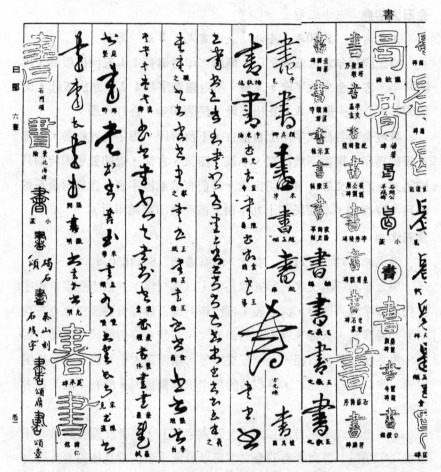

中國書法六體大字典

國書法大字典。

　　所收文字，悉按部首為序，同一文字依楷、行、草、隸、小篆、大篆的次序排列。同一書體的各字，以時代先後為序。卷末附日文音訓索引。秦漢印章文字及天發神讖碑文字的收錄為其特色。卷前有歷代書家姓名及收藏文獻等表，包括歷代書家姓名一覽，收載古碑法帖一覽，收載印譜略稱表。

書評：評書道六體大字典　張隆延，文星雜誌第10卷第4期，民國
51年8月，頁35—41。

草書大字典　二十四卷

　　掃葉山房編輯　民53年　臺北　藝文印書館　2冊（1790面）
　影印

　　民國13年初版，上海掃葉山房印行。

　　所輯以二王法帖及魏晉以來諸名家碑帖、宋元明名家眞蹟爲主。
依部首筆劃爲序。每字首均揭眞書圈之，便於檢閱。凡古今變體，
廣加捃拾，每字備諸家法度，圈中眞書總計六千七十字，草書四萬九
千五百字。每字注書者姓名，不詳者注碑帖時代，或書名。所採善書
者，自漢魏以來，凡七百四十一人。卷首有古今通用字及歷朝人名。
卷末附拾遺。

　　王方宇有草書的字典一文，見幼獅月刊第46卷第4期，頁14至19，
可以參考。

中國篆書大字典

　　大通書局編輯部編　民68年　臺北　該書局　560,88面　影印

　　據民國六十七年日本東京國書刊行會印本影印，原書名篆書字
典，太甫熙永編。

　　周宣王太史籀所定文字，稱爲大篆；秦始皇統一文字，是爲小
篆，大篆與小篆，歷來合稱爲篆書。明末清初閔齊伋蒐集了夏、商、
周三代及秦漢諸家書法，輯成六書通一書。本書卽以該書爲基礎，並
參考說文解字、康熙字典、正字通等，彙集篆書編輯而成。母字共收
錄一三三五九字，古文、大篆、小篆有四一二二八字，並附有唐韻、
集韻、韻會的反切。排列以康熙字典的部首、筆劃爲序。利用本書需
參看書前凡例的各種符號。書後有筆劃索引。

清代名家篆隸大字典

大通書局編輯部編　民68年　臺北　該書局　1390面　影印

據民國六十七年日本雄山閣出版社印本影印，原書名清人篆隸字彙，北川博邦編。

供臨摹篆隸書法的應用參考。

搜集範圍：起自清初，迄於清末民初，間有近人作品；計收有清一代篆隸名家二百二十一家。

依康熙字典的部首筆劃爲序。每字首列說文解字上的篆書，次收錄說文對該字的說解，次列清人篆書及清人隸書。各以書家時代先後爲序。

書前附有書家生卒年表，依書家生卒年先後排；書後附說文解字建首索引及筆劃索引。

中文常用三千字形義釋

張　瑄編撰　民62年　臺北　泰順書局　960面　影印

民國69年臺北西南書局影印時改名文字形義源流辨釋典。

收常用字三千。每字先於字首下，注明說文解字的卷次部目（如世爲三上卉部），次列傳世金石文字，包括甲骨文、金文、小篆、古文、漢金文等，最後爲釋義，主要爲擧說文解字、爾雅、段玉裁、朱駿聲、羅振玉、商承祚之言。全書依部首排列。

書後附有：音序索引、部首索引、重文索引、拼音對照表等。

古篆大字典

段維毅編　民54年　臺中　編著　780面

正草隸篆四體大字典

中央書店編　民56年　臺北　大中國圖書公司　482面　影印

本書民國25年出版，原名正草隸篆四體字彙。

四體大字典（眞草隸篆四體大字典）

陳緜祥編撰　民56年　臺北　崇文書店　2册

中華草書篆書大字典

臧南喬編　民60年　桃園　琪園書學館　18,507面

增訂六書通

楊宗道編　民60年　臺北　編者　797面　影印

中華七體大字典

鄭孝淳編　民61年　高雄　革新文化出版社　932面

此七體指：甲骨文、金文、小篆、隸書、草書、行書、楷書。依部首排列。本書民國65年，改由金川出版社印行。

歷代書法字彙

大通書局編輯部編　民61年　臺北　編者　1616面　影印民國64年日本角川書店出版。

隸辨　八卷

（清）顧藹吉撰　袁　炯編　民61年　臺北　聯貫出版社　324面　影印

隸書大字典

文友書局編輯部編　民64年　臺北　該局　1冊(本書原名隸篇)

草字彙

（清）石　梁編集　民67年　臺北　臺灣商務印書館　1冊　影印　（人人文庫特100號）

臺灣影印者，還有藝文印書館、復興書局及華欣書局，前者印刷較精美。

草書大字典

圓道祐之編　民25年（昭和11年）東京　大倉書店　784，75，12面（本書名冠「原字速解」四字）

草書大字典

王家出版社編　民63年　臺南　該社　834面

音　韻　字　典

　　討論音韻的書，稱爲韻書。韻書可分爲今韻、等韻及古韻三種。韻書的目的，一爲撰作詩文，一爲審音辨韻，有時也可兼作字書之用。

　　我國的韻書，淵源於魏晉，發達於齊梁。到隋時陸法言、顏之推等討論音韻，「依反切之發聲以分音，收聲以分韻」，著切韻五卷，凡平聲五十七韻，上聲五十五韻，去聲六十韻，入聲三十四韻，合爲二百零六韻。唐人孫愐根據切韻，加以刊定，乃有唐韻之作。切韻與唐韻，現在僅有殘本留世，全書留傳下來的，以宋陳彭年著廣韻爲最早。後來有宋人戚綸著韻略，丁度著集韻，元人熊忠纂古今韻會，陰時夫著韻府群玉，明人有洪武正韻，清人也有佩文詩韻等書。

　　民國五十二年臺灣學生書局影印劉復等編十韻彙編，輯唐寫切韻殘本五種，刊謬補缺切韻殘本二種，唐韻殘本一種，五代切韻殘本一種及大宋重修廣韻一種，排比對照各種殘卷。卷末附分韻索引及部首索引。

新校宋本廣韻　五卷

　　（宋）陳彭年等編　民60年　臺北　弘道文化事業公司　554,109面　影印

　　臺灣另有下列影印本：

　1.重校宋本廣韻　廣文編譯社校　民49年　臺北　廣文書局

　2.廣韻校本五卷　民49年　臺北　世界書局（中國學術名著樸學叢書第2集第3冊）

　3.廣韻五卷　民54至55年　臺北　臺灣中華書局　（四部備要第39冊）

　4.宋本廣韻附索引　民65年　臺北　藝文印書館　校正5版

5. **新校正切宋本廣韻**　林　尹校訂　民65年　臺北　黎明文化事業公司

　　除臺灣中華書局本外，均據張士俊澤存堂本影印。

　　本書是宋眞宗大中祥符元年（1008）雕印頒行的，與切韻和唐韻一脈相承，其反切與切韻幾乎很少出入。

　　每韻之內，同聲的字排在一起，第一字注明反切，並注明此一音下有多少字。如：

　　充：昌終切，七，琉、芜、忦、梳、黈、流。

　　七字表示自充到流，同音的字共有七個，昌終切則表示此七字共同的音切。凡一個字有又讀的，就注在本字之下，表示與其他字無關。

　　本書極爲通行。其中弘道版把卷內互注反切不全的韻字，加以補足，書眉上抄錄周祖謨的廣韻校勘記，書後附筆劃索引。黎明版並據他家所考，校正澤存堂本疏誤，書後附有切韵系韵書反切異文表及依部首排列的檢字索引。藝文版也編有部首索引。民國六十四年天一出版社影印白滌洲編廣韻通檢，依康熙字典的部首順序，按其反切，加注國音，附記紐韻，排成索引。

聲類新編

　　陳新雄主編　林慶勳校訂　民71年　臺北　臺灣學生書局
　　304,178面

　　我國韻書自切韻而廣韻以迄後代的韻書，都依韻列字而分編。這種編排方式，自有文學的實用目的，但對於語言學研究者及從事聲韻敎學者而言，便時感不足。因爲聲、韻、調是漢語的三個基本要素，本應等量齊觀，而韻書的排列，只是便於取韻而不便於取聲。若要檢索中古的某一聲類，韻書就顯得不濟於用了。如果將廣韻依聲類重新編排，就可補這方面的不足。本書卽因應這個功用而編製，而賦予廣韻一新的生命。

本書係據黎氏古逸叢書覆宋重修本廣韻為底本，將廣韻的每一聲紐字剪輯成一小單元，依黃季剛廣韻四十一聲類次序排列，再依喉、耳、舌、齒、唇五音分為五卷，始於影母終於微母。各紐之內，以聲類代表字的反切及同音字領頭，再依廣韻二百六韻始東終乏為次第，列出每韻出現的同紐音切及同音字，並保留紐字上之小圈以分別之。故完整的保留了廣韻的資料。

書後附有依部首排列的檢字索引。

本書的特色及功用：1.是研究中古聲類的基本工具——最便於系聯廣韻聲類；2.是熟悉廣韻韻類的捷徑；3.是中古文學聲律研究的津梁；4.可補廣韻的檢索——在部首、筆劃、韻部之外，外了依聲檢索。

古音大字典

杜學知編撰　民71年　臺北　臺灣商務印書館　1272,87面

係就沈兼士廣韻聲系及黎錦熙說文音母並部首今讀及古紐韻表二書改編而成。其編例係就黎表音母依錢玄同古韻二十八部為綱，每韻部再依古音十九紐為目，然後類系廣韻聲系所有之字，韻部紐類自為起訖，並於書眉標注何紐何韻，是為上古音之譜錄。書內則依沈書分別標注四十一聲類及二百六韻部，並保留原有之反切、等呼、四聲擬音等，此為中古音之譜錄。故本書兼有上古音及中古音二用。

本書之檢索可就其編排體制依韻紐查檢外，並有難字檢字表及部首檢字表，以供輔助。

集韻　十卷

（宋）丁　度撰　方成珪考正　民54年　臺北　臺灣商務印書館15冊（2658面）　影印　（萬有文庫薈要）

本書另有臺灣中華書局四部備要本民國54至55年，第40冊；新興書局印本，民國48年，4冊。

本書收五萬三千五百二十五字，較廣韻增多二萬七千字。惟本書「多列重文，雅俗不辨，籀篆兼存，頗爲蕪雜，又刪去重音之互注，使兩收之字不明」（辭海）。

詩詞曲韻總檢

盧元駿輯　民57年　臺北　正中書局　327面

專爲詩詞曲家而作。包括：詩韻集成，詞林正韻，中原音韻，中州音韻。

詩韻集成　余　照編　分一百零六韻，韻內同音的字類聚排列。每字之下，注明與本字結合的複詞，以「─」代本字，如：

江　　澄─長─大─春─………白鷗─………

複詞後接引各名家使用本字的詩句，各句以○隔開，詳注出處，書眉抄錄詞林典腋的分類詞語，以對偶方式列出。可供初學作詩時的參考。

詞林正韻　（淸）戈　載編　按門類編列，與詩韻集成、中原音韻、中州音韻，按韻排列不同。

分十九部，第一至十四部爲平、上、去三聲相配，第十五部爲單獨的入聲韻。每部包括若干韻，可通用的，予以注明。如：

平聲　　一東、二冬、三鍾通用

上去聲　一董、二腫、一送、二宋、三用通用。（詞上去可通押）

韻相同各字集合一起，第一字加注反切，以下同音者省略。字下無注，也無例句。

中原音韻　　（元）周德清編　專供北曲作曲檢韻之用。分十九韻，次序大體依前代韻書，如：

一東鍾　二江陽　三支思　四齊微　以至十九廉纖。

韻內分調，計有陰平、陽平、上聲、去聲等四個聲調，沒有入聲。凡同音的字，排列一處，異音的字，以○隔開，不注反切，也無

注解及例句。

中州音韻　（元）卓從之編　　專供南北曲作曲檢韻之用。雖因襲中原音韻，但兩者略有不同，如本書每字加注解，十九韻中，增益二千二百七十三字，其中雜入不少南音，又平聲不分陰陽等。

「增註」中華新韻　十八卷

教育部國語推行委員會編　黎錦熙增注　民62年　臺北　天一出版社　150面

新韻公布於民國三十年十月，當時有成部茹古書局木刻本，三十六年正中書局重排刊行，三十九年出版增注本。

本書依照教育部公布的國音常用字彙，分十八部。所用音系，與中原音韻相同，編排也相同，但次序不同，次序依國音韻母ㄚㄛㄜㄝㄞㄟㄠㄡㄢㄣㄤㄥㄦㄧㄨㄩ排列。每韻再分四聲。每字下加注解。本書可供新舊韻文作家押韻的參考。

漢字古今音彙

周法高主編　民62年　香港中文大學　433面

收集董同龢、高本漢、周法高三家所擬構的周秦上古音，高本漢、周法高二家所擬構的切韻音，並加注國語羅馬字，國語注音符號，粵音（廣州音）和廣韻的反切。

按部首排列，書前有凡例二十面及本書使用法的英文說明。

抱經堂本經典釋文

（唐）陸德明撰　（清）盧文弨校對　民69年　臺北　漢京文化事業公司　546面　影印

經典釋文以清乾隆間盧文弨所刻「抱經堂叢書」本為最佳。商務印書館叢書集成及本書，即據盧本影印。另有通志堂本，臺北鼎文書局於民國六十一年即據以影印，共四五六面，附錄孫毓修撰校勘記三卷。

本書專爲儒家及道家經典注音釋義，故名爲「經典釋文」。全書三十卷。第一卷是序錄，包括自序、條例、次第、注解傳述人和目錄等。其中「注解傳述人」最具參考價值，詳述秦漢以後經學各家傳授的源流，並詳載各種爲「經典」注釋的書籍及其撰述人，富有書目提要的性質。民國人吳承仕撰有經典釋文序錄疏證一卷，臺北臺聯國風出版社與新文豐出版公司，曾先後於六十三、四年據以影印。自第二卷至三十卷分別注釋：周易、古文尚書、毛詩、周禮、儀禮、禮記、春秋左傳、春秋公羊傳、春秋穀梁傳、論語、孝經、老子、莊子、爾雅等書。

體制：先標注字音，包括反切和直音，而以反切爲主；次釋字義，引舊注或古籍進行釋義，隨而加上自己的意見或按語，或引他書來印證；其次辨別字體和版本的異同。有時只注音，不釋義；或只釋義，不注音；或有的字音義全不注，只標明版本的異同。

本書收集漢魏以來二百三十餘家有關經書音注、訓詁的資料，可算是一部注解經書文字的專門字典。

國語日報破音字典

何　容主編　張席珍　蘇瑞章等編輯　民68年　臺北　國語日報社出版部　1155面

中國文字讀音頗爲複雜，常有一字數音（卽所謂破音字），每音代表不同的意思。如樂當作姓氏或音樂解時讀作ㄩㄝˋ；快樂、樂觀則讀作ㄌㄜˋ；「仁者樂山」樂讀作ㄧㄠˋ；山東樂陵縣、河北樂亭縣，樂讀作ㄌㄠˋ。

本書據：國語日報辭典、國語日報字典、國音字典等編輯而成，收一三三八字，每一個字詳細列出各種不同的讀法，每一種讀法都附有解釋和例子。依部首（共有一六八個部首）排列，書後有注音符號索引。

　　有關破音字字典，據省立新竹師範專科學校王志成敎授調查所得，有下列十五種：

詞性標註破音字集解

　　劉秉南編　民49年　臺北　益智書局　204面

破音字講義

　　齊鐵恨編　民52年　臺北　橋梁出版社　1册

最新實用破音辭典

　　翰林出版社編輯委員會編　民53年　臺南　該社　238面

破音字集解

　　李　仁編　民56年　（餘不詳）

標準破音辭典

　　陸師誠編　民56年　臺北　文化圖書公司　450面

破音字研究

　　川口榮一撰　民59年　臺北　國立臺灣大學中文研究所碩士論文　134面　油印本

最新實用破音字典

　　芮家智編　民60年　臺北　學生出版社　80面

聯貫國語破音辭典

　　張正男編　民61年　臺北　聯貫出版社　501面

破音指南

　　徐毓晏編　民64年　臺南　編者　25面

我要征服破音字

　　周介塵撰　民65年　臺北　名人出版社　244面

常用破音詞典

　　蘇瑞章編　民67年　臺北　國語日報出版部　171面

破音字大全

　　　曾國泰編　民67年　臺北　名人出版社　405面

實用破音字典

　　　林松培編　民68年　臺北　國語日報出版部　324面

破音字典

　　　謝德水編　民68年　高雄　德馨出版社　145面

實用破音字典

　　　柯遜添編　民69年　臺北　南國書局　130面

虛　字　字　典

　　虛字對實字而言。馬建忠文通說：凡字之有事理可解者曰實字，無解而惟以助實字之情態者曰虛字。虛字之類四、曰介字、連字、助字、嘆字。所謂虛字，就是指介詞、連詞、助詞、感嘆詞而言。古今虛字用法不盡相同，尤其是周秦兩漢之書，不能以今日之文法讀之。清代以來學者每加討論，如劉淇的助字辨略，王念孫的讀書雜誌，王引之的經傳釋詞補，吳昌瑩的經詞衍釋，孫經世的經傳釋詞補，俞樾的古書疑義舉例等；近人楊樹達的詞詮，高等國文法，古書疑義舉例續補，裴學海的古書虛字集釋，許世瑛的常用虛字用法淺釋等，也均有精確的發明；其中以裴書，頗能補上述諸家的闕失，並正其譌誤。

　　有關討論上述各書的論著頗多：

　　1.助字辨略與經傳釋詞之比較研究　呂振端，南洋大學中國語文學會年刊，民國57年，頁48—61。

　　2.古書虛字集釋的假借理論的分析與批評　張以仁，中央研究院史語所集刊第38本，民國57年，頁233—245。

　　3.經傳釋詞諸書所用材料的時代問題　張以仁，大陸雜誌第34卷第2期，民國61年，頁18—20。

　　4.經傳釋詞諸書訓解及引證方面的檢討　張以仁，國立中央圖書館

館刊新 2 卷第 1 期，民國57年，頁37—55。

5.從虛詞訓解源流談到助字辨略與經傳釋詞　張以仁，東方雜誌第 4 卷第11期，民國60年，頁38—39。

經傳釋詞　十卷

（清）王引之撰　民69年　臺北　河洛圖書出版社　350面　影印民國45年中華書局排印本。

民國20年上海商務印書館初版。本書另有臺北世界書局重印本，民國45年，132面（世界文庫四部刊要樸學叢書）；臺北商務印書館人人文庫本，萬有文庫薈要本，國學基本叢書本。

本書是將九經三傳及周秦兩漢古書中的助字或助詞，共一百六十字，用科學方法，分類排列，一一比較其性質用法，以推明其隱義。書前有目錄可查。

本書例類有六：

一曰常語。

二曰語助，如左傳：「其與不然乎？」國語：「何辭之與有？」其中「與」字無意義之類。

三曰歎詞，如書經：「已予惟小子」，詩經：「猗嗟昌兮。」已、猗皆歎詞。

四曰發聲，如易經：「於稽其類」，書經：「於予擊石拊石」於字爲發聲之詞。

五曰通用，如粵之通越，員之通云之類。

六曰別義，如「與」爲「及」，又爲「以」、爲「爲」、爲「爲」（讀去聲），爲「謂」、爲「如」之類。

對於前人的疏漏，均加補正，其易曉者則略而不論。梁啓超、胡適、阮元等，均推崇爲一完備的虛字字典。

本書出版後，孫經世撰有經傳釋詞補一卷，經傳釋詞再補一卷，

民國四十七年由臺北藝文印書館影印，共一二〇面。

詞詮　十卷

楊樹達撰　民48年　臺北　臺灣商務印書館　〔607〕面

民國17年上海商務印書館初版。

　　取古書中常用的介詞，連詞、助詞、歎詞，及一部份的代名詞，內動詞，副詞等的用法，加以說明，首別其詞類，次說明其義訓，終舉例以證明之。排列依教育部公布的國音字母爲序，並於篇首製有部首目錄，以利查檢。

古書虛字集釋　十卷

裴學海撰　民51年　臺北　廣文書局　〔17〕918〔13〕面　影印

本書民國23年10月上海商務印書館初版。

　　收錄虛字二百九十字，解釋以經傳釋詞爲主，並酌採助字辨略、經傳釋詞補、古書疑義舉例、詞詮、新方言等書中資料。徵引例句，以周秦兩漢的古書爲主，以後代的書籍爲附證。

　　排列依各字的韻母爲序，一至四卷爲喉音字，五卷爲牙音字，六卷爲舌音字，七至九卷爲齒音字，十卷爲唇音字。書前有總目，書後有經傳釋詞正誤、類書引古書多以意改說二文。

　　泰順書局本附有筆劃索引。

古書虛字集釋（附經傳釋詞）

裴學海撰　林礽乾編校　民66年　臺北　鄉粹出版社　918面

墨子虛詞用法詮釋

謝德三撰　民71年　臺北　學海出版社　230面

　　虛詞的範圍，各家說法不盡相同，通常指介詞、連詞、助詞、感嘆詞而言。也有包括副詞或一部分代詞的。

　　收錄墨子虛詞一一一字。每字先剖析其詞性，次詮釋其義訓，再細繹其用法，如有國語可資比照者，亦予述明。所引的例句，均依據

墨子現存的五十三篇原文，如例句繁多，則擷取其精要而足資代表者
為例。

各詞的排列，按筆劃為序。

近年出版論某專書虛字的著作尚有：國語虛詞集釋，張以仁撰；
尚書虛字集釋，朱廷獻撰；左傳虛字集釋，左松超撰；禮記虛詞用法
釋例，施銘燦撰。

古書疑義舉例　七卷　校錄一卷　補一卷　續補一卷　補附一卷

　　（清）俞　樾撰　楊樹達補　民45年　臺北　世界書局　〔4〕
91〔73〕面　（世界文庫樸學叢書）

　　本書另有西南書局本（民62年），清流出版社本（民65年）。

助字辨略　五卷

　　（清）劉　淇撰　民47年　臺北　臺灣開明書店　315,面　影印
本書為我國最早的助字字典，依韻排列。徵引資料，視經傳釋詞為
廣。

虛字使用通釋

　　謝華豐撰　民49年　臺南　南一書局　200面

常用虛字用法淺釋

　　許世瑛編撰　民52年　臺北　復興書局　16,464面

虛字指南

　　布藍特（Brandt, J. J.）撰　民61年　臺北　成文出版社　172面
本書係以英文解釋中文虛字，按虛字的羅馬拼音排列。

國文虛字釋例

　　李炳傑撰　民65年　臺北　學生出版社　339面
　　收錄一百三十一條複詞。

古書虛字新義

　　王叔岷撰　民67年　臺北　聯經出版事業公司　151面

書評：古書虛字新義評介　李振興，書評書目第84期，民國69年
4月，頁69—72。

兩種語文以上字典

實用二十七種語文字典

成文出版社編輯部編　民65年　臺北　該社　417面

本書收集日常通用英文一千字，一一注明其他二十六國的同義
詞。二十七種語文全部並排在同一頁（兩面）上。編排按英文字順排
列。另編中文檢字索引及其他二十五種語文索引，因此，可從任何一
種語文查到其他二十六種文字。此二十七種語文包括：中、美、俄、
德、日、西、法、意、葡、荷、瑞典、丹、匈、土、印尼、希、阿拉
伯、猶太等。

七國語辭典

黎哲野編譯　民65年　臺北　文化圖書公司　704面

係多國語言的字典，採日、英、法、西、葡、意、中等國語詞對
照。收錄時事用語、經濟用語等常用語詞約一萬字。排列按日語的羅
馬拼音順序，英、法語均注音標。本書採双面橫武排印，因此，七種
語詞都並排在同一頁上。

書後有英語及西語索引，缺中文索引，附錄有七個國家的十二個
月名稱、星期名稱、度量衡、貨幣單位、重要地名、人名。

該圖書公司於民國六十三年印行六國語辭典，包括中、日、英、
德、法、俄等六國語文，共六百十三面。較本書多德、俄兩種語文，
惟少葡、意、西三國語。

中英日對照常用語辭典

蘇振申編　民71年　臺北　中國電機技術出版社　579面

收一萬二千條目，各目標以中英日三種文字對照方式。中文辭目

附以國語注音符號及羅馬拼音；英文辭目附以 Daniel jones 音標；日文附平假名拼音及羅馬拼音。條目依中文筆劃排列。

中英日語辭典

文良出版社編　民59年　臺南　該社　1冊

華英法德詞典

王安國編纂　民54年　臺北　臺灣商務印書館　441面

臺灣語典　四卷

連　橫撰　民62年　臺北　中華叢書編審委員會　108面

民國46年初版，由中華叢書委員會出版，列爲中華叢書之一，並編爲雅堂全書第二種。民國52年，臺灣銀行經濟研究室加以重印，列爲臺灣文獻叢刊第161種，略其附錄部份。

本書分四卷，共收一千一百八十二條，舉凡臺灣方言，無不博引旁證，窮其源流。各詞彙的排列次序，沒有什麼系統，只是把性質相同的排在一起而已。書前有自序二篇，卽臺語考釋序一序二；書後選錄雅言九十四則有關語言部份爲附錄，而以與李獻章書爲附錄二。

民國五十四年十二月劉健仁編連氏臺灣語典音訓索引。刊登於臺北文獻第10至第12期合刊。此索引合併弁言、例言、韻部目錄，及各部索引表而成。

國語閩南語對照常用辭典

蔡培火編　民58年　臺北　正中書局　1119面

爲閩南語國語對照詞典。以廈門口音爲主。各辭的編排按照閩南語二十九個注音符號爲序。閩南語注音符號，係編者依據國語注音符號編製。檢索某一辭時，必先記住其閩南語注音符號的排列次序，依照此符號次序檢索，卽容易檢出。

潮語詞典

蔡俊明編　民65年　臺北　周法高印行（三民書局、臺灣學生書

局代售）　**26,482,38面**

潮州話屬閩南方言中的一支，流行於廣東東南部潮汕地區的一種方言，說潮州話的人口超過五百萬。

收錄與國語不同或差別較大的詞彙，或雖詞彙相同而用法不同的。各詞按照音標符號及拼音次序排列。詞語的排列，依次為：單字、複合詞、短語、成語。注音採用國際音標（IPA），標注於字的上方，並加聲調。釋義方面，有國語的相當詞語者，不加注釋；名詞如國語無相當的或不詳的，注明其類別或用途。每一詞彙，必要時舉出例句，表示其用法。

潮語詞典補編·國潮語彙

蔡俊明編　民68年　臺北　臺灣學生書局　370面

編者於六十五年出版潮語詞典，收詞範圍，只限於與國語不同的和差異較大的。本補編則專收一些與國語相同的，和差異較小的詞語，以與前書互相補充。

兩書編輯的主要目的，在於提供一些與研究潮語語法、比對國語潮語異同、學習潮語有關的資料。

補編收錄常用詞語八千條，大部分依臺灣東方書店民國六十一年出版的「國語大詞典」為根據。排列順序，各語詞按照音標符號（a……ba……）及拼音順序。字音，國音用注音符號，潮音用國際音標。潮音聲調，用ˉ（陰平）、ˋ（陰上）、ˊ（陰去）、ˉ（陰入）、ˊ（陽平）、ˊ（陽上）等等調號分別標於音標之右側，並用o□（陰平）、o□（陰上）、□o（陰去）、□o（陰入）、ɔ□（陽平）、ɔ□（陽上）……等分別標於漢字之角。各詞之下不附釋義及例句，因大部分詞語的釋義可從國語大詞典查得。

「語彙」收錄範圍，以國語為依據，採收較常用的單詞、複合詞及成語九千餘條（大部分採自國語大詞典），其中潮語所用漢字與國

語相同者約佔八千條，與國語有差別者千餘條。注音與「補編」同，排列按照威妥瑪式羅馬拼音排列，同音的以聲調（陰平、陽平、上聲……）爲序。書前附有威妥瑪式羅馬拼音國語音節索引、注音符號國語音節索引。

漢蒙字典（A Chinese-Mongolian Dictionary）

哈勘楚倫編　民58年　臺北　美國亞洲學會中文研究資料中心 1536面　（該中心研究資料叢書第5種）

按照漢字筆劃排列，同筆劃，再依點、橫、豎、撇四個筆順，逐筆排列。搜羅最新的語彙，以直譯爲主，間有難於直譯的字辭或較繁難的字彙，另加中文注釋。蒙文寫法採用古字寫法。

編者另於民國五十三年，編有蒙漢字典，共四〇四面，油印本，國立政治大學邊政學系印行。

臺灣十五音辭典

黃有實編撰　民61年　臺北　南山堂出版社　752面

簡明臺音字典

薛文郎編撰　民53年　高雄　慶芳書局　176面

厦門音新字典

甘爲霖編　民47年　臺南　臺灣敎會公報社　1134面　影印

English and Chinese Dictionary of the Amony Dialect（英厦辭典）

Rev. J. Macgowan 編撰　民67年　臺北　南天書局　598面 影印

麼些象形文字標音文字字典

李霖燦編撰　張　琨標音　和　才讀音　民61年　臺北　文史哲出版社　205,107面

本書按分類排列，附漢字及音標兩種索引。

國語日報外來語詞典

　　國語日報出版部編譯組主編　民70年　臺北　該報　42,532面

　　外來語就是我國語言裏所吸收的外國語。也就是中國人學外國人說話，中國人說外國話。如巴士、沙發、三明治、三溫暖等。

　　收錄條目，照中文部首順序索引來計算，共收一八二〇條；若照外文字母順序索引來計算，共有一一〇九條。兩者數目不同是因爲有些同一來源的語詞，音譯成若干不同的外來語，如比索、比沙、披索等，都是由 Peso 譯音的外來語。

　　每一條目，標明讀音、注釋詞義，並列出語源。排列按每一個語詞的首字的國語發音爲序。

　　書前有部首順序索引，書後有外文字母順序索引。

　　本書體例完備、考證精詳，是民國以來最實用的一部外來語辭典。

華日大辭典

　　宮越健太郎校閱　文京圖書公司編輯部編譯　民62年　臺北　文京圖書公司　1412,47面

　　民國60年初版。

　　本書在供日人研讀中國古代典籍及現代語文之用。計收單字一萬四千字，複詞十二萬條。凡中國古籍常用語、日常詞彙、外來語以至與各種科學、文藝、宗教、哲學等有關之一般性詞彙均予輯錄。

　　每一單字，先注明偉特氏（Wade）發音符號，中國注音符號以及依照日本語文假名的發音符號；複詞單注偉特氏發音符號。每一單字均標出詞性，並加以解釋舉例。複詞加詮釋或對譯。

　　按單字部首排列，附有中國注音符號索引及偉特式檢音表。

綜合日華大辭典

　　大新書局編輯部編　民54年　臺北　該書局　2583面

　　按照日本字母表五十音圖的順序排列。日語中的和語詞彙和漢語詞彙，用黑體平假名排印，外來語詞彙用黑體片假名排印。字詞之後加中文譯名，注明屬於那一詞類。詞義的解釋，力求簡明，一種詞彙具兩種以上的詞類，分別解釋時用ⅠⅡⅢ加以區別。一個詞有兩種以上意義時，分①②③加以說明。某一詞與另一詞意義相同時用〔＝〕表示。書後附漢字索引，依筆劃排列。本書對於外來語收錄不多。

　　民國六十四年重印時，分大字聖經紙本，袖珍聖經紙本。

馬華英學生辭典

　　馬華英學生辭典編輯委員會編　民64年　新加坡　上海書局303面

中日單語辭典

　　中日單語辭典編委會編　民35年　臺北　明美書房　114面

對譯日華辭典

　　東方出版社編　民35年　臺北　該社　228面

最新日華大辭典

　　芳賀矢一撰　謝藍萍編譯　民55年　臺北　正文出版社　859面

中日大辭典

　　愛知大學中日大辭典編纂處編　民57年日本豐橋　中日大辭典刊行會　2015面

標準日華大辭典

　　金東生　武田欣三合編　民57年　臺南　北一出版社　1冊　影印

臺日大辭典

　　臺灣總督府編　民57年　臺北　古亭書屋　877面　影印

綜合日華大辭典

　　大新書局編輯部編　民59年　臺北　大新書局　2183面　影印

日華辭典

　　井上翠編撰　民59年　臺北　華聯出版社　254面　影印

詳解漢和大辭典

　　宏業書局編輯部編　民60年　臺北　該書局　〔24〕1193面　影印

筆順部首機上漢和辭典

　　秋山茂他編　民60年　東京　誠文堂新光社　784面

角川漢和大辭典

　　小川環樹等撰　民61年　臺北　五福出版社　79,1241面　影印

現代日中辭典

　　香坂順一等編　民62年　東京　光生館　626面

滿和辭典

　　羽田亨編　民63年　臺北　學海出版社　478面　影印

標準廣東語典

　　菅向榮編　民63年　臺北　古亭書屋　400面　影印

　　據民國二十二年版影印，專供日人研究廣東話用。

新漢和辭典

　　諸橋轍次等編　民63年　臺北　正文書局　1087,33面　影印

現代中日辭典

　　鈕先銘主編　民67年　臺北　名山出版社　943面

日語漢字讀音辭典

　　左秀靈編譯　民70年　臺北　名山出版社　450面

日華大辭典

　　左秀靈編　民72年　臺北　名山出版社　2876面

綜合 英華 華英 大辭典

　　張夢慚修編　民52年　臺北　大中國圖書公司　2137面

　　分兩部分：

　1.英華部分　收錄單字，除一般辭典所有的現代英語語彙外，儘可

能收常在大衆口語中爲一般辭典少有的俗語、俚語、俏皮話、方言、略字。注音採用國際音標。**每字加以翻譯，並用簡單國語解釋，必要時舉出實例。**

2.華英部分　凡是英華部份所有的單字、短語、句子，全部編成中文索引，以便應用英語的國人隨時用中文去找自己所需要的英語。因爲採用中文索引的方式，英文不必重行排印，減少很多篇幅。中文索引按點、橫、直、斜、右彎、左彎六種筆順排列。

中華漢英大辭典

　　陸費逵等編　民57年　臺北　臺灣中華書局　903 面　影印

　　據民國19年版增補影印。原編者爲陸費逵等，影印本編者作陸費執。

　　內容以漢字查英文爲主，**每一漢字下，附英文拼音，及注音字母讀音。**正文以單字爲首，繫以名詞、動詞、形容詞，或其他用法；次爲例句，由二字以至多數字，依字數多寡而排列。單字的排列，悉按辭海部首索引爲編排次序，附有筆劃檢字表於正文之前，及附讀音檢字表於正文之後。全書所收單字萬餘，所繫例句多至十萬條。取材包括中國經典、各科辭典、科學著作，以及報章雜誌。

當代漢英詞典

　　林語堂編　民61年　香港中文大學　1720 面

　　本書係供由漢字查英文之用。收錄範圍：凡當代國語中通用辭語、報紙、雜誌及書籍中可以見到的，一概列入。如目前流行的現代詞語：觀光客、嬉皮、牛仔褲、熱褲、太空裝、空氣污染等均加收入。文言中常用辭句、成語、四書中的名句，如「己所不欲，勿施於人」「富而好禮」、方言辭語、俚語、口語等，均經採用。蒐羅廣博，是本書最大特點。本書收錄多少字和詞，凡例並無說明。**每一漢字之下，列舉其羅馬拼音，詞性**（單字複音詞均定出詞性）、**意義、例句。**

LIN YUTANG'S
CHINESE-ENGLISH DICTIONARY
OF MODERN USAGE

A   B   C

SECTION 10

§ 10.00 (十/丿)

才 10.00

tsair.

N. (1) Ability, aptitude, natural gift: 才能, 才幹, 才力, etc. -*nerng*, -*gahn*, -*lih* ↓; 文才, 詩才 literary, poetic gift. (2) Person in regard to capability, personality, character: 人才 useful person; 沒有人才 lacking in capable men; 幹才 practical ability, person with such ability; 天才 genius; 奴才 (contempt.) slave; 蠢才 (abuse) dullard, idiot, imbecile; 大才小用 an able man given a small job; 英才, 高才 great talent; 小有才 (person) gifted with a fair degree of cleverness, possesses certain but limited abilities; 才難 really able men are difficult to come by; (closely related 材 timber, 10B.00).

Adv. (1) (Emphatic assertion, similar to German *doch*) indeed: 那我才不怕 I'm certainly not afraid of that; 那才妙了 would indeed be fun (if it should happen); 你才是我所喜歡的人 you (not anybody else) are the one I love. (2) Just, just now (in place of awkward character 纔): 剛才

just now; 才晴又雨 sky has just cleared and now it rains again; 才要開飯客人來了 just as we were sitting down to dinner, a guest appeared.

才氣 *tsairchih* (-'*chi*), n., rich talent, brilliance of mind.
才情 *tsairchirng*, n., great ability, esp. litr. aptitude.
才調 *tsairdiauh*, n., see -*chih* ↑.
才分 *tsairfehn*, n., inborn ability.
才幹 *tsairgahn* (-'*gan*), n., practical ability.
才華 *tsairhuar*, n., see -*chih* ↑.
才智 *tsairjyh*, n., wisdom and ability.
才具 *tsairjyuh*, n., aptitude, capability (of person).
才力 *tsairlih*, n., force of personality, spirit.
才略 *tsairlyueh*, n., resourcefulness, political ability.
才貌 *tsairmauh*, n., personal appearance as reflecting ability.
才名 *tsair-mirng*, n., literary reputation.
才能 *tsairnerng*, n., natural gift, talent, litr. or practical ability.
才人 *tsairrern*, n., talented scholar.
才士 *tsairshyh*, n., good scholars.
才學 *tsairshyuer* (-'*shyue*), n., ability and learning, person's scholarship.
才思 *tsairsy*, n., brilliance in writing.
才藻 *tsairtzaau*, n., see -*sy* ↑.
才子 *tsairtzyy*, n., (1) brilliant writer; (2) 才子佳人小說 popular romance with a handsome scholar and a pretty girl.

才悟 *tsair-wuh*, n., aptitude for understanding.
才穎 *tsir-yiing*, n., intellectual brilliance.
才媛 *tsair-yuarn*, n., a gifted maiden.

事 10.00

shyh.

N. (1) Affair, business, matter: 事務, 事件, 事情 -*wuh*², -*jiahn*, -*chirng* ↓; affair: 這件事 this affair, this business; 國事, 家事 national, family affairs; 人事 personnel (problems); 公事, 私事 public, private affairs; 萬事 all: 萬事如意 have all one's wishes; 風流韻事 a romantic affair, a scholar's gathering; 事不干己 the affair does not concern one; 事忙, 事忙 matter is urgent, business is pressing; 事半功倍 half the work with double results; 事倍功半 twice the work with half of results. (2) Fact, event, happening: 事實 -*shyr* ↓; 事與願違 events do not happen as one wishes; 事過境遷 events have passed and times have changed; 事出有因 this happens not without reason; 事前, 事後 before, after the event; 喜事 happy event (wedding, celebration); 喪事 funeral; 紅白事 happy and unhappy events; 事故, 事端 -*guh*, -*duan*; (3) Trouble, accident, undesirable event: 出事 have an accident (in travel); 肇事 cause trouble, a row; 事變 -*biahn*; 平安無事 all is

例句由二字以至多數字，依字數多寡，爲排列先後。

　　所用檢字法，爲編者所獨創。名爲「上下形檢字法」。只講筆形，不問意義，這一點與王雲五的四角號碼檢字法相同；所不同者，四角號碼檢字法係取一字的四角的筆形，予以編號，每字得一個四位數的號碼，如孔爲1241。「上下形檢字法」僅取一字之二角，即左上角與右下角，每角給一個二位數的號碼，合起來每字亦得一個四位數的號碼。故所謂「上下形檢字法」，實係一種「二角號碼檢字法」。同號碼字多，於是編者將康熙字典的二一四部首，取其常用者五十，硬性分爲ABCD四類，另將若干偏旁部首，合併爲S類，共五類，與二角號碼混合使用，結果使大部份的字，都需要一個四位數字中間夾一個英文字母的號碼來代表，如孔「32S.70」，說「60A.70」，書末附有國語羅馬拼音索引。

　　書評：平心論林語堂「當代漢英辭典」　黃宣範，中外文學第2卷第2期，民國62年7月，頁40—54。

　　淺評「當代漢英詞典」　傅一勤，中外文學第2卷第4期，民國62年9月，頁182—186。

　　林編「當代漢英詞典」　黃文範，中央日報民國67年6月7日，11版。

劉氏漢英辭典

　　劉達人編　民68年　臺北　華英出版社　1600面

　　收編中文單字六千七百七十一個，複詞十二萬條，只限於二字及三字。成語及諺語部分另外印行。每一漢字先列舉注音，包括劉氏羅馬字、Wade、國音注音，次列舉詞性及意義，主要字並加小篆體。複詞只有英譯，沒有例句。

　　排列根據劉氏部首檢字法。編者將中文部首分成二百五十一部。附有二千五百幅插圖，幫助說明。書後附有：劉氏左上文快檢部首索引、通用英文縮字對譯表、商用英美文對照表等。

收詞偏重中國古典文學及經、史、子、集、詩歌、詞章的精華。
較少當代常用語彙。

書評：劉氏漢英辭典評介　周素滿，臺灣新生報，民國67年4月
21日，10版。

劉達人編劉氏漢英辭典　王洪鈞，臺灣時報，民國67年5月1
日，9版。

本書包括六部份：1.重要字彙，例句；2.新式字彙，例句；3.文法修
辭；4.商用名詞，例句，書信；5.分類專門名詞；6.美式英語會話。

實用漢英廣智辭彙

王哲甫編撰　民66年　臺北　英文中國郵報社　479面

收集有關教育、政治、藝術、宗教、戀愛與婚姻、交通、體育、
經濟與財政、地理與地名、各業人等（社會各階層三教九流人民）、
各種用品、各種學科、新字俗語、略語簡字等名詞，加以英譯。所收
名詞，頗為實用。

牛津高級英英英漢雙解辭典

吳奚真主編　民58年　臺北　東華書局　1354面

迻譯民國52年版The Advanced Learner's Dictionary of Cu-
rrent English 而成。原辭典附錄中的人名、地名表過於簡略，加以
擴大，並附中文譯名及解釋，這是唯一增添之處。

本書是一部現代英語的字典，所謂現代英語，就是英美兩國受過
良好教育的人們在二十世紀所使用的英語。收錄的單字包括：文學作
品常遇見的字、普通雜誌上經常出現的科學上或專門性的用語、常見
於近代小說或戲劇的俚語、被英國作家廣泛採用的外國單字和片語。

各單字的定義，力求其正確。發音採用萬國語音學會的符號。各
字的例句，列舉頗多。對於作文文法的說明特詳。書中含有一千多幅
插圖和圖表。

本書對於印刷字體特別重視，如首字及其轉化字皆用黑體羅馬字排印，詞類用黑寫體字，定義及任何解釋例句或用法的文字一律用普通羅馬字體。☆星號表示參考別的地方。

大陸簡明英漢辭典

吳炳鐘等編　民62年　臺北　大陸書局　1324面

以日本三省堂收錄八萬字的New Concise English Japanese Dictionary為藍本。選字以大學程度的讀者所需要的字彙為主，兼收常用的習語、片語。發音以英國音為主，字義的解釋，一律以①②③逐一解釋，並舉例句。

分三種版本：普通版、大字版、袖珍版。

編者還有陳本立、蘇篤仁。

書評：大陸簡明英漢辭典指瑕　左秀靈，中央日報69年5月14日。

遠東英漢大辭典

梁實秋主編　民64年　臺北　遠東圖書公司　2475,19面

初版印於民國四十九年十二月，書名最新實用英漢辭典，收單字四萬左右，五十二年修訂印行，書名仍舊，增新字四萬，共八萬字。六十年重新加以增訂，即為本書，收單字逾十六萬，成語及例句四十餘萬。

選擇的單字以實用為主。除一般習用字辭外，舉凡有關現代科技、國際政治，以及歷史、社會、經濟、教育、文化等方面的專門術語，乃至方言、俚語、諧語、外國人名、地名、報章雜誌的略字縮語等，也儘量收入。

單字的排列，均以字母順序為序。字音採用國際音標注音。每一單字，美國標準發音，用 K.K. 音標；英國標準發音，用 D.J. 音標發音。對於單字的釋義，如同一單字可作二種以上詞類者，則按其詞類分別列舉。

　　書評：評兩部新刊的英漢辭典（本書及香港「新英漢詞典」）錢歌川，綜合月刊第79期，民國65年12月，頁36─39。

　　民國六十七年遠東圖書公司，另出版遠東常用英漢辭典，梁實秋主編，收單字十萬字，共一四二三面。

英漢求解文法作文辨義四用辭典

　　世界書局編譯所編　民64年　臺北　該書局　1945,332面

　　民國二十五年由上海世界書局印行，四十五年增加新詞五千餘條，由英千里主持。六十二年又增訂，增加新詞五千餘，二次增訂共一萬餘條，三三二面，列爲補編。六十四年增出大字本。注音原採韋氏及國際音標，現改K.K.及D.J.音標。

　　單字分四部講述：

　　1.求解：包括單字，成語的解釋。

　　2.作文：用本單字作成全句或句語，以示用法。

　　3.文法：詳述該文法名詞所包含的意義及用法。

　　4.辨義：辨別意義相似而實不同，或意義同而用法異的字。

　　何多源稱「此書對於英字音義之註釋，作文之應用，文法之探究，意義之辨析，兼籌並顧，萃會成書，此體例爲坊間出版之英漢字典所未有者，此書除具有此特點外，其他如韋氏音號與萬國音符之兼採并用，搜羅新字新語之豐富，例句之多，辨義之精詳，均爲此書生色不少」。

新境界階梯英漢字典

　　楊景邁編　民65年　臺北　臺灣英文雜誌社　585面

　　據民國五十九年紐約出版的 John Robert Shaw 及 Janet Shaw 合編的 The New Horizon Ladder Dictionary of English Language 一書編譯而成，專供非英語地區人民使用。

　　收錄常用英文五千字，是經過美國新聞總署多年使用和測驗選取

的。各字後有中英文解釋。例句一萬餘條，均附中文譯文。

　　本書最大特色是用 1. 2. 3. 4. 5. 五個數字，標示常用程度。如單字後注明(1)，表示最常用的一千字之一；(2)表示最常用的二千字之一。本書編例嚴謹，適合初學者使用。

文馨當代英漢辭典

　　曹達甫主編　葉進松　吳國賢編輯　民71年　臺北　文馨出版社　1793面

　　收字彙十萬餘，成語十四萬條，例句十五萬條。除英語常用字、轉生字、複合字之外，並將字首、字尾、略字、外來語及最常用的專有名詞一併收編。注音採用KK音標並兼及英國發音及方音複合字標注輕重音。解釋詳列相似詞、相反詞，有插圖。其中在字首前加※號者表示該字為常用字彙。

　　書前有用法說明。書後附有英文的造字規則、常用商業英文略語表、不規則動詞表、Saying 格言諺語。

漢英五千字字典

　　范氏(Fenn, C. H.)金憲曾合撰　民37年美國麻省　哈佛大學出版部　695面

當代漢英辭典

　　王學哲編　民39年　香港　華國出版社　824面

英漢 求解 翻譯 成語 作文 四用辭典

　　外國語文學會編　民43年　臺北　啓明書局　669面　影印

英客字典

　　滿思謙等編　民47年(序)　臺中　光啓出版社　637面

漢英萬物名詞字典

　　大學圖書出版社編　民52年　臺北　該社　479面

漢英大辭典

新月編輯部編　民53年　臺北　新月圖書公司　756面　影印

本書臺中義士書局影印，易名標準漢英大辭典。

圖解英漢辭典

張　易編譯　民54年　高雄　大眾書局　429面

模範英漢百科辭典

方振淵編　民56年　臺北　模範文化事業公司　728面

漢英四角號碼字典 (The Foursquare Dictionary)

Herring, J.A. 編撰　民58年　臺北　美亞書版公司　431,135, 39面

重編英漢模範字典

張世鎏撰　民58年　臺北　臺灣商務印書館　1396,150面　影印

綜和英漢大辭典

張鵬雲主編　民58年　臺北　文化圖書公司　946,413面　影印

本書原名漢英大辭典，民國19年初版。

現代英文縮寫辭典

吳啓中編　民58年　臺北　遠東圖書公司　398面

最新實用漢英大辭典

大新書局編　民58年　臺北　該書局　1511,64面　影印

客英大辭典

MacIvacer, D. 編撰　民59年　臺北　古亭書屋　1142面　影印

廈英大辭典

道格拉斯 (Douglas, Carstairs) 編　民59年　臺北　古亭書屋　612,276面　影印

清同治十三年 (1873) 初印於倫敦，民國十二年重印於上海。

英語用法大辭典

萬傳槻編　民59年　臺南　大東書局　709面

最新漢英辭典

不著編者　民59年　臺北　琥珀出版社　282面　影印

粵語分韻中英辭典

蔣愛民編　民60年　香港　編者　690面

最新實用漢英辭典

梁實秋主編　民60年　臺北　遠東圖書公司　1冊

收單字七千三百，短詞成語八萬餘條。附部首索引、國語注音符號索引等。

綜合英漢大辭典

黃士復撰　民63年　臺北臺灣商務印書館　1502,63,172面　影印

麥氏漢英大辭典

麥氏（Mathews, R. H.）編撰　民63年　臺北　文友書局　1226,186面　影印

英文文法作文辭典

華聯出版社　民64年　臺北　該社　790,14面　影印

最新漢英辭典

Nelson, Andrew Nathaniel編　民64年　臺北　泛美圖書公司　影印

本書依中國部首排列，每一漢字下注日語拼音及英文解釋。附錄十四種，如：羅馬拼音索引，難字簡體字檢字表等。

歐亞簡明英英英漢雙解辭典

紀秋郎主編　民65年　臺北　歐亞書局　1178面

全新十用英漢漢英辭典

鄧樹勳撰　民65年　臺北　著者　35,760,260面

本書包括六部份：1.重要字彙，例句；2.新式字彙，例句；3.文法修辭；4.商用名詞，例句，書信；5.分類專門名詞；6.美式英語

會話。

ＫＫ音標學生英漢活用辭典

　　許清梯撰　民68年　臺北　撰者　517面

羣力英漢辭典

　　羣力語言出版社編　民68年　臺北　該社　1448面

實用新漢英詞典

　　中美出版中心編　民70年　臺北　該中心　605面

（大陸）標準英漢辭典

　　陳永昭等編撰　民70年　臺北　大陸書店　740面

簡明漢英辭典

　　蘇生豪撰　民70年　臺北　文橋出版社　1614面

牛津英英英漢雙解辭典

　　Fowler, F. C. & Fowler, H. W. 編　民　年　臺北　啓

明書局　1644面　影印

　　收單字六萬，成語二萬，例句三萬。

漢法綜合辭典（Dictionnaire Francais de la Langue Chinoise）

　　利氏學社編纂　民65年　臺中　光啓出版社　12,1135,186面

　　收單字六千多個，複合詞五萬條。凡是日常用語，以及報章雜誌常用術語、俗話、方言、科學、政治、法律、經濟、宗教、歷史、文藝，幷古今中外重要地名，也都儘量蒐集。所收單字除標準字體外，也兼收部份簡字、俗字。

　　每字均加國語注音符號·國語羅馬字、法語拼音等。四聲以 1. 2. 3. 4. 阿拉伯字表示，另有用〇表示輕聲，5 表示入聲，均注在國語羅馬字右上方。

　　本書的法文翻譯，分爲二類：1. 直接翻譯；2. 解釋。前者適用於中法文可直譯的語句（如：馬——cheval，休息——se reposer等）

；後者是在無法直譯時使用（如：諧聲、西皮等）。如爲中文成語或
諺語的法文解釋，先直譯爲法文，然後在冒號後再加引申的意義。

依羅馬拼音字母順序排列。採 Wade 氏發明的拼音方法。如不諳
此種方法，另有部首索引、筆劃索引、四角號碼索引，可供利用。

有附錄多種，如：年代表、天干與地支、六十甲子與中西曆對照
表、節氣、度量衡表、易經、字聲韻異同目錄、國語注音符號和本辭
典拼音字母對照表等。

漢西綜合辭典

沈起元　梅　格　李淸鐘合撰　民70年　臺北　立德出版社
1140,179面

民國66年馬德里 Espasa-Calpe 初版。

蒐集中文單字六〇三一字，詞組、短語七萬條。取材廣泛，收詞
豐富，曾參考各種辭書、科學著作以及報章雜誌上常見的詞語。內容
包括歷史、文化、政治、經濟、軍事等方面。

本書解釋詳細，對成語、俚語的處理，除照字面直譯外，又譯出
它內在的眞正含羲。

依中文字的羅馬拼音順序排列。爲便檢索，書前備有筆劃索引，
書後附有部首檢字、部首筆劃索引、字聲韻異同目錄。此外，又附漢
字簡介、漢語語法結構、漢字羅馬拼音的運用等。

本書編者沈起元司鐸，曾任臺北耕莘文教院圖書館館長；梅格司
鐸曾任高雄文藻外語專科學校西班牙文科科主任；李淸鐘司鐸曾任輔
仁大學附屬新竹華語研習院圖書館館長。

土漢字典

黃啓輝編　民65年　臺北　正中書局　249面

以德國 Langenscheidt所出版的土英字典爲藍本，另外參照土耳
其語言學會(T. D. K.)的土語辭典，伊斯坦堡Redhouse公司的土英

大辭典，英國 Oxford 的土英辭典以及報章常見的新字典編譯而成。

各詞按土語字序排列。每條目包括土語，該土語所屬的詞類名稱（動詞除外），中文釋義。

華德大字典

比薩克（Piasek, Martin）撰　民50年　臺北　泛美圖書公司　334面　影印

華德辭典（Chinesisch-Deutsches Wörterbuch）

魯登堡（Rüdenberg, Werner）撰　民52年　漢堡　克雷書局　821面

本書臺北金山圖書出版公司及馬陵出版社有影印。

德華百科辭典

林　靜等譯　民65年　臺北　中央圖書出版社　1冊

本書民國二十五年以德文版問世，內容分十八大類，三百六十八小類，二萬五千個辭彙，所有辭句均附圖解，目前世界各國已有十餘版本發行。中文版在民國六十二年天人出版社據英文版翻譯，書名為英漢百科圖解辭典。

標準德華大字典

新陸書局編　民66年　臺北　該書局　1289,48面　影印

收單字及複詞共十三萬條。

模範法華字典

蕭子琴等編　民47年　臺北　臺灣商務印書館　846面　影印

民國13年初版。

法文注釋中國古文大辭典

古弗（Couvreur, F. S,）注釋　民55年　臺北　文星書店　1080面

本書原名漢英大字典，按漢字部首排列，每字加羅馬拼音及法文解釋。

粤法字典

Aubazac, L.編　民60年　臺北　成文出版社　1冊　影印

本書按漢字粤語發音的羅馬拼音字母順序排列，後加法文解釋。

標準法華大字典

新陸書局編　民65年　臺北　該書局　〔10〕956面　影印

本書收五萬條詞彙。

現代法漢辭典

趙德恕主編　民72年　臺北　文橋出版社　1504面

漢譯西班牙文字典

尤光先編譯　民51年　臺南　編譯者　391面

標準西華大字典

新陸書局編　民65年　臺北　該書局　14,881面　影印

本書收單字及複詞八萬餘條。

葡華字典

過福祺　林聖揚合編　民58年　臺北　中華大典編印會　724面

中葡字典（Dicionário de Algibeira Chinês-Portugês）

不著編者　民60年　臺北　中央圖書出版社　457面

葡華大字典

新陸書局編輯部編　民63年　臺北　該書局　1864面　影印

拉丁漢文詞典

吳金瑞編　民54年　臺中　光啓出版社　1497面

拉丁中華合璧字典

Gonsaleve, Joachimo Alphonso編　民59年　臺北　蔡文星

778面　影印

民國25年北平初版。

中阿新字典（中阿雙解）

伊洛雅司撰　王靜齋譯　民66年　臺北　南天書局　695面　影印

本書民國23年由天津淸眞北寺前伊光報社印行。

俄漢大辭典

劉澤榮主編　民51年　臺北　臺灣商務印書館　1384面　影印

本書臺北雙葉書廊民國52年也曾影印。

俄中字典

溫樹德編　民60年　臺北　孫紅燕　443面

華俄大辭典

俄語文摘社編校委員會編　民62年　臺北　該社　898,206面

修訂2版

收七萬單字及辭彙。

俄華辭典

李　瑋主編　民70年　臺北　名山出版社　779面

普　通　辭　典

（增修）辭源

臺灣商務印書館編審委員會編纂　民67年　臺北　該印書館　增

修臺一版　2冊（2464,284,20面）

正編民國四年十月初版，陸爾奎主編，以舊有的字書、韻書、類
書爲基礎，收錄常用語詞、人名、書名、地名、典故、名物制度、成
語等，加上當時社會科學、科技新名詞和翻譯名詞；續編二十年十二
月初版，方毅主編，對舊詞引書，一律加篇名；五十九年一月補編臺
一版，趙冠主編，增八千七百條；此次爲第四次增修，王夢鷗主持，
將上述三編連同本次新增語詞，作全部一貫的編排。

新增語詞，以文學詞藻居多，佔一萬五千條以上，其次爲佛學辭

語、詞曲牌名及社會科學名詞。其他人名、書名、地名及數理化農醫藥各專科名詞以高中大專學生認識者為限，計增修二九四三〇條，增修前有九八六四四條，共一二八〇七四條，較原來增加百分之三十。單字仍為一一四九一字。

　　每一單字先注反切、直音及韻目，其次為單字的注釋，並徵引例句。再次為隸屬於該單字的複詞。各複詞悉加解釋，如引用古籍，引句前冠書名及篇名（有不少缺篇名）。

　　按單字部首排列，分為二一四部。複詞按字數多少排列（兩個字的複詞在前，依次為三個字、四個字……），字數相同的複詞，以第二個字的筆劃分先後。上冊有部首檢字法，下冊附全書綜合索引，將各字、詞依四角號碼排比，單字旁加注國語注音符號。附錄中華民國中央政府組織表、世界各國一覽表。

　　辭源是近代辭書最早出版的一部，出版以來，頗為流行。尤其是檢查古籍用語、經子及其他文學用語，本書收錄不少。惟綜觀這次增修本，似嫌草率。單以人名來說，據黃麗飛撰辭源增編人名問題一文（載中外雜誌），即認為收錄多不常見的人名，而漏列了頗多重要人物，如：馬君武、李石曾、左舜生、張季鸞、溥心畬、邱清泉、楊森、趙恆惕、宋哲元、胡文虎、杜月笙、陳光甫等。前人指正的錯誤，這次增訂並未改正。很多詞引古書，仍僅列書名，標點符號尚用圓點斷句。許多解釋遠不如辭海詳備（如商務自己出版的一些書：四部叢刊）。書前王雲五序文，詳述纂修經過，即不諱言新增資料是根據大漢和辭典及其他商務編印的詞典。序文又說此次增修所用時間，只有兩年半，工作人員只有十餘人。增修一部辭典，在學術界是一件大事，投資如許的時間和人力，顯然是不夠的。

（最新增訂本）辭海

　　臺灣中華書局辭海編輯委員會編　熊鈍生主編　民69年　臺北

該書局　3册（5151,442,139面）

　　民國六十五年該書局決定全面修訂辭海，邀海內外專家一百二十人參與編輯工作。其增訂的原則爲：1.修訂，有些辭彙因時勢變遷，或棄而不用，或重新撰寫；2.增補，增新名詞，尤其是外來新學的辭語，如目前國際上、社會上或科技方面常見的習用語；又如新興的國家等。新增添的典故辭彙，均參照原書舊例，以一般實用者爲主。共增加三萬多條；3.所有單字增國語注音。其單字有一字多音的，分別以甲乙丙等於單字之下一一注明。如【親】甲ㄑㄧㄣ。乙ㄑㄧㄥˋ。【甲】妻因切，真韻。❶至也，見說文。……【乙】砌印切，震韻。婚姻相謂曰親。詳親家條；4.大部分的辭彙，仍予以保留。

　　全書收單字一萬多字，複詞十三萬多條，約比辭源多五千條。體例：除單字加國語注音外，仍如舊辭海，即單字先注國音，次反切、直音、所屬韻目，次釋字義。複詞分隸於冠首單字之後。每詞均有較詳細的解釋。引用古書例句，加注書名及篇名。排列與辭源相同，均依部首筆劃排。

　　附錄十九種，尚稱實用。如：世界各地時刻對照表、中外度量衡換算表、世界各國幣制、難檢字索引等。其中中外大事年表，增編至民國六十八年十二月底止，頁數達二百五十餘面，單此部分，即可單刊印行。另外，注音符號檢字索引，對青年讀者更切實用。

　　本書出版後，專家學者，如王潔宇、蘇尙耀、呂金駿、駱野、周冠華等，均在報刊上撰寫評論文字。茲歸納其論本書的優劣點如下：

　　優點：1.用新式標點，有書名號、篇名號、私名號和引號。

　　　　　2.每一單字，於反切外，新加國語注音。

　　　　　3.徵引古書比一般辭典早，例句也多。

　　　　　4.採用大字本，字體清楚。

　　缺點：1.凡例與前言過於簡略，只有三百四十二字，較難瞭解其

辭海　一畫（丨部——乀部）

一部

【一】❶〔甲〕。〔乙〕。❷〔甲〕衣悉切，質韻。古作弌。

❶數名，數之始也。❷易繫辭：『分而為二以象兩，掛一以象三。』按一，近世公牘帳簿記數多作壹，商碼作一。

純也。書大禹謨：『惟精惟一。』❸皆也。詩邶風北門：『政事一埤益我。』❹統也。孟子梁惠王：『定于一也。』

專也。左傳成二年：『欲一以寡我。』❻傷其害所重也。盧文弨校

一旦也。左傳昭五年：『一減一否。』❼獨也。

失其位，不得列於諸侯。方言一：『一，蜀也。』

猶或也。

猶乃也。呂氏春秋知士：『一至此乎！』❿誠也，實也。莊子大宗師：『一至此乎！』

一怪之。』宋史樂志：『夾鍾、姑洗用一字。』作乙。〔乙〕樂譜表示聲調之名稱。或

慶弔相隨之速也！』〔乙〕注音符號韻符之一，讀如衣，單韻。與他韻符相拼時結合為韻母。讀音時舌前上升，接近硬齶，使音由舌葉與硬齶之間自由外達，一口所敵，

亳不摩擦。本韻符寫法有二：豎行作
一，橫行作丨。國語羅馬字母為i。

一 逐一也。❶韓非子內儲：『齊宣王使人吹竽，必三百人，南郭處士請為王吹竽，宣王說之，廩食以數百人。宣王死，湣王立，好一一聽之，處士逃。』❶丁 成丁之男子也。後漢書食貨志：『五丁以上免一丁。』❷見不識一丁。

儻萬，則審一二。❷猶云一二。荀子非相：『欲知億萬，則審一二。』

一人 天子。書太甲：『一人元良。』疏：『其義言一人者，謂天子自稱也，一則臣下謂天子為一人，是為尊稱，計天下惟一人而已。』左傳昭二十八年：『君亦不使一個屏在寡人。』注：『一個。』

一人 ❶一己也。❷猶云一身也。

一口 ❶一人也。後漢書虞詡傳：『四海齊鋒。』❷計數之名，猶言一隻也。國語吳語：『一介嫡女。』注：『一人。』

一介 ❶一心耿介也。書秦誓：『如有一介臣。』❷釋文：『一心耿介也。』按禮大學今本即作一介，字又作个。❷李格非所撰，欲

一介 ❶古賤法也。四千五百六十為一元。注引宋勃志：『元法四千五百六十。』❷指經破也，王先謙集解

修訂的大要或細節。

　　2.與辭源相同，對人物不著生卒年；地名不記面積；都市
　　　不記人口；河流不記長度等。

　　3.釋文仍用淺近文言，而不用語體文。

　　關於辭源與辭海優劣點的比較，蘇文峯撰有辭源和辭海一文，刊
載時報書引第三期（68年12月），該文言簡意賅，是目前僅見討論上
述二書較具眼光的文章。

中文大辭典

　　高　明主編　民62年　臺北　中華學術院　10冊

　　首冊初版於民國五十一年十一月，至五十七年八月出齊，共四十
冊，後二冊爲索引；六十二年加以修訂，改正部份錯誤，分裝十冊。

　　收單字四萬九千八百八十字，辭彙三十七萬一千二百三十一條，
都八千萬言，爲目前國內規模最大的中文辭典。體例分單字、辭彙、
排列檢索三方面說明：

　　單字方面：旨在說明每字的結構及本義，各種訓義的淵源，形音
義的相互關係及其疑義異說。

　　1.字形：每一單字，都列有各種字形，如甲骨文、金文、籀文、
篆文、隸書、楷書、草書及歷代書法名家的字體等。其資料主要採自
書道六體大字典。

　　2.字音：每一單字先注其本義的反切，以最早的韻書爲準，餘依
時代先後列於其下，次列該字平水韻韻目，最後爲國音及羅馬字拼音。

　　3.字義：每一單字首列本義，次列引申義及假借義，分列於各讀
音之下。引申義及假借義，又以名詞、動詞、形容詞、助詞爲序，各
附例句，以證義訓用法。

　　辭彙方面：辭彙的採錄，以下列爲主：成語、術語、格言、疊
字、詩詞曲語、人名、地名、職官名、年號、書名、動植物名、名物

ㄙㄨㄛ Suoh

乙、〔廣韻〕蘇計切〔集韻〕息計切 音希 霽去聲

ㄒㄧ Shih

丙、〔廣韻〕寫邪切〔集韻〕思嗟切〔正韻〕思遮切 ㄒㄧㄝ Shie 音歇 麻平聲

丁、〔集韻〕桑何切 歌平聲 ㄙㄨㄛ Suo

甲、蘇箇切。乙、蘇計切。❶語辭也。〔說文〕些、語辭也。見楚辭。从此从二。其義未詳。〔集韻〕些、語辭也。〔楚辭、招魂〕何爲四方些。〔洪興祖補注〕凡禁呪句尾皆稱些、乃楚人舊俗。❷可也、此也、何也。〔廣韻〕些、可也、此也、〔集韻〕些、何也、此也。❸或作呰。〔集韻〕些、語辭也。見楚辭、或从口。〔經傳釋詞〕家大人曰、些、卽呰字之譌也。草書呰字作𫝀、隸書因變而爲些。丙、寫邪切。少也。〔廣韻〕些、少也。〔楊萬里詩〕昨來風日較暄些。〔辛棄疾、最高樓詞〕更一個缺些兒底月。丁、桑何切。〔集韻〕些、減也。

解字 些（會意）〔說文〕些、語辭也。見楚辭。从此、从二。按、些字从此从二、會意。

【些子】1 猶須些、微些須。〔羅虬、比紅兒詩〕應有紅兒些子貌、卻言皇后長深宮。

【些子兒】2 無多之意。子、兒皆助詞。〔後山詩話〕太祖幸後池、對新月、召盧多遜、賦詩、請韻、曰、些子兒。詩云、太液池邊看月時、好風吹動萬年枝、誰家玉匣新開鏡、露出淸光些子兒。

【些子景】3 元人稱盆景爲些子景。〔劉鑾五石瓠〕今人以盆盎閒樹石爲玩、長者屈而短之、大者側而約之、或肖寸而結果實、或肖尺而蓄蟲魚、概稱盆景、元人謂之些子景。

【些山】4 濟杜芥之號。

【些少】5 猶些須。

【些耳德河】6 (Schede Her) 河名。比利時西境之大河、北流入北海、入海之處成一大海灣、河口今爲荷蘭所有。

【些些】7 少許也。〔舊唐書、楊嗣復傳〕鄭覃曰、臣近日未免些些不公、亦無甚處。〔白居易、微之就拜尚書因書賀意兼詠離懷詩〕些些談笑與誰同、

【些事】8 細事也。

【些兒】9 ❶猶些時。〔董西廂〕些兒來遲、已成不救。❷猶言一點兒。〔辛棄疾、最高樓詞〕著一箇缺些兒底月。〔牡丹亭〕斬斷你走花陰不害些兒怕。

【些兒子】10 猶些兒箇。〔永樂大典戲文、張協狀元〕若去頂上團團、剪些兒子與它。

【些兒箇】11 ❶謂少許。〔李煜、一斛珠〕晚妝初過、沈檀輕注些兒箇。❷猶言一點兒。

【些許】12 ❶猶些須。❷細小貌。

【些細】13 少許也。與瑣細同。

【些菴】14 明、郭都賢之號。

【些須】15 少許也。〔桃花扇、卻奩〕些須東西、何足挂念。

【些話】16 少許話言也。〔水滸傳、第八十一回〕酒席之閒、用些話來。

【些微】17 ❶猶些須。❷猶稍微、略微。

【些箇】18 ❶少許之意。如言這些箇、那些箇。❷語辭。

【亞】278

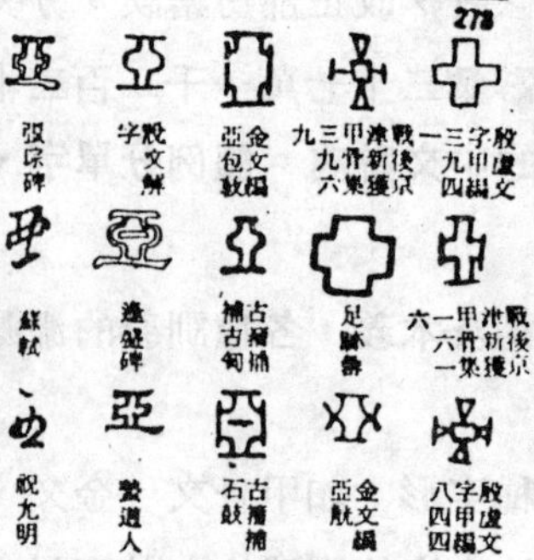

甲、〔廣韻〕衣嫁切〔集韻〕〔韻會〕衣駕切 音雅 禡去聲 ㄧㄚ yea ㄧㄚ yah

乙、〔集韻〕於加切 麻平聲 ㄧㄚ ia

丙、〔正韻〕烏落切 藥入聲

丁、音壓

甲、衣嫁切。❶醜也。與惡通。〔說文〕亞、醜也。象人局背之形。〔說文通訓定聲〕亞、今作惡。❷次第也。〔說文〕亞賈侍中說、以爲次第也。〔段注〕別一義。易上繫言天下至嘖而不可惡也、荀爽惡作亞、云次也。〔爾雅、釋言〕亞、次也。〔廣韻〕亞、次也。〔書、牧誓〕亞旅。〔傳〕亞、次也。〔儀禮、公食大夫禮〕賸腸胃亞之。〔注〕亞、次也。〔左氏、襄、十九〕亞宋子。〔注〕亞、次也。〔蜀志、諸葛亮傳論〕管蕭之亞匹也。〔北夢瑣言〕此子可亞其父。❸少也。〔增韻〕亞、少也。❹就也。〔廣韻〕亞、就也。❺低也、俯也、並也、傍也、挨也。〔詩詞曲語辭典〕亞、有縱橫二方面之二義、自其縱者而言、猶低也、俯也。〔杜甫、戲題王宰畫山水圖歌〕舟人漁子入浦潊、山木盡亞洪濤風。言風勢如濤、山木盡爲之偃俯也。自其橫者而言、猶並也、傍也、挨也。〔杜甫、入宅詩〕花亞欲移竹、鳥窺新卷簾。以新卷簾之句法、例欲移竹、乃欲移之竹也、卽搖搖欲動之竹也。花亞者、花傍之而挨之也。〔陳造、出郭詩〕遊人幾許健倒去、紅粉誰家短牆亞。猶言傍短牆也。❻與婭通。兩壻相謂爲亞。〔爾雅、釋親〕兩壻相謂爲亞。〔釋名、釋親屬〕兩壻相謂曰亞、言一人取姊、一人取妹、相亞次也。〔詩、小雅、節南山〕瑣瑣姻亞。〔集傳〕姻婭之人。〔釋文〕亞、本作婭。❼稻也。與稏通。〔韻會〕亞、通稏、稏、稻名。❽廟器也。〔紹興古器評〕凡器之有亞者、皆爲廟器、蓋亞形所以象廟器耳。❾姓也。〔路史〕西周公族。❿亞細亞洲之略稱。

乙、於加切。❶物之岐者曰亞。俗作椏。〔六書本義〕物之岐者曰亞。〔正字通〕亞、趙古則曰、物之岐者曰亞、俗作丫椏。❷辭未定也。〔集韻〕亞、伊優亞者、辭未定也。東方朔說。〔漢書、東方朔傳〕伊優亞者、辭未定也。

丙、烏落切。❶與堊通。〔六書正譌〕亞、通堊、塗牆之飾也。❷與惡通。〔史記、盧綰傳〕亞谷。〔漢書、盧綰傳〕惡谷。〔語

制度。其來源以大漢和辭典為主。**每一辭彙均加解說**，再引出典及例句，依經史子集及時代先後為序，必要時附以圖表。出典例句均注明書名、篇名、項目、題目及卷數。

排列檢索方面：單字排列原則上依康熙字典部首分類，計分二百十四部。各部首內的字，再按筆劃及字形起筆的點橫豎撇為序排列。辭彙排列，以第二字筆劃，由少而多，第二字筆劃相同者，按字形起筆點橫豎撇為序。

每字均予編號，所屬辭彙也依序編號，並以當頁字詞編號起訖載於眉端。全書**每冊首頁均附有部首及筆劃檢字表**。修訂版**每冊書脊均標示部首**。

書評：中文大辭典的錯漏　吳懷珍，綜合月刊，民國65年12月，頁68—78。

試評中文大辭典　陳中和，中華日報，民國66年1月6日。

十評中文大辭典　陳中和，中華日報，民國67年2月2日。

大漢和辭典

諸橋轍次編撰　民51年　臺北　文星書店　13冊　影印

據民國49年（1960）版影印。

初版於昭和三十年至三十五年(1955—1960)，大修館書店印行。昭和四十九年（1974）曾予修訂，仍為十三冊，臺北中華文物出版社、新文豐出版公司曾予影印。

收錄中國單字語彙，而以日文釋義，收單字四萬九千九百六十四字，收複詞五十二萬六千條。採錄的文字，除正字外，並包括略字、俗字、及日式漢字。資料來源以殿版康熙字典為中心，另外旁參說文解字、玉篇、廣韻、集韻、正字通、中華大字典及其他字典。辭彙以普通成語、故事熟語、格言俚語、詩句，以及官職名、人名、地名、書名等為主，詞彙採擇的資料，以經史子集為中心，並旁及著名字典類

一　部

【一】

一 小 ⼀
イツ・イチ
古文 𝌆（集韻）益悉切 壹

●ひとり。他につれのないこと。〔方言、十二〕一、蜀也、南楚謂之蜀。〔注〕蜀、猶獨也。〔易、繋辭上〕天一也。〔孝經、開宗明義章第一、疏〕一數之始也。〔春秋繁露、天道無二〕一者一也。❷數のはじめ、一。〔廣韻〕一數之始也。❸物のはじめ、物の極。〔淮南子、本經訓〕惟初太極、道立於一、造分天地、化成萬物〔老子、三十九〕昔之得一者王。〔注〕一、數之始、而物之極也。❹多くの中の或もの。〔呂覽、執一〕擇務而貴取。〔史記、平準書〕一日之得。❺みな、すべて。〔孟子、梁惠王上〕天下定於一。

道生。〔列子、天瑞〕一者形變之所起。〔莊子、天地〕一之所起、有一而未形。❻道。眞。善。〔逸周書、命訓解〕其一也。〔注〕一、道也、善之謂也。〔老子、十〕載營魄抱一、能無離乎。〔注〕一、人之眞也。❼すべる。〔呂覽、論得〕知其一則復歸於樸。〔注〕一、道也。❽まじりない。まこと。〔易、繋辭下〕天下之動、貞夫一者也。❾すぐれる。並びない。たぐひない。〔書、大禹謨〕惟精惟一。〔注〕一者、誠一也。❿ひとつにする。〔國語、音語四〕戮力一心。〔史記、儒林傳〕其歸一也。〔注〕一、猶常、一度循心。❶ひとたび。〔左氏、成二〕一能之。〔史記、周紀〕一有元良、萬國以貞。〔注〕一有元良、萬國以貞。❶一。〔禮、禮運〕欲一以窮之。〔韓非子、詭使〕賞利一從上出。〔大戴禮、衞將軍文子〕一諸侯之相也。〔注〕一、皆也。〔史記、范叔傳〕范叔一寒如此哉。〔淮南子、說山訓〕用心一也。

●もし。〔史記、曹相國世家〕可以止則止。〔禮記、樂記〕樂也者、情之不可變者也。〔中庸〕所以行之者一也。〔孟子、離婁〕先聖後聖、其揆一也。❶同じ、かはらぬ。廣韻〕同也。〔樂記、禮樂刑政、其極一也。〔中庸〕所以行之者一也、〔荀子、禮論〕古今之所一、其揆一也。〔注〕一、謂不變。〔淮南子、泛林訓〕尾生之信、不如隨牛之誕。〔注〕不信者平。〔注〕一、猶、常。❶おなじ。〔廣韻〕同じ、かはらぬ。〔後漢書、循吏傳〕目所一見。

一。〔史記、曹相國世家〕事皆一坿之也。〔大戴禮、衞將軍文子〕一諸侯之相也。〔注〕一、皆也。〔荀子、勸學〕用心一也。〔注〕一、皆也。〔呂覽、勤志〕貴直士之謇謇、若此乎。〔注〕一、猶。❹或。〔史記、淮陰侯傳〕一軍皆驚。〔經傳釋詞、三〕一、猶或也。是時には。〔經傳釋詞、三〕一、猶或也。一旦君在而重、或曰、文王一怒而安天下之民。〔爾雅、釋水〕一見而水。一、無水。

ち。〔呂覽、釋水〕一曰就、一曰也也。〔莊二年穀梁傳曰、一日就、一日北也。文十八年日、一日就、賢也、一日〔爾雅、釋水〕一曰就、一見曰。❶すなはち。〔經傳釋詞、三〕一、猶乃也。句調〕此平。〔注〕一、猶乃也。句調。❶發語の詞。〔經傳釋詞、三〕一、語助也、〔史記、過多矣、何能以此不遇。❶身、か管子形篇曰、今楚王之善、寡人、甚矣。云云、以上諸一字、皆是語助助字。〔莊子、徐無鬼〕上之質、若亡、其。❶すなはち。

共戴也。〔淮南子、原道訓〕一度循環、執。〔注〕一、齊也。〔淮南子、原道訓〕一、和下四時、一海內。〔注〕一、本經訓同、精于一、同也、〔史記、像賦約。〔唐書、辭平傳〕一。❶すべて。みな。〔經傳釋詞、三〕一、經傳出。

●注音符號の韻行の一。單母韻。舌前部

一。

—

（右側大書）大漢和辞典　諸橋轍次著

書，以至公文書、報紙、雜誌之類，採錄範圍可說甚爲廣濶。人名以本名爲原則；此外，其字、號、諡號等則作爲別項列入，日本人名主要以其與漢學有關者爲限，列其別號。地名以中國古蹟、名勝，及其他對文化與生活有影響者爲 主。書名則以四庫全書總目所記載者，爲當然輯錄的對象，近代作家 有代表性的著作，也予收錄。日本書名則以用漢文著作者爲限。官職 名，除採錄中國歷代官職名的主要者外，並說明其職掌，沿革等。

　　排列依康熙字典部首次序。每一單字選記其字音，包括：反切、日本各種音讀訓讀、注音符號、偉特氏羅馬字。次述其字形，包括甲骨、金文、大小篆、草、隸、楷等，最後述其字義及詞義，凡有圖表可考者，也一併收錄。全書收插圖二千八百幅，大部份採自明王圻的三才圖繪。字詞的闡釋，用日文解說。並舉經史子集的例句。所有出典引例，詳載出處，包括：書名、篇名、題目、卷數等。

　　第十三冊是索引部，有總劃索引、字音索引、字訓索引、四角號碼索引等四種。

　　關於本書的書評有：

　　評諸橋轍次大漢和辭典　梁容若，書和人，民國53年，臺北文星書店，頁47—57。

　　大漢和辭典摘誤　田宗堯，思與言第3卷第6期，民國55年 3 月，頁47—48。

　　中文大辭典主要資料，都根據此書。所不同者，本書各詞按五十音訓排，中文大辭典按筆劃排；另外，本書增收日式漢字，辭彙增收日本人與漢學有關者；每一單字先述字音，次及字形，中文大辭典反是。

廣漢和辭典

　　諸橋轍次　鎌田正　米山寅太郎合編撰　民71年　東京　大修館

書店　4冊（5200面）

　　以大漢和辭典爲基礎，精選現代學術研究及一般社會上需要的字詞編輯而成。共收單字二萬多字，包括俗體字、異體字、繁體字及民國七十年十一月日本內閣公布的漢常用字；複詞有十二萬條，包括格言、成語、詩文名句、人名、書名、官職名、動植名等。按部首、筆劃排列（見凡例第十至十三條）。每個單字注明日本音、中國音（韻目及聲調、以廣韻爲主的反切、羅馬拼音）。接着引用中國古書說明該字的意義。其次爲「解字」，含上古音、中古音、近世音及現代音的讀法。用作姓名、人名、地名的特殊讀法，也加以注明。各字的形體，列有甲骨文、金文、小篆、古文等。然後排列各有關的詞條，依五十音順排列，先用日文說明各詞條的意義，並舉經史子集的例句，再注明出處。釋義較大漢和辭典精簡、明確。釋文遇有難讀字，加注日本讀音。

　　國人利用本書除查書前的部首外，還可利用書後的輔助索引及附錄。索引有筆劃、字音、字劃、中國語音、四角號碼及五十音順索引；附錄有常用漢字表、人名用漢字表及中國簡化字一覽等。

　　本書對於一般研究者、研究生及大學生具有參考利用價值。編者另編有大漢和辭典及新漢和辭典，前者主要是供專門學術者使用，後者則可供中等及高等學校學生使用。

辭通

　　朱起鳳編撰　民49年　臺北　臺灣開明書店　2冊（2768面）　影印民國23年上海開明書店初版。

　　著者積三十年之努力，編纂而成，共收辭類四萬條，三百萬言。書成章炳麟、胡適、錢玄同、劉大白、林語堂等人爲之序，自序述其編纂此書的目的及緣起。胡適之謂此書「羅列一切聯語，遍舉異形的假借字，使學者因此可以養成得着古字同聲相假借的原則，使他們因

此可以養成『以聲求義』的習慣………此書不僅給了我們一部連語辭典而已，同時又給了我們許多訓詁學方法的教材」。

排列係齊辭句下一字順序，依韻排列，檢查頗感不便，書後雖附有四角號碼及筆劃索引，但前後翻檢，仍有不便，其編纂體例，不依普通辭書的方法檢尋，是其缺點。

本書在檢索上雖有缺點，但本書徵引繁博，仍不失爲我國優良的辭書。吳文祺卽認爲本書有下列特點：

1. 蒐羅宏豐：頗多名詞爲一般辭典類書所缺失。

2. 引證詳密：引例繁富，引證必詳載篇名。

3. 考訂精審：所加按語，必能訂舊注之誤、訂淸儒之誤、獨創精意，盡翻陳言。

聯緜字典

符定一編　民62年　臺北　臺灣中華書局　3冊(約五千面)　影印民國35年上海中華書局初版。

聯緜字就是複合詞，可分爲二種，由聲音衍生的稱爲衍聲複合詞，如玲瓏、葫蘆；由意義結合的稱合義複合詞，如丹青、懸壺。

我國辭典，字詞兼收，專取複合詞，本書爲首創。符氏以個人之力，費時三十載，著成此書，都四百餘萬言，書成黃侃、王樹枏、葉德輝撰有序文。

本書採錄自三代以迄六朝，經史子集中的複合詞，不論兩字相連綴者，或兩字相重複者。對於每一聯緜字，首述字音反切，次爲字義；字義先詁聯字，繼解重字。對於每一聯緜字的來歷及其演變，竟委窮源，敍述詳盡，且直接從古書中取材引證。

排列先依部首，再依筆劃。

前附韻部表，聲紐表；書後附索引，仍依部首排，惟加注音符號，並注明該詞在本書的頁次。

辭　　釋

　　曲守約撰　民68年　臺北　聯經出版事業公司　53,274面

辭　釋　續

　　曲守約撰　民71年　臺北　聯經出版事業公司　689面

　　本書主旨：蒐集古籍中詮詁錯誤、解釋漏略或宜具而未備之辭，廣徵有關資料，加以糾正或補充。

　　前編收一千八百條，續編收四千餘條，其中續編中之一百多條雖已收入前編，但因材料增多，及解釋較前爲詳，所以仍然收錄，以作爲前編的補充。

　　每一辭語，均加以詮釋，並引申說明，以使其意蘊，得以詳盡明確。全書排列按首字筆劃爲序。讀者利用本書，應先查檢書前的筆劃索引。

　　著者爲國立臺灣大學中國文學系敎授，積多年敎授與詮注古籍的經驗，著爲本書。本書所收辭語在數量上或許不如一般辭典多，但對辭語的意義及用法，均有精確適當的解釋，是一部很實用的辭書。

中古辭語考釋

　　曲守約撰　民57年　臺北　臺灣商務印書館　518,30面

中古辭語考釋續編

　　曲守約撰　民61年　臺北　藝文印書館　315面

　　所謂中古指自東漢以迄唐初。這一段期間文人學士，均沿用古辭作文，加上很多新詞出現，所以辭語特別豐富。初編收辭語約一千四百條，續編收約六百五十條。初編是取材於中古時期的典籍，續編取材於大藏經，遇有辭語條件及價值的，卽加以抄錄，然後加以彙集、排比、研釋，以求得每辭語的明恰完全解釋；並儘可能將其起源，當時流況，以及後來的演變影響，試爲掘出。

按筆劃排列。辭語注明來源。初續編在書前後附有筆劃索引。

國語日報辭典

何 容主編 民63年 臺北 國語日報社 1075面

是爲一般讀者編的語文辭典。所收單字九千零九十八個，大都是閱讀、寫作及談話的常用字，不錄過分艱澀或久已不用的冷字。所收的詞有三萬三百三十條，也屬常用者，所收口語語詞頗多；不收大量的人名、地名、書名、曲牌名以及各科的專門用語。

字義詞義的解釋完全採用白話，注音採用教育部公布的注音符號。本書所用的字體，以印刷用的宋體字爲標準。

按部首排列。有難查字表，按筆劃排。注釋兼用互見的方法，以節省一些意義完全相同而字形迥異的字或辭。附錄有字音檢字表等五種。

書評：評國語日報辭典　劉崇純，書和人第269期，民國64年8月30日，頁1—8。

國語辭典的錯誤　蔡木生，中華日報，民國67年3月23日。

俯拾國語日報辭典的微疵　胡基峻，書評書目第24期，民國64年4月，頁67—70。

實用辭典

梅德明編 民60年 臺北 美亞書版公司 735面

收錄較實用的單字七千九百四十二字。以教育部公布的國音常用字彙和現行新編電碼所列單字爲主，也參考近年來敎科書及雜誌上的材料。另收異體字二千二百五十一字，不列在正文內，另排於書後。

每字加注國音、同音字及韋氏拼音法。字義在讀音後一一列出，字義後列有該單字爲首的成語和詞句。

按編者自創的九十五個部首順序排列。其特點爲省略筆劃較多的部首，如：鹵、侖、齒、齊、鼻等。本書缺助檢索引，如難字或筆劃

索引等。

現代用語大辭典

張一渠編　民45年　香港　中國出版公司　714面

本書臺北東亞畫報社曾影印，書名改爲現代名詞新詞典、現代用
語辭典，並刪除編者姓名。

中華國語大辭典

陸衣言編　民49年　臺北　臺灣中華書局　984面　影印

據民國29年1月初版影印。陸氏民國28年編過國語學生字典。本
書收日常習用字辭及成語約四萬餘條，報紙上常見新詞，如法幣、
集團結婚等均收入。每字加國音及四聲。

梅遜字典

楊品純編　民52年　臺北　大江出版社　544面

實用字典

曹樹鈞編　民53年　臺北　亞洲出版社臺灣分社　812面　訂正
再版

標準國語辭典

陸師成編　民54年　臺北　文化圖書公司　1228面

中國辭典

薛頌留主編　民55年　臺北　大中國圖書公司　1406面

本書依部首排。至民國66年已印行18版。

標準詞典

陳國弘編　民57年　高雄　黃埔出版社　1174面

收單字一萬一千。依部首排列。

王雲五綜合詞典

王雲五編撰　民59年　臺北　華國出版社　1000,65面

民國39年初版，共收辭彙三萬條，依四角號碼排列。

最新標準學生大辭典

易蘇民主編　民60年　臺北　大學文選社　757,114面

嶄新實用學友辭典

范一民編　民61年　嘉義　西部出版社　446面

國語字典

江治華編撰　民62年　臺北　青文出版社　806,42面

万字典

洪振枝編　民62年　臺南　編者　1244面

東方國語辭典

東方出版社編輯委員會編　民63年　臺北　該社　1911面　增訂本

據民國50年東方國語辭典增訂而成，收一萬一千多單字，六萬多
條詞與成語。均加國音，釋文用語體，按部首排列，書後有注音符
號檢字表。

書評：關於東方國語辭典增訂版　林慶彰，中華日報，民國65
年12月30日，4版。

辭彙

陸師成主編　民63年　臺北　文化圖書公司　2006,75面

書評：談陸師成主編「辭彙」的錯誤　林慶彰，書評書目第42
期，民國65年10月，頁16—23。

標準學生詞典

臺灣圖書出版社編　民63年　臺中　該社　64,580面

本書民國43年4月初版。

國語辭典

康哲茂編　民63年　臺南　啓仁書局　899,64面

本書據林慶彰先生考證，與下列九種書的內容相同，即：光田出
版社的國語新辭典、標準國音新辭典；綜合出版社的國語新辭典、

新辭源、標準國音學生辭典、綜合國語辭典；新世紀出版社的國語
大辭典、模範學生辭典、最新國語辭典。

辭海

　　正業書局編輯部編　民63年　臺南　該書局　1冊

國語新辭典

　　薛頌留編　民64年　臺北　大中國圖書公司　994面

實用國語大辭典

　　文史哲出版社編　民65年　臺北　該社　〔46〕1241〔93〕面
影印

　　商務印書館的國語辭典節本，按國音排列，本書改按部首排列，
內容雷同，略加插圖。單字下各詞的排列，仍按國音的次序。書後
附有筆劃檢字表、中國歷史年代簡表等十七種附錄。

國語圖解辭典

　　光復書局編輯部編　民65年　臺北　該書局　1139面

　　收常用字九千字，四萬五千條辭彙，另有五千多幅插圖。

現代國語辭典

　　現代教育出版社編　民66年　屏東　該社　690,14,55面

學生詞典

　　施淑玲編　民66年　臺南　啓仁書局　1015,83面

辭淵

　　許清梯主編　民67年　臺北　大新書局　2152,197面

大順國語辭典

　　周徐慶主編　民70年　臺北　大順公司文化基金會出版社　1096
面

國光國語大辭典

　　國光圖書出版社編　民70年　臺北　該社　1927面

實用國語辭典

　　周宗盛編撰　民70年　臺北　大林出版社　1115面

文翔國語辭典

　　林恭祖編撰　民71年　臺北　文翔圖書公司　1087面

和刻本辭書字典集成

　　長澤規矩也編　民70年　東京　汲古書院　4冊

最新實用詞典

　　方永施編　民　年　臺北　中央日報社　620面

敦煌變文字義通釋

　　蔣禮鴻撰　民70年　臺北　木鐸出版社　450面　影印

　　民國四十八年初版，五十一年增訂三版

　　變文是唐、五代時的民間文學作品。按其內容可分為兩類：一類多以民間傳說和歷史故事為題材；一類多說佛經故事，宣揚佛教。其形式一般皆唱詞夾用說白或另附歌曲，為後來的鼓詞、彈詞所繼承，但也有純用唱詞者。這些作品到清光緒間，始在敦煌石室中發現，是研究中國古代說唱文學和民間文學的重要資料。

　　收錄難懂、不易理解的字詞二百多條。先予解釋，次舉變文例句，必要時引唐宋詩詞筆記小說作為考證。全書分六篇：釋稱謂（如博士指有技藝的人）、釋容體（如周旋是漂亮、好看的意思）、釋名物（如火曹指燒焦的木頭）、釋事為（如抱是拋的意思）、釋情貌（如踊移、勇伊是猶豫、游移的意思）、釋虛字（如阿莽是怎麼樣的意思）。

　　書後附有：變文字義待質錄、敦煌變文集校記錄略、重版後記、三版贅記、王貞珉：讀增訂本敦煌變文字義通釋、四角號碼索引；後者供查詞目之用。

依國音排列的辭典

重編國語辭典

　　教育部重編國語辭典編輯委員會編纂　何　容總編輯　王熙元副
總編輯　民70年　臺北　臺灣商務印書館　6冊（5736面，另索引
及附錄379面）

　　據汪怡主編「國語辭典」爲藍本，加以重編。汪書出版於民國26
年至34年，全書八冊，36年再版時，合訂四冊。爲我國按注音符號排
列最大的辭典。收辭以宋元以來白話文字作品中的詞彙及北平口語詞
彙爲主。最具特色的是注音特詳，創單字、複詞全部注音之例。詞儿
連字、輕聲、儿化韻均加記載。用國音字母和羅馬字母注音。

　　重編要點有五：

　　1.去蕪存菁　淘汰不常用的方言、外來語及冷僻的詞曲牌名；合
併音義相同而形體不同的語詞，如取愚見而併愚意。

　　2.修正錯誤　包括注音、年代、解釋及引文錯誤等。

　　3.充實內容　原編對單字、複詞的解釋十分簡略，重編後解釋加
詳，或增補例句，或增添別義，以補不足。

　　4.增加新字三十七個；新詞二萬餘條；各科學術新詞，約一萬五
千條；古代、民國以來及外國重要人名、各種書名、世界新興國家、
重要地名及臺灣省地名等，共一千五百餘條。

　　5.改良體例　重編後字詞解釋加詳，多舉例詞例句，詳注出處。
並按詞性排列，以應實用。

　　重編後內容與體例如下：

　　1.收辭範圍　收單字一一四一二條，一般語詞七四四一六條，學
術名詞二五四三八條，人名、書名、地名一六二三條，共計一二二八
八九條，較原書多出約百分之五十。

圖

圖書 ㈠ㄊㄨˊㄕㄨ twushu túshū

❶圖畫書籍，如ㄥ豪傑不著名於圖書。ㄣ（韓非子・大體）

❷河圖洛書的簡稱，如ㄥ聖王興則出圖書。ㄣ（漢書・溝洫志）

❸讖緯符命一類的書籍，如ㄥ圖書皆書莽大臣八人。ㄣ（漢書・王莽傳上）

㈢ㄊㄨˊ・ㄕㄨ twu・shu túshu

圖書博覽會 ㄊㄨˊㄕㄨ ㄅㄛˊㄌㄢˇㄏㄨㄟˋ

twushu borlaan huey

túshū bwólǎn hwèi

（圖書）書商、出版商、圖書館或其他團體，分別或聯合舉辦的圖書展覽。

圖書編目 ㄊㄨˊㄕㄨ ㄅㄧㄢㄇㄨˋ

twushu bianmuh túshū byānmù

（圖書）就書籍的本身特徵，加以編識，如書名、著者、出版地、出版者、出版年、版次、冊數、面數，以及附註和提要等，予以簡明扼要的敍述，備供讀者檢索之用。

圖書目錄 ㄊㄨˊㄕㄨ ㄇㄨˋㄌㄨˋ

twushu muhluh túshū mùlù

（圖書）圖書館中所有書籍的總錄，或各書的記載。以形式論，有卡片目錄與書本目錄之分；以內容論，有書名目錄、著者目錄與主題目錄之分；以排列法論，有字典式目錄與分類目錄之分。

圖書分類 ㄊㄨˊㄕㄨ ㄈㄣㄌㄟˋ

twushu fenley túshū fēnlèi

（圖書）一種將各種書籍依一個分類系統各歸其類的技術。

圖書分類表 ㄊㄨˊㄕㄨ ㄈㄣㄌㄟˋㄅㄧㄠˇ

twushu fenley beau

túshū fēnlèi byǎu

（圖書）用以將圖書分類的一種方法或制度，如杜威十進分類法，中國圖書分類法等。

圖書府 ㄊㄨˊㄕㄨㄈㄨˇ

twushu fuu túshūfǔ

藏圖書的府庫，如ㄥ東壁圖書府，西垣翰墨林。ㄣ（張說・麗政殿書院宴詩）

圖書館 ㄊㄨˊㄕㄨ ㄍㄨㄢˇ

twushu goan túshū gwǎn

（圖書）指將人類思想言行的各項記錄，加以搜集、組織、保存，以便公衆利用的機構。

圖書館教育 ㄊㄨˊㄕㄨㄍㄨㄢˇ ㄐㄧㄠˋㄩˋ

twushugoan jiawyuh

túshūgwǎn jyàuyù

（圖書）指圖書館專業人員的養成教育而言。

圖書館學 ㄊㄨˊㄕㄨㄍㄨㄢˇ ㄒㄩㄝˊ

twushugoan shyue túshūgwǎn sywé

（圖書）有系統的研究圖書館的組織及其工作內容與方法的科學。

圖書館週 ㄊㄨˊㄕㄨㄍㄨㄢˇ ㄓㄡ

twushugoan jou túshūgwǎn jōu

（圖書）圖書館界在每年十二月第一週所舉辦的各項宣傳活動。其目的在激發讀者的讀書興趣，並增進圖書館的利用。

圖書學 ㄊㄨˊㄕㄨ ㄒㄩㄝˊ

twushu shyue túshū sywé

（圖書）指研究圖書材料、印刷、版本、時代、裝潢、採集，以及體裁、歷史等學問。其所注意的是書的客觀對象，而不及書的內容。

圖書巡廻車 ㄊㄨˊㄕㄨ ㄒㄩㄣˊㄏㄨㄟˊ ㄔㄜ

twushu shyunhwei che

túshū syúnhwéi chē

（圖書）裝載圖書的汽車，可巡迴各地，借出圖書，一如圖書館的活動分館。

圖書資源 ㄊㄨˊㄕㄨ ㄗㄩㄢˊ

twushu tzyyuan túshū džywán

（圖書）指可供作為知識開發的各種材料，諸如書籍、期刊、地圖、縮影資料、電腦資料等，都可稱為圖書資源。

圖書 ㈡ㄊㄨˊ ・ㄕㄨ twu・shu túshu

私人印章，如ㄥ他善於雕刻圖書。ㄣ

㈠ㄊㄨˊㄕㄨ twushu túshu

圖案 ㄊㄨˊㄢˋ twuann túàn

（美術）美術工藝品及建築物等，在工作之前，須先考案其形式、色彩、裝飾等應如何配置，表示此種考案的圖樣，稱為圖案。

圖案畫 ㄊㄨˊㄢˋ ㄏㄨㄚˋ

twuann huah túàn hwà

2.字形　原則上依敎育部制訂之常用國字標準字體爲準，以楷書正體爲主，附以簡體、或體、俗體等異體字。正體字加方括弧；異體字則用小號宋體字排列，外加圓括弧，附於正體字之後。

3.注音　本書以正音爲主，每一單字及語詞全部注音，除標注國音字母第一、二兩式（卽注音符號與譯音符號）外，並加注耶魯拼音，以利國際人士學習我國語文之用。

4.釋義　每一單字或語詞先以淺近之文言或精練之語體釋義，其義有數義者，依詞性分別排列；次舉例詞或例句，注其出處。

如爲各科學術專門名詞或術語，釋文前均用簡稱標出類別，外加圓括弧。書前列「學科類名對照表」。

釋文中於人名後加西曆生卒年。朝代、年號亦加西曆紀年。凡人名、地名、書名等學術名詞之譯自西文者，詞後均附原名，以資對照。

5.排列　所收字詞之排列，依注音符號及拼音次序排列，卽先聲母，後韻母。同音字，依聲調之陰平、陽平、上、去、輕聲之序排列；同聲調的字，再依筆劃多少爲序。

書前有詳細的編輯報告及凡例，以及數種不同的注音法式，如國音字母表、國語羅馬字拼音法式、國語羅馬字聲調拼法表、耶魯拼音之拼音法式。書後有完備的檢索系統，包括音序檢字表、部首索引、部首檢字表、同義異詞索引、西文譯名索引。附錄：歷代紀年表，自西元前2697（民前四六〇八）至民國一五九年（2070）。

由以上的介紹，可見本書具有下列優點：適當的取材、正確的注音、標準的字形、詳實的注釋、完備的檢索系統等。不僅切合一般國民生活的需要，還可擴及海外僑胞及國際友人研習國語文之用。

書評：也從「重編國語辭典編例」說起——兩點疑問和建議　邵培藩，中央日報民國72年 8 月12—13日。

重編國語辭典瑕疵舉隅　江上村，中國語文第48卷第5期，民國70年　月，頁68—70。

試勘重編國語辭典印刷錯誤　王孟武，中國語文第50卷第5期，民國71年，月，頁24—29。

注音國語新辭典

陶承九主編　民65年　臺北　力行書局　1242面

收單字一萬二千，複詞六萬八千餘條。凡是新舊詞語、成語、俗語、地名、人名、動植物名稱及化學名詞等，均加蒐羅。

本書按照國語注音字母順序排列。每一單字列有三種注音：國語注音、國字直音、羅馬字拼音。字義上分別注有陰文的「名」「動」「形」……等九種詞性，每字釋義後，盡量舉例。

附有部首、四角號碼檢字法二種。另有國語文法表、化學原素表、中外貨幣表等十四種附錄。

成語 格言 諺語 歇後語辭典

成語典

繆天華編　民65年　臺北　復興書局　54,886,148面　修訂三版民國60年初版。

成語：古語常為今人所引用者曰成語，或出自經傳，或來自謠諺，大抵為社會間口習耳聞，為眾所熟知者。（辭海）

共收成語一萬二千條，凡經典語、詩詞語、戲曲小說語、熟語、俗語等，均加採撫。對每一成語用淺近文言解釋，典故由來也詳加考證，舉例注明引書的篇卷，以便檢閱原書。遇字音特殊的，則加音讀，並附注音符號。

依部首排列。書前附部首檢字索引，書後附分類索引，因義以尋成語，共分天文、地輿、歲時、風景、政治、軍事、修身等四十八類，

如無類可歸，則入雜類。凡一成語可歸兩類以上者，以互見法編列。

　　本書引用參考的古籍、類書及宋元明清的小說戲曲達百餘種。對於歷來各種辭書相沿因襲的錯誤及闕漏，或予訂正，或予補充。對於其他重要辭典所不載的成語，如「標新立異」「民不聊生」等均加收錄。本書可說是目前檢查成語最佳、最實用的辭典。

　　書評：我評成語典的得失　李伯材，中華日報，民國67年3月27日，9版。

故鄉實用成語辭典

　　顏崑陽主編　民69年　臺北　故鄉出版社　755面

　　收編一般常用的成語五千多條。凡是冷僻不常用的及望文可以知義的成語，大多加以汰除。一般成語辭典往往只注意解釋意義、徵引出處。本書除仍分注釋、出處外，另建立用法、例句二欄。注釋重在說明生字及破音字的讀音、僻難字詞的解釋，以及整個成語文字表面的意思。出處用以注明該成語的出處。用法重在指明該成語的涵義，及其適用範圍，例句意在示範一則成語的實際應用情形。

　　成語依部首排列，同一部首的再照筆劃分先後。

　　本書的解說文字均簡練明暢。在使用上如能有些依筆劃或注音符號排列的索引，相信更能達到「實用」的效果。

成　語　源

　　陳國源編撰　民70年　臺南　國弘書局　1645面

　　共蒐集二萬二千四百六十三條。取材以十三經、二十五史、諸子百家暨歷代名人文集爲主，次及昭明文選、世說新語、唐詩、宋詞、元曲、佛學經典、著名演義小說等。

　　每條成語之組成次序：名稱、國語注音、解釋含義、引述原文——書名‧篇名‧原文內容、附注。解義用語體文，如有兩種以上或古今釋義不同者，亦兼列之。引用典籍特重原始資料，如「勢不兩

立」，本書引「戰國策」，不似一般成語辭典引用「史記」或「三國演義」。

　　排列依部首順序。書後附檢字索引，仍照部首排列，利用價值不高，如能照筆劃或注音符號排列則較佳。

　　本書編者於民國七十一年另編「實用成語詞彙」，由臺北世新出版社印行，共八百九十七面。以常用成語爲主。編排改按筆劃順序，書後所附索引則按部首排列。

劉氏漢英成語辭典

　　劉達人編撰　民70年　臺北　華英出版社　1448面

　　以 Roget's International Thesaurus 爲範本，而用近代辭典的體裁來編輯，收中文單字六千六百七十一字，四字的成語十三萬條。附圖的成語有二、三千條。體例及編排，與劉氏另著「劉氏漢英辭典」相同。

　　書後附劉氏羅馬字發音索引、劉氏左上文部首索引。

　　劉氏計劃編輯的辭典尚有諺語部分未出版。

新編成語諺語辭典

　　新生出版社編　民46年　臺北　該社　546面

英漢對照中國成語諺語六百句

　　陳澄之編　民48年　臺北　遠東圖書公司　74面

中國成語辭典

　　黃元凱編譯　民56年　臺中　東海出版社　1291面

　　含三萬條成語及日常四字用語，按中文首字羅馬拼音排列，次以英文釋義。書後附筆劃索引。

中國成語大辭典

　　高莫野編　民58年　香港　上海印書館　73,298面

最新成語大全

　　學生出版社編輯部編　民60年　臺北　該社　146面

萬用成語俗諺大辭典

　　易蘇民編　民60年　臺北　大學文選社　31,518面

英漢成語辭林

　　Dixon, J. M.編　民60年　臺北　曉園出版社　555,36面　影印
同年雲天圖書公司也影印本書。

馬來成語詞典

　　梁治廷編譯　民60年　新加坡　星洲友誼企業公司　406面

最新成語大辭典

　　高德沛編　民61年　臺南　正言出版社　〔886〕面

成語手冊

　　柯槐青編　民61年　臺北　五洲出版社　1冊　影印
　　本書原名分類成語手冊，民國35年10月新魯書店印行。提拔書局
民國42年也影印本書。

中國四用成語大辭典

　　陸湧泉編　民62年　臺北　民樂出版社　418面
　　依成語首字筆劃排列，同筆劃者再按部首排。民國65年臺北大新
書局影印本書。

中國成語大辭典

　　熊光義編　民62年　臺北　遠東圖書公司　321面
　　本書依部首排列，另有按筆劃排列的索引，成語偶而注明出處。

八用中文成語辭典

　　華正書局編輯部編　民63年　臺北　該書局　530面　影印
　　收錄約三千條。　八用指：同義、注音、反義、解義、例句、用
法、釋詞等。

注音成語大辭典

朱學成 陳天送合編 民63年 臺南 復文書局 440面

英文習語大全

翁 良 楊士熙合編 民63年 臺北 臺灣商務印書館 1133面
影印

民國15年初版。

本書收英文成語八千條。

英文成語字典

王 圻編 民64年 臺北 臺灣學生書局 202面

成語辭典

王一心編撰 民64年 臺北 一般書店 514面 影印

收成語六千條，另有成語故事三百則。按部首排列。每條成語，
分列釋義、注解、出處、故事、同義五單元。

國音成語詞典

林建經編 民65年 高雄 革新文化出版社 1冊

英文成語詞典

何雨彥編 民65年 臺南 大行出版社 348面 修訂本

四用成語大辭典

四用成語大辭典編輯委員會編 民67年 臺北 國學出版社
308面 再版

按部首排列。四用指解釋、用途、出處、舉例。

中國故事成語辭典

加藤常賢撰 民68年 東京 角川書店 636面

中國故事名言辭典

加藤常賢撰 民68年 東京 角川書店 673面

新編成語辭典

蘇尚耀編 民66年 臺北 文化圖書公司 316面

遠東英英英漢雙解成語大辭典

　　梁實秋主編　傅一勤　朱良箴　陳秀英編輯　民69年　臺北
遠東圖書公司　1364面

成語辨正

　　吳霞雲編撰　民71年　臺北　編者　382面

中國格言大辭典

　　中國格言大辭典編審委員會編　民62年　臺北　遠東圖書公司
473面

　　依格言語意分為智仁勇三集。舉凡有關人生意義的探討，學問知
識的研求，事理行為的辨識，精神體格的康強等，足以增益識見者，
編入智集。有關心志性靈的培育，克己達人的陶融，道德情操的涵
詠，足以修養品行者，編入仁集。有關宗親長幼的和翕，朋儕情誼的
往還，軍政庶務的區處，足以臨事有方者，編入勇集。一集之中又別
為數類，每類細分為數款，各有標題，以資歸納，而便檢查。全書共
收格言凡五千餘條，三集十四類一百二十四款。每格言大都均加以詮
釋，間有引用典故或偏僻詞句，也加以注釋。每則格言儘可能注明立
言人姓名或書名篇名的出處。

　　日人諸橋轍次於民國六十一年編撰中國古典名言事典，收名言、
名句及成語，共四千八百條，加以注釋，一〇二〇面。由講談社印行。
民國六十七年星光出版社曾加以譯成中文，書名中國古典名言集。

實用名言大辭典

　　高源清主編　姜麗卿　洪家輝編輯　民71年　臺北　故鄉出版社
700面

　　收錄世界各國諺語的菁華及古今中外思想家、哲學家、政治學
家、軍事學家、科學家、歷史學家、文學家等的名言一萬餘則。依性
質分成九類，即：自然，人品與人倫，人生與際遇，情緒、情操與心

性，行為與道德，語言文字、生活與宗教，政治、軍事與經濟，學藝，臨終之言等。每大類再細分小類及子目。每一名言下，除注明人名外，另附國別、朝代或書名。

書中另有插圖千餘幅，包括名人的畫像、照片、故居、手稿等。

漢詩名句辭典

鐮田正　米山寅太郎合撰　民69年　東京　大修館書店　731,71面

就中、日漢詩數萬首中選出繪炙人口的名句一一〇九句，加以解說、賞析，並列舉原詩。編排按內容分成四類，即：自然的鑑賞、人生衆生相、國家社會的治亂興衰、雜詠（詠物、詠美女等）。各類再依需要予以細分，共分四十餘小類。

附有漢詩概說、著者簡介、漢詩參考年表、中國歷史地圖及現代地圖等。

為便於檢索，編有詩句（一首詩）索引、語句（一首詩中的一句）索引、著者索引等。依日本五十音順排列。

增補中華諺海

史襄哉編　朱介凡校訂　民64年　臺北　天一出版社　1冊

初版於民國十六年，由中華書局印行。收諺語一萬二千四百二十四條，按部首為序，再依每句諺語首字筆劃繁簡為次。諺語旨意相同，而說法有異，皆兼收並錄。民國六十四年天一出版社重印時，由朱介凡加以校訂。其校訂原則是：

1.錯句或筆誤者，不率意校改，也不刪去，以△號表示。

2.非諺語的句子，如屬於成語的（一曝十寒、花團錦簇等），如屬於格言的（苦言藥也，甘言疾也），如屬於詩文警句，口頭詞彙與片詩的等皆刪去。

3.史氏遺漏者。校訂後得諺語二萬六千餘條。

天一版乃重新排版，照四角號碼排列。

本書書前有筆劃、部首、四角號碼對照表。

附記：有關台灣的諺語集，下列各書可供參考：

臺灣俚諺集覽

臺灣總督府編　民57年　臺北　古亭書屋　845面　影印

本書民國3年初版，收編四千三百條，依類分。　　　　　　　　角

臺灣諺語

吳瀛濤編　民64年　臺北　臺灣英文出版社　747面

有關中國各地的諺語集，朱介凡編有中國謠諺叢刊第一輯十種，由臺北天一出版社印行，可供參考。

北平諧後語辭典

陳子實主編　民60年　臺北　大中國圖書公司　348面

民國58年初版，342面。

諧後語按其構造可分爲四類：

1.關連語：卽上下語句具串連性，前後語的詞意上有連帶關係，說話的人常將下半段話也同時說出。如：佛爺眼珠兒——動不得。

2.聯想語：是話語帶有其他意思，讓對方來意會，用語中多與習俗有關，常有隱語、土語，外地人不易聽懂，若經點出常妙不可言。如：臉盆裏扎猛子——不知深淺。

3.同意語：北平人講話愛用同音字，這同音字常帶有含義，當地人一聽就懂。如：劉備夫人——糜氏。

4.轉借語：說話裏也是用諧音字，但是還有其他意思，在講話的人，不再多作解釋。如：外甥打灯籠——照舅。

本書收錄一千多句諧後語，只限於北平一帶。每種語彙，加以解釋，並舉例說明。

以每一詞彙的首字羅馬拼音爲序，雖便於外國人士參考，却不便

於國人翻檢。書前列有索引，也照羅馬拼音排列。

明清俗語辭書集成

　　長澤規矩也主編　民63年至66年　東京　汲古書院　5輯

　　第一輯：俚言解、官話合聲字母序例及關係論說、俗話傾談、士民通用語錄、問答官話、文學書官話、世事通考、語彙用例集、異號類編、土風錄、直語補證。

　　第二輯：稱謂錄、通俗常言疏證。

　　第三輯：官話彙解便覽、談徵、正音撮要、里語徵實、軍語、新名詞訓纂、俗語考原。

　　第四輯：雅俗稽言。

　　第五輯：目前集、常談考誤、常語尋源、證俗文。

通俗編　三十八卷　附直語補正

　　（清）翟　灝撰　民68年　臺北　大化書局　920,67面　影印

　　採漢語中的俗語、方言，共五千餘條，加考辨語義，探索源流，詳爲徵引。分爲天文、地理、時序、倫常、政治、文學、武功等三十八類。所附直語補正共收詞語四百條，是爲本書的補充資料。書後附四角號碼語彙綜合索引。

俗語典

　　王宇綱撰　王宇綬校　民65年　臺北　五洲出版社　510面

　　本書根據中外各種俚語、諺語、俗語字典彙編而成。全書約五十萬言。按俚諺俗語首字筆劃排列。均注明出處，部份條目加以解釋。

　　有關俗語的參考書，除本書外，還有下列各書：

俗語典

　　胡樸安等編　民59年　東京　汲古書屋　356面　影印

　　民國11年廣益書局初版。

俗語考原

李鑑堂撰　民60年　臺北　文海出版社　146面　影印
民國26年初版。

中外俗語典

潘禮文編　民64年　香港　中西文化出版社　653面

最新美國俚語辭典

Wesee, M .H. 編 Li, Hsiang-ku譯　民66年　臺北　衆文圖
書公司　523面

圖解上海俗語彙編

不著編者　民67年　臺北　漢聲出版社　253面　影印
民1年出版

最新美國俚語辭典

名人出版社編譯　民70年　臺北　該社　520面
據 The Pocket Dictionary of American Slang 編選，共收
九千則。

其　他

最新英文同義反義字典

戴夫林（Cevlin, J.）撰　尹讓轍譯　民51年　臺北　文源書局
432面

中華字源

李敬齋編　民54年　臺北　編者　2冊

漢字語源辭典

藤堂明保撰　民54年　東京　學燈社　914面
民國61年臺北中新書局有影印本。
書評：評漢字語源辭典　陳榮捷，國立中央圖書館館刊新第1卷

第 3 期，民國57年 1 月，頁66—70。

字辨

　　顧雄藻編　民57年　臺北　臺灣商務印書館　〔15〕66〔43〕面

（人人文庫206—207號）

　　民國22年初版，45年修訂版。

正字篇

　　馬晉封編　民58年　臺北　大華晚報社　238面

英文同義字辭典

　　岑卓雲主編　民58年　臺北　華聯出版社　482面

　　本書民國52年初版。

辨字辭典

　　何浩清編　民59年　臺北　五洲出版社　394面

最新實用破音字典

　　芮家智編撰　民59年　臺北　學生出版社　80面

古今正俗字詁　二卷

　　鄭　詩輯　民60年　臺北　藝文印書館　238面　影印

常用字免錯手冊

　　方師鐸編撰　民65年　臺北　天一出版社　102,13面

我不再讀別字

　　周介塵編　民66年　臺北　名人出版社　219面

字辭辨正手冊

　　林川夫編　民66年　臺北　武陵出版社　305面

別字辨正

　　李植泉編　民67年　臺北　正中書局　205面

我要征服破音字

　　周介塵編　民67年　臺北　名人出版社　244面

同義語反義詞辭典

吳　華編　民　年　臺北　文通印書館　16,289〔131〕面

專 科 辭 典

附中外名詞對照

書名辭典　見　書目；　人名辭典　見　傳記參考資料

地名辭典　見　地理參考資料。

「現代社會為一分工的社會，此種特徵反應在事業與工作上，則產生不同的行業，在每一行業裏，更有職掌的分工。反應在智識的追求上，則有多種學術研究的分工，從事於學術研究者不僅選擇一種專門學科的領域，而且深入至學科中的一個附屬的部門」。（西文參考書指南）在參考工具書的編製上，傳統的綜合性書目、索引、辭典、百科全書等，已很難適應和包含各形各色的專門問題。因此，各種專科參考書，如：專科書目、專科論文索引、專科辭典、專科年鑑、專科百科全書等，乃應運產生。

總 類

國父遺教大辭典

陳健夫編　民69年　臺北　新橋出版社　874面

民國43年初版。

係依據中央文物供應社出版的總理全集編輯而成。分下列二十六類：哲學、文化、革命、民族、宗教道德、國際、外交、歷史、地理、軍事、華僑、民權、政治、政黨、地方自治、法律、民生、經濟、實業、交通、社會、教育、土地、衞生、科學、人物等。全集中每一語句，每一事件，均成立一條。每條之後，均注明來源。除有分

類目錄外，並附細目索引。

三民主義辭典

金平歐等編　民54年　臺北　中華叢書編審委員會　594面

詮釋三民主義、五權憲法及一般革命理論與革命史實中所含重要名辭，每條注明出處，按筆劃多寡排列。卷首有檢字表、名辭檢查表、及有關人名檢字表。末附有關人名事略、索引及革命大事年表。

民國六十二年中國國民黨黨史委員會出版的國父全集第六冊，有國父全集索引。收錄人名、地名、事物名及理論學術等用語，按筆劃排列，共有四一二面，可與本書相輔應用。

蔣總統言論大辭典

吳環吉編　民49年　臺北　編者　2冊（1066面）

據中央文物供應社民國四十五年出版的蔣總統言論彙編及四十八年出版蔣總統言論彙編（續編），共計二十七卷，編輯而成。

本書就蔣總統言論彙編中，每一詞句，每一事件，立一辭彙，辭彙下，將蔣總統有關該辭彙的言論，加以編列。所有辭彙按筆劃多寡排列。每條均注明來源，包括篇名及彙編中的冊頁數。

圖書學大辭典

盧震京編　民60年　臺北　臺灣商務印書館　595,186,51面　影印民國29年初版。

收錄有關圖書學與圖書館學的專門名詞，如：圖書館學的原理、方法、歷史、行政，中外著名圖書館的組織，與圖書館有關的各種學術，如：校讎、書史、目錄版本學、印刷、裝訂等，而側重於本國圖書館事項，因此對於本國圖書館的法令制度，現況及問題等，均詳為羅列。

各條目的詮釋，做外國百科全書例，每一名詞的敘述，均有一完整的觀念，並附上簡單的參考書目，可供閱者進一步查考。必要時，

也附有圖表。

　　依名詞或標目第一字筆劃排列 ， 同一筆劃的 ， 依點橫直撇屈爲序，爲便利檢索起見，書前附有依筆劃排列的總目錄，書後附有四角號碼索引。

　　附錄原有二十四種，影印時只保留中西文編目條例、中外作家異名錄、宋遼金元明清年號名諱索引表、歷代藏書家室名索引、四角號碼索引等。刪除的附錄有：中文重要參考書目、西文重要參考書目、圖書館工作程序表 、 中文重要圖書館學書目 、 西文重要圖書館學書目、全國圖書館調查簡表等。

　　書評：評圖書學大辭典　景培元，圖書季刊新3卷3—4期合刊，民國30年12月，頁355—357。

圖書館學術語簡釋

　　王　征編譯　民61年　臺中　文宗出版社　134面

　　原載圖書館學報創刊號。

　　收編圖書館學術語一千七百多條。取材自英日文資料。按中文的四角號碼排列，後加英文原文及簡單中文解釋。書後附有英文字順索引。

圖書館學暨資訊科學常用字彙

　　李德竹編　民70年　新竹　楓城出版社　291面

　　收錄圖書館學、資訊科學及其相關學科的名詞，共五四八〇條，依英文字母順序排列，後加中文譯名，不作內容的解釋。如中文譯名或用法有多種，則酌予列出，並簡單說明其使用範圍。機關譯名，則在名稱後加注國別或其他文字以區別之 ， 如 Council on Library Resources (U.S) ，係美國圖書館資源委員會。

　　事後附韋傑士羅馬拼音系統、圖書館學常用縮寫字、照相排字技術等七種參考資料。

書評：圖書館學暨資訊科學常用字彙評介　　陸毓興，中國圖書館
學會會報第33期，民國70年12月，頁150—151。

圖書學辭典

　　長澤規矩也撰　民68年　東京　三省堂　174面

新聞英語讀者辭典

　　矢吹雄二編　馬驥伸編訂　民 69 年　臺北　亞太圖書出版社
348面

哲 學 宗 教 類

中國哲學辭典

　　韋政通編　民66年　臺北　大林出版社　819,8面（大林學術叢
刊9）

　　收編中國哲學名詞四百三十二條。以傳統哲學的觀念、問題、學
派爲主。這裏的哲學，指傳統廣義的而言。除純哲學意義的觀念外，
也包括一部份宗教、政治、經濟、社會、歷史和教育等方面的哲學思
想。新近的哲學思潮，如全盤西化、中體西用、科玄論戰等，也酌予
收錄。本書不包括佛教哲學，及哲學家個別的介紹。

　　對各名詞的解釋，合引言（如無必要，從缺）、正文、互相參看
條文名稱、參考文獻四部份。正文就哲學的原始資料及後人的研究成
果，予以分析綜合，以顯示觀念的內涵、演變，以及和其他觀念，問
題的相關性，如有不同見解的批評或評論，則附於正文的後面。徵引
資料，均詳細注明出處。

　　互相參考條文，分兩種：1.直接相關，如「心」參見「心學」「
性」「人性論」「求放心」；2.間接相關，如「君子」參見「小人」。

　　對於參考文獻，只列民國以後新研究的成果；民前的文獻，因正

文引用時已詳加標明，所以從略。

按筆劃排列，書後附有筆劃索引。

國內很少有關中國哲學辭典的出版，如民國六十六年中華世界資料供應出版社出版的中國傳統哲學英漢辭典，譚約翰編，只是名辭對照而已。

書評：中國哲學辭典評介　項退結，哲學與文化第4卷第5期，民國66年5月，頁56—57。

西洋哲學詞典

布魯格（Brugger）撰　項退結譯　民65年　臺北　先知出版社711面

據西德布魯格編西洋哲學辭典十三版編譯而成。收名辭四百十七條，自古代至當代的各種哲學術語，如哲學、本質、存在、民主、幸福、安樂死、人文主義，邏輯實證論……等，均蒐羅在內。本書對於條文的解釋，不像坊間的專科辭典，把每一名詞孤立處理、逐條解釋而已，而特別注意哲學思想之間的聯貫。蓋許多哲學名詞，若予個別說明，則頭緒紛繁；若予以系統地討論，則不需冗長的解釋，即可理解。

每一條目列有參考書目，並分別注明與該條文思想一致或見解不同的著作。按西文字母排列。

本書另有西洋哲學史簡要二四二節，歷述二千五百年來，著名哲學家的重要著作及思想發展。

附錄有哲學術語索引與西洋哲學史簡要索引。

譯文精簡扼要，體例嚴謹，印刷精美，查閱方便，是近年來出版最佳工具書之一。

哲學辭典

樊炳清編　民60年　臺北　臺灣商務印書館　1008面　影印

民國15年初版，上海商務印行。

羅列西洋哲學的術語，解釋其大意，辭下注英德法文原名，以首字筆劃爲次，書前目次凡六十五頁，書後有補遺九頁，末附西文人名附漢譯檢查表，西文名詞檢查表及中譯名四角號碼索引。

本書夏丏尊曾有下列的批評：「本書名哲學辭典，其中尋不出半個中國哲學和印度哲學名詞，完全是專載西洋哲學名詞的，照理應稱西洋哲學辭典才對，但就西洋哲學說，似乎也多脫漏，……如『勿洛伊特（Freud）』的人名沒有，『精神分析』的名詞也沒有，『中立一元論』、『佔有衝動』、『創造衝動』均未列入」……（見一般月刊 1 卷10期，民國15年11月，開明書局出版）

民國四十九年臺北啓明書局也有影印，書名改爲哲學大辭典，內容稍有修改。

近代邏輯暨科學方法學基本名詞詞典

成中英主編　民72年　臺北　聯經出版事業公司　281面

收錄邏輯及科學方法學名詞一九二七條目，按分類排列，計分爲五類：1.一般語言結構、定義、語言學等非形式系統；2.真理函數系統；3.量限論系統；4.類論與集合論系統；5.公理系統、邏輯理論及數學基礎。

書後附中英文名詞索引。

邏輯語彙初編

何秀煌編譯　民61年　香港　大學生活社　164面

心理學名詞彙編

高桂足等編　民63年　臺北　文景書局　312,58面

收二千一百八十條心理學名詞，包括普通心理學、教育心理學、發展心理學、青年心理學、社會心理學、實驗心理學、學習心理學、變態心理學、教育統計學、輔導研究及心理測驗研究等學科中常用的

專有名詞為範圍。

依名詞筆劃排列，並注明原文及中文解釋。書前有中文索引，書後有英文索引，俾便尋檢。

下列二種是有關心理學名詞中英對照的參考書：

心理學名詞彙編

溫世頌編　民52年　臺北　文英印書公司　116,18面

普通心理學名詞

國立編譯館編　民58年　臺北　正中書局　83面

道教大辭典

李叔還編撰　民68年　臺北　巨流圖書公司　700面

收集道教名詞五千六百條。內容包括道門的哲學、教理、經義、典制、威儀、秘典、玉訣、術語、掌故、常識等，其中道教人物佔九百條。各條目考據其出處，注明原書名、篇名，或錄原注，以為義證。如有意義欠明，或無原注疏者，則加簡明詮釋，使得一目瞭然。

各條目內容，如與他條關聯者，彼此辭略互見；或僅詳甲條，而略於乙條者，則於辭條義證之下，載明「詳某條」，或「參閱某條」字樣，以便檢查，而省篇幅。

依字典部首排列，同一部首再按筆劃分先後，書前有所收字詳目。

道教辭典

戴源長編　民60年　臺北　真善美出版社　〔20〕257面

中國名數辭典

川越泰博撰　民69年　東京　國書刊行會　198面

仙學辭典全集

戴源長編　民59年　臺北　真善美出版社　〔15〕175〔46〕面

命學辭典

邸文耀編　民71年　臺中　創譯出版社　1408面

蒐羅古今命學著作，將命學和命術中各名詞及各辭類，加上現時流行的新辭典與術語等，分別輯入。依筆劃多寡排列。各辭除釋文外，並引古書證之。書前有部首索引（實爲筆劃索引）。

編者撰有多種有關命相學圖書，如：命學眞源考證、子平命術要訣、徐子平命學考證、徐大昇命學考、相學辭典等。

堪輿辭典

梁湘潤編撰　民71年　臺北　行卯出版社　350面

法相辭典

朱芾煌編撰　民國61年　臺北　臺灣商務印書館　2册(1474)面影印

民國28年商務印書館初版。

唐玄奘三藏法師，殫精譯事，費時二十載。所譯經論，凡七十餘種，遺書一千二百餘卷。其中阿毗達摩一分，允爲譯經上最佳資料，編者於彼所譯菩薩乘經論中，取其釋經必須之重要名句，顯而易解者，集爲法相辭典，皆錄原文，並標卷頁，藉便檢尋。

圖書季刊對此書曾有評介：「佛學辭典之屬，雖有編著者，然而泛載俗名，隨自意解，譯文訛誤，選材蕪雜，失處極多，爲用蓋鮮。編者獨依玄奘法師所譯經論，且重依阿毗達摩一分，以釋佛經，蓋玄師華夏耆英，殫精譯事，彼所翻菩薩乘經論中，若解深密經，緣起初勝法門經……等，皆係釋經無上資料，編者取其中重要名句，顯易瞭解者，集爲法相辭典，共二百六十餘萬言。

依首字筆劃排列，但順世俗，爲易查檢。注錄悉引原文，不加詮釋，並標明卷頁，藉便尋檢，設或諸義殊解，即爲逐條彙列，先大後小，由略及詳。其或文繁難載，亦各標明出處，俾學者得考原文。若夫西域人名地名，有爲釋經所需要者；則姑取材西域記中前分，用佐

不足。其非奘師所譯，概不收錄。用避冗泛，此其體例之大概也。

總之，此編選材，允稱精愼謹嚴，雖未備攝一切，已足爲世之欲宣說正法，詮釋經論，修定求慧，以及志在研究菩薩乘敎及聲聞乘敎者之階梯指南矣。（圖書季刊新二卷一期）

佛學大辭典

丁福保編譯　民63年　臺北　新文豐出版社　4冊（3002面）影印

民國9年上海醫學書局初版，線裝16冊。民國45年臺北華嚴蓮社，有影印本，正文3冊，索引1冊，3294面。(一說民國8年初印，10年完成)

探輯佛書中的專門名詞、人名、書名等加以詮釋，並參考日本織田得能氏、望月氏的佛敎大辭典(民國六年出版於東京)，若原氏的佛敎辭典，藤井氏的佛敎辭林，以補充之，約三百萬言，共收詞語三萬餘條。舉凡東西兩方與佛乘有關係的學說術語，悉匯於此。本書爲我國目前最大的佛學辭書。

以筆劃爲序，每詞之下，先注明其爲術語，或書名、人名、經名等，然後解釋。

關於佛學辭典，另有下列八書：

翻譯名義集

（宋釋）法雲編　民45年　臺北　建康書局　72,200面　影印

漢英佛學大辭典

蘇赫爾（Soothill, William Edward)編　民50年　臺北　中國佛敎月刊社　531面　影印

一切經音義　二十五卷

（唐釋）玄應撰　民51年　臺北　中央研究院歷史語言研究所　1冊

諗所專刊四十七號「一切經音義反切考」附冊。書前附一切經音
義總目，書後附列經名及引用書索引，周法高編。

一切經音義　一百卷　續編十卷

（唐釋）慧琳撰　　（遼釋）希麟續撰　民59年　臺北　大通書局
影印

與國立北京大學研究院文史部編一切經音義引用書索引合刊。

佛學名詞四種（英文、中文、巴利文、梵文）語言彙集

林忠億編　民60年　臺北　慧炬出版社　134面　影印

佛學小辭典

孫祖烈編　民64年　臺北　佛教出版社　350面

實用佛學辭典

上海佛學書局編　民66年　臺北　佛教出版社　1936面　影印

民國23年初版。

影印本書的出版社，還有民國63年臺北新文豐出版社、臺北善導
寺佛經流通處、香港佛經流通處等。

中國佛教史辭典

鎌田茂雄撰　民70年　東京　東京堂出版　458面

收中國佛教史上的人名、書名、思想、事件等名詞，共一千五百
條目。

聖經辭典

海丁（Hastings）撰　上海廣學會譯　民63年　臺北　少年歸主
社　957面　影印

民國5年9月初版，上海廣學會印行。

據海丁氏原著及希臘、拉丁文、英、法、美等國重要名著多種編
譯而成。所輯聖經中術語、地理、天文、風俗、宗教、人名、書名等

習用名詞五千餘條，名詞均用中文詳加解釋，並注明該詞的英文原名
及其出處，名詞排列，以部首爲次，卷首有聖經簡用卷名、目錄、檢
字表、西文索引，及編輯人名表，卷末有補編聖經章節目錄等。

有關基督教辭典尚有下列四書：

宗教小辭典

鄭　鵠編　民58年　臺北　磐石出版社　1冊

聖經神學辭典

聖經神學辭典編譯委員會編　民64年　臺中　光啓出版社　115
面

聖經神學辭彙

黎加生編　民65年　臺北　基督教文教出版社　150面

英漢對照神學用語手册

潘應求撰　民66年　臺南　東南亞神學院協會臺灣分會　255面

科　技　類

科學名詞彙編

國立編譯館編　民66年　臺北　正中書局　臺灣商務印書館　39
册

民國二十一年六月十四日國立編譯館成立後，陸續公布各種科學
名詞，牽先公布的有藥學名詞及化學命名原則二種，到民國六十六
年，經公布後刊行的，約有三十九種，其中除下列五種由商務印書館
印行外，均由正中書局印行。這五種是：體育名詞、物理學名詞、水
利工程名詞、土壤學名詞、林學名詞。

正中書局將國立編譯館公布印行的科學名詞，計三十四種，予以
彙編，命名「科學名詞彙編」，分裝五函。茲將三十四種名詞的名稱
及頁數，列舉如下：

第一函

　　物理學名詞　463面　　化學名詞　401面　　化學工程名詞　478面　　化學命名原則　254面　　化學儀器設備名詞　157面　　氣象學名詞260面　　原子能名詞　99面　　天文學名詞　101面　　數學名詞61面

第二函

　　藥學名詞　218面　　發生學名詞　115面　病理學名學　403面　人體解剖學名詞　213面　精神病理學名詞　153面　　比較解剖學名詞　213面　　細菌免疫學名詞　230面

第三函

　　造船工程名詞　210面　　土木工程名詞　83面　水利工程名詞83面

第四函

　　礦物學名詞　536面　　林學名詞　156面　　肥料學名詞　20面　土壤學名詞　25面　　礦冶工程名詞　73面

第五函

　　體育名詞　67面　　音樂名詞　56面　　經濟學名詞　54面　　社會學名詞　28面　　教育學名詞　36面　　統計學名詞　89面　普通心理學名詞　83面　　外國地名譯名　　面

　　下列六種單獨刊行，茲將其書名，出版年及頁數，列舉如下：

海事名詞　民55年　750面

農業推廣名詞　民61年　13面

電子工程名詞　民62年　78面

生物學名詞動物部份　民63年　105面

會計學名詞　民63年　105面

畜牧學名詞　民65年　86面

下列名詞在印刷中，或集會審查中，或編輯中，如：

生物學名詞植物部份

地質學名詞

地理學名詞

上述科學名詞，均屬中英對照。名詞的排列，大部份依英文字母順序，後附中文譯名。也有依照中文譯名的筆劃排列者，如普通心理學名詞、礦物學名詞、化學儀器設備名詞等。另有少數依名詞性質分類排列者，如體育名詞，分爲二十一類，每類再按筆劃排列先後。

科學大辭典

人文出版社編　民57年　臺中　該社　16册

本書包括：物理、化學、動物、植物、礦物、醫藥等六部門，除物理外，均爲影印。

1.物理：共二册。第一册是物理學名詞的詮釋，照中文筆劃排列。書後有附錄。缺英文索引。第二册爲物理學名詞彙編，收九千餘條。

2.化學：共二册。化學名詞照英文字順排列，後加中文譯名及簡略注釋。書後有中文筆劃索引。

3.動物：共四册。卽影印民國二十二年上海商務印書館出版的動物學大辭典，由杜亞泉等編。其排列以中文的字劃多少爲序，下附以英、德、拉丁、日文。書中各詞均加注釋，於必要處附加圖像，以助解釋。書後附有中文檢字索引、西文索引、日本片假名索引。（本書民國四十五年香港新亞書店也曾影印）

4.植物：共三册。卽影印民國二十二年上海商務印書館出版的植物學大辭典，由杜亞泉主編。收植物名稱、植物學術語二種。植物名稱之下，附有拉丁文學名。植物學術語之下，附有英德文。重要植物除詮釋外，均有附圖。全書排列，以字劃多少分先後，卷首有檢字目

錄，書後有中西文索引，及日本片假名索引，中文索引用四角號碼排列。

　　5.礦物：共二冊。本書原名地質礦物學大辭典，杜其堡編，民國十九年上海商務印書館印行。是書內容包括地質學、礦物學、岩石學、結晶學、化石學、地文學等。關於各科的名稱、術語、學說、學者的傳記等，均有專條記載。並於必要處附加圖幅以注釋。其編次以中文的筆劃多少爲序，下附以英德文，頗便讀者的查閱。編首附有檢字表，著名地質學家的肖像，玉及寶石的彩圖。編末附有英漢對照名詞索引，及德漢對照名詞索引。

　　6.醫藥：共三冊。疑卽影印民國二十四年上海世界書局出版的新醫藥辭典，程瀚章等編。本書照中文名詞筆劃排列，注明德文、英文、法文、拉丁文等。每條有近百字的中文解釋，並有甚多圖表，以助瞭解。書後無英文索引。

科學名詞大辭典

　　　　廖文生等編譯　民61年　臺北　五洲出版社　1351面

學生科學辭典

　　　　光復書局編輯部編　民65年　臺北　該書局　774面
　　　　供中學生使用，各名詞略加解說，附有圖解。

漢英科技常用詞彙

　　　　張福生編譯　民70年　高雄　復文圖書出版社　405面

漢英圖解專科分類名詞辭典

　　　　左秀靈編譯　民71年　臺北　名山出版社　880面

英漢綜合科學技術辭典

　　　　左秀靈主編　民71年　臺北　名山出版社　618面

中山自然科學大辭典

　　　　李熙謀等編　民61至64年　臺北　臺灣商務印書館　10冊

本書爲繼雲五社會科學大辭典後，商務印書館出版另一專科大辭書。全書按自然科學所轄部門分爲十册，茲將其書名及主編者，列舉如下：

第一册自然科學概論與其發展　李熙謀、徐賢修、劉世超主編

第二册數學　鄧靜華主編

第三册天文學　曹　謨主編

第四册物理學　林爾康主編

第五册化學　朱樹恭主編

第六册地球科學　林朝棨主編

第七册生物學　林亮恭主編

第八册植物學　劉棠瑞主編

第九册動物學　易希陶主編

第十册生理學　葉　曙主編。

每册字數不等，有數十萬言者，也有近二百萬言者，都一千萬言左右居多。從民國六十一年印行，至六十四年止。本書的體例，各册略有不同。相同者卽每册卷末均附有中文筆劃索引，及英文字母順序索引。其餘各書編纂方法，略有不同。有字典式排列者，如天文學、物理學、生理學；有依百科全書式者，如地球科學、生物學、植物學；各條目下有著者署名的，如數學、地球科學、生物學、植物學、動物學、生理學；有少數無署名的，如天文學、物理學。各條目後多數不列參考書目；也有少數列有參考書目者，如化學、生物學。本書擬編十册的總索引，尚未出版。

本書是政府遷臺後，所編輯的重要工具書，各圖書館均應購置。

自然科學大辭典

林大聖編　民65年　臺北　新文豐出版公司　928面

主要取材於日文的科學辭典。按各名詞的英文字母順序排列，加

注日文及英文，每一名詞均用中文詳加解釋。部份名詞，附有圖表及
參考文獻。

　　書後附中文索引，按國語注音符號排列。另附有六十二則專題講
述，如：談公害病，常用漢方藥類等，約有八十六面。

幼獅數學大辭典

　　陳國成總編輯　幼獅數學大辭典編輯小組編輯　民71至　年
臺北　幼獅文化事業公司　1788面（上卷A--H）

　　據下列國內外數學辭典編譯而成：1.中山自然科學大辭典第二册
數學；2.雲五社會科學大辭典第二册統計學；3.國立編譯館編「數學
名詞」；4.日本「岩波數學辭典」；5.日本「現代數學教育事典」；
6.美國 "Encyclopedic Dictionary of Mathematics"。

　　內容：包括五部門，卽：數學基礎與數學史、代數、幾何、分析
（複變函數論、泛函分析、微分方程）、機率論。

　　所收錄的名詞分三個層次：1.大項目，包括中國古代數學，按中
國數學發展史實，分八個項目：自先秦時代、漢代、魏晉南北朝、隋
唐時代、宋朝與元朝、籌算至珠算的演變、西方數學第一次傳入、清
中葉時期至西方數學第二次輸入等；2.中項目，爲本書內容之主體，
以英文版ＥＤＭ與岩波數學辭典爲藍本，涵蓋數學科全部重要項目及
相關詞彙；3.小項目，以一般名詞爲主，配以數學家小傳及古代數學
典籍。

　　全書分五大部門，四百二十中級項目，各類數學名詞一萬五千八
百二十條，中國古代數學史料、中外數學名人資料四千五百條，中英
名詞對照五千六百條，合計二萬五千九百二十條。

　　按英文字母順序排列。加中文譯名或釋文。釋文長短不一，視內
容需要而定。每一條目之後，均標有撰稿人及審稿人的代號。

　　書前有數學發展大事年表，自西元前二六九八年至一九六○年

止。本書目前只出版上卷，希望下卷早日問世，並編輯中英文索引，以便檢索。

幼獅數學大辭典（統計學）

> 幼獅數學大辭典編輯小組編　民69年　臺北　幼獅文化事業公司
> 352面　（本文167面）

以國立編譯館出版之統計學名詞及中國統計學會出版之統計名詞為基礎，刪除部分不太實用者。凡收在雲五社會科學大辭典第二冊統計學上的名詞，亦不予收錄。

依英文字母順序排列，加中文譯名及解釋，部分名詞舉例說明，以助對有關名詞的瞭解。有的名詞附有參考書目，包括專書及論文。每一條目之後，均標有撰稿人及審稿人的代號，以示負責之意。

書前有統計學發展年表、統計學符號表；書後有英文索引及中文索引，後者依國音排列。有些名詞已收在雲五社會科學大辭典第二冊，則在這一部分的名詞前用「※」符號表示。

附錄均為統計學上實用的表格，如：1.常態機率函數及相關函數；2.二項分佈的個別項；3.二項分佈的累積項；4.波阿松分佈的個別項；5.波阿松分佈的累積項；6.卡方分佈的百分比；7.控制極限計算的因數等。

數學大辭典

> 馬　宏等編　民58年　臺中　人文出版社　18冊　修訂本
> 民國57年初出版。

包括算術、代數、幾何、三角、新數學五部門。除後者係新編外，其餘四種均為影印民國二十四年及二十五年，上海新亞書局出版的算術辭典、代數學辭典、幾何學辭典、續幾何學辭典、三角法辭典。

本書與他種辭典不同，以中小學數學問題解答為中心，帶有練習

題的性質。除新數學外，每一部份又分：1.公式；2.解法之部；3.名詞之部；4.學科小史；5.英漢名詞對照表等五類。各部門之後，附有每一習題的詳細索引。（新數學除外）

算學辭典

段玉華　周元瑞合編　民56年　臺北　臺灣商務印書館　1502面　影印

民國27年上海商務印書館印行。

收西算及中算名詞約七千條，每條解釋例證，有多達數千言的，中西疇人傳略，也廣爲羅列。照首字筆劃多寡排列。書後附有四角號碼索引及英文索引。

我國出版的算學辭典，多屬翻譯日本長澤氏的著作，長澤的書，偏重例題詳解，其所收詞語，多係節錄美國 Davis 算學辭典中的中學程度一部份。而本書則係較高程度的普通算學辭典。

數學大辭典

趙　繚編　民49年　臺北　文化圖書公司　888面　影印

民國29年群益書局初版。

簡明數學辭典

葉崇真編　民52年　臺北　華聯出版社　366面　影印

數學辭典

倪德基等編　民53年　臺北　臺灣中華書局　402,226面　影印

民國十四年初版，以日本長澤龜之助所著數學辭典爲依據。

數學名詞彙編

現代書局編　民56年　臺北　該書局　117面

新編英漢數學詞典

大方書局編　民58年　臺北　該書局　107面

圖解新數學辭典

　　　陳漢章譯　民61年　臺北　徐氏基金會　228面

最新數學名詞彙編

　　　沈增溪　黃大增合編　民61年　臺北　正文書局　223面

算術辭典

　　　施百鍊編　民60年　臺北　蘭開書局　362面　修訂本

航空太空科學名詞

　　　國立編譯館編訂　民69年　臺北　該館　307面

　　　包括：飛機設計製造、結構學、空用力學、空氣動力學、流體力學、熱力學、空用電子及通訊、飛彈及太空飛行器、航空法規、航空太空醫學、太空力學等。

　　　名詞依英文字母順序排，附中文翻譯，約收一萬五千則。

航空太空名詞辭典

　　　中國航空太空學會編　民65年　臺北　該會　373面

　　　包括十三大類：氣動力學、飛機、結構學、飛彈及太空航行器、空用電子、流體力學、熱力學、空用動力、航空法規及航行管制、氣象、航行學、航空軍語、航太空醫學。

　　　體例：按上述十三類分類排列，同類名詞，依英文字順為序，除加中文譯名外，並酌加簡要中文解釋。

　　　缺輔助索引。

　　　關於航空辭典，臺中人文出版社，於民國六十一年出版英漢對照航空辭典，共四五二面。

綜合航空辭典

　　　空軍總司令部編　民44年　臺北　該部　574面

航空名詞

　　　空軍總司令部增訂　民47年　臺北　該部　866面

天文學太空航空學辭典

唐　山撰　民56年　臺北　廣文書局　393,50面

收錄我國星宿，恒星及天文學、太空及航空等名詞近五千條，依筆劃爲序。每條除盡量注明西文名詞外，均加以詮釋。並引中國古書佐證說明。附譯名西文索引。

英漢航空字典

中央圖書出版社編　民59年　臺北　該社　738面

航空名詞辭典

李濂民編　民61年　臺北　五洲出版社　448面

物理大辭典

人文出版社編輯委員會編　民63年　臺中　人文出版社　9冊

收編八千多條有關物理的名詞、概念和現象，以詳細解說。採用名詞以民國六十年，國立編譯館編訂的物理學名詞爲主。

依中文筆劃排列，後附英文譯名及中文解釋，解釋長短不一，偶有圖表。

每冊書前，有中文筆劃索引，末冊再附全書中文筆劃索引，及英文索引。

首冊列有物理學概論，第八冊爲附錄，列有實驗法則與實驗方法、物理標準和物理常數、力和運動、熱學、聲學、光學、量子物理、太空科學等材料。

原子能辭典

翁寶山主編　民63年　臺北　臺灣商務印書館　356面

編纂重點以原子能爲對象，與原子能有關的其他辭彙，則擇其重要者加以闡釋。每一名詞按英文字順排列，再加中文譯名及中文解釋。

書後爲中文筆劃索引，以便尋檢。

翁寶山另編譯核能語彙，民國六十三年由行政院原子能委員會印

行，共一百二十三面。包括英、法、俄、中四種文字的對照。

原子能辭典除前述國立編譯館編原子能名詞外，民國五十九年五洲出版社曾出版由洪仁學譯的原子粒實用詞典，共二三八面。

最新實用物理化學大辭典

羅芳崑編　民62年　臺北　正文書局　1892面

收十五萬條目，所用譯名大部份根據國立編譯館公布者。

理化名詞辭典

呂焜明　王鴻泰合編　民63年　臺北　五洲出版社　368面

物理名詞辭典

吳新建編　民59年　臺北　五洲出版社　218面

物理學名詞辭典

許世興編　民61年　臺北　鴻儒堂圖書公司　287面

化學辭典

陳永豐編　民58年　臺北　五洲出版社　185面

新編英漢化學詞典

大風出版社編譯　民59年　臺北　該社　248面

現代化學名詞術語大辭典

郭質良編　民59年　臺北　廣文書局　1438,170面

新編化學大辭典

王鴻泰編　民61年　臺北　五洲出版社　1423面

化學新辭典

薛守仁編　民62年　臺北　力行書局　1冊

化學名詞辭典

顧世弘編　民62年　臺北　五洲出版社　248面

大學化學名詞大辭典

吳金樹　馬漢源合譯　民63年　臺南　復漢出版社　472面

新化學辭典

　　謝業康 鍾智崇合編 民63年 臺南 大行書局 334面

實用化學大辭典

　　百齡出版社編譯 民64年 臺北 該社 1冊

正文化學新辭典

　　柯青水編 民69年 臺北 正文書局 616面

英漢生物學名詞彙編

　　張樹庭編 民64年 香港 中文大學出版部 648面

　　收錄有關生物學（包括：形態學、分類學、解剖學、胚胎學、組織學、生理學、細胞學、遺傳學、生態學、生物化學、生物物理學、生物統計學、分子生物學等）英文名詞約四萬五千條。各條排列，依英文字順為序。每條名詞項下，注明中文釋義。有關生物學中的拉丁學名、科名、姓氏及地名等名詞，不予列入。書後附有參考文獻。

（中英對照）微生物學辭典

　　戴佛香 陳吉平合編 民65年 臺北 臺灣書店 478面

　　以Jacobs, Gerstein編的微生物學辭典（Dictionary of Micr-obiology）為藍本，並參酌最新醫學辭典，近代微生物教本及期刊編輯而成。全書收錄有關病毒、細菌、黴菌及原蟲等重要名詞，五千餘條目。

　　按英文字順排列，每一名詞均有中文解釋。各詞中文譯名，多沿用國立編譯館公布的科學名詞，如係未審訂公布者，則盡量採用高氏醫學辭彙，以及其他新版辭典的譯名，尚無譯名時，自定適當譯名。

博物名詞辭典

　　周復聰編 民58年 臺北 五洲出版社 325,112面

生物名詞辭典

　　任化民等編 民61年 臺北 五洲出版社 166面

遺傳學辭彙

　　李成章　張武男編譯　民71年　臺北　東華書局　550面

　　據 J. D. Watson 著 Molecular Biology of the Gense 和 R. L. King 著 A Dictionary of Genetics 二書編譯而成。收錄有關古典、分子、微生物、人類、細胞與集團遺傳的名詞，共五千多條。每一詞彙加以簡要的解釋，有些尚利用實驗資料加以說明。對於每一名詞的原使用人與特殊觀念的引證，均列有原著者姓名及年代。編排依英文字母為序，並利用參見法。

　　書後附有一五九〇至一九七一年遺傳學大事年表及長達五十九頁的引用文獻。

植物學辭典

　　李亮恭　劉棠瑞合編撰　民63年　臺北　正中書局　832面

　　所收名詞，包括植物學術語及植物種類名稱二部份。前者約收二千條，包括：植物形態、解剖、生理、生態及細胞學等部門的基本的與常見的名詞，以及與植物學有密切關連的理化名詞在內；後者約收三千餘條，以我國各地所習見者為主，外國的重要經濟植物，及常見於普通書本中的植物名稱，也盡量列入。

　　名詞的解釋，均依據最新的理論，作淺顯的說明。凡須藉圖畫始易瞭解的，均附以插圖。至植物的種類，也多附有插圖，補充說明的不足。

　　植物學方面的中文名詞，尚未統一審定的，均盡量採用已經通用的名詞。如有一物二名或數名的，均一一注明。尚無適當譯名的，則由編者自己擬定。

　　中文名稱，係依筆劃排列，注明西文名稱，種類之下，則附加拉丁文學名。書後編列西文與中文對照索引，依照西文字母次序排列，下注頁次。

　　植物插圖，除一部份為編者的原圖外，引用日本牧野博士的名著植物圖鑑的圖版頗多。

　　編者之一劉棠瑞同時也主編中山自然科學大辭典植物學部門。

植物大辭典

　　人文出版社編輯委員會編　民65年　臺中　人文出版社　9冊

　　收集植物八千三百種，包括常見的低等植物，如細菌、真菌、藻類、苔蘚等；高等植物，如木本與草本植物；**臺灣**自生、引種的種類；中國所特產的種類；世界上常見的藥用植物、栽培植物與一些熱帶植物。

　　按中文名詞筆劃排列，**每種列舉學名、中英文的別稱、科別、產地、性狀、藥性與一般用途等。插圖五千五百幅。

　　書前有植物學概論一文，書後列有中英文索引及附錄。中文索引仍按筆劃分先後。附錄包含十四文，要目有：植物界的分類、植物名制、植物界各羣的簡介、植物的細胞與組織、植物器官概說、花粉的簡介等。

植物學辭典

　　陳永豐編　民49年　臺北　五洲出版社　169面

植物名實圖考長編　二十二卷

　　（清）吳其濬撰　民51年　臺北　世界書局　2冊　影印

植物名實圖考　三十八卷

　　（清）吳其濬撰　民49年　臺北　世界書局　2冊　影印

　　均收入臺灣商務「萬有文庫薈要」。民國63年臺南北一出版社也有印本。

　　著者係清嘉慶間名進士，生平宦跡半天下，所到之處，考其農產，辨其土宜，識其方物，察其形性，積有所得，乃就所讀四庫書取其涉於水陸草木者，輯為一長編，以考諸古，並出其生平所耳治目驗

者，繪圖立說，以證諸今，長編所列植物，計八百三十八種；圖考所列植物，計一千七百十四種，分爲穀、蔬、山草、濕草、蔓草、芳草、石草、毒草、果、木等類，詳博精密，爲前所未有，日本及歐美植物學者，頗重視之。此書係分類排列。書後有筆劃索引可查。（中文參考書指南）

　　討論本書的論文，有那琦撰植物名實圖考長編及植物名實圖考之考察，載私立中國醫藥學院年報，第1期，民國59年6月，頁185—242。

　　有關臺灣植物圖誌的有下列各書：

臺灣熱帶植物彩色圖鑑

　　何豐吉編撰　民66—71年　屏東　恒春熱帶植物園標本室　3冊

　　以臺灣自生與引進之熱帶經濟植物爲主要對象，內容舉示每種植物的中名、學名、形態、性況、地理分佈、原產地，並敍述其用途與栽培方法等。

　　分類按照英國郝欽遜分類系統排列。第一冊記載裸子與被子植物，至豆科爲止，共計一七七種；第二冊列舉被子植物，自八仙花科至大戟科爲止，共計三四五種；第三冊列舉被子植物，自大戟科至紫葳爲止，共計四八五種。第四冊將介紹單子葉植物；第五冊將介紹羊齒植物。

　　書後有學名索引、中文索引。

臺灣植物名彙

　　楊再義編撰　民71年　臺北　天然書舍　128,351面

　　著者有感於中藥名稱、民間藥地方名與植物學之科學名稱的對照，十分困難；因此，分別於民國五十八年、六十三年編印「新撰臺灣植物名彙」與「臺灣植物名彙」。本書可視爲增訂本。內容分蕨類植物、種子植物二大類。前者再細分三十八小類；後者細分爲裸子植

物、被子植物二類。被子植物又細分爲單子葉植物綱、雙子葉植物綱
二子目。

　　每種植物注明：1.學名（科學名）；中名，包括正名、別名，分
別注明閩南語、客家語及山胞語言。山胞稱呼的植物名，用羅馬字拼
音表示，後面以括弧注明其稱呼的種族；3.日名，以日本平假名表
示；4.其他國家植物名稱，以英文字母斜體字表示，於後面括弧內注
明其國名；5.產地。

　　書後爲科屬名索引，包括：科屬索引、中文索引、日文索引等。

臺灣木本植物圖誌

　　劉業瑞撰　民49年　臺北　國立臺灣大學農學院　2冊　(1388
面)

臺灣種子目錄

　　宋載炎編撰　民54年　臺北　中國農村復興聯合委員會　156面

臺灣常見植物圖鑑

　　許建昌撰　民60年　至　年　臺北　臺灣省敎育會　預計10冊

臺灣外來觀賞植物名錄

　　胡大維編　民65年　臺北　臺灣林業試驗所　618面

臺灣高山植物彩色圖鑑

　　應紹舜撰　民64年　臺北　撰者　124面

　　蒐集一〇二種高山植物，輔以彩色圖片。另可參考著者臺灣的高
山植物一書，民國六十八年由渡假出版社印行。

臺灣蘭科植物彩色圖鑑

　　應紹舜撰　民66年　臺北　撰者　565面

臺灣木本植物目錄

　　廖日京撰　民68年　臺北　書林出版公司　163面

正中動物學辭典

　　趙　楷等編　民59年　臺北　正中書局　808面

　　所收的名詞包括：普通生物學、生態學、生化學、動物學、解剖學、細胞學、發生學（胚胎學）、生理學、遺傳學、古生物學，乃至應用生物學諸分科，如醫學、農學、畜牧等科的主要名詞術語。兼及過去在生物科學上，著有貢獻諸學者名人的生平、略歷等。

　　所列各條目的名詞術語，以中文為主，附列英文名詞於中文之後。每詞加以中文解釋，間亦配置插圖或表解。書後附有英文、拉丁文索引與中文名稱對照表。

　　本書有關分類及形態方面，曾參考日本岩波書店民國四十九年出版岩波生物學辭典，及香港新亞書店影印動物學大辭典。（即民國二十二年上海商務印書館出版，由杜亞泉等編的動物學大辭典，共四冊）

昆蟲學術語辭典

　　詹樹三編　民45年　臺北　編者　364面，另附圖版27面

　　民國46年改由省立臺中農學院發行。

　　收錄以昆蟲形態學的術語為主，兼及昆蟲分類學、生理學、胚胎學、細胞學、發生學、殺蟲藥劑學等術語，也儘量納入。全書共收一萬三千餘條目。各術語按英文字母順序排列，每一名詞，均用中文加以注釋。

臺灣魚類中英日名對照表

　　陳兼善編　民43年　臺北　臺灣省政府農林廳漁業管理處　45，33面

　　同年編者另編「台灣魚類誌」，126面，由臺灣銀行經濟研究室印行。

動物學辭典

　　陳永豐編　民49年　臺北　五洲出版社　217面

動植物名詞辭典

　　陳　碩等編　民61年　臺北　五洲出版社　166,88面

臺灣區蝶類大圖鑑

　　陳維壽撰　民63年　臺北　中國文化雜誌社　353面

臺灣鳥類彩色圖鑑

　　張萬福編撰　民69年　臺中　禽影圖書公司　324面

臺灣魚類圖鑑

　　釣魚雜誌社編　民71年　臺北　該社　64,256面

人體譯名辭典

　　陳永康編譯　民58年　臺南　北一出版社　565面

中譯人類學詞彙

　　香港中文大學人類學系及社會研究中心編　民69年　香港　該校
88面

中正科技大辭典

　　盛慶琭等主編　民67至68年　臺北　臺灣商務印書館　12冊

　　自民國67年7月起，每月出版一冊。茲將其書名及編撰者列舉如下：

土木工程	盧兆中	精神與神經	林　憲
機械工程	翁通楹	內科與外科	廖運範
化學工程	石延平		陳博光
礦冶工程	洪銘盤	作物育種	顧元亮
電機工程	溫鼎勳	農藝作物	賴光隆
其他工程	鄭振華	園藝作物	馬湖軒

　　以 Van Nostrand Scientic Encyclopedia 爲藍本，汰蕪存
菁，另加新詞編輯而成。釋詞深入淺出，文字簡明清晰。每科名詞平
均一千五百條，六十五萬字。體例與中山自然科學大辭典同。有此兩

種辭典相配合，則自然科學與應用科學的名詞殆無不包羅矣。

中國醫學大辭典

　　謝　觀編　民60年　臺北　臺灣商務印書館　4冊（4823面）
影印

　　民國10年初版，民國47年臺一版。以中國原有醫書所載者爲限，
計分爲：病名、藥名、方名、身體、醫家、醫書、醫學等七大類。病
名首述致病的原因，次述治療的方法。藥品包括動、植、礦物，首述
形態，次述性質，再述功用。方名先述功用，次述藥品，製法及加減
法。身體名詞，凡臟腑骨肉，皆釋明其構造及預防方法。歷代醫家、
名醫事蹟、醫學名詞，均予著錄。所收醫書至二千種，網羅散佚，遠
及三韓、日本之書。全書條目約七萬，按字母筆劃多少爲次。附補遺
及四角號碼索引。

　　著者精研醫學，有關中醫著述，有二十多種。

華欣醫學大辭典

　　李煥燊等編　民62年　臺北　華欣文化事業中心　2226面

　　以Dorland's Illustrated Medical Dictionary爲藍本，兼採其
他外國著名醫學辭典，如Stedman's Medical Dictionary, 22nd ed,
1972。收醫學名詞近二十萬條。各詞的排列，按原文的字母順序，每
詞主要的字，附發音方法，詞的來源，並注明阿拉伯文、拉丁文、希
臘文、德文、法文等。最後爲中文譯名及釋義。不論中西文各詞，皆
用黑體字表示，釋義用宋體字。有十六開本及二十四開本二種。

（彩圖增訂本）中國藥學大辭典

　　陳存仁主編　中國醫藥研究社編輯　民68年　臺北　世界書局
2冊（1981,72面）　臺一版

　　據民國24年上海世界書局版增訂。

　　搜集古今藥學、醫學、植物學、礦學，及化學之關於中國藥學材

料，以科學方法，整理刪選，分條纂述。對於近世化驗發明的新學說，也盡量採入。

　　各種藥品，首敍命名的意義，次處方用名，次列古籍，次外國名詞，間有用原名學名等，以資考證，次爲基本產地、形態、種植、採取、製法、性質成分、效能、主治、歷代記述考證、辨僞、國外學說、近人學說、配合應用、用量、施用宜忌、配合宜忌、參考資料等項目。記載詳盡，用科學方法，以敍述中國藥學者，本書頗爲完備。

　　各藥品的排列，以首字筆劃多少爲次。書前有自序及常用藥品分類索引，前者詳述中國藥物在醫學上的價值。書後附有檢圖索引及參考書目。

　　增訂本加彩色圖八幅，黑白圖二十四幅。

中醫名詞術語大辭典

　　不著錄編者　民67年　臺北　啟業書局　521面

　　收中醫常用術語四二八五條，內容包括名詞和術語，但不包括人名、藥名、方名和穴名。詞目用【……】標明。釋文簡明易懂，切合實際，並盡量做了中西醫印證的工作。凡一個詞目可以歸入二類或二類以上的，只在其中一類內立目解釋，不再互見。比較生疏的詞目或釋詞中有引注內容的，均標明出處。釋文一般先解字、後釋文，先下定義然後分析。對尚有分歧意見的術語，則選錄各家的見解。

　　採取分類編排的方法。全書分十二類，每類再細分二至四子目，並附中醫書簡目、中醫常用單字、體表部位圖、古今度量衡比較表。書末附詞目筆畫索引。

中華藥典

　　行政院衛生署中華藥典編修委員會編　民69年　臺北　該署　500,282面

　　民國20年初版，42年在臺北重印，48年增訂，是爲第二版。

記載供預防、治療、診斷及製備製劑爲目的所使用的法定藥品及製劑，約八百餘種。每種藥品依照英式拉丁名字母順序排列。各藥品項下記載款目有：1.藥品名稱；2.藥品之拉丁文名稱及縮寫；3.化學藥品記載其化學構造式或分子量；4.別名；5.來源及製備法；6.含量或效價標準；7.性狀；8.鑑別；9.雜質檢查及其他規定；10.含量測定或生物測定；11.貯藏法；12.標法；13.用途分類；14.劑量。生藥於來源項下記載其原植物或原動物的學名及其所隸之科名，並注明藥用部分及其製備方法等。

　　附錄：記載一般物理性質測定法、鑑別試驗法、檢查法與含量測定法、製劑通則及製劑之一般規定等。

　　書後有中文索引（依筆劃排）及拉丁名索引。

彩色科學中藥大典

　　立得出版社編輯部編　民71年　臺北　該社　4冊

　　收集古方及現代有效藥物，附以民間有效藥物，共四百種。分爲二十六類，將相互有關者拼爲一類，俾應用時易於抉擇。凡無類可歸之藥物，總列於最後一類。

　　每種藥物，先注明名稱及來源；次舉各種古書關於該藥物所載圖畫，各圖標明朝代及原書名；再舉：科屬、品種、性味、臨床應用、古籍記載、科學文獻、用量、禁忌等。其中以臨床應用及科學文獻爲本書最重要的部分。前者多爲著者實際應用上之累積心得；後者爲近代藥物之研究文獻，或爲化學成分，成爲藥理作用，或爲動物試驗之結果，均極具參考價值。

　　每種藥物均附彩色圖畫。如藥物取自動物或植物，其原來動植物全體形狀以單色繪出，供藥用之新鮮部分及藥物本身則精細描繪，一目瞭然。礦物方面採用照片，並顯示細緻部分。

　　若干藥物據著者臨床實驗，認爲特別有效用者，以※號標出，以

便應用者注意。

書後有歷代有效成方索引（約二百四十三種）、拉丁名與中國藥名對照表及處方名與中國藥名對照表。本書所載藥物索引，依藥名筆劃排列。

新中藥寶典

劉祥文主編　民71年　臺北　立得出版社　857,94,44面

供臨床醫生、護理人員、製藥廠藥劑師、藥劑生、藥品檢驗員及藥物科學研究人員等，作爲必備的查檢工具書。

全書分正文與附錄兩部分。正文分爲中草藥及其提取物、成方製劑二類，共收一九二五種。藥品注明性狀、鑑別、炮製、性味、功能與主治、用法、用量、貯藏等項。屬於成方劑部分，另有處方、製法、檢查、規格及用藥注意等事項。附錄則載中草藥檢定通則、製劑通則、中草藥炮製通則、中草藥及成方顯微鑑別法等，約四十種。

書後附中文索引、漢語拼音索引、拉丁文索引。

化學化工藥學大辭典

黃天守編譯　民70年　臺北　大學圖書公司　1298面

據美國 The Merck Index 一書編譯，收錄化學、化工及藥學名詞，約近一萬條目，每一名詞內容包括：組成、結構、製法、性質、用途、藥效及參考文獻等。依英文字母順序排列。書後附重要有機名稱反應。

本書可供化學、化工、農化、藥學等科系學生及相關工商業者參考。

化學化工藥物大辭典

人文出版社編委員編　民66年　臺中　該社　9冊

收錄化學、化學工業、化學藥物的專門名詞約一萬六千多條，加以解說。重要的物質均注明其分子式、性質、製造方法及用途。對重

要定律的應用，並有擧例。

各名詞依中文筆劃排列。書後附英文索引。另有附錄二十六種，如化學、化工、藥物各類的定義與定律、化學的實驗法則與計算方法等。

許氏口腔醫學大辭典

許重榮編撰　民70年　臺南　編者　1012面

蒐集當代歐美日口腔醫學書籍及刊物上常用術語及早期口腔醫學文獻中的古典用語，加以注釋。

按英文字母順序排列，加國際音標發音，其後爲中文譯名及解釋。注釋完全針對現代口腔醫學所涵蓋的二十三種領域（如麻醉學、齒科法醫學、齒內治療學、齒科復形學、口腔診斷學、口腔種植學、牙周病學、口腔內科學等），詳細的解說。

書後附有：頭頸部動脈細表、頭頸部肌肉細表、頭頸部神經細表、臨床常用實驗數據一覽表。

中國針灸大辭典

李世弘編　民63年　桃園　編者　1790面

雖名爲辭典，察其內容，只是資料彙集而已。

分十一部門：1.中國針灸源流史；2.銅人、銅人腧穴鍼灸圖經及十四經發揮考；3.腧穴概論；4.腧穴篇；5.穴篇補遺；6.鍼灸腧穴別名表；7.鍼灸腧穴同名異穴表；8.針灸補瀉手法之研究（簡稱針灸篇）；9.灸治療法概論（灸技篇）；10.文獻篇；11.鍼灸主要參考書目簡介等篇。其中3.4.9.10四門因內容廣濶，另列詳目於卷首，並附有索引。

病源辭典

吳克勤編　民48年　臺北　臺灣東方書店　1121面

民國25年出版，收四千餘條。民國66年臺北樂羣出版事業公司，也有影印。

化學藥品辭典

　　Gregory, T. C.編　民48年　臺北　臺灣東方書店　842面　影印

新醫師典

　　新醫師典編輯委員會編　民53年　臺北　該書局　2冊

醫學名詞辭典

　　何尚武編　民54年　臺北　五洲出版社　761面

　　該出版社於民國58年影印時，改名「最新醫藥大辭典」。

中醫名詞辭典

　　陳西河編　民57年　臺北　五洲出版社　10,204面

醫學名詞彙編

　　張崇文編　民62年　臺南　北一出版社　402面

高氏醫學辭彙

　　新陸書局編譯　民62年　臺北　該書局　588面

道氏醫學大辭典

　　現代醫學社編譯　民63年　臺北　大學圖書公司　1193面

醫學縮寫詞彙大全

　　陳再晉　葉琇珠合編　民66年　臺北　合記圖書出版社　1冊

美國醫學大辭典

　　趙仕辰編　民　年　臺北　東方圖書公司　1027面

白氏英漢醫學辭典

　　白宏毅編撰　民70年　臺北　南山堂出版社　1011面

口腔牙醫名詞辭典

　　鍾　宛編譯　民70年　臺北　五洲出版社　228面

本草綱目　五十二卷

　　（明）李時珍撰　謝滌庸　蒲蟄重校　民44年　臺北　文光書局

　　6 册　影印

　　國內另有國立中國醫藥研究所影印，民國65年出版，1622面。

　　收各種藥草一千八百七十一種，含玉石草木鳥獸。每種藥草注明
形狀、主治。全書分為十六部、六十類。

本草綱木萬方類纂

　　許衡峯編　民67年　臺北　文笙書局　4 册 (1346面)

本草藥性大辭典

　　盧宏民編　民　年　臺北　五洲出版社　961,23面

原色常用中藥圖鑑

　　顏焜熒撰　民69年　臺北　南天書局　272面

　　收錄常用中藥材二四八種，按藥用部位分類，計分：皮類、藤木
類、根類、根莖類、葉類、花類、果實類、種子類、全草類、樹脂
類、浸膏類、動物類、礦物類、隱花植物類等。

　　每種藥材均詳細解說，解說項目，包括：中藥名、來源、性狀、
品質鑑別、用途等。文後以英文簡述其效用。每種藥材均附圖片，因
著者富攝影技巧，所照圖片頗為逼真。

　　書後附中文名、學名、英文名索引，及中藥之性味、歸經及效用
間之關係表。

原色中藥飲片圖鑑

　　顏焜熒撰　民69年　臺北　南天書局　210面

臺灣藥用植物志

　　甘偉松撰　民56年　臺北　國立中國醫藥研究所　679面

　　有關藥物學辭典，坊間編印、影印者甚多，舉要如下：

現代藥學大辭典

尹　熙編　民48年　臺北　東海書局　〔410〕面　影印

中藥大辭典

盧宏民編　民56年　臺北　五洲出版社　539,53面

中藥科學化大辭典

陸奎生編　民58年　香港　上海印書館　〔14〕280面

實用藥性大辭典

馬騰雲編　民60年　香港　香港自由報社　18,268面

實用藥性辭典

胡安邦編　民62年　臺北　祥生出版社　272〔21〕面

本書後由雲華書店印行，書名改爲藥性大辭典。

中國醫藥大辭典

不著編者　民64年　臺北　大方出版社　1120面　影印

藥性辭典

吳克潛編　江一舟校　民65年　臺北　校者　596面

收六百多種尋常必備的藥物，詳列其別名、產地、性味、主治。
並旁及用量禁忌及誤用解毒的方法。編排按藥物名稱筆劃排列。

標準藥性大辭典

潘杏初編撰　民66年　臺北　新文豐出版公司　487,107面　影印

蒐集一千多種中藥，每種藥名注明其別名、產地、分科、形態、
品類、成分、性味、功效、醫治、作用、處方、用法、用量、禁
忌、反藥等。本書的編排分：植物、礦物、自然、物用五大類。每
類再按藥名首字筆劃排列先後。

中藥大辭典

趙公尚編　民66年　臺北　新文豐出版公司　530面　影印

蒐編六千多種中國藥物，說明其功用、形態、產地、主治、性
味。排列按藥名筆劃爲序。

中藥大辭典

張黼昌校訂　民68年至70年　臺中　昭人出版社　5册

林工採運名詞

姚鶴年編　民59年　臺北　行政院國軍退除役官兵輔導委員會橫貫公路森林開發處　326面

綜合測量學名詞

聯勤總部測量署編　民52年　臺北　該署　1册

建築名詞辭典

古　力編　民55年　臺北　五洲出版社　215面

營造名詞辭典

任化民編　民60年　臺北　五洲出版社　243面

都市計劃名詞

中華民國都市計劃學會編　民60年　臺北　該會　259面

都市建設土地開發漢英英漢用語辭典

李廣仁編　民62年　臺北　編者　211面

水工名詞

中國水利工程學會編　民63年　臺北　該會　294面　增訂本

以民國三十七年十月，該會出版英漢對照水工名詞（收名詞五千餘則），及民國四十九年八月，國立編譯館公布由商務印書館印行的水利工程名詞二書爲藍本，增訂編成。

本書的排列，不再按專業部門分別編排，而以英文字母順序排列。英文名詞之後，加注該國的簡稱，後加中文譯名，不加解釋。

水文語彙

聯合國亞洲暨遠東經濟委員會防洪及水資源開發局編　民61年　臺北　經濟部水資源統一規劃委員會　11,114,51面

輪機工程名詞

　　　張坤金編　　民59年　　臺北　　大中國圖書公司　247面

海事技術名詞典

　　　交通部交通研究所編　　民56年　　臺北　　該所　122面

船體構造名詞圖解

　　　林春生編撰　　民57年　　臺北　　風行出版社　181面

海事名詞辭典

　　　王羣雄　任約翰譯　　民60年　　臺北　　五洲出版社　252面

公害辭典

　　　翁寶山主編　　民65年　　臺北　　臺灣商務印書館　234面

　　　公害一詞指舉凡會影響人類及生物界的正常生活以及自然的平衡，均屬於公害的範圍。本書則偏重於影響較爲顯著的空氣污染、水污染、噪音、廢料處置、惡臭、振動。不包括放射污染，因已在「原子能辭典」中述及。

　　　主要參考資料，爲民國六十年日本出版的公害用語辭典，並參考化學辭典，及行政院衛生署公布的環境衛生法令。排列依英文字母順序，名詞之後爲中文譯名及釋義。書後附中英文名詞索引，以中文筆劃爲序。

機械工程名詞

　　　國立編譯館編訂　　民71年　　臺北　　正中書局　995面　第三版

　　　民國三十年初版，收名詞一〇六七六則；五十一年再版，收二六〇五三則。六十七年中國機械工程學會建議編者再予修訂，並將增訂稿六萬則送交編者。經過四年研議，始成定稿，共收四三六八九則，依英文字母順序排列，加中譯名。缺凡例。

機械名詞圖解辭典

　　　（日）工業教育研究會編　劉兆豐譯　　民70年　　臺北　　文京圖書公司　643面

收集有關機械的術語。全書分二部分：

1.英・中・日對照部分　依英文字母順序排。就日本文部省制定學術用語「機械工學編」一書中精選而加解說，並盡量附圖解與圖表。同時亦由「物理學編」「船舶工學編」「採鑛冶金學編」「電器工學編」等書中，選錄有關的機械名詞，並予簡要說明。

2.中・日・英對照部分　依中文筆劃順序排。日文機械名詞表示於方括弧〔　〕之內，所附阿拉伯數字爲該名詞在本書的頁次。

書後附機械用略語及符號表。

本書之機械名詞均按國立編譯館編訂教育部公布的名詞予以翻譯。

圖解機械用語辭典

工業教育研究會編　賴耿陽編　民66年　臺南　復文書局　767面

收編機械及與機械有關的用語八千條，加以解說。材料主要根據日本文部省制定的學術用語「機械工學」篇。

依名詞的英文字順排列，後加中文漢譯及中文解說，爲配合解說，另有一千七百幅照片或圖片。附錄爲中英日名詞對照。

有關機械名詞辭典，坊間出版甚多，大部份只是中英名詞對照而已。舉要如下：

機械工程名詞

徐名植編　民〔48〕年　臺北　臺灣電力公司編譯室　355面

機械名詞詞典

楊金輝編　民57年　臺北　五洲出版社　228面

機械辭典

湯心豫編　民59年　臺北　華聯出版社　246面

機工辭典

湯心豫編　民59年　臺北　華聯出版社　268面

最新實用機械名詞辭典

呂士賢 趙長年合編 民60年 臺北 臺隆書店 209面

爲中英日名詞對照。附工業日常使用的略語和符號。

圖解機械名詞辭典

李遠亮等譯 民63年 臺北 徐氏基金會 483面

機工名詞辭典

李啓鵬 任化民合編 民63年 臺北 五洲出版社 486面

機械工程名詞大辭典

中央圖書出版社編 民64年 臺北 該社 905面

收名詞五萬五千六百三十一條。（按：國立編譯館公布的機械名詞增訂本，收二萬六千五十三條）

機械工程名詞詞典

張福生編 民65年 臺中 曾文出版社 228面

最新實用英漢機械辭典

胡潤生 吳美莉合編 民66年 臺北 樂羣出版事業公司 722面

國際英漢機械大辭典

胡子丹譯 民66年 臺北 國際文化事業公司 678面

收二千八百三十三條，按漢字部首排列，書後附英漢索引。

中英日三用機械名詞字典

劉鼎嶽編撰 民67年 臺北 東方出版社 1冊

實用機械工程名詞辭典

大行出版社編譯 民68年 臺南 該社 978面

最新英日中自動控制名詞辭典

葉森泉譯 民70年 高雄 前程出版社 258面

機械工程名詞大辭典

　　徐仁輝編譯　民71年　臺北　正文書局　1754面

英漢對照電腦縮影名詞辭典

　　黃克東編撰　民68年　臺北　系統出版社　425面

　　編者編輯本書彙收電腦與縮影兩種名詞，是鑑於近年來縮影系統的發展，有步向電腦化的趨勢，兩者關係密切。

　　收詞約一萬二千條，均屬常用詞彙，不加注釋。依英文字母順序排列。

最新英漢萬用電腦辭典

　　簡基城總編輯　莊興岩執行編輯　民71年　臺北　慧明文化事業公司　655面

　　收錄電腦詞目約一萬條，依英文字母順序排列，並譯成中文。譯名如有多種譯法，取通用者為主。譯文長短不一，有的詞目附有圖表，乃視重要性而定。如一個詞目有二個或二個以上的意義時，則依其不同意義列出兩個以上的譯名，並分別釋義。

　　書後缺輔助索引。

最新微電腦辭典

　　柯順隆編譯　民71年　臺北　全華科技圖書公司　246面

　　收錄有關微電腦的名詞，包括常感困惑的略語，約二千五百條，硬體軟體同時兼顧，對於將來可能會淘汰的名詞，則儘量避免採用。

　　依英文字母順序排，次中文譯名及中文解釋；釋文每條約一百五十字左右，並附有關的圖表。

　　書後附微處理機關係簡寫表。

英漢電腦學辭典

　　黃振亞編譯　民63年　臺北　遠東圖書公司　181面

電子計算機名詞辭典

　　李啓鵬　趙瑾合編　民63年　臺北　五洲出版社　338面

電子計算機名詞字典

郭德盛編譯 民66年 臺北 中央圖書出版社 184面

最新實用通信電子名詞

胡潤生 吳美莉合編 民66年 臺北 樂羣出版公司 156面

電腦名詞辭典

啓源書局編譯 民68年 臺北 該書局 266面

電腦技術辭典

范仁德編譯 民70年 臺北 文源書局 577,105面

資訊詞彙

梁培華編譯 民70年 臺北 松崗電腦圖書資料公司 246面

英漢火箭工程辭典

正大印書館編輯部編 民63年 臺北 該書局 618,65面

是一部以火箭工程技術綜合性的辭典，專供從事研究火箭工程及航空工程技術人員，大專有關科系師生使用的工具書。全書包括詞彙五萬餘條，一律按英文字母順序排列，再加中文詮釋。

書後附錄有四種：常用縮寫辭彙，英漢化學元素表，公制度量衡表，英美度量衡制及其與公制換算表。

電機工程名詞

國立編譯館編訂 民68年 臺北 正中書局 468面 增訂本

包括下列各科：廣播、電信、生物電子、電子計算機、硬體及軟體、控制工程、雷達及雷射、半導體、游離氣等，共收名詞二萬七千三百六十則。依英文字母順序排列，後加中文譯名。

電子學大辭典

李里烈編撰 民65年 臺北 大中國圖書公司 762面

以Rudolf F. Grat所著的「現代電學大辭典」(Modern Dictionary of Electronics) 一書 (本書民國63年臺南復漢出版社出中

譯本，吳朗譯，書名爲電學電子名詞大辭典，611 面）爲主，並參考中、美、英、日、德等國電學辭典編譯而成；所有名詞，均以部頒者爲準。

內容包括：電磁學、半導體、系統工程、通訊系統、電子計算機、微電子技術、電光學、雷射、收音機、電視機，以及與電機電子有相關的物理、數學、太空科學等各部門的專門名詞，均加收錄。

依英文字母順序排列，再加上中譯名。書中缺譯名索引，書後有線規比較表等五種附錄。

有關電子名詞的辭典，還有下列十餘種：

無線電、電視、傳眞、電子、雷達辭典

吳燦禎編譯　民56年　臺北　文化圖書公司　426面

英漢對照電工名詞彙編

林有爲編譯　民58年　臺北　現代書局　382面

英漢無線電電視大辭典

舒　賓編　民61年　臺北　五洲出版社　416面

最新電氣術語

羅俊忠編譯　民62年　臺北　五洲出版社　162面

電學名詞辭典

岡田一雄撰　顧　東譯　民62年　臺北　五洲出版社　267面

電子名詞辭典

李啓鵬　任化民合編　民63年　臺北　五洲出版社　219面

中英日對照電學常用名詞辭典

詹宏棋編譯　民68年　臺北　徐氏基金會　375面

游離輻射辭典

翁寶山編撰　民68年　臺北　徐氏基金會　828面

著者爲國立清華大學原子科學研究所保健物理組主任，著有「原

子能辭典」「核能語彙」「核能發電技術名詞」。本書乃著者費時六年始成。收錄有關游離輻射的詞彙一千二百條，儘量蒐集我國現有的資料，添加我國實際獲得的經驗。每一詞彙均加解釋，釋文長短不一，視內容需要而定。其中比較專門的詞彙，係爲專業人員撰述，並輔以重要的圖表。

本書依英文字母順序排列。書後附中英文索引。

鑛冶辭典

中國鑛冶工程學會鑛冶辭典出版組編　民65年　臺北　中國鑛冶工程學會　2册　(1673面)

收錄鑛業、冶金、石油等三類的名詞，分別解釋其意義，凡與上述名詞有關的礦物學、岩石學、地質學、天然氣等名詞，視其與上述三類相關的程度，分別歸列。全書共收一萬二千條，全部釋義文字約一百六十萬言。

以英文名詞冠其首，中文意譯或音譯的譯名列其後。對各名詞的解釋，均用中文說明。每一名詞釋義前，分別加「鑛」「冶」「石」三字，視其爲三種工程名詞中的那一種較爲適用而定。

依英文名詞的首字字母順序排列。書後附英文名詞索引及中英名詞索引。

參與編纂者三十餘人，前後歷時七年竣事。爲目前從事鑛冶學術研究及工程實務的重要工具書。

地球物理探勘辭典

中國石油學會　臺灣油礦探勘處合編譯　民65年　臺北　編譯者377面

地球物理探勘屬於石油探勘工作的一環。本書據 Sherirff 編撰的 Encyclopedic Dictionary of Exploration Geophysics 編譯而成。共收詞彙約二千八百條。依英文名詞字母順序排列，後附中文譯

名及中文注釋。書後附中文名詞筆劃索引。

編譯者另於民國五十七年及六十年 出版石油 工業名詞 : 鑽探名詞；石油工業名詞：地質名詞。前者有一一四面，後者有五三七面，可合併參考。

鑄造學名詞

國立編譯館編訂　民70年　臺北　該館　275面

中華民國鑄造學會於民國六十一年二月出版鑄造工程 名詞一書，收名詞四〇五三則。國立編譯館卽據該書編訂，共收五三七二則。依英文字順排列。每一名詞，首列英文，次中文、日文、德文。書後附模型分類、鑄砂分類、鑄砂粒形分類等十項。

中英日最新化學化工大辭典

黃慶文主編　民68年　臺北　哲志出版社　601面

以 Hackh's Chemical Dictionary 第 4 版爲藍本譯成。語辭包括：化學、化工有關的字、辭，一般化學公司（工廠）、貿易公司及學校所需的字彙、名詞等，均加收入。計收一萬三千條，以中文筆劃爲中心，卽以中英日的順序排列，只將名詞譯出，缺內容介紹。書前有筆劃索引，英文、日文字順索引。

材料科學名詞（金屬部分・塑膠部分・陶瓷部分）

國立編譯館編譯　民70年　臺北　該館　193,230,50面

就歐美專著及國內書刊中所見者蒐集編譯而成，凡目前習用的名詞，均擇優列入。收錄以單詞爲主，但由單詞組成的重要複合詞，亦予列入。計收金屬部分七五六〇條，塑膠部分一〇四九四條，陶瓷部分二〇一六條，總計二〇〇七〇條。

按英文字母順序排列，隨注中文譯名 ， 不加解釋 。 譯名採用意譯，必要時亦從音譯。

本書自民國六十一年起成立編譯小組，迄六十八年七月止，始完

成審查工作，費時七年。

印刷工業名詞辭典

　　李槐三編撰　民63年　臺北　中華學術院印刷工業研究所　8,95
0,157,25面

　　收錄印刷工業名詞四千八百八十四條目，按照英文字母順序排
列。每條目包括：英文名詞、中文譯名、中文解釋。書後附中文筆劃
索引，中文名稱下再注明西文名稱及正文之頁數。附錄有：華氏攝氏
對照表、主要流體比重表、印刷常用度量衡換算表等。

鑄造工程名詞彙編

　　趙　清編　民50年　臺北　聯勤第六十兵工廠　125面

冶金工程名詞

　　劉祥鈞編撰　民58年　臺北　大同圖書公司　170面

圖解技術辭典——刀具部份

　　蕭君朋編　民59年　臺北　徐氏基金會　472面

　　收名詞六百五十條，按分類排列，插圖一千二百六十三。附有索
　引。

工具名詞圖鑑

　　彭光明　高天成合譯　民60年　臺南　北一出版社　266面

工具工場機械詞典（中英德法四種語文對照）

　　蕭君朋譯　民60年　臺北　徐氏基金會　194面

化工名詞辭典（化學、化工、儀器、術語）

　　黃大正　李啓鵬合編　民61年　臺北　五洲出版社　311面

鋼鐵名詞

　　中國鋼鐵研究所籌備委員會編　民65年　臺北　該會　1冊

最新實用英漢工程名詞

　　胡潤生　吳美莉合編　民66年　臺北　樂羣出版事業公司　218面

實用圖解衝壓技術辭典

　　宮川松男撰　林哲雄　柯順隆合譯　民70年　臺北　永大書局 369面

化學工藝製造秘典

　　高　銛譯述　民55年　臺北　文光圖書公司　1140,225面

應用化學辭典

　　朱　宣編　民60年　臺北　宏業書局　972面

化學化工大辭典

　　新陸書局編譯　民62年　臺北　該書局　1456面

造紙工業英漢辭典

　　陶泰來編譯　民　年　宜蘭　編者　267面

窯業詞彙

　　鄭武輝等譯　民64年　臺北　徐氏基金會　245面

新編英漢紡織染辭典

　　大方出版社編譯　民59年　臺北　該社　217面　影印

英華紡織字典

　　趙星藝主編　民60年　臺北　中國紡織學會　〔16〕418面

紡織染大辭典

　　呂民基編譯　民63年　臺北　五洲出版社　218面

會計辭典 (A Dictionary for Accounts)

　　Kohler, E. L.著　龍毓聃譯　民66年　臺北　三民書局　469 面

　　本書原著第一版由譯者及盛禮約等人編譯，收名詞二千二百七十五條，民國四十六年由行政院主計處主計月報社印行，共二冊。本書原著第二版由譯者與盛禮約合譯，較第一版增列名詞二百四十八條，釋義方面，修改一百多條。該書民國五十二年由主計月刊社印行，共

六六四面。本書卽據原著第四版譯成，計列名詞二千八百四條，較第二版增列二百八十一條，釋義方面，修改者三百餘條。

不但包括現代會計名詞，而且包括基本會計名詞以外的其他特殊名詞、商業名詞、稅捐法令、管理科學應用名詞等。每一名詞，均加詳細說明及定義，若干名詞且附有例證。

依英文字順排列，英文名詞後，接引中文譯名及中文釋義。書後缺中文輔助索引，是美中不足的地方。

關於會計名詞辭典，國內出版者，除正中書局民國六十三年出版的會計學名詞外，還有下列二種：

會計名詞辭典

　　盧黛茵編　民57年　臺北　五洲出版社　402面

最新英漢漢英會計學辭典

　　許留芳主編　民65年　臺北　文津出版社　90面

中譯會計與財務詞彙

　　香港中文大學會計與財務學系編　民69年　香港　該校　76面

會計學名詞辭典

　　國立編譯館主編　高造都總編輯　李增榮　鄭丁旺等編輯　民72年　臺北　五南圖書出版公司　497面

品質管制學名詞

　　中國生產力中心編　民56年　臺北　中華民國品質學會　53面

現代企業管理學詞語漢英英漢對照

　　郭崑謨編　民65年　臺北　世界書局　140面

企業管理用語彙編

　　杜光志編　民66年　臺北　衆光文化事業公司　273面

管理科學名詞彙編

　　行政院國科會科學技術資料中心　現代企業經營學術基金會合編

民67年　臺北　該中心　368面

社 會 科 學 類

雲五社會科學大辭典

劉季洪等主編　民59至60年　臺北　臺灣商務印書館　12冊

　　本書是政府遷臺後，所編最具水準的專科辭典，如當做百科全書，也無不可，因該書具備了百科全書的條件。全書分十二部門，每部門各自獨立成一冊，每部門聘請專家主持，再聘請海內外學者專家二百餘人共同執筆。內容取材，除本國資料外，還包括外國資料。所有款目均有著者署名，大部份列有參考書目，而且每部門均附有中英文兩種索引。中文依筆劃排列，西文以英文字順爲序。

　　茲將各部門的名稱，及主編者列舉如下：

第一冊社會科學的性質及發展乙文，與社會學合刊一冊，前者魏鏞撰

　　，後者由龍冠海主編。

第二冊統計學　張果爲主編

第三冊政治學　羅志淵主編

第四冊國際關係　張彝鼎主編

第五冊經濟學　施建生主編

第六冊法律學　何孝元主編

第七冊行政學　張金鑑主編

第八冊教育學　楊亮功主編

第九冊心理學　陳雪屏主編

第十冊人類學　芮逸夫主編

第十一冊地理學　沙學浚主編

第十二冊歷史學　方　豪主編

　　本書各條目的排列，有依分類排列者，卽將相關的資料歸在一

雲五社會科學大辭典（第一冊）社會學

一夫多妻制 (Polygyny)

一夫多妻制是一個男人同時可以有兩個或更多合法之妻的一種婚姻方式。

據人類學家牟克(G. P. Murdock)之調查研究，行此制之社會，遠比行一夫一妻制者爲多（參閱「一夫一妻制」條），但實際並不普遍，主要由於成年男女，如無某種特殊因素，其數大致相等，多妻便會造成若干男民族，以巴干達(Baganda)最盛，蓋該族之男性死亡率甚高。男戰常於出生時被殺，成年用爲祭神之犧牲，中僕得由主人任意處死，結果男女之性比例爲一對三。(R. L. Beals & H. Hoijer, An Introduction to Anthropology. New York: The Macmillan Company, 1953, pp. 428-9.) 美國的摩薩門教徒(Mormons)有一個時期多妻，除宗教信仰外，與當時秘居猶他州(Utah)南部三郡(Iron, Kane, and Washington)之白人性比例甚低有關。其時三郡之白人幾全爲摩薩門教徒。(W. F. Ogburn & M. F. Nimkoff, Sociology, 3rd ed., Boston: Houghton Mifflin Company, 1958, p. 585.)

多妻之主要動機有三：㈠生物的－滿足男人的性慾及生育子女。㈡經濟的－增加勞力與進款，並減輕主妻之家務重擔。㈢社會的－提高個人的社會地位。後二者在原始民族中尤爲重要。他們認爲男人之多妻非由於好色，亦非對女性之侮辱，而是爲了提高聲望與增加財富。有許多男子之多妻常出自妻之要求。（參閱龍冠海著社會學，三民書局，民國五十五年，第二六八頁。）

多妻在婚姻調適方面所引起之問題，主要有二：性嫉妒與家務分工。各文化有種種解決的辦法，例如非洲的蘇丹部落(Sudanese tribes)，將衆妻分居分爨，各撫養其所生子女，以避免磨擦與爭執，此一措施爲多妻制者所常用。另一種辦法，以優越的地位與權威給予衆妻中的某一個（通常是首妻，有些社會以明文規定之），由她主持家政，分配工作，如果她是懦弱無能，才不齒位，則委之於姊妹，而籌謀免於勃谿迭起，雞犬不寧。若衆妻爲姊妹，則稱曰姊妹夫制(Sororal Polygyny)，其處境比較順利，因出身於同一家庭，早已建立人際調適的模式，將童年習得之習慣與態度帶至多妻的關係中，自然易於和諧相處。爲避免妻妾間之妒忌，通常是娶姊妹（至少是減輕），依時間表行事。如此平等待遇，使各妻雨露同霑，且免於外來的嘲笑，以保護其地位，而維持家庭之安寧與穩定。(Ogburn & Nimkoff, op. cit., p. 560.)

我國古代，據典籍所載，在上流社會盛行此制。禮記昏義云：「古者天子后立六宮，三夫人，九嬪，二十七世婦，八十一御妻，以聽天下內治。」至於諸侯以下，其娶婦之數，即依次減少。禮記曲禮云：「公侯有夫人有世婦有妻有妾。」白虎通云：「卿大夫一妻二妾，不備姪娣，士一妻一妾。」民間之富庶者亦可以置妾。今則禁止任何人多妻，懸諸法律。「有配偶而重爲婚姻，或同時與二人以上結婚者，處五年以下有期徒刑，其相婚者亦同。」（見刑法第二三七條。）(朱岑樓)

一妻多夫制 (Polyandry)

一妻多夫制是一個女人同時可以有兩個或更多合法丈夫的一種婚姻方式。

行此制之社會爲數甚少，又可以分爲兩類：兄弟共妻(Fraternal Polyandry)和非兄弟共妻(Non-Fraternal polyandry)；前者所含之意義是夫之弟共妻，機會接近其兄嫂，並非表示婦女在性方面之自由選擇。印度的最下階級首陀(Sudra)有四、五兄弟共一妻之習俗。有錢的父親爲諸子各娶一妻，貧窮者僅能爲長子完婚，而兄嫂依習俗應接納夫之諸弟爲「誼

起。如：統計學分爲二十餘類，教育學分爲十二類，心理學分爲九組，歷史學分爲九類。各大類下再予細分。另有依條目筆劃的多寡排列的，如社會學、政治學、國際關係、經濟學、行政學、人類學、地理學等。

本書的特點之一，就是各條目後，附有參考文献或資料來源，如社會學、教育學、心理學、人類學等。

本書以白話文的體裁寫出，而且所附圖表甚多。前後費時三年編成，約有七百多萬言，是圖書館必備的工具書。

現代知識新辭典

蕭贊育編　民42年　臺北　拔提書局　1冊

依內容分類，計分十四類：哲學、政治、經濟、軍事、國際、法律、文藝、歷史、地理、社會、科學、僑務、人物。書後附子目索引，依筆劃排。

常用名詞彙編

臺灣省政府秘書處編　民51年　南投縣　該處　402面

蒐集省政府及所屬各機關行政業務常用的專門名詞，加以詮釋。按內容分類，分十七類，每類再細分，每小類按中文筆劃排列先後。

世界知識辭典

白志康編　民54年　臺南　綜合出版社　135面

社會科學名詞辭典

久津見舜一撰　李拜揚譯　民64年　臺北　五洲出版社　232面

照英文字順排列，加中譯名。

統計名辭

中國統計學會編譯　民63年　臺北　中國統計學社　84面

收四千三百餘條，按英文字順排列。國立編譯館民國六十六年統

計學名詞增訂本，兼收重要的複合詞。

社會工作辭典

蔡漢賢主編　民66年　臺北　社區發展季刊社、中華民國社區發展協會　961面

收錄社會工作名詞，包括：社會工作原理、歷史發展、個案工作、社會團體工作、社區工作、社會行政、研究方法、學校社會工作、社會福利、醫療衛生、犯罪矯治、機關團體、社會政策、名著、名人、教育訓練、社工法規等，共一五〇六條。均按名詞筆劃爲序。名詞的詮釋，分別注明出處，列舉主要參考文獻及撰者署名。

爲求查索方便計，書前有筆劃索引、分類索引、英文索引三種。書末附錄有撰稿委員簡介、國內社會工作著作目錄（單行本）、社會工作重要論文索引、社會工作重要統計資料（如：世界主要國家土地、面積及人口統計、世界主要國家失業率統計、中華民國臺灣地區人口組成統計、中華民國臺灣地區人口生命統計）。

本書編輯態度頗爲愼重，全書經過多次研商，始成定稿。

中譯社會學詞彙

香港中文大學社會學系與社會研究中心編　民69年　香港　該校　154面

教育大辭書

朱經農等編撰　孫邦正訂正　民52年　臺北　臺灣商務印書館　1692面

本書的體裁係參酌英、美、法、德、日諸國的教育辭書之例，並參考英美百科全書，凡教育學的名詞、學說、法令、名著、教育學術機關團體，教育學者以及與教育有關係之諸學科，如哲學、論理學、倫理學、美學、社會學、生物學、人類學、生理學等要項，均分別敘述，解釋甚詳，較專門的條目，皆分請專家擔任撰述，或數千言一

條，或數百字不等。每條成一有組織的專篇，並於每專條後面，作者
署名，頗具外國百科全書的特點。又本書特別注重本國教育資料，故
於本國教育制度，教育法令，教育團體，已故教育家之生平事業學說
等，均能致力搜集，與完全抄襲外國材料者不同。卷末附西文對照表
…………各詞依筆劃多少爲序。（中文參考書指南）

　　本書初版於民國十九年。民國五十二年在臺重印時，重新訂正，
約增三十餘萬言。修訂的重點，包括：1.不切合現在情形及現行教育
法令者，予以修改；美、英、德、法、日等三十餘國的教育制度、教
育情况、教育學說，加以重寫；2.大學教員資格審查條例、學校教職
員退休條例、學校教職員俸給、出版法等，按最新教育法令予以修正
；3.刪除不重要的條文，增列民族精神教育、社會中心教育、健康教
育、師範學院等新條文。

　　綜觀訂正部份的內容與體例，頗多值得商榷的地方。

職業教育辭典

　　顧柏岩編撰　民47年　臺北　中國工業職業教育學會　82面
　　收四百七十條，英文列前，中文殿後，並加解釋。

視聽教育中英術語彙編

　　陳杭生主編　劉德勝　朱廸民編輯　民67年　臺北　臺灣省國民
教師研習會　131面

經濟學新辭典

　　高叔康編　民60年　臺北　三民書局　598面　修訂再版
　　民國45年初版，416面，索引46面。

　　將名詞術語分九部排列：1.經濟學、基本概念、經濟分析；2.經
濟學理論；3.中國經濟史、西洋經濟史、經濟學史；4.財政貨幣金
融；5.產業部門、企業形態、經營管理、企業會計；6.國際經濟；7.
經濟思想、經濟體制、經濟政策；8.勞動問題、人口理論、統計；9.

西洋經濟學人小傳。每一部門,再細分若干條目,每一條目,除注明外文名詞(以英文爲主,並盡量注明德文、拉丁文、法文等)外,均詳加詮釋,並附中日英文的參考書目。末附中文索引,以首字筆劃多寡爲序。舊版原有外文索引及人名索引,本版從闕。

關於經濟學辭典,還有下別二種:

常用經濟辭語淺釋

國防研究院經濟研究所編 民53年 臺北 該所 324面 增訂本

經濟學辭典

史羅安(Sloan, H. S.) 朱爾却(Zurcher, A. J.)合撰 彭思衍譯 民60年 臺北 黎明文化事業公司 478面

收二千八百條,按英文字母順序排列,均加中文解釋,書後附中文名詞索引。

交通名詞辭典

交通部交通名詞辭典編審委員會編 民54至63年 臺北 交通部交通研究所 9冊

目前共出九種,茲依出版年代列舉如下:氣象名詞辭典(民54年初版,民國67年增訂)、電信名詞辭典(民55年)、港埠名詞辭典、海事名詞辭典(均在民56年)、民航名詞辭典、郵政名詞辭典、水運名詞辭典(均在民57年)、鐵路名詞辭典(民59年)、公路名詞辭典(民63年)。

上述各書體例,不盡相同,如以編排來說,有依英文字母順序排列的,如民航、氣象、港埠;有分類排列的,如郵政、電信;有依中文筆劃的,如鐵路。

本書的優點,即各書均附有中文或英文索引。

觀光詞典

楊允祚主編　民68年　臺北　國際觀光出版中心　329面

解釋觀光用語，包括：航空公司、旅行社、觀光旅館、機場服務、觀光禮節、觀光雜誌、觀光會議、各國名勝及名酒、各國土著民族等。解釋時盡量配合國情，如機場稅，卽注明我國是新臺幣一百五十元；如不隨身行李，注明未滿十公斤的，仍按十公斤計費，未滿四十五公斤的，按照一般航空貨物運費的一半計費，頗富實用價值。

名詞按英文字母順序排列。缺中文索引。

中國社會經濟史語彙

星斌夫撰　民65年　日本山形市　光文堂書店　425面　改訂版

工業名詞辭典

李啓鵬編　民62年　臺北　五洲出版社　188面

商科大辭典

王廣亞主編　民62年　桃園　廣興書局　1722面

編纂的目的，在爲工商流通、財經行政、公司實務、商科教育，及有志從事企業管理者，提供可資信賴，藉以參證學習的完整辭書，故取材宏富，凡商業概論、財政學、經濟學、貨幣學、市場學、統計學、會計學、商事法、稅務法、廣告學、國際貿易、工商管理、經濟地理、商業實習、合作學、財政金融、商業數學、商業史、銀行學、保險學等學科，有關的重要辭類，均搜羅無遺，合計有三千四百二十六條以上。按部首筆劃排列。文字的敍述，暢曉易懂，詞句的繁簡，取捨精當。附錄分：法令、章程、書件、組織系統、單表、票據格式、統計一覽、經濟地圖、計算表式、中外度量衡幣制度等十大類，計二百五十七種，皆有俾實用而利參考者。

本書的編纂，歷時三年八個月，實際參與編審校勘者達百餘人，全書都一百六十八萬五千餘言，無論就內容、編排、校勘、印刷諸方

面看，均屬上乘，爲近年商科中文版不可多得的參考辭書。

貿易實務辭典

蔡曉耕編撰　民66年　臺北　編者　571面

收編國際貿易實務方面常用術語、簡稱縮寫及外來語。凡與貿易實務有關的外匯、金融、運輸、保險及關稅等名詞，也盡量收入。

按照英文字母順序排列，均予中譯，並加中文解釋，書後附有中文索引，依部首排列，頗便查檢。附錄有：貿易條件解釋規則，跟單信用狀統一慣例與實務等十三種。

保險術語辭典

穆勒魯茲（H. L. Muller-Lutz）編　吳幼林譯　民65年　臺北　中國保險學會　267面

據瑞典民國65年出版的保險學辭典加以修訂、編譯而成。收一千二百條術語。採中、德、英、法四種語文對照方式。

分四部分，每部分包括所選術語其他三種語文的譯詞。如所選爲中文術語，則附德、英、法三種譯語。爲期易於檢閱，德、英、法、中文，每部份各以不同顏色的紙張印製。排列方法、中文依筆劃排，其他按字順爲序。

國內出版保險術語辭典，還有孫堂福譯的保險術語辭典，民國六十年出版，二八九面。孫氏也曾在民國五十三年編撰保險術語辭典，由大中國圖書公司印行，共二一七面。

人身保險辭典

國泰人壽保險叢書編輯委員會編　民64年　臺北　該會　363面

主要參考日本民國六十年改訂版保險辭典，及美國A Handbook of Personal Insurance Terminology（Michael H. Levy編），美國 Dictionary of Insurance 等書。本書內容除以人壽保險爲主體外，還包括：傷害保險、健康保險、人身再保險、簡易壽險、勞工保

險、公務人員保險以及年金等,選定有關人身保險的語詞或項目,共八百八十四條。依中文筆劃排列,並加列英文、日文,每條目均加解說。書後有英文索引,以及人身保險法令等十餘種。

本書對於須參照者及同義或已在其他條目中一併解說者,以→「。。。」⇨「。。。」符號表示。

實用國際貿易辭語彙解

　　嵇惠民撰　民62年　臺北　新年代出版社　408面

國際貿易名詞彙編

　　朱秀峯編譯　民62年　臺北　現代書局　476面

國際貿易名詞辭典

　　趙　瑾編譯　民63年　臺北　五洲出版社　252面

新貿易辭典

　　錢尚德編撰　民64年　臺南　光田出版社　407面

　　只是中英名詞對照,附各國中央銀行一覽表。

工商產品及貿易用語英漢辭典

　　吳惠霖主編　民66年　臺北　中華民國貿易協會　1254面

國際貿易名詞辭典

　　黃千里編　民66年　臺北　聯合圖書公司　252面

　　收八千多條,採中英對照。本書與六十三年版及五洲出版社趙瑾編譯「國際貿易名詞辭典」雷同。

貿易通訊四國大事典(中日英西)

　　張永傳譯　民66年　臺北　鴻儒堂出版社　711面

英漢產經國貿大辭典

　　林　靜主編　民67年　臺北　中央圖書供應社　1190面

國際漢英貿易辭典

　　胡子丹編譯　民67年　臺北　國際文化事業公司　361面

（英漢對照）貨幣銀行術語辭典

楊志希編　民50年　臺北　聯合書局　582面

進出口貨物名辭彙編

馬陵書局編　民59年　臺北　該書局　1冊

貿易商品名詞大辭典

魏俊雄編　民69年　臺北　萬人出版社　1557面

世界商品市場辭典

高田弘則撰　林子銘譯　民70年　臺北　世界博覽出版社　383
面

外交大辭典

王卓然編　民54年　臺北　文海出版社　1160,162,28面　影印
民國26年中華書局印行，影印者不著編者姓名。

外交部曾於民國十四年刊行中英法外交辭典（臺北文海出版社有
影印。列入近代中國史料叢刊74輯），惟僅有各辭譯語，未加詮釋。
本書所輯條目，約有二千一百，以中國外交關係爲本位，凡直接間接
影響於中國外交事，都在載錄之列。所包括範圍大約有外交術語、公
文程式、案件、法規、人物、史實、儀節、國際術語、事例、國際法
庭判例及意見、重要國際法規、國際政治經濟術語與問題、國際會議
、組織、中外條約、各國國勢及其他事項等。本辭典除術語解釋外，
兼重學理的研究與事實的考證。

條目以筆劃爲序，書前冠有目錄，編末另有西文索引。另有附錄
五種，卽：中西對照外交大事年表、中外條約簡明表、重要國際問題
條約簡明表、國籍法及涉外法規、重要國際法規等。

增訂中共術語彙解

中共術語彙解編輯委員會編　民66年　臺北　中國出版公司　〔
64〕609面

　　民國六十年初版發行，收中共術語一千二百九十六條，約四十一萬言。增訂本增補四百三十一條、刪節九條，改寫十六條，修訂四十六條，共收一千七百十六條，約五十五萬言。

　　內容包括：中共黨務、軍事、政治、經濟、文化各部門的術語詞彙。取材時間，自民國八年馬克斯主義研究會在中國成立之日，至民國六十五年二月底止。

　　詞語按字劃多寡排列。凡引用中共原始資料，均冠以引號。凡詞彙互異、所指則一者，以及甲詞需要參考乙詞始能完全了解的，加注「參見某條」，旨在避免內容重複、和增進某一詞彙特殊涵義的了解，藉收互相參考之效。

　　對中共成立迄今，六十年間所製造的術語，幾乎搜羅殆盡。介紹文字也多簡潔達意。

　　類似本書性質的書，還有民國六十六年黎光明編撰的中共騙局下的術語，由臺北黎明文化事業公司印行，共二四〇面，收錄中共術語六百多條，每一名詞，約有二百字左右的解釋。

Comprehensive Glossary of Chinese Communist Terminology（中共名詞術語辭典）

　　郭華倫（Warren Kuo）撰　民67年　臺北　國立政治大學國際關係研究所　907面，附圖 7 張

　　收編民國十年至六十六年間，中共的名詞術語二千二百二十七條，用英文加以解釋。取材以中共的報刊、法規、中共首領的著作及共黨的重要文件為主。

　　各名詞術語首列韋氏音標及國音四聲，次列中文名詞術語及其意譯，然後以英文詳細詮釋各名詞的來龍去脈。各名詞的解釋，約有二百字至八百字不等。最後注明引用資料及參考資料。

　　按各名詞術語的韋氏拼音順序排列。為便檢查，書後附有四種助

檢索引：韋氏拼音（與正文相同）索引、中文筆劃索引、英文意譯索引及人名韋氏拼音索引。

中共研究雜誌社於民國六十年出版英漢對照中共常用語彙編第一集，收一千零七條目，也是一部英文中共術語辭典。

警察大辭典

警察大辭典編輯委員會（總編輯：謝瑞智）編　民65年　臺北中央警官學校　6,68,1038面

收錄的內容包括四部份：

1. 基本法及關係法規：憲法、行政法規、民刑商事法與訴訟法及其有關的行政法規。

2. 警察學術：行政、刑事、保安、交通、消防、外事、戶口、衞生、安全、鐵公路、水上、航空、工礦、森林、漁鹽等警察，警察通信、民防、警犬及警鴿。

3. 刑事鑑識：法醫學、毒物、理化、文書鑑定、驗槍、照相、痕跡及指紋。

4. 犯罪防治：犯罪學、犯罪心理學及犯罪矯治學。

共收名詞五千八百多條，除詳加解釋外，文末均有撰述者署名。排列以各詞首字筆劃爲序，書前另有總目，頗便檢查。

書後有中華民國警察組織系統表等與正文有關的警用資料五十九種，列爲附錄。

本書較民國四十年胡福相主編的警察辭典詳盡，體例也較完善。胡氏收四千五百餘條目，按分類排列。該書由警政圖書出版社印行，共六六八面。

現代國際問題辭典

陳中行編譯　王雲五校閱　民40年　臺北　華國出版社　1冊

漢英反共復國建國用語辭彙

　　任海山編　民67年　臺北　中外語文出版社　350面

政治經濟名詞辭典

　　蔡淑娟主編　民70年　臺北　名山出版社　341面

（增訂重印）法律大辭書

　　鄭兢毅　彭　時合編　民61年　臺北　臺灣商務印書館　3冊
影印

　　民國25年初版。

　　對於古今中外法律名詞，悉爲甄錄，依中文筆劃排列，所收名詞
合計一萬六千餘條，全書分正編補編二部，正編所集名詞，均詳加疏
證，若爲西文法律術語，則均用我國法律學上標準名詞譯出，附注原
文。補編原載彭素夫編世界法家人名錄。增訂版增加十三種新法律：
中華民國憲法，動員戡亂時期臨時條款，修正中華民國刑法、修正中
華民國刑事訴訟法、兵役法、兵役法施行法、修正公司法等。書前冠
古來法學基本著作書影三十餘幅。書末附有中文索引、西文索引及西
文人名索引。

　　本書疏義詳明，引證確切，舉凡關於我國法制上的用語，與夫
德、法、英、美諸國法規上的重要名詞，概括無遺。中國出版的法律
辭書，以此爲最完備。

法律辭典

　　薩孟武等編　民59年　臺北　中華叢書編審委員會　1358面（中
華叢書）

　　民國52年4月初版。

　　就法律學上的主要名辭，及中國法令上的主要用語，分項加以詮
釋。內分十三部門：1.憲法；2.行政法；3.民法；4.商事法；5.民事
訴訟法；6.刑法；7.刑事訴訟法；8.國際公法；9.國際私法；10.法
理學及法學結論；11法制史；12.英美法；13.社會立法。由專家就上

述十三部門的主要名辭，選定項目，予以注釋，並在各項目下署上執筆人姓名。全書共有三千一百零一個項目，以筆劃多寡依次排列。編前另有總目，也是以筆劃爲序。（中國歷史研究工具書敍錄）

中國法律大辭典

朱采眞編　民71年　臺北　大公文化事業公司　437面　影印

民國二十年八月初版。

選適合當時實用的法律名詞約三千條，每一名詞的解釋，據其性質，分別用不同的方法說明其意義，或舉例釋明，或引用條文，或平舖直敍，或就兩個名詞互相比較，互爲解釋，務使每個法律用語的眞意義，均得顯示。

各詞的排列，以部首爲次，部首相同再依筆劃分先後。利用本書，先查書前的總目（計六十八面），其難檢字有檢字表可查。

英漢法律應用詞彙

唐山出版社編　民69年　臺北　該社　650面　影印

民國六十四年初版。

收錄與法律有關的英文詞彙一萬九千餘條，中譯文二萬七千餘條。內容取自香港法例及附屬條例（一九七二年止）、英國及一般法律之基本詞彙，以及香港政府公事上用語。

依英文字母順序排列。英文詞彙後冠以該詞中英文分類簡稱，如注明〔經〕者表示銀行、投資、票據、貨幣；（Con）者表示 Constitutional Law。後加中文譯名，缺詮釋。

書後附錄有三種：1.條例、規例、附例、規則及法令名稱（均加中文譯名及內容）；2.地名（主要外國地名、中國省分與主要城市）；3.度量衡。

刑事法辭典

林紀東編　民54年　臺北　中華叢書編審委員會　752面

　　詮釋的對象，包括：1.刑法總則；2.刑法分則；3.刑事訴訟法；4.犯罪學；5.刑事政策學；6.監獄學；7.法學緒論等七部門。採用大項目、小項目混合排列方式。大項目每項爲六百字，小項目則爲二百字。各條目按筆劃排列。一律由語體文說明。

憲法辭典

　　謝瑞智編撰　民69年　臺北　得意出版社　472面　增訂本

　　收錄常用憲法名詞六百五十條。依多數學者所主張的立場，予以詳細解說。

　　名詞按首字筆劃多寡爲序。同一筆劃的詞條，依性質相近者排比。如「行」字，收有行政院、行政院會議、行政院長、行政院副院長、行政院秘書長、行政院之性質、行政院之組織、行政院之職權、行政院之責任、行政院秘書處、行政院幕僚機構、行政院各部會首長等。各名詞如有英文、德文、法文名稱的，加以注明。

　　書後收錄自清末君主立憲迄今的憲法條文二十種，如清光緒三十四年的憲法大綱，宣統三年的十九信條，民國元年的中華民國臨時約法等。另附有我國現行憲法及動員戡亂時期臨時條款的英文及德文譯本。

法律辭彙

　　朱士烈　陳忠芭合編　民48年　臺北　華明書局　569面

法律政治辭典

　　劉青峰編　民50年　臺中　瑞成書局　1冊　增訂本

英漢法律辭典

　　洪士豪撰　民61年　香港中文大學　180面

　　收英文及拉丁文法律名詞二千餘條。臺北現代書局似有影印，書名改爲「法律名詞彙編——英漢對照」。

訴狀用語辭典

　　益世書局編　民64年　臺北　該書局　282面　影印

　　原名訴訟用語辭典，吳瑞書編，民國三十七年由上海春明書店印行。各名詞依筆劃排列。

法律名詞辭典（英中對照）

　　李啓鵬編譯　民65年　臺北　五洲出版社　253面

中國法制大辭典

　　東川德治撰　民68年　東京　燎原　1130,20面

　　民國19年初版。

法律名辭解釋

　　馬路銘　湯德宗合編　民68年　臺北　龍江文化事業公司　220面

訴狀用語辭典

　　大公文化事業公司編　民70年　臺北　該公司　282面　影印

美華軍語詞典（聯勤之部）
華美

　　國防部編　民66年　臺北　該部　2冊（約1615面）

　　據民國五十三年美華軍語詞典、五十九年華美軍語詞典（聯勤之部）及國防部近頒軍事有關術語編譯而成。按分類排列，計分：財務行政、兵工生產、經理生產、測量製圖、軍事工程、軍品採購與物資接轉、外事服務及留守業務等八類。

　　每類再按英文字母順序排列。每一名詞均有中英文解釋。各類之後，附有中文索引，依部首排列。

　　本辭典共分六部：聯合作戰、政治作戰、陸軍、海軍、空軍、聯勤等。民國六十六年，除出版聯勤之部外，另出版聯合作戰之部，體例與本書相同，共有七〇四面。六十七年出版陸軍之部，二〇九八面；六十八年出版海軍之部，一五二八面。

英漢軍語辭典

　　吳光傑編　民42年　臺北　臺灣文化書店　356,36面　增訂本

　　原名：英漢陸海空軍軍語辭典，民國三十三年出版，民國四十二年增補新名詞三十六面。

歷　史　類

世界史大辭典

　　楊碧川編撰　民70年　臺北　遠流出版事業公司　2冊(1053面)

　　以歐洲、美洲、亞洲、澳洲及非洲等地區爲主體，分別敍述各洲及各國的歷史發展，以及貫穿歷史的事件、人物、條約、敎派、思潮和文化、政治、經濟活動。共收二千七百餘條目(不收中國史部分)。涵蓋的時間，由史前至一九八一年。

　　依英文字母順序排列。每一條目注明中文名稱、國別，然後予以解釋。人名均加生卒年，政治家及軍事家則敍述其事功，學者則列舉其著作；地名則說明其位置及歷史。凡重要歷史地名、戰爭、各國疆域等，皆附地圖；人物、事件亦酌加圖片。如需要進一步參考其他條目的，則用⇒表示，如「豐臣秀吉」條，注明（參考）⇒文祿慶長之役。在解釋文字中使用「※」符號者，表示該條目在本書內可找到解釋。

　　使用方法：如已知詞條首字國音讀法，則查書前音標系統對照表，再查音部查字表，卽可查出該詞首字在本書的頁次；也可利用書後的中英文索引。

　　書後附有多種實用的索引，包括：中文筆劃索引、英文索引、地圖索引、高中歷史敎科書對照索引；後者可配合高中歷史敎科書及西洋文化史使用，使得一般的敎師學生，能够在本書中查閱到比歷史課本更豐富完整的資料，對於敎學有莫大的幫助。

歐洲史辭典

　　蔡丁進主編　民62年　臺北　中國文化學院史學系　400面

　　　包括的時間，自清乾隆五十四年（1789）法國大革命起，至民國三十九年止，共一百六十年。收集歷史人物與史實名詞，達一千二百餘條。每條名辭均加一、二百字的解釋。名辭後有撰述者署名，沒有署名的，由本書指導者郭榮趙執筆。

　　　撰稿者多屬中國文化學院史學研究所，修過西洋近代史的學生，共有八十七名。

　　　按英文名辭字母順序排列，爲便檢查，書前有中文筆劃索引。

　　　書評：第一部歐洲史辭典的誕生　郭榮趙，中國憲政第8卷第8期，民國62年8月，頁22—30。

中國歷代職官辭典

　　日中民族科學研究所編　民69年　東京　國書刊行會　439面

　　　每種職官注明起源、職掌內容之變遷與官等。依五十音順排列。書後附歷朝宰相官名表、中國歷朝官制概要。

中國史地詞典

　　龍倦飛（王雲五）編　民48年　臺北　華國出版社　49,343面

　　（內容見　地理參考資料：辭典）

歷史小辭典

　　周木齋編　民57年　臺北　華聯出版社　144面

　　　民國23年新生命書局初版。

　　　民國67年編者編中國歷史辭典，由西南書局印行　209面。

中華歷史地理大辭典

　　章　嶔編撰　民63年　臺北　新文豐出版社　2冊（1782面）

　　影印　（內容見　地理參考資料：辭典）

滿蒙歷史地理辭典

　　佐藤種治撰　民65年　東京　國書刊行會　386面

民國24年（昭和10年）初版

語 文 類

中國古典文學大辭典

中國古典文學大辭典編輯組編　民68年　臺北　常春樹書坊

1016面

民國71年木鐸出版社出版節本，書名：中國古典文學辭典，共875面。

收錄近五千年來文學作家、名典要籍、文學名詞、各類文體、文學術語、文學流派、文學典故、文壇大事等，約共一千五百條，加以注釋。依筆劃多寡爲序。書前有索引。

文學家均注明公元生卒年月。如爲書名，有民國的排印本的，也加注明。民國人物收有王國維、章炳麟、梁啓超、陳三立等。

古典複音詞彙輯林

楊家駱主編　民67年　臺北　鼎文書局　8冊

古典複音詞彙輯林初編，乃取駢字類編重編以成。駢字類編收古典複音詞彙數十萬條，所引書名篇名則達數百萬次，全書字數都几一千五百萬言，其於複音詞概照詞彙首字天、日、月、星……等類繫於一門之下，旣將各字分隸於天地等門，於是不免強以類書之式割裂辭典之實。鼎文書局今悉按詞彙的首字先分筆劃寡多，同筆劃者再分部首先後，筆劃部首相同的，就其在字典中的位置臚列。每字照「中國通用檢字號碼表」編明號碼。書前加總目，至原書之類隸目錄，附於卷末，使原書之面目，仍可得見。另編「口語方言複音詞彙輯林」以補「韻府」所有詞彙爲此書所無者之不足。（摘錄自鄭恒雄撰66、67新編參考書選介）。

詩詞曲語辭滙釋

張 相撰 民62年 臺北 臺灣中華書局 782面 影印

民國34年中華書局初版，70年臺北華正書局影印時附金元戲曲方言考，徐嘉瑞撰，收金元戲 曲的方言、明代南曲、朱有燉雜劇及參以他書，共六百條目，以曲釋 曲，逐條例證。

本書滙集唐宋金元明人詩詞曲中習用的特殊語辭，詳引例證，解釋其意義與用法 。統計全書所錄的單字 ，以致短語，標目五百三十七，附目六百有餘，分條八百有餘。其中語辭大半出於當時的通俗口語，從來未有專書解釋。著者專心此事，蒐集整理，歷八年（民國二十五至三十四年），始寫定爲今本。可供研究古典文學、語文文學，及從事字典辭書編纂者參考。

共分六卷，每卷各條，大約以類相從，每條排列次序，大體由詩而詞而曲，沒有則闕其一，或闕其二，每組引證，大略依著者的時代爲次。詩以唐人爲中心，宋詩次之，詞以宋人爲中心，金元次之，曲以金元爲中心，元以後次之。

排列因不便檢索，書前除附有全部語辭目錄外，書後附載本書語辭筆劃索引，按語辭首字筆劃爲序。

民國四十六年，臺北藝文印書館，將本書重印，改名爲「詩詞曲語辭典」，16,730面，內容一樣，惟編排上以筆劃爲序。

書評：1.詩詞曲語辭典 張敬， 民主評論第8卷第18期，民國46年9月，頁20—21。

2.詩詞曲語辭匯釋 楊聯陞，清華學報第1卷第2期，民國46年4月，頁258—288。

詞林韻藻

王熙元 陳滿銘 陳弘治主編 民67年 臺北 臺灣學生書局 438面（師大國文系文學叢書1）

作詩有佩文韻府、詩韻集成、詩韻合璧之類，可以檢用。作詞通

常依據詞林正韻、晚翠軒詞韻，以上各書，只列舉韻字，沒有例詞例句。爲彌補這一項詞學界的缺陷，編者乃於韻字之外，廣收佳詞美句，以供選詞填詞參考之用。

　　據「詞林正韻」的順序排列，卽全書分十九部。各部的韻字，再分爲常用字、次常用字、罕用字三種。常用字下注反切，繼列以該字爲韻的例詞，依二字、三字、四字的先後排列。例詞下列句，均詳舉其著者及詞牌名。次常用字，也注明反切，繼列例詞，也依二字、三字的次序。不收例句。全部例詞，係就佩文韻府之可用於詞的斟酌採用。罕用字旣無例詞，也無例句，僅逐字連續排列。罕用字後，另立「對偶」一欄，凡三字對以至七字對，其在該韻韻脚的，均附於此。

　　書中所採詞藻及例句，以溫庭筠、韋莊、李煜、晏殊、晏幾道、柳永、周邦彥等十七家詞爲主。兼參考林大椿編的全唐五代詞及唐圭璋編的全宋詞。

曲海韵珠

　　王熙元　黃麗貞　賴橋本主編　民68年　臺北　臺灣學生書局
　767面　（師大國文系文學叢書2）

　　作曲只能依據元周德清所編中原音韻一書，作爲押韻、選字的依據，而中原音韻只將韻同的字歸納爲一韻，再依聲調的不同分陰陽上去，復將聲同的字類聚排列，各字旣無反切注音，也未附例詞例句，因此，對於初習作曲的人來說，自然深感不便。師大國文系師生爲讓學生學習作曲時，能有一部實用的、方便的參考書，供他們押韻、選詞的憑藉，並從元曲名作的佳詞美句中，獲得沉浸涵詠的機會。所以，繼詞林韻藻之後，再編這部文學工具書。

　　按中原音韻的順序排，全書分十九部。各韻中的字，依常用字、罕用字排列。常用字列於行首，下注反切，繼列該字該韻的例詞、例句；例詞依二字、三字、四字的先後排列。詞下各列例句。罕用字

列於常用字之後，因僅有韻字，而無詞句，故逐字連續排列。罕用字後，另立「對偶」一欄，凡三字對以至長偶對、扇面對等，其在該韻韻脚的，依原字序，悉附於此。

　　書中引用元曲十七名家的散曲作品，計小令二二一七首，套曲九六六套，其他選集有：全元散曲、陽春白雪集、元曲三百首等。

　　另編依部首、筆劃排列的索引，尚未刊行。

小說詞語滙釋

　　中華書局編輯部編　　民63年　　臺北　　臺灣中華書局　　916面　影印

　　民國53年初版，71年臺北華正書局影印時附小說成語滙纂。

　　把六十四種自宋元以來，以迄清末的通俗小說中，常見而難解的語詞彙集，並加以注釋。計注釋的辭語，共有八千四百餘條，又收不必注釋的成語二千餘條，編爲小說成語滙釋一卷，附錄於後，這些成語，如水滸傳十五囘：三寸不爛之舌；鏡花緣五十囘：千里送鵝毛，禮輕人意重等。

　　所收詞語以兩字以上者爲主，但有些單字，在小說中另有意義，非一般字典能查出者，也予收入，如「村」字可以解作粗野等。每一條詞語，均加注釋，並引例證說明。如同一詞語有不同意義，則分別舉例詮釋。

　　排列以詞語首字筆劃爲序，筆劃相同，再依字典部首爲次；首字相同，而語辭字數又相同，則以次字筆劃多少爲次。

　　所引用的通俗小說，可見附錄「引用書目一覽表」，計有演義四十一種，話本及仿話本二十三種。

　　由於小說中所用詞語，往往與元明戲曲相同，所以閱者可另參考「詩詞曲語詞滙釋」。

　　書評：評陸澹安編著小說詞語滙釋　　楊聯陞，清華學報第5卷第2期，民國55年12月，頁270—272。

戲曲辭典

　　王沛綸編撰　民64年　臺北　臺灣中華書局　646面

　　民國58年初版。

　　以收錄有關元明淸三代戲曲的專門知識爲主，共收戲曲名詞，自一字至數字，計六千六百餘條。詳言之，內容包括：中國戲曲形成之前，與形成之後的樂曲名詞；戲曲伴奏樂器名稱及構造的說明；元明淸的雜劇和傳奇的劇目及本事；歷代戲曲家的姓名、簡歷及重要作品；劇場專用名詞及舞臺術語；元明戲曲中的方言俗語等，可謂已囊括一切戲曲的知識。

　　每條詞語的解釋，力求深入淺出，並舉例說明，對於不易理解的古劇樂曲，著者也往往以精簡的文字，專門性的考據，化爲普及性的詮釋。

　　全部按筆劃多寡及字數多少排列。書前附有檢字表。

　　是初學戲曲文藝者，必備的參考工具。

文藝辭典

　　虞君質　吳燕如合編　民46年　臺北　復興書局　42,627,32面

　　「舉凡東西文學藝術史上重要的名物制度，以及習用的成語典故，在可能範圍內無不盡量錄入」，收二千條目，按中文筆劃排，書後附英文索引，三十二面。

文藝辭典

　　孫俍工撰　民67年　臺北　河洛出版社　1130面　影印

　　民國20年出版。

中國學芸大辭典

　　近藤奎撰　民48年　東京　元元社　1446,148,82面

　　民國25年（昭和11年）由東京立命館出版部印行，民國48年改訂初版印行。臺灣曾有影印本。本書以日文撰寫，解說中國古今文

學、思想、音韻、文字、歷史、宗教、美術、書名、人物、天文等名詞。

中國學芸大事典

近藤春雄撰 民67年 東京 大修館書店 1000面

收一萬一千五百條，較其父近藤奎所編收八千一百條，增三千多條目，偏全文學思想、音韻、語言、歷史、傳記、書名。依五十音順排，附中文筆劃索引。

文藝寫作大辭典

金重其編 民51年 臺北 中華出版社 556面

詞牌彙解

閻汝賢編 民52年 臺北 編者 796面

所收牌名以唐、五代、宋、遼、金、元為範圍。按詞牌筆劃為序排列，各條注明出處。書後附明清詞牌彙輯。

中西文學辭典

廣文編譯所編 民52年 臺北 廣文書局 160面

合世界文學名著舉要、世界文學作家略傳、中國文學作家傳略三部份而成，體例不像辭典。

詩韻大辭典

王文凱編 民55年 臺北 宏業書局 1冊

中國文學大辭典

江恆源 袁少谷合編 民60年 臺北 五洲出版社 1冊

原名：國文成語辭典，莊適編，每條注明出處，依筆劃排。民國57年臺北順風出版社也有影印出版。

新文學辭彙

收在民國61年10月香港中文大學近代史料出版組印行的「中國新文學研究參考資料」書內，正文二百三十六面，另有辭彙筆劃索引

三十面。

作文描寫辭典

劉載福編　民62年　臺南　綜合出版社　466面

文科大辭典——修辭學之部

（清）國學扶輪社編　民63年　臺北　新文豐出版社　2224面
影印

清宣統三年（1911）上海中國詞典公司鉛印本，私立東海大學圖
書館藏有原書。本書蒐集各種體用詞，爲治修辭學的材料，也可供
講授國文的參考。全書依筆劃排列，每條資料，均注明來源。

中國文學批評用語大辭典

葉慶炳籌編　　（見古今文選405期，民國66年9月10日）

美術大辭典

藝術家工具書編輯委員會編　民71年　臺北　藝術家出版社
675面（藝術家工具書1）

收錄古今中外有關美術的名詞二千六百五十三條。包括：外國美
術名詞、術語、美術家及中國美術名詞、術語、美術家、國畫顏料、
紙、美術著作、書法名詞、書法家、碑帖、書法著作、篆刻名詞術
語、篆刻家、裝裱、工藝、織繡編織、金工、漆器、陶瓷器、青銅
器、攝影、建築名詞、中外建築名作、美術館等。每一條目均加以解
釋，爲配合人物及其作品、建築等，另附二千多幅插圖。

按內容分類，同類的依時代編排，具有小型美術百科全書的功
用。但是，爲了便於讀者查檢起見，書後附有條目筆劃索引。

附錄十二種，有外國美術館、博物館一覽表，外國美術雜誌一覽
表，中國古代繪畫用紙外觀檢驗結果一覽表，中國古代法書用紙外觀
檢驗結果一覽表，色名一覽表等。

本書部分說明文字可再具體準確些（周策縱語），譯名也有些小

毛病（余光中語），再版時可加以訂正。

雄獅西洋美術辭典

　　黃才郎主編　王秀雄等編譯　民71年　臺北　雄獅圖書公司　2
冊（1111面）

　　據下列六種英美美術辭典編譯而成：

　　(1) Murray, P. and L. A Dictionary of art and artists, 4th edition, Penguin Books, 1976.

　　(2) Osborne, H. (ed) The Oxford companion to art, Oxford University, 1970.

　　(3) Myers Mcgraw-Hill dictionary of art, New York, 1969.

　　(4) Mcgraw-Hill Encyclopedia of world art, New York, 1967.

　　(5) Hill, A. (ed) A visual dictionary of art, New York, 1974.

　　(6) Phaidon (ed.) Dictionary of 20th-century art, 2nd edition, New York, 1977.

　　收錄一五五八條目，包括西洋美術發展的歷史、藝術運動與時代思潮、畫派、藝術家傳略、歷代美術傑作（建築、雕刻、繪畫）之圖片舉例等。同時也詳細介紹了各種美術製作工具與技法，從濕壁畫到近代的噴霧法創作，從雕刻的支架、脫蠟法到油畫的調彩，以及各種版畫的技法資料，可以說都收集到了，這些常識是在「美術史」中所得不到的。（楚戈：讀西洋美術辭典）涵蓋的時間自西洋史前時代，一直到現代藝術活動。

　　體例：各詞按英文字母順序排，附中文統一譯名。如為畫家名，依畫家國別語音音譯，並附有正確的生卒年代。內文解釋頗為詳盡，對於所提及的作品圖片，列舉：作者、作品譯名（作品原文）、製作

年代、材質、作品尺寸，以及當今收藏地點。對於所提的畫家，注明師承、畫技，文末附有重要作品收藏地。地名不附原文，可參見書後附錄之地名中英文對照表。釋文中有※符號者，即表示本書收有此條目，可供查考。

本書因依英文字母順序排列，給予讀者都是「點」的知識，不容易獲得系統的概念和全面的瞭解。因此，書後附有：西洋美術史專論、西洋美術史地圖及年表、英文條目分類索引等，即可彌補此缺憾了。另附有中英文條目對照索引，依筆劃排，供已知中文名詞的讀者查檢。

余光中評本書的優點有三：其一是文字部分，中西字體都清晰美觀，行與行之間距離適度，校對頗為認眞，連標點也不含糊；其二是譯名，尤其人名，都頗爲雅正，令人喜歡。英美以外，西洋美術家的姓名發音，中國人往往弄錯，造成了譯名的大混亂。本書在這方面却大分講究，凡非英語系統的美術家，其姓名均依本國讀音；其三是揷圖，既多又好，眞有山陰道上之感。彩色揷圖多達一千零十五幀，不但色調層次井然，而且細膩清晰，耐人詳看，已達國際水準。（聯合報七十一年十月七日）漢寶德認爲本書的優點是「這部辭典用了很多圖片，增加了歷史的篇幅，固然是美術辭典的傳統，還是值得一提的，圖片使辭典成爲一部可讀的書了，對大衆而言甚有意義。我認爲這部書最大的貢獻是把譯名統一的努力。」（中國時報七十一年九月二十二日）

大陸音樂辭典

康　謳編撰　民69年　臺北　大陸書店　1532面

據哈佛音樂辭典 (Harvard Dictionary of Music) 及中國音樂史料編輯而成。

收一萬二千餘條，包括：名詞解說、音樂史料、樂人生平、名曲

簡介、樂器沿革、樂派特徵、各國音樂特色、音樂會社組織、音樂圖書館、中國音樂等。所選名詞，普通的僅扼要解釋，重要的則力求詳盡，遇有意義相同之條文則注明〔詳某條〕字樣，以便讀者查考。另有四百餘幅圖片譜例，輔助文字說明。

　　依英文字母順序排列，中國音樂名詞術語等字頭，則改用拉丁拼音，列成條目，仍依字母順序排。

　　書後附中文筆劃索引。

　　本書可供音樂工作者使用，也可供一般讀者參考。

　　書評：評大陸音樂辭典　劉靖之，開卷第3卷第5期，民國69年10月，頁17—21。

音樂辭典

　　王沛綸編撰　民52年　臺北　文星書店　616面

　　專爲研究音樂學者查考之用，舉凡著名的音樂家，專門名詞，歌劇名稱等等，無論中外，皆盡量予以收入。

　　共分三編：人名、樂語、歌劇。人名部份，共收六百七十餘人；樂語部份，包括著名樂曲，常用樂器，習見名詞等，共四千五百餘條；歌劇部份，則以 Darid Even 所編 Encyclopedia of the Opera 爲藍本。

　　以拉丁字母爲排列次序，凡非拉丁字母的文字，則改用拉丁拼音排列。編後附中文索引，以便查檢。本書近由樂友書房重印。

　　本書著者，另編有音樂字典，民國五十七年，臺北全音樂譜出版社印行，二一九面。

　　下列五種，也是有關音樂名詞的工具書：

音樂辭典

　　張登照　周忠楷合編　民43年　臺中　藝聲出版社　116面

音樂辭典

　　　劉誠甫編　民46年　臺北　啓明書局　1冊　影印
民國24年上海商務印書館印行。

音樂名詞

　　　蕭而化編譯　民51年　臺北　正中書局　56面

音樂名詞辭典

　　　施新民編　民56年　臺北　五洲出版社　110面

音樂表情術語字典

　　　張　羅編　民58年　屏東　天同出版社　110面

玉器辭典

　　　那志良編撰　民71年　臺北　雯雯出版社　2冊（上冊456面，
下冊391面）

　　上冊收錄玉器與玉器有關的名詞二七〇九條，多爲一般辭典中所
未載，按部首排列。每一名詞加注國音及羅馬拼音，釋義如需參閱圖
片，注出在下冊圖版的號數，俾可對照參考。

　　一般玉器多在品名上冠以「玉」字，如玉盃、玉蟬、玉璧、玉
甲、玉券之類。本書爲避免檢查不便，凡可省去「玉」字者，儘量省
去，如玉盃等，列爲「盃」「蟬」「璧」等，其不能省去者，則仍存
玉字，如「玉甲」「玉券」等。讀者使用時，應稍加注意。

　　上冊書前有部首索引，書後有羅馬拼音索引。

　　下冊爲圖片，有三四四八張。以形狀分類，俾一般人易於查尋。
例如某人得到一「璧」，不知其名稱及用途，視其形狀爲圓形，板狀
體，中有一圓孔，卽可在圓形器物中去找，找到相同的圓形，知其名
稱後，按此名稱，在上冊中查出其說明。如果不習慣據形狀分類查
檢，可利用下冊的圖片分類索引。圖片分類，計分爲：1.動物形器；
2.幾何形器；3.紋飾。每類再細分子目，計分成二八一小類。每種圖
片注明編號、時代、出處、尺寸。出處列：原藏博物館、原著錄的書

籍或出土地點。

下册另附有中國歷代年表及縮寫字表、參考書目等，可供利用。

古錢大辭典

丁福保編 民51年 臺北 世界書局 5册 影印 （中國學術名著史學名著第5集第3—7册）

據民國27年上海醫學書局石印本影印。

上古以貝爲貨幣，故現代通行的字，如財、貨、買、賣、貲、貸、賄、賂等字，凡與財物有關係者，多從貝。其後冶金術進步，乃改用銅幣，以濟貝貨之不足，而爲交易之媒介。古貨幣之存於今者，有鏟形、刀形、圓形等種種形式，隨文化的演進，人事的繁複而異焉。其名稱有金、貨、幣、泉、刀、布、錢、寶等變遷。其上有具備文字者，也有無文字者。漢書食貨志云：「貨寶於金，利於刀，流於泉。」可謂盡貨幣之精義矣。又通志云：「自太昊以來始有錢，太皞高陽謂之金，有熊高辛謂之泉，齊莒謂之刀。」自來著錄之書，因多自太昊伏羲氏始，可不問而知其僞託也。

此書纂集各家之書而成，如翁樹培的古錢彙考，劉喜海的泉苑菁華，皆屬未經刊刻的稿本。首爲總論，上編爲圖譜，下編爲考釋。總論分鍰鋝、圜、貨幣金、泉錢、**權**制、貝、刀、布、周、秦、漢、三國、晉、六朝、隋、唐、五代、宋、遼、西夏、金、元、明、淸、外國、無考品、僞泉、鈔票、銅元、藏泉家、譜錄、結論諸節。圖譜分古刀布類、圓錢類、厭勝、吉語、支錢、馬錢類，附補遺。**每**類以錢文筆劃多少排列，以便檢查。此書體例與編者所編說文詁林略同。說文詁林於諸家之說，盡爲列入，此書則遇錯誤者皆從刪汰，節省篇幅不少。（圖書季刊。）

圖解郵票辭典

晏 星編撰 民70年 臺北 蓬萊出版社 645,159面

　　以英國吉本斯郵票公司出版的「集郵名詞圖鑑」爲藍本，另加許多我國郵票方面的資料。收編的名詞有一千多條，除一般常用的集郵名詞之外，兼及與郵政有關的名詞。

　　按中文筆劃排列。中文名詞後加英文譯名。「對每一辭語之解釋，皆能旁蒐遠紹，竟委窮源，而每有獨標勝義的地方，誤譯雖有，僅屬少部分，無傷大雅。有彩色圖片六十四面，可以補助文字說明的不足。（朱守義：一本新的集郵工具書，中央日報七十一年一月八日）

　　附錄十四種，均具參考價值。如：中國郵票分類總目、國際郵壇常見的外文縮寫、臺灣風景郵戳一覽表等。

中國書譜大辭典

　　馬　駘繪　民56年　臺南　大東書局　1冊

第五章　類書　百科全書

類 書 的 意 義

類書是把很多古籍中的原文，包括詩賦文章、麗詞駢語或其他資料，加以摘錄和彙集，再依其內容性質，予以分類，或按韻排比，為讀者提供古代的事物、典故的參考工具。所謂古籍中的「原文」，只是根據需要「部份地」、「片斷地」抄錄（永樂大典也有整部書都抄下來的），資料注明出處，惟不加注釋。

茲另舉四庫全書總目及鄧嗣禹「燕京大學目錄初稿類書之部」一書中對類書的解釋如下：

四庫全書總目卷一百三十五類書類敘：類事之書，兼收四部，而非經非史非子非集，四部之內，乃無類可歸。……其專考一事，如同姓名錄之類者，別無可附，舊皆入之類書，今亦仍其例。

鄧嗣禹在「燕京大學目錄初稿類書之部」序上說：蓋類書尙無定義，區分至難。若强為之，可謂介乎雜家小說與總集之間，摭捨羣書，囊括衆體，或分門別類，或以韻編排，或以數目為綱，或以無類可歸者，皆列入類書；以備一己之遺忘，供他人之參閱，作典章制度之資材也。

上述二說講明類書的內容廣泛，無所不包。因此，宋鄭樵的通志藝文略，將圖書分成十二類，類書脫離子部，獨立成一類，近代圖書館的分類法，也將類書提出，置於總類。

由上述類書的說明，可歸納出類書的特點如下：

1.取材均採自古籍，包括經史子集等。

2.就內容包羅萬象、無所不有來說，類似西洋的百科全書。

3.編輯方法是將蒐集的材料，按類、字韻加以剪裁排比，對材料本身，只注明來源、出處，不加注編者意見。

4.編輯的目的，只供檢尋和徵引之用。

類 書 的 歷 史

類書之名，始見於新唐書藝文志。新唐志採四部分類法，其中子部分十七類，第十五類卽「類書」。此類在舊唐書經籍志稱爲「類事」，也屬於子部，是從雜家中析出。隋書經籍志將「皇覽」歸入子部雜家類。新唐志易「類事」爲「類書」較爲高明，因此類圖書，都是按類纂輯，顧名思義，稱爲類書較爲妥當。自此以後，歷代書目皆有類書一目。

類書的產生有其歷史淵源和時代背景。于大成在「說類書」一文，認爲字書與漢賦促進了類書的產生，至於類書的形式則是發端於古代雜家的著作。方師鐸在「傳統文學與類書的關係」一書中，認爲類書是由辭賦引導出來的，甚至可以說辭賦是類書的前身。

茲將類書的歷史淵源和時代背景，就上述二位學人的看法，歸納成三點，敍述如下：

1.字書促進了類書的產生　戰國時有一種字書，用以敎授童蒙識字。漢書藝文志六藝略小學類著錄的史籀十五篇、蒼頡一篇、凡將一篇、急就一篇、元尙一篇、訓纂一篇等，都是屬於此類。這些書都是敎導學童的書。蒼頡篇，其文均四字一句，二句爲韻；急就篇，有三字一句，七字一句與四字一句三種，也是二句一韻；凡將篇的體例也應如此。這些書的體例一如後世的三字經、千字文、百家姓之類，故稱爲小學；體例與爾雅、說文解字這些後世所謂訓詁、字書不同。羅振玉「殷商貞卜文字考正名篇」說：「予意史籀所著大籀十五篇，殆亦猶蒼頡、爰歷、凡將、急就篇，取當世用字，編纂章句，以便誦習

而已。」

宋晁公武的郡齋讀書志後志卷一，著錄急就章一卷，內容「書凡三十二章，雜記姓名、諸物、五官等字，以敎童蒙。急就者，謂字之難知者，緩急可就而求焉」。

于氏認爲「旣緩急之間可就而求，其書之內容，自然須得部次有條理」。故急就章起首卽稱：「急就奇觚與衆異，羅列諸物名姓字，分別部居不雜厠，用日約少誠快意。」于氏又認爲「急就如此，推之凡將諸書，亦當如此。甚至蒼頡篇，竟還有篇目」。

由上所述，可知這些彙集各種事物，分別部居，以類相從的字書小學，已粗具類書的雛型。

2.辭賦導引了類書的產生　辭賦始於戰國，盛於兩漢，至六朝時仍在流行。當時的文人作賦往往一句一典或一句數典，以炫耀學問的淵博。所謂典卽典故。典故是把一般古代傳說或歷史故事濃縮成爲一句子或詞組，如「愚公移山」、「夸父追日」、「嫦娥奔月」、「女媧補天」等。作賦時就把有關某事物的辭藻、典故排列堆砌起來。當時對於是否够得上大賦家的衡量標準，就是看他是否博聞强記，是否運用很多典故而定。因此，像漢班固的兩都賦、張衡的二京賦等，「取材廣博，按事類排比，在類書未出現以前，這種大賦實際上起著類書的作用」。

清人袁枚在歷代賦話序早有相同的看法：「古無志書，又無類書，是以三都兩京，欲敍風土物產之美，山則某某，水則某某，草木鳥獸則某某，必加窮搜博訪，精心致思之功，是以三年乃成，十年乃成；而一成之後，傳播遐邇，至於紙貴洛陽。蓋不徒震其才藻之華，且藏之巾笥，作志書、類書讀故也。」

3.類書形式淵源於諸子書中的雜家之書　于大成在「說類書」一文中，引清人汪中、鈕樹玉，宋人黃震的著作，說明我國的類書，發

端於古代雜家的著作。如汪中序呂氏春秋云：

> 司馬遷謂不韋使其客人人著所聞，以爲備天地萬物古今之
> 事。然則是書之成，不出一人之手，故不明一家之學，而爲後
> 世修文御覽、華林遍略之所托始。

又如黃震的黃氏日鈔卷五十五云：

> 淮南鴻烈者，淮南王劉安，以文辯致天下方術之士，會粹
> 諸子，旁搜異聞以成之。凡陰陽造化，天文地理，四夷百蠻
> 之遠，昆蟲草木之細，瑰奇詭異，足以駭人耳目者，無不森然
> 羅列其間，蓋天下類書之博者也。

再如鈕樹玉的匪石先生文集論淮南子云：

> 類書之端，造於淮南子。古者著書，各道其自得耳，無有
> 裒集羣言，納於部類者。秦之呂不韋，始聚能文之士，著爲呂
> 覽，而其言則自成一家，且多他書所未載，非徒涉獵也。至淮
> 南一書，乃博采羣說，分諸部類，大旨宗老莊而非儒墨。其言
> 雖泛濫龐雜，醇疵互見，而大氣浩汗，故能融會無迹，則探索
> 之力亦深矣。

于氏亦曾就淮南書中的材料，一一考其出處，知事事有其來源；及馬王堆黃帝四經出，則前比所不可考者，又得其若干。就這一點來說，可謂與類書的編纂無大分別。所不同的是類書止是抄錄舊文，而呂覽、淮南則取所輯得的材料，組織成爲首尾脈絡分明的單篇文字。

除外，方師鐸認爲類書始自皇覽的另一原因，是魏文帝曹丕以後，造紙技術進步，魏室才得以利用這種輕便價廉的書寫工具，抄錄大量的圖書，加上有大量的參考圖書，可供摘錄。這一點可說是類書產生的時代背景。

我國歷史上第一部類書是魏文帝命儒臣編的「皇覽」。三國志魏書文帝紀云：「又使諸儒撰集經傳，隨類相從，凡千餘篇，號曰皇

覽。」編輯工作自延康元年(220) 起，費時數年完成。參加諸儒有：
王象、劉邵、桓範、繆襲、韋誕等人。其書魏書楊俊傳云：皇覽「合
四十餘部，部有數十篇，通合八百餘萬字。」可見本書網羅宏富，門
類繁多。本書隋志時還有一百二十卷，唐時已散佚，現在所能看到的
是清代的輯本，僅有逸禮及冢墓記二篇，也有殘缺。皇覽後，繼作者
蠭起，如晉陸機「要覽」，宋何承天、徐爰撰「合皇覽」，齊東觀學
士奉敕撰「史林」，蕭子良集學士撰「四部要略」，梁蕭琛撰「皇覽
鈔」，劉峻撰「類苑」，徐勉等奉敕撰「華林遍略」，劉杳撰「壽光
書苑」，陸罩等奉敕撰「法寶研壁」，陶宏景撰「學苑」，張纘撰「
鴻寶」，朱澹遠撰「語對」、「語麗」，陳張式撰「書圖泉海」，北
魏有「帝王集要」，北齊祖珽等奉敕撰「修文殿御覽」等書。

　　據估計，六朝人所撰類書總數在三千卷以上，可惜這些書均已亡
佚，僅「華林遍略」有敦煌所出殘卷而已。

　　隋有「長洲玉鏡」二百三十八卷，「玄門寶海」一百二十卷，杜
公瞻撰「編珠」五卷，前二書已佚。

　　唐人所撰類書近萬卷，見於新舊唐書藝文志的有四十八種，大部
份出自初唐人之手。這些類書大部份已失傳。其中歐陽詢撰「藝文類
聚」，徐堅等奉敕撰「初學記」，白居易撰「六帖」等，一直流傳至
今。張楚金撰「翰苑」存三十冊，書藏日本，曾譯成日文。唐類書通
常要加虞世南撰「北堂書鈔」，實則該書早成於隋大業年間，隋書經
籍志也已著錄，不能算是唐修的類書。

　　宋人編的類書，據宋史藝文志著錄的有三百零七種，單是四庫總
目著錄的就有二十九種。 除官修的大部頭類書外 ， 私人纂修的亦不
少。這和當時的科舉取士及學風等，有密切的關係。

　　現存宋朝的類書，比較著名的有吳淑撰「事賦略」，李昉等奉敕
撰「太平御覽」、「太平廣記」，王欽若等奉敕撰「冊府元龜」，無

名氏撰「錦繡萬花谷」，祝穆撰「事文類聚」，潘自牧撰「記纂淵海」，王應麟撰「玉海」、「小學紺珠」，陳元靚撰「事林廣記」，謝維新撰「古今合璧事類備要」等。其中以「太平御覽」、「册府元龜」、「玉海」最爲有名；「太平廣記」專收小說，「事物紀原」考事物起源，屬於專科性類書。

有明一代，因印刷事業的發達，類書的規模與數量，均遠邁前述各朝，其中規模最大的當推明成祖永樂年間解縉等奉敕撰的「永樂大典」二萬二千八百七十七卷，外加凡例和目錄六十卷，裝成一萬一千零九十五册，輯錄上古迄明初圖書七、八千種，其中包括經、史、子、集、釋藏、道經、戲劇、平話、農藝等。參與編輯的儒臣文士有三千人，是我國歷史上最大的百科全書。原名「文獻大成」，編成後，定名爲「永樂大典」。該書因卷帙過多，始終未能雕版刊行。嘉靖時又寫有副本一部，正本約於明末被焚燬，副本於清朝初、中期略有散失，而大部份於光緒二十六年（1900）八國聯軍侵入北京時被焚燬，未燬者被刼往英、美、法、日、俄等國。清末將殘本六十四册移交京師圖書館。民國五十一年臺北世界書局據中華書局版所收七百三十卷，加上其他機構的收藏，共八百六十五卷，予以影印。

明朝纂修的類書，較有名的還有：俞安期撰「唐類函」，陳耀文撰「天中記」，徐元太撰「喩林」，王圻撰「三才圖會」。

清朝可稱爲類書的全盛時期，數量遠超過明代。依四庫總目的記載，明朝有類書一百三十九部，清朝雖缺乏正確的統計資料，如據鄧嗣禹編「燕京大學圖書館目錄初稿類書之部」，加以約略統計，清朝所編，加上補修校注前朝的，共有一百五十餘部。康熙時陳夢雷編「古今圖書集成」一萬卷，內容極富，是現存規模最大的一部類書。除外，規模較大的類書，尙有張玉書等奉敕撰「佩文韻府」，張英等撰「淵鑑類函」，康熙末年編「子史精華」，康熙五十八年至雍正四年

(1719—1726) 編「駢字類編」，何焯等奉敕撰「分類字錦」，陳元龍撰「格致鏡原」。

民國成立以後，類書的編輯極少，據鄧嗣禹「燕京大學圖書館目錄初稿類書之部」一書所載，予以統計，有四種，如徐珂編「清稗類鈔」，楊喆編「作文類典」，陳霈辰編「新幼學句解」，另有一種是譯自國外的百科全書，卽廣學會節譯的「倫理宗敎百科全書」(*Hasting's Encyclopeadia of Religion and Ethics*)。

以上就魏文帝令王象等編皇覽（220）起，迄民國初年止，約共編了六百六十餘種，數量相當多，考其原因，約有下列三點：

1.歷代帝王推重類書　自魏文帝以下，歷代帝王均相當重視類書的編纂，我們可由類書的編者，很多是「奉敕撰」卽可看出。如修文殿御覽是祖珽等奉敕撰的，初學記是徐堅等奉敕撰的，太平御覽是李昉等奉敕撰的，册府元龜是王欽若等奉敕撰的，永樂大典是解縉等奉敕撰的。清朝以後更甚，尤其與清初三帝的喜愛和提倡有很大的關連。「上有好者，下必有甚焉者」，所以清朝私人也編了很多類書。

2.科舉的需要　唐代科舉考試分爲五種，詩賦是其中之一，宋代進士科考試，亦有詩賦一種。詩賦是類書的主要內容。有些類書是供士人科舉考試之用。例如陳繼儒「太平清話」卷下稱白居易「六帖」爲應科舉而編。

3.士子的喜愛　以前士人常靠類書幫助記憶，後來離開「兔園册子」（指類書），就不能下一言。尤其是明清兩代，更爲變本加厲。清江藩在「漢學師承記」序言批評明代士子「以類書爲博聞」，曾國藩也勸人不要購買「佩文韻府」、「淵鑑類函」這一類的書。但是由這些情形，看出當時士人喜愛類書之一斑。

類　書　的　種　類

　　古代的書目，類書未加分類。通志將類書分上下，等於未分。民國以後類書始有較科學的分類。如鄧嗣禹將類書分爲十種：

　　1.類事：又分殘缺類書，如皇覽、永樂大典等；一般類書，如北堂書鈔、太平御覽、古今圖書集成等。

　　2.典故：又分文篇，如事類賦、羣書備考；文句，如佩文韻府、小學紺珠。

　　3.博物：又分廣記，如廣博物志、事物紀原；專記，如歲華紀麗、玉譜類編。

　　4.典制：又分政典，如通典、通志、文獻通考；政論，如經世八編類纂、經濟類編。

　　5.姓名：又分同姓名，如古今同姓名錄；小名別號，如小名錄、自號錄；氏族考證，如元和姓纂；史姓人名，如史姓韻編、萬姓統譜。

　　6.稗編：如太平廣記、稗編。

　　7.同異：如雞肋、事物異名錄。

　　8.鑑戒：如穀玉類編、人鏡類纂。

　　9.蒙求：如蒙求集註、六經蒙求。

　　10.常識：如萬寶全書。

　　鄧氏分爲十類的原因乃爲配合燕京大學圖書館圖書採用十進分類法，「將類事之書，亦分爲十門」。

　　最近有人依類書所收材料的內容，分爲六類：

　　1.查找古文獻：如北堂書鈔、藝文類聚、太平御覽。

　　2.查事物起源：如事物紀原、格致鏡原。

　　3.查古詩文語句：如佩文韻府、駢字類編、子史精華。

4.查歷代典章制度：如三通。

5.查斷代典章制度：如春秋會要、唐會要、明會典。

6.查歷代職官：如歷代職官表。

此種分類法，似可將四至六合併爲一類，考其內容性質相近，均是檢查典章制度的類書，只不過是有通代、斷代之分而已。古代的圖書分類法，這些書均歸入史部政書類。

筆者認爲類書依查考問題的性質，可分成下列四種：

1.檢查事實掌故的類書：這種類書性質與西洋的百科全書相似，內容廣博，收羅各科，包括天文、地理、政治、文學、藝術等。可再細分爲綜合性的和專門性的兩種。前者如藝文類聚、太平御覽、古今圖書集成；後者專收一類或幾類。如專收筆記、小說的太平廣記，專收日用百科知識的事林廣記（宋陳元靚編，是一部民間日用的類書，收集市井生活方面的資料很多，共四十三卷）。

2.檢查事物起源的類書　這種類書是查考事物發生、發展的過程。任何事物都是有起源的，也會演變，研究學問必須「事溯其原，物窮其本」。例如弓箭起於何時？從「易繫辭傳」中「弦木爲弧，剡木爲矢」兩句看來，可能在舊石器時代末期，或新石器時代早期。這些關於事物起源的資料，大抵散見於各種古籍中，後人爲了便於查檢，便將他們收集起來分類編成一種類書。這種類書如事物紀原、格致鏡原。匯輯姓氏起源的書，如唐林寶「元和姓纂」，明凌迪知「萬姓統譜」等，也是屬於檢查事物起源的類書。

3.檢查文章辭藻的類書　這種類書的編纂是供舊時文人作詩塡詞時，尋找詞藻、湊對子用的。我國古代文人賦詩作文，常喜用典故，表示學問淵博。於是一些專門供人尋章摘句、采撫華麗辭藻的類書，便應運而生。最有名的是清朝的佩文韻府和駢字類編。這種書通常均注明資料的來源；因此，還可利用它來查找他們的出處。

4.檢查典章制度的類書　關於歷代文物典章制度的類書，四庫總目稱為政書，它專講我國歷代典章制度的沿革變化，是研究我國歷代政治、經濟、軍事、文化等制度的資料彙編。這種類書取材，採自各種圖書，以類相從，再按時代先後排列。這種類書的形式，有通記幾代的，如三通、十通；有專記一朝的，如會典、會要等。

類 書 的 排 列

類書的排列，主要有三種情況：

1.按類分部　每部再分許多子目，每一子目之下，引各種書籍上的有關記載，再依經、史、子、集及時代順序排列，這是類書中占絕大多數的排列法。大類的次序，通常是按天、地、人、事、物五大類排列。如藝文類聚，天部、歲時部是屬於「 天 」的範圍；地部、州部、郡部、山部、水部屬於「 地 」的範圍；帝王部、后妃部、儲官部、人部屬「人」的範圍；職官部、政治部、刑法部屬於「事」的範圍；服飾、食物、雜器物部、巧藝部屬於「物」的範圍。

每部又分許多子目，如藝文類聚天部分：天、日、月、星、雲等，每目之下都抄錄各種事物上的有關記載。這些記載，從藝文類聚開始，又分「事居於前」、「文列於後」。事指自然知識、社會情況；文指文學創作，如詩、文、學術論著等。均再按時代順序排列。

2.按韻目編排　唐顏真卿撰「韻海鏡源」，是最早分韻排列的類書，然其書不傳。宋人陰時夫編「韻府羣玉」是現存以韻隸事的最古類書 ， 是清朝編佩文韻府的藍本 。 按韻目編排最重要的兩部類書是明永樂大典和清佩文韻府。前者是按「洪武正韻」的韻目編排。這部書分平聲、上聲、去聲、入聲。每聲再分部，平、上、去各二十二部，入聲十部，共分韻七十六部。永樂大典即以此韻目為綱，在這一韻目下列舉這一韻目的單字。

又如佩文韻府，先按韻分部，全書分平、上、去、入四聲。每聲再按平水韻目（詩韻）分部，共分一百零六部，每個韻部排列同韻字。如上平聲——東韻，排列：東、同、銅、桐、筒、童、僮等字。

3.按字分排　如駢字類編在分天地門、時令門、山水門、居處門、珍寶門、數目門、方隅門、器物門等十二門類後，不再按事物分許多子目，而是按字編排，而且是專收兩個字組成的詞語。如天地門的天字下面，列有「天日」、「天月」、「天風」、「天雲」、「天露」、「天雪」等。每項之下又以雙行小字分錄包含這一個詞語的材料。如山水門卷二十九「嶽」字中有「嶽麓」一條，把湖南長沙嶽麓的位置、命名的由來，北宋初年曾在此建立嶽麓書院以及書院盛衰等情況，都引用「荊州記」、「嶽麓舊志」、「明一統志」、「方輿勝覽」、「張栻嶽麓書院記」等書上的有關記載，加以詳細說明。後面還錄有與嶽麓有關的詩，如李咸用夏日別余秀才詩：嶽麓雲深麥雨秋，滿傾杯酒對湘流。

類書與百科全書的比較

類書與百科全書，都是圖書館最基本的參考工具書。前者略似一種資料彙編；後者則係一部有章節系統的著作。前者是中國文化的獨有產物；後者則是西洋近代文明的產物。兩者類似的地方不多，差異却很大，現在列舉下列數點，加以比較：

1.功用　類書有輯佚、校勘古籍眞僞、賦詩檢尋辭藻及查考典故出處的用途。百科全書只具備部份查考典故出處的功能。百科全書的主要功用是對某一學科、某一事物，做有系統的敍述，使人對於某一學科或事物，有一完整的概念。

2.內容　類書與百科全書的內容，都是無所不包，惟取材不同。類書是將前人的著述，彙集在某一條目下，編者只是照原文摘錄下

來，不加自己的意見。

百科全書對於每一學科、每一條目，均由學科專家，做有系統的著述，材料內容新穎，可供查考現代的新知識。

3.排列　　兩者相同的地方是都有按照類排列的，每類再分細目。類書除按類排列外，另有按韻排列，把同韻的歸在一起，韻下的各條目，各自獨立。

西洋自從十四世紀後，按英文字母順序排列的百科全書逐漸增多。百科全書各條目之間用「見」「參見」的方法，使彼此之間有聯絡貫通。「見」是指某一事物，如在某一類中已經述及，而這一事物又屬於另一類時，則在另一類的事物下標示「見」某一類的某一事物。「參見」指某一事物，如屬兩類以上，而在兩類中，各以不同的角度來解說，則在這兩類的某一事物下，各標示「參見」。

4.書目與索引　　中國類書除少部份將引用書目列於書前外，大部份缺少參考書目，縱有參考書目，也僅列舉書名（或篇名），或著者而已。

百科全書在每一條目下，不但有著者署名，且以斜體字印刷參考書目，書目都注明著者、出版者、出版年及出版地。參考書目的用途是：作為條文的印證，及方便讀者進一步的研究。

再以索引來說，類書均缺少索引，如有也是後人編輯的；百科全書大部份附有索引，這些索引是按標題、事物名，一一摘出，按英文字母順序排列。

其他兩者略有不同的地方是類書極少有增訂本或續編的，三通、續三通、清三通是唯一的例外。百科全書常用全部修訂、活葉式修訂，及年鑑式補編，以保持資料內容的新穎。

檢查事物掌故事實的類書

類 書 的 功 用

四庫全書總目說：「類書一書，兼收四部，……此體一興，而操
觚者易於檢尋，註書者利於剽竊，轉輾裨販，實學頹荒。然古籍散
亡，十不存一，遺文舊事，往往託以得存。藝文類聚、初學記、太平
御覽諸編，殘璣斷璧，至捃拾不窮，要不可謂之無補也。」（子部類
書類小序）類書除上述便於文人寫作時供檢尋及輯佚古書兩種用途
外，還有其他功用。于大成在談類書（載出版家五十一期）一文中，
把類書的功用分成五種，略加解釋如下：

1.備詩文的尋檢　這種類書的編製，係在某條內，輯錄各書關
於某事或某字的優美辭藻，以備賦詩作文時採擇或引用，如事類賦、
佩文韻府、駢字類編、分類字錦等都是。從唐人劉肅著大唐新語卷九
記載，就知道編纂初學記最初的動機是，便於諸王子學作文詩賦的目
的。

2.覈事典的出處　這類類書的編製是在某條目下，採集各種與
某題目相關的記載，依某種次序排列，使人檢尋時，得到關於這些事
物的典故出處，如太平御覽、古今圖書集成等都是。據南史記載，梁
武帝命編華林遍略，是因為羣臣對「錦被」的典故，記憶還有遺漏。
古時文人寫文章時，也喜歡用典故，表示自己的學問高於別人，後人
讀古書時，不知道典故時，只有向這種類書去考尋了。

3.考故事的演化　六朝、唐人的小說，流傳到今天的很少，然
後世的小說與戲劇，其故事實多源自古代，而隨時演化，其演化的軌
迹，也保存在類書中，如太平廣記。其實，除太平廣記外，任何類
書，都有關於小說戲劇的資料。

4.輯故書的遺文　類書保存很多現在已亡佚的古書，所以可為

輯佚的資料。如清朝四庫全書館，從永樂大典中輯出的佚書，便有好幾百種，像有名的東觀漢記、郝氏續後漢書、舊五代史、續資治通鑑長編等重要的書，沉埋已久，都是靠類書得復顯於世。學人從類書中輯佚古籍的更多，如馬國翰的玉函山房輯佚書、黃奭的漢學堂叢書、王謨的漢魏遺書鈔、王仁俊的玉函山房輯佚書續編、丁福保的全漢三國晉南北朝詩等都是。雖然有些輯佚書難免像「管中窺豹，只見一斑」，但是若沒有這些類書，恐怕連這一「斑」也不可得見。

　　5.校傳本的誤謬　　古書輾轉翻刻，傳本頗多錯誤，或錯字連篇，或有刪節。校勘最好的依據，當然是古本，但若找不到古本，則唯有向唐宋類書中去找材料。因為唐宋人還看到古本，編那些類書時所用的材料，很多還是六朝或唐朝的古鈔本。用這些材料來做校勘，等於找到了許多古本。像王念孫、段玉裁等人所校勘的古書，今天我們用清末在敦煌或日本發現的古鈔本，拿來一對，其結論竟是很少錯誤的，其原因即在此。

皇覽

　　（魏）王　象等奉敕撰　　（清）孫馮翼輯　民54年　臺北　臺灣商務印書館　11面　影印（叢書集成簡篇第59册）與歲華紀麗合刊。

　　爲中國第一部類書，延康元年（220）王象等受魏文帝曹丕詔諭，開始撰集經傳，以類相從，凡千餘篇，分四十幾部，每部數十篇，號曰皇覽。梁時本書還有六百八十卷，至隋時僅存一百二十卷，新舊唐志不載本書，可能亡於隋末之亂。

　　孫馮翼的輯本又有逸禮及冡墓記二篇，也多殘缺。

　　本書爲最古的類書，雖殘缺不全，圖書館也應購備。

藝文類聚　一百卷

　　（唐）歐陽詢等奉敕撰　于大成主編　民63年　臺北　文光出版社　5册　影印

　　民國49年，臺北新興書局有影印，分裝10册。

　　根據六朝以前，或唐代的典籍，把其中有關自然知識，社會情況的記載，以及學術論著和文學藝術的創作，都加以分門別類，摘錄彙編，使讀者便於查考資料，探索前代知識。全書分爲四十七部，每部再分細目，共七百二十七子目，所引古籍共一千四百三十一種，今百分之九十，均已佚失，所以本書有輯佚與校勘的價值。

　　體制爲「事居於前，文列於後」，所謂「事」指採自經史子方面的資料，「文」指採自集部的資料。四庫總目認爲本書是唐朝最好的二大類書之一。

　　臺北文光版全文均加標點。書後附收十種古類書，如：皇覽、修文殿御覽殘卷、集聖賢羣輔錄、珠玉集、稽瑞、歲華紀麗、兎園策府殘卷、唐寫本古類書等。另有日人中津濱涉編藝文類聚引書索引、詩文題目索引、詩文作者索引等。本書另收有關論文五篇：1.居蜜著藝

文類聚版本考；2.談藝文類聚；3.潘重規著集聖賢羣輔錄新箋；4.阮
廷卓著修文殿御覽考；5.洪業著所謂修文殿御覽者。

　　茲將各類目，列舉如下：

卷	1—2	天　部	卷	3—5	歲時部
卷	6 地部	州　部　郡部	卷	7—8	山　部
卷	8—9	水　部	卷	10	符　命
卷	11—14	帝王部	卷	15	后妃部
卷	16	儲宮部	卷	17—37	人　部
卷	38—40	禮　部	卷	41—44	樂　部
卷	45—50	職官部	卷	51	封爵部
卷	52—53	政治部	卷	54	刑法部
卷	55—58	雜文部	卷	59	武　部
卷	60	軍器部	卷	61—64	居處部
卷	65—66	產業部	卷	67	衣冠部
卷	68	儀飾部	卷	69—70	服飾部
卷	71	舟車部	卷	72	食物部
卷	73	雜器物部	卷	74	巧藝部
卷	75	方術部	卷	76—77	內典部
卷	78—79	靈異部	卷	80	火　部
卷	81	藥香草部上	卷	82	草部下
卷	83—84	寶玉部	卷	85	百穀部　布帛部
卷	86—87	果　部	卷	88—89	木　部
卷	90—92	鳥　部	卷	93—95	獸　部
卷	96—79	鱗介部　蟲豸部	卷	98—99	祥瑞部
卷	100	災異部			

北堂書鈔　一百六十卷

（唐）虞世南撰　　（清）孔廣陶校註　民60年　臺北　新興書局　22,798面　影印

據清光緒十四年（1888）校宋萬城富文齋刊本影印。

在臺影印者，有民國63年宏業書局，民國66年藝文印書館。

北堂爲隋秘書省的後堂，本書是虞世南任隋秘書郎時所作，書成於大業年間，有人認爲不能算是唐修的類書。

分十九部，每部再分細目，每目下，將所引錄的原文摘成一個標題，以大字排列；再以小字二行作注，注明引用書名或原文。所引各書，都是隋代以前舊籍，大部份多失傳，因此，本書爲唐朝前輯佚最佳的工具之一。日人山田英雄編有「北堂書鈔引書索引」，民國六十二年（1973），由名古屋采華書林出版，一二五面，可供利用。

兹列舉十九部名稱，以便尋檢。

卷	1—22	帝王部	卷	23—26	后妃部
卷	27—42	政術部	卷	43—45	刑法部
卷	46—48	封爵部	卷	49—79	設官部
卷	80—94	禮儀部	卷	95—104	藝文部
卷	105—112	樂　部	卷	113—126	武功部
卷	127—129	衣冠部	卷	130—131	儀飾部
卷	132—136	服飾部	卷	137—138	舟　部
卷	139—141	車　部	卷	142—148	酒食部
卷	149—152	天　部	卷	153—156	歲時部
卷	157—160	地　部			

初學記　三十卷

（唐）徐　堅等奉敕撰　　（明）安　國校　民61年　臺北　新興書局　3冊　影印本

另有臺北鼎文書局鉛印標點本，民國61年印行，2冊752面，附

有諸本異同校勘表三十卷 ；日本京都中文出版社影印，民國67年，752,13面。

　　分二十三部，三百一十三子目，其體制：敍事在前，事對次之，詩文在後，都是摘鈔六經諸子等古書，與一般類書，略有不同。敍事比他種類書，較有條理，詩文除探錄隋以前古書外，兼及初唐。本書採撫不及藝文類聚的廣博，但去取謹嚴，仍多可應用。日人中津濱涉編有「初學記引書引得」，民國六十三年初版，三八四面。

　　茲將該書的總目列下：

卷 1—2	天　部	卷 3—4	歲時部
卷 5—7	地　部	卷 8	州郡部
卷 9	帝王部	卷 10	中宮部
卷 11—12	職官部	卷 13—14	禮　部
卷 15—16	樂　部	卷 17—19	人　部
卷 20	政理部	卷 21	文　部
卷 22	武　部	卷 23	道釋部
卷 24	居處部	卷 25	器用部
卷 26	服食部	卷 27	寶器部（花草附）
卷 28	果木部	卷 29	獸　部
卷 30	鳥　部（鱗介蟲附）		

白氏六帖事類集　三十卷

　　（唐）白居易撰　民60年　臺北　新興書局　2冊　影印

白孔六帖　六十卷

　　（唐）白居易撰　（宋）孔　傳續撰　民60年　臺北　新興書局 2冊　影印

太平御覽　一千卷

　　（宋）李　昉等奉敕撰　民57年　臺北　臺灣商務印書館　7冊　影印

　　臺北新興書局於民國48年，曾據商務民國24年影宋刻本影印。臺北大化書局以宋版蜀本爲主，再補以日本現藏的幾種宋本，民國66年影印本書，共4冊，4426面。

　　係宋代一大類書，初名太平類編，後改爲太平御覽。所引經史類書，凡一千六百九十餘種，雖然有些是轉引唐以前類書，但這些書十之七八，都已失傳，因此可藉以考僞訂正及輯佚古籍之用。

　　體制：分爲五十五部，部下分若干類，類下又分若干子目，共分四千五百五十八類。本書各子目下，引經史百家之言，如屬歷史事件，則依年代排列，非歷史事件，則依成書年代排列。著錄的方法，是先記書名，再摘原文，不加自己意見。書前缺序例，有引書目錄，稱爲「經史圖書目錄」。

　　本書因部類繁雜，又成於衆人之手，所以各類之間，有重複的地方；同一人名，因名號不同，也有分入二處的；引用書籍，往往改換原名，又任意增刪原文，所以同引一書的同一條，也常相歧異。

　　茲將五十五部名稱，列表於下：

卷 1—4	目　錄	卷 1—15	天　部
卷 16—35	時序部	卷 36—75	地　部
卷 16—116	皇王部	卷 117—134	偏霸部
卷 135—154	皇親部	卷 155—172	州郡部
卷 173—197	居處部	卷 198—202	封建部
卷 203—269	職官部	卷 270—359	兵　部
卷 360—500	人事部	卷 501—510	逸民部
卷 511—521	宗親部	卷 522—562	禮儀部
卷 563—584	樂　部	卷 585—606	文　部
卷 607—619	學　部	卷 620—634	治道部
卷 635—652	刑法部	卷 653—658	釋　部

卷 659—679 道　部　　　卷 680—683 儀式部

卷 684—698 服章部　　　卷 699—719 服用部

卷 720—737 方術部　　　卷 738—743 疾病部

卷 744—755 工藝部　　　卷 756—765 器物部

卷 766—767 雜物部　　　卷 768—771 舟　部

卷 772—776 車　部　　　卷 777—779 奉使部

卷 780—801 四夷部　　　卷 802—813 珍寶部

卷 814—820 布帛部　　　卷 821—836 資產部

卷 837—842 百穀部　　　卷 843—867 飲食部

卷 868—871 火　部　　　卷 872—873 休徵部

卷 874—880 咎徵部　　　卷 881—884 神鬼部

卷 885—888 妖異部　　　卷 889—913 獸　部

卷 914—928 羽族部　　　卷 929—943 鱗介部

卷 944—951 蟲豸部　　　卷 952—961 木　部

卷 962—963 竹　部　　　卷 964—975 果　部

卷 976—980 菜　部　　　卷 981—983 香　部

卷 984—993 藥　部　　　卷 994—1000 百卉部

　　因部類繁多，引用圖書又雜，查閱時可利用下列兩種索引：1.太平御覽索引，商務印書館印行，依各細目的四角號碼排列，注明卷數頁數；2.太平御覽引得，洪業等編，民國五十五年成文出版社影印，本書係將太平御覽的細目編成篇目引得，又將御覽所引的書，編成書名引得，此索引的功用有二：①檢查御覽中的細目，不須檢閱原有目錄，依檢字法在此索引一查即得；②要輯佚某書時，不須檢閱御覽全書，在此索引一檢即得。各條目係用中國字庋擷法排列，另附筆劃及西文拼音檢字法，此索引較商務印行的為完備。

　　今人黃大受撰太平御覽考，分別刊登法商學報十三期，民國六十

六年十二月，頁一八五至一九一；東方雜誌十一卷五期，民國六十六年十一月，頁二十四至二十六，可參考。

册府元龜　一千卷

（宋）王欽若　楊億等奉敕編　民56年　臺北　臺灣中華書局 20册　影印

據明崇禎黃國琦刻本影印，因宋刻無完本。

是宋修四大書之一。所謂四大書，原指宋太宗時，命諸儒所編纂的太平御覽、太平廣記、文苑英華、神醫普救，後因神醫普救一書不傳，後人乃代以宋眞宗時所纂册府元龜。四書均卷帙繁富，爲藝苑瓌寶，合稱「宋四大書」。

以歷代君臣事迹，治亂興衰，彙爲一編。共一千卷，目錄十卷，音義十卷。現在正書及目錄十卷存，音義十卷已佚。

取材僅限於經傳子史，可垂訓後世的爲準，不像太平御覽、太平廣記，兼收野史小說。

體例分爲三十一部，部有總序，一千一百零四門，門有小序。總序言規制，對於各部事蹟的沿革，詳爲說明，長者達數千字，不啻爲各部的小史。各門小序，重在議論，長者二三百字，短者僅數十言。各門小序後，卽列各門事類。

陳鴻飛編有册府元龜引得，見文華圖書館專科學校季刊五卷一期，將子目按筆劃排列，注明部別卷數。日人宇都宮清吉、內藤戊申也編有册府元龜奉使部外臣部索引，將人名、書名按筆劃排列，民國27年由京都大學印行。

茲將三十一部名稱列下，以見一斑。

1—3 册　總目	卷　1—181 帝王部	
卷 182—218 閏位部	卷 219—234 僭僞部	
卷 235—255 列國君部	卷 256—261 儲宮部	

卷 262—299 宗室部	卷 300—307 外戚部
卷 308—339 宰輔部	卷 340—456 將帥部
卷 457—482 台省部	卷 483—511 邦計部
卷 512—522 憲官部	卷 523—549 諮諍部
卷 550—553 詞臣部	卷 554—562 國史部
卷 563—596 掌禮部	卷 597—608 學校部
卷 609—619 刑法部	卷 620—625 卿監部
卷 626—628 環衛部	卷 629—638 銓選部
卷 639—651 貢舉部	卷 652—664 奉使部
卷 665—670 內臣部	卷 671—700 牧守部
卷 701—707 令長部	卷 708—715 宮臣部
卷 716—730 幕府部	卷 731—750 陪臣部
卷 751—955 總錄部	卷 956—1000 外臣部

玉海　二百卷

　　(宋) 王應麟撰　民67年　臺北　大化書局　8冊　影印

　　據國立中央圖書館藏五種善本，日本京都建仁寺兩足院藏本影印。

　　另有華文書局據國立中央圖書館藏元後至元三年 (1337) 慶元路儒學刊本影印，民國53年出版，8冊。

　　原爲應考博學宏詞科而作，所以臚列的條目，既是鉅典鴻章，所採錄的故實，也是吉祥善事，與其他的類書不同。本書採錄的古籍，包括經史子集，宋代的掌故，則根據實錄、國史、日歷等。

　　編排分爲二十一門，門下分二百四十餘子目，每目下採錄經史子集的材料。如條目中有記事的，則按年代排列，自伏羲始，終於宋末。如遇有不同的說法，就引各家的注解，略加考證。四庫簡明目錄稱：「唐宋諸大類書中，杜佑通典可以抗衡；馬端臨以下，皆非其敵

也！。所附詞學指南四卷，用以指導作文的方法。

本書的類目如下：

卷 1—5	天 文	卷 6—13	律 曆
卷 14—25	地 理	卷 26—27	帝 學
卷 28—34	聖 文	卷 35—63	藝 文
卷 64—67	詔 令	卷 68—77	禮 儀
卷 78—84	車 服	卷 85—91	器 用
卷 92—102	郊 祀	卷 103—110	音 樂
卷 111—113	學 校	卷 114—118	選 舉
卷 119—135	官 制	卷 136—151	兵 制
卷 152—154	朝 貢	卷 155—175	宮 室
卷 176—186	食 貨	卷 187—194	兵 捷
卷 195—200	祥 瑞	卷 201—204	辭學指南，附。

群書考索　（又名山堂考索）　二百十二卷

　　（宋）章如愚撰　民60年　臺北　新興書局　8冊（5548面）
影印

記纂淵海　一百卷

　　（宋）潘自牧撰　（明）陳文熞補註　（明）蔡呈奇等增補　民
61年　臺北　新興書局　10冊（6228面）

　　據明萬曆十七年（1589）刊本影印。

錦繡萬花谷　一百二十卷

　　（宋）不著撰人　民58年　臺北　新興書局　4冊　影印

古今合璧事類備要

　　（宋）謝維新撰　（明）夏　相校刊　民60年　臺北　新興書局
4冊（2106）面　影印

永樂大典

　　（明）解　縉　姚廣孝等修　民51年　臺北　世界書局　100冊
影印（中國學術名著第4輯，類書叢編第1集第1至100冊）

　　明成祖永樂元年（1403）命翰林學士解縉等纂修一部規模宏大的
類書，要將「凡書契以來，經史子集百家之書，至於天文地志陰陽醫
卜僧道技藝之言。各輯爲一書，毋厭浩繁」。第二年書成進上，賜
名：文獻大成。後來明成祖認爲該書過於簡略，逐命重修，加派姚廣
孝等爲監修，動員儒臣文士三千人，輯錄上古迄明初圖書七、八千
種，其中包括：經、史、子、集、釋藏、道經、戲劇、平話、工技、
農藝等，蒐集頗爲宏富。永樂六年冬（1048），全書告成，共二萬二
千八百七十七卷；外加凡例和目錄六十卷，裝成一萬一千零九十五
冊，定命爲永樂大典。

　　體制：原書纂修之初，曾訂凡例二十一條，規定「用韻以統字，
用字以繫事」。音韻以洪武正韻爲主，按韻分列單字，每一單字，詳
注反切訓釋，備錄篆隸楷草各種字體，然後依次將有關天文、地理、
人事、名物、政治，以至奇文異見、詩文詞曲等，輯錄於該字下。輯
錄書籍，一字不易，悉照原著整部、整篇或整段，分別編入。不像清
「四庫」纂修時，任意竄改刪削。

　　本書體例固有缺點，然宋元以前的佚文秘典，得藉以保存流傳，
清纂修「四庫」時，從「大典」中，輯出佚書五百種，貢獻很大。全
書因戰亂，至今剩下七百九十八卷，詳見蘇振申撰永樂大典聚散考，
載國立中央圖書館館刊四卷二期，民國六十年六月，頁十至二十二。
昌彼得撰永樂大典述略，載大陸雜誌六卷七期，民國四十二年四月；
郭伯恭撰永樂大典考，列入商務人人文庫四六二至四六三號，可參
考。

　　世界書局據民國四十八年中華書局版所收七百三十卷，加上其他
資料，共八百六十五卷，予以影印。

永樂大典

民69年　奈良　天理大學出版部印行　東京　八木書店經售　800
三才圖會　一百零六卷

（明）王　圻纂輯　民59年　臺北　成文出版社　6冊　影印

全書分天文、地理、人物、時令、宮室、器用、身體、衣服、人事、儀制、珍寶、文史、鳥獸、草木等十四門。門中各條，皆繪有圖像及文字說明。查找古代人像、器物、服飾等，需要參考本書。亦可利用日人編和漢三才圖繪。

廣博物志　五十卷

（明）董斯張撰　民61年　臺北　新興書局　7冊　影印

儒函數類　五十八卷

（明）汪金姬撰　民59年　臺北　臺灣商務印書館　線裝24冊
影印

天中記　六十卷

（明）陳耀文編撰　民53年　臺北　文海出版社　4冊（1999面）影印

臺北文源書局影印本，　3冊。

喻林　一百二十卷

（明）徐元太撰　民61年　臺北　新興書局　8冊
據明萬曆四十三年（1615）刊本影印。

五雜組　十六卷

（明）謝肇淛撰　民60年　臺北　新興書局　2冊
據明萬曆刊本影印。

經濟類編　一百卷

（明）馮　琦編纂　民57年　臺北　成文出版社　20冊　影印

八編經世類編　二百八十五卷

　　（明）陳仁錫撰　民57年　臺北　華文書局　8冊　影印

古今圖書集成　一萬卷

　　（清）陳夢雷撰　　（清）蔣廷錫等奉世宗重編校　民53年　臺北
文星書店　101冊　影印

　　據民國23年中華書局印本影印，民國66年臺北鼎文書局也據以影
印。第100冊爲索引，101冊爲地圖集。

　　舊題蔣廷錫等奉敕撰，其實從發凡起例至初稿書成，都出自福建
侯官人陳夢雷之手。書原名古今圖書彙編，編竣後聖祖賜名古今圖書
集成。後又命儒臣重加審訂，雍正初，夢雷得罪發遣邊外，沒有校訂
的工作，改命蔣廷錫主辦。雍正四年（1726），校勘工作便告一段
落，計自康熙三十九年（1700）起，費時計二十餘年。全書共一萬
卷，目錄四十卷，初版以武英殿聚珍銅活字刊行，共印六十四部，後
又有石印大字本、鉛印扁字本及影印本行世。（蔣復璁撰有古今圖書
集成的前因後果，刊登文星第14卷第5期，民國53年9月，頁10至15，
可參考。）

　　體制：全書分六編三十二典，茲分列於下：

　　曆象彙編　　（內分乾象典，歲功典，曆法典，庶徵典）。

　　方輿彙編　　（內分乾輿典，職方典，山川典，邊裔典）。

　　明倫彙編　　（內分皇極典，宮闈典，官常典，家範典，交誼典，
　　　　　　　　　氏族典，人事典，閨媛典）。

　　博物彙編　　（內分藝術典，神異典，禽虫典，草木典）。

　　理學彙編　　（內分經籍典，學行典，文學典，字學典）。

　　經濟彙編　　（內分選舉典，銓衡典，食貨典，禮儀典，樂律典，
　　　　　　　　　戎政典，祥刑典，考工典）。

　　典以下分部，計分六千一百十七部，部下又分：彙考、總論、列
傳、藝文、選句、紀事、雜錄、外編、圖表、地圖、考證等項。各項

所敍述的體裁如下：

　彙考：事之大綱。

　總論：議論純正者。

　列傳：有關該部之名人。

　藝文：議論雖偏，而詞藻可採者。

　選句：麗詞偶句。

　紀事：瑣細而也有可傳者。

　雜錄：有些雖然屬於聖經之言，但非正論此一事，僅旁引曲喩偶
　　　　及之，或集部所載，而考究未眞，難歸於彙考；或是議論
　　　　偏駁，難入於總論；或是文藻未工，難收於藝文者，則統
　　　　入於雜錄。

　外編：百家及二氏之書所紀有荒唐難信，及寄寓譬託之詞，臆造
　　　　之說，錄之則無稽，棄之又疑於掛漏者，則入於外編。

　圖表：疆域、山川、禽獸、草木、器物等藉圖以顯者，則繪圖；
　　　　星躔、官度、紀元等非表不能詳者，則立表。

　地圖：專用在地理部份。

　考證：糾正原書的錯誤。

　上述部下所分的細目，不是每部均有。常有者僅爲：彙考、總
論、藝文、紀事、雜錄，而彙考尤爲編者所重視。

　索引：本書僅在書前列有目錄四十卷，目錄也無標明頁碼，因
此，中外人士爲便於利用這部蒐羅浩瀚的類書，曾編製多種目錄或索
引：

　1.俞昭編圖書集成編目。

　2.日本文部省編古今圖書集成分類目錄，明治45年（1912）刊
行。

　3.英國漢學家 L. Giles 編古今圖書集成索引（An Alphabeti-

交誼典第二卷
交誼總部總論二

韓詩外傳

論交

子路曰人善我我亦善之人不善我我則引之進退而已耳顏回同曰人善我我亦善之人不善我我亦善之子貢曰人善我我亦善之人不善我我不善之子路之所言者蠻貊之言也顏回之所言者朋友之言也賜之所言者親屬之言也詩曰人之無良我以為兄奧人之所言雖疏奧人以虛雖敬奧以虛雖薄冰之與虛盡其君子可不慎如膠漆虛之與薄冰之見盡其君子可不慎哉詩曰神之聽之終和且平

大戴禮

曾子制言

蓬生麻中不扶自直白沙在泥與之皆黑是故人之相與也譬如舟車然相濟達也已先則援之彼先則推之是故人非人不濟馬非馬不走土非土不高水非水不流

曾子疾病

與君子遊苾乎如入蘭芷之室久而不聞則與之化矣與小人遊貸乎如入鮑魚之次久而不聞則與之化矣是故君子慎其所就其子遊如人所就水每應而下幾何而不自知也其子遊如人鳳淋沐而長日加益而不自知也與小人遊如夜行不陷乎哉

文王官人

論交

曾子從父於齊齊景公以下卿禮聘曾子曾子固辭將行晏子送之曰吾聞君子贈人以財不若以言今夫蘭本三年湛之以鹿醢既成則易以匹馬非蘭之本美也願子詳其所湛夫君子居必擇處遊必擇士居必擇處所以求士也擇士必修道也常松柏性者欲不可不

劉向說苑

雜言

孔子曰不知其子視其所友不知其君視其所使又曰與善人居如入蘭芷之室久而不聞其香則與之化矣與惡人居如入鮑魚之肆久而不聞其臭亦與之化矣丹之所藏者赤烏之所藏者黑君子慎

進退工故其與人甚巧其就人甚速其叛人甚易曰位志者也飲食以親賢斷以交接利以合故得望譽雀利面依隱於物曰食簞者也

後漢王符潛夫論

交際

語曰人惟舊器惟新昆弟世疏朋友世親此交際之理勢然也今則不然多思遠而忘近厚所薄而薄所厚賢愚易位而志乖故直木猶直而常木常直理有固然富則人爭附之此勢之常也貧賤則交者有上有賤者交者此世故有常早去之此理之固然也夫與官人難敘寒賤交者大有賤貧之費小有假借之祖今使官人難顧念寒賤之士

古今圖書集成

cal Index to the Chinese Encyclopaedia），1911年由大英博物院印行。

4.香港牟潤孫等編古今圖書集成中明人傳記索引，民國52年（1963）明代傳記編纂委員會出版。

5.臺北文星書店影印本書時，曾編製一內容詳盡的索引，分為十一部份：

(1)冊號總表：為文星版冊號與原版起訖冊號的對照表，包括編、典及起訖卷號。

(2)彙編、典、部卷中英對照表，由此可以瞭解中英文的相關意義。

(3)典、部總表：分典、部兩項，用典統部。典依目錄順序排列，典下分部，依書上順序排列。

(4)中文分類索引部首檢目表：為中文分類索引的索引，將索引各部的字依「字劃」、「部首」順序編排，並注明在索引上的頁、欄數。

(5)中文分類索引：以部為編排單位，部下分彙考、總論、藝文、紀事、雜錄等細目。職方典在彙考欄下再分建置沿革、疆域、星野、山川、城池、關梁、公署、學校、戶口、田賦、風俗、祠廟、驛遞、兵制、物產、古蹟等細目，並附各細目在文星版的冊、頁、欄數。

(6)地方行政區劃統計表（職方典）：以府、直隸州為單位。且以職方典上的地名為根據。

(7)古今地名對照索引：古名以「古今圖書集成」所載為據；今名依民國三十六年六月底前，經政府核准備案者。此索引依職方典各府的先後順序排列。

(8)今古地名對照索引：從今名溯查所相當的古今名；名依字劃的順序排列。

(9)考證索引：爲文星版「古今圖書集成」第九十九册「考證」的索引，將考證各條，注明原文在文星版上的册、頁、欄。

(10)考證勘誤表。

(11)英文索引：以「古今圖書集成」中所有的部名，重要名詞及重要標題爲單位，依英文字母順序排列，中文名詞按「音」或「義」譯成相當的英文名詞，中文名詞有與現在通用的學名不符者，於原文後加注今名。

李敖撰有古今圖書集成研究一文，收在李敖全集第一册，頁 443—489，民國69年，四季出版公司。

附記一：本書部份內容曾印成單行本，如：

1.中國歷代經籍典　民59年　臺灣中華書局。

2.中國歷代食貨典　民59年　臺灣中華書局。臺北學海出版社也曾影印，5 册。

3.醫部全書　民47年　臺北藝文印書館，從博物彙編藝術典醫部卷21至540，輯出影印。

4.考工典　民50年　彰化大源文化服務社，12册。

附記二：

民國六十六年臺北鼎文書局出版「古今圖書集成續編初稿」，共五册，包括歲功典（收授時通考七十八卷）、官常典（收清史稿職官志、欽定歷代職官表、欽定大清會典、清朝續文獻通考憲政考）、選舉典（收清史稿選舉志、中國的科名、中國書院制度、清代館選分韻彙編）、經籍典（收明史藝文志、清史稿藝文志、通志校讎略、校讎通義）、食貨典（收清史稿食貨志、清實錄經濟史料）。

古今圖書集成命卜相全集

民72年　臺北　希代書版公司　4 册　影印

類腋　十六卷

（清）姚培謙輯　民59年　臺北　玄義出版社　4冊　影印

附張隆孫輯補遺。

讀書紀數略　五十四卷

（清）宮夢仁撰　民60年　臺北　新興書局　3冊

據康熙四十六（1707）刊本影印。

省軒考古類編　十二卷

（清）柴紹炳撰　民59年　臺北　新興書局　774面　影印

分類辭源

世界書局編　民56年　臺聯國風出版社　2冊　影印

檢查事物起源的類書

事物紀原　十卷

（宋）高　承撰（明）李　果訂　民58年　臺北　新興書局　744面　影印

新興影印時易名事物紀原集類。民國64年臺灣商務印書館，另有人人文庫鉛印本，403面。

記一千七百六十四件事物的起源與意義。凡天地間事物，如山川鳥獸、禮樂刑考、博奕嬉戲等，均考其源流，注明出處。

體制：以卷統部，共分五十五部，每部以四字標目，如天地生植第一、正朔曆數第二，部下再分事，如經籍藝文部含四十事：文字、圖書、書契、五經、四部，巾箱、石經……。

清人納蘭永壽曾增補本書，書名爲事物紀原補。二書每條各有詳略，檢閱時，可以互相參考。

格致鏡原　一百卷

（清）陳元龍撰　民61年　臺北　臺灣商務印書館　8冊　影印

另有臺北新興書局影印本，民國60年，分裝6冊。

記日常器具，鳥獸蟲魚等，所謂博物之學，故稱格致，又因每物必溯其起源演變，故名鏡原。

共分三十類，即：天部、地部、帝王、皇親、歲時、禮儀、設官、政術、文學、武功、邊塞、倫常、品行、人事、樂部、釋道、靈異、方術、巧藝、形色、言語、婦女、動植、儀節、服飾、居處、產業、食饌、珍寶、器物等。敍述事物達一千三百多種，均注明出處。

本書採擷極廣，凡經史、叢書、稗官、野乘等，均加收錄，而編次頗有條理，是檢查事物起源最好的類書。

商務版照清雍正十三年（1735）刊本原式影印，另加編總頁碼及四角號碼索引三千多條，頗便檢查。

釋名

（漢）劉　熙撰　民48年　臺北　國民出版社　127面　影印
民國54年臺灣商務印書館四部叢刊也影印。

歲時紀麗　四卷

（唐）韓　鄂撰　（明）沈士龍　胡震亨校　民54年　臺北　臺灣商務印書館　130面　影印　（叢書集成簡編59冊）

歲時廣記　四十卷　卷首一卷　卷末一卷

（宋）陳元靚撰　民64年　臺北　新興書局　1冊　（筆記小說大觀6編）

小學紺珠

（宋）王應麟撰　民54年　臺北　臺灣商務印書館　424面　影印　（叢書集成簡編61至63冊）　（人人文庫本特122號）

名義考　十二卷

（明）周　祈撰　民59年　臺北　臺灣學生書局　442面　影印
又見四庫全書珍本第5集。

事物異名錄　三十八卷

　　（清）厲　荃輯　關　槐增撰　民58年　臺北　新興書局　2冊
影印

小知錄　十二卷

　　（清）陸鳳藻撰　民58年　臺北　新興書局　750面　影印

月令粹編　二十四卷

　　（清）秦嘉謨撰　民58年　臺北　廣文書局　2冊　影印

月日紀古　十二卷

　　（清）蕭智謀纂輯　民58年　臺北　新興書局　2冊　(1649面)
影印

事物異名曲林

　　嚴雲鶴編　民61年　臺北　編者　736面

古今事物考

　　王三聘撰　民60年　臺北　臺灣商務印書館　174面　影印　典

檢查文章辭藻的類書

淵鑑類函　四百五十卷　目錄四卷

　　（清）張　英等奉敕撰　民56年　臺北　新興書局　7冊　影印
　　以明人俞安期纂唐類函爲基礎，另增補太平御覽、玉海等類書十
七種，二十一史及子集稗編等，時間至明嘉靖年止。唐類函是取唐人
的類書，刪除重複，彙爲一函，分四十三部，每部都以藝文類聚居
首，初學記第二，北堂書鈔居三，白帖居四。部後有詩賦文章，條數
多寡不一。凡增補的材料，以「增」字表示，唐類函原有的，以「原
」表示。
　　　分四十五部，這是擴大唐類函的藥果部爲藥部及果部，並增加花
部。其體例是：**每一類中大抵以釋名、總論、沿革、緣起居一；典故**

居二；對偶居三；摘句居四；詩文居五。都注明出處，以供詞章考據家之用。

茲將四十五部的名稱列舉如下：

卷	1—11	天 部	卷	12—22	歲時部

卷　1—11　天　部　　卷　12—22　歲時部

卷　23—39　地　部　　卷　40—56　帝王部

卷　57—58　后妃部　　卷　59　　儲宮部

卷　60　　帝戚部　　卷　61—117　設官部

卷　118—121　封爵部　　卷　122—153　政術部

卷　154—183　禮儀部　　卷　184—191　樂　部

卷　192—205　文學部　　卷　206—229　功武部

卷　230—241　邊塞部　　卷　242—315　人　部

卷　316—317　釋教部　　卷　318—319　道　部

卷　320—321　靈異部　　卷　322—323　方術部

卷　324—331　功藝部　　卷　332—333　京邑部

卷　334—339　州郡部　　卷　340—354　居處部

卷　355—358　產業部　　卷　359—360　火　部

卷　361—364　珍寶部　　卷　365—366　布帛部

卷　367—369　儀飾部　　卷　370—381　服飾部

卷　382—385　器物部　　卷　386　　舟　部

卷　387　　車　部　　卷　388—393　食物部

卷　394—395　五穀部　　卷　396—397　藥　部

卷　398　　荣蔬部　　卷　399—404　果　部

卷　405—407　花　部　　卷　408—411　草　部

卷　412—417　木　部　　卷　418—428　鳥　部

卷　429—436　獸　部　　卷　437—444　鱗介部

卷　445—450　虫豸部

佩文韻府　一百零六卷　拾遺一百零六卷

　　(清) 張玉書等奉敕撰　民55年　臺北　臺灣商務印書館　7 册 (含索引 1 册)　影印

　　影印者有：臺北新興書局，民國49年，4册 (4785面)；臺灣中華書局，民國59年，書名爲「部首索引本佩文韻府」；高雄光文出版社，民國64年，8 册。

　　爲我國依韻排列規模最大的詞典，與古今圖書集成同爲我國最重要的類書。正編一百零六卷於淸康熙五十年 (1711) 刊成，拾遺係韻府完成後，再命武英殿儒臣纂修的，自五十五年 (1716) 開始，迄五十九年 (1720) 告成，也是一百零六卷，附刻於韻府後面。全書收單字約萬餘字，文句典故不下一百四十萬條，任何文章典故，都可在本書中求得。

　　分韻隸事，把元人陰時夫的韻府羣玉、明人淩稚隆的五車韻縕，盡行收入，並大加增補。除單字的解釋外，又蒐羅了許多辭彙，每一辭彙，都注明它的出處。體例上是首列「韻藻」，所謂「韻藻」就是韻府羣玉與五車韻縕，二書中已收的辭彙。次標「增」字，卽佩文韻府所收的字。每項都以二字、三字、四字相從，而依末一字分韻、分隸於所屬的韻目下。末了又有「對語」與「摘句」，「對語」是平仄相對的辭彙，「摘句」是前人用此字爲韻 (或末一字) 的佳句，加以摘錄，這是提供後人學詩屬對作參考的。佳句的舉例，以經史子集爲先後，也都注明出處。

　　利用本書，可分從字首及詞尾兩方面進行。查字首可應用商務版的索引，該索引將各詞的首字編爲索引，約五十五萬條，依四角號碼排列。如查詞尾，應知該字的韻目 (可利用辭海)。如魏文帝與朝歌令吳質書有「昔伯牙絕絃於鍾期，仲尼覆醢於子路」兩句，不知「覆醢」的意義，就可以查本書。首先查「醢」字屬賄韻，在卷四十上聲

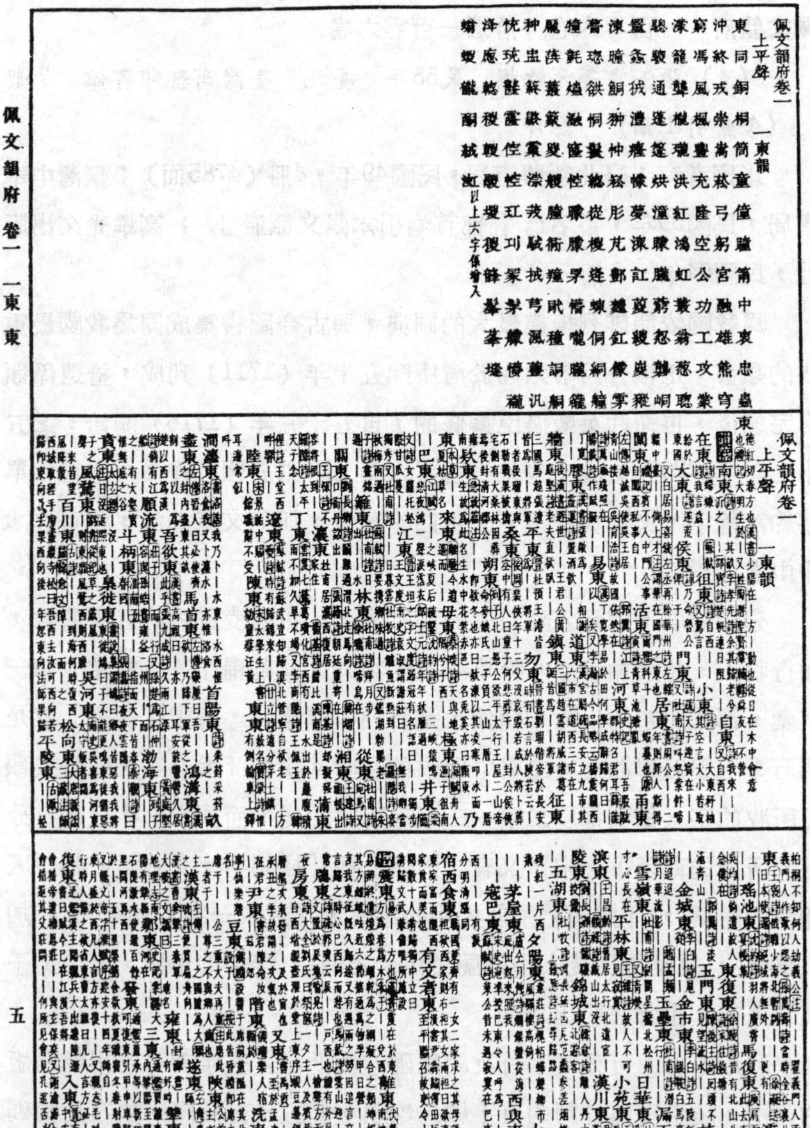
佩文韻府卷一
上平聲　一東韻
東同銅桐筒童僮瞳筩中衷忠蟲
沖終戎崇嵩菘弓躬宮融雄熊穹
窮馮風楓豐充隆空公功工攻蒙

佩文韻府

十賄韻，然後在十賄韻就可以找到「醢」字。

醢　呼改切肉
　　　醫亦作醢

韻藻　醯醢　冤醢　魚醢　脯醢　歠醢

覆醢〔禮記〕孔子哭子路於中庭，有人弔者而夫子拜之。既哭，進使者而問故，使者
　　曰、醢之矣　遂命＿＿。

從這一段話，可知「覆醢」一詞的出處和意義了。

駢字類編　二百四十卷

（清）聖祖敕撰　民52年　臺北　臺灣學生書局　8冊　影印

為清代官修的類書，費時八年編成，比佩文韻府成書較晚。收錄古籍中二字相聯的複詞，收所隸標首的字一千六百零四字。全書分十二門，又補遺一門，每類再分子目。每條目所引，以經史子集為次，與佩文韻府一樣，引書必注明篇名，引詩文必題其原題。

茲將十二門名稱列下：

卷　1—21	天地門		卷　22—35	時令門
卷　36—56	山水門		卷　57—65	居處門
卷　66—77	珍寶門		卷　78—112	數目門
卷　113—133	方隅門		卷　134—147	采色門
卷　148—174	器物門		卷　175—203	草木門
卷　204—217	鳥獸門		卷　218—224	虫魚門
卷　225—240	人事門			

本書與佩文韻府不同的地方，有下列幾點：

1.本書齊首字，即把首字相同的詞排在一起；佩文韻府是齊尾字。

2.本書依類分編，如天地、草木、鳥獸之類，屬於類書；佩文府依韻編次，有點像文學大辭典。

3.本書所採錄各詞，僅限於二字，故稱駢字；佩文韻府則收二字以上諸詞，所以本書蒐羅不如佩文韻府豐富。

4.本書只收實詞，不收虛詞。且實詞中不收不甚雅馴或對於作駢文律詩無大用處的詞彙。

本書編有索引，書名為駢字類編引得，莊為斯編，民國五十五年臺北四庫書局印行，共二八五面。

事類賦　三十卷

　　（宋）吳　淑撰註　　（明）華麟祥校刊　民58年　臺北　新興書局　708面　影印

海錄碎事　二十二卷

　　（宋）葉廷珪撰　　（明）劉　鳳校刊　民61年　臺北　新興書局　4冊（2576面）　影印

子史精華　一百六十卷

　　（清）允　祿撰　民63年　臺北　新興書局　3冊（1856面）　影印

分類字錦　六十四卷

　　（清）何　焯等奉敕撰　民56年　臺北　文友書局　17冊　影印

檢查典章制度的類書

十通

　　（唐）杜　佑等撰　民48年　臺北　新興書局　64冊　影印

通典、通志及文獻通考，世稱三通，合續三通及清朝三通而為九通，再加清朝續文獻通考，謂之十通。茲略加敘述如下：

記國家體制的書，古有「世本」，由史官記錄黃帝以來，帝王諸侯卿大夫系諡名號。史記有書八篇，也記錄國家大體，即：禮、樂、律、曆、天官、封禪、河渠、平準等。漢書也有十志，記國家典制，

即：律曆、禮樂、刑法、食貨、郊祀、天文、五行、地理、溝洫、藝文等。後漢書以後諸史，也有專篇記載國家政典的。但是均非融會貫通古今之作。迄唐時劉知幾著有「政典」三十五卷，我國始有通貫古今分類敍述的典章制度史。唐人杜佑以政典條目未盡，增其所闕，刊成通典二百卷，分爲：食貨、選舉、職官、禮樂等八門，每類再分細目，其記事上溯黃帝，下迄天寶（約公元755年）是爲十通的肇始。宋鄭樵撰通志二百卷，分紀、譜、傳、略四門。前三門爲史傳性質，略則分天文略、地理略、藝文略、校讎略、圖譜略等。如通典爲一部政治經濟制度史，則通志爲一政治、經濟、學術、文化史。其記事紀譜傳止於隋末，諸略則止於唐。元馬端臨則以通典所述不及中晚唐、五代及兩宋，乃以通典爲藍本，增廣門類，撰爲文獻通考三百四十八卷，時間延至宋寧宗止。

　　清乾隆時，設館續修，上接「三通」，下迄於明末的爲「續三通」，敍述清代的爲「清三通」。自乾隆十二年（1747）諭修「續通考」起，到五十二年（1787），「續三通」、「清三通」，分別完成，歷時共三十二年。記清事的斷限，則以乾隆五十年（1785）爲止，上溯順治入關（1644），共一百四十二年。續通典一百五十卷，清通典一百卷，篇目與杜佑通典相同。續通志六百四十卷，略去年譜、世家二目，二十略佔一百卷，清通志一百二十六卷，只修二十略，缺紀傳年譜。續通考二百五十卷，清通考三百卷，較馬端臨通考多羣祀、羣廟二考。「續三通」取材大抵參考正史官書，並參以文集雜著；「清三通」取材大抵取自清史、實錄、起居注、玉牒（皇室家譜）、訓諭、會典、律例、檔案及私人著述等。

　　「三通」敍千年以上事，僅六百四卷，「續三通」敍百年事，達四百九十四卷，「清三通」敍一百數十年史，竟至四百七十六卷，這是因爲世事越後越繁，史料也是越後越多。如同史記有五十萬字，漢

書有八十萬字一樣。

　　劉錦藻撰清朝續文獻通考四百卷，敍自清乾隆五十一年（1786）起，迄宣統三年（1911）止，共一百三十七年。接續清朝文獻通考，而增加外交、郵傳、實業、憲政四門。

　　如欲查考我國四千數百年的典章制度，這十通中已包羅無遺了。

　　檢閱十通內容的工具書，可利用民國二十六年商務印書館編印的十通索引一種，民國四十八年臺北新興書局曾影印刊行，分裝二冊。本書第一冊包括下列三種：混合三通典的篇目分類目錄、混合三通志的篇目分類目錄、混合四通考的篇目分類目錄，序跋考證等項，無類可歸的，列於編首總類；第一冊爲四角號碼索引。第二冊爲單字筆劃檢字表。

　　茲再將此十通各書的內容，依成書年代的先後，約略介紹如下（爲便檢索，各書均列出類目及卷數）：

通典　二百卷

　　（唐）杜　佑撰　民48年　臺北　新興書局　3冊　影印

　　另有大化書局據宋本影印，民國67年出版，共二冊1743面；藝文印書館據明廣東刊本影印，線裝60冊。

　　取材以五經羣史及漢、魏、六朝人文集奏疏，上溯黃帝起，迄唐天寶末年止，分爲食貨、選擧、職官、禮樂、兵刑、州郡、邊防等八類，每類再分若干細目。凡欲考唐以前的典章制度，可查閱本書，尤其是食貨一門，最具參考價值。本書原分爲八類，後人分析兵刑爲二，合爲九類。其中禮部佔一百卷。茲將其綱目列擧如下：

卷　1—12	食貨	卷　13—28	選擧
卷　19—40	職官	卷　41—140	禮
卷　141—147	樂	卷　148—162	兵
卷　163—170	刑	卷　171—184	州郡

卷 185—200 邊防

通志 二百卷 考證三卷

(宋) 鄭 樵 撰 民48年 臺北 新興書局 10册 影印

民國67年京都中文出版社影印本，2册。

四庫總目歸入別史類，其內容係仿史記之例，蒐羅上古至隋唐的史料，並參以新意，編輯而成。編製分：紀、譜、傳、略四門。前三門爲史傳性質，略則分二十種，通稱二十略，這是全書的精華所在。鄭氏自序稱欲「總天下之大學術，而條其綱目，名之曰略，凡二十略。百代之憲章，學者之能事，盡於此」。四庫總目稱其「生平之精力，全帙之精華，惟在此二十略而已」。

本書較通典之局限於政治經濟制度史，範圍爲廣，如增加天文、文字、音韻、金石等部份，及學術文化史，這是前人所未曾注意的。茲將其類目列舉如下：

卷	1—18	帝 紀	卷	19—20	后妃傳
卷	21—24	年 譜	卷	25—30	氏族略
卷	31—35	六書略	卷	36—37	七音略
卷	38—39	天文略	卷	40	地理略
卷	41	都邑略	卷	42—45	禮 略
卷	46	謚 略	卷	47—48	器服略
卷	49—50	樂 略	卷	51—57	職官略
卷	58—59	選舉略	卷	60	刑法略
卷	61—62	食貨略	卷	63—70	藝文略
卷	71	校讎略	卷	72	圖譜略
卷	73	金石略	卷	74	災祥略
卷	75—76	昆蟲草木略	卷	77	周同姓世家
卷	78—85	宗室傳	卷	86—87	周異姓世家

卷 88—164　列　傳	卷 165　　外戚傳
卷 166　　忠義傳	卷 167　　孝友傳
卷 168　　獨行傳	卷 169—170 循吏傳
卷 171　　酷吏傳	卷 172—174 儒林傳
卷 175—176 文苑傳	卷 177—178 隱逸傳
卷 179　　宦者傳	卷 180　　游俠傳
卷 181—183 藝術傳	卷 184　　佞幸傳
卷 185　　列女傳	卷 186—193 載　記
卷 194—200 四夷傳	

二十略部份，世界書局於民國45年單獨予以刊行，書名稱通志二十略五十二卷。臺灣商務印書館民國57年印行通志略二十四卷，輯入國學基本叢書67至73冊。

文獻通考　三百四十八卷

　（元）馬端臨撰　民47年　臺北　新興書局　8冊　影印

民國67年京都中文出版社影印本，2冊。

以通典爲藍本，由原來的八門擴充爲十九門，另增加經籍、帝系、封建、象緯、物異五門，共二十四門。前十九門「俱做通典之成規。自天寶以前，則增益其事迹之所未備，離析其門類之所未詳。自天寶以後，至宋嘉定之末，則續成之」。新增五門，如通典沒有述及，就採撫羣書重新編排。本書所記以宋代的制度，爲最詳備，馬氏認爲只有距離較近的才有借鑑的價值。雖然分條排纂，稍遜於通典的謹嚴，而詳細考徵，則有過之。馬氏自序說：「凡叙事，則本之經史，而參以歷代會要，以及百家傳記之書，信而有徵者從之，乖異傳疑者不錄，所謂文也。凡論事則先取當時臣僚之奏疏，次及近代諸儒之評論，以至名流之燕談，稗官之記錄，凡一語一言可以訂典故之得失，證史傳之是非者，則採而錄之。所謂獻也。」故名文獻通考。茲

列舉其內容如下：

冊	1	總　目	卷	1——7	田賦考
卷	8—9	錢幣考	卷	10—11	戶口考
卷	12—13	職役考	卷	14—19	征榷考
卷	20—21	市糴考	卷	22	土貢考
卷	23—27	國用考	卷	28—39	選舉考
卷	40—46	學校考	卷	47—67	職官考
卷	68—90	郊社考	卷	91—105	宗廟考
卷	106—127	王禮考	卷	128—148	樂　考
卷	149—161	兵　考	卷	162—173	刑　考
卷	174—249	經籍考	卷	250—259	帝系考
卷	260—277	封建考	卷	278—294	象緯考
卷	295—314	物異考	卷	315—323	輿地考
卷	324—348	四裔考			

（欽定）續通典　一百五十卷

清高宗敕撰　民48年　臺北　新興書局　3冊．影印

為續杜氏通典而作，乾隆三十二年（1767）敕撰，由唐肅宗至德元年（756），至明崇禎末年(1644)，內容門類，一仍杜氏之舊，惟分兵、刑為二篇，每門細目及其叙述的方法，也稍有差異。對於唐、元、明三代的典制源流，政治得失，釐然可考。茲錄其內容如下：

卷	1—16	食貨	卷	17—22	選舉
卷	23—44	職官	卷	45—84	禮
卷	85—91	樂	卷	92—106	兵
卷	107—120	刑	卷	121—146	州郡
卷	147—150	邊防			

（欽定）續通志　六百四十卷

清高宗敕撰　民48年　臺北　新興書局　11冊　影印

係續鄭樵通志，所記年代，二十略起自五代，至明季止；紀傳起自唐初，迄元季止。體例稍有改變，如：列傳增修唐書之奸臣傳、叛臣傳、逆臣傳；藝文略補撰人名氏爵里，並著錄存目，分編於各書之下；圖譜略，以記有記無，統列八門；鄭樵通志有年譜，有異性世家，有游俠、刺客、滑稽等傳，本書略去。茲將其類目，列舉如下：

卷 1—18	唐本紀	卷 19—24	五代本紀
卷 25｜40	宋本紀	卷 41—46	遼本紀
卷 47—56	金本紀	卷 57—80	后妃傳
卷 81—88	氏族略	卷 89—92	六書略
卷 93—96	七音略	卷 97—102	天文略
卷 103—109	地理略	卷 110	都邑略
卷 111—118	禮　略	卷 119—121	諡法略
卷 122—126	器服略	卷 127—129	樂　略
卷 135—139	職官略	卷 140—143	選舉略
卷 144—150	刑法略	卷 151—155	食貨略
卷 156—163	藝文略	卷 164	校讎略
卷 165—166	圖譜略	卷 167—170	金石略
卷 171—173	災祥略	卷 174—180	昆蟲草木略
卷 181—200	宗室略	卷 201—500	列　傳
卷 501—507	外戚傳	卷 508—522	忠義傳
卷 523—526	孝友傳	卷 527—529	獨行傳
卷 530—534	循吏傳	卷 535	酷吏傳
卷 536—537	孔氏後裔傳	卷 538—553	儒林傳
卷 554—67	文苑傳	卷 568—573	隱逸傳
卷 574—579	宦者傳	卷 580—585	藝術傳

卷 586—588 佞幸傳	卷 589—593 列女傳
卷 594—605 載　紀	卷 606—611 貳臣傳
卷 612——619 姦臣傳	卷 620——628 叛臣傳
卷 629——634 逆臣傳	卷 635——640 四夷傳

（欽定）續文獻通考　二百五十卷

　　清高宗敕撰　民47年　臺北　新興書局　6冊　影印

　　清乾隆十二年（1747）敕撰，續馬端臨通考，探宋遼金元明五朝事蹟議論（由宋寧宗以後，至明崇禎帝以前）。體例與馬氏通考相同，惟全書由二十四考，增爲二十六考，增加的二考是郡祀與郡廟，由郊社、宗廟二考析出。

　　類目及卷數，列舉如下：

卷　　1—6　田賦考	卷　　7—11　錢幣考
卷　12—14　戶口考	卷　15—17　職役考
卷　18—24　征榷考	卷　25—27　市糴考
卷　28—29　土貢考	卷　30—33　國用考
卷　34—46　選舉考	卷　47—50　學校考
卷　51—64　職官考	卷　65—76　郊社考
卷　77—79　羣祀考	卷　80—84　宗廟考
卷　85—86　羣廟考	卷　87—100　王禮考
卷 101—120　樂　考	卷 121—134　兵　考
卷 135—140　刑　考	卷 141—198　經籍考
卷 199—205　帝系考	卷 206—209　封建考
卷 210—215　象緯考	卷 216—228　物異考
卷 229—236　輿地考	卷 237—250　四裔考

清朝通典　一百卷

　　清高宗敕撰　民48年　臺北　新興書局　2冊　影印

　　清乾隆三十二年（1767）敕撰，記清初至乾隆典制，所分門類與杜佑通典相同，惟其中條例，小有改革，如刪去食貨典的権酤算緡，禮典的封禪；因清朝無此制。其他如兵典，首錄八旗，地理典分省臚列，係依照清制，以合時宜。

　　列舉類目及卷數如下：

卷　1—17　食貨典	卷　18—22　選舉典
卷　22—40　職官典	卷　41—62　禮　典
卷　63—67　樂　典	卷　68—79　兵　典
卷　80—89　刑　典	卷　90—96　州郡典
卷　97——100　邊防典	

清朝通志　一百二十六卷

　　清高宗敕撰　民48年　臺北　新興書局　2冊　影印

　　清乾隆三十二年（1767）敕撰，所記時代，自清初至乾隆。體例仿鄭樵通志，只作二十略，缺紀傳年譜。二十略名稱與通志相同；間或刪繁就簡而已。本書對於清開國至當時典制，縷分條繫，端委詳明。按通志及續通志，四庫總目列入別史類，本書列入政書類。

　　茲列舉其內容如下：

卷　1—10　氏族略	卷　11—13　六書略
卷　14—17　七音略	卷　18—23　天文略
卷　24—31　地理略	卷　32—35　都邑略
卷　36—47　禮　略	卷　48—55　謚法略
卷　56—61　器服略	卷　62—63　樂　略
卷　64—71　職官略	卷　72—74　選舉略
卷　75—80　刑法略	卷　81—96　食貨略
卷　97—104　藝文略	卷　105—112　校讎略
卷　113—114　圖譜略	卷　115—121　金石略

卷 122—124 災祥略　　　　卷 125—126 昆蟲草木略

清朝文獻通考　　三百卷

　清高宗敕撰　民47年　臺北　新興書局　8冊　影印

　　清乾隆十二年(1747)敕撰，記清初至乾隆典制，體例與通考、續通考相同，與續通考一樣，增加羣祀考，羣廟考二考，共二十六考。其中子目略有增刪，如田賦增八旗田制；宗廟增崇奉聖容之禮；學校增八旗學官；封建增蒙古王公，均因清制所有而加。市糴刪除均輸、和買、和糴；選舉刪童子科；兵考刪車戰，均因清所無而省略。

　　茲列舉細目如下：

卷　1—12　田賦考	卷 13—18　錢幣考
卷 19—20　戶口考	卷 21—25　職役考
卷 26—31　征榷考	卷 32—37　市糴考
卷 38　土貢考	卷 39—46　國用考
卷 47—62　選舉考	卷 63—76　學校考
卷 77—90　職官考	卷 91—104 郊社考
卷 105—106 羣祀考	卷 107—118 宗廟考
卷 119—124 羣廟考	卷 125—154 王禮考
卷 155—178 樂　考	卷 179—194 兵　考
卷 195—210 刑　考	卷 211—238 經籍考
卷 239—245 帝系考	卷 246—255 封建考
卷 256—267 象緯考	卷 268　物異考
卷 269—292 輿地考	卷 293—300 四裔考

清朝續文獻通考　　四百卷

　（清）劉錦藻撰　民48年　臺北　新興書局　12冊　影印

　　清光緒三十一年（1905）刊行時，共有三百二十卷，接續清朝文獻通考，自乾隆五十一年(1786)起，迄光緒三十年（1905）止，所

皇朝續文獻通考卷一百一

學校考八

圖書

謹案我　朝欽崇儒重學稽古右文上膺東壁之輝下逮西崑之府淵源
河洛啟發昭囘章嘉惠士林超邁前古　皇朝通考於　頒發書籍雜入太
學鄉黨之學而臣下進呈著作又載選舉考課門似未盡一欵立圖書
專門并詳一類冐目較清而以學宮編輯教科書附焉

乾隆五十五年　諭四庫全書呈繳至尚資美備不特內府珍藏藉資
乙覽亦試以流傳廣播活藝林前因卷良浩繁中多舛錯特命總裁等設立
詳細校讐俾無魚魯亥豕之訛益已繕訂成工悉係完善所有江浙兩省文宗
文淵文瀾三閣藏書全書見在陸續卻校繕發藏皮誠處處人文薈萃好學
士自必欣悦博覽見聞從前皆經降旨准其赴閣檢視鈔錄用資覽討但
地方有司恐士子等繙閱汙損或至過爲珍秘阻其事先快覩之忱初所頒三
分全書亦俱東文縝細非膠授軨秘遽難速觀珍
舊悲印官無多怠士子等亦未能全行購貿該撫摹諭等諸繙衍所屬候昐開全書
抹架等繕裝份藏省者士子有願來者才許其就近檢閱十人等閒到閣鈔閱但不得攜閱
其私自遇閣有退失壞至文瀾
但藏本如有情願誦習者才許其就近檢閱十人等閒到閣鈔傳之日久使石渠天
祿之藏無不家絃而戶誦藝林右文藉古嘉惠士林盛事不亦善乎
五十八年　諭安徽巡撫來見敎設施與來日周發經義實有符合
膠敬　天法　祖訓政受民各大端見諸設施敷善述欽承之學於古訓見
語許紀實並非泛泛詞句膠之膠之政實才是國家億萬年無疆之福有
厚敬牖此弁言諸皇子及皇孫經忠各結局一部並將此旨冠於簡端將來領
設諸版以垂久遠先前到　朱珪御製古文細繹推尋能見其大跟語尤得體要殊
屬可嘉著賞給牽學生書件以示獎勵

性理精義朱子全書等項書籍分別存貯流傳交代以咸通習
文廟祭章雍章並經繪像侯當上論
欽定春秋三禮義疏
秋直解
欽定鄉會墨選
六十年泰准費德榔新設學宮所有貯書籍應准其照循化龀之例頒給
又　論原任伽部侍郎胡煦若志諴訒究心理學著有周易函書探入四庫全
書部俑爲續學之臣著加恩補行賜諡以示咨念考裔獎勵懄臣至意尋子
性理精義欽定春秋傳說四書折中春
御纂周易述義詩義折中春
御製詩文集
嘉慶九年以文淵開度藏書籍見有續增歸架各册增設校理四員協司誦習
殿葠條各員校對
十一年　諭御史葉紹槿奏請編輯皇清文頴以光文治一摺我　朝曼熙累
治聖治同康熙四十八年武賦頌各體書成以後　皇考高宗純皇帝聖製詩文集共
編五百四十卷皇清文頴乾隆年閒重加彙輯卷首恭載
列聖聖製文章　前徵亦每因文見道之作而六十餘年以來親加
薈集公以逮臣工等御纂撰採摘而積不多尤宜綱加
哀集宣布林林著侯恭蒙　實錄苔裁後開館編纂
十三年　諭膠惟農桑致治之原我　朝列聖相承惠愛黎元勤思本業
　聖祖詔刊耕織圖四十六幅作詩冠其上　皇祖依題成什　皇考繼
和　元韻均以　聖祖之心敬念民依後乾隆二年　命繫耶
授時通考內列耕織圖二卷膠紹承　前到日以民生爲念近於幾暇績題科

清朝續文獻通考

有門類，較馬氏通考多二考，即外交考、郵傳考，共二十八考。各考子目，較馬氏通考，也略有增加，如征榷考的子目，增洋稅、洋藥、釐金；學校考增學堂一子目；兵考增加的子目有：長江水師及海軍。劉氏後又增八十卷，增實業考、憲政考二門，共三十考。資料收至宣統三年（1911）止。

　　茲列舉其細目如下：

卷	1—18	田賦考	卷	19—24	錢幣考
卷	25—26	戶口考	卷	27—28	職役考
卷	29—55	征榷考	卷	56—61	市糴考
卷	62	土貢考	卷	63—83	國用考
卷	84—93	選舉考	卷	94—114	學校考
卷	115—146	職官考	卷	147—156	郊社考
卷	157—158	羣祀考	卷	159—165	宗廟考
卷	166—169	羣廟考	卷	170—187	王禮考
卷	188—201	樂　考	卷	202—241	兵　考
卷	242—256	刑　考	卷	257—282	經籍考
卷	283—286	帝系考	卷	287—293	封建考
卷	294—303	象緯考	卷	304	物異考
卷	305—330	輿地考	卷	331—336	四裔考
卷	337—359	外交考	卷	360—377	郵傳考
卷	378—392	實業考	卷	393—400	憲政考

十通分類總纂

　　楊家駱主編　民64年　臺北　鼎文書局　30册

　　清人汪鍾霖有見於歷代典章制度，九通（時清朝續文獻通考未刊行）重複甚多；分門別類，出入亦大。乃取九書，加以融會貫通，刪汰繁複，斟酌部類，定爲二十二類，再詳列大小子目二千餘條，顏曰「九

通分類總纂」，共二百四十卷，於清光緒二十八年(1902)，由上海文瀾書局刊行。臺北藝文印書館曾於民國63年據以影印，共10冊(11218面)

纂輯的方法，大抵以通典爲本，其不足的再以通志、通考補充，然後依事類聚，以年爲經，使每門典制無重複之繁，而有首尾備具之便。每錄一條，標明出於某「通」，俾人知其所出，但原書序例，概從省略。

茲列舉二十二門類如下：

卷 1—10	賦貢類	卷 11—14	錢幣類
卷 15—17	戶口類	卷 18—19	職役類
卷 20—25	征榷類	卷 26—28	市糴類
卷 29—33	國用類	卷 34—43	選擧類
卷 44—48	學校類	卷 49—64	職官類
卷 65—114	禮 類	卷 115—128	樂 類
卷 129—142	兵 類	卷 143—152	刑 類
卷 153—188	藝文類	卷 189—193	帝系類
卷 194—200	封建類	卷 201—203	氏族類
卷 204—209	天文類	卷 210—215	祥異類
卷 216—230	輿地類	卷 231—240	四裔類

今人楊家駱，取劉錦藻著清朝續文獻通考四百卷，分其二十六考於汪氏九通分類總纂二十二類後，其所增外交、郵傳、實業、憲政四考，則別爲四類，排於汪書第二十二類後，全書成爲二十六類，並易名「十通分類總纂」。第一冊雖名爲全書檢讀記，實際內容爲九通分類總纂、十通分類總纂，與原十通的卷數類名對照表、鄭鶴聲著杜佑年譜、汪鍾翰著三通纂修考、中國歷史紀年表等。

國內出版社，曾將十通部份資料，輯出影印，如：中國歷代食貨志三編，民國61年學海出版社印行，5冊，收編三通典的食貨典，三

通志的食貨略，四通考的食貨考。又如：二十四史九通政典類要合編，（清）黃書霖編，民國57年虹橋出版社印行，共14冊，係將二十四史及九通中，有關政治制度方面的資料（包括職官制度、軍制、賦稅、地理等），彙編而成。

會　　要

分立門類，記載一代典章制度，文物制度及損益沿革的書，稱爲會要。其體例略似正史中諸志及通典、通考之屬，係將該時代的政治、經濟、社會、文教的掌故事實，分類叙述，爲研究該時代的政治史、經濟史、社會史、教育史的重要參考書。這種書籍的編纂，開始於唐人蘇冕，以唐高祖至唐德宗九朝的史實編成「會要」四十卷，到唐宣宗大中七年(853)又詔楊紹復等，由唐德宗以後續修至唐武宗，撰成「續會要」四十卷。宋人王溥繼續蘇冕及楊紹復的工作，再蒐羅自唐宣宗以來，到唐末的史事，於宋太祖建隆二年（961）完成所謂「新編唐會要」，奏呈朝廷，宋太祖御詔藏在史館，即現在所存最古的「唐會要」，也是我國第一部會要。王溥後又編有五代會要。繼踵王書而編的，有：宋徐天麟撰西漢會要、東漢會要，清楊晨撰三國會要，清徐松輯宋會要稿，清姚彥渠撰春秋會要，清孫楷撰秦會要，清龍文彬撰明會要等九種。

會要的創修，自唐代開始，經五代到宋，是纂修會要最燦爛的時代。但宋以後，到元明兩代沒有會要的產生，清代纂修會要的風氣，又如雨後春筍地蓬勃發展。今人吳緝華撰有略論歷代「會要」一文，敍述九種會要的成書經過，最常見的版本，及那些會要不但可當史書讀，又可當史料引用，並舉例說明，該文刊登書目季刊三卷三期，民國58年3月，頁3至14，可以參考。蔡學海撰會要史略一文，刊登新時代，十二卷五期，民國61年5月，頁34至37，也可以參考。

以下摘要敍述上列九種會要的內容及體例。並附皇朝政典類纂及皇朝掌故彙編二書。

春秋會要　四卷　目錄一卷

（清）姚彥渠撰　民49年　臺北　世界書局　1册（中國學術名著歷代會要第 1 期書第 1 册）

根據唐宋時代纂修「會要」的體例修成。曾參考春秋、公羊、穀梁、左傳、國語、禮記等書。分卷一：世系、后夫人妃；卷二至卷四：吉、凶、軍、賓、嘉五禮。各以事蹟從其類，並注明出處。對於研究春秋史事的人，本書是很重要的參考書。

本書與七國考合刊。世界本除增目錄外，並加標點。

秦會要　二十六卷

（清）孫　楷撰　施之勉　徐　復同補訂　民45年　臺北　中華叢書委員會　294面

做唐會要、五代會要、西漢會要撰成。分總目為十四，總目下又分若干子目。引用參考書甚多，如：左傳、呂氏春秋、戰國策、論衡、鹽鐵論、說文解字、史記、漢書、竹書紀年、通典、通考等，引證諸書，皆注明出處。

西漢會要　七十卷　目錄一卷

（宋）徐天麟撰　民49年　臺北　世界書局　722面　（中國學術名著歷代會要第 1 期書第 2 册）

另有臺灣商務印書館國學基本叢書本，與東漢會要合刊一册，民國57年印行。

做唐會要體例。取班固漢書的紀、志、表、傳等所載典章制度，以類相從，分門編載。全書分十五門，再細分三百六十七子目。本書編製上的特點，在目錄上列有總目，總目下又列有許多子目。後來纂修的會要，其總目及子目，大都做效此書而作。其總目十五門，列舉

如下：帝系、禮、樂、輿服、學校、運曆、祥異、職官、選舉、民政、食貨、兵、刑法、方域、蕃夷。

東漢會要 四十卷 目錄一卷

（宋）徐天麟撰 民49年 臺北 世界書局 438面 （中國學術名著歷代會要第1期書第3冊）

體例與西漢會要同。總目為十五門，惟其中學校、運曆、祥異，改稱文學、曆數、封建。子目有三百八十四。本書引用他書，均注明出處。間附案語及引證他人論說。

三國會要 二十二卷

（清）楊 晨撰 民47年 臺北 世界書局 396面（中國學術名著歷代會要第1期書第4冊）

係採西漢會要、東漢會要門類整齊的體例，類編三國典章史事。唐景崇、孫詒讓均參與考訂工作。全書分十五門，即：帝系、曆法、天文、方域、職官、禮、樂、學校、選舉、兵、刑、食貨、庶政、四夷等。書前有引用書目一百五十五種。

據清光緒二十六年（1900），江蘇書局排校，並加新式標點。

晉會要

林瑞翰 逯耀東合撰 載國立臺灣大學歷史學系學報第4期，民國65年5月，頁35—194。

分四冊二十篇。第一冊：帝系、后妃、禮樂、運曆、輿服；第二冊：政事、崇儒、選舉、職官、食貨；第三冊：刑法、兵略、瑞異、門閥、識鑒；第四冊：藝文、道釋、方域、蕃夷、偏霸。

唐會要 一百卷 目錄一卷

（宋）王 溥撰 民49年 臺北 世界書局 3冊 （中國學術名著歷代會要第1期書第5至7冊）

另有：1.臺灣商務印書館國學基本叢書本，民國57年刊行；2.京

都中文出版社，民國67年影印本，2 冊（1804面）。

　　係歸納唐代典章制度及史事，類編而成。在分類上，無門類的總目和總目下的子目，只是分了五百四十八個題目，分列於各卷之下。略舉如下，以見其內容：帝號、皇后、儲君、諸王、封禪、郊議、藉田、明堂制度、學校、經籍、書法、日蝕、宗教、各官職、貢舉、醫術、租稅、奴婢、道路、鹽鐵、泉貨、北突厥、高麗百濟、日本國………………。

　　觀其細目，包羅唐代經濟、政治、社會的史料甚多，如研究唐代教育史的人，可參考本書學校一章。

五代會要　三十卷　目錄一卷

　　（宋）王　溥撰　民49年　臺北　世界書局　1 冊（中國學術名著歷代會要第2期書）

　　另有臺灣商務印書館國學基本叢書本，民國57年刊行，與宋人李攸撰宋朝事實二十卷，合刊一冊。宋朝事實輯北宋一代典制，分門編錄，也可算是會要之類。

　　係我國第二部纂修的「會要」。王溥將本書與唐會要，同時在宋太祖建隆二年（961）奏進，藏於史館。

　　體例與唐會要同，羅列五代的典章法制，分二百七十餘類，詳該精審，間有部份材料，可訂正薛局正及歐陽修新舊五代史的謬誤。

宋會要稿

　　（清）徐　松輯　民53年　臺北　世界書局　16冊　影印（中國學術名著歷代會要第2期書）

　　據民國25年國立北平圖書館印本影印，惟改名：宋會要輯本。民國65年臺北新文豐出版社影印本書，印成八冊，改書名爲：宋會要輯稿。

　　宋修本朝會要，自仁宗時章得象奏進「慶曆國朝會要」始，其後

歷神宗以下各朝，續有纂修，先後約共十次。宋亡後抄本爲元兵刼入燕京。明朝時把宋會要分隷於永樂大典各韻之下。據文淵閣書目記載，明修永樂大典時，宋會要殘本僅有二百册。明宣德年間，文淵閣藏書燬於火，宋會要又遭損失。自此以後，要見宋會要，只有向各種類書中尋求。

清嘉慶年間徐松從永樂大典中，將宋代所作各種會要，輯出二百册，未及整理而去世。徐氏卒後，其稿輾轉流到吳興劉翰怡手中。劉氏請劉富曾重加釐訂，並參考史籍，修改原稿，增入新資料，錄成「清本」四百六十卷。

民國二十五年，國立北平圖書館購得徐松原稿宋會要，再與劉富曾改編的「清本」相校，發現「清本」多有失檢，認爲「清本」與「原稿」有合刊的必要，於是先印徐松由永樂大典中輯出的原稿宋會要，這就是世界書局，據以影印的「宋會要輯本」。

體制：卷首列有總目，總目下不列子目，只在正文每一個總目下標出若干子目。在分類編目的編輯上，已較唐會要、五代會要缺總目，又將子目雜列各卷中進步。

茲略舉總目如下：帝系、后妃、禮、樂、輿服、儀制、瑞異、崇需、運曆、職官、選舉、食貨、兵、道釋、方域、蕃夷、刑法等。

檢索本書，可利用日人靑山定雄編「宋會要研究備要目錄」，該目錄是宋會要的詳細目錄索引。此書民國五十八年，由東洋文庫宋代史研究委員會印行。王德毅編有宋會要輯稿人名索引，可供查人名用。

明會要　八十卷　例略目錄一卷

（清）龍文彬撰　民49年　臺北　世界書局　2册（中國學術名著歷代會要第1期書第9至10册）

因襲兩漢會要，並參考唐會要、五代會要的體例撰成，將明代典

制的事實，分十五大類，大類下再細分子目，書中凡有徵引史料的地方，都注明出處，以便進一步從各書中，找到有關明代史實的記載。

　　類目如下：帝系、禮、樂、輿服、學校、運曆、職官、選舉、民政、食貨、兵、刑、祥異、方域、外蕃。

皇朝掌故彙編　一百卷

　　（清）張壽鏞等編　民53年　臺北　文海出版社　3冊　影印

據清光緒28年刊本影印。

　　收錄清代列朝聖訓及臣工奏議，除清三通外，續輯嘉、道、咸、同四朝掌故，迄光緒末年，頒行新政，歷年交涉的成案，按綱分目，按目編年。

　　全書分內外二編。前者分成四十類，後者分為四十五類。前者六十卷，記內政，以吏戶禮兵刑工等六官為綱，以帝系冠首。後者四十卷，記外交事務，以外務部及和會、考工、榷算、庶務四司為綱，外編卷首有各國立約年月考，自康熙二十八年（1689）中俄黑龍江和約起，至光緒二十六年(1900)，慶親王奕劻等會同各公使議定和約止。

皇朝政典類纂　五百卷

　　（清）席裕福等纂　民58年　臺北　成文出版社　30冊　影印

據清光緒29年上海圖書集成局刊本影印。

　　以大清會典、大清會典事例、清三通為主，以聖訓、諭旨、邸抄、奏案、續東華錄等輔之；名賢奏牘、私人著作、鹽政書、地志、傳記等，凡有關典章制度者，都依類編輯。全書分二十二大類，再細分子目一百三十二。

　　本書每一條目，都以小字注明資料來源，以便探原。卷前附有引用書目。

　　茲將二十二大類名稱列舉如下：田賦、戶役、水利、漕運、錢幣、鹽法、征榷、市易、礦政、倉庫、國用、選舉、學校、職官、

禮、樂、兵、刑、象緯、方輿、郵政、外交。

本書與皇朝掌故彙編二書包括的年代，均始自清朝建國至光緒二十六年（1900）止。

重廣會史　一百卷

　　（宋）不著撰人　民66年　臺北　鼎文書局　2冊（1070面）影印

會　　典

會典是記載一代典章制度的書，性質與會要相同，但編制却大不相同。會要以類相從，分門編裁，如分爲帝系、禮、樂、學校、職官、選舉、理蕃部等；而會典則以一代的職官制度爲綱，是以官統事，以事隸官的政事記載，如大明會典以吏、戶、禮、兵、刑、工六部爲綱，**每種職官均載明職守及事例。**

會典的體裁源於周官，周官分爲天官、地官、春官、夏官、秋官、冬官六篇。會典的名稱始於明代的大明會典，清朝仍繼續沿用。清會典共纂輯五次，以光緒朝所修的最爲詳細。通常圖書館只備光緒一種卽可。

大元聖政國朝典章　六十卷　新集至治條例不分卷

　　（元）不著編人　民53年　臺北　文海出版社　2冊　影印

據光緒戊申（1908）杭州丁氏藏本影印。

本書雖無會典之名，却有會典之實。所記自元世祖起，至元英宗止，分聖政、吏部、戶部、禮部、兵部、刑部、工部七部。各門再分列條目，如刑部又分：刑制、刑獄、諸惡、諸殺、毆詈、諸奸、諸贓、諸盜、詐僞、詐訟、雜犯等條。所載足以補元史的缺漏，惟其中工部一門，僅存造作一條，其餘散佚未見。書前有總目。

大明會典　二百二十八卷

　　（明）李東陽等奉敕撰　　（明）申時行等奉敕重修　民66年　臺北　新文豐出版社　5冊　影印

　　據明萬曆15年刊本影印。

　　臺灣商務印書館於民國57年印行明會典一百八十卷，明人申時行等纂，輯入國學基本叢書78至83冊。

　　記有明一代的典章制度。明孝宗弘治十年（1497），開始命儒臣纂輯，十五年書成，明武宗正德四年（1509）刊行。凡一百八十卷。後來世宗嘉靖朝，再命閣臣續修，書成進呈，未刊行。神宗萬曆四年（1576）又命續修，十五年（1587）刊行，共二百二十八卷。

　　以吏戶禮兵刑工六部為綱，詳述其掌故及事例；而以宗人府置六部前，諸文職及諸武職置六部後，以見其職守沿革。全書細目有九百餘目。

　　茲列其要目如下：

　　文職衙門、宗人府、南京宗人府；吏部、南京吏部；戶部、南京戶部；禮部、南京禮部；兵部、南京兵部；刑部、南京刑部；工部、南京工部；都察院、南京都察院、通政使司、南京通政使司；中書舍人、南京中書舍人；吏科、南京吏科；戶科、南京戶科；禮科、南京禮科；兵科、南京兵科；刑科、南京刑科；工科、南京工科；各寺、坊、府、司、監、衛等。

大清會典（光緒）　一百卷　圖二百七十卷　事例一千二百二十卷

　　（清）崑岡等奉敕編　民52年　臺北　中文出版社　24冊　影印

　　據清光緒25年內府石印本影印。

　　大清會典初修於康熙二十三年（1684），再修於雍正二年（1724），及乾隆十二年（1747），重修於嘉慶六年（1801），至光緒十二年（1886）復加修訂。這五朝會典，重複的地方很多。乾隆朝以後，將事例分別著錄，使典與例不相混合。本書是研究清代的行政制度、

政府組織及各職官職掌必備的工具書。

　　光緒朝的大淸會典，是五朝所修會典，內容最詳備的。體例大致與以前各書相同，卽：宗人府爲首，內閣次之，其次爲吏戶禮兵刑工六部，再次爲各衙門及武職。本書新增神機營及總理各國事務衙門。前者列於前鋒護軍步軍諸營後，後者列於內務府後。

　　圖分七門：禮、樂、冠服、輿衞、武備、天文及輿地，共三百三十圖，**每**圖均加解說，不便說明的，另置十九表。臺北啓文書局於民國五十二年，將圖及事例部份單獨刋行。

職　官　表

　　「職官，文武百官之通稱；職，事也，設官以治事，故曰職官。通典有職官典，宋史有職官志」（辭海）。職官表或職官年表是檢查文武內外官職變遷的工具書。

　　鄧嗣禹著中文參考書目選錄（An Annotated Biblography of Selected Chinese Reference Works），將職官表及職官年表列入年表，本書倣應裕康、謝雲飛著中文工具書指引例，列在會要會典後。

歷代職官表

　　（淸）紀　昀等奉敕撰　黃本驥重編　民61年　臺北　樂天出版社　1册（824面）　影印

　　另有臺北史學出版社排印本。

　　我們閱讀歷史及古籍時，常遇到各種不同職官的名稱，這些職官的興廢、品級、職掌的變遷、員額的增減等，**極**其複雜，本書卽是供檢查上述問題的工具書。

　　將每一種職官編爲一表，以淸代官制爲綱，歷代沿革分列於下，自三代以迄明朝，凡十八代（加淸爲十九）。以**此**表格展示，對於歷代官制的沿革，可一目了然。

係清人黃本驥據紀昀等奉敕撰歷代職官表刪除其釋文而成，原書為七十二卷，本書僅存六卷，書名仍稱：歷代職官表。這六卷的要目如下：

卷一：宗人府、內閣、吏部、戶部、禮部、樂部。

卷二：兵部、刑部、工部、理藩院、都察院、大理寺。

卷三：翰林院、大常寺、光祿寺、順天府、國子監。

卷四：內務府、鑾儀衛、八旗都統、步軍統領。

卷五：盛京將軍等官、總督巡撫、學政、知府直隸州知州等官。

卷六：河道各官、漕運各官、鹽政、王府各官、新疆各官。

為了使讀者瞭解歷代官制的沿革和表中所列職官的職掌，演變的情況，附有「歷代官制概述」「歷代職官簡釋」二文。前者刊於表前，以便讀者於檢閱表文之前，對於歷代官制先有一個概括性的認識。後者附於表後，係解釋表文，按職官名稱的筆劃排列。此外，再附有四角號碼索引，以官名末一字的四角號碼排列，又別有筆劃檢字及拼音檢字表。

至於紀氏原書，臺灣有中華書局四部備要本及商務印書館國學基本叢書本。

新修清季卅九表又附一表

　　錢實甫等編　民62年　臺北　鼎文書局　1冊　影印

據錢實甫編清季重要職官年表（民國四十八年刊，二七〇面，共五表）、錢氏另編清季新設職官年表（共二十八表）、章伯鋒編清代各地將軍都統大臣等年表（共五表）及榮孟源編清季中西曆對照表等四書合編而成。附一表為民國元年至七年北洋政府職官任免年月表。（按文海出版社近代中國史料叢刊續編第五輯有「辛亥以後十七年職官年表）

錢氏清季重要職官年表，包括大學士年表，軍機大臣年表，部院

大臣年表，總督年表，巡撫年表等五個表，各表皆始自道光十年（18
30），至宣統三年（1911）止，並附有西元，以資對照。

　　編後附人名錄，錄前有姓名檢字表，人名錄以筆劃順序排列。書
末另有索引，按地區排列，同一行省的縣名，則以筆劃爲次，同一縣
分的人名，也以筆劃爲序。

　　本書取材翔實，索引簡易，是查檢清季重要職官異動的良好工具
書。

　　錢氏另編清季新設職官年表，可說是前書的補編。分二十八表：
總署大臣年表、出使各國大臣年表，新設官制各部侍郎年表、新設官
制各部部丞年表、新設官制各部參議年表、內閣屬官表、資政院職官
年表、弼德院職官年表、禮制大臣年表、政務大臣年表、編擬官制及
憲法大臣年表、修訂法律大臣年表、歷次練兵大臣年表、專司訓練禁
衛軍大臣年表、軍諮大臣年表、海軍衙門大臣年表、籌辦海軍大臣年
表、財政處大臣年表、稅務大臣年表、土藥統稅大臣年表、鹽政大臣
年表、禁烟大臣年表、路礦大臣年表、督辦鐵路大臣年表（附電政大
臣）、學務大臣年表、商務商約大臣年表、福建船政大臣年表、邊務
大臣年表。

　　體例一如清季重要職官年表，書後附有人名錄，錄前有檢字表，
此外，又有別名索引、諡號索引、籍貫索引等，都是筆劃助檢，因此
查檢非常簡易。

　　章氏編清代各地將軍都統大臣等年表（1796—1911），包括五表
爲：將軍都統年表、副都統年表、參贊辦事大臣年表、盛京五部侍郎
年表（附奉天府職官）、各表有關職官變動情況簡表等五表，表中分
職官名稱及年代等兩項，年代除清代各帝紀年及干支外，並有西元，
以資對照。各表始自嘉慶元年（1796），至宣統三年（1911）止。

　　編後附人名錄，錄前有姓氏檢字表。錄中記載各員官職變遷異

動，以爲考查之資。書後有字號索引，是筆劃檢字，簡易實用。

清季職官表　附人物錄

　　魏秀梅編　民66年　臺北　中央研究院近代史研究所　1162面（正文），265面（人物錄），56面（人物索引）

　　以清季官職爲經，歷任官員爲緯，按時間先後（中西曆），予以排列。官職分中央職官及京外高級職官二種，再記其任職官員的姓名、任職、離職年月日、離職原因。每種官職，並注明其設立改隸日期。

　　書後附人物錄，按注音符號排列，每人備列：姓名字號、籍貫、出身、簡歷、生卒、謚號及所據資料來源等。另附人物索引，依羅馬拼音排列。本書較前書完備。

　　書評：談近代史研究工具書兼談魏著清季職官表　王爾敏，中央日報68年5月8日。

中華民國職官年表　第一輯

　　民67年　臺北　文海出版社　653面　影印

　　民國55年初版，原書名辛亥以後十七年職官表。

　　起自一九一二年元旦南京臨時政府成立，至一九二八年六月止。地方機關截止期限，視各省的不同情況而有所先後。

　　分三部分：1.中央之部，共有十八表，如南京臨時政府總統部長表；2.地方之部，如各省軍政、民政、司法職官表；3.國會議員之部，如南京臨時參議院議員姓名錄。

中國外交機關歷任首長銜名年表

　　外交部檔案資料處編　民56年　臺北　臺灣商務印書館　1冊

　　收錄自清咸豐十年（1860）成立總理各國事務衙門起，至民國五十五年，前後凡一〇五年，我國歷任外交首長到離職日期。書分三部份：1.總理各國事務衙門歷任大臣銜名年表；2.外務部歷任大臣銜名

年表；3.外交部歷任部次長銜名年表。書後附有：1.早期辦理夷務重
要大臣姓名表；2.清季歷任辦理夷務欽差大臣姓名表。

　　該處民國五十八年另編中國駐外各公大使館歷任館長銜名年表，
自光緒元年（1875）郭崇燾駐節英國，迄民國五十七年九月與史瓦濟
蘭建交派使止，前後凡九十四年。**每人著錄款目，**包括：職銜、姓
名、任命年月日、到任年月日、呈遞國書年月日、免離職年月日。書
後附人名索引。仍由商務印行。

百科全書的意義

　　英文Encyclopedia一字，淵源於希臘文，原意是「藝術和科學
的通盤學習」，英文使用這個字表示知識學術的整個領域，中文譯爲
百科全書，指包涵人類所有的知識。一般人的觀念，認爲百科全書是
無所不包，應有儘有的，實際上也不盡然，有的百科全書，指限於某
一學科，或一主題的。

　　現在列舉幾種百科全書的定義如下：

　　美國圖書館協會術語名詞字典：彙集每一知識領域中的各項介紹
性文字，通常依題名的字母順序排列，或是局限於某一特殊知識領域
或主題的類似作品。

　　沈寶環著西文參考書指南：百科全書是由涉及知識每一領域中若
干學科的多篇提要文字，依某種秩序排列組合而成的一種參考書。

　　王征編譯圖書館學術語簡釋：1.廣泛搜集各學科之重要學說、資
料，用簡明文句分門別類載述之。通常按字母順序排列，以便檢尋之
參考書；2.上述性質相同之著作，但僅局限於某一範圍或某一學科
者，亦稱百科全書，如社會科學、自然科學百科全書。

　　英國圖書館學家Robert Collision把百科全書應具備的條件，很
具體的條舉十項：

1. 以出版國家的語文寫出。

2. 內容依題名的字母順序排列。

3. 無論任何題物，均由專家執筆。

4. 聘有各科專家作爲全職或兼任的編輯。

5. 應包括有活著名人的傳記。

6. 應具備插圖、地圖、表格等。

7. 在重要論題或較長論題之後，應附有書目。

8. 應備有人名、地名、或小論題的分析索引。

9. 應出版補編，以保持資料的新穎。

10. 內文應具有足夠而合宜的「參見」資料。

百科全書的歷史

凡是討論起源的問題，總是眾說紛紜，莫衷一是。百科全書的創造者是誰，大家頗有爭論。如果以今日百科全書編製方法的標準來衡量最早的百科全書，首推羅馬學者皮萊 (Pliny the Elder, 23-79) 於西元77年以拉丁文寫成的自然史 (Historia Naturalis) ，本書曾參考二千多種當時有名的著作，編爲三十七冊，共二千四百九十三章，各冊內容如下：1.序言、目次、資料來源；2.宇宙、天文、氣象；3－6.地理、人種誌、人類學；7.人；8.哺乳類、爬蟲類；9.魚類；10.鳥類；11.蟲類；12－19.植然學；20－32.醫學、藥劑學、藥草、魔術；33－37.冶金、礦物、金石、美術。至 1536 年，本書發行四十三版，這是目前西方圖書館最古老的百科全書。

西方早期的百科全書，除上述一種外，西元七世紀時，西班牙學者伊西特雷 (Saint Isidore of Seville, 560-636) 花二十年的時間，編成「字源典」 (Etymologide) 或稱「源典」 (Origines) ，共二十冊，幾乎包括人類全部的知識，已略具百科全書的形式，所以

有人認爲伊西特雷是百科全書的創造者（二十册各册名稱見鄭肇陞撰西洋百科全書的萌芽一文，刊載圖書館學與資訊科學第四卷第一期，民國六十七年四月，頁46）。

中世紀的百科全書，較重要的有西班牙國王亞爾豐碩十世，集合當時的學者和翻譯家，編成 Grande General Estoria。西元 1244 年法人文生（Vincent de Beauvais, 1190-1264）編輯大寶鑑（Speculum Maius），全書計三十二册，三千七百十八節，本書等於中世紀知識世界的總覽。西元 1481 年英國人卡兒克斯頓（William Caxton），將上述一書譯爲英文，名爲Mirror of the World，如以出版時間而言，本書爲第一部以英文寫成的百科全書。

其後爲法人路易摩雷黎（Louis Moreri）於西元1674年編的歷史大辭典（Le Grand Dictionnaire Historique），1697年貝爾（Pierre Bayle, 1647-1706）編的歷史評注辭典（Dictionnaire Historique et Critique），雖不取名爲百科全書，却有百科全書之實。

十八世紀是百科全書的定型時代，尤其重要的是英國科學家哈里斯（John Harris, 1666-1719）在西元1704年邀請專家協助及指導，出版技術辭典（Lexicon Technicum，或稱An Universal English Dictionary of Arts and Sciences），這是第一部純用英文撰成的百科全書。本書開日後邀請專家執筆的先河，此外本書的條目，均按字母順序排列，條目和圖表後附有參考書目。

西元1728年辰柏茲（Ephraim Chambers）編成藝術科學全書（Cyclopaedia or Universal Dictionary of Arts and Sciences），大多數專家認爲辰柏茲編的本書才是第一部英文百科全書，理由是該書創先利用參見和互見的方法，將有關的題目連接起來；其次這一部書頗有國際文化影響力，出版後卽由當時居留法國的英人 John

Mlllls譯成法文。狄德羅（Denis Diderot）與達蘭貝爾（D' Alembert）主編的百科全書（Encyclopedie），即以本書爲藍本。狄德羅等編的百科全書於1751年至1780年完成，這是十八世紀歐洲最有名的百科全書，參與編輯的人都是當時法國及歐洲學術界的名人。

最負盛名的大英百科全書（Encyclopaedia Britannica）初版印於西元1768年至1771年，共三冊，創辦者的英國士紳學會（A Society of Gentlmen）的幾位學者，後來又繼續加以修訂，增補或發行新版本，從發行到現在已有二百十年的歷史，是百科全書中壽命最長的一種，本書的版權於1920年爲美國Sears, Roeburk公司收買。

大美百科全書於西元1829年至1833年發行初版，是根據德文著名的百科全書（Brockhaus Konversations Lexikon）中的資料改編而成，本書現爲美國「土產」百科全書歷史最悠久的一種。本書參與編輯的人有五千人，所有重要的條目，均由執筆者署名，並附參考書目，依出版時間排列。

二十世紀是百科全書的全盛時期，如西元 1917 年初版的World Book（後改名The World Book Encyclopedia），1922年初版的康普敦圖畫百科全書（Compton's Pictured Encyclopedia），1949年至 1951年初版的Collier's Encyclopedia，1964年初版的國際百科全書（Encyclopedia International），1965年初版的葛羅里爾百科全書（Grolier Universal Encyclopedia）等，單以字數來，最少的也有五百萬字。其他單本式的百科全書或家庭、青少年百科全書，也都層出不窮，相繼出世。

下面簡述我國百科全書的歷史。

我國類書有悠久的歷史，百科全書的編印，是民國以後的事。雖然以「百科全書」爲名的圖書不少，但均非西洋式的百科全書，中國第一部百科全書是民國八年商務印書館出版的日用百科全書，由王言

綸等編輯，民國十四年由何崧齡加以補充。民國二十三年由黃紹緒、江鐵等三十人，重新加以修訂、稱爲重編日用百科全書，全書共三大鉅冊，取材大都採自精選的中外書籍、期刊或報紙，書後附有四角號碼索引。

民國十九年楊家駱著手編輯中國學術百科全書，分爲六編：中國經學小學、中國哲學宗敎、中國文學、中國美術、中國科學工藝和中國史地。其中中國文學百科全書於二十六年出版。

民國十四年，商務印書館又出版一部少年百科全書，由王昌漢等根據英文的Book of Knowledge一書編譯而成，民國二十二年曾加以濃縮，共有九冊，此書的特色是條目後附有問題。

民國二十五年楊家駱編中國文學百科全書，共八冊，蒐羅範圍，頗爲廣泛。

民國二十六年以後無重要的百科全書出版，一直到民國四十二年，臺北東方書店出版三冊的東方百科全書，由陳可忠等五十餘位專家執筆，本書的特點是每一條目下，有執筆者的簽名。

民國五十四年及六十二年，由張其昀策劃的兩種百科全書：蘇俄簡明百科全書、日本簡明百科全書出版，屬於單本式百科全書。

民國六十五年及六十六年，臺灣中華書局出版中華新版常識百科全書，共三冊。這是目前國內最新的百科全書，本書的內容與編排很值得商榷，惟取材範圍很廣，資料也很新穎。

民國七十年至七十二年，我國出版四套屬於成人用的百科全書，卽：中國文化大學編中華百科全書、百科文化事業公司編譯21世紀世界彩色百科全書、環華出版事業公司編環華百科全書、光復書局編光復彩色百科大典；另有臺灣省政府敎育廳編中華兒童百科全書及幼獅文化事業公司編幼獅少年百科全書尚未出齊。上述近年來編印的百科全書，在篇幅與內容方面，體例與編非方面，圖表與印刷方面，輔助

索引與附錄方面，均較過去進步；惟在內容的權威性、資料的新穎性、條目的選擇、參見與互見的運用方面、參考書目與相關索引的編製方面，與世界有名的百科全書相比較，仍有一段差距，亟待國人繼續努力。

普 通 百 科 全 書

中華百科全書

　　中國文化大學　中華學術院合編撰　民70至　年　臺北　編者

10冊（每冊約620面）

　　由國人自編的成人用百科全書。

　　係將古今中外的學術分爲四十部門，各門再擬定辭目，共選定一萬五千餘條，各條目按內容多寡及重要性定其字數，分四等級，特號每條四千，大號二千，中號一千，小號五百。各條目自爲一單元，不分節敍述。文末標明執筆人姓名。

　　此四十學門名稱爲：三民主義、革命史蹟、哲學、宗教、文學、傳記、英文、法文、德文、日文、韓文、南洋與阿拉伯文、俄文、政治、經濟、法律、社會、科學、地學、中外地志、海洋、軍事、美術、音樂、戲劇、體育、家政、圖書出版、歷史文物、敎育、大學、新聞、工學、農學、商學、醫學、藥學、圖片、地圖等。其中英文、法文、德文、日文、韓文等，以網羅英、美、法、德、日、韓等國家著名人物、事物、典章制度，政經及文敎設施與我國有關者爲主。傳記則收歷代人物六百多人；地名則選我國之省市，外國各州，人口百萬以上之都市。

　　編排以辭條首字筆劃爲序，再按字形起筆之點橫直撇捺順序排列。

　　第一至九冊書前各刊該冊收錄條目，依筆劃排。第十冊爲附刊，

「，可解決能源問題，使工業更推進一步。」

原來九項建設，加上核能發電，便構成政府全力推動的十項重要建設。同時，也為未來進一步經濟發展奠定基礎。

十項建設中，有六項是交通建設，即南北高速公路、鐵路電氣化、桃園國際機場、臺中港與蘇澳港；三項是重、化工業，即一貫作業煉鋼廠、大造船廠及石油化學工業；另一項是能源開發的核能發電廠。

十項建設主要內容如下：

一、南北高速公路：南北高速公路北起基隆，南至鳳山，並以支線連通桃園、小港兩國際港，及臺中、高雄兩國際機場，全長三七三公里，已於六十七年十月底完成全線通車。高速公路完成後，行車速度加快一倍，南北行車時間可縮短為四小時，即較過去行車時間可節省二分之一以上。

二、鐵路電氣化：鐵路電氣化係將自基隆至高雄全線鐵路改為電氣化。包括正線與側線，總長度為一、一五三公里。全線已於六十八年六月正式完成通車。鐵路電氣化完成後，臺北至高雄間的行程時間，縮短一半，約為四小時，行車次數以及載運能量也大為提高。

三、北迴鐵路：北起宜蘭縣的南聖湖站，止於花蓮的田浦站，全長八二·三公里，與東部花蓮至臺東的鐵路相銜接，溝通臺灣北部與東部的鐵路交通。另建花蓮港支線五·八公里。北迴鐵路全線隧道十六座，總長三十一公里，大橋二十五座，總長五·五公里，因隧道較多，工程相當艱鉅。全線已於六十八年底完成試車，六十九年一月間全線通車。北迴鐵路完成後，不僅較原蘇花公路行程縮減一半以上時間，且可促進東部開發，獲得區域間的不衡發展。

四、桃園國際機場：桃園國際機場係適應未來三十年空運量之需要而設計，工程分三期進行。第一期工程以年客運五〇〇萬人，年貨運量二十萬公噸為目標；第二期客運一、〇〇〇萬人，貨運量四十二萬公噸；第三期客運一、九五〇萬人，貨運量一〇〇萬公噸。第一期工程已於六十八年二月完成並開放啟用。由於該機場與高速公路與臺北市相連，車程約三十分鐘，因此第一期工程完成後，接替無法擴充的臺北松山機場，負擔日見增長的航空客、貨運輸量，並減輕臺北市區的噪音與空氣污染。

五、臺中港：臺中港為一兼具商業、工業及漁業的綜合港，也是一個純人工港，面積約三、九七〇餘公頃，海岸線長九公里，可供作臨海工業區之用。臺中港分三期施工，其中第一期工業區以營運量二八〇萬公噸為主要目標，自六十二年十月動工，至六十五年十月，主要工程已完成並開放營運。第二期工程日前正進行中。臺中港之興建，主要為疏解基隆、高雄兩港之擁擠，及減輕內陸鐵、公路之負荷，並有利中部之開發。

六、蘇澳港：蘇澳港位於臺灣東北部的天然良港。蘇澳港商用部分之工程分二期施工，第一期工程以年營運量二七六萬公噸為目標，已於六十七年十二月完成。第二期營運量以六四一萬公噸為目標，預定七十年年底完成。蘇澳港之開發主要為疏導基隆港貨物之擁擠，並促進蘭陽地區之發展。

七、一貫作業煉鋼廠：中國鋼鐵公司的一貫作業煉鋼廠，位於高雄臨海工業區，佔地四八〇公頃，建廠工程分二期進行，第一

十項建設位置圖

內容包括：1.全書總目錄；2.中華大事記；3.本書條目分類索引，係就四十學門分別編製，以供讀者查閱同性質之辭目，兼作專書閱讀；4.英漢辭目對照表，包含專有名詞、人名、地名等。

　　本書特點為撰述者二千餘人大部分為專家學者，撰述文字簡明扼要，索引完備，附錄實用。缺點為體例不一，介紹文字，文白均有；條目後缺參考書目及參見款目；圖表照片過少；辭目之選定缺乏一致的標準，如有四部叢刊而無四部備要，有中華民國期刊論文索引而無中文報紙論文分類索引。

環華百科全書

　　張之傑主編　民71年　臺北　環華出版事業公司　20冊（每冊約600面）

　　屬於國人自行編撰可供一般參考查閱，並以圖片取勝的百科全書。內容包括七大類，卽：人文、史地、自然、社會科學、生活、藝術；三十七學科，卽：國學、中國文學、西洋文學、數學、歷史、地理、物理、化學、生物、動物、植物、農科、醫學、藥學、政治、法律、教育、軍事、社會學、考古學、人類學、商學、大衆傳播、哲學、心理學、宗敎、天文、氣象、地質、體育、美術、音樂、影劇、舞蹈、大陸情事等。共收一萬五千餘條目，字數逾一千五百萬言。取材多以中華文化與目前國情為主。因此，不論人名、地名或其他專有名詞的選錄標準，均以本國從寬，外國從嚴為原則，期能反映中國文化的特色。

　　各條目先加注音符號與英譯，其次為解釋，釋文長短不一，視需要或重要性而定，大的條目達二三萬言。超過五千字以上的大條目，皆另立章節。如「報紙」，分為：報紙的起源，現代報業的發展，現代報業理論、報社的內部組織、報紙的出刊、報社的營收、報紙媒體的優劣點，各國報業發展情形，我國現階段報業發展等十章。對於較

ㄅ　ㄛˊ〈bor〉　博

陳列，並安排時間，以供社會大衆使用。

博物館的歷史

博物館（Museum）源自希臘文 Mouseion，意思是「繆思女神之殿」，繆思是主司藝術與科學的女神，所以就這詞意考之，可以明瞭博物館的最初涵義。

早期的博物館　西元前4世紀，希臘的柏拉圖學院、及其後創立的亞里斯多德講堂及亞歷山大港的博物院，除收藏文物外，其特質是做研究工作。到了羅馬時代，羅馬城本身變成一座博物館城，到處陳列著由其宣赫武功所掠奪回來的美術品，這些博物館是以教堂寺院的形式出現。16到18世紀間的博物館可以用「陳列室」（Cabinet）之名稱呼，其目的以貯藏珍奇之物爲主。這300年間，航海探險事業的蓬勃發展，帶來了搜藏文物的蒐潮，私人博物館大量興起。由各地蒐來的珍奇之物。不分自然、歷史、藝術，雜陳一室，主要以「珍奇異物」標榜。

1682年英國學者亞莫林（Elias Ashmole）將其畢生收藏如硬幣、徽章、美術品、考古出土文物及民

俗文物捐贈給牛津大學，成立了牛津亞莫林博物館，這是第一所公開予學者與羣衆使用的公共性大學博物館。

18-19世紀的博物館　於18世紀中葉，瑞典植物學家林奈創出一套動植物分類系統，發表後，科學家們有許多年都集中在標本的蒐集及分類方面。

到了18世紀末期，英國的李佛在倫敦創辦一所開放性的博物館，這個博物館擁有非常好的自然史收藏品、動物、植物標本等，這是18世紀最壯觀的私人博物館。也差不多在這時候，「Museum」一字才正式用於表示一個供人參觀及研究收藏品的地方。

1759年，當時是世界最大的自然史博物館——倫敦的大英博物館，在英國國會專款撥助下成立，展出內容以手抄稿、植物標本及珍奇古玩爲主。法國大革命期間（1789～1799），法國政府將皇家收藏品遷至羅浮宮，在1793年，成爲一所公共博物館。

19世紀時漸是博物館公共化的新紀元，人們開始認爲人人都應有受教育的機會，而博物館也開始系統化、專業化。自然歷史博物館、地質與礦物博物館、工業博物館、美術館、考古學博物館、農業博物館等相繼出現，博物館開始成爲一個可供利用的學習場所，不再僅是古物珍品的陳列室了。在這100年間，歐洲的宮廷博物院或庭園，如西班牙的普拉多宮、羅馬的梵諦岡、巴黎植物園、柏林植物園、倫敦植物園都陸續開放，原來的大英博物館及巴黎羅浮宮也逐漸增添設備，成爲歐洲最富影響力的兩大博物館。

蠟像館中之蠟像——諸葛亮

192

艱深或複雜的條目，輔以圖表或圖解，如史地輔以物產圖、交通圖；科技類附有分子結構，實驗過程圖等。文末有作者署名，作者如非個人，則署名「編纂組」。

　　依國音字母（注音符號）編排，先以聲母次序排列，同聲母者，以韻母次序分先後。音韻皆同，則以四聲順序排列。

　　每册後附有國音、筆劃索引，以便查閱。另將編印總索引一册，把全書所有條目及重要名詞依國音、筆劃、科目、英文等分別列出，以利讀者檢索。

　　百科全書的任務在綜攬各科的主要知識，供各行各業人士查閱，與辭典貴在逢辭必收者不同。本書已掌握這個原則。本書按國音排列，為避免主要知識的支離破碎，乃利用「參見」「參閱」的方法，使相關的條目，可以得一完整的概念。本書圖片達一萬八千張，頗有助於文字內容的瞭解，以上是本書的特點。缺點是「在重要的論題或長篇的敍述文字之後，未附完整可供參考的書目」（宋建成語）。收錄人物包含在世者，惟偏重文藝作家，漏收著名的學術界人士。同時部分內容的解釋、觀點有待商榷。

21世紀世界彩色百科全書（國際中文版）

　　百科文化事業公司編輯部編譯　民70年　臺北　該公司　10册

　　原名 "Colorama, L'enciclopedia Tutta a Colori"，係義大利 Mondadori 出版公司印行，復經日本主婦與生活社修訂，翻譯發行日文版，再由屬於國泰信託關係企業的百科文化事業公司取得原發行者的同意，由日文譯成中文版，另針對國人的需要，增加有關中國的條目，使更適合國人利用。

　　本書屬於成人用多條目的通俗百科全書，共收四萬五千條。分為一般條目與重要條目二種。重要條目除文字說明較長外，還有一萬八千幅彩色圖片配合文字闡釋，俾成一獨立的專篇。條目依筆劃順序排

列。每冊的條目列在各冊之前。

　　百科全書的任務是向廣大讀者傳授基本知識，所以有人認爲百科全書是以敎育作用爲主，工具書作用爲輔。因此，百科全書對於條目的選定，重要的不能遺漏；解釋要正確，說明文字要簡明扼要，最好能加上彩色圖片；同時爲向讀者提供較完整的槪念，要利用互見系統 (Cross-reference System)，將一些相關的條目聯繫起來。本書大體上能符合這些條件。諸如文字深入淺出，全書多彩色圖片等。互見的形式，分：見（→）、詳見（⇨）、參見（➡）三種。印刷、裝訂、外觀等，也頗爲精美。惟缺點仍多，如有關中國條目的選定、缺乏一致的標準，報紙只選中國時報；人物較少學術界人物，多現代小說作家。有的條目解釋錯誤，如說目錄學肇始於後漢劉向的七略（應是劉向的別錄，劉歆的七略）。其他有些學人的著作，列次要者，而漏其重要者。如蔣復璁的著作，列有圖書館管理、珍帚集，漏圖書與圖書館。

　　本書日文版共十一冊，末冊包括歷史地圖，世界人種、語言、宗敎分布圖，圖片索引，世界簡史等資料，頗具參考價值，中文版未能將此冊翻譯，實在可惜！

最新世界百科全書

　　泛華文化出版公司編譯　民71年　臺北　該公司　3 冊（693面）

　　是一部圖文並列的青少年百科全書。全書分成三冊，十八大類，二三七小類。第一冊爲自然世界；第二冊包含科技、文史、工商等；第三冊爲世界地理。每冊書後有中文筆劃索引。本書旣無凡例，又缺編譯過程的說明文字。

　　玆將大類類名列舉如下：自然界奧秘、海洋世界、動物奇觀、綠色紀元、植物王國、園圃種植（以上第一冊）、國際科技錄、交通運輸、體育天地、歷史文化、文學藝術、工商社會（以上第二冊）、世

界風物志、東方古國、歐洲旅遊、美洲文明、非洲大陸、美麗島國（以上第三冊）。

東方百科全書

　　陳可忠等主編　民42年　臺北　臺灣東方書店　3冊 (3645面)

　　由五十餘位專家學者執筆，全書約百萬餘字，分三十編。上冊包括：哲學、心理學、政治、法律、社會、經濟、軍事、外交等；中冊包括：教育、交通、地政、會計、審計、新聞、理化、天算、工程、生物地質等；下冊包括：商業、工藝、醫藥衛生、體育童軍、語文、歷史、地理、美術、音樂、戲劇等。每一學者均就各該學科的基本概念，作一有系統的敘述，各編均有編撰者署名。

　　各學科內不再分節，也缺少顯明的小標題，又沒有索引，是美中不足的地方。

中華新版常識百科全書

　　中華新版常識百科全書編輯委員會編　民65至66年　臺北　臺灣中華書局　3冊 (4094面)

　　內容包羅廣潤，舉凡人文科學、社會科學、自然科學及應用科學等，都兼容並蓄，惟以常識性知識爲其範圍，旨在供社會人士及中上學校學生查閱參考，故名爲常識百科全書。

　　本書按標題分章節敘述（沒有標明第幾章第幾節）。全書約分一百七十五篇，各篇的分類次序，不盡合理，如氣象、地震，列在美國大選與電學常識之間；鐘錶列在雕塑和人生三部曲之間。

　　本書雖名爲百科全書，體例與西洋百科全書迴異。其缺點可見下列書評：

　　中華新版常識百科全書　圖書與圖書館第三輯，民國66年4月，頁71—75。

　　評「中華常識百科全書」　王錫璋，書評書目第43期，民國65年11

月，頁35—43。

　　評「中華常識百科全書」　黃大受　蔡清隆，出版之友創刊號，民國65年11月，頁18—20。

　　評「國學常識」——中華新版百科全書的的品質遭到考驗　林慶彰，書評書目第59期，民國67年3月，頁104—110頁。

中華兒童百科全書

　　臺灣省政府教育廳兒童讀物編輯小組主編　潘人木總編輯　民64年至　年　臺中縣霧峯　該廳　已出3冊

　　全套預計出版十二冊。採用題則（相當外國百科全書的「款目」Entry）撰寫方式，各題則按注音符號順序編排。各題則之間視需要情形，加注「參見」款目。題則以常識範圍內重要人、事、物、地及學理、學說、著作爲範圍，並非有聞必錄的辭典。係以國小、國中課本及各科基本常識書籍中選擇編列的。各題則均由各科學者、專家、教師撰寫，或據外國兒童百科全書翻譯改寫。

　　全書以橫排方式編印，與時下一般分類式的百科全書不同，較之外國百科全書似無遜色。各冊附有兩種索引：1.總索引，按標題次序編排，著錄題則名稱、冊數跟頁數、簡單的說明等三項，各條目間視需要加注「見」款目；2.分類索引，各條僅著錄冊數、頁數。（摘錄自鄭恒雄撰66、67年新編參考書選介）

　　書評：我看中華兒童百科全書　程心，中央日報民國68年10月1日。

重編日用百科全書

　　黃紹緖等編　民23年　上海　商務印書館　3冊　(6221面)

　　民國八年初版，全書二冊，民國十四年出版補編一冊，民國二十三年重新改編，印成三冊。

萬用百科全書

當代國民萬用百科全書編輯室編　民66年　臺北　漢聲出版社
3 册 （3462面）

據民國23年黃紹緒等編「重編日用百科全書」改編而成，刪除約
一半的篇幅（原書有六千二百二十一面），另補編適合今日需要的資
料。

青年知識百科全書

青樺出版社編輯部編　民60年　臺南　建華書局　12册　影印

萬寶全書

萬寶全書編輯委員會編　民63年　臺北　第一文化服務社　1958面

（中英對照）青少年世界知識百科全書

奚雷 (Sealey, Leanard George William) 撰　世界資料供應
社出版部編輯　民67年　臺北　該社　10册，中英索引 1 册

據 Our World Encyclopedia 編譯。該書於民國六十三年出
版，曾譯成法、德、西、葡、荷文印行。共十册，內容爲：人類、動
物、植物、地球科學、歷史名人、交通交際、工商事業、國家與家、
藝術娛樂、運動嗜好。內容爲圖片，另附加文字說明。

啓思 青少年中文版 百科全書

啓思文化事業公司編譯　民71年　臺北　該公司　20册(1280面)

專 科 百 科 全 書

中文聖經百科全書

俄玡 (Orr, J.)原著　民66年　臺北　中華世界資料供應出版社
4 册　影印

根據俄玡氏編The International Standard Bible Encyclope-
dia爲藍本，按分類排列，計分爲上主、天、歲時、地、政治、教
會、禮制、音樂、人類、文藝、性德、靈魂、人事、名教、飲食、寶

貨、服飾、器用、宮室、植物、動物、事物狀況、人名及地名各部。
各部再予細分。經中的人名，地名的譯音，均依照1923年的新本聖
經。

　　民國六十六年影印時，增訂中文筆劃索引，均加國語注音，有八
十面。書前有中文總目及細目兩種。書後附英文索引。

中學數學百科全書

　　孫文先主編　洪萬生　林國棟　楊康景松等校訂　民69年　臺北
九章出版社　502面

　　據VNR Concise Encyclopedia of Mathematics 節譯而成。
原書曾由洪萬生等譯成「簡明數學百科全書」，一一一六面，於六十
八年由九章出版社印行。

　　內容包括現行數學課程及中學生可理解的有關數學知識。凡中學
數學課程中可能遭遇的問題、定理與概念，本書中均有詳細的解說。
全書分十六章七十四節。主要章節有 1.有理數的基本運算；2.高等數
學運算；3.代數方程式；4.函數；5.百分比·利率與年金；6.平面幾
何；7.立體幾何；8.三角學；9.平面三角學；10.平面解析幾何；11.集
合論；12.線性代數；13.數列·級數與極限；14.機率。

　　書後附平方表、立方表、常用對數、三角函數值、正弦與餘弦之
對數及數學名詞索引。

　　查閱本書有二途徑，其一由相關的章節中查閱，其二由書後所附
索引查閱。例如，欲知球的體積，可找立體幾何的章節，然後再由該
章的首項目錄中找到討論球的部分，即可找到球的體積。另從書後索
引中十一劃的「球」，找出其後所列的頁數，亦可得到球的體積。

健康家庭醫藥常識百科全書

　　萬卓言主編　楊俊佑副主編　民66年　臺北　怒江文化事業公司
1004面

　　主要以人的一生爲經，以常見的健康保健問題爲緯。全書分爲七篇：

　　第一篇：急救　因爲意外死亡在本省十大死因中，高居第三位，意外傷害，也常常可見。本篇介紹各種急救術及日常可能遇到的意外傷害處理原則。本篇又分爲七章四十七節。

　　第二篇：認識自己的身體　從頭到脚，談身體的構造，分十三章八十節。

　　第三篇：人的一生　分別解析從生命的誕生、成長，到青年、壯年、中年、老年等各階段主要的生理及心理變化。

　　第四篇：我究竟得了什麽病　討論各種常見的疾病，瞭解其來龍去脈，及治療、預防的方法等。分六十章二百四十六節。

　　第五篇：寧爲女人　討論女性特殊的生理、懷孕、生產、美容等問題。

　　第六篇：現代人的健康　介紹幾種常見的家庭疾病，以及近代人聞之色變的癌症，最後介紹公共衛生和復健醫學。

　　第七篇：藥物與食物　介紹用藥的基本常識，並提供正確的營養觀。

　　編輯具有一貫性，可以從頭到尾的閱讀，各篇章也有其獨立特異性，也可以依個人的需要，做選擇性的閱讀。

企業管理百科全書

　　哈佛企業管理叢書編纂委員會編　民68年　臺北　哈佛企業管理顧問公司出版部　2冊　(959,942面)

　　據企業管理理論，管理功能與管理技巧之最新資料彙編成冊。內容分二篇，第一篇爲企業管理理論，第二篇爲企業管理功能及技巧。前篇分爲七章：1.緒論；2.計劃；3.組織；4.用人；5.領導；6.控制；7.經營管理者。後篇分爲十七章：1.目標管理；2.系統分析；3.

管理資訊系統；4.決策分析；5.價值分析；6.各種分析方法；7.企業診斷；8.預測分析；9.計劃評核術；10.無缺點計劃；11.有效的管理方法；12.一般管理；13.銷售管理；14.生產管理；15.人事管理；16.財務管理理；17.事務管理。

現代經濟常識百科全書

現代經濟常識百科全書編輯委員會編　民69年　臺北　長河出版社　2册（1260面）

網羅一般經濟學教科書及報章雜誌上常見的經濟名詞和經濟現象，做一深入淺出的說明。全書分七篇五十六章三百三十一節。七篇爲：成長與景氣篇、企業與市場篇、物價篇、財稅篇、金融篇、貿易篇、世界經濟篇。

每篇章前皆對理論及基本觀念，作清晰而有系統的解說，其後再就各種經濟現象、問題及有關範圍、背景、歷史分別條陳，有關國內經濟制度與組識的改革，則納入相關的篇章中。對於一般書籍中未見討論的，如民間標會，關係企業及中小企業等常識，也都列節敍述。

本書爲便利一般讀者查閱，特將有關經濟名詞列於主文（正文）兩旁，並於附錄中分七篇以筆劃整理歸類，俾略具經濟學辭典的功能。

中華民國票據百科全書

陳井星編撰　民70年　臺北　哈佛企業管理顧問公司　1695面

票據，依法律的意義來說，它是指由發票人依據票據法所規定的格式簽發，並經交付或背書轉讓而流通的一種有價證券。就法律的本質而言，它和貨幣鈔票是一樣的。本書蒐集與票據法有關的法令、判解、行規和表格的範例的書籍、期刊以及相關文件，編成含有票據在法律上和商場上的意義和特性，票據爭執與糾紛的各種解說和釋疑，還有對票據，一切有關事項提供理論上的研究參考，以及實際發生案件上的斟酌應用的大部書。（自序）

全書共分十篇：1.用白話口語改寫現行中華民國票據法；2.中華民國票據法及相關的法律，彙集與票據法有關的法典，或相牽連的法律條文，如銀行法規，郵政儲金法規等；3.中華民國票據法相關的行政命令；4.中華民國票據法相關的司法判解；5.中華民國票據法相關的銀行行規，輯錄各級各類銀行，對票據業務的規定；6.票據相關的銀行表格，輯錄各銀行經常辦理的格式或範例；7.票據相關的法院書狀範例；8.中華民國票據法的沿革；9.各國票據法的立法例，彙集國內現已出版的外國票據法及其譯文；10.銀行存款、放款、保證、滙兌業務規章。

附錄外國銀行奉准在臺設立分公司一覽表、臺灣區農會信用部一覽表、票據術語比較表、中美日票據法條文對照表等。

本書雖名為百科全書，實際上更具有手册的功用。

現代法律顧問百科全書

周方森主編　民68年　臺北　龍江文化事業公司　1283面

編此書的目的：使六法全書、法律參考書、法律秘密，變成大衆化的知識；使人人知道法律所保障的權利，便於別人侵害權利的時候，挺身為權利而奮鬪。

內容分七篇：1.我是一個自由人（法律對人的保障等）；2.經濟與人生（土地與房屋、債等）；3.美滿的家庭生活（婚姻、夫妻財產制等）；4.罪與罰（怎樣才構成犯罪、特別刑法的犯罪等）；5.民事官司與强制執行；6.人權的保證書——刑事訴訟法；7.政府與人民（行政救濟法、寃獄賠償法、兵役法、工廠法等）。每篇下再分章節。

本書特點為內容頗具實用價值，文字也力求口語化。每篇後有著者署名。惟缺少索引。

日本簡明百科全書

日本簡明百科全書編纂委員會編　民62年　臺北　中華學術院所

日本研究所　　843面

　　以日本平凡社出版的國民百科事典為藍本，並參考日本其他文化及歷史等辭書，彙輯而成。參與編譯的人，有八十餘人。

　　共收三千五百餘條目，包括日本的歷史、地理、政治、法律、經濟、文化、宗教等，有關中日兩國關係的，也加以採錄。每條目下，均有執筆者署名。有些引用資料，略嫌陳舊。

　　各條目按筆劃排列。書後附有：常用漢字表、遣使表、內閣表等十八種及羅馬字條目索引。

蘇俄簡明百科全書

　　國防研究院敵情研究所　中國文化學院蘇俄問題研究所合編　民
　　54年　臺北　國防研究院　96,1171,69面

　　以英國杜頓出版的蘇俄簡明百科全書為藍本，補充增刪而成。共收錄三千多條目，包括史地、政治、軍事、經濟、社會、文教、科學等。各條目按筆劃多寡排列先後。

　　書前附條目檢頁表，書後附有：俄國大事年表（到1963年6月止）、條目分類索引（分七大類，四十三小類）、及人名、地名、重要專有名詞英漢對照表等。

中國文學百科全書

　　楊家駱編　民56年　臺北　中國學典館復館籌備處　4冊　影印
　　據民國25年8月印本影印。

　　是著者在民國十九年至二十四年間編纂的，共收中國文學的條目六萬餘條，裝訂八冊，本書是前四冊，後四冊至今仍付闕如。

　　收錄條目的性質，包括：書名、題名、人名、事典（如竹林七賢）、概論（以一個時代，或一種文體為主）、專題、術語等。每條的字數，自不足百字至數萬字不等。不足百字的約佔七分之一，百字左右的條目，佔七分之三，其餘的佔七分之三，都是屬於概論及專題的

條目。

　　全書依四角號碼排列，所以每冊前都有四角號碼檢字法，另每冊都附有「中國文學百科全書第一冊至第四冊筆劃部首索引」，每冊之後，則附有于賓所編的條目舉要。

　　卷首附有民國以來所出版文學論述書目一文，收錄自民國元年至二十六年夏出版的文學論著。

學習音樂百科全書

　　許常惠　劉　菁　袁美瑜等主編　民69至70年　臺北　百科文化事業公司　4冊（697面）

　　國內百科全書的編排，主要有兩種形式，一是分章敍述，如東方百科全書、中華新版常識百科全書；一是按字順排列，如中華百科全書、中華兒童百科全書。本書是上述形式的綜合體，即第一至三冊依章節分，第四冊則按字順排。

　　按第一冊為各類樂器與演奏，分聲音的奧祕、瞭解樂器，來演奏樂器吧三部分。第二冊為音樂創作與欣賞，分創作的樂趣，你喜愛的名曲二部分，附有：世界著名的音樂院和歌劇院、世界著名的管絃樂團、世界著名演奏家、世界著名的舞蹈團等。第三冊為音樂家的故事和演奏，分西洋的音樂和中國的音樂二部分，前者佔一百五十面，後者佔二十面。以上各冊每部分再細分項目，每一項目都有較長的文字說明，並配合印刷精美的圖片。

　　第四冊為實用音樂辭典，蒐集前三冊中有關的名詞，依其性質，分成三部分：1.音樂用語辭典；2.作曲家人名辭典，收中外作曲家二百七十多位，略述其生平及創作；3.名曲辭典，分外國名曲及中國名曲兩部分，均依曲名筆劃排。每一項名詞敍述後，都把前三冊中有關該項的冊數、面數表示出來。這樣可以讓讀者對本書各項事實的背景和相互的關係，有一個較完整的概念或全盤的瞭解。

育兒百科全書

　　康明哲　余政經等合編　民63年　臺北　杏文出版社　1068面

中華百科全書㈠家庭與生活

　　鐘鳴文化事業公司編　民65年　臺北　青陽出版社　532面

土木工程百科全書

　　土木工程百科全書編委會編　民51年　臺北　大方書局　1冊

The Encyclopaedia Sinica

　　Couling, S.撰　民62年　臺北　成文出版社　633面　影印

民國6年上海初版。

簡明數學百科全書

　　洪萬生　林國棟等譯　民68年　臺北　九章出版社　1116面

最新彩色攝影百科全書

　　呂石明等編撰　民70年　臺北　自然科學文化事業公司　216面

珍氏世界記錄大全

　　張志純　黃亨俊譯　民68年　臺北　徐氏基金會　541面

金氏世界記錄大典

　　McWhirter, Norris撰　朱小明譯　民70年　臺北　世界文物

出版社　656面

世界知識全書

　　長庚出版社編譯　民69年　臺北　該社　702面

　　內容：包括世界各國概況、重要國際組織、國際間的重要統計、

世界性的紀錄等

第六章　年鑑　年表

年 鑑 的 意 義

年鑑英文稱爲 Yearbook，法文稱Annuaire，德文稱Jahrbuch。辭海說年鑑是「彙錄一年間各種大事及統計之屬，以便觀覽之書也」。圖書學大辭典說：「彙錄一年以內各種統計之屬，以便觀覽者，謂之年鑑」。王征編譯的圖書館學術語簡釋說年鑑是「一年刊行一次，載錄時事資料之刊物」。上述三說，均大同小異，綜合起來說，年鑑就是蒐集事實和資料，加以爬梳整理，並運用統計和圖表的方法，以文字說明，分析前一年的大事，藉以明瞭以往的設施和發展，而供將來的參考與借鑑的書，通常一年刊行一次。

沈寶環認爲年鑑中所載的資料，不外下列各方面：

1. 政治時局演變情況：

此種資料多在國家名稱下敍述，有時也刊出是年所簽的主要國際條約、協定的內容和條款等資料。

2. 科學技術發展的報導：

此類資料，有時歸納於若干較廣泛主題之下，例如：「醫藥」「原子能」，有時將吸引世人注意的若干特殊事項或發明，另成一專門款目。

3. 傳記性資料：

年鑑多刊出當年死亡名人名單，若干並刊載世界名人物傳記（包括死亡與生存的名人）。

4. 各種統計數字，尤其與經濟有關的數字。

5. 當年體育新聞及記錄。

6.若干新聞項目，不可能在其他參考書中找出者。

7.藝術文化事業的傾向和動態。

8.該年大事表（往往依時間排列成爲大事日記）。

9.精選該年新聞照片。（西文參考書指南）

年　鑑　的　種　類

　　年鑑是最複雜的參考資料，各家對年鑑的分類，也頗不一致，如李鏡履就年鑑的體例，分爲四種：傳記之屬、統計之屬、曆書之屬、彙編之屬。沈寶環將年鑑分爲三種：百科全書補篇 (Encyclopedia Supplements)、年鑑 (Almancs)、雜類手冊 (Handbooks of Miscellany)。本書將年鑑，依其性質，分爲兩類：第一類爲普通年鑑，指以世界或一國一省的事務爲範圍，內容包含的資料有政治、財經、科學、敎育、文化、藝術、軍事等，如中華民國年鑑、申報年鑑、臺灣年鑑等，西洋百科全書的補篇，按年出版，也屬於這一種；第二類爲專門年鑑，這是指以某一事物爲範圍，僅記載某一類事物，專供專門學者，或專業人員參考者，如敎育年鑑、交通年鑑、新聞年鑑等。

　　目前國內出版品，有些以年鑑爲名，其實並非年鑑；有些以年報爲名，內容與年鑑無異；又有些年報只是統計資料，不應屬於年鑑；另有些資料輯要，雖無年鑑年報之名，體裁與年鑑相同，當然屬於年鑑。茲分別敍述如下：

　　1.以年鑑爲名，其實並非年鑑　　如很多工商年鑑，僅載公司行號的名稱、地址、產品等，既無統計資料，又無文字敍述一年工商大事等。本書將此類書視爲工商名錄。

　　2.以年報爲名，內容與年鑑無異　　如早期中國新聞出版社印行的中華年報（民國41至47年），近年印行的中共年報、匪情年報，內容、實質與年鑑相同，自當屬於年鑑。

3.以年報或以年鑑爲名，內容完全是統計資料　　此種情形甚多，如臺灣省各縣市的統計要覽，早期有些稱爲年報或年鑑，如：臺北縣統計年報、彰化縣統計年鑑、臺中市統計年鑑等。其他如中華民國勞工統計年報、臺灣省稅務統計年報、金門統計年報等，純粹是以統計資料爲內容，此種出版品極少文字的解說，與年鑑的體例，不盡相脗合。本書將此種出版品，歸入官書的統計資料。

4.不以年鑑、年報爲名，體裁與年鑑相同　　如按年出版的臺灣省政資料輯要，編製均按年鑑體例，當視爲年鑑的一種。

年 鑑 的 歷 史

年鑑是圖書館參考服務最重要的工具書之一。墨基(Mɪdge)曾撰英文參考書百種選，年鑑佔十一種之多，可見年鑑在圖書館參考工作中佔很重要的地位。所以歐美各國對年鑑的編輯和出版，異常注重。較早的年鑑，英國有Annual Register，創刊於公元1758年；法國有Annuarie Historigue Universel，創刊於公元1818年，迄未中斷；美國的American Yearbook，也有幾十年的歷史。我國有年鑑之名，始見於宋史藝文志載年鑑一卷，書已不見，內容不詳，要亦僅名稱偶同，絕非今人所謂之年鑑。「五四以還，識者漸惕於我國學術思想之落後，有採用科學方法研究事理之必要……，一時調查社會研究學術之團體刊物，叢生如雨後之春筍，年鑑之作，亦多有嘗試者，顧其範圍或限於一地域，大者如東北年鑑，小者如無錫年鑑，或限於一事業，如鹽務年鑑，或僅有創刊，而未見續出，如商務之中國年鑑，……

治民國二十二年，上海申報館有申報年鑑編纂，民國二十三年至二十五年，各年均能按時出版，各種統計材料的收集與編纂，均由專家擔任，故書經出版後，風行全國。

民國二十五年，又有英文中國年鑑社編印之英文中國年鑑創刊號

出版，此書各種統計，多由專家編纂，故內容稍有可觀。政府方面，亦有多量年鑑編纂，如教育部有第一次教育年鑑，實業部有中國經濟年鑑正續編及勞働年鑑，財政部有財政年鑑；鐵道部有鐵道年鑑；廣西統計局有廣西年鑑。此外尚有中國外交年鑑社編之外交年鑑；中國銀行管理處編輯之全國銀行年鑑………，中國年鑑出版之多，以民國二十三、四年爲最，其中材料豐富，有裨實用者亦多。」（中文參考書指南）

政府播遷來臺，官方或民間團體，對年鑑的編印，頗爲重視。各種不同類型的年鑑，相繼出版，體例內容，均比以前進步。我國編輯年鑑的一般缺點是不能持續，常發行一、二次即告中斷。行政院新聞局編印的中華民國年鑑，均能按年出版；交通部編印的交通年鑑，自創刊以來，也能按年刊行，殊爲難得。

茲將國內出版的年鑑，分撰提要或簡目如下：

普 通 年 鑑

中國年鑑（第一回）

阮　湘等編　民60年　臺北　中國出版社　2册（2133面）影印

據民國十三年上海商務印書館印本。

分土地人口，政治軍事，財政金融，交通水利，農工商業，教育宗教等項。各類內容，特注意於數字統計，篇幅佔全書三分之二，而於各種典制沿革，俱加以簡要說明，以補統計之不足。

編者復以自有清末造，迄於今日，爲吾國政治上，社會上最大轉捩之期，故篇末殿以二十年來中國大事記（自光緒二十九年起，至民國十一年止。辛亥武昌起義後特詳，按日記之，以前僅按月記其大要），以明既往而測將來。又以世界各國，文明日進，觀摩取益，所待正多，故附以世界之部，以資參考而圖改進焉。

篇首附有中華民國十二年陰陽曆對照表，最近二百八十年中東西三曆合表，五千年間星期檢查表，中外度量衡幣比較表，並有各類之細目，頗便檢尋。（中文參考書指南）

申報年鑑

申報年鑑社編　民22至25年，33年　上海　申報館

民國二十二年四月創刊，共出版五次，屬於普通年鑑。第一次內容：土地、曆象、人口、黨務、政制、行政、立法、司法、考試、監察、國防、財政、經濟、僑務、交通、水利、社會、教育、出版、學術、宗教、都市、國內大事誌、世界等類。第二、三、四回，體制與首次相同。

國民政府年鑑（第一至三回）

行政院編　民32年，33年，35年　重慶　第一回由中心印方局印行，第二、三回中華書局印行

刊布國民政府暨各院部署，以及各省市政府的施政工作。內容以主要法令、工作實況的記述及統計數字，特簡人員姓名、職掌各項為主。

分編首，中央之部，地方之部三單元，冠以國勢統計表。編首記載國民政府本身及全國性重要工作概況。中央之部，按五院次序敍列，各部會署各設專章，附屬機關均附帶敍述。地方之部，則以各省為單位，分章說明。

國立中央圖書館藏有本書。

大陸淪陷前之中華民國

中華年鑑社編　民62年　臺北　鼎文書局　5冊　影印

原書名：民國三十七年中華年鑑，共二冊。

內容分四十篇：1.地理；2.行政區域；3.人口；4.宗教、語言；5.憲

政；6.政黨；7.國民大會；8.中央政制　9.地方政制；10.立法；11.司法；12.考試；13.監察；14.內政；15.外交；16.國防；17.赤禍與戡亂；18.交通；19.經濟政策；20.財政；21.金融；22.商業；23.農業經濟；24.林業、漁業；25.墾殖、畜牧、獸醫；26.糧食；27.地政；28.水利；29.工業；30.礦業；31.教育；32.學術；33.社會；34.善後救濟；35.衛生；36.蒙藏；37.僑務；38.新聞廣播；39.國際關係；40.民國元年以來大事記。每編追溯原始，多從民初敍述起，而截止於民國三十七年。第二至五冊爲原書的重印，第一冊題名「大陸淪陷前中華民國各類史實標題之尋繹」，副書名題重印民國三十七年中華年鑑新編索引，實際上只是人名、地名、職官名等混合排列的索引而已。

中華民國年鑑

中華民國年鑑社編　民40至　年　臺北　正中書局

自民國四十年起，每年刊行一次，是我國發行最久的年鑑。詳載一年來中華民國的政治成績、社會狀況、經濟情形、民情風俗等項。年鑑的取材，以政府會計年度爲準，即自每年七月一日起，至次年六月三十日止。各項統計資料，皆以此爲截斷期。通常年鑑出版日期均在當年年底。

各年類目之分，少有變動，大致不離下列各門：總論、復興基地、政黨、國民大會、政府組織及職掌、外交與僑務、國防、民政與邊政、國家經濟、教育與文化、民間活動、大陸概況等。每一門再細分子目。每年都附有大事記。因此若將數年的大事記彙編，便可成爲中華民國大事記。這是研究中華民國最基本的一種參考書。

另編有英文版（China Yearbook），內容與中文版相似，內容增國際關係及人名錄二門，中文版的附錄大事記，英文版併入正文。英文版書後有索引及全國地圖，這是中文版所缺，也是中文版應加改進的地方。

中華民國年鑑

於國內經濟活動將轉趨增加，勞動力參與率估計將維持六十九年的水準。

由於勞動力參與率不變，因此勞動力增加率與十五歲以上人口增加率爲一致，亦爲二‧六％，估計勞動力將由六十九年的六六五萬九，〇〇〇人增爲六八三萬四，〇〇〇人，增加十七萬餘人。在人力需求方面，就業人數將由六十九年的六五七萬二，〇〇〇人（初步估計）增爲六七四萬四，〇〇〇人，增加十七萬二千人，增加率亦爲二‧六％。失業人數將較六十九年稍見增加，估計將由八萬七千人增爲九萬人，但失業率仍維持於一‧三％的水準。

(二)就業結構

農業就業人數在六十八年下降一一‧一％，六十九年又續下降七‧六％，由於連續兩年大幅度下降，預期七十年農業就業人數下降速度將趨緩，估計農業就業人數將爲一二五萬六，〇〇〇人，較六十九年減少一萬九千人，下降率爲一‧五％。工業就業人數的增加，將隨產業結構調整而減緩，估計約二六五萬三，〇〇〇人，較六十九年增加八萬人，增加率爲二‧九％；其中製造業就業人數爲二一九萬三，〇〇〇人，較六十九年增加二萬人，增加率爲二‧八％；營造業爲五七萬三，〇〇〇人，較六十九年增加二萬八千人，增加率爲五‧一％；電力及其他公用事業爲二萬六千人，較六十九年增加一千人；礦業則將減少一千人，降爲五萬四千人。服務業成長率預期較以往加速，因此其就業人數的增加幅度較大，估計約二六三萬五，〇〇〇人，較六十九年增加十一萬二千人，增加率爲四‧四％；其中運輸倉儲業就業約四萬八，〇〇〇人，增加一萬五千人，增加率爲三‧八％；其他服務業就業爲三二萬七，〇〇〇人，居各業之冠。由上述各部門就業的變動，推計各業就業人數佔總就業的比例變動如下：農業由六十九年的一九‧四％降爲七十年的一八‧六％，其中製造業由四二‧二％微升爲四二‧三％，工業由四二‧二％微升爲四二‧三％，其中製造業由三二‧五％升爲三二‧六％；營造業、礦業、電力及其他公用事業均維持六十九年的比率，分別爲八‧五％、〇‧八％及〇‧四％，服務業由三八‧四％增爲三九‧一％，其中運輸通信業由六十九年的三二‧四％升爲三三‧〇％。

第五十章　十二項建設

第一節　臺灣環島鐵路網

臺灣東部臺東、花蓮兩縣，地質人稀，過去因東部鐵路自成系統，未能與西部相連，交通不便，改東部經濟、文化、社會福利及生活水準等均較落後，雖可局部改善東西交通，惟境內產物仍須繞道，始能達抵西部及南部，爲加強東部開發，縮短東西交通及經濟發展差距，乃將現有東線鐵路予以拓寬，並新建環島鐵路，以構成環島鐵路網。

一、東線鐵路拓寬工程

花蓮至臺東一七〇‧四公里現有軌距〇‧七六二公尺拓寬爲一‧〇六七公尺，並改善坡度彎道、橋樑載重、發道淨空等，使其路線標準達到與西部幹線同軌同距，以提高行車速度及運輸能量。本工程於六十七年七月一日開工，截至本年度底止，已完成全部工程進度百分之七四‧五〇。

(一)路基工程
已完成路基土石方、擋土牆、護岸及堤防，達分項工程進度百分之九一‧二〇。

(二)橋樑工程
已完成大橋改建三三座，小橋改建一五〇座；施工中尚有大橋五座，小橋四〇座及涵渠八〇座。發道已完成四座，施工中八座，達分項工程進度百分之七三‧八〇。

(三)軌道工程
已完成鋪設寬軌九〇‧四公里，鋪設四線道岔四付，達分項工程進度百分之七九‧九〇。

(四)電訊及行車安全工程
已完成平交道改善、號誌機移設及電纜敷設，達分項工程進度百分之四〇‧

中國年鑑（宣統三年）

東亞同文會調查編纂部編　民62年　臺北　中國出版社　768面
影印

民國五年中國年鑑

民64年　臺北　天一出版社　1036面　影印

本書原名支那年鑑。天一出版社同年影印者，還有：民國六年中國年鑑，1124面；民國八年中國年鑑，1519面；民國十五年中國年鑑，1448面。

中華年報

中國新聞出版社編　民41至44年　臺北　該社

民國四十一年創刊，四十二年與世界年報、臺灣經濟年報、大陸匪情年報彙編。內容分四篇：1.自由中國一般實況；2.自由中國經濟建設；3.大陸匪情；4.國際局勢。每編內容包括若干專題，各由專人著述。民國四十三年增「自由中國文化運動」一編，共五編。民國四十四年又取銷此編，仍為四編。

中華民國總覽（1976年版）

臺灣問題研究所編　民65年　東京　該所　864面

本書略仿中華民國年鑑體例，分下列各章：概況、政治體制、自治機構、政黨、經濟體制、社會體制、重要新聞摘要、重要公私團體簡介、統計等。以日文敍述。

世界年鑑（1951,1952）

世界年鑑社編　民40至41年　香港　該社　2冊

地　區　年　鑑

東南亞年鑑　1981

宋哲美主編　民70年　香港　東南亞研究所　182,12面

以報導與研究東南亞各地實況爲主，並彙輯一年間之大事與統計爲輔。所包括的地區有：新加坡、馬來西亞、婆羅乃、印尼、菲律賓、泰國、緬甸、越南、柬埔寨、寮國等。分上下兩篇。上篇敍述上列各國的地理、人口、政治、政黨、外交、經濟、文化、教育、宗敎、勞工等。其中對於華人經濟事業及各種情況，記述較詳。下篇爲專刊選輯，包括：專題研究（記載東南亞重大事件）、當代世界人物誌、書刊與書評、工商世界等。

自民國六十五年起每年刊行一册。

香港年鑑　第三十五囘

曾卓然編　民71年　香港　華僑日報社　1册

民國　年創刊。

內容偏重現況介紹，以實用爲主。分十五篇，舉其要者如下：大事寫眞、時賢評論、香港全貌、法規新編、香港稅務、交通要覽、街道指南、居住須知、郵電便覽、商旅指導、人名辭典、醫療一覽、學校實錄、社團總覽、工商名錄等。

本書雖名爲年鑑，然就內容與體例觀之，與手册並無不同。

東南年鑑　1976

東南年鑑社　民65年　新加坡　該社　149,31面

華裔通訊年鑑　1978年南加州版　(Directory of Chinese, California 1978)

左五藏編　民67年　美國加州　華裔通訊年鑑出版公司　297面

介紹各種工商敎育文化機關團體的地址、電話、負責人等，並有關於總領事服務事項、居留及簽證問題、勞工的聘請及受雇、旅行社的服務、旅館投資、餐廳投資、房地產投資、證券投資等。最後部分爲居民地址及電話號碼，依姓名筆劃排列。

各 省 年 鑑

臺灣年鑑

臺灣新生報社編　民36年　臺北　該報社　1冊

以臺灣省民國三十五年各項統計資料爲主要內容。因係初編，也兼及歷史的敍述與已往資料的記載。資料的搜集，迄民國三十五年十二月底止。分總論、地理、歷史、黨務、司法、法制、政治、軍事、財政、交通、敎育、研究機關、社會事業、衛生、宗敎、文化、金融等二十八章。附錄：1.光復後大事年表；2.中外度量衡表。

關於報社編輯的年鑑，另有公論報編印的臺灣年鑑，民國四十年出版。

臺灣省資料輯要　第1輯至12輯

臺灣省文獻委員會編　民51至66年　臺中　該會　12冊

自民國五十一年起，每年一輯，記述距出版年前二年的省政資料（如六十六年出版者，記載六十三年七月至六十四年六月間資料）。

仿年鑑體例編排，雖不名年鑑，可視爲臺灣省年鑑。內容略照省府編制、分爲六章：概況（施政報告）、一般行政（分地方自治、戶籍行政、土地行政、山地行政、衛生行政、社會行政等）、財政金融、敎育文化、經濟建設、交通等。引用資料均注明來源。書後附有大事記，國內外分開記事。

臺灣年鑑（1973年版）

臺灣問題研究所編　民62年　東京　PNS通信社　396面

專 科 年 鑑

中華民國圖書館年鑑

國立中央圖書館編　民70年　臺北　該館　451面

爲我國第一部圖書館年鑑，旨在報導我國圖書館事業現況，並記載近代中國圖書館事業演變史實。內容採分章敍述方式，計六章十七節。第一章中國圖書館事業的發展（嚴文郁、蘇精）；第二章臺灣地區圖書館事業現況（劉崇仁、胡歐蘭）；第三章圖書館敎育（王振鵠、郭麗玲）；第四章圖書館學硏究（藍乾章、王珮琪、余遠盛）；第五章圖書館團體（鄭恆雄、宋建成）；第六章圖書館事業大事記（張錦郎、黃淵泉）。附錄：圖書館法令、圖書館標準。

本書第二章臺灣地區圖書館事業現況於六十九年先予單獨輯印，資料截至六十八年底止。其餘各章大多截至六十九年底止。

本書內容的撰寫文字，除少數一二章外，還算客觀平實；同一章如由數人撰寫，亦能注意到時間、事件的銜接與連貫。惟我國史書特重人物，本書又是第一部圖書館年鑑，既有圖書館團體，似宜有圖書館人物一章，敍述下列人物對圖書館事業的貢獻，如：袁同禮、沈祖榮、劉國鈞、柳詒徵、蔣復璁、梁啓超、杜定友、何日章、蘇薌雨等。年鑑特重統計圖表與分析文字，以便幫助讀者瞭解內容，本書有些章節缺少圖表，或有圖表而少分析說明。部分性質相同的調查表，調查的項目，詳略不一。

中華民國出版年鑑　1975年

年鑑出版社編　民65年　臺北　出版家雜誌社　523面

爲我國第一部出版年鑑。以民國六十三年出版圖書、重要期刊簡介、重要出版社簡介爲主要內容。圖書目錄係按中國圖書分類法排列，每一種書列出書名、著者、出版事項、高廣、頁數、書價等。期刊及出版社簡介，按筆劃排列先後。

除外，首尾部份，附載有若干相關資料，頗具參考價值。如：張錦郎著同治元年至民國六十二年出版事業大事記，民國六十三年出版參考書提要，民國六十三年的出版界三文，馬景賢著談兒童讀物的出版

，黃淵泉著本國著作權法的實施現況與檢討，許崇恩著西書問題，鄭
恆雄編全國圖書館名錄等。以及有關出版法令規章，出版協會章程等。

出版後，將圖書目錄部份編成書名索引，另外刊行，共三十四
面，附有勘誤表十二面。

中華民國出版年鑑　1976年

中國出版公司編　民65年　臺北　該公司　373面

民國六十五年同時出版兩部出版年鑑。本書體例及內容方面遠不
如前書充實。雖標明六十四年圖書目錄，其實大部份均非該年度出版
的。每種書著錄的款目，僅有書名、著譯者、出版者及書價而已。

內容分爲出版事業名錄（報紙、通訊、雜誌、圖書出版、唱片業
）、六十四年出版大事記、出版事業社團組織與章程、六十四年圖書
目錄、唱片錄音帶目錄、出版法規等六部份。書前有關於中華民國出
版事業發展概況論文六篇。

民國六十六年該公司出版1977年中華民國出版年鑑，四八六面。
體例較前完善，資料也較前豐富。如圖書目錄部份，大部份屬於新
書，書後編有書名索引，頗便查檢。另編有全國圖書館名錄，對於出
版社寄發新書消息，也很有用處。

民國六十七年該公司的1978年中華民國出版年鑑，也已出版，共
四六二面。

中華民國七十一年出版年鑑

中國出版公司編　民71年　臺北　該公司　1050面

本書創刊於民國六十五年，七十一年版爲第七本。全書根據出版
品的性質分爲：報業、通訊業、雜誌業、圖書出版業、有聲出版業等
五篇，另加金鼎獎一篇。與以前六次年鑑之依體裁分爲：目錄、名
錄、社團、法規等，大不相同，較便於參閱。各篇再視需要加以細
分。其中有三種資料是每篇共有的，卽：1.每篇前均有一專家學者撰

述該類出版業一年來的概況；2.該類出版業的名錄，如圖書出版業列出二千多家出版社的地址、電話、發行人等；3.該類出版業的法規。圖書出版業與有聲出版業均有「目錄」一類，著錄七十年的出版品。

　　書後附民國七十年出版品進出口統計表、國外出版品進口代理商名單。

　　本書在編排與內容方面，皆較前六次年鑑進步，如收錄圖書都是當年新書，並注明開本大小；雜誌則注明性質等。有關本書的書評有：評介中華民國七十一年出版年鑑　張錦郎，出版之友第23、24期合刊，民國71年10月，頁10—13。簡評「中華民國七十一年出版年鑑」　吳鴉，書的世界第2期，民國71年12月，頁33—35。

中華民國新聞年鑑

　　中華民國六十六年新聞年鑑編輯委員會編　民60年　臺北　臺北市新聞記者公會　326面　有圖片

　　臺北市新聞記者公會，曾於民國五十年出版「中華民國新聞年鑑」，這是我國新聞事業史上的第一本新聞年鑑。內容分七部，第一部概述中國新聞事業，包括報業、通訊事業，及廣播事業的歷史發展。第二部是有關報社，廣播電臺，及通訊社的現況報告。第三部是中國廣播事業協會報紙事業協會、記者公會的介紹。第四部是對中國新聞教育的展望，並概述臺灣的新聞學校。第五部包括有一般有關新聞事業的法令，重要報刊發刊詞、重要文獻等項目。第六部是中國新聞大事年表。第七部有兩篇附錄，其一是中日新聞事業參考書目舉要，另外是中國期刊簡史。

　　本書為接續前編之作，記載自民國五十一年至六十年，十年間我國新聞事業發展的軌跡，並概述其現況。全書分十六章：

　　1.中國新聞事業發展經緯（姚朋撰）；2.通訊事業；3.報業；4.廣播；5.電視；6.新聞電影；7.海外僑報；8.廣告事業；9.新聞教育；

10.新聞自律；11.雜誌；12.大陸匪區新聞事業；13.新聞團體；14.參考資料；15.新聞界大事記；16.附錄。

中華民國新聞年鑑　民國七十年

中華民國七十年新聞年鑑編輯委員會編　民70年　臺北　臺北市新聞記者公會　260面

為我國第三本新聞年鑑。報導近十年來各通訊社、報社、廣播電臺、電視臺的業務、活動與現況，除文字說明外，也有圖表及照片輔助解說。對於各種新聞獎（如嘉新新聞獎、國家建設新聞獎等）、新聞行政機關、新聞團體、出版法及有關法令規章、十年來國內外大事記等，另有專章敍述。

另有專家學者及新聞界先進，撰寫十篇專文、頗具參考價值，如：姚朋：中國新聞事業發展經緯；曲克寬：十年來我國通訊事業的發展；漆敬堯：十年來的報業發展；應未遲：廣播事業發展概述；何詒謀：十年來電視事業的發展；徐佳士：十年來中華民國的新聞敎育等。

這十年來的新聞事業較前進步。如大部分的報紙及廣告改為彩色印刷；利用人造衞星傳遞新聞電訊、圖片以及彩色電視節目。本書似可安排較多的照片、圖表及統計數字來顯示這方面的進步。

中華民國雜誌年鑑

臺灣省雜誌事業協會雜誌年鑑編輯委員會編　民43年　臺北　該協會　〔389面〕

行政院國家科學委員會年報

行政院國家科學委員會編　民52至　年　臺北　該會

該會民國四十八年成立，初名國家長期發展科學委員會。其年報初版於民國五十二年六月。內容為各學年度國立研究講座敎授研究報告摘要，各學年度研究補助費補助人研究報告摘要，歷年受補助人名

錄等。

　　民國五十七年改名爲國家科學委員會年報，內容有該會工作述要及研究費補助人研究報告摘要。自六十六年起，書名前冠「行政院」三字。內容除工作簡報外，附錄十餘種，如：六十六年度專題研究計劃名稱，補助海外國人囘國教學研究名錄等。

　　資料截斷期，按政府會計年度計算，即自七月一日至次年六月三十日。

中華民國資訊工業年鑑（民國71年）

　　資訊工業策進會編　民71年　臺北　該會　228面

　　民國70年12月創刊。

　　行政院主計處電子處理資料中心每年編印中華民國電子計算機資料要覽，內容偏重問卷調查所得的統計資料及圖表，以說明國內電子計算機應用的情況。本書之體例近似年鑑，內容除報導國內外電腦與資訊工業經營現況及發展趨勢外，並對政府在推動資訊工業上的努力，作了重點介紹。

　　全書分爲九章：1.緒論，敍述本書編輯經過及各章的內容；2.中華民國資訊工業發展政策；3.國內電腦應用現況；4.我國資訊工業發展現況；5.資訊人才與培育；6.主要國家資訊工業發展趨勢，介紹美、日、法、西德、新加坡和韓國的資訊發展政策與現況：7.美國主要電腦公司發展方向（七十年版本章爲電腦應用實例介紹）；8.國內資訊活動大事紀要；9.名錄，含資訊工業推動單位、資訊人才敎育訓練單位、資訊業者名錄（分爲按業者名稱排列及按主要業務項目分類索引二種）、國內資訊科技有關刊物。

中華民國建築年鑑　1976年

　　中華民國建築年鑑編輯委員會編　民65年　臺北　北屋出版事業公司　688面

　　近年來我國建築事業蓬勃發展，惟缺紀錄建築業大事的專書，本書旨在報導並紀錄近年來我國建築界的成就和民國六十四年建築界的大事。

　　內容分九部份：臺灣區建築發展概述、行政、組織、建築教育與文化、法規、土地、現況、大事記及附錄等。現況包括：全國建築師、建設公司、營造廠商經營的介紹等，佔一百四十七面，是本書重點所在。

中華民國建築建材年鑑

　　臺灣省建築材料商業同業公會編　民63年　臺北　該會　556面

中華民國機械與電工器材年鑑　1974—1975

　　新企業世界出版社編　民63年　臺中　該社　601面

中華民國纖維工業年鑑　1973年

　　纖維工業週刊社編　民62年　臺北　該社　626面

中國畜牧年鑑

　　中國畜牧年鑑雜誌社編　民61年　臺北　該社　905面

超級市場食品百貨採購年鑑　1981—1982

　　陳鋒仁主編　民70年　臺北　超奇出版社　377面

　　內容分三大部分，第一部分籌劃策略，解說各型食品百貨業者，開店前的籌劃次序，及規劃策略之細節解說；第二部分經營及法規，介紹超級市場常見的促銷方法，及消費者的心理研究，並列舉十一種有關法規；第三部分採購資料，先介紹十七家國內優良廠商的歷史及產品，次將商品分為二十四類，各類列舉有關的廠商及其產品資料。

臺灣罐頭年鑑

　　臺灣區罐頭食品工業同業公會編　民69年　臺北　該會　275面

第一次中國教育年鑑

　　教育部編　民60年　臺北　傳記文學出版社　5冊　影印（民國

史料叢刊）

　　民國23年5月出版，上海開明書店印行。

　　這是第一次出版的中國教育年鑑，所取材自清末同治元年(1862)
興學時起，至民國二十二年十月以前止，凡七十餘年。

　　分爲五編，各篇更分若干章節。1.教育總述：將上自清末，下迄
民國之教育宗旨、教育實施方針、學校系統、教育行政組織，作綜合
之敍述；2.教育法規：第一節中央教育法規，係選國民政府及教育部
公布之各種重要教育法令，前大學院頒布現尙適用者，亦一併列入。
第二節各省市區單行教育法規，係根據各省市區教育行政機關報部有
案之各種單行法規，擇要編列；3.教育概況：其中關於中學、師範、
職業、初等、義務等教育概況，間有未能將各省市區完全編列者；4.
教育統計：完全就教育部出版之各種統計擇要編入；5.教育雜錄：第
一興學以來教育大事記，第二庚款與教育文化，第三教科書之發刊概
況，第四教育研究概況，此章範圍至廣，是處所載者不過略舉一二。
第五主要教育行政人員一覽，第六捐資興學一覽，所列人名，以一千
元以上者爲限，千元以下者概未列入，第七影印四庫全書之經過，第
八教育紀念節述略，　第九教育先進傳略，　此篇係以已故教育先進爲
限。第十最近歐美教育概況，第十一最近日本教育概況，此篇雖非中
國教育問題，惟以其有參考之價值，故附載之。（中文參考書指南）

第二次中國教育年鑑

　　教育年鑑編纂委員會編　　民70年　　臺北　宗青圖書公司　　4 冊
　　民國37年上海商務印書館初版。

　　接續第一次年鑑，收錄統計資料，至民國三十六年底止。

　　以各級各類教育分別編次，各編敍述，除目前槪況外、兼重沿
革，俾能瞭然於歷年變遷之跡。書內分十五編：1.總述；2.教育行
政；3.初等教育；4.中學教育；5.高等教育；6.學術文化；7.師範教

育；8.職業教育；9.社會教育；10.邊疆教育；11.僑民育教；12.體育衛生軍訓童子軍；13.戰區教育；14.教育統計；15.雜錄(包含：歷任中央教育長官暨重要職官一覽。庚款興辦教育經過、抗戰時期文教人士忠貞及殉難事蹟、敵僞教育)

　　編纂時，適值八年抗戰之後，教育設施變遷甚大，故於戰時及復員情形，取材特詳。教育法令、教育先進事，本書未載。

第三次中國敎育年鑑

　　教育部教育年鑑編纂委員會編　民46年　臺北　正中書局　2冊　取材起自民國三十六年，迄於四十五年六月。統計資料，則收至四十五年年底。內容着重近年教育設施概況之敍述，間亦溯及其沿革。全書分十五編：1.總述；2.教育行政；3.國民教育；4.中學教育；5.師範教育；6.職業教育；7.高等教育；8.學術文化；9.國際文化；10.社會教育；11.邊疆教育；12.華僑教育；13.體育衛生、學生軍訓及童子軍訓練；14.青年輔導；15.附錄（1.歷任中央教育長官暨重要職員一覽表。2.褒獎捐資興學。3.教育統計：光復後之臺灣教育，光復前之臺灣教育、大陸撤守前之全國教育）。

第四次中國敎育年鑑

　　教育部教育年鑑編纂委員會編　民65年　臺北　正中書局　2冊　(1782面)

　　中國教育年鑑已編印三次，分別於民國23年、37年、46年出版。此次所編者爲第四次。編輯體例與第三次年鑑相同。

　　所載資料，自民國四十五年七月至六十三年六月，時間與資料均銜接第三次年鑑。全書分二十二編，較第三次多出下列七編，卽：九年國民教育、專科教育、科學教育、文化（第三次年鑑爲學術文化，本書分爲學術研究、文化二編）、體育、學生軍訓、訓育、童字軍教育與活動（第三次年鑑併體育衛生、學生軍訓及童子軍訓練爲一章

）、敎育統計（第三次年鑑列爲附錄）等。

世界經濟年鑑

中華徵信所編　民67年　臺北　該所　〔1208面〕

編輯目的：蒐編各種國際經濟貿易資料，供政府及工商界硏判國際經濟動向與拓展貿易活動決策的參考。

首先對過去的世界經濟情勢作了扼要的回顧，並對今後的世界經濟演變作合理的展望，繼之對世界重要物資的供求作了說明。同時，爲了總述我國對外貿易的概況，對產品輸出與輸入的演變，貿易地區的變遷，也作了系統的分析。最重要的部份，乃是對世界各國市場情況的報導，它包括世界一百三十餘個主要市場的基本資料，諸如社會背景、自然環境、經濟狀況、財稅制度、市場容量、習俗風尙、金融情況等，臚列甚詳。本書對於世界經濟組織、重要貿易組織、各國優惠關稅制度，如美國、日本、歐洲共同市場、澳洲、紐西蘭等國家的優惠關稅，也作了簡單的介紹。

全書分十部份，各部再細分子目。這十部分名稱是：世界經濟情勢、世界重要物資、我國對外貿易、世界各國市場、世界經濟組織、世界各國優惠關稅制度、世界自由貿易區、國際貿易實務、世界大型企業、經濟參考資料。

華僑經濟年鑑

華僑經濟年鑑編輯委員會編　民47至　年　臺北　世界華商貿易會議總聯絡處

銜接民國四十六年的華僑經濟年報，自民國四十七年起，每年刊行一期，迄今未停。最新版爲民國七十年——七十一年，於七十一年十二月出版，六五〇面。主旨在報導一年中世界經濟動態、各僑居國家經濟概況、華僑經濟概況，及國內經濟發展情形。

內容分爲泰國等二十個地區。編纂方式，以每一僑居地區自成一

單元爲原則，每一地區包括：1.當地經濟環境及現况；2.當地對外貿易情形；3.當地華僑經濟概况及問題。

香港經濟年鑑

香港經濟導報社編　民44年至　年　香港　該社

澳門工商年鑑　1966

蔡凌霜編　民55年　澳門　澳門大衆報社　1册

中國經濟年鑑

宗青圖書出版公司編　民69年　臺北　該公司　25册　影印

原書分三編七册，分別於民國23、24、25年刊行。由實業部中國經濟年鑑編纂委員會編，上海商務印書館發行。

初編所取材料由民國二十一年至二十二年六月止，對於已往的重要材料，也加以追溯。

內容偏重數字圖表，次爲事實的敍述，不收理論文字。書後附經濟行政人員名錄。全書分爲十七章，如：經濟行政、地理、人口調查、財政、金融、農業、租佃制度、林墾、漁牧、礦業、工業、交通、商業、國際貿易、勞工、災荒、華僑經濟等。其中第三章人口調查，將中外學者所重視的宣統年間調查檔案，加以整理及補充，使我國人口數字得一新紀錄。

續編的材料由二十二年七月至二十三年六月止，計分二十章，章節略有增減，增五種，卽：土地、水利、物價及生活費、合作、邊疆經濟；減二種，卽：地理、華僑經濟。續編內容較初編豐富。

三編體例大致與第一、二編相同，但材料不與前兩編重複，其取材至二十四年六月止。

中華民國經濟年鑑

經濟日報社編　民66年至　年　臺北　該報社　年刊

民國六十六年四月該報爲慶祝創刊十週年，乃創刊本年鑑，每年

4月出版一冊。

該年鑑之功用在就當年經濟發展作全面深入之考察。

創刊時分一般經濟及產業部門二編，另有附錄；六十七年版大致與創刊時相同。自六十八年版起增「本年專題」一編，刊載過去一年政府訂頒的重大財經措施。通常都是重點紋述，如六十八年版有：六年經建計劃的修正、外滙制度的調整及外滙市場的建立、建立科學工業實驗區、農村建設新方案、開放出國觀光等。六十九年版本年專題有：開放東歐貿易的展望、中美斷交對我國經濟的衝擊、十項建設及十二項建設的執行。一般經濟編，大約分為十二大類，如：土地、人口、人力資源、國民所得、財政、國際收支、金融、所得分配等。第三編為產業部門；分類參考行政院主計處訂定的「中華民國職業標準定義與分類」，劃分為初級、次級及三級產業。初級複分六大類，次級複分二十三類，三級複分二十類。初級產業指培養或採集天然產品的各種產業，如農藝、園藝、林漁業等。次級產業指將天然產品加工的各有關產業，如食品加工業、造紙工業、石油工業等。三級產業指輔助初、次級產業產品的生產、分配及交換的各種產業，如金融業、保險業、大衆傳播業等。

各類再分成三部分：1.文字部分，內容儘可能分緒言、發展概況、目前的問題、趨勢與展望等，文後列有英文摘要及參考資料；2.統計圖；3.統計表。一般經濟及產業部門的各大類，均有相關的統計圖及統計表。圖、表悉用中英文對照。

附錄資料頗多，重要的有國際經濟資料及當年國內外經濟大事記。

綜觀已刊行六年的經濟年鑑，內容方面，不斷地在改進，除增加本年專題外，六十九年版一般經濟編增加「能源」一章，統計圖部分增加財經行政機構體系圖解，統計表部分增刊近十年來所得稅中寬減

額及扶養額等。至於取材方面,均能互相銜接,如以文字部分所涵蓋的時間來說,六十六年版涵蓋六十四、六十五年。六十七年版涵蓋六十五、六十六年。六十八年版涵蓋六十七年。六十九年版涵蓋六十八年。如當年正確資料尙未公布,則截至前一年度。國內的年鑑,都是偏重文字的敍述,本年鑑把文字與圖表同時並重,是很難得的。

中華民國商標年鑑

中華民國商標年鑑編輯委員會編　民47年　臺北　敬業出版社822,40面

中國貿易年鑑

吳大明等編　民37年　中國貿易年鑑社 (收在文海出版社印行近代中國史料叢刊72輯)

交通年鑑

交通部交通研究所編　民51至　年　臺北　該所

第一次於民國五十一年六月出版,書名爲「中華民國交通年鑑三十九至四十九年合編本」。收編三十九年一月至四十九年十二月間的資料。分十五編,前五編爲綜合性,如:交通企業管理、交通法令、交通資費、交通敎育、有關交通的世界性或區域性會議等。另十編爲各業紀實,依交通部所屬單位敍述,如:公路、鐵路、郵政、電信、水運、港務、氣象、觀光旅行等。

每編均記述其發展,並兼述民國三十九年前大陸交通槪況。自五十年度 (民國五十二年一月出版) 起,綜述改爲三編 ,卽:交通行政、交通法令、研究進修(民國七十年版研究進修改爲研究發展)。其餘各業紀實,仍舊不變。迄最近出版的一期,仍如此分類。書後附有交通部及交通機關首長名錄。

取材截斷期,民國六十一年度以前爲每年一月至十二月。自六十二年度起改爲前一年七月一日至當年六月三十日。

自民國五十二年起，每年出版一期。

道路年鑑　55年

中華民國道路協會年鑑編輯委員會編　民56年　臺北　1冊

本書於民國58年出版續刊，包括56至57年度資料。

中華民國交通工商年鑑

王一中等編　民62年　臺北　交通工商週刊社　344面

航運年鑑

中華民國航運學會編　民56至　年　臺北　該會

中華民國電視年鑑　1961—1975

中華民國電視學會電視年鑑暨電視叢書編審委員會編　民65年
臺北　該學會　254面

為我國第一部電視年鑑，記述我國電視發展的歷史及現況，並提
供各類有系統的完整資料。分為八編：1.中華民國電視事業發展史；
2.電視節目介紹（含新聞、教學、社會服務、綜藝、音樂、戲劇、影
片、輸出節目、獲獎節目等）；3.電視工程；4.電視人才的培育；5.
電視事業的輔導及其法規；6.國際關係與活動；7.電視廣告；8.中華
民國電視大事紀要。

附錄有中華民國廣播電視法、中華民國電視書刊摘錄等。本書另
有英文版，名為Television Yearbook of the Republic of China,
1961—1975。

民國六十五至六十六年版也於六十七年出版，共一五八面，體例
與前編相同。首章改為「兩年來電視事業發展概況」。

中華民國廣播年鑑

吳疏潭主編　錢念東、周煥椿、宋仁宜等編輯　民68年　臺北
中華民國廣播事業協會　281面

為我國第三部廣播年鑑，記述自民國五十八年至六十七年的廣播

電視事業史料，對於我國自有廣播以來的歷史及沿革，也有概括的敍述。

全書分十七篇一二六節，較重要的篇目有：中華民國廣播事業發展概述、國內廣播、大陸廣播、海外廣播、電視事業、空中教學、電臺簡介、廣播社團、中華民國廣播事業發展大事紀要等。

書後附有與廣播電視有關的法令規章，以及有關團體負責人名錄。

中華民國汽機車工商業年鑑

汽車週刊編輯委員會編　民68年　臺北　現代輪業出版社　280面

中華民國國際貿易年鑑　63年版

中國革新企業顧問公司編　民63年　臺北　中國革新出版社　2冊　(1797面)

是一部記述民國六十三年我國國際貿易種種系統記錄的重要工具書。內容分八編：1.簡述歷年來我國產業經濟概況；2.記述國內外經濟貿易財政金融工商動態大事紀要；3.介紹外銷市場及我國外銷產品；4.貿易實務篇，詳介進出口貿易實務、信用證、實務等有關貿易的各項手續辦法及標準等；5.列載我國駐外貿易推廣機構，世界主要徵信市場調查機構、世界各主要外匯銀行；6.有關法令規章；7.詳列各重要資料的統計，如主要工業產品產量、海港貨物進出港數量等二十五種；8.依中英文對照，介紹國內信譽卓著的廠商，包括：公司名稱住址、電話、負責人、資本額、創辦年、業務性質產品、貿易來往地區等。

附有中國工商協會團體會員名錄，六十三年及六十二年國內信譽卓著貿易商及服務業，六十一年外銷績優廠商、製造商、世界各國華僑廠商等。

全國銀行年鑑

中國銀行總管理處經濟研究室編　民23至26年　上海　中國銀行

民國23年創刊，24年、25年、26年各發行一次。第四次年鑑（民國二十六年）臺灣學生書局與美國 Washington, D. C., Center for Chinese Research Materials, Association of Research Libraries均六十年同時影印，分二冊。

第一次年鑑內容分正附兩編。前八章爲正編，第九章至十五章爲附編。章名如下：1.最近三年銀行大事述略；2.全國銀行總覽；3.各地銀行調查；4.銀行公會；5.銀行法規；6.銀行統計；7.銀行人名錄；8.銀行日誌；9.外商銀行；10.錢莊與銀號；11.信託公司；12.銀公司；13.儲蓄會；14.保險公司；15.典當。

第二次，民國二十四年六月出版，編製與第一次大概相同；第三、四次出版的，編製與第一、二次稍有不同　第三、四次係將全書分爲三編：1.總覽；2.各地金融調查；3.統計法規及其他。總覽包括：銀行與金融、中央及特許銀行、省市立銀行、商業銀行、儲蓄銀行、農工銀行、華僑銀行等十章。各地金融調查包括：華東之部、華北之部、華中之部、華西之部、華南之部、國外之部等八章。統計法規及其他，包括：銀行統計、銀行法令、銀行規程、銀行年報、銀行日誌、銀行論著索引等。

第四次年鑑資料，截至民國二十六年六月三十日止。其中部份資料因滬戰關係，原稿放在淪陷區，不得不付之闕如。

本書大都根據直接實際調查的結果，資料頗爲珍貴，爲研究民國二十六年前中國銀行史的重要文獻。

中國金融年鑑

沈春雷主編　民60年　臺北　臺灣學生書局　458面　影印

據民國28年1月上海中國金融年鑑社刊本影印，同時影印者還有美國Washington, D. C., Center for Chinese Research Materials, Association of Research Libraries.

　　本書探取金融的定義，是廣義的，包括有「決定貨幣存在與價值之國家財政，以及附屬於財產而足以直接影響貨幣價值之國際貿易，並直接受貨幣價值影響之物價在內」。

　　內容除對於金融各科目間之關係與其沿革，作簡略的說明外，大都以統計數字爲主要材料。惜因對日抗戰，各種金融動態，未能完全用眞確數字，顯示其趨勢。其中材料，多蒐集至民國二十七年六月止。

　　全書分六章：

　　1.現階段的我國金融業　分總論和分論二節。前者又分：前言、財政、貨幣、金銀、匯兌、公債、國際貿易、生活指數八目；後者又分：銀行業、信託業、保險業、錢業、其他五目。

　　2.全國金融機關調查　分六表：政府經營及官商合辦銀行、民營銀行、信託公司、保險公司、上海錢莊、其他。

　　3.金融統計　包括：一般金融統計、金融機關業務綜合統計、金融機關業務個別統計。

　　4.列強金融業在中國　包括：首對列強在華投資作一簡略分析、次爲外商金融機關調查，再次爲外商金融統計。

　　5.金融日誌　以月爲綱，記民國二十七年我國財政金融的大事。

　　6.金融法規

中國縣銀行年鑑

　　中國縣銀行年鑑社編　民68年　臺北　文海出版社　374面　影印民國37年初版，上海經濟新聞社印行。

中華民國六十九年保險年鑑

　　臺北市人壽保險商業同業公會　中央再保公司合編　民70年　臺北　財政部保險業務發展基金會管理委員會　285面

中華民國稅務年鑑

中華民國稅務年鑑編輯委員會編　民52年　臺北　該年鑑出版委員會　2冊

中華民國臺灣省合作年鑑

中國合作事業協會臺灣省分會合作年鑑編輯委員會編　民56年　臺北　該會　406面

本書民國46年初版，51年續刊。

中日合作雙年鑑

中日合作週刊社編　民64年　臺北　該社　1468面

本書記述近四年來中日工商企業的貿易情形。

國際政治年鑑 1965年

齊治平編　民54年　臺北　幼獅書店　1309面

收編1964年1至12月資料。

世界華僑年鑑 1969

施應元主編　民58年　香港　世界華僑年鑑社　〔1137〕面

匪情年報

中共研究雜誌社匪情年報編輯委員會編　民56至　年　臺北　該社

國內發行者名為匪情年報，國外發行者名為中共年報。內容為報導過去一年中共的財經、軍事、黨務、文教及人事動態。

通常將內容分為十篇，其中有七篇是綜合敍述性質；另三編則屬專題敍述性質，視中國大陸每年發生的重大事件而擬定。此七編名稱為：1.中共竊據下的中國大陸自然環境；2.該年度中國大陸情勢總觀察（含黨務、政治、軍事、經濟、文教、外交、僑務、對外經濟勾結等）；3.中共重要文件介紹；4.大陸來鴻；5.中共人事；6.調查統計；7.中共大事記。另三編視每年情況而定。如民國六十四年為：四屆人大、中共「學習無產階級專政的理論」運動、對中共「第四個五

年計劃」的評述。民國六十五年爲：李哲一的大字報、中共「農業學大寨」、中共「反右傾翻案」與天安門抗暴。民國六十六年爲：中共的十・六政變、中共「揭批『四人幫』」運動、中共「十一大」。

本書資料豐富，發行以來，普遍獲得國內外學術界的重視。

中國文藝年鑑

中國文藝年鑑編輯委員會主編　民55年，56年　臺北　平原出版社　560面，430面

民國五十五年版，內容共分九篇：

1. 總綱：簡述民國八年「五四」新文藝運動開始，以迄五十四年爲止的文藝發展概況。

2. 文藝社團組織概況：以筆劃先後爲序，簡介全國重要文藝社團組織及發展概況。

3. 文藝活動大事記要：以時間先後爲序，概述三十八年以後文藝大事，詳記五十四年度文藝活動。

4. 重大文藝運動：以時間先後爲序，概述三十八年以後，四大文藝運動的經過與成果。

5. 文藝獎金與獎章：以時間先後爲序，詳記政府、軍中、民間各機構，歷年舉辦各種重要定期文藝獎金與文藝獎章的類別及得獎人姓名。

6. 文藝傳播工具概況：以筆劃先後爲序，簡介報紙的副刊、重要出版社及文藝刊物概況，及發行人姓名、社址、歷年出版文藝叢書要目。

7. 重要作品目錄：以筆劃先後爲序，分類簡介各作家業已出版重要作品。

8. 作家名錄：以筆劃先後爲序、分類簡介各作家的姓名、年齡、籍貫、學歷、經歷、著作、住址。

9. 馬來西亞聯合邦及星加坡共和國華文文藝概況。

五十六年度年鑑，共分七篇：第一篇總綱爲一年來的文藝概況；第二篇中華文化復興運動；第三篇文藝社團；第四篇文壇大事記要；第五篇文藝獎章及獎金；第六篇傳播工具概況；第七篇本年度重要出版品。另有特別篇三篇，選述國外及共產黨盤據地區的文藝概況。

中華民國文學年鑑 1980

柏　楊主編　應鳳凰執行編輯　民71年　臺北　時報文化出版公司　559面

民國二十三、五、六年楊晉豪編的「中國文藝年鑑」，嚴格說來只是一種年度文藝作品創作集。（國立中央圖書館藏有此書）政府遷臺後，柏楊編的「中國文藝年鑑」，內容除文學外，還包括：美術、音樂、攝影、書法、廣播等。而純以文學資料編爲年鑑，本書是第一部。

全書分爲七篇：1.文學概況，由八個類別組成，每類由不同作家執筆；有文學評論、詩、小說、散文、雜文、報導文學、兒童文學等的一年概況；2.一年文壇大事記，以月份爲單位，按日期先後，條列一年來的文壇動態，舉凡文學社團活動、文學獎、文學座談會、文學雜誌創刊等，均加以記載；3.文學活動，前項只是記事，此篇則挑出幾種較大型的文學活動，作橫的報導，如「時報文學週」「文藝季文藝座談會」「國軍文藝大會」「中國古典文學會議」「笠詩刊一百期紀念會」等。每種活動先列主辦單位、日期、地點，再詳述緣起、活動內容、結語；4.文學獎，收六十九年一年之內，政府單位及民營報刊雜誌所舉辦的文學獎共十八種，每種列出主辦單位、頒獎範圍、得獎人姓名及作品；5.名錄，分三部分：報社、雜誌社、出版社，均照發行的密集度排序。每家列出：社名、創刊日期、地址、電話、發行人及主編者等資料；6.著作目錄，分圖書目錄、單篇作品目錄兩部分。前者蒐集民國六十九年在臺灣地區出版的單行本文學圖書，按月

份排列，翻譯書未列入；後者收錄國內大部分報紙副刊及雜誌一年來
發表的作品，並加以分類，計分：評論、詩、小說、散文等；7.文星
殞落，當年去世的作家有洪炎秋、胡汝森、司馬長風、徐訏、姜貴等
五人，本書收錄其生平資料，著作目錄、重要的訪問稿及追悼文字
等。有關本書的書評，見吳鴉「短評文學年鑑」一文，刊登自立晚
報，民國71年12月6日。又見應鳳凰「介紹 1980 年中華民國文學年
鑑」一文，刊登書目季刊第十六卷第三期，民國71年12月。

中華民國廣告年鑑

　　哈佛管理叢書編纂委員會編撰　民70年　臺北　哈佛企業管理顧
　問公司出版部　418面

　　民國六十九年初版，收錄該年第三屆中國時報廣告金像獎全部參
加作品。七十年版仍收錄當年第四屆中國時報廣告金像獎全部參加作
品，並予以分門別類。先分爲得獎作品、優秀廣告作品二種，每種作品
再分爲雜誌類、報紙類，每類再予細分：電器製品、食品飲料、日用
百貨、交通器材、建築裝潢、綜合產品等。每件作品均詳載作品主
旨、廣告代理商、企劃文案、設計插畫、攝影、設計人姓名、發表日
期等。

中華民國六十年美術年鑑

　　美術雜誌社編　民61年　臺北　英文中國郵報社　272面

中華民國美術設計年鑑

　　設計家文化出版公司編　民70年　臺北　該公司　271面

田徑賽年鑑

　　廖漢水編　民54年　臺北　偉美出版社　2,39面

高爾夫年鑑

　　中華全國高爾夫委員會主編　民65年　臺北　100面
　　記民國64年7月至65年6月我國高爾夫運動的成果。

中華民國電影年鑑

中華民國電影戲劇協會編　民63年　臺北　該會　98面

中國攝影年鑑

華　洵編　民58年　臺中　洋洋出版社　1冊

年　　　表

年表的意義與種類

「列表以年爲次，分隸史事於各年下，謂之年表，史記有十二諸侯年表，六國年表」（辭海）。年表通常都採用經緯線條，分欄記事。如以西元紀年爲經，則以我國國號、帝號、年號、干支爲緯；如以年爲經，則以史事爲緯。最近有些大事記，敍事不用表格，也屬於年表的一種。

年表可略分二種：1.史日對照表：這種年表以時間爲主，不加史事，專供檢查年代紀元用的。如查漢平帝元始元年，相當於西元幾年，又如西元579年折合我國那一朝代等。近人寫作喜歡以西曆紀元爲總綱，常在歷代紀元後，加注西曆紀元，常要利用此類工具書；2.大事年表：這種年表除時間外，另加記事，專供查史事用的。通常歷史都是依類敍述，同時發生的事件分編各處，大事年表將同時發生各種不同性質的事件彙編一處，可以推知相互的影響，古今淵源的流變。這種年表，可再細分爲一般性大事年表，專業大事年表及地方大事年表等。前者如陳慶麒編的中國大事年表，後者如「民國川事紀要」「花蓮縣志卷一大事記」，專業大事年表如「中國近七十年來教育記事」「臺灣經濟日誌」「考試院施政編年錄」等。

年表的歷史

司馬遷是年表的創始者。史記上的十二諸侯年表，是我國歷史上第一個年表。該年表列周共和元年至周敬王四十三年十三國大事。此十三國，指春秋十二諸侯：魯、齊、晉、秦、楚、宋、衞、陳、蔡、曹、鄭、燕等，加上吳國。該書體例，以周室爲經，而以十三國重大史事爲緯。

史記以後的正史，都沒有這種年表。因爲後世的史家，把逐年大事都載入本紀，所以也不再列年表。

宋代司馬光、劉恕編的資治通鑑外紀，另有目錄，逐年提綱紀事，也可算是一種年表。清康熙時敕撰歷代紀事年表一百卷，起自帝堯，終於元季。該表因卷帙浩繁，展讀不便。清人齊召南另撰歷代帝王年表十四卷，始自三代，以迄明洪武。

民國以後各種年表續有出版，成就遠邁前朝。以史日對照表來說，有陳垣的二十史朔閏表、中西回史日曆、薛仲三與歐陽頤的兩千年中西曆對照表、劉太白的五十世紀中國歷年表、萬國鼎的中西對照歷代紀年圖表、鄭鶴聲的近世中西史日對照表等，這些年表都載有西曆紀元。

大事年表則有陳慶麒的中國大事年表、傅開森的世界大事年表，有關記載清朝史事的，則有郭廷以的太平天國史事日誌、近代中國史事日誌；記載民國的，則有國史館編的中華民國史事紀要、劉紹唐主編的民國大事日誌等。

五千年中國歷代世系表

臺灣學生書局編輯部編　民62年　臺北　該書局　257面　影印

原名：五十世紀中國歷年表，劉大白編，民國18年上海商務印書館印行。

分正表附表兩類，正表由神農元年起，至民國八十九年止，計五二一八年，每年注明西元（卽西曆）、民國紀元、干支、國號、帝號

、姓名、年號、年數，以公元一世紀，排成兩頁，每頁五層，每層十年，極便檢閱。附表十四，卽：周秦之際七國表、楚漢之際表、兩漢之際諸國表、漢末三國表、晉宋十六國南北朝表一、表二、隋唐之際諸國表一、表二、五代十國表一、表二、五代兩宋遼夏金元表、元明之際諸國表、明淸之際表、太平天國表。

缺輔助索引，如年號、帝號索引。

中國年曆總譜

董作賓編撰　民49年　香港大學出版社　357,412面

分上下兩編。上編所錄的年代，起自黃帝元年丁亥，卽西元前二六七四年，止於西漢哀帝元壽二年庚申，卽西元前一年，共二六七四年。下編卽合陳垣的二十史朔閏表、中西同史日曆、高平子的史日長編等三書爲一編。起於漢平帝元始元年，卽西元元年，止於民國八十九年庚辰，西元二千年。

上編自黃帝元年至商盤庚十四年丙辰，有世、有年、無曆，共計一二九〇年，是爲年世譜。自盤庚十五年丁巳起，至西漢哀帝元壽二年止，有世、有年、有曆，是爲年曆譜。下編都是年曆譜。

「年世譜」與「年曆譜」兩部份，都是以表列方式，將每一頁分成三十格（年世譜），或十二格（年曆譜）。每一格代表一年，在這一格內，在「年世譜」的部份載列有干支紀年、西元、民元、儒略周年、朝代、年號、年數。在「年曆譜」那一部份的每一格內，所記載的更爲詳細，除了所有干支年、西元、民元、儒略周年、朝代、帝號、姓名、年號、年數等，都有臚列外，另有中曆日月欄及西曆日月欄。檢者檢查將兩欄合併對照，便可得中西曆對照，用法詳本書說明中。

書後有年號及帝號的筆劃索引、年號及帝號的譯音索引，按字母順序排列。

附錄，上編有七種：歷代帝系表、春秋戰國表、西元干支換算表

等；下編十二種：歷代帝系表、蜀漢魏吳年號對照表、晉末十六國年號對照表、南北朝年號對照表等，都具有參考價值。

中國年曆簡譜

董作賓編　民63年　臺北　藝文印書館　325面

據中國年曆總譜改編而成，收錄的年代自黃帝元年（西元前2674），至民國八十九年（2000），是供檢查年代及曆法的重要工具書。

在編排取材方面，盡量將原書簡化，在排列方面，原書照西式橫列向右，本書則照中式，直行向下，先右後左，表中西曆。此外本書將原書的英文注釋及譯音全部刪去。原書分爲上下兩篇，本書也有上下編之分，但原書中的附錄表，均在本書省略，以求簡約易明。

因刪去了原書的附錄及注釋，共三分之二篇幅，故携帶及使用上是遠較原書便利。（節錄中國歷史研究工具書叙錄）

春秋釋例經傳長曆　六卷

（晉）杜　預撰　民55年　臺北　臺灣商務印書館　影印　（叢書集成簡編第834至839冊)

是查自魯隱公元年己未正月，迄於哀公二十七年癸酉十二月（西元前722至481年），二百四十餘年春秋年月日的工具書。

按春秋釋例共十五卷，卷十至十五爲經傳長曆。每月都標明朔日（初一），定以干支，以明其月份大小，再由史書上的干支推算日期。

淸人陳厚耀另撰春秋長曆十卷（附在藝文印書館影印皇淸經解續編本)，對本書差失，有所訂正。

二十史朔閏表

陳　垣編　董作賓增補　民47年　臺北　藝文印書館　246面

民國19年北京大學研究所印行。

另有京都中文出版社影印本，民國68年出版。

係中西回史日曆的簡編本，以中曆的甲子紀元與朔閏爲主。

記自漢迄清凡二十史，各依本曆著其朔閏，三國南北朝朔閏異同，另外標示，自漢元始元年（西元元年）起加入西曆，以中曆的月朔，求西曆的月日。自唐武德五年（622）起加入回曆，以回曆每年的一月一日，求中曆的月日。書前附有年號索引，將本書所載歷代年號，依筆劃多寡排列，下注西曆紀元。書後附三國六朝朔閏異同表及日曜表。日曜表共有七表，那一年起應用那一表，用數字在眉端上注明。原來至民國二十九年（1940）止，董作賓增補至民國八十九年庚辰止。

本書可供查已知中曆年月日，推算西曆年月日及星期；反之亦然。檢查時，先查年號索引，再查朔閏表及日曜表。

兩千年中西曆對照表

薛仲三　歐陽頤合編　民59年　臺北　學海出版社　458面　影印

民國29年3月由商務印書館印行。臺灣影印者，另有國民出版社及華世出版社。

紀年始自漢平帝元始元年（西元元年），至民國八十九年（西元2000年）止。每表分陽曆年序、陰曆月序、陰曆日序、星期、干支等五欄。年序欄中，列有國號、帝號、年數、年號、干支及陽曆年數。陰曆日序下又分陰曆日數及陽曆日數。

書後附錄各朝代的朔閏表、歷代帝系表、歷代年號筆劃索引、二十四節氣在陽曆上的約期表及六十花甲序數表等，頗具參考價值。

羅列雖繁，起訖雖久，然其篇幅簡明，檢查便利。圖書季刊稱本書「非僅有利於生命統計家也；用佐史學家檢查中西對照之日期、星期、干支；用佐心理及教育學家求得兒童實足年齡與其身心教育之關係；用佐法律家判定當事者之法定年齡，契約有效失效之期限等事；

年序 Year	陰曆月序 Moon	1 2 3 4 5	6 7 8 9 10	11 12 13 14 15	16 17 18 19 20	21 22 23 24 25	26 27 28 29 30	星期 Week	干支 Cycle
西漢平帝元始1辛酉 (26)	1	11 12 13 14 15	16 17 18 19 20	21 22 23 24 25	26 27 28 31|2	3 4 5 6 7	8 9 10 11 12	5	55
	2	13 14 15 16 17	18 19 20 21 22	23 24 25 26 27	28 29 30 31|41	2 3 4 5 6	7 8 9 10 —	0	25
	3	11 12 13 14 15	16 17 18 19 20	21 22 23 24 25	26 27 28 29 30	51 2 3 4 5	6 7 8 9 10	1	54
	4	11 12 13 14 15	16 17 18 19 20	21 22 23 24 25	26 27 28 29 30	31|61 2 3 4	5 6 7 8 —	3	24
	5	9 10 11 12 13	14 15 16 17 18	19 20 21 22 23	24 25 26 27 28	29 30 71 2 3	4 5 6 7 8	4	53
	6	9 10 11 12 13	14 15 16 17 18	19 20 21 22 23	24 25 26 27 28	29 30 31|81 2	3 4 5 6 —	6	23
	7	7 8 9 10 11	12 13 14 15 16	17 18 19 20 21	22 23 24 25 26	27 28 29 30 31	91 2 3 4 5	0	52
	8	6 7 8 9 10	11 12 13 14 15	16 17 18 19 20	21 22 23 24 25	26 27 28 29 30	01 2 3 4 5	2	22
	9	6 7 8 9 10	11 12 13 14 15	16 17 18 19 20	21 22 23 24 25	26 27 28 29 30	31|11 2 3 4	4	52
	10	4 5 6 7 8	9 10 11 12 13	14 15 16 17 18	19 20 21 22 23	24 25 26 27 28	29 30 01 2 3	5	21
	閏	4 5 6 7 8	9 10 11 12 13	14 15 16 17 18	19 20 21 22 23	24 25 26 27 28	29 30 31 11 —	0	51
	12	2 3 4 5 6	7 8 9 10 11	12 13 14 15 16	17 18 19 20 21	22 23 24 25 26	27 28 29 30 31	1	20
元始2壬戌 (38)	1	21 2 3 4 5	6 7 8 9 10	11 12 13 14 15	16 17 18 19 20	21 22 23 24 25	26 27 28 31|	3	50
	2	21 2 3 4 5	6 7 8 9 10	11 12 13 14 15	16 17 18 19 20	21 22 23 24 25	26 27 28 29 30 31	4	19
	3	41 2 3 4 5	6 7 8 9 10	11 12 13 14 15	16 17 18 19 20	21 22 23 24 25	26 27 28 29 —	6	49
	4	30 51 2 3 4	5 6 7 8 9	10 11 12 13 14	15 16 17 18 19	20 21 22 23 24	25 26 27 28 29	0	18
	5	30 31 61 2 3	4 5 6 7 8	9 10 11 12 13	14 15 16 17 18	19 20 21 22 23	24 25 26 27 —	2	48
	6	28 29 30 71 2	3 4 5 6 7	8 9 10 11 12	13 14 15 16 17	18 19 20 21 22	23 24 25 26 27	3	17
	7	28 29 30 31 81	2 3 4 5 6	7 8 9 10 11	12 13 14 15 16	17 18 19 20 21	22 23 24 25 —	5	47
	8	26 27 28 29 30	31 91 2 3 4	5 6 7 8 9	10 11 12 13 14	15 16 17 18 19	20 21 22 23 24	6	16
	9	25 26 27 28 29	30 01 2 3 4	5 6 7 8 9	10 11 12 13 14	15 16 17 18 19	20 21 22 23 —	1	46
	10	24 25 26 27	28 29 30 11 2	3 4 5 6 7	8 9 10 11 12	13 14 15 16 17	18 19 20 21 22	4	15
	11	22 23 24 25 26	27 28 29 30 31	11 2 3 4 5	6 7 8 9 10	11 12 13 14 15	16 17 18 19 20	5	45
	12	21 22 23 24 25	26 27 28 29 30	31 21 2 3 4	5 6 7 8 9	10 11 12 13 14	15 16 17 18 19	0	44
元始3癸亥 (50)	1	20 21 22 23 24	25 26 27 28 31	2 3 4 5 6	7 8 9 10 11	12 13 14 15 16	17 18 19 20 —	2	14
	2	21 22 23 24 25	26 27 28 29 30	31 41 2 3 4	5 6 7 8 9	10 11 12 13 14	15 16 17 18 19	3	43
	3	20 21 22 23 24	25 26 27 28 29	30 51 2 3 4	5 6 7 8 9	10 11 12 13 14	15 16 17 18 —	5	13
	4	19 20 21 22 23	24 25 26 27 28	29 30 61 2 3	4 5 6 7 8	9 10 11 12 13	14 15 16 17 —	6	42
	5	18 19 20 21 22	23 24 25 26 27	28 29 30 71 2	3 4 5 6 7	8 9 10 11 12	13 14 15 16 17	1	12
	6	17 18 19 20 21	22 23 24 25 26	27 28 29 30 81	2 3 4 5 6	7 8 9 10 11	12 13 14 15 —	2	41
	7	16 17 18 19 20	21 22 23 24 25	26 27 28 29 30	91 2 3 4 5	6 7 8 9 10	11 12 13 14 —	4	11
	8	15 16 17 18 19	20 21 22 23 24	25 26 27 28 29	30 31 01 2 3	4 5 6 7 8	9 10 11 12 13	5	40
	9	14 15 16 17 18	19 20 21 22 23	24 25 26 27 28	29 30 31 11 2	3 4 5 6 7	8 9 10 11 —	1	10
	10	12 13 14 15 16	17 18 19 20 21	22 23 24 25 26	27 28 29 30 01	2 3 4 5 6	7 8 9 10 11	1	39
	11	12 13 14 15 16	17 18 19 20 21	22 23 24 25 26	27 28 29 30 31	2 3 4 5 6	7 8 9 10 —	3	9
	12	10 11 12 13 14	15 16 17 18 19	20 21 22 23 24	25 26 27 28 29	30 31 21 2 3	4 5 6 7 8	4	38
元始4甲子 (2)	1	9 10 11 12 13	14 15 16 17 18	19 20 21 22 23	24 25 26 27 28	31 2 3 4 5	6 7 8 9 —	6	8
	2	10 11 12 13 14	15 16 17 18 19	20 21 22 23 24	25 26 27 28 29	30 31 41 2 3	4 5 6 7 8	0	37
	3	9 10 11 12 13	14 15 16 17 18	19 20 21 22 23	24 25 26 27 28	29 30 51 2 3	4 5 6 7 —	1	7
	4	8 9 10 11 12	13 14 15 16 17	18 19 20 21 22	23 24 25 26 27	28 29 30 61 2	3 4 5 6 —	3	36
	5	7 8 9 10 11	12 13 14 15 16	17 18 19 20 21	22 23 24 25 26	27 28 29 30 71	2 3 4 5 6	4	6
	6	7 8 9 10 11	12 13 14 15 16	17 18 19 20 21	22 23 24 25 26	27 28 29 30 31	81 2 3 4 —	0	36
	7	5 6 7 8 9	10 11 12 13 14	15 16 17 18 19	20 21 22 23 24	25 26 27 28 29	30 31 91 2 3	1	5
	8	4 5 6 7 8	9 10 11 12 13	14 15 16 17 18	19 20 21 22 23	24 25 26 27 28	29 30 01 2 —	3	35
	9	3 4 5 6 7	8 9 10 11 12	13 14 15 16 17	18 19 20 21 22	23 24 25 26 27	28 29 30 31 11	4	4
	10	3 4 5 6 7	8 9 10 11 12	13 14 15 16 17	18 19 20 21 22	23 24 25 26 27	28 29 30 —	6	34
	11	01 2 3 4 5	6 7 8 9 10	11 12 13 14 15	16 17 18 19 20	21 22 23 24 25	26 27 28 29 30	0	3
	12	31 11 2 3 4	5 6 7 8 9	10 11 12 13 14	15 16 17 18 19	20 21 22 23 24	25 26 27 28 —	2	33
元始5乙丑 (14)	1	29 30 31 21 2	3 4 5 6 7	8 9 10 11 12	13 14 15 16 17	18 19 20 21 22	23 24 25 26 27	3	2
	2	28 31 21 2 3	4 5 6 7 8	9 10 11 12 13	14 15 16 17 18	19 20 21 22 23	24 25 26 27 —	5	32
	3	29 30 31 21 2	3 4 5 6 7	8 9 10 11 12	13 14 15 16 17	18 19 20 21 22	23 24 25 26 27	6	1
	4	28 29 30 51 2	3 4 5 6 7	8 9 10 11 12	13 14 15 16 17	18 19 20 21 22	23 24 25 26 —	1	31
	5	27 28 29 30 31	61 2 3 4 5	6 7 8 9 10	11 12 13 14 15	16 17 18 19 20	21 22 23 24 25	2	0
	6	25 26 27 28 29	30 71 2 3 4	5 6 7 8 9	10 11 12 13 14	15 16 17 18 19	20 21 22 23 —	5	30
	7	24 25 26 27 28	29 30 91 2 3	4 5 6 7 8	9 10 11 12 13	14 15 16 17 18	19 20 21 22 —	0	29
	8	23 24 25 26 27	28 29 30 01 2	3 4 5 6 7	8 9 10 11 12	13 14 15 16 17	18 19 20 21 22	2	59
	9	22 23 24 25 26	27 28 29 30 31	11 2 3 4 5	6 7 8 9 10	11 12 13 14 15	16 17 18 19 20	3	28
	10	21 22 23 24 25	26 27 28 29 30	01 2 3 4 5	6 7 8 9 10	11 12 13 14 15	16 17 18 19 —	5	58
	11	20 21 22 23 24	25 26 27 28 29	30 31 21 2 3	4 5 6 7 8	9 10 11 12 13	14 15 16 17 18	6	27
	12	19 20 21 22 23	24 25 26 27 28	29 30 31 21 2	3 4 5 6 7	8 9 10 11 12	13 14 15 16 —	1	57

西曆四年，值羅馬奧古斯都帝停閏，故是年二月仍爲二十八日。
The intercalary day of February of the 4th year A.D. was eliminated by the Pope of the Roman Church.

兩千年中西曆對照表

用佐商界查考賬目票據利息年金；以及民衆編修族譜，推算節氣；莫不準確迅速，事半而功倍也」。誠爲本類中最重要的工具書。

中國歷史紀年表

華世出版社編訂 民67年 臺北 該社 163面 影印

民國62年12月初版，原名中國歷史年代簡表。

分下列六部分：

1.中國歷史年代簡表，注明西元年代。

2.夏世系表。

3.商世系表。

4.周世系表（共和以前）。

5.西周共和以後中國歷史紀年表，共十四表。自西元前841年西周共和元年，到西元1911年辛亥革命止。本表按年代先後，分爲十二諸侯、戰國、秦、漢、三國、晉及十六國、南北朝、隋、唐、五代十國、宋遼金、元、明、清等。附有周代諸侯興亡表、十六國興亡表、五代十國興亡表。每表注明西元、干支、國號三欄。第三欄又細分爲帝號、帝王姓名、年號。從秦代開始，注明帝王卽位、建年號、改年號以及覆滅的陰曆月份，各加圓圈標誌。自西元元年起，在第三欄左方加注西曆十二月三十一日相當的中國歷史紀年的月日。如西曆1141年所注㋪㊀，卽表明西元1141年的十二月三十一日相當於宋高宗紹興十一年十二月初二日。

6.年號索引，按筆劃排。

紀元通譜

史襄哉 夏雲奇合編 民63年 臺北 華正書局 580面 影印

據民國22年中華書局刊本影印。依表編纂，始自黃帝元年（西元前2697）至民國二十四年（1935）。每年詳載民元、西元、干支、帝號、年號。不載事實，並留空位，以便研究學術者隨時可以按年

紀錄各種材料。書後附總索引，按照朝代、廟號、諡號、姓名、年號的首字筆劃排。

中西對照歷代紀元圖表

萬國鼎編　民52年　臺北　臺灣商務印書館　2,126面　影印

民國22年初版。紀年始自周厲王共和元年（西元前841年），終於民國三十八年（1949）。每年載西元、中國帝王廟號、年號及紀元、干支各項。書後有中國及日本國號、廟號、年號。本書民國六十三年學海出版社重印，由三十八年延至八十八年，共一九二面。

近世中西史日對照表

鄭鶴聲編　民55年　臺北　臺灣商務印書館　880面　影印

民國25年2月初版。

起自明武宗正德十一年（西元1516年，是年葡人Rafael Peres-trello來華，爲歐洲船舶來我國之始），下迄民國三十年，凡四百二十六年。每年二頁，每頁六格，每格分陽曆、陰曆、星期、干支四項，而附節氣於干支項內。書前有「中外年號紀元對照表」，分列中國年號、日本年號、朝鮮年號、甲子、西曆紀元及距民國前年數。附「太平新曆與陰陽曆史日對照表」，以備讀太平天國史者的參考。

本書的優劣點，中文參考書指南稱：

優點：1.凡檢一日，則陰曆、星期及節氣，皆一目了然，無前後翻檢推算之煩。如陽曆1516年1月10日爲陰曆明武宗正德十一年，丙子，十二月七日，星期四，己未，大寒。

2.用法簡單而用途頗廣。

3.編校頗精細，並處處以讀東華錄之實用爲準，不惜編者之煩勞，惟求用者之方便。

缺點：1.當以甲子及陰曆爲首，因讀者多從陰曆，以求陽曆日期，不當以陽曆居首，甲子居末，以致用時檢尋頗感不便。

2.是編年代應展至1386年，以便讀明實錄及其他明代編年史籍，則爲用更宏。

歷代紀元編　三卷

　　（清）李兆洛編　羅振玉重訂　民55年　臺北　臺灣中華書局

　　收在四部備要110冊。

春秋長曆

　　（清）陳厚耀編　民　年　臺北　藝文印書館

歷代建元考

　　陶　棟編　民52年　臺北　臺灣中華書局　1冊　影印

中西回史日曆

　　陳　垣編　民61年　臺北　藝文印書館　1冊

　　民國15年北京大學研究所印行。

　　爲檢查中、西、回日曆最詳備的書。以西曆爲衡，中、回曆爲權，起自東漢平帝元始元年（西元元年），迄民國八十九年（西元2000年）每日並列中西曆的日序，互相對照，自西元622年以後，更加上回曆的紀年月日。書後附甲子表、中國年號表、日本年號表等。

中日韓對照年表

　　藤島達郎　野上俊靜合編　民60年　臺北　弘道文化事業公司

　　158面　影印

　　紀年始自周惠王十七年（西元前600年），至民國六十年（昭和46年）。原名東方年表。

年代對照表──中、日、韓、西曆、干支、佛曆、回曆

　　王學穎編　民63年　臺北　編者　107面

　　自周厲王共和元年（西元841年）至民國六十九年。

中國萬年曆（陰陽日曆對照表）

　　林啓元編　民65年　臺中　文林出版社　1冊

天文日曆

中央氣象局編　臺北　編者

本書創刊於民國41年，年刊一冊。以陽曆爲主，附注陰曆，包括星座總表、當年節氣表、年號年齡對照表等。

軍用簡要天文年曆

聯勤測量製圖廠編算　臺北　聯勤總部測量署

創刊於民國43年，年刊一冊，內容包括百年曆、年號對照表、節氣表、世界時與恆星時等。

附錄：

中國歷代年號索引

汪宏聲編　民61年　臺北　文海出版社　影印

民國25年開明書店印行。收編年號始自漢武帝建元，至清末宣統。上編從年號查君主及年代，下編從朝代君主查年號。書後附筆劃索引。衞聚賢也編有七國年號索引，民國六十四年，由石室出版公司印行，共二〇四面。

大 事 年 表

增補歷代紀事年表

華國出版社編　民48年　臺北　該社　40冊　影印

取清王之樞奉敕撰歷代紀事年表一百卷；辟園居士撰續歷代紀事年表十卷等。前書所載事蹟，上起帝堯，下迄元順帝，凡三七二五年，仿史記年表，通鑑目錄的體例，編年繫月，條例其大事。後書起自明神宗萬曆十一年至清光緒三十四年。所記史事以實錄、清史稿諸官書爲主，並間及私家著述。

以上兩書尚闕明代及清宣統一朝史實，乃取段長基編歷代統紀表

中的明統紀，以補明代之闕。並增輯清宣統一朝史事。計自公元前23
57年，迄西元1911年，共四二六八年。

影印本並在每年干支之上，附注西元紀年及其相當於民元前年
數。

歷代帝王年表　十四卷

　　（清）齊召南編撰　民55年　臺北　臺灣中華書局　408面（四
部備要精裝第109册）

　　紀三皇五帝，迄於明太祖洪武年間大事。周以前但列世次，秦以
下以年記載。全書以表格式記載，自三皇五帝三代表，迄元年表，共
十三表。均依朝代及各朝帝王的先後排列。

　　每條記載的款目，包括：干支、國號、帝號、年號、年數及興亡
重要大事等。

　　中華版精裝本，與李兆洛編歷代紀元編，及陸費墀編歷代帝王廟
諡年諱譜等合刊。李書分三卷，上卷載漢建元以下，至明朝歷代帝王
年號，以時代爲次，並附歷代僭竊年號、外國年號等。中卷爲歷代紀
元甲子表，附推定漢以前歷代甲子。下卷爲紀元韻編、歷代帝王年
號，以韻以序。陸書記載自漢迄明，歷代帝王的廟諡、名、世次、歷
年、紀元、葬、所諱字等項。

　　商務版收在國學基本叢書，與吳榮光撰歷代名人年譜十卷合刊。
商務版又收在萬有文庫薈要本。世界世局印行國史年表（民國五十二
年），卽收本書與阮福增補的明年表，蕭一山撰的清年表、中華民國
年鑑社編的中華民國年表（自民元年至五十二年）等四種。

中國歷代年表

　　（清）齊召南撰　山根倬三譯補　民69年　東京　國書刊行會
1204面

中國大事年表

　　陳慶麒編　　民52年　　臺北　　臺灣商務印書館　　345面　　影印

民國23年 9 月初版。

　　載中國歷年大事，自黃帝元年（西曆紀元前2697年）起，**至民國**
二十一年（1932年）止，每年紀載民元、西元、君主紀元、大事各
項。書前有中西紀元對照表，西周共和以前歷年異說表，上古疑年唐
虞三代歷年一覽表，書後有民元以來大事補遺二頁。

　　所列歷代大事，頗爲精要。且君主紀元一欄，再細分：干支、帝
號、年號等項，爲檢查我國歷代大事的重要工具書。

中國歷史年表

　　郭衣洞（柏楊）編　　民66年　　臺北　　星光出版社　　2 册(1367面)

　　國人所編大事年表，均依國號排列，每一朝代再依帝號、年號爲
序。本書完全以西元爲主，以世紀爲單元，而將國號、干支、年號列
在耶穌紀元之下。此種排列方法，很容易從國號、年號的排列情形，
推斷出中國在那個時代是統一或分裂，是太平抑或戰亂。又如因年號
並列之故，在閱讀如春秋、戰國、兩晉南北朝、五胡亂華、五代、宋
遼金，以及各朝代交接之際等史籍時，可以清晰地顯示出事件的關係
位置，幫助瞭解。

　　分上下篇，上篇爲紀元前年表，又分爲神話時代、傳說時代、半
信史時代、信史時代；下篇爲紀元後年表。每篇再予以細分，如下篇
分爲一世紀、二世紀、三世紀、四世紀……等。每一公元年代著錄的
款目，包括：干支、國號王朝及紀元、國內大事、國外大事等。

中國歷代大事年表

　　楊遠鳴編撰　　民71年　　臺北　　集文書局　　910面

　　記伏羲氏太昊元年（民前4477年，公元前6388年）至民國七十年
十二月，共六三八八年中國大事記。

　　依表格式排列，表分：民國紀元、西元、中國歷代紀元、甲運、

三元九運、大事記等六項。所謂甲運即指六十甲子。三元九運，三元
爲三甲子，一元六十年爲一甲子，共一百八十年，第一甲子稱上元，
第二甲子稱中元，第三甲子稱下元，三元乃天體運行之大道；九運是
九行星運行之道，一運二十年，九運共一百八十年。一元管三運。大
事記取材於歷代正史及權威著作。所記大事，本國居先，外國殿後。

二十一史四譜

　　（清）沈炳震撰　民57年　臺北　臺灣商務印書館　（國學基本
叢書356—361册）

　　根據二十一史（自史記至元史）的材料編成四譜：紀元譜、封爵
譜、宰執譜、諡法譜，都記載歷代重要大事。書後有紀元、宰執、諡
法等三譜的索引，以詩韻排。著者爲史學專家，所以取材可信。

歷代統記表

　　段長基編撰　民55年　臺北　臺灣中華書局　（四部備要）
另有臺灣商務印書館萬有文庫本、國學基本叢書本。

支那歷代年表　　正編

　　山根厨石譯並撰

　　自我國古代至民國十六年五月，上下古今四千餘年，書後附年
號、重要人名索引，全書共一一八二面。後又出版續編，又名三民主
義革命日誌，收民國十六年至四十八年六月，共四二九面。

中外歷代大事年表

　　屠　夷編撰　民42年　臺北　遠東圖書公司　286面

中國五千年大事記

　　盧布文編　民47年　臺北　臺北書局　226面

中外歷代大事年表

　　臺灣中華書局出版「辭海」下册附錄1—97面

宋代史年表　　（北宋）

青山定雄編　民56年　東京　東洋文庫　201,16面

宋代史年表 （南宋）

宋史提要編纂協力委員會編　民63年　東京　東洋文庫　276,18面

明史大事年表

國防研究院編印明史第六冊3898—4127面。

清史年表

何步超編　民55年　臺北　華聯出版社　125面

太平天國史事日誌

郭廷以編撰　民65年　臺北　編者　2冊　1191,266面
民國35年初版，52年重印。

以表列方式，記載太平天國時代的重要史事，所記除太平天國及捻亂外，對於大變亂的背景，以及有關的大事，都在收錄之列。是一部研究太平天國史事重要的工具書。

卷首有目錄二種，一依史事性質，加以分類，後括以年代，檢者可根據年代翻查。另一目錄是按時間次序排列大事。書後則有附錄八種：1.天曆與陰陽曆對照及日曜簡表；2.太平天國人物表；3.主要戰役及將帥表；4.洪清兩軍戰爭地圖；5.清督師大臣表；6.剿捻統帥表；7.洪清兩方洋將簡表；8.引用書目。均富參考價值。

近代中國史事日誌

郭廷以編撰　民52年　臺北　中央研究院近代史研究所　2冊

起自清道光九年（1829），至宣統三年（1911）為止。分為兩冊。編者以為近代中國史事，鴉片戰爭是一重大關鍵，所以本書記事，起於鴉片戰爭，而於戰前的中西關係，仍擇要編年，以使讀者明原由，至禁烟事起，始按月日繫事，記事以政治、軍事、外交為主，但有關經濟、文化教育者，也儘可能纂入。

為便於查索，乃將全部記事，酌量區劃成幾個階段，分別列舉要

第五段　1886——1895

（光緒十二年——二十一年）

英併緬甸—光緒親政—中日甲午
戰爭—興中會—公車上書

1886——光緒十二年丙戌

1，1（一一，二七）①印度總督宣布緬甸合併於印　　　英併緬甸
度。

②命自光緒十二年正月起，將王公及在京官員俸銀
及京師兵丁鑲銀，太監錢糧，全數放給（咸豐時因
辦理軍務，減成放給）。

1，2（一一，二八）①曾紀澤向英外部抗議併滅緬
甸。

②駐日使館密探日人朝比奈將黑田等侵略中國密謀
及伊藤組閣內情告徐承祖。

1，3（一一，二九）①以英併緬甸，命滇川兩省密籌
邊防，並命曾紀澤力爭緬甸朝貢。

②以恩承，閻敬銘爲大學士，福錕，張之萬協辦大
學士。

②調翁同龢爲戶部尚書，以潘祖蔭爲工部尚書（閻　　翁同龢長戶
敬銘管理戶部事務）。　　　　　　　　　　　　　　　部

1，6（一二，二）命李鴻章籌辦奉天至三姓，黑龍江
電線。

中華民國史事紀要（初稿）

中華民國元年（西曆一九一二年）

元　月

元　日—亞洲第一個民主共和國—中華民國正式誕生。

中國革命同盟會總理、三民主義五權憲法創造者孫先生文，於民國紀元前一年十二月二十九日（陰曆辛亥十一月十日）經各省代表會選舉為中華民國臨時大總統，本日宣誓就職於南京。並根據十二月二十七日（辛亥十一月八日）各省代表會改正朔用陽曆之決議，宣佈以黃帝紀元四千六百零九年十一月十三日為中華民國元年元月元日。

先是，民國紀元前一年十月十日（辛亥八月十九日），武昌起義，各省響應。十二月二十八日（辛亥十一月初九日），各省代表開臨時大總統選舉預備會於南京。次日開正式選舉會，到會者十七省代表四十五人，以浙江代表湯爾和為主席，按臨時政府組織大綱第一條規定每省一票，以滿投票總數三分之二以上者為當選。計共投十七票，結果孫先生文得十六票，當選為中華民國第一任臨時大總統。旋由各省代表會致電孫先生曰：

【民立報轉孫中山先生鑒：今日十七省代表在南京舉行臨時大總統選舉典禮，先生當選，乞剋日移蹕來寧，組織

中華民國元年　元月元日

一

目，另外摘出子題，注於頁旁，並於卷首冠以年月簡表，算是目錄或全書提要。

書後附有：1.軍機大臣表；2.光緒三十二年（1906）九月改定官制後各部尚書表；3.宣統三年（1911）責任內閣表；4.主要督撫表；5.咸豐以後東三省及伊犂主要將軍表；6.總理衙門大臣表；7.出使各國大臣（公使）表，附專使表；8.各國使節表等。均具參考價值。本書為研究中國近代史一部不可缺少的工具書。

編者另編八十年來中國大事簡誌、六十年來的中國（大事誌略），可與本書相啣接。前者刊登民國三十三年說文月刊第四卷。所記年代，始自清同治四年（1865），至民國三十三年（1944）止。其中民國十四年至三十三年的二十年間，記載較為詳細。後者刊登民國四十一年七月大陸雜誌特刊第一輯下冊四七一至五二四面。本文所記，起自清光緒十九年（1893），即中日甲午之戰前一年，至民國四十一年（1952）中日和約訂立為止，是我國變化極多的六十年間大事誌略。（中文工具書指引）

中華民國史事紀要

中華民國史事紀要編輯委員會編　民60至　年　臺北　中華民國史料中心

紀民前十八年（清光緒二十年）至民國成立以後迄今，有關政治、法制、經濟、外交、國防、邊事、社會、文化、教育、科學、藝術、體育等各方面的重要建置、活動、變革。

分前篇、正篇兩部份。前篇始自甲午（光緒二十年，1894年）國父初創興中會於檀香山，至辛亥革命爆發（1911）為前篇；民國元年以後為正篇。每篇均逐月逐日記載。民國建元以前稱「中華民國紀元前」，並注以清代年號及西曆；建元以後，則於民國以下繫以西曆。每一事件有一標題，然後加以詳述。引用資料均注明來源。遇事實有

歧異時，均予並存，或列入附注，以備考訂。

同一日內的記事順序，除具有特殊重大意義的事件列為首條外，一般事件採先中央而後地方的次序。

據民國七十二年四月六日國史館館長稱本書共五十一冊，已出版四十六冊，餘五冊在排印中。長大學出版社　357,412面

書評：評介「中華民國史事紀要」　陶英惠，新知雜誌第1年第5期，民國60年10月，頁118—120。

中華民國的里程碑（中華民國史事紀要）　黃大受，聯合報，民國64年4月15日；國史館中華民國史事紀要初稿編纂法　黃大受，文藝復興第77期，民國65年11月，頁37—41。

中華民國史事日誌

郭廷以編撰　民68年　臺北　中央研究院近代史研究所　962面

是著者「近代中國史事日誌」的姊妹篇，記載民國元年至十四年的國家大事，包括政治、軍事、經濟、外交及文化等方面。體例與「近代中國史事日誌」相同，先按年區劃，再按月日排列。以陽曆為主，並用圓括弧注出陰曆的月日。所列事件，都有確切的時間，未知月日的事件，一概不收。另摘出子題，注於頁旁。此外，於書前冠以年月簡表，權作目錄或全書提要。

本書尚未經修正或加附錄（著者編大事記，習慣上均有附錄），著者即於民國六十四年九月十四日在美逝世。第二冊記十五年至二十五年大事，似已大致完成，希能早日梓行，以饗讀者。

著者為名史學家，曾編多種史事日誌，內容豐富，體例完備，材料精確，是同類工具書中最具參考價值者。

Nathan, Andrew J. 評本書「每條敘事均極簡短，但記載却很詳細精確。本書避免了許多以中文寫作的史學家喜用的偏見字眼，在處理國民黨內部糾紛與共產黨之興起方面，亦極公正。簡言之，本書

可謂學術之典範著作。」（見書評書目一百期一六六面）

中華民國大事記

高蔭祖編　民46年　臺北　世界社　704面

以編年體方式將中華民國自建國以至民國四十五年（1912—1956），歷年大事，根據月日先後，詳爲表記。搜羅廣潤，記事詳盡，於編年之中兼顧紀傳式，那就是各大事中的主要人物，均載其略歷。此外，本書不僅平舖直敍史事，間亦有批判之語，褒貶之筆，有關每事記述，又力求首尾本末同備，是書對研究近代史者，頗具參考作用。（中國歷史研究工具書叙錄）

民國大事日誌

劉紹唐主編　民62年至68年　臺北　傳記文學出版社　2冊（第1冊645面，第2冊1442面）（傳記文學叢刊28）

記民國元年至六十年大事近十萬餘條。全書分二冊，三十年爲一冊。探逐日逐月逐年編纂。本書與時下流行以政治軍事爲主的民國大事記稍有不同，具有下列三特點：

1.重視個人傳記的資料。

2.特別重視學術、文化、敎育、財經及社會等方面的資料。

3.兼收與我國有直接關係及重大影響的國際大事、外國大事。

中國近代大事年表

近代中國出版社編　民70年　臺北　該社　242面

以年表的形式，記載清同治五年十月六日（一八六六年十一月十二日）國父誕生於廣東省香山縣翠亨村起，至民國七十年八月二十四日中華民國建國史討論會在臺北開會止，共一百十五年間，國內外的重要事件，包括戰爭、政治、外交、經濟、學術、立法院通過的重要法律、重要人物的逝世等。

依收錄事件發生的時間排列，不詳月日的事件列於當年之後。民

國以前用陰曆，並注以陽曆，民國以後用陽曆。

中日韓百年大事記

　　陳固亭撰　民60年　臺北　中華叢書編審委員會　　618面　　（中華叢書）

　　起自國父孫中山先生誕生那年，即清同治五年、西元1866年、日本慶應二年、朝鮮高宗三年，至西元1965年，即中華民國五十四年、日本昭和四十年、大韓民國十八年，整整一百年。按年月日條列三國大事。

　　書後附錄有中日韓近百年年號對照表，及近代中日關係史參考書目，計六九〇種。

中日關係史事年表

　　蘇振申編撰　民66年　臺北　華岡出版公司　　571面

　　紀載自後漢光武中元二年（西元57年），至民國五十九年（1970）止，共一千九百十四年來，中日兩國交往的事蹟，包括兩大民族間的政治、經濟、文化、軍事等交涉的史實，採用表格方式。分四欄：中國紀元（包括皇統元首、年號次、干支）、大事紀要、日本紀元（含天皇、年號次、皇紀）、西洋紀元。

　　大事紀要以年月日爲序。以日繫事，每事一條，同日有兩事以上者，分條紀載。

　　爲研究中日關係史的重要工具書。

　　民國六十一年，李邦傑編二十年來中日關係大事記，由中日關係研究會出版，收編年代只有民國三十八年至五十八年。

支那最近大事年表 (1840—1940)

　　小島昌太郎編　民31年　東京　有斐閣　980面

中外百年大事記 (1866—1965)

　　謝仁釗編　民55年　臺北　中美文化出版社　176面

甲午以來中日軍事外交大事紀要

　　楊家駱撰　民65年　臺北　鼎文書局　165 面　影印　（中日戰爭文獻彙編附冊）

中華民國大事紀要

　　高越天撰　民60年　臺北　撰者　981面

中華民國開國六十年史事輯要

　　吳鎮漢編輯　民69年　臺北　立坤出版社　167面

開國五十年大事記

　　周滌塵等編　民51年　臺北　雲躍出版社　2 冊

中國近代史大事記

　　劉海玉編　民61年　臺中　編者　19,888面

五十年來中國大事表　（1872—1921）

　　黃炎培　沈　錡合編　原名「五十年來之中國」，上海申報館編收在香港龍門書店影印「晚清五十年來之中國」乙書內。

民國大事類表

　　人文月刊社編　民67年　臺北　文海出版社　2 冊 （881面）影印記民國十八年一月至二十六年十一月間大事。

中國國民黨八十年大事年表

　　中國國民黨黨史委員會編　民63年　臺北　該會　567面

中國現代史年表（1911—1979）

　　中國圖書進出口總公司編譯　民 70 年　東京　國書刊行會　199面

專科及地方大事年表

中國目錄學年表

　　姚名達撰　民56年　臺北　臺灣商務印書館　175面　影印

民國28年初版。

輯錄中國古來目錄學界大事，依年代順序，始自秦始皇三十四年（公元前213），止於民國二十五底，內容包括：公私圖書目錄的編纂，與目錄編纂有密切關係的校書、藏書、求書、乃至大部書的編纂，典書官制的沿革，藏書館閣的興廢等。資料除近代出版的書目外，均注明資料來源。書後附四角號碼索引。

中國近六十年來圖書館事業大事記

　　張錦郎　黃淵泉合編　民63年　臺北　臺灣商務印書館　〔10〕254,16面

記民國元年一月至六十年十二月底關於中國圖書館事業重大事件，計一二六八條。內容包括：圖書館的法令、制度、設館、建築、敎育、技術（含分類法的創編、編目規則、聯合目錄、國際交換協定、館際互借、索引摘要的編製）、重要圖書館書刊的著述與出版、重要會議及統計、人物動態等。

我國近代圖書館事業，發軔於清末，另撰前言，冠於篇目。民國以後的排列，以年月日爲序。取材皆詳載資料來源。凡事有多種說法或一事出於數處者，均分別注明。書後附有引用文獻及標題索引。標題索引分：圖書館法令、國立圖書館、公共圖書館、大學圖書館、圖書館敎育、重要分類法及編目規則、圖書館標準、圖書館協（學）會等十一類。

書評：1.中國近六十年來圖書館事業大事記　劉兆祐，中央日報，民國63年12月23日。

　　　2.評介中國六十年來圖書館事業大事記　林孟眞，中國圖書館學會會報第26期，民國63年12月，頁141。

中國近七十年出版事業大事記

　　張錦郎　兪寶華合編　出版之友第16期至　期，民國70年3月至

年　月　已出版四期

記載民國元年至七十年底關於中國出版事業重大事件。內容包括：重要圖書、期刊、報紙的出版，出版社的成立，出版統計，出版社團的活動，國內外的書展，出版家的生平，出版行政及出版法、著作權法的公布等。另與出版業有密切關係的印刷業、造紙業等，也摘要記載。

排列以年月日爲序。有月無日的，列在該月之末；無月日的，列在該年之後。

未能注明資料來源，如將來出單行本希能補救。

中國近百年來出版事業大事記 (1862—1973)

張錦郎編　載中華民國出版年鑑（年鑑出版社印行），民65年頁40—87。

近代中國書報錄 (1811—1913)

張玉法編　載新聞學研究第7、8、9期，民60至61年，共130面。

中華民國新聞界大事記　(1912—1971)

載中華民國新聞年鑑，民60年9月，頁273—294。

漢晉學術編年

劉汝霖撰　民68年　臺北　長安出版社　2冊　影印

另有日本京都中文出版社影印本，民68年5月出版。

將兩漢學術史料，編年記載。體例與下列「東晉南北朝學術編年」相同。惟每卷（共七卷）後有總評，用語體文敍述。（其他行文用文言體）

書後附有索引二種：人名索引包括普通人名及佛教人名；分類索引包括國家及個人兩方面。前者又分爲：定禮樂、設立教育機關、提倡學術、引用人才；後者又分爲：學派之傳授（如道家之傳授、周易之傳授、尚書之傳授、道教之傳授……）個人之著述等。

東晉南北朝學術編年

劉汝霖撰　民68年　臺北　長安出版社　492,51面　影印

另有日本京都中文出版社重印本。

將東晉南北朝時代的各種學術資料，考其年代，分誌於各年之下。其體例爲：按時間順序敍述學術事件。每項事蹟後，注明材料的來源，以便參校原書。如事件的眞象須待考證的，則附考證一項，臚列證據，以備參考。

書後附有人名索引及分類索引二種，前者依筆劃排，後者分爲：政府的設施及宗敎的流傳二類，政府的設施又分爲設立學校及研究學術機關、獎勵編纂事宜、定禮樂制度、定曆法、招隱逸；宗敎的流傳又分爲佛敎、道敎；佛敎又細分爲經典東來、翻譯經典、介紹敎義、發揮敎義、整理經典、法運興廢等；個人的著述分爲著述表、單種書籍、單篇論文等。

宋元理學家著述生卒年表

麥仲貴撰　民57年　香港　新亞書院研究所　8,443,20面

明清儒學家著述生卒年表

麥仲貴撰　民66年　臺北　臺灣學生書局　2冊（958面）

記自北宋建隆元年（960），至清宣統三年（1911）間學術文化敎育上的大事，兼及儒學家的生卒年。內容參見傳記參考資料年譜類。

中國佛敎簡明年表

唐聖諦等編　民52年　臺北　考正出版社　186面

中國天主敎史大事年表

顧保鵠編　民59年　臺中　光啓出版社　8,156面

臺灣省政府社會處大事紀要　（民國36年6月至55年5月）

臺灣省政府社會處編　民55年　南投縣　該處　118面

中國近七十年來敎育記事

丁致聘編　民59年　臺北　臺灣商務印書館　291面　影印

民國24年5月初版，上海商務印書館印行。

專記近代中國教育重大事實，起自清同治元年（1862），迄民國二十二年（1933）。每事的記述，以年月日爲次，所有取材俱注明出處，並詳載卷頁，以便稽查。書末附有分類索引，分教育宗旨、教育規劃、各級教育、圖書館、教育家亡卒等七十類，極便檢查。如欲查「近代中國圖書館」之史實者，可在索引二十七頁中查得全部史料在此大事記中某頁某行某格內有記載。爲研究中國近代教育史必需的參考書。（中文參考書指南）

本書續編，由國立教育資料館編輯，題名「民國教育記事續編第一輯」（民國二十三年一月一日至民國三十四年十二月三十一日），載教育資料集刊第一輯，民國六十五年十二月，頁一八七至三七九。續編第二輯，收錄民國三十五年一月至四十三年十二月。載同上期刊第二輯，民國六十六年十二月，頁二五九至四五一。

商務印書館與新教育年譜

王雲五撰　民62年　臺北　臺灣商務印書館　1101面

記商務印書館及我國教育界大事。起自民前十五年一月（清光緒二十三年，西元1897年），至民國六十一年（1972）底。書局與教育並論，係因出版物固可衡量教育的進展，教育也能影響出版物的發達，兩者關係重大。

商務印書館的記事，包括創立的經過、出版的書刊、營業情形、人事動態等。重要書刊的序言、叢書的子目、重要會議的講詞等，均予摘錄。教育記事份量較少，敘事較略。

本書按年月日排列，無年月可考者，排於該年之後。本書作者自民國十年九月十六日受聘爲商務編譯所所長起，歷任總經理、董事長等職，今仍爲該館董事長兼發行人，所以取材詳實可靠。

中華文化復興運動紀要

中華文化復興運動推行委員會主編　王壽南編輯　民70年　臺北
該會　412面

記錄中華文化復興運動的重要事件，包括：組織的布建、法規的
制定、人事的調動、活動的實施（如展覽、演講、座談會、學術研討
會、出版書刊等）。時間起自民國五十五年十一月十二日（政府規定
是日為中華文化復興節），止於六十八年十二月三十一日。

事件的排列採編年體，依年月日順序條列，日期無可考者，歸入
每月最末。

六十年留學大事記（清同治 9 年至民國14年）

載中國出版社影印近代中國留學史，頁275—286，民國62年出
版。

國立成功大學校史紀要初編（1946—1976）

國立成功大學編　民65年　臺南　該校　151面，圖版52面

五十年來之中國財政經濟大事記（清光緒22年至民國36年）

載文海出版社影印五十年來之中國經濟一書內，民60年出版，另
附有中國通商銀行大事記。

臺灣經濟日誌（民國36年6月至　年　月）

臺灣銀行經濟研究室編，連載臺灣銀行季刊，自第一卷第一期
起。

我國專利大事年表（民國元年至62年底）

載蘇良井編印最新商標專利法令判解實用，頁366—371。

郵政大事記　第一集至第　集

交通部郵政總局編　民55年出版第一集，收起自我國試辦現代郵
政時期，至民國45年；第二集收民國46年至54年止。

臺灣郵政光復二十年紀要

交通部郵政總局編　民55年　臺北　該局　138面

九十年來電信大事紀

載局務簡訊第五卷第十二期，民60年12月，頁64—75。

中國鐵路大事簡明年表（1864—1947）

凌鴻勛編　民　年　23面

中國公路大事誌（黃帝—民國46年）

周一士編　民47年　臺北　公路出版社　103面

中國近代政治經濟年表

馬場明男編撰　民69年　東京　國書刊行會　716面

輔導工作紀要（民國43年11月至63年12月）

行政院國軍退除役官兵輔導委員會編　民64年　臺北　該會　4冊

考試院施政編年錄（1942—1953）

考試院編　民　年　臺北　該院　5冊

戰時司法紀要（民國26年8月—36年12月）

司法行政部秘書處編　民60年　臺北　該處　516面　影印

動員戡亂時期司法行政紀要

王任遠等編　民61年　臺北　司法行政部　16,1116面

國史館紀要（初稿）

許師慎編纂　民66年　臺北　中華民國史料研究中心　331面

甲午以來中日軍事外交大事紀要

楊家駱編　民65年　臺北　鼎文書局　165面

中共禍國史實年表（1919—1981）

中國大陸問題研究中心年表編輯委員會編　民71年　臺北　中國大陸問題研究中心出版社　723面　增訂本

按年逐月逐日記載中共禍國史實及國內外有關大事。時間自民國八年三月六日列寧為策動所謂世界革命，設第三國際，開第一次代表

大會於莫斯科，至七十年十二月二十九日中共宣布：南京長江大橋全面完工通車止，歷時六十三年。

　　民國六十五年初版時，資料截至六十四年底止。增訂本除續編至七十年底外，並將原來的附記一欄改爲「國內外有關事實」。全書內容變動不大，惟部分用字遣詞有所修改。編排亦較初版醒目，並便查檢。

　　書評：評介「中共禍國史實年表」　夏鐵肩，中央日報民國72年1月5日，12版。

民國川事紀要（清宣統３年至民國25年）

　　周開慶編　民63年　臺北　四川文獻研究社　652面

　　編者於民國61年出版「民國川事紀要」，454面，收編資料自民國26年至39年。

臺灣大事年表

　　原房助編　民58年　臺北　古亭書屋　249面　影印

　　民國21年初版。

臺灣省通志稿　卷首下大事記

　　臺灣省文獻委員會編　民39至48年　臺北　該會　3冊（658面）

　　記自三國吳黃龍二年（230）至民國三十九年（1950）十月二十五日第五屆臺灣光復節，凡一千七百十八年之臺灣大事。早期資料較爲簡略，清康熙二十三年（1684）至光緒二十一年（1895）止，較爲整齊，以年編記；日據時代，資料尤備，按月排日，依序條記；光復後，詳爲分月按日記載。

　　記事除政治、經濟、軍事等大事外，凡難收入臺灣省通志他篇的，如災害、公布律令、祭祀、賽會等，均詳爲記載。依表格式排列，分三段七欄，上段干支、年號、本省記事；中段民國紀元、全國記事；下段公元、世界記事。

花蓮縣志卷一大事記（明天啓3年至民國50年）

駱香林主修　民63年　花蓮　花蓮縣文獻委員會　260面

民國65年續修，記民國51年間大事。除本書外，他如「臺灣省通志稿」、「臺灣省通志」及其他縣市志，首卷均爲大事記。

臺灣光復後國語運動大事記

張博宇編臺灣地區國語運動史料，頁130—224。

黑龍江大事志

張伯英輯　民59年　臺北　成文出版社　354面　（中國方志叢書華北地方第4號）

中國歷代各族紀年表

陵峻嶺　林　幹合編　民71年　臺北　木鐸出版社　705面　影印

記載三代（公元前2197年禹之子啓卽位起）以迄民國三十四年，漢族及少數民族之大事，包括興起、起義、稱王稱帝、政權交替、禪讓、被廢、封拜、壽終等。書後附年代及年號順檢及年號索引。

中俄間有關蒙古大事記

張興唐編　民43年　臺北　蒙藏委員會　45面　（蒙藏委員會邊情資料輯4)

中西文學年表

西　諦編　載廣文書局民52年影印世界文學大綱附錄，共58面，始自紀元前四千年凱爾地亞石刻產生，至民國十八年梁啓超逝世止。

中國文學年表　第一編

敖士英編　民60年　臺北　文海出版社　440面　影印

民國22年至25年初版，北平立達書局印行。

共分六編，此爲第一編，內分一至三卷爲年表，所收中國文學家始自屈原（西曆紀元前343年）迄於唐代，每年紀載公元、中國紀

元、時事紀要、作者生卒、作者傳略、文學產品、備註各項，第四卷
為一至三卷的作者產生地域表，作者姓名檢目（即索引）。本書表列
詳明，檢閱尚易，惜二至六編，尚未完成。

中國新文學大事記

周　錦編　民69年　臺北　成文出版社　214面　（中國現代文學
研究叢刊4）

編者於民國六十五年出版「中國新文學史」一書，第七章有中國
文學大事記，將民國六年至六十四年間文壇大事，採取編年體，予以
敍述。本書只收編民國六年至三十七年文壇大事，仍採編年體。每一
年先把國內影響於文學的政治情勢和社會狀況，作簡單的敍述。然後
將一年中的文藝界大事，分四個單元敍述，即：1.文壇大事；2.文學
理論；3.文學創作；4.文學刊物。文壇大事，如民國八年載有：中國
新文學最早的戲劇創作——胡適的獨幕劇「終身大事」於新青年三月
號發表。是一個社會問題劇，強調婚姻應該由當事人自己決定。文學
刊物大都記載文學期刊的創刊，也兼顧專號的記載，如七年六月載：
新青年出「易卜生」專號。

聯副三十年記事

聯副三十年文學大系史料卷「風雲三十年」　頁218—393　民71
年　臺北　聯合報社印行

係由應鳳凰等編輯，記民國四十年九月十六日聯副創刊至七十年
六月三十日止，三十年間的文藝思潮、社團動態、作家活動及出版概
況等。「將聯副、文壇、國內外大事以三欄對刊的方式，來顯現聯副
如何與當代文壇相結合，更如何設計專輯以反映當代人文意識」，由
此，「看出三十年來副刊、文化、環境間相激盪的成長」。

各欄依年月日順序排列。

中國現代詩壇卅年大事記（1952—1982）

張　　默編撰　中外文學第10卷第12期，民國71年5月，頁 206—262。

記民國四十一年三月至七十一年三月間國內的詩壇大事記，共五一四條，舉凡詩人社團的創設，詩刊、詩選、詩評論集、各文學期刊策劃的「詩專號」的出版，各公私文化團體或個人所舉辦的詩獎，中外詩壇交流（諸如參加或舉辦國際詩人會議、我國現代詩的譯介等），詩的論戰，以及朗誦、座談、詩展等各項重大詩的活動，均在編輯之列。按年月日排列，取材未注明資料來源。

舒蘭撰有補遺，刊載中外文學第十一卷第三期，民國七十一年八月。

臺灣文學年表 (1662—1945)

廖漢臣編　載臺灣文獻第十五卷第一期，民53年3月，頁245—290。

日據時期臺灣小說年表

收在光復前臺灣文學全集小說部分第8冊，共43面。

中國美術年表 (黃帝至清末)

傅抱石編　民57年　臺北　五洲出版社　148面　影印

本書民國65年由中華藝林文物出版公司印行，68年由鼎文書局

明代建築大事年表

單士元　王璧文合編　民65年　臺北　天一出版社　774面　影印

臺灣建築史年表

收在李乾朗撰臺灣建築史附錄，共11面

第七章 傳記參考資料

傳記問題的重要性

「傳記」「人物」的問題，一向都是圖書館參考工作的重心；「傳記」「人物」的資料，也是圖書館參考資料的主力。這是很自然和必然的現象。今日的世界，究竟是以人為中心的。過去的歷史，也是以人為主的，試看司馬遷的史記，本紀列傳佔全書的十分之七，而本紀列傳都是以人為主。後來的正史，也都是倣照史記的體例。所以梁啓超曾說「老實講起來，正史就是以人為主的歷史」（中國歷史研究法補編）。

再進一步說，學術、文化、藝術、科學、典章制度等，也處處與人有密切的關係。一個偉大的哲學家的生平言論，與當時的思想界不可分割；一個有遠見的政治家，與當時的社會和未來的歷史，也是息息相關；一個科學家的重大發明，甚至可以改變當時社會的生產組織。所以清人姚鼐序錢大昕的疑年錄說：「人之生死，其大者或係乎天下之治亂盛衰，與道德之顯晦；其小者亦或以文章字畫之工，名於當時。」梁啓超也說：「若把幾千年來，中外歷史上活動力最強的人抽去，歷史到底還是這樣與否，恐怕生問題了。」（中國歷史研究法補編）

再從書目和索引這個角度來觀察，也不難發現著作家對「傳記」「人物」問題，興趣濃厚。以「清代文集篇目分類索引」來說，傳記約佔一半強；再以「中國近二十年文史哲論文分類索引」來說，全部論文二萬三千多篇，傳記類就佔了近六千篇，比例相當高；如以綜合性期刊索引「中華民國期刊論文索引」來說，每月收錄論文約一千八

百多篇，有關討論傳記人物約有一百二十篇。

　　傳記問題旣然如此受到重視，爲了配合研究者的需要，國人曾編輯頗多傳記參考工具書，以供檢尋查考之用。

傳記資料的種類

　　傳記參考資料的種類，如依資料的時間分類，可分成三種：

1.一般性的傳記參考資料　　包括古今中外的人物傳記。

2.追溯性的傳記參考資料　　僅限於業已去世的名人傳記。

3.現時性的傳記參考資料　　蒐集當代的名人傳記。

　　此種分類法過於單純，不能涵蓋所有的傳記參考資料。比較完整的分類法，應該是依資料的形式分類。本書卽照資料的形式，將傳記參考資料，分爲下列九種：

　　1.書目　　記載有關傳記圖書的目錄，如阮孝緒七錄的雜傳部、傳錄部；隋書經籍志的雜傳類；四庫全書總目的史部傳記類等，都設置類目，收錄傳記的圖書。至於專門記載傳記圖書的專科書目，則以淸人張澍編的姓氏書總目爲最早。後來則缺少有關這類工具書的編印。

　　2.索引　　傳記索引有兩種，一種是將各種傳記圖書或文集中的被傳人姓名（含字號），編成索引；此種索引，編輯出版的很多，而且也很詳盡。如二十五史人名索引、宋人傳記資料索引等。這是最重要的傳記參考資料。另一種傳記索引是把期刊或報紙上的傳記論著編爲索引，如國學論文索引、中國近二十年文史哲論文分類索引、中國近代人物傳記資料索引等。

　　3.辭典　　人名辭典登載的資料，只限於必須記載的事實，款目內資料的編排，有一定的次序，盡量避免形容詞的使用。

　　我國第一部人名辭典，始於明朝凌廸知編的萬姓統譜，本書以古今姓氏分韻編次，每韻內常姓字在前，稀姓字在後，每姓氏中各人名

，則以朝代先後爲序。本書的缺點在於所收人名，僅限於賢良忠義的名人。民國以後出版的人名辭典，以商務印書館的中國人名大辭典較完備。

4.**合傳**　合傳的體裁創自史記，史記的合傳共有三種：(1)兩人以上，平行敍列，無所謂輕重，也無所謂主從；(2)一人爲主，旁人附錄；(3)許多人平列，無主無從。

合傳對於被傳人的文字敍述較長，也沒有一定的體例。因此，很多合傳可當做普通瀏覽之用，也可作研究某種學術問題的參考。此種參考書出版最多。

5.**生卒年表**　我國寫傳記的人，常用很多篇幅，敍述一個人的生平事跡，却往往忽略了生卒年的交待，中文的人名辭典，也多不提及生卒年，就是一些碑傳或墓誌銘，也不提到碑傳主的生卒。自從淸朝錢大昕編撰疑年錄後，學者開始注重這件事。民國以來較完備的生卒年參考書，首推歷代人物年里碑傳綜表。

6.**年譜**　按年次記載一個人的生平事跡，稱爲年譜，也有稱爲年表的。這種年譜大都是後人就其著述及史籍所載事實而考訂編次的。宋胡舜陟與其子胡仔所合編的孔子編年，呂大防所編的韓愈年譜，文安禮所編的柳宗元年譜，都是年譜類裏的最早著作。到了明、淸兩代，年譜的編纂，才逐漸增多。

民國以來，藏書家多收藏年譜，所以有就歷代年譜編成書目的，如楊殿恂所編年譜目錄，可惜沒有刊行。目前有關年譜書目的工具書，以中國歷代名人年譜總目一書，最爲完備。

7.**別號**　「古者生而命名，及冠則諱之，故有字。周秦間諸子有以別號著稱，而晦其姓名者，宋元以後浸而滋盛，乃有因此而起之號，有因事而起之號，有託物寄興之號，有遊宦紀恩之號。境遇變遷，別號隨之以起，故一人之號或多至數十，而每一號則自二字至三字，

至二十餘字」（陳乃乾別號索引自序）。

　　檢查別號的書，宋有徐光傅的自號錄，馬永易的賓實錄；清有葛萬里的別號錄，史夢蘭的異號類編，徐石騏的古今青白眼；民國以後有陳德芸的古今人名別號索引，陳乃乾的室名別號索引。

　　8.人名錄　　人名錄、會員錄也是合傳的一種。通常合傳用較長的文字敍述生平事跡。人名錄只是簡單紀錄姓名、年齡、籍貫、地址等項。人名錄都是用表格式列出，查考省事又能一目了然。

　　9.姓氏　　「我國姓氏的起源甚古，三代以前，姓和氏是有分別的，女子稱姓，男子稱氏，姓以別婚姻，氏以貴功德，兩不相混，以後賜姓命氏的制度廢除，姓氏於是無別。拿我國歷史悠久、人口眾多的觀點來看，姓氏一定很多，而且流變一定也很複雜，研究姓氏的專書，自然也成了研究人物傳記重要的工具」（中文工具書指引）。

傳記資料的參考工作

　　讀者對於傳記問題的諮詢，歸納起來有下列幾點：

　　1.傳記人物的生平事蹟、宗教思想、哲學思想、政治思想、專長貢獻，甚至家庭生活等。

　　2.傳記人物的完整姓名、別名、筆名、生卒年月日、學經歷、職業、著作、發明、照片等。

　　3.有關研究某傳記人物的資料，包括：專書、論文、檔案等。

　　為了提供服務讀者上述諸問題，圖書館參考員除應熟練運用上述九種參考工具書外，下列資料，也不可忽視：

　　1.正史的列傳　　史記、漢書等紀傳體的正史，都有列傳，敍列人臣事跡，以便傳於後世。清汪輝祖編的史姓韻編，是將二十四史所載的人名，按韻排列，編成索引。惟較實用的是利用開明書店印行的二十五史人名索引。

有些正史，單獨編有索引，其中均有人名部份，也可供參考，如香港黃福鑾編的史記索引、漢書索引、後漢書索引、三國志索引等，都有人名部（見索引——書籍索引）

又如日本京都大學人文科學研究所編的後漢書語彙集成、金史語彙集成、元史語彙集成，所收錄的人名範圍更爲廣泛，利用價值更高。

國內由國防研究院編的元史、明史、清史等，均有人名索引可供利用。如：元史第四冊1至176面，有「元史非漢語人名、地名、官名索引」，明史第六冊1至317面，有「明史人名索引」，清史第八冊有「清史人名索引」。

清史稿部份，蘇慶彬編有清史稿人名索引，刊登香港中國學人第1至3期，民國59年至60年，約一百面。

有些別史，如東觀漢記、東都事略、大金國志、明史稿、南宋史等，也有列傳，可供參考。

2.方志中的傳記資料　「方志所記的人物，往往不見於人名辭典，也不見於史傳，因爲人名辭典，所收人物旣多，因此一些次要的人物，往往就被忽略，而沒有著錄，至於史傳，大多是偏重於政治人物，一些學者和文學家，往往却被忽略，像沈璟，在明代戲曲史上，是極重要的一個人物，對於崑曲，有極深厚的影響，可是在明史上，他只是附在他曾祖父沈漢的名下，而且僅有短短的三十一個字。而在吳江縣志內，沈璟乃至他的家族，生平的資料就相當的多。又如清代等韻學家梁僧寶，別的資料裏都很難找到他的生平，但在周之貞等修，民國十八年刊行的順德縣志中，却有他很長的一篇傳。凡此種種，原因很簡單，一個人物在當時或者還缺乏全國性的聲望，可是在他自己的家鄉，却是一位盡人皆知的名人。方志旣以地方爲單位，則詳細記載他的生平，是一件自然的事了」（中文工具書指引）。

商務印書館影印的大淸一統志附有人名索引，該館影印的部份省
方志，如湖北通志等都附有索引，包括人名在內。王寶先任職中央研
究院圖書館時，編有史語所藏方志傳記索引，是卡片形式。方志中的
傳記資料，則有古亭書屋影印朱士嘉編宋元方志傳記索引。

3.綜合性辭典　　如辭源、辭海、中文大辭典、大漢和辭典等，都
收編重要人物的生平簡介。

4.年鑑　　通常年鑑均附收該年內重要新聞人物，或該年內死亡的
重要人物。如中華民國英文年鑑有人名錄，交通年鑑有交通部及交通
機關首長名錄，第一次中國教育年鑑有全國教育行政人員一覽，第二
次教育年鑑有歷任中央教育長官暨重要職官一覽。

5.文集　　各種別集總集中，有很多傳記資料，如王重民編淸代文
集篇目分類索引，多半係傳記資料。國立中央圖書館編的明人傳記資
料索引，最近昌彼得、王德毅等編的宋人傳記資料索引，大半也是引
用文集的資料。

6.類書　　類書中每有傳記資料，牟潤孫即編有古今圖書集成中明
人傳記索引（民國52年，香港明代傳記編纂委員會印行）。

7.書目　　書目以收錄圖書爲主，普通書目均收有傳記書籍，這些
傳記書籍均按被傳者排列。有些解題書目本身卽有傳記資料。如四庫
全書總目提要，對著作人的爵里年代事蹟均有記載。晁公武的郡齋讀
書志，每部書的內容提要，就著錄著作人的姓名、時代，介紹著作人
的生平與學術。李遇孫輯金石學錄（商務），也有著者生平介紹，收
藏金石的經過。

8.索引　　通常綜合性的期刊索引或報紙索引，都收有傳記資料，
如美國的紐約時報索引（New York Times Index），刊有當年死亡
名人表，我國的新聞紀要與新聞索引，收有當月的著名人物的活動。

9.政府機關的人名錄　　各種人民團體 的會員錄 ，如公會 的會員

錄，校友會的名錄，均列有該員的籍貫、年齡、住址等。

　　10.**期刊與報紙中的傳記資料**　這些資料有時是很珍貴，又詳盡的。如重要人物誕生一百週年，一千週年時，報刊常會出版特刊，這些特刊資料應予保存。又如姚漁湘的國父文獻中外文的重要著述，即發表在中央日報，民國四十九年十一月十二日。陳固亭的有關國父文獻的日文著述，即發表在民國五十年十二月出版的國立政治大學學報。又如新聞天地的封面人物，往往屬於新聞人物，參考員應特別留意。

　　11.**筆記小說**　如丁傳靖編「宋人軼事彙編」（商務印書館）。

　　12.**家譜或宗譜**　家譜記載一姓世系及家人事迹，資料眞實可貴，惜傳世不多，大家也不重視。目前收藏我國家譜較多的機關是美國家譜學會圖書館（在猶他壩湖城）。

書　　目

Leaders of 20th Century China:An Annotated Bibliography of Selected Chinese Biographical Works in the Hoover Library

　　吳文津（Wu, Eugene）編　民45年　美國加州　106面（Hoover Institute and Library Bibliographical Series IV）

　　本編是近代中國名人作品傳記總目，收五百餘種，均爲史丹佛大學胡佛圖書館所藏，包括有傳記、自傳、備忘錄、日記等。

　　編內分爲八部，即：1.一般類傳，包括辭典總傳等；2.政界領袖人物傳記，包括國民黨共產黨首要人物傳記作品；3.軍界人物傳記；4.文化界人物傳記；5.工商界人物傳記；6.海外華僑傳記；7.職員錄、校刊；8.期刊。

　　每一條目之下，均注明作者、編者、題目、（羅馬拼音與中文彙

有）、出版地點、出版者、頁數等，均用英文，並附英文解題。解題以解釋內容爲主，少作評論。

編後附有出版社一覽及作者書名索引。

本編是今所見唯一的人物傳記圖書總目。（中國歷史研究工具書叙錄）

二十世紀中國作家傳記資料書目初稿

鄭繼宗編　書評書目第87期至93期，民國69年7月至70年1月共53面

輯錄有關中國現代作家中英文傳記資料六百餘種，資料至六十八年截止。所收各書均以編者親見版本爲主，未及見部分，也列出書目，以供參考。所列書大都爲美國著名大學東方部圖書館的收藏。

全書分五部：1.合傳；2.個人傳記；3.文學史；4.索引；5.英文合傳資料。

各書著錄的款目，均合乎圖書館編目的規定，包括：書名、著譯者、出版地、出版者、出版年、頁數（或册數）等。如係初版、影印、叢書等，悉分別注明。

孔孟生卒年月參考書目

王寶先編　載孔孟月刊第2卷7、8期，民國53年3月。

關於研究王安石的西文著作

葛連祥編　載中央日報，民國48年12月29日，3版。

鄭成功研究參考書目

賴翔雲編　載文獻專刊第1卷1期，民國39年8月，頁72—76。

收中、日、西文三種。

近百年來中國名人關係圖書目錄

市古宙三編　民49年（1960）　東京　東洋文庫

宋代傳記類史籍考

劉兆祐撰　國立中央圖書館館刊新12卷1、2期，民國68年6、12月，共58面。

索　　引

二十五史人名索引

二十五史編纂執行委員會編　民50年　臺北　臺灣開明書店
518面　影印

民國24年12月初版，臺北德志出版社曾影印。

清人汪輝祖曾據二十四史編有史姓韻編，不收帝王、后妃及外國諸傳人名；其排列方式，依姓氏的韻部（分一○六韻）分類，複姓者取其首字，以時代爲序，因此隔世同名的，無法彙集考異。又因按韻目編次，也不便檢查。

本書是專備檢查開明版二十五史中的人名用的，但舊本十七史、二十四史、二十五史也可應用。本書的人名，包括：正史的本紀、世家、列傳及載記中人物。沒有專載而只是附見的，也大多收入。

索引首列人名，後標明各史名稱的簡稱，如史記簡稱囝，各史名稱後是卷數及開明版二十五史的頁數欄數。

如要查吳亮一名見何史何卷，就可依「吳」姓的四角號碼2643，在索引中檢得下列資料：

吳亮　明　166　7475・2

就知道吳亮人名，見明史一六六卷，在開明版二十五史七四七五頁第二欄。

人名按四角號碼排列，再依朝代先後爲序。另附有筆劃索引，可查出各人名首字的四角號碼及頁數。

二十五史人名索引

0010₄ 主

37~渾　149 6903.3
80~父＝武襄王〔趙〕
　~父偓　12 0250.2
　　　　64 0518.1

亶

00~童　122 6869.1
　　　　214 7014.3
~應詔　251 7074.4
07~翊　106 0371.3
10~天申　294 7815.2
~元鎮　247 7688.3
14~琦　195 7549.4
17~子冶　209 6592.4
~子野　251 7073.3
24~升　456 5647.1
25~仲玉　106 0871.3
~仲換　271 7750.2
26~和卿　251 7075.1
34~漢臣　210 7592.4
40~存德　167 7477.2
46~枕　180 7507.4
72~氏＝魚士淵妻
~氏女　460 5655.3
77~賫　468 5671.3
80~八娜＝童氏女
91~恢　106 0871.3

0010₈ 立

22~山　248 7069.2
86~智理威　120 6423.3
　　　　126 6872.4

0013₄ 疾

~　53 0488.4

0014₇ 瘦

00~瘦兒　130 6877.3

0020 亭

46~獨尸逐侯鞮單于＝師子

0020₇ 亭

~　77 6014.4
40~力第二　257 7085.2

0021₁ 鹿

10~正　267 7742.4
20~毛壽　34 0129.4
24~化麟　267 7743.1
25~生　88 2091.4
27~久微　267 7742.4
38~遒　492 5723.4
80~忿　79 2078.3
　　　46 2900.3
~善繼　267 7742.4
~井過粉　195 3603.2

廄

00~忘　69 0532.2
90~當兒　69 0531.4

虓

00~彥海　449 5632.2
02~訓　107 0872.4
10~玉　193 4080.4
　　　222下 4162.2
~天祐　456 5646.4
~元英　311 5320.3
11~澗之　78 1618.3
18~珣　292 7809.2

20~季　104下 0866.3
~統　蜀7 1016.2
~秀之　78 1618.2
21~師古　21 4224.4
　　　21 4412.3
22~嵩　281 7779.4
23~參　81 0311.2
~俊　81 0311.3
24~德　魏18 0972.4
~結心　216下 4139.1
~特勒　195 3603.2
　　　217下 4141.3
27~耙　99 0863.1
~俱遮　195 3603.3
　　　217下 4141.4
30~清　114 0395.1
　　　魏18 0973.1
~淨　191 7539.3
~安時　462 5658.2
~清毋　114 0895.1
35~迪　91 6039.2
~遺　7 1095.2
~迪我　326 7922.3
36~涓　14 0155.3
~況之　78 1618.3
38~遒　元197 6574.3
　　　239 7054.2
39~汴　180 7509.1
40~雄　68 0780.1
~籥　119 0903.2
44~芝　97 0850.4
~勒　195 3603.3
（＝庬特勒）
~萌　42 0721.3
~嵐　71 2061.3
~非孫　311 5320.3

二十四史紀傳人名索引

宏業書局編輯部編 民70年 臺北 該書局 1005面 影印

收點校本二十四史紀傳（包括附傳及有完整事蹟的附見人物）中的人名；至於史記中的世家，僅收其有專載之人名；諸史中的「四夷傳」「吐蕃傳」「外國傳」等，則收錄其首領及主要臣屬之名。

每一條目除注明點校本冊數、頁數外，還注明卷數，俾備有二十四史其他版本者，亦可利用。如：

張居正

明史 19/213/5643 表示張居正的傳記在明史平裝本第十九冊，二一三卷，點校本五六四三面。

本書對於帝王以慣稱爲主目，其本名則列爲參見條目。例如漢武帝條以漢武帝爲主目，劉徹爲參見條目。

排列依人名的四角號碼爲序。書後有筆劃索引做爲輔助。

二十四史傳目引得

梁啓雄編 民49年 臺北 臺灣中華書局 440面 影印

據民國25年印本影印。

此書係將二十四史的被傳人（包括附傳），依其姓名筆劃多少，編成引得，詳注見某史某傳，其功用與開明出版的二十五史人名索引同，但遠不及二十五史人名索引的完備。

和刻本正史人名索引

若林力編 民68年 東京 汲古書院 241面 東京大學文學部編

點校本四史人名索引

民71年 臺北 木鐸出版社 350面 影印

將點校本史記人名索引、漢書人名索引、後漢書人名索引、三國志人名索引等，以四合一方式，縮印改編爲十六開本。

史記人名索引

　　民67年　臺北　洪氏出版社　267面　影印

左傳人名地名索引

　　重澤俊郎　佐藤匡玄合編　民60年　臺北　廣文書局　59,245面
影印

　　民國14年（1925）東京弘文館初版。

春秋公羊傳人名地名索引

　　中村俊也編　民68年　東京　龍溪書舍　140,150面

春秋穀梁傳人名地名索引

　　中村俊也　加藤智子合編　民69年　東京　龍溪書舍　204面

漢魏叢書人名索引

　　滕田忠編　民67年　京都　中文出版社　243面　影印

三國志人名錄　二十四卷

　　王祖彝（念倫）撰　民54年　臺北　世界書局　520面　影印

　　據陳壽撰三國志及裴松之注中所載人名，共四〇六五條目，依姓
氏筆劃編爲索引。姓名下注明字號、官職、鄉里、世系及原書卷數。
本書影印時與劉公任撰三國新志合刊。

晉書人名索引

　　民67年　臺北　學海出版社　449面　影印

華陽國志人名索引

　　谷口房男編　民70年　東京　國書刊行會　116,13面

新唐書宰相世系表引得

　　哈佛燕京學社引得編纂處編　民55年　臺北　成文出版社　285
面　影印（哈佛燕京學社引得16號）

　　民國二十三年北平燕京大學圖書館印行。

　　宋歐陽修等編撰「新唐書」的「宰相世系表」，記唐代宰相三百
九十六人，九十八族的譜系，這是以前正史所沒有的。本書用中國字

庋擷法編排，以世系表中的人名、謚號、別號、封爵以及官位之冠以
地名者編爲條目，人名下注出卷數及頁碼，別號僅注出本名。

　　書前有周一良長序一篇，評論新唐書宰相世系表之得失，考證精
詳，頗有參考價值。

續資治通鑑長編人名索引

　　梅原郁編　民67年　京都　同朋舍　697面　（東洋史研究叢刊）

宋人傳記資料索引

　　昌彼得等編　民63年至65年　臺北　鼎文書局　第 1 冊815 面，
第 2 冊946 面，第 3 冊1010面，第 4 冊888面，第 5 冊885面，第 6
冊427〔71〕面。

　　宋代傳記資料索引的編纂，舊有哈佛燕京學社編四十七種宋代傳
記綜合引得；近有日本靑山定雄編宋人傳記索引，民國五十七年由東
京宋史提要編纂協力委員會東洋文庫印行，全書三百多頁。此書收錄
宋代（包括遼金）的人物約八千人。採錄書籍包括：總集、文集、類
書、金石文、方志等三百六十八種。全書編排以姓名爲主，每人分爲
七欄：姓名、字號、籍貫、生卒年、三代祖先、題名、出典等。題名
指傳記資料的名稱，出典說明出處及其卷數。人物照中文姓氏筆劃排
列，書後附日本五十音順首字索引。

　　本書是最完備的宋人傳記資料索引，收集宋人一萬五千人，採用
宋人文集三百四十二種，元人文集十九種，總集十二種，史傳典籍八
十一種，宋元地方志二十八種，金石文八種，總計四百九十種。

　　體例：首爲被傳者姓名，同一姓者，單名居前，複名殿後。依中
文筆劃排列。被傳者均有一小傳，注明生卒年、字號、籍貫、親屬、
科第、事功、封贈、著作等。傳記資料的排列，文集（包括詔制、誥
橄、贈序、壽序、書序、字序、題跋、頌說、哀辭、家傳等）列先，
再列史傳及方志中資料，後人所撰年譜，專傳和其他期刊中論文等。

跋張魏公與彭子從書（周文忠公集 47/14）

彭公祠堂記（畏齋文集 15/9 下）

彭公墓誌銘（文定集 22/268）

彭 呂 泰和人。爲濂溪書院教諭。元兵陷虔，呂不屈，入廣，從文天祥赴國難。

宋季忠義錄 7/10 下

彭 亞

知普寧縣事彭亞可光祿寺丞致仕制（王華陽集 28/8）

彭 恪 （1104——1171）字邦憲，廬陵人。天資穎悟，日誦數千言，凡經史百氏，無不該洽，而獨以詩書名家。紹興十四年預鄉薦，二十三年復以詩賦舉。講學於鄉，受業者衆。乾道二年登進士，授右廸功郎，主永明簿，七年卒，年六十八。門人私諡曰文行先生。有集三十卷、日錄十卷。

永明主簿彭廸功墓誌銘（澹庵集 28/1）

宋元學案補遺 45/30

彭 郁 字文蔚，號鄉山漫叟，廬陵人。舉紹興二十二年解試，著韓文外抄八卷。

宋詩紀事補遺 43/16 下

彭 保 平羌有功，轉官進秩。

彭保轉官制（元豐類藁 21/8 下）

彭 悦 字仲荀，建州人。跌宕文史，慷慨經綸，重然諾，喜賓客。兩試春官皆不利，拂衣言歸，斂迹隱遯。年四十九卒。

彭君墓碣銘（武夷新集 8/14 下）

彭 孫 字仲謀，連城人。少以勇敢自負，皇祐間，應募勦賊，討嶺南、交趾，皆有功。後討河西，以三千軍獲輜重六萬，累官萊州防禦使。尋建言復靈州，進劄十五通，會神宗不豫，寢不報。遂乞歸。卒年七十九。

崇儀使忠州刺史彭孫可忠州刺史充六宅使制（王魏公集 2/10 下）

臨汀志（永樂大典 7894/12）

萬姓統譜 54/3

第六冊爲宋人別名字號封諡索引，所收人物以本索引第一至第五冊中所收入的宋人爲限。索引逐一注明在第幾冊的第幾頁。排列依首字筆劃爲序。跋（書影見619面）

本書編者，另有王德毅、程元敏、侯俊德。

書評：宋人傳記資料索引評介　渡邊紘良著　王霜媚譯，食貨月刊第 7 卷第10期，民國67年 1 月，頁525—526。

評宋人傳記資料索引　森田憲司撰　魏美月譯，圖書與圖書館第 1 期，民國68年 9 月，頁105—115。

四十七種宋代傳記綜合引得

哈佛燕京學社編　民55年　臺北　成文出版社　24，199面　影印　（哈佛燕京學社引得第34號）

民國28年初版。

四十八種宋代傳記綜合引得

文海出版社編　民57年　臺北　該社　1 冊

本書較前書多一種，卽古今紀要逸編，黃震編。

宋會要輯稿人名索引

王德毅編　民67年　臺北　新文豐出版公司　980面

據新文豐版編，依筆劃排列。不收帝王，賢妃昭儀、才人、公主等，不關乎重大史實者，也不收入。體例與宋人傳記資料索引相同。

宋元方志傳記索引

朱士嘉編　民64年　臺北　古亭書屋　9,182面　影印

民國52年初版。

地方志的編纂始於漢代，至今已有二千年歷史。由漢至唐，這一個時期，編纂的方志，着重地反映了各地區的地形、氣候、疆域、土產，內容上不出地理書的範圍。到了宋代，方志記載的範圍，才從「

地理」擴充到「人文歷史」方面。「人物」和「藝文」在宋代方志中逐漸佔着重要的地位。由於宋元時代社會經濟的進一步發展，及史學地理學的突飛猛進，故宋代方志的體例比前代的較為完備，內容也較為充實。

根據現存三十三種宋元方志中的人物傳記編輯而成，共計收錄三九四九人。依姓名筆劃排列，下列字號、引用方志簡稱（另有「簡稱表」）、卷數、頁數。書後有四角號碼檢字索引，以備查檢。

宋元明清四朝學案索引

陳鐵凡編撰　民63年　臺北　藝文印書館　694面

所收學案，共有七種：宋元學案、宋元學案補遺、明儒學案、漢學師承記、宋學淵源記、國朝學案小識、清儒學案。有二十五種不同的版本。

索引分三部份：人名索引、異名索引、標音索引。前二者皆以各人名、異名的筆劃為序，筆劃相同依部首排比。人名索引，包括：人名、朝代、學案簡稱、版本、卷頁及附注等項。異名索引，包括：異名、本名、類別（如字、科名、官、諡等）三項。標音索引，據人名索引姓名的羅馬音排列，附人名索引的本名。

本書比前述歷代詩史長編人名索引有用。

宋元學案人名索引　民國24年初版。　譚

鄧元鼎　王默君合編　民69年　臺北　河洛圖書出版社　156面
影印

宋元學案人名索引

日本東京大學文學部編　廣文編譯所譯　民62年　臺北　廣文書局　143面　影印

晦庵先生朱文公文集人名索引

佐藤仁編　民66年　京都　中文出版社　145面

張南軒集人名索引

　　高畑常信編　民67年　臺北　文海出版社　128,123面　影印

　　附有關研究論文六篇。

遼金元傳記三十種綜合引得

　　哈佛燕京學社編　民62年　臺北　鼎文書局　24,207面　影印（哈佛燕京學社引得第35號）

　　民國29年出版，民國55年臺北成文出版社影印。

　　收遼金元傳記凡三十種，全部書名見書中「三十種遼金元傳記表」，較重要者，如遼史（列傳之部）、契丹國志（列傳之部）、金史（列傳之部）、大金國志（列傳之部）、元史（列傳之部）、新元史（列傳之部）、蒙兀兒史記（列傳之部）等。

　　所收人物，以一人爲一條目，每條目包括姓名、別名、字號、謚號、綽號，某傳記書的號碼代號、卷數、頁數等。

　　各條目依中國字庋擷法排列，另附筆劃檢字索引及韋氏拼音檢字索引。

　　有關遼金元傳記索引，還有下列二種：

遼金元人傳記索引

　　梅原郁　衣川強合編　民61年　日本　京都大學人文科學研究所　359面

　　收遼金元三代人物約三千二百人的傳記資料，據一百三十種文集編輯而成。

金元人文集傳記資料索引（Index to Biographical Material in Chin and Yüan Literary Works）

　　Igor de Rachewiltz；Miyoko Nakano；王樓占梅合編　民59年至68年　澳洲國立大學出版部　3冊

　　引用二〇四種書籍，除了傳記、歷史著作（如正史、別史、政

書、方志）及大量的金元明人文集外，還收錄遊記、釋道史著、金石志及近代學術論著。其中釋道史籍多達十八種，是其他同類索引易爲忽略的資料。

依被傳者之羅馬拼音排列，姓名後注明資料出處（如書名、卷數、頁次）。另附筆劃索引。第二册書後附永樂大典中之金元傳記資料索引；第三册書後附青樓集中所提到的金元傳記，及第一至三册中和尚道士稱號與本名對照表。

蕭啓慶評本書缺點：除列有傳主字號及所錄書籍卷葉外，別無其他資料。而且由於屬於英語系統的著述，未便著錄原文條目，不易判別所錄資料之重要性。加以全書三册乃係賡續而成，相互間的關係是累積性的，同一人的資料往往分列三册，翻檢稍感不便。（元人傳記資料索引評介）

元人傳記資料索引

王德毅　李榮村　潘柏澄合編　民69年至72年　臺北　新文豐出版公司　5册

前哈佛燕京學社曾有計劃地編輯從宋至清代的傳記資料索引。政府遷臺後，又陸續編了一些，不論編排體例，或是收錄範圍，均較往昔進步，其中又以宋人傳記資料索引、明人傳記資料索引及本書，最稱完備。

收編的人物約有一萬六千餘人，凡有事迹可述、言行足法或有著述的，都加以收入。對於鼎革之際的人物，合於下列條件的，予以收編：1.仕元；2.不仕元而有事迹可述；3.雖乏事迹而入元時間甚久的。除外，酌收若干金末和明初的人物。

引用的資料有八百一十餘種，包括：宋末人文集、元人詩文集筆記和總集、明初和清代名家文集、元明總志和地方志、石刻文獻，以及史傳典籍、目錄學和類書等。單行的年譜、事狀、言行錄、專書和

期刊中屬傳記的論文，也加以收編，不包括在八百種內。上述詩文集中的資料，包含：詔制、誥勅等二十多項。所收論文，以刊載於學術刊物和收入論叢的爲主，有關的博碩士論文，也加收錄。

體例：先爲被傳者撰一簡明的小傳，內容包括：注明西元生卒年、字號、籍貫、親屬、出身、仕履、言行、封諡、著作等。其下爲被傳人的傳記資料。如資料爲別集，先列篇名、後列書名及卷頁數，卷第和頁數之間，用一斜線（／）間隔之；如爲總集，則先舉著者，次書、篇名，以下與別集同。沒有卷第的資料，直接注明頁數。

排列：分漢人、非漢人二部分。漢人指元代的漢人與南人，非漢人指元代的蒙古人與色目人。漢人依姓名筆劃排列，非漢人部分則彙編在最後一冊，按其名的羅馬拼音排列。佛教人物一律歸入釋姓；道教人物，照其原姓名排列。上述依筆劃排列，凡是筆劃相同的，再以部首爲序。

書前有八百多種引用圖書一覽及姓氏筆劃索引。

唐　書評：王德毅等編「元人傳記資料索引」的評介——兼及其它幾種元人傳記 資料索引　蕭啓慶，書目季刊第15卷第 1 期，民國70年 6 月，頁 143 —147。

明人傳記資料索引

國立中央圖書館編　民67年　臺北　文史哲出版社　〔1155面〕
本書民國54年 1 月初版，民國67年重印。

明代傳記資料索引的編纂，舊有哈佛燕京學社的八十九種明代傳記綜合引得，近有日本東洋文庫的明代史研究文獻目錄，及香港新亞書院的古今圖書集成中明人傳記索引，於研究明史者，裨益匪淺。但上述引得，其材料來源，或採自史傳，或纂自類書，或僅錄期刊，至於文集中的傳記資料，尚乏纂輯者。文集中的碑傳志狀序說哀祭文，雖銘功訣墓，語或浮誇，但仍足資考證，實可補史傳之未備，不容忽

視。國立中央圖書館收藏明代文集，其數近千。其中不乏罕見孤本，更有若干史傳典籍爲上述引得所未收。因此，爲補以上引得的不足，該館便於民國五十三年編纂此明人傳記資料索引，以爲研究者檢查之助。

是編索引所引明清人文集共五二八種，史傳及筆記類典籍六五種，以及單行的年譜、事狀、別傳或期刊論文若干。是編所收，以文集中的資料爲主，凡文集中的小傳、行狀、墓誌銘、墓表、神道碑、誥勅及贈序、壽序、書序題跋、記說、祠碑、哀誄銘祭之文，均爲傳記研究的第一手資料，是編都予以收錄。至於詩篇奏議、書啓、函牘，則不在載錄之列。本編所收史傳筆記類典籍，多爲八十九種明代傳記引得所未收。因此，本編與「八十九種」所收之書，除明史、明儒學案、皇明名臣琬琰錄、國朝獻徵錄，及藩獻記、國寶新編等書外，並沒有重複。

本索引以姓名爲條目，依姓氏筆劃的多寡排列。其後繫其人小傳，並有注明其人傳記資料所在。所有小傳，都是參考史傳、方志、墓銘、行狀等而成。每傳包括其人西元生卒年、字號、籍貫、登舉年、及重要職官、言行事蹟、與著作等項目。小傳後附列所根據的資料。資料的排列，先文集，次史傳，每種資料載其所在的篇名、書名、卷頁數，檢者可據此以覆查原書。編首有「引用書目」。本編人名是根據姓氏筆劃多寡排列，有「筆劃檢字」，檢查並無多大困難。書後附字號索引及英文拼音索引。（中國歷史研究工具書叙錄）

書評：明人傳記資料索引補正　馬泰來，明代史研究第 5 期，民國66年12月，頁19—43。

八十九種明代傳記綜和引得

田繼琮等編　民55年　臺北　成文出版社　3 冊　影印（哈佛燕京學社引得第24號）

民國24年 5 月出版。

收明代傳記圖書八十九種，全部書名見書前的「八十九種明代傳記表」。

分爲姓名引得與字號引得二部。在「姓名引得」之部除列姓名外，兼及其人的別字、字號、小名、小字、別號、綽號、諡號、私號等。「字號引得」的功用，是對於只知字號不知名字的人物，檢查時，比較方便。

也是依中國字庋擷法排列，另附筆劃檢字索引及韋氏拼音檢字索引。

書中有若干訛誤，如將一人誤作二人（黃觀、許觀，實一人而二姓）；或數人混爲一人（朱瑄，一字廷璧，官右都御史；一字鈍菴，官山西副史，皆混爲一人）。這些都是在編製上訛誤遺漏之處。

明清進士題名碑錄索引

文史哲出版社編輯部編　民71年　臺北　該社　3 冊（2871面）影印

專供檢索或研究明、清兩朝進士資料之用。

據清乾隆十一年（1746）所刊「國朝歷科題名碑錄初集」及其附刊之明代諸科，以及「進士題名碑」的拓片、「登科錄」、各省方志等，加以增補、校訂彙編而成。計收兩朝考中的進士五一六二四人。每一進士爲一條，注明籍貫、科年、甲等、名次等。例：童文　應天府上元　明永樂 13/3/90　這是說，童文的籍貫爲應天府上元縣，在明永樂十三年榜錄取爲第三甲、第九十名。如科年因碑錄漫漶不清或碑錄所載籍貫、名次與其他記載不一時，則加注說明。

按進士姓名的四角號碼檢字法排列。書前有姓氏筆劃檢字索引。書後有歷科進士題名錄，從明洪武四年（1371）至清光緒三十年（1904）止。按科年名次排列。

三十三種清代傳記綜合引得

杜聯喆　房兆楹合編　民62年　臺北　鼎文書局　392面　（哈佛燕京學社引得第 9 號）

民國21年初版，民國55年臺北成文出版社影印。

爲燕京大學引得編纂處，採用新式檢字法，所編輯的第一種傳記索引，第二部爲八十九種明代傳記綜合引得，第三部爲四十七種宋代傳記綜合引得，第四種爲遼金元傳記三十種綜合引得。

所錄的清代三十三種總傳，各以號碼代表，全部書名見書前的「三十三種清代傳記表」。所收傳記書如：1.清史稿；2.清史列傳；3.國朝耆獻類徵；4.碑傳集；5.續碑傳集；6.碑傳集補等。

所載被傳人，只列其姓名，注明在某卷某頁的上面或下面，至於字號爵里，生卒年月，著述等均無載列，此點在編製上，不及後來編的八十九種明代傳記綜合引得，加列字號之善。

查檢本書，可用三種方法，一爲中國字庋擷法，本書人名卽依此

中國人名大辭典編輯時，清史編修未竣，各縣續修縣志，也多尚未完成，所以有關清代人大都未被收入，本引得剛好彌補這個缺點。

清人別集千種碑傳文引得及碑傳主年里譜

楊家駱編　民54年　臺北　中國學術研究所續修四庫全書編纂處410面　影印

此書實爲陳乃乾所編的清代碑傳文通檢，臺北中國文化學院中國學術史研究所續修四庫全書編纂處，於民國五十四年重印，並未注明；而且改易著者及書名，易使讀者誤以一書爲二。

本書收集清代碑傳文有關文集一千零二十五種，分列碑傳主姓名、字號、籍貫、生卒年份和碑傳文的作者及其所載書名和卷數，依碑傳主姓名筆劃順序排列。所據材料雖謂以碑傳文爲主，但其他的哀辭、祭文、記序等可供參考者，亦一併收入。

凡明朝人死在崇禎十七年（1644）以後及現代人生於淸宣統三年（1911）以前者，只要有碑傳集材料保存下來而爲作者所見到的，一律收入。由於本書爲一資料性的工具書，故不論碑傳主忠奸善惡，一律收入，以供檢者翻覽。　　　　　（書影見617面）

書前有筆劃檢字索引，以供查檢，又由於書中每有一人兩名或更改姓名者，故在附錄中作異名表，又有一人數傳而所作生卒互異者，亦附有生卒考異，以補正文不足之處。最後附有「淸代 文集經眼目錄」，記載所見淸人文集目錄，並注明版本。

此書實爲研究中國淸代史料的重要參考工具書。

增校淸朝進士題名碑錄附引得

　房兆楹　杜聯喆合編　民55年　臺北　成文出版社　26,434面影印（哈佛燕京學社引得特刊19號）

民國三十年哈佛燕京學社初版。

「淸代科舉制度，凡舉人經過殿試錄取的，除一甲三名（狀元、榜眼、探花）外，其餘都稱進士，全部姓名刻在石碑上，稱爲進士題名碑，刊印成書的稱進士題名錄」。淸代自順治三年（1646）開科取士至光緒三十年（1904），共舉行一百十二次，但碑與錄都不全，本書編者參考登科錄、學部官報、東方雜誌等資料，共收進士二萬六千七百四十七人，按科舉年份和名次爲序，列出姓名、籍貫等項。

所附引得，以中國字庋擷法排列，載明姓名、錄取年份及甲等名次。如王士禎　順15/2/36　順15卽順治十五年，2/36卽二甲第三十六名。

附錄游學畢業進士、特授改補館職、繙譯進士館選錄等。

此種題名碑錄不但是研究當代科舉制度及傳記人物的最佳史料，同時也因爲這些人當時都是擔任官職或爲學者，因此，與當代國家的治亂、學術的盛衰有密切的關係。

八旗通志列傳索引

神田信夫等編　民54年（昭和40年）　東京　東洋文庫滿文卷
檔研究會　206面

臺灣省清代二十五種方志曁連雅堂臺灣通史人物傳記索引

盛清沂編　　載臺灣文獻第20卷第1期，民國58年3月，頁76—
127。

臺灣省清代二十三種地方志列女傳記索引

盛清沂編　　載臺灣文獻第20卷第3期，民國58年9月，頁149—
189。

中國近代人物傳記資料索引

國立中央圖書館編　民62年　臺北　中華叢書編審委員會　422
面（國立中央圖書館目錄叢刊第12輯）

本索引的編製，旨在便利學者查考中國近代人物傳記資料，所收
錄人物，起自清道光二十年（1840），以迄於今，前後計一百三十
年，共一千五百八十八人。資料的來源，係探自中文期刊五十種（詳
本書收編期刊一覽表），所收資料至民國五十八年底止，並附列「個
人傳記書目」及「多人合傳書目」，藉資參考。

編排以被傳人的姓名筆劃爲序，其同一人有多篇傳記資料時，則
依資料首字筆劃多少爲序。每條的記載，首列被傳人姓名、次列字
號、篇名、著者、刊名、卷期、頁次及出版年月。個人傳記書目，也
依被傳人姓名筆劃爲序；多人合傳書目，則依書名筆劃爲序。另附著
者索引，依著者姓名筆劃爲序，並錄其所著文章的篇名編號於後，以
利查檢。（國立中央圖書館館刊）

革命人物誌索引

杜元載主編　民63年　臺北　中央文物供應社　72面

爲革命人物誌第1至12集的人名索引，按筆劃排。已出十六集。

歷代詩史長編人名索引

　　楊家駱主編　　民61年　　臺北　　鼎文書局　　463面

　　據鼎文書局編歷代詩史長編第一輯編成。詩史長編，收書二十四種：古逸詩載、春秋詩話、詩品註、南北朝詩話、唐詩紀事、續唐詩話、唐詩初箋簡編、五代詩話、宋詩紀事 、 宋詩紀事補遺 、 遼詩紀事、金詩紀事、元詩紀事、明詩紀事、清詩紀事、清朝詩人徵略、雪橋詩話、道咸同光四朝詩史八篇、清代閨閣詩人徵略、詞林紀事、篋中詞、廣篋中詞等。共收錄詩人及交遊人物二萬一千餘人，各詩人略述其事迹及字號。本書較成文出版社影印的「唐宋元詩紀事著者引得」，尤為完備。

　　又清人嚴可均編全上古三代秦漢三國六朝文，共收文人三千四百九十六人，每人均有一小傳，書後有按韻排列的索引，也可作傳記索引用。

藏書紀事詩引得

　　蔡金重編　　民55年　　臺北　　成文出版社　　98面　　影印（哈佛燕京學社引得28號）

　　民國二十六年北平哈佛燕京學社印行。

　　葉昌熾費七年（1884—1890）之力，蒐羅各藏書家的掌故，撰「藏書紀事詩」七卷，輯錄藏書家五代一五人，宋朝八四人，遼一人，金四人，元朝三五人，明朝四二七人，清朝四九七人，朝代不詳一二人，共一一七五人的資料；倫明「辛亥以來藏書紀事詩」，乃其續輯。本書即將上述二書中的有關條目，混合排列成主目與見目，按中國字庋擷法排列。主目為人名，下注朝代、字號、籍貫、室名、印鑑及著述、選輯、校刻諸書名，再注出處。見目為字號、室名，下注其所屬的主目，不列出處。

　　有關藏書家索引，另可參看甘乃元編「四種中國藏書家傳記索

引」。

四種中國藏書家傳記索引

　　甘乃元編　民66年　美國　Minnesota Far Eastern Research Library　76面

　　四種指：中國藏書家考略、江蘇藏書家小史、明清蟬林輯傳、清代藏書家考。

國立中央圖書館藏墓誌拓片目錄附索引

　　國立中央圖書館編　民71年　臺北　國立編譯館中華叢書編審委員會　389面　增訂本　（國立中央圖書館目錄叢刊第8輯）

　　書首冠序例，以明體制，書內收墓誌二千五百三十三條，墓蓋一百十條，壙志六條，其他十二條，補遺十四條，共二千六百七十五條，皆依序編號。書末再附張棣華女士所編「姓名索引」，以便檢閱。

　　案本書初版於民國六十一年十月，今年所梓爲再版。初版收二千六百六十一條，書末無索引，翻檢不易。再版雖僅多出補遺十四條，然書末附有索引，使本書之利用價值大增。（彥文撰，書目季刊第十六卷第三期）

列女傳索引

　　宮本勝　三橋正信合編　民71年　東京　東豐書店　88,311面（北海道大學中國哲學會「中國哲學」資料專刊第5號）

　　以四部備要本所收梁端校注「列女傳」爲底本。本文附在書前。

　　以句爲主，逐字或逐詞編爲索引，字或詞下均附原句，句中遇該字或詞則用○表示。原句之後，皆注明其在書中所附本文的頁數、卷數及傳。

　　部分虛字不收，如惟、爲、謂、矣、云、曰、焉等三十二字；惟下列連詞，如豈、敢、乎、者、自、靡、不、無、未、庸等，則予以

收錄。

　　依筆劃排列，同筆劃的再按部首分先後。

　　書前附部首檢字表、筆劃檢字表、拼音檢字表。

　　體例與本書相同的，還有「韓詩外傳索引」、「白虎通索引」，前者由伊東倫原、末岡實子等合編，民國六十九年十二月出版，附本文五十一面，索引三百零二面；後者由伊東倫原、宮本勝等合編，民國六十八年四月出版，附本文八十七面，索引二百八十四面。均由東京東豐書店印行。

中國禪宗人名索引

　　鈴木哲雄編　民64年　日本名古屋　斯弘堂書店　556面

中國高僧傳索引

　　牧田諦亮　諏訪義純合編　民61年至67年　京都　平樂書店　7冊

　　收梁至明高僧。

辭　　典

中外人名辭典

　　劉炳藜等編　民56年　臺北　中行書局　1314面　影印

　　民國29年3月中華書局印行。

　　中行書局印行時易名古今中外人名大辭典，原書附錄的中國人名別號錄、西文人名索引、五筆檢字法等刪去。只保留中國歷朝帝王紀元表一表，在檢查上不及原書方便。重印的書在內容上，並未有重新校訂，如第二十五頁的宋均原爲宗均之誤，前書本錯於前，重印時未能正其所誤，此爲一憾事也。

　　又民國五十三年國風出版社、新醫出版社、民國五十八年雲海出版社及民國六十九年文友書店影印出版的最新世界人名大辭典，及文

海出版社影印的世界人名大辭典與本書完全相同。更改書名，不載原編著姓名，不注原書名，讀者不察，易誤爲三本書。又如文海出版社易名世界人名大辭典，與民國二十五年出版潘念之與金溟若合編的世界人名大辭典（世界書局）雷同，易使人誤爲一書。實則世界版世界人名大辭典是一本外國人名辭典。所收人物包括古今的思想家、科學家、藝術家、事業家等，於現代人物，特予注意。

　　所收中外人名，上起太古，下迄近代，凡爲歷史上，各種學術技藝上，以及宗教上有名人物，一例採輯。其他如我國群經諸子所載，流俗所傳的各類人物，也廣爲搜羅，擇要收入。全書約收一萬七千五百餘人。所有人名，都以筆劃多寡爲序，同劃者以部首相從。「所錄之本國人，首敍朝代，次里籍，次字號；外國人則首敍國籍，次說明其爲何等人物，如天文學家，政治家之類，所述事蹟，必擧其最著者。如密斯（（Adam Smith，1723—1790）條下云：『一譯亞丹密斯，英國經濟學家。學於格拉斯哥及牛津大學，1751年任格拉斯哥大學論理學及倫理學教授。1766年辭職，漫遊歐陸，歸國後，從事著述。其所著原富（Inquiry into the nature and causes of the wealth of nations）一書，爲近世經濟學之巨作；當時歐洲各國之通商政策，頗受其影響。』如梁啓超條云：『梁新會人，字卓如，號任公，八歲學爲文，十二歲補博士弟子員，十七擧於鄉，受公羊學於康有爲。清光緒甲午中日戰後啓超竭力提倡變法，並於上海主撰時務報，著變法通議，刊布報端，啓發國人之革新思想；………晚年不談政治，專以著述講學爲務。又深研佛學，知人生雖幻，而精神決不與軀殼同死，故一生奮鬥，至死不倦。著有墨子學案、墨經校釋、清代學術概論、中國近三百年學術史、先秦政治思想史、飲冰室文集等。』凡所詮釋，尚稱扼要。惟外人之生存者，亦經採列，國人則以已故者爲限（圖書季刊）。

　　書評：評「最新世界人名大辭典」　王少雄，新知識雜誌第112期，民國65年12月，頁31—32。

思想家大辭典

　　潘念之　張采苓合編　民67年　臺北　河洛出版社　989,21,51面　影印

　　民國23年世界書局初版。

　　搜羅古今中外思想家凡三千餘人，依姓氏筆劃多少排列，記述各個人的生平行事外，更述其學說主張，並舉其重要著作。其所收思想家的範圍如下：1.其學說主張有文字刊行的；2.其思想行動足以影響社會的；3.自然科學的發明家。

　　書前有檢字表，書後有西文人名索引、中文人名索引。

萬姓統譜　一四〇卷

　　(明) 凌迪知撰　民60年　臺北　新興書局　3冊　影印

　　收錄上古迄明代姓氏，分韻編次。每韻內常姓字在前，稀姓字在後。每姓下略記其本姓及歷代名人履貫事蹟，按時代分先後。其中間有龐雜牴牾之處，然蒐羅既廣，足備考訂。書前有引用書目，除經史子集外，並列大明一統志、十二省統志等二十餘種。附歷代帝王姓系統譜六卷，氏族博考十四卷。

(增廣) 尚友錄統編

　　(明) 廖用賢編　民67年　臺北　新興書局　2冊　影印

　　收歷史上有名望、而編者又認為其在道德學問方面有成就的人。不收帝王、諸侯、僧道人物。時代從周秦至南宋。按韻目次序排列，姓名下再依朝代先後為序。

　　清代又有續編，一為張伯琮等加以補輯者，補至明代為止；一為退思主人編尚友錄續集，增加一百八十多個姓氏，人名增加六千多，體例同尚友錄；另有李佩芳、孫鼎合編之「國朝尚友錄」，專收清代

人物，體例同尚友錄。民國五年有署名錢湖釣徒的「尚友錄」和上述
幾種續編彙輯，題爲「尚友錄統編」，共二十四卷。

中國人名大辭典

臧勵龢主編　許師慎增補　民66年　臺北　臺灣商務印書館
1808面(正文)，25面(補遺)，132面(附錄)，139面(續編)，259面
(索引)

民國10年初版。

編纂歷時六載，從事者多至二十餘人，所收人名四萬人。起自上
古，止於清末。凡是經史志書所載的人名，不論賢奸，均加採錄；其
他如匈奴、渤海、回紇、吐蕃、南詔諸國以及經史不載的書畫名家、
工商醫卜、著名婦女等，也都加採載。許師慎增補民元年至六十五年
底，共收一千八百十人。每一人名，均略述其生平事績，增補部份，
載明生卒年。

排列依姓氏筆劃多寡爲序，姓與名之間以「‧」分開，可以分別
單姓和複姓。

因按姓氏筆劃排列，同姓的字過多，檢閱不便，該館另編有人名
四角號碼索引一種，提供助檢。

另有三種附錄：姓氏考略，異名表（以本書所收諸人字號爲限，
按異名筆劃多少排列），中國歷代紀元表。都很有參考價值。

本書的缺點，汪辟疆工具書的類別及其解題一文指出：古人姓
氏，因書寫之誤，曾經昔賢改正，確無可疑者，如宋均本作宗均；或
一人兩見，如本書一〇七面有王拯，補遺四面又出王錫振爲同一人
等，本書均未改正；又本書引用資料不注明出處，如原書名與卷數，
頗不便稽考。除此以外，本書仍不失爲一部檢查人物的重要工具書。

梁容若談中國人名辭書一文（見書和人頁六十至六十一，民國五
十三年，臺北文星書店印行），也指出本書的優劣點。其中缺點有：

中國人名大辭典

一畫

一〔部首〕

一如　明僧。居上天竺寺。曾奉命編輯禪宗語錄。後又輯法華科註。大明法教等書。

一行　唐高僧。張公謹之孫。武三思慕其學行。請與結交。一行逃匿之。開元中。玄宗強之至京。置於光太殿。數訪以安國撫人之道。有所問。輒窮其源。釋氏系錄。開元大衍曆。靈調伏藏。日月經緯諸書。卒諡大慧禪師。為中國佛教密宗之祖。曆敷天文。

一壺先生　明佚其姓名。國變後。往來登萊間。好飲酒。行必以一壺自隨。時稱一壺先生。伴狂自放。讀書輒數歲流淅。清廉照間。自經於郎墨僧舍。

一寧　元僧。姓胡氏。號一山。宋淳祐間生於台州。幼為僧。居普陀山。造一庵往日本勸降。日本大臣北條貞時所執。囚於伊豆。尋徙為四京南禪寺主。修養寺。後為四京南禪寺主。卒睠國師。居大同地藏菴。或亦隨施食者。或施金帛多不受。受亦隨施與之。終日閉關燕坐。不與世通。持戒律甚嚴。苦行三十年。冰霜雲則累日不舉火。

乙

乙弗弘禮　唐高唐人。工相術。嘗相隋煬帝不得善終。又泗州刺史薛大鼎嘗坐事沒為奴。貞觀時有請於弘禮之。指腰而下曰位方岳之任。帝詢。答曰。君奴也。欲何事。請解衣視之。其後有容儀。宴言笑。帝甚貴之。命后入窓。安西都護郭孝恪敗之。尋為后所幸。徙居泰州。郁久閭氏為后。柔然寇逼不悅。賜后死。年三十一。諡文。

乙弗朗　後魏其先東部人。後家洛陽人。上樂。少有俠氣。善騎射。國為聘禮。及太宗崩。自求立功。爾朱榮兄而重之。軍刺史。先驅靖路。州剌史。伴邦才為副將。城破。自刎。

乙弗后　西魏文帝后。洛陽人。名欽谷殿。建庭於鐵勒岳山。謂之北庭。貞觀中請於弘。西域坊。自恃其強。遂北易求者田地。普明兄弟乞出外更思。分禦十年。逸還同住。

乙毗咄陸可汗　西突厥主。謂之南庭。貞觀中累遣使朝貢。與乙公主。除駙馬都尉。獻支樂其地亦為所併。兵敗被擒見殺。

乙毗沙鉢羅葉護可汗　西突厥主。卒諡康。有惠政。

乙毗射匱可汗　西突厥主。兄弟爭田。天下難得者兄弟之一。昆咄陸可汗為吐火羅。以禮送還唐。詔聘之。父與昆之毗可汗射匱為嗣。太宗所立。之被咄陸可汗立。賀昆乙毗射匱可汗。其先世統部落。

乙邦才　明青州人。驍勇中以隊長擊賊於江南北。累著戰功。史可法氏。尋從乙速孤。宜至吉康侯副將。苗神客書為作碑銘。

乙速孤　後魏乙速孤。西魏大統初。梁將韓欽來寇。昭濟中。佛保時為都督。統兵力戰。知將敗。先城陷不屈之。斬馬及弓。自剄而死。三軍莫不壯之。

乙速孤佛保　後魏太原人。本王。其本乙速孤。從太宗平亂有功。

乙族　西域乞伏國仁之將。苗神客為作碑銘。

乙乾歸　後魏孫女。父武帝時寇入貢。帝留之於上谷公主。為漢碑之最完好者。有孔廟後漢百石卒史碑。其事甚詳。時於孔子廟置百石卒史。掌廟中禮器。碑留的首讀。

乙普明　後魏濟河人。兄弟爭田。天下難得者兄弟也。太守蘇瓊諭之曰。普明兄弟乞出外更思。遂還同住。

乙逸　後魏平原人。子東齊御軍。蘷禦仁之叛。逸襄城奔邊。果漂洵州刺史。微為光祿大夫。夫婦共載鹿車。服從數十騎。到城。慶為數十騎。到城。

乙瑗　後魏乾歸孫。字雅珍。為漢碑之最完好者。官車不與晉子。戰敗死。

乙璟　後魏字仲綱。為官相。元嘉時於孔子廟置百石卒史。掌廟中禮器。後漢石石史。天平初舉兵應變子。淮陽公主。除駙馬都尉。尚濟南太守。

乙瑗　後魏代人。其先世統部落。從駙馬征。勇冠三軍。爵為王。拜四道都將。卒諡恭。

1.一個人記他的朝代，不記生卒年月日，時代上不容易有正確觀念；
2.各條不記根據的文獻，想由辭書再作進一步參考很困難； 3.籍貫的
記載不正確，並且用親屬連類的辦法，查起來很費事；4.人名的排列
雖然說的很有條理，可是查起來卻不簡單；5.遺漏的人很多。

世界傳記大事典：日本韓國中國編

　　桑原武夫等撰　民67年　日本東京　ほるふ出版　6冊

　　McGraw-Hill 於民國六十二年出版 Encyclopedia of World
Biography 十二冊。桑書武夫等據該書加以增補改訂，選出中、日、
韓三國人物共一一九五人，譯成日文，介紹文字每人約三千字，有譯
者署名。前有小傳，盡量附照片、畫像、遺墨、書影。文後附參考書
目。三國人物均按五十音順混合排列。另編索引一冊，一二八面，也
照五十音順排列。

　　中國收入者，試以第一、二冊爲例，計有：安祿山、一行、隱
元、禹、惲南田、永樂帝、慧遠、閻錫山、王安石、王維、王羲之、
王國維、王充、王重陽、汪兆銘、王楨、王韜、王念孫、王弼、王夫
之、王莽、歐陽修、歐陽詢、王陽明、懷素、霍去病、郭守敬、岳
飛、郭沫若、賈思勰、賈似道、葛洪、關漢卿、鑑真、顏真卿、管
仲、韓非、韓愈、耆英、魏源、宋徽宗、仇英、堯、許愼、金農、虞
世南、屈原、嵇康、倪瓚、惠棟、阮元、玄奘、阮籍、唐玄宗、嚴
復、乾隆帝、項陶、康熙帝、高啓、寇謙之、黃興、黃公望、孔子、
洪秀全、黃巢、黃宗羲、公孫龍、光緒帝、黃庭堅、漢光武、洪武
帝、孝文帝、康有爲、顧炎武、顧愷之、吳敬梓、顧頡剛、吳子、吳
昌碩、胡適、吳道玄、吳佩孚、蔡元培、蔡邕、蔡倫、左宗棠等。

中國歷史人物辭典

　　文海出版社編輯部編　民68年　臺北　該社　634面　影印

　　收錄中國歷史人物一千八百人，包括：帝王、大臣、名將、起義

領袖、政治家、軍事家、思想家、文學家及學者等等。各詞目均將各
人物的姓名、籍貫、生卒年月、經歷、著作等作一簡介。文中出現的
古地名，大都附注今名。

　　排列以朝代先後爲序，計分：古史傳說中的人物、商、西周、春
秋、戰國、秦、漢……元、明、清等。民國人物列名者有：嚴復、屠
寄、康有爲、梁啓超、王國維、柯紹忞、孟森等七人。同一朝代的人
物，再依生年排列。

　　書前有總目錄，書後有筆劃索引。

中國人名辭典

　　難波常雄等撰　民67年　東京　誠進社　1628,94,130面　影印

A Chinese Biographical Dictionary（古今姓氏族譜）

　　Giles, Herbert A.編　民53年　臺北　經文書局　1023面
影印

　　影印時易名爲中國人名大字典。

古今同姓名大辭典

　　彭作楨輯　民59年　臺北　臺灣學生書局　1240面　影印

　　據民國25年初印本影印。

　　「姓氏之學，發源於世本，盛行於六朝，其書或有不傳。古今同
姓名錄，亦姓氏學之支流也，自梁元帝（蕭繹）撰古今同姓名錄（有
四庫本），唐陸善經、元葉森次第續補，明余寅撰同姓名錄十二卷，
清有汪輝祖九史同姓名錄，遼金元三史同名錄，較前益爲完備。國立
北平圖書館尚藏有清陳棻的同姓名譜爲海內孤本。及清劉長華的歷代
同姓名錄諸書，此皆爲歷代彙集同姓名而成篇，以備學者參稽者也」
（圖書季刊）。

　　所收古今同姓名，約五萬六千七百餘條。上起上古，迄於民國。據
蕭錄、余錄、陳譜、汪書、劉錄五書及五書外的同名零編輯錄而成，

古今同姓名大辭典卷一

稿之一　勤軒叢　翹

開縣彭作楨原名　洪　輯著

女秋霞　冬雪編排

博雅先生（余）

二畫

二、丁儀 一見[三國志魏書]卷九十一、附王粲傳。沛國人、字正禮、曹操欲妻以女。因目眇而止。後與粲奇之曰。即使其兩目眇。猶當與女。雖眇乎。卒……　時交阯節度使楊延藝牙將、矯驩州刺史、兼驩蕃都督。(汪)

二、丁固 一見[前漢書注]。(汪)弟、薛人。(漏)◎一見吳錄、夢腹上生松者。後爲吳司空。(漏) 陳劉　[楨按]陳譜二人。一漢初爲尚書、晳夢松生腹上者也。一吳臣、陸機嬖論。孟宗丁固之徒爲公卿、誤分夢松者爲二人、今歸併。(名典)

二、丁復 一漢人。以越將從高祖起薛。討平項籍。封陽都侯。卒諡敬。◎一元天台人、字仲容。延祐初被薦不就。所作多散佚。惟檜學集尚存(名典)

二、丁忠 一漢哀帝即位。以姬爲帝太后。兩兄忠明、明以帝舅封楊安侯。忠盆死。封忠子滿爲平周侯。(余)[楨按]見漢書卷九十七。 一吳趙。(楨)　寶鼎元年。遣五官中郎將丁忠使晉文帝。及還。說皓北伐。皓訪羣臣。大將軍陸凱諫止。皓不從。由御史。 一見明史。

一、丁元 一晉譙人。桓玄攻歷陽豫州刺史司馬尚之。率步卒屯于蒲上梁漲。逃于淮中。元等告玄。玄收斬之。 一宋深州統領。遇克郪縣數十里洲。被圍二百人。拚鬭死。(余)楨按見宋史卷四百五十一附楊照傳。 一一元至正初亞中大夫。參議中書省事預修金史。(余)

二、丁公著 一傳在唐書卷一百六十四。字叔子。蘇州吳人。累官右補闕。遷直學士。充皇太子諸王侍讀。穆宗朝。仕至太常卿。以病丐還。 一見宋史卷四百八十八交阯傳。劉隱鐇反。爲鉞所殺。(汪)

二、丁壽昌 一清山陽人、字頤伯。號菊泉。道光進士。同治中、由御史官嚴州知府。治緝甚善。 一清台州府、勇決善戰。同治間先定遠人。

二、丁寬 一前漢人。初爲項生從者。才過項生。 一見何胤傳[何胤傳]入口、易巳東矣。(余)楨按見[南齊書]卷八十八。在下品。(余)

二、丁廣 一見[宋史]卷四百四十七瀛國公紀。德祐元年戰敗。 一見[明史]卷一百七十五仇鉞傳。正德間指揮。同宜人。閻門讀書二十年。手編書類及諸史通考等書百餘卷。及卒、鄉里私諡字思敬。以耆年辭知南陽府。永樂中

二、丁明 一見丁忠條。漢哀帝即位。以帝舅封楊安侯。 一宋金壇人。

二、丁禮 一漢人。從高祖起。以卒從。封樂成侯。卒諡節。 一明丹徒人。封……

二、丁璨韓 一見民國七年二期職員錄。字慕韓。無錫人、陸軍部軍務司長。 一民國江津人、字劍軍。世、又劉綵。

二、丁瑜 一見[清代閨閣詩人徵略卷]三、第六頁、字靜嫻、長興人。御史緘眉錫室。有皆綠軒集。 一見清朝畫識卷十七。第五頁、字懷瑾、錢塘人。父允泰。工寫真。一遇西津烘染畫。懷瑾守其家學。專精人物、傅世轉調之致極工。適同里張鵬年。亦善

四、丁瑄 一見明史卷一百七十……軍司馬。 一附[明史]卷一百五十七李儀傳。 上元人。仕永樂至正統。終右副都御史。(汪)陳。 一附明史卷一百七十四。第三四二頁。弘治壬子鄉舉。歷汝王府長史。所至有聲。(汪)明薊州人。字希甫。嘉靖進士。歷官

四、丁璿 陞領軍府事。擢大將軍恆所陞、太宗時嗣父爵領位。稱鎮度行。 一見宋史卷四百八十八交阯傳。

約補一千四百餘人。

　　本書依姓氏筆劃爲序，再依名號部首爲次。每一同姓名的人都略
注字號籍貫及略歷（包括生平、社會背景），並詳注所引的書名，可
藉此檢覆原書。至於民國人物同姓名的，其事蹟多採自報章，尤爲繁
難可貴。手此一篇，查古今同姓名，就方便多了。

宋代名人傳 (Sung Biographies)

　　Franke, Herbert主編　民67年　臺北　南天書局　3册(1271,
　　157面)　影印

　　民國65年初版。

　　收編宋代重要人物四四一人，其中第一卷至第三卷四〇六人，包
括政治家、文學家及學者。第四卷（第三册）畫家三十五人。

　　介紹文字主要以英文撰寫，部分文字用德文或法文。內容有籍
貫、生卒年、生平事績，間亦述及與被傳人有關的當代人物。

　　按所收姓名拉丁字母順序排列，附注漢字。每卷書後附有四十七
種宋代傳記綜合引得被索引各書的書名及卷數。

　　本書所收人物不甚完備，體例亦不如清代名人傳略附有引用資料
，亦不如明代名人傳附有主要的參考文獻和撰人姓名。

Dictionary on Ming Biography 1368—1644 （明代名人傳）

　　Goodrich, L. Carrington　房兆楹合編　民65年　美國紐約
　　哥倫比亞大學出版部　1751面

　　參與編輯者有一百多人，包括中國、日本及美國的漢學家。

　　收錄明代重要人物六百五十餘人，兼及外國敎士，如艾儒略、陽
瑪諾等。每人詳述生平、思想、事功、著作。文中往往加上編者按
語，或節錄有關被傳者的近人研究論文。明末清初的人物，如見於清
代名人傳略，如楊漣、焦竑、陳繼儒、徐光啓、李之藻等，本書不
收。全書按被傳者的英譯字母順序排列。每人傳記後附有參考書目及

撰稿人署名。

　　文中有關係的專有名詞，注明中文，年月日都換算成西曆。

　　書前有地圖，書中略附人物畫像的圖版，書後有人名索引及標題索引。

　　本書的編輯，費時十餘年，房兆楹、杜聯喆夫婦出力最多。房氏夫婦籍隸湖北，武昌文華圖書館專科學校畢業後，在燕京大學工作，編有三十三種清代傳記綜合引得，民國二十二年赴美，潛心研究圖書館學及史學，其後轉入美國國會圖書館工作，協助該館編纂「清代名人傳略」。

　　書評：明代名人傳　梁一成，清華學報第12卷第1、2期合刊，民國68年12月，頁317—320。

Eminent Chinese of the Ch'ing Dynasty（1644—1912）

　　恒慕義（Hummel, Arthur W.）編　民45年　臺北　成文出版社　1103面　影印

　　中文書名為清代名人傳略，民國32至33年，美國政府印刷局出版。

　　收清代人物八百多人，其中鴉片戰爭前後至清末佔二百人，不收西方傳教士的傳記。如果包括與這八百多名人有關的兄弟子侄以及他們的門生幕客在內，約一千五百人。撰寫嚴謹，由編者邀請外國著名漢學家及中日學者五十六人參與編纂，被傳者的傳記、年譜、著述，及有關被傳者的討論文字均加收錄參考。每一位傳主的敍述字數，大約是從一千五、六百字到一萬字不等，引用資料都在傳文之後，注明出處。每一位傳主的撰稿人，都有署名，並附有參考文獻。書後有人名、標題索引及名人生卒年表。

　　本書的編輯費時八年，如果要查考清代人物、應先翻閱本書。

　　與前書比較，本書的缺點是音譯的地名，意譯的官名，不注明漢

字。書前也缺地圖、書中缺人物插圖。

　　書評：清代名人傳略平議　陳捷先，清史雜筆第2集，學海出版社，頁1—24。

Biographical Dictionary of Republican China（民國名人辭典）

　　Boorman, Howard L.編　民56至60年　美國紐約　哥倫比亞大學出版部　5冊

　　由美國哥倫比亞大學教授包華德主編，原擬收一千人，由於資料缺乏，定稿時選定六百人。按英文字母順序排列。中文姓名採用Wade—Giles拼音制，生卒年採用西曆算法。傳記內容包括詳細的生平事蹟，學經歷等。每一位名人的傳記，所寫的字數，大約二千字到二萬字不等。本書因係國際人士所主編，對於臺灣和大陸的中國人「一視同仁」，所以名人中，中共「名人」，也佔去不少的名額。本書每位被傳者的撰稿人沒有署名。

　　本書第四冊附有被傳者的著作目錄，是很珍貴的參考資料。第五冊爲全名人名索引，民國68年出版，75面。

　　本書編輯費時十三、四年，所用經費在美金七十萬元以上，是目前最詳細的一部民國人物傳記辭典。

　　書評有：英文「民國名人辭典」評介　薛君度，傳記文學第11卷第4期，又載政治評論第18卷第11期。

　　以英文撰寫的現代名人辭典，還有前上海密勒氏評論報編印的Who's Who in China（中國名人錄），從民國七年至二十五年，共出五集，所載均爲當時國內的著名人物（第三集載一千餘人，第五集載一千五百人）。本書民國六十二年東京龍溪書社有影印本。

現代中國人名辭典

　　霞山會編　民71年　日本東京　該會　1473面

　　原由外務省情報部編，後改由霞山會編，外務省アヅア局監修。

初版於昭和三十三年（民國四十七年），本書爲第十版。

收編中華民國、海外華僑、中國大陸地區的重要人物，如任職於中央政府機關、政黨、團體、企業、文化界的主管或領袖人物。行政機關收一級部門主管及省級主管。不收民國三十八年以前去世的，除非其與黨派有淵源的關係。

依日本五十音順排列。書後有漢字簡化表。

現代中國人名辭典（1957、1962、1966）

　　日本霞山會編　外務省アジア局監修　東京　江南書院　3冊
現代中國人名辭典

　　竹之內安己編撰　民70年　東京　國書刊行會　474面

Who's who in Science and Technology, Republic of China Vol. 1

　　行政院國家科學委員會科學技術資料中心編　民65年　臺北該中心　1552面

收編自由中國科技界人物約二千二百人。每人介紹的項目，包括：中英文姓名、性別、籍貫、出生年月、擔任職務、學歷、經歷、專長、會員資格、著作、地址等。除中文姓名外，均用中文敍述。

依英文姓名拼音排列，書後有主題分類索引，分理、工、農、醫四種，每種再予細分；另有中文姓名索引，依筆劃排列。

中國佛學人名辭典

　　明　復編　民63年　臺北　方舟出版社　971面

收錄佛學史上有重大貢獻或影響的人物五千三百二十六人。時間起自秦漢，迄於近代。每人詳錄其姓名、字號、家世、學歷、師承、重要行事、卒年、重要著作、學說及事功等。

按筆劃排列，書後有別名表、各宗派師承表。

中華民國醫藥界名鑑

　　中華民國醫藥界名鑑編輯委員會編　民68年　臺北　燕京文化牟業公司　3冊（3646面）

　　收錄全國正式取得政府證照的醫師、藥師，介紹其簡歷專長，並刊載有關醫藥方面的法令規章。

　　依地區劃分，臺北市在前，臺灣省列後，臺灣省再依各縣市排。每一地區先介紹該地區的公私立醫院，再按科別分，計分爲西醫師、牙醫、中醫、藥劑師、西藥商等。醫師、藥師等個人資料，按姓氏筆劃排列。

　　書前冠中華民國醫藥衛生保健概述。

中國文化界人物總鑑

　　橋川時雄編撰　民　年　臺北　影印者不詳　815〔48〕面

　　民國29年北平初版。

　　根據中日兩國出版的各種人名錄，參以編者主持的東方文化總會所調查的資料編輯而成。蒐羅民國元年以來到出書時還活着的文化界人士四千五、六百人。每人詳錄其姓名、生卒年月、字號、籍貫、學經歷、重要著作（包括書名、出版年、出版者）等，並附有照片。

　　書前有筆劃索引，書後有附錄三種：1.近百年中國文化界大事記表；2.中國國內大學學院表；3.海外留學著名學校略表。

　　初版於民國二十九年。有傅增湘序。

　　書評：中國文化界人物總鑑　梁容若，談書集310面，又載書和人第298期，民國65年10月。

中國文學家大辭典

　　譚正璧編　民51年　臺北　世界書局　2冊（1801面）　影印

　　民國23年初版，上海光明書局刊行，世界書局影印時編者改題譚嘉定。

　　收錄中國文學家六千八百餘人，上起李耳，下迄民國，較少收錄

劇曲家。各依其生年或在世年代的先後排列，每人詳載其姓名、字號、籍貫、生年、卒年（或在世時代）、歲數、性情、事蹟、著作等，某項無可考的則注明「不詳」字樣。至各文學家的生年、卒年、歲數等，大都探自疑年錄彙編、歷代名人年譜及歷代名人生卒年表等，書末附有人名索引，依筆劃多少排列，欲檢查某人的生平略傳者需先查本索引。

書評：中國文學家大辭典　梁容若，新時代第 3 卷第11期，民國52年11月，40至42頁。又見書和人，頁47至57，民國53年，文星書店。

中國美術家人名辭典

文史哲出版社編輯部　民71年　臺北　該社　10,182,1555,10,306面

本書係據孫韜公編「中國畫家人名大辭典」增補，並參考史、傳、地理志，及畫史、傳、譜、記等類圖書編輯而成；各家文集、詩話、筆記諸書亦引錄之。所收人物起自上古，下逮民國。收錄歷代書家、畫家、篆刻家、建築家、雕塑家及各種工藝美術家約三萬人。著錄人物姓名之下，識以時代、生卒年、字號、籍貫、繪事、畫論及其專工，末附其出處。籍貫一項為便於讀者查驗，均注明今地，凡不易查考者仍沿用舊名。

書前輯有人名索引，書後附有字號異名索引，極便查驗。

中國畫家人名大辭典

孫韜公編　民62年　臺北　臺灣東方書店　752面　影印

民國23年上海神州國光社印行，影印時刪去編者。

唐宋畫家人名辭典

朱鑄禹編　民65年　臺北　新文豐出版社　491面　影印

民國47年初版。

　　收錄唐、五代、宋、遼、金畫家一千四百二十人，略述其生平、師友淵源、社會背景、畫法特徵，以及所發生的影響等。對某些重要畫家的繪畫理論、表現方法、風格特徵等，均扼要加以闡述和分析，並給予評價。畫家均按姓氏筆劃排列，同一筆劃中，略依時代先後爲序。書中地名，除現仍通用外，均注明今地。

　　書前有依筆劃排列的人名索引，書後有附錄六種：1.唐五代宋遼金紀元公元對照表；2.唐五代宋壁畫表；3.宋代翰林圖畫院畫家表；4.唐五代宋遼金畫家生卒年表；5.唐五代宋遼金畫家別名、稱號索引；6.無事蹟可查的畫家表。

中國音樂舞蹈戲曲人名詞典

　　曹烱生編撰　民61年　臺北　鼎文書局　224面　影印
　　民國48年2月初版。

　　收錄五千二百人，始自上古，止於清末。每一人名，首注年代，次敍別名、籍貫，然後略述其與音樂或藝術有關的生平事蹟，最後注明資料來源。每人有五十字左右的介紹。按筆劃排列，書後附人名四角號碼索引。

中華樂典（近代名人篇）

　　梁在平　顏文雄合編　民56年　臺北　中華大典編印會　174面
　　收編民國以後音樂工作者的照片，生平簡介及作品，附有師大、藝專、中國文化學院歷屆音樂科系畢業生的地址。

樂人字典

　　王沛綸編　民60年　臺北　全音樂譜出版社、大陸書店　238面

合　　傳

世界傳記名著總解說

　　黃恒正譯　民70年　臺北　遠流出版事業公司　2冊（946面）

　　介紹一百七十五種傳記名著，描寫的大都是家喻戶曉，耳熟能詳的人物，另有極少數，雖不能稱爲偉人，但他們畢竟在歷史的創造過程中，扮演過重要的角色。

　　依被傳者的背景分類編排，概分四類：1.古今英雄偉人、二十世紀政治家、革命家的傳記，計三十六種；2.思想家、教育家、科學家、發明家傳記，計五十二種；3.作家、詩人、畫家、音樂家的傳記，計四十六種；4.探險家、實業家、奇才、藝人的傳記，計四十一種。

　　體例：每一部傳記作品，先出現一代表性的標題，將被傳者作一刻劃，如拿破崙傳的標題是「十九世紀席捲歐洲的英雄」。隨卽以極短的文字介紹該傳記的作者或傳記的內容作法等。正文包括四部分：內容與人物介紹、作者的生平、名句精華、注釋。本書的最大特色，卽在內容與人物介紹時，偶而穿挿一些趣事或名言；而書中儘量引用原書敍述，將被傳者的一生作傳神的介紹。

　　書後附有人名英文德文法文對照表、世界名人及其時代年表。

中國歷代學術家傳記

　　蕭政之　楊應慎合編　民54年　臺北　僑聯東方圖書公司　492面　影印

　　民國28年10月印行，原書名：中國學術家列傳，楊蔭深編。臺北廣城出版社及河洛出版社最近影印時，書名、著者都沒有刪改。

　　體例：倣作者所著文學家列傳。先詳生平，次述學說或創見，末則舉其重要著作之大略，至於生平事蹟不能考者，則付闕如。

　　內容所羅列者，係指先秦諸哲，及歷代經學家、小學家、史地學家、諸子學家、理學家、天算學家、金石學家、校勘學家而言，兼及宗教家。凡與學術上有貢獻者，均加搜探。自周秦而下，共成列傳四百五十九篇。並各挿刊圖像，（文學家列傳亦如之）以減文字枯燥之

弊。其中有兩見於著者之文學家列傳者，原不以文學名家。尊經著史各有專務，依例應詳載其生平於此書，而刪除文學家列傳內之名，庶可不乖體制也。

有清二百餘年，爲中國之文藝復興時代，蓋取前此二千餘年之學術倒捲而繹演之。此書對於清代學術家標錄特夥，輕重詳略，權衡得宜，可貴者也。（圖書季刊）

中國歷代名人畫像彙編

林明哲編　民66年　臺北　偉文圖書出版社　356面

收錄歷代帝王、聖賢、文人學士等三百五十六人圖像，始自人皇氏，止於胡適。所錄名人之姓名，率以本名爲主，歷代帝王則用其廟號，並於其後括號注明其本名，如宋太祖（趙匡胤）。各畫像下，附五十字至一百五十字小傳。

各畫像依姓氏筆劃多寡爲序，凡首字相當者，依其下一字的筆劃爲序，但遇字異而筆劃相同者，則按五筆檢字法順序。

依據的圖書，有明胡文煥撰歷代聖賢像贊、明張楷輯聖蹟圖、明王圻撰三才圖繪等。

中國歷代帝王譜系彙編

賈虎臣編　民55年　臺北　正中書局　357面

每一帝王記載：朝代、年號、族、姓、名、字、年齡、籍貫、祖、父、母、后、子（女）、在位年數、國都、陵地、生平事蹟。

中國學術詞典簡編

不著編者及出版年　臺北　廣文書局　1冊

著錄明朝以前名人及列女傳，按韻及朝代排列。

藏書紀事詩

葉昌熾撰　民54年　臺北　世界書局　410面　影印（中國目錄學名著第1集第6冊）

中國藏書家考略

　　楊立誠　金步瀛合編　民60年　臺北　文海出版社　326面
影印

　　民國18年浙江省立圖書館初版。

　　收錄七百四十一人，上起秦漢，下迄清朝，依筆劃排列。

宋代藏書家考

　　潘美月撰　民69年　臺北　學海出版社　246面

高僧傳　一至四集

　　（清）楊文會編　民60年　臺北　廣文書局　24冊　影印

　　另有民國46年中華佛教文化館大藏經委員會及民國64年新文豐出
版公司影印大藏經本。

　　分四集，第一集係梁釋慧皎撰，凡十三卷，收中國名僧，從東漢
明帝永平十年（67），至梁武帝天監十八年（519）而止，約收四百
五十餘人，分十科排列：1.譯經以譯佛經著名者入此類，2.義解，3.
神異，4.習禪，5.明律，………。

　　第二集唐釋道宣撰，四十卷，此書收梁至唐貞觀十九年（645）
的僧人三百三十一人，附見者一百六十八人，亦分十科排列。

　　第三集宋釋贊寧撰，三十卷，此書收唐至宋端拱的僧人，而以唐
及五代人居多。

　　第四集明釋如惺撰，六卷，收南宋至明的高僧。

佛門人物志

　　褚柏思撰　民62年　臺北　傳記文學出版社　256面

入華耶穌會士列傳

　　費賴之撰　馮承均譯　民49年　臺北　臺灣商務印書館　1冊
民國27年初版。

疇人傳彙編

　　（清）阮　元等編　民51年　臺北　世界書局　2册　影印（中
國學術名著第5輯科學名著第2集第4—5册）

　　據下列各書彙編而成：

疇人傳初編　四六卷　　（清）阮元撰

疇人傳續編　六卷　（清）羅士琳撰

疇人傳三編　七卷　（清）諸可寶撰

疇人傳四編　十一卷附錄一卷　　（清）黃鍾駿撰

近代疇人著述記　一卷　　（清）華世芳撰

　　疇人指曆算家而言。

　　為中國西曆算家的傳記專書，所收人名，起至上古，迄於清代，
約八百人，西洋曆算家，如歐幾里得、利瑪竇等，，附於卷末。

小史記：歷代科技人物小傳

　　張友繩撰　民68年　臺北　爾雅出版社　240面

歷代鍼灸名人錄

　　喬根庭編撰　民64年　臺北　中國醫史學會　84面

　　收錄九十二人，其中宋三人，元明清各五人，民國六十九人。

中國歷代行人考

　　黃寶實撰　民44年　臺北　臺灣中華書局　192面

　　民國59年出版續編，共395面。

閩南名賢傳（唐至民國）

　　吳吟世編撰　民62年　臺北　撰者　351面

中國藝術家徵略

　　李狷厓撰　民57年　臺北　臺灣中華書局　117面

中國歷代文學家傳記

　　蕭政之　楊應慎合編撰　民59年　臺北　僑聯東方圖書公司
503面　影印

　　民國28年 3 月中華書局印行，原書名：中國文學家列傳，楊蔭深編撰。

　　上起周代，下迄清末，凡著名的文學家，大體皆爲列入。根據正史記載，參考雜史筆記，繁則刪之，簡則增之，成列傳五百二十。

　　次第排列，則依出世時代爲主。無可考者，乃按各家事蹟，凡與某人同時者，即列於某人之後。傳記內容，槪以敍事爲首，然後於各家的生平作品，略加評論，並舉示與文學有關的重要諸作。

　　範圍所限爲各朝的詩人、詞人、戲曲家、小說家、辭賦家、散文家，批評家及翻譯家，書末另附各家籍貫、生卒、著作表及索引，然無新見，取便檢查。

　　全書按年代排比，編次井然，惟祖述陳篇，頗罕創論，至於疏於去取，未能謹嚴，尤稱失檢耳。（圖書季刊）

中國文學家列傳

　　楊蔭深撰　民67年　臺北　臺灣中華書局　498,36面　影印

歷代名作家傳

　　陳春城撰　民71年　高雄　河畔出版社　572面

　　自屈原迄陳之藩，共收五十二人。

歷代名畫記　十卷

　　（唐）張彥遠撰　民55年　臺北　臺灣商務印書館　334 面　影印

　　卷四至十記錄黃帝至唐末會昌元年（841）三百七十二名畫家的傳記，依時代順序排列。

唐尚書省郎官石柱題名考

唐御史臺精舍題名考

　　（清）趙　鉞　勞　格合撰　民67年　京都　中文出版社　550,82,441面

宋人軼事彙編

丁傳靖輯　民71年　臺北　源流出版社　2册（1196面）　影印

另有臺灣商務印書館重印本，二册（一○六三面）。

輯錄宋代六百餘人的軼事遺聞。包括帝王、皇后、公主、政治人物、詩人、詞人、哲學家、書畫家、禪林方士等。軼事指在正史以外，得之於當時傳聞和後世記載的材料和故事。引用書籍約五百餘種，有筆記小說、詩話、詞話、文集、方志、墓誌碑銘、雜史等，以宋人所作居多。

全書凡二十卷，共一百三十六則。第一卷至第三卷爲帝王、皇后、公主；第四卷至第十九卷爲一般人物，略按時代先後爲序；第二十卷爲故事、禪林、方士、叛逆。

引用材料均注明出處。書後有人名索引，依四角號碼排。

朱子門人

陳榮捷撰　民71年　臺北　臺灣學生書局　378面

收朱子門人約五七○人，其中私淑弟子約二一人，講友約六四人，非弟子亦非講友約七三人。每人先注明生卒年及官職，次字號、籍貫、資料出處、生平交友考證等。按姓名筆劃排列。書前另有著者撰「朱門之特色及其意義」一長文。

本書考證頗費功夫。曾引用多種參考書，如：朱子文集、朱子實紀、朱子語類、考亭淵源錄、宋元學案、朱門弟子師事年考（日人田中謙二撰）等。

檢索時可利用書前的姓名筆劃索引或書後的英文拼音索引。

國朝獻徵錄　一百二十卷

（明）焦　竑編　民54年　臺北　臺灣學生書局　8册　影印

收錄明代人物的神道碑、墓誌銘、行狀、別傳等。依下列順序排列：宗室、戚畹、附馬都尉、公、侯、伯、子、男、中書省、內閣、

詹事府、翰林院、吏部、戶部、禮部、兵部、刑部、工部、都察院、大理司、光祿司、國子監、順天府、應天府、直隸、浙江、**江西**、福建、河南、陝西、山西、四川、廣東、廣西、雲南、貴州、錦衣衞、孝子、義人、儒林、藝苑、隱佚、奇人、釋道、四夷等。較徐紘編的明臣琬琰錄爲豐富。

　　碑傳所記雖多阿諛死者，不盡可信，但乃原始材料，是可以用來與官方所修的傳記互相考核的。

　　萬斯同曾推崇本書。

皇明進士登科考　十二卷

　　（明）俞　憲撰　民58年　臺北　臺灣學生書局　2冊　影印（明代史籍彙刊）

　　爲明代前一百八十餘年（嘉靖二十九年以前）進士題名之總錄。共收進士凡一萬三千零一人。

明淸歷科進士題名碑錄

　　民58年　臺北　華文書局　4冊　影印

　　輯明洪武四年（1317）至光緒三十年（1904）間所有進士姓名籍貫。

明代登科錄彙編

　　臺灣學生書局編輯部編　民58年　臺北　該書局　22冊　影印（明代史籍彙刊）

明史列傳　九十三卷

　　（淸）徐乾學撰　民59年　臺北　臺灣學生書局　10冊　影印

東林列傳

　　（淸）陳　鼎編　民64年　臺北　新文豐出版社　2冊　影印

本朝（明）分省人物考　一百十五卷

　　（明）過庭訓纂集　民　年　臺北　成文出版社　20冊　（10161

面)　影印

國朝耆獻類徵初編

　　(清) 李　桓編　民55年　臺北　文友書局　24冊，索引 1 冊
影印

　　收清初 (1616) 至道光三十年 (1850) 之名人傳記一萬六千二百
八十六人，分宰輔、卿貳、詞臣、諫臣、郎署、疆臣、監司、守令、
僚佐、將帥、材武、忠義、孝友、儒行、經學、文藝、卓行、隱逸、
方技等十九類排比。書前有總目二十卷，通檢十卷，附滿漢同姓名錄
一卷。

　　清朝列傳，以本書爲最詳備。

國朝先正事略　六十卷

　　(清) 李元度撰　民55年　臺北　文海出版社　4 冊　影印 (中
國近代史料叢刊第12輯第111種)

　　收清代名人五百人，附見者六百零八人，分名臣、名儒、經學、
文苑、遺逸、循良、孝義等七門，採其勳績議論，嘉言懿行，各著於
篇，用以備遺忘而資觀感。各人事蹟，皆採自私家傳記、郡邑志乘，
間及說部，仍正以國史列傳。

碑傳集　一六〇卷

　　(清) 錢儀吉編　民62年　臺北　文海出版社　12冊　影印

續碑傳集　八十六卷

　　繆荃孫編　民62年　臺北　文海出版社　10冊　影印

碑傳集補　六十一卷

　　閔爾昌編　民62年　臺北　文海出版社　12冊　影印

　　錢書係採集自清初至道光間，名公碑版狀記之文，旁及地志別
傳，上自宰輔，下及山林隱逸，並列女言行事蹟，分類選錄。共得一
千六百八十餘人，其中列女三百三十餘人。分宗室、功臣等二十五

類，排比成書。書前有類目、總目、作者紀略、引用書目等，是書體裁閎正，取捨謹嚴。

　　繆書起自光緒七年（1881），至宣統二年（1910），其編制大略與錢書相同。清朝滅亡，碑版狀記，續有發現，閔爾昌乃爲之續編，並兼收道咸以前的人物，其編制大概與前二書相同。

　　以上三書爲檢查清代人物的重要參考書。三十三種清代傳記綜合引得，也收錄此三書。

　　本書另有藝文印書館影印本，民國四十八年印行，列入四庫善本叢書初編，線裝，碑傳集六十冊，續碑傳集三十二冊，碑傳集補二十四冊。

　　有關清人傳記，下列四書，也可供參考。

清史列傳　八十卷

　　民51年　臺北　臺灣中華書局　10冊　影印

　　收二千人，附傳一千四百人，附見的三千人。以清史稿列傳爲主。

國史列傳　八十卷

　　（清）闕　名輯　民64年　臺北　新文豐出版社　4冊（2772面）影印

　　又名滿漢大臣列傳，據日本東方學會刊本影印。

　　收宗室王公大臣約五百零九人。

滿州名臣傳　四十八卷

　　（清）闕　名輯　民59年　臺北　臺聯國風出版社　6冊（5970面）　影印

　　收六三九人，附傳一三〇人。

漢名臣傳　三十二卷

　　（清）闕　名撰　民59年　臺北　臺聯國風出版社　4冊（3896面）　影印

收七十九人，附傳三十一人。

清代徵獻類編

嚴懋功編　民50年　臺北　世界書局　2冊　影印

欽定勝朝殉節諸臣錄　十二卷

（清）舒赫德等奉敕撰　民58年　臺北　成文出版社　2冊　影印

民國60年臺灣銀行也有影印，卷十二專證從略。

清代學人象傳

葉恭綽編　民58年　臺北　文海出版社　1冊　影印

民國19年商務印書館初版。

清朝詩人徵略　六十卷

（清）張維屏撰　民60年　臺北　文海出版社　4冊　影印

清代閨閣詩人徵略　十卷

（清）施淑儀撰　民60年　臺北　鼎文書局　658面　影印

國朝書人輯略　十二卷

（清）震　鈞撰　民60年　臺北　文史哲出版社　2冊　影印

收有清一代書人，八百餘人。

國朝書畫家筆錄　四卷

（清）竇　鎮撰　民60年　臺北　文史哲出版社　483面　影印

收清代畫家一千七百餘人。

近代名人傳

費行簡（筆名沃丘仲子）撰　民62年　香港　中山圖書公司　458面　影印

收清同治以迄宣統間，已逝世者。本書民國15年初版，原書名：近代名人小傳。

清代七百名人傳

蔡可圜撰　民67年　臺北　廣文書局　3冊（2094面）　影印
民國26年上海世界書局初版。

收清代名人七一三人。分爲六編：政治、軍事、實業、學術、藝
術、革命。書後有補編及附錄五種（清代大事年表、清代各朝名人分
配表、清代名人地域分配表、清代名人分類統計表、清代名人異名、
諡法檢查表）。

革命人物誌

黃季陸主編　民58至　年　臺北　中國國民黨中央委員會黨史委
員會

收革命人物，以記述其生平事略完整的爲限，收錄的資料包括：
傳記、行狀、行述、墓碑、墓表等。以一人一傳爲原則。每冊收錄人
物，均照姓名筆劃多寡爲序。每冊平均約五百頁，收三十人。至民國
六十六年止，共出十六集。

爲檢索各集人物，該會民國六十三年六月出版革命人物誌索引，
七十二面，收第一集至十二集，按姓名筆劃排列，同筆劃的，則以其
逝世先後爲序。姓名後爲集別及各集頁碼。

民國百人傳

吳相湘撰　民60年　臺北　傳記文學出版社　4冊　（傳記文學
叢刊）

本書作者撰刊民國重要人物九十九人（其中國父孫中山先生及
總統蔣中正先生另寫專傳）。分四類：第一類屬於民國革命時期人
物；第二類屬於對日抗戰時期人物；第三類屬於反共抗俄時期人物；
第四類均是當時健在人物。第四類照各人出生年月爲序。一百人之中
學術教育界人士占四分之一。

每一被傳者，均先有提要，後以較長的文字介紹，有詳細注解而
無資料來源。

民國人物小傳

　　劉紹唐主編　民64至71年　臺北　傳記文學出版社　5冊

　　收錄民國人物一○○九人，以卒於民國，並對國家有貢獻、影響者爲限；所謂有影響，包括被認爲是軍閥或漢奸者。記載的內容，有籍貫、生卒年月、學經歷、重要成就及著述等。文字約在數百字與一千字之間。文筆簡潔謹嚴，避免褒貶之詞，文後有撰者署名及引用參考資料。

　　編排：依姓名筆劃順序分先後。首冊書前影印有國父手書自傳，書後有蔣總統年表。第五冊附全書五冊的姓名筆劃索引。

中華民國人事錄

　　中華民國人事錄編纂委員會編　民42年　臺北　中國科學公司470面

　　所收錄的人士約有四千多人，大部份爲自由中國黨、政、學、軍、民意機構、工商組織、人民團體的現任負責人員。排列以姓氏筆劃多寡爲序。每一人物的介紹，包括：姓名、年齡、籍貫、學經歷、專長、貢獻、著作、現職、特長等。介紹的文字，約在一百字至三百字之間。

　　書前有姓氏筆劃索引。

中華民國當代名人錄

　　中華民國當代名人錄編輯委員會編　民68年　臺北　臺灣中華書局　4冊（正文2299面，總索引75面）

　　收錄國內當代知名之士四千五百人，記述其生平、傳略及其事業。如：字號、出生年月、籍貫、國內外最高學歷、經歷、現職、專長、參與社團、學術著作、獲贈勛章、玉照等。按分類編輯方式，計區分爲：1.黨政人士；2.民意代表；3.學術、教育界人士；4.科技、工程人士；5.文化界人士；6.工商、金融人士；7.自由職業人士（律

師、會計師、醫師、建築師）。其中若干人士因具有多種身份，分類時按其目前擔任的主要職務為主。各類人物再按姓名筆劃排列。

各冊書前有分類索引，第四冊後又有四冊的總索引，均以筆劃為序，人名下注明該名人在各冊的頁數，同姓名的，加性別、籍貫等。

近來國人所編名人錄，跡近氾濫，體例欠謹嚴，收編人物漫無標準，有的對其生平的敍述，形同廣告性質。本書出版後，報刊上迭有評介，歸納其意見，有：1.敍述文字有些誇大之詞，有些學經歷不真實；2.本書原為三冊，出版後各方認為尚有若干知名之士未列入，乃續編第四冊，增收八百人，惟仍有漏列者，如王雲五；3.稿件多係其本人自己提供，體例內容詳略不一。

中華民國現代名人錄

中國名人傳記中心編　民71年　臺北　亞太國際出版事業公司
1731面

共收三千五百人。收錄標準為：對國家建設，促進經濟發展具有貢獻者；或從事研究發明、辦學治學、克難生產、獻身地方建設暨社會服務有功績者；或參與國內外藝文、體育、技能競賽成就卓著，贏得優勝者。

依照姓名筆劃排列，每人著錄的款目，有：字號、籍貫、出生年月日、學歷、經歷、參加社團名稱、著作、重要事蹟等，並附照片。以中英文對照方式編排。

人名錄只錄事實，不加贊頌。本書與中華書局的「中華民國當代名人錄」，均未達上述標準。

中國現代六百作家小傳

李立明撰　民66年　香港　波文書局　588面

收編中華民國、香港及海外地區中國作家六百餘人，詳述其生平事蹟及文學作品。收錄的範圍，不限於純文學作家，如王雲五也包括

在內。逝世的作家也加收錄，如王平陵、王尙義等。依作家姓名筆劃排列。姓相同，單名列於前。如王藍列於王文興之前。

　　著者另編二書，與本書性質相近，也可供參考。卽：1.中國現代六百作家小傳資料索引，三一九面；2.現代中國作家評傳，均波文書局印行。

新月詩派及作者列傳

　　秦賢次撰　詩學第 2 輯　民國65年10月　頁399—425。

中國當代作家小傳

　　林曼叔等編　民65年　巴黎　巴黎第七大學東亞出版中心　240面（東亞叢書第27種）

日據時代臺灣新文學作家小傳

　　黃武忠編撰　民69年　臺北　時報文化公司　186面

國史館館刊

　　民36年12月創刊，出完 2 卷 1 期後停刊。

　　每期有國史擬傳及傳碑備采。本書臺北有影印本。

臺灣時人誌　第一集

　　章子惠編輯　民36年　臺北　國光出版社　227面

自由中國名人傳

　　世界文化服務社編　民41年　臺北　該社　313面
　　民國37年初版。

　　據「中國當代名人傳」影印。

自由中國名人實錄

　　民族文化出版社編委會編　民42年　臺北　該出版社　277面

中華民國名人傳之四（工商企業界）

　　世界文化服務社編委會編　民46年　臺北　該社　255面

中國臺灣名人傳

中華史記編譯委員會編纂　楊　舜主編　民50年　臺北　該會
353面

中華民國工商人物志

中華民國工商協進會編　民52年　臺北　該會　777面

臺灣風雲人物

卜幼夫撰　民53年　香港　新聞天地社　226面

革命先烈先進傳

中華民國各界紀念國父百年誕辰籌備會編　民54年　臺北　該會
1094面

中華民國憲政名鑑㈠　臺灣地方政制

中華民國憲政名鑑編輯委員會編　民59年　臺北　該會　596面

收錄歷屆民選當選人名錄資料，包括首屆參議員、省參議會、臨
時省議會歷屆當選人名錄。

中國近代學人象傳初輯

大陸雜誌社編　民60年　臺北　該社　1冊

當代名人傳

費行簡（筆名沃丘仲子）撰　民62年　香港　中山圖書公司
393面　影印

收清同治以迄民初，尚健在者。本書民國15年出版，原書名：當
代名人小傳。

民國之精華（又名民初議員列傳）

佐藤三郎　井上一葉合編　民64年　臺北　天一出版社　11,452
面　影印

中國近代名人圖鑑

勃　德編　民66年　臺北　天一出版社　801面　影印

收當代名人（編輯時尚在世者）二百人，每人有一照片，簡介一

面中文，一面英文。

臺灣人物誌

　　王詩琅撰　民68年　高雄　德馨室出版社　446 面　（張良澤編
王詩琅全集第 7 册）

　　蒐集臺灣有史以來，活躍政壇的人物及言行足以垂範後世者九百
八十八人，略記其生平志業。每人敍述文字長短不一，其中以劉銘
傳、唐景崧、連橫、許地山、吳鳳介紹文字較長。

　　全書分宦績、貨殖、學藝、醫術、行誼、特行（如殉國、義士、
驅荷、拒清、抗日）、流寓，外人八類。

近代敎育先進傳略　初集

　　周邦道撰　民70年　臺北　華岡出版社　451面

　　列舉清末以來敎育先進事蹟，並各為立傳，計二百六十人。先按
省分，再依謝世之先後為序。

地方自治名人錄

　　林宣槐編撰　民71年　臺北　林佳印行　481面

　　收編民國七十一年新當選的各項地方公職人員的傳記資料 ，包
括：姓名、性別、籍貫、年齡、黨籍、地址、學歷、經歷、主要抱
負、競選諾言等，並附照片。

　　內容編排分縣市長部分、省議員部分、臺北市議員部分、高雄市
議員部分、臺灣省各縣鄉鎮市長部分、各縣議員部分等。

華僑名人傳

　　祝秀俠編撰　民44年　臺北　中華文化出版事業委員會　1 册

現代華僑人物誌

　　向　誠編　民53年　臺北　大中華出版社　1 册

星馬人物誌

　　東南亞人物叢刊編纂委員會編　民58年　香港　東南亞研究所

2冊

中共人名錄

中共人名錄編修委員會編　民67年　臺北　中華民國國際關係研究所　4,24,756,94面

收錄中共黨、政、軍、文敎、科學、藝術各界人物，共五千多人，包括附錄八十五人。採錄標準，文職爲省級以上，軍職爲師級以上，附有姓氏筆劃檢字表及職務分類索引。

關於中共人名錄，下列四書，也可參考：

Biographic Dictionary of Chinese Communism 1921—1965

Kiein, Donald W. ; Clark, Anne B. ed.　民60年　美國 Cambridge, Mass., 2 vols

中共人名典

張大軍編　民46年　香港　自由出版社　2,224面

中共軍人誌

黃震遐編　民57年　香港　當代歷史研究所　5,20,790,11 面

共匪人物誌

國家安全局編　民59年　臺北　編者　6冊　活頁裝　本書收三千人。

漢文學者總覽

長澤孝三編　民68年　東京　汲古書院　338,127面

有關日本漢學家傳記資料的工具書，民國十七年竹林貫一編「漢學者傳記集成」，收三百八十一人；二十四年小川貫道編「漢學者傳記及著述集覽」，收一千二百五十六人；三十二年及五十五年關儀一郎及關義直合編「近世漢學者傳記著作大事典」，收二千九百餘人。本書收江戶時代至今 (1603—)，共四千九百二十七人，以歿世者爲限。每人列舉其生平資料，包括：姓名、字號、生地、歿年、享年、

師名等，另有備考欄，注明專長、官名、職業、資料出處等。依五十音順排列。書後有漢學家姓名字號筆名索引，亦照五十音順排列。

特殊教育名人傳略

林孟宗編譯　民69年　臺北　國立臺灣師範大學特殊教育中心
137面

係根據美國「特殊教育雜誌」(The Journal of Special Education)　每期所介紹之特殊教育先驅者迻譯彙編而成，共五十餘位，分爲七類，卽：視覺障礙、聽覺障礙、肢體殘障、智能不足、學習缺陷、情緒困擾、資賦優異。每位人物包括相片、簡略生平、主要貢獻及其對後世的影響。

書後有人名索引，依英文字母順序排。

出版年適逢海倫凱勒百年冥誕，本書的印行，實具深遠意義。

生 卒 年 表

歷代名人年里碑傳總表

姜亮夫編　民54年　臺北　臺灣商務印書館　589面　影印

以錢大昕、吳修、陸心源等六家疑年錄，吳榮光名人年譜，司馬光資治通鑑等爲底本，淸光緒以來諸賢則多根據申報、東方雜誌、國聞週報諸刊物等材料，考訂編輯而成。共收一萬二千餘人，上自周代（551）孔子誕生起，下至民國53年12月底止。凡被傳人的姓名、字號、籍貫、年歲、生卒、備考等，均加以注明。其中生卒年包括當時的帝號、年號、干支、公元等。備考欄注明資料來源。

按被傳人的朝代及生年先後爲序，生年不詳的就按卒年排比。書後附帝王表及高僧表。

查閱本書要利用書後所附的筆劃及四角號碼索引。

本書於民國二十六年初版，所收人物載至二十五年上半年止，商

歷代人物年里碑傳綜表　　姜亮夫纂定　陶秋英校

姓名字號籍貫歲數	生年·帝號	生年·年號年數干支	生年·公元	卒年·帝號	卒年·年號年數干支	卒年·公元	備考
孔丘　仲尼　魯　七三	周靈王	二一　庚戌	前五五一	周敬王	四一　壬戌	前四七九	史記孔子世家。此從史記與左氏傳注（先聖二十一世）。說王肅聖證論二十一年，說異公羊襄公二十年，宋景濂孔子生卒年月考，革世紀二十四年，鄭樵孔子編年，李肱至元年復有元年，徐子二十年者有元年，馬編世紀年，主羊公二十一年，胡培翬孔子生卒年月考之，又用公羊昭公二十一年，見先聖二十四年，狄子奇孔子年譜。目宋張次仲孔子編年，洪亮吉孔子年譜，而江永、魏源、孔廣牧、胡培翬諸家。
秦商　丕茲　楚	周靈王	二五　甲寅	前五四七	周敬王			家語作殷翔寶。余各有所考。
顏無繇　路　魯	周靈王	二七　丙辰	前五四五	周敬王			史記卷六十七。史記作字路。此從鄭玄說。又語又作魯人。
冄耕　伯牛　魯	周景王	一　丁巳	前五四四	周敬王			史記卷六十七。據家語少孔子六歲。又史記卷六十七，生時曾葬子回也。
仲由　子路　卞　六三	周景王	三　己未	前五四二	周敬王	四〇　辛酉	前四八〇	史記卷六十七。家語一字季路，明趙時。雍路年表作前五四三年生，馮雲鵷同。本書。

務會由楊本章加以補編，至民國五十三年底止，增收五百八十六人，大部份是軍政界人物。

姜氏也在民國四十八年增訂本書，全書增至八四八面，人物增加八千人，並改正初版時的一些錯誤，並易書名爲歷代人物年里碑傳綜表，民國六十五年，臺北華世出版社有影印本；民國五十二年世界書局刊行的歷代人物年里通譜，即此書的影印本，並易編者爲姜寅清，楊家駱增訂，列爲世界書局史學名著第六集。

本書雖是目前檢查生卒年最完備的工具書，但仍有缺失，尤以宋人部份爲甚。鄭騫曾就宋人部份，詳加補正。補正的文章共有二文，列舉如下：

1. 宋人生卒考示例（上下）　幼獅學誌第 6 卷第 1 期，民國56年 5 月，頁 1 —50；6 卷 2 期，民國56年 7 月，頁 1 —52。

2. 宋人生卒考示例續編　幼獅學誌第 7 卷第 4 期，民國57年12月，頁 1 —48。

此二文近也由臺北華世出版社合刊印行。

書評：評介訂正再版姜亮夫「 歷代人物年里碑傳綜表 」　汪宗衍，中國文化研究所學報第 9 期上册，民國67年，頁247—259。

歷代名人生卒年表

梁廷燦編　民59年　臺北　臺灣商務印書館　279面　影印

民國19年上海商務初版。

係將錢大昕疑年錄、吳修續錄、錢椒補錄、陸心源三續錄、張鳴琦賡錄、及張惟驤彙編所增補者，盡行收錄，凡五千人，以成此表，各人的排列依生年先後排比，每人載其姓名、字號、籍貫、生年公元、卒年公元、歲數等項。所收人名，上起孔子以迄最近，凡稍有著述行事足爲世人所觀感而生卒見於載籍者，靡不錄之。書前有人名索引二，一依姓氏筆劃繁簡爲序，一依四角號碼排列，甚便檢查，書後

附有帝王、閨秀、高僧三表，高僧表因所收人數有五百餘之多，故亦製一索引以便查檢，餘二表則因人數不多，故闕去。（中文參考書指南）

歷代名人年譜　十卷　存疑一卷

　　（清）吳榮光編　民54年　臺北　臺灣商務印書館　5冊　影印（萬有文庫薈要）

　　民國55年，商務印書館國學基本叢書第362冊。

　　爲檢查歷代名人生卒年歲與歷朝大事的工具書。起自漢高祖元年（公元前206），迄於清道光二十三年（1843）。按年繫事，每年一行，每年記載干支、國號、帝號、帝名、陵名、偏安帝號、時事、與名人生卒各項，記時事則略古而詳今。名人詳列生卒年月及其諡法爵號。

　　本書列表詳明，檢查尚易，惜止於道光年間，且每年只記干支，未及西元，又無姓名筆劃索引之類。末附存疑及生卒年月無可考者一卷。

疑年錄彙編　十六卷　附大表一卷

　　張惟驤編　民　年　臺北　藝文印書館　8冊

　　收在叢書集成三編小石山房叢書內。本彙編收三千九百二十八人。

釋氏疑年錄

　　陳　垣編　民64年　臺北　廣文書局　2冊（664面）　影印（中國哲學思想要籍叢編）

　　民國28年輔仁大學出版。

　　臺北鼎文書局民國66年影印本書，裝成一冊，共五一〇面。

　　收西晉至清初有年可考的僧人二千八百人，按生卒年排列，每一僧人注明名號、生卒年、籍貫、俗姓、所據材料。引用圖籍達七百餘

種。書後附僧人法名通檢，以名末字筆劃爲序。

歷代名人生卒錄

　　錢保唐撰　民67年　臺北　廣文書局　2冊（795面）　影印

　　民國25年初版。起自上古，迄於淸光緒二十年（1894）。

先秦諸子繫年

　　錢　穆撰　民45年　香港　新亞研究所　624,19面　增訂本

年　　　　　　譜

中國歷代名人年譜總目

　　王德毅編　民68年　臺北　華世出版社　〔35〕,328,63面

　　係將王寶先編歷代名人年譜總目加以增補訂正。

　　共收譜主一千三百二十五人，年譜約二千四百多種。書分五卷，上古至五代爲第一卷，宋元爲第二卷，明爲第三卷，淸至民國爲第四、五卷。各卷的編排，以譜主生年先後爲次，首列譜主姓名，下繫生卒西元，次述其字號、籍貫、生卒之中國歷代紀年，末舉年壽。譜主後列譜名（如梁任公先生年譜長編初稿三十八卷）、編者、所在期刊（或叢書、別集）或版本名（如「趙明誠李淸照夫婦年譜　黃盛璋編　李淸照全集附，河洛出版社印行」。河洛出版社屬版本名，該年譜附在李淸照全集，應相當於所在期刊），和出版年月。同一譜主有數種年譜者，以各譜編成時代先後爲序。卷末附有不及列入正文的「補遺」，又將已查知譜主姓名、字號、籍貫，但尚未知其生卒年或未知譜主者，列入「待問篇」，以就敎於方家。總目前附有譜主姓名索引，總目後附有譜主字號別名索引。（摘錄林慶彰撰評中國歷代名人年譜總目一文）

　　國內最近有兩大出版社影印年譜圖書，也可供參考。其一是廣文書局出版的中國歷代名人年譜彙編，已出第一輯，收編一百家，以淸

朝爲主，包括明末諸臣，見王民信撰中國歷代名人年譜彙編第一輯例略一文；其二是臺灣商務印書館出版的新編中國名人年譜集成，從孔子迄近代，已出版十八集。其他，文海出版社也影印一部份近代人物的年譜。

　　書評：評中國歷代名人年譜總目——附補遺　林慶彰，書評書目第74、76、77期，民國68年6、8、9月，共22面）

宋元理學家著述生卒年表

　　麥仲貴撰　民57年　香港　新亞書院研究所　8,443,20面

　　學術編年的書，用意純在顯現學術思現源流遞嬗的軌跡。蓋旣以年爲綱，則不同的學術思想，如何同時並起，或先後相承，皆可按年而稽。

　　本書著錄宋元理學家的生卒年月，籍貫、行蹤、及師友交遊、仕學經過、成學年月，以及當時教育文化上大事件，據史籍別裁而加以著錄。所列理學家，以宋元學案及宋元學案補遺所著錄者爲度。年表所載諸項事蹟，皆分別於其下注明出處。

　　包括的年代，自北宋建隆元年（960），至元至正二十七年（1367）止。

明清儒學家著述生卒年表

　　麥仲貴撰　民66年　臺北　臺灣學生書局　2冊（958面）

　　接續宋元理學家著述生卒年表，收錄明清儒學家八百七十六人，時間自洪武元年（1368），至宣統三年（1911）。兩本書的體例大略相同，均按年月爲序，記述各儒學家的生平事蹟及著作，並兼及當時文化教育大事。

　　正文引用資料，均注明書名。主要參考圖書有：宋元學案、明儒學案、清儒學案。書後附有生卒年索引。

宋元明清書畫家年表

中國書畫研究資料社編　民62年　臺北　文史哲出版社　553面
影印

初版於民國51年。

有關研究書畫的工具書不多，孫濌公的中國畫家人名大辭典，日
人齋滕謙的支那畫家人名辭典，及朱氏的唐宋畫家人名辭典，都是辭
典式的畫家略傳。本書却是編年式的畫家年表。是書將宋元明清書畫
家與金石家、鑑藏家、著述家等共四千餘人的生卒年歲，重要事蹟，
代表作品等，繫於年代，列之以表（自公元９６０年至1951年）可供研
究美術遺產者檢查歷代名家的繼承關係和風格的沿變。

取材自歷代史籍、碑傳集、墓誌、年譜、年表、書畫史、書畫著
錄、各家詩文集、書畫冊，以及各家書畫墨跡與手抄珍本。收錄的畫
家，不限於中國名手，卽西洋畫人，其畫的風格，生活史跡，對中國
藝苑，有所影響者，也在本書範圍之內。

年表以公元爲綱，干支建元爲次，分別載錄書畫家生平事跡與作
品等，最後有備考一欄，專注參考書名及作品收藏地點。至於各書所
輯書畫家生卒、事蹟、年代不一者，也可見於備考中。

另附「人名檢查表」，以人名首字筆劃繁簡爲次，人名之下，注
有該人名年表中所在頁數，檢者可據以覆查原表。

除年表外，更附有晉、隋、唐、五代重要書畫家年代表、古干支
表、六十干支表、漢以後歷代建元表等，可供參考。（中國歷史研究
工具書叙錄）

中國歷代名人年譜彙編第一輯例略

王民信編撰　民60年　臺北　廣文書局　100面　（年譜叢書）

世界學人年譜初集　續集

周憲文撰　民65年至66年　臺北　華岡出版社　2冊

別　號　筆　名

古今人物別名索引

　　陳德芸編　民54年　臺北　藝文印書館　630面　影印

　　民國26年初版，廣州嶺南大學圖書館印行。民國67年臺北新文豐出版社也影印本書。

　　探入古今人物四萬餘，探入別名七萬餘，與原名對照，共五十餘萬言，凡屬別字、別號、原名、謚號、齋舍名、疑誤名、尊稱名號、帝王廟號、書畫家題識、文學家筆名等，均一一載入，內容相當龐雜，包括辛亥革命以後，甚至當時仍健在者的筆名、別號也加以收錄。

　　同姓名同時代的注明籍貫，以資識別。本書所收，以中國文字的別名為限，古代來中國服務的西洋人，有別名的也載入，但無論中外人士，其有外國文字母的別名均不列。對於兩人誤作一人，或一人誤作兩人的名號，也多所釐正。

　　編排依著者所編德芸字典的筆順檢字法，以橫直點撇曲捺趯七種筆順為序，每字可由第一筆直計至末筆，極不便檢查，後附筆劃檢字索引。

　　每條別名僅對原名，不詳傳略，不注來源，引用考證，至感困難。最好編原名索引，將別名各歸於本名之下。

歷代人物別署居處名通檢

　　不著纂輯人　民51年　臺北　世界書局　20,351面　影印（中國學術名著第5輯史學名著第6集第3冊）

　　即陳乃乾編室名別號索引，世界書局影印時易此名。民國53年臺北時潮出版社影印時易名：歷代作家室名、別號（筆名）索引。

　　按室名別號索引，係「室名索引」與「別號索引」二書的合編，前者出版於民國二十三年，上海開明書店印行，收室名約五千餘條，

依筆劃多少排列，每條將其姓名籍貫時代錄出，如：士禮居：清‧吳縣‧黃丕烈。書前有總目及檢字表，書後有補遺，欲知某室主人爲何人，一檢卽得。惟本書搜集雖多，遺漏尙不少，如東塾（陳澧）一名仍未收入。所以毛春翔曾加以補遺，約二百餘條，題名「室名索引拾補」，刊登浙江省立圖書館館刊四卷一期，民國二十四年二月，共六面。其排列仍以筆劃爲序。

後者出版於民國二十五年，上海開明書店印行，收名人別號五千餘條，注明時代、姓名、籍貫，體例與室名索引相同。

民國四十六年著者將兩種索引合爲一編出版，全書共收一萬七千多條。全部依筆劃多少排列。首列室名別號、次爲時代、姓名、籍貫。書前有檢字表。欲查某室主爲何人，或某號屬何人，一檢卽得。

關國瑄撰有別號室名索引補一文，刊登大陸雜誌第30卷第11期，民國55年6月，頁18—21，可參考。

中國歷代書畫篆刻家字號索引

商、黃二氏合編　民63年　臺北　文史哲出版社　2冊　（上冊1826，下冊1128面）　影印

民國15年初版。

分上下兩卷，上卷係就書畫篆刻家的字號，查檢其姓名、籍貫、年代、藝術等資料；下卷則係就書畫篆刻家的姓名，以查檢其字號。下卷字號欄中另有阿拉伯數字，乃指上卷中的頁數，以便檢知該書畫篆刻家的其他資料。

所收書畫篆刻家的字號，自秦至民國，約一萬六千餘人。編排體例以一字一號爲一行，一人有數號者，則有數行。卷末有姓名檢字，將每家的字號集中，下附編中之頁數，不僅便於檢查，也可知其人有若干字號。惟籍貫一項，編者皆用現行的省縣名稱，泯沒地理的時代性，可說是美中不足的地方。本書以中國畫家人名大辭典爲主要參考

書，不過也補充了很多其他書畫史、書畫傳及一些筆記資料，對一般研究我國歷代書畫篆刻家的學者來說，這是極重要的一部工具書。

　　本書的查檢索引，是以人名字號爲主，故在書前列有人名字號的檢字索引，索引採筆劃檢字，以筆劃多寡爲排列的次序，查檢很方便。（中文工具書指引）

現代中國作家筆名錄

　　袁湧進編　民62年　臺北　文海出版社　143面　影印（近代中國史料叢刊第98輯，與復興關下人物小誌合刊一冊）

　　民國25年初版，中華圖書館協會印行。

　　編者以國內新出版物，不著撰人姓名，而僅署別名者爲數不少，圖書館編目著錄，鉤稽檢索，很不容易，爲解決此種困難起見，仍編成是編，得著者眞實姓名的凡五百五十餘人，別號共一千四百六十餘條。排列以眞實姓名爲經，以首字筆劃爲序，而以別號爲緯，一一分注其下，書後附有筆名索引，俾便檢查。遇有一別號而多人相同者，則互相注明，以免混淆。

中國現代文學作家本名筆名索引

　　周　錦編　民69年　臺北　成文出版社　187面　（中國現代文學研究叢刊25）

　　編輯本書的目的：　1.提供研究中國現代文學者有關作家筆名資料，以免造成一個作家分成二三個人討論，或兩個不同的作家資料合併一起研究；2.提供新作家們使用筆名的參考，希免與老作家取雷同的筆名。

　　收錄民國以來新文學作家筆名約一千七百五十餘人。採本名與筆名混合排列方式，依筆劃爲序。筆名下注明本名、籍貫、或生卒年，不可考的則略去。本名下著錄的款目，與筆名相同。

　　書前有首字筆劃索引。

當代文藝作家筆名錄

薛茂松編　民70年　臺北　編者（文史哲出版社經銷）　88面

收錄作家一一一〇人，筆名一九九〇個。以民國三十八年至六十八年間，作品在臺灣發表的作家爲限，且其作品曾結集出版者爲主。所謂作家，包括小說、散文、詩詞、翻譯、戲劇、文藝理論與批評，及音樂、美術、攝影等作家。

依作家本名筆劃排列，本名下注明籍貫、生卒年和筆名，若有字號、齋名、亦加以著錄。爲便於查檢，另編有筆名索引，亦照筆劃排列。

Twentieth-Century Chinese Writers and Pen Names （二十世紀中國作家筆名錄）

朱寶樑 (Chu, Pao-liang) 編　民65年　美國波士頓　G. K. Hall Co.　366面

收二十世紀的中國作家二五二四人，筆名七四二九個。各作家的筆名均列於其本名之下；如每一筆名別出時，也附注在該作家的本名。

作家本名的拼音全用大寫字母，並附生卒年代；筆名拼音除開頭字母外，用小寫字母。拼音採用韋氏拼音方法。編排採本名、筆名混合排列。

書前有首字拼音索引，書後有筆劃檢字表。

中國人物別名索引

東京女子大學中國セミ編　民58年 (1969)　東京　東京女子大學史學研究室　88面

宋元學案、宋元學案補遺人名字號別名索引

衣川強編　民63年 (1974)　京都　京都大學人文科學研究所　408面

民國以來人名字號別名索引

東京大學東洋文化研究所附屬東洋學文獻センター編　民66年
東京　編者　90面

中國歷朝室名別號索引彙編

老古出版社編　民68年　臺北　該社　478,256面

編輯筆名的書或文章，近年出版者有下列各篇：

1. 辛亥革命時期重要報刊作者筆名錄　張靜廬、李松年合編，刊登民
   國51年文史第 1 輯，轉載思與言第 4 卷第 5 期。收當時重要報刊上
   的作者七百餘人，筆名二千二百多個，依作者姓名筆劃排。

2. 戊戌變法前後報刊作者字號筆名錄　張靜廬、李松年合編，刊登民
   國54年文史第 4 輯，轉載思與言第 6 卷第 4 期。收當時報刊作者九
   百餘人，筆名二千四百多個，依作者姓名筆劃排。

3. 筆名引得　　張泰谷重編，民國60年，臺北，文海出版社，174 面
   係將上述兩種筆名錄，合併重編，以索引方式，依筆劃多少為序，
   分為本名，筆名兩部份。前者由本名檢索筆名，後者由筆名檢索本
   名。

   本書疑卽民國61年，香港中山圖書公司印行的清末民初重要報刊
   作者筆名字號通檢正續編。

4. Modern Chinese Authors, A List of Pseudonyms　　舒紀維
   (Austin C. W. Shu) 編，民60年，Chinese Materials and
   Research Aids Service Center，2nd Revised Edition,84面。

5. 近代作家的筆名　　秦賢次編　刊登新知雜誌，3 年 3 期，民國62
   年 6 月，頁14—32。

6. 民國作家筆名錄 (1912—1949)　　秦賢次編　刊登新知雜誌，4
   年 1 期至 5 期，民國63年 2 月至10月，共78面。

人　名　錄

標準譯名錄

中央通訊社編譯　民69年　臺北　該社　2冊（872面）

據中央通訊社國外新聞部歷年積存的普通外國人名卡片上的姓名及韋氏傳記大字典（Webster's Biographical Dictionary）與國際名人傳（The International Who's Who 1978-79）中的姓名，約五萬人，將其姓氏與名字譯成中文。日本、韓國、與泰、越等國人，不包括在內。

譯名的發音以韋氏傳記大字典注音符號的發音爲準，音譯則以馬修玆（R. H. Mathews）的華英字典所用漢字羅馬化拼音爲準。如發音完全相同的姓氏或名字，以不同的中文譯出，以資識別。

分爲二部分，一爲姓氏部分，另一爲名字部分，均按英文字母順序排列，後附中文全譯。書前有擬定新見人名標準，譯名程序及修正標準譯名程序，供以後遇有標準譯名中所尚未收編的人名須訂定其譯名，及發現舊譯名不當須予改正時，有一定的程序可循。還有發音與音譯指南及舉隅，供以後遇有新見外國人姓或名而尚爲標準譯名所缺的，擬訂中文譯名的參考。

附錄四：1.各國人名的特殊結構；　2.特殊發音人名表；　3.外國人自定中文姓名中英文對照表（如 Franke, Wolfgang，自訂傅吾康）；4.華裔人名中英對照表。

譯名彙錄（人名部份）

中央通訊社編　民58年　臺北　該社　3冊

清末民初中國官紳人名錄

田原天南編　民58年　臺北　古亭書屋　83,798面　影印

本書原名：支那官紳錄，民國7年由中國研究會印行，收錄清末民初名人四千多名，以筆劃爲序。

最近官紳履歷彙錄　第一集

沈雲龍主編　民59年　臺北　文海出版社　348面　影印

當代中國四千名人錄

樊蔭南撰　民67年　香港　波文書局　460面　增訂本

中央研究院人員名錄

中央研究院編　民64年　臺北　該院　58面

收錄的單位，除院本部及各所外，另包括生物化學研究所籌備處、三民主義研究所籌備處、退休人員、院士、評議員。每一人員包括：職別、姓名、別號、性別、出生年月、籍貫、到院年月、任現職年月、住址或通訊處、電話。書前附姓名索引。

該院以前出版類似本書的有：民國三十七年編印的國立中央研究院院士錄第一輯。

臺灣道士名鑑

廖和桐編　民66年　雲林虎尾　臺灣道士名鑑編輯處〔70〕面

臺灣天主教通訊錄

華明書局編　民54年　臺北　該書局　356面

科技人名錄　第一輯

行政院國科會科學資料中心編　民64年　臺北　該中心　418面

Who's Who in Science and Technology, Republic of China

行政院國科會科學資料中心編　民65年　臺北　該中心　1552面

中國工程師學會會員錄

中國工程師學會編　民63年　臺北　該會　333面

中華民國醫藥界名鑑

中華民國醫藥界名鑑編輯委員會編　民68年　臺北　燕京文化事業公司　3冊（3646面）

收錄全國正式取得政府證照的醫師、藥師，介紹其簡歷專長，並刊載有關醫藥方面的法令規章。

依地區劃分，臺北市在前，臺灣省列後，臺灣省再依各縣市排。每一地區先介紹該地區的公私立醫院，再按科別分，計分爲西醫師、牙醫、中醫、藥劑師、西藥商等。醫師、藥師等個人資料，按姓氏筆劃排列。

書前冠中華民國醫藥衛生保健概述。

中華民國醫師名鑑

中華民國醫師名鑑編輯委員會編　民60年　臺北　盧山出版社〔393〕面

臺灣省臺北市藥劑師公會會員名冊

臺灣省臺北市藥劑師公會編　民60年　臺北　該會　200面

中華民國發明人名鑑

劉崇欽編　民66年　臺北　投資與企業雜誌社　1666面

係依據近三十年（民38至65年12月）的專利公報，整理而成。共收五千九百八十五人，略依筆劃排列先後。每一人名均注明專利年限、專利性質、公告案號、創作名稱。除外，另有旅居海外發明人名鑑，國內公私行號發明創作名鑑、公告案號順序與申請案號比對表，世界各國向我國申請專利奉准案，中外專利代理人名錄等。

中華民國優良廠商經理人名錄

中華徵信所編　民70年　臺北　該所　522面

選錄國內各行業業績戛好的廠家二千二百家，另各廠家各部門主管的一萬二千人的資料。選錄的廠家，須合於下列一條件：1.年營業額在五千萬以上；2.資本額一千萬以上；3.員工人數一百人以上。

各廠商詳列其簡要徵信資料，含企業名稱、地點、電話、創設日期、資本額、員工人數及主要營業項目或產品；各部門主管資料，含董事長、總經理、及實際負責生產、財務、總務、業務、企劃及公共關係等部門主管的姓名、出生年月日、籍貫、學歷、職稱、負責業務

及參加社團等資料。凡特優廠商，則標示「＊」記號。全書依廠商筆
劃排列。

中華民國企業名人錄　71年版

　　張永武編　民71年　臺北　哈佛企業管理顧問公司　955面

　　編輯目的：表彰並激勵企業界對國家建設與經濟發展的有功人
士。

　　民國六十七年初版，爲中文版；六十九年版據六十七年版增補部
分新的名單，中英文分開排列，中文以姓氏筆劃爲序，英文依英文字
母順序排列；本版改爲中英文資料合併編排。

　　收三千五百人，其中在臺日僑及歐美企業名人，各十三人。選錄
的標準爲：1.國內大型公民營企業經理級以上主管；2.國內中小型企
業副經理以上主管；3.曾任大學商學企管主要科目敎授十年以上有專
門著作者；4.在臺美商日商對我國經濟貿易有貢獻者；5.從事國內外
經濟、財政、貿易、企業行政工作經驗豐富者。

　　傳記資料包括：姓名、籍貫、出生年月日、父母、配偶、子女姓
名、結婚紀念日、學歷、經歷、參加社團、擔任公職、特殊貢獻、著
作與發明、公私地址電話等。仿世界名人錄格式，文字敍述頗爲簡
潔、謹嚴、公正。

　　排列依姓名筆劃爲序。書前有中英姓氏對照表。

臺灣電業界名錄

　　林志華編　民49年　臺北　中外文獻出版社　193面

中國當代工商界名人誌

　　名大出版社編　民62年　臺北　該社　221面

對臺灣經濟建設最有貢獻的工商人名錄

　　中華徵信所企業公司編　民62年　臺北　該公司　575面

中華民國傑出青年企業家名錄

中華徵信所編　民67年　臺北　該所　320面

京師譯學館校友錄

陳　初輯　民　年　臺北　文海出版社　1冊　影印

附民國七年國立北京大學教職員履歷表。

清末民初洋學學生題名錄初輯

房兆楹輯　民51年　臺北　中央研究院近代史研究所　〔8〕
192面

己未同年錄　（民國八年第二屆文官高等考試錄取人員名單）

民62年　臺北　文海出版社（中國近代史料叢刊第87輯）

第一屆高等考試同年錄

第一屆高等考試同年會編　民60年　臺北　該會　1冊　影印

我國留美學人名錄

行政院國際經濟合作發展委員會人力發展小組編　民56年　該小
組　514面

Who's Who of American Returned Students（遊美同學錄）

民67年　美國舊金山　CMC〔26〕215〔8〕面　影印

民國6年初版。

世界各國簡介暨政府首長名冊

外交部禮賓司編　民71年　臺北　該司　386面

簡介世界一百七十二國家，每一國簡介項目有：獨立日期、國慶
日、主要語言、首都、面積、地理位置、人口、華僑、宗教、幣制、
政治制度、與我關係、國際關係、經濟概況，政府首長、備註（包括
前任元首、總理、外長）。其中經濟概況介紹較詳，列有國民平均所
得、輸出入總額及主要輸出入產品。

先按地區排列，共分亞太地區、亞西地區、非洲地區、歐洲地
區、北美地區、南美地區等六地區。再按英文字母順序分先後。

書後附各國駐華大使館、駐華領事館及我駐各國大使館的負責人
及地址資料。

第一屆國民大會逝世代表傳略

國民大會秘書處編輯　民68至69年　臺北　該處　2冊（第1輯
547面，第2輯614面）

收三百五十二人，其中第一輯一百五十八人，第二輯一百九十四
人。敍述其生平、學經歷、從軍、從政的經過。每人介紹的文字約有
一千五百字。惟第一册全書的體例不一致，有只列大事年表的，有列
公祭文字的，有據自傳的（如姚琮），有漏列褒揚令的。

首册編排次序，較爲凌亂；第二册依姓氏筆劃排列。

當代臺灣地方自治人員名錄

盧招琳主編　民63年　臺北　國民文化出版社　1册

中國外交機關歷任首長銜名年表

外交部檔案資料處編　民56年　臺北　臺灣商務印書館　1册

中國駐外各公大使館歷任館長銜名年表

外交部檔案資料處編　民58年　臺北　臺灣商務印書館　1册

駐外使領館職員錄

佚　名編　民60年　臺北　文海出版社　1册

中華民國全國律師名錄

中華民國律師公會全國聯合會編　民66年　臺北　該會　175面

日本陸軍士官學校中華民國留學生名簿

郭榮生校補　民65年　臺北　文海出版社　181面　影印

日本陸軍士官學校自第一期（明治三十三年，1899）至三十一期
（昭和17年，民國31年，1942），中間經歷四十三年，先後在該校就
讀的中國學生達一千六百三十八人。本書收第一期至三十一期（其中
第三十期學生，是抗戰時期敵僞組織所保送，現無法查考），依期數

先後排列。每名學生注明兵科、出身地（省、府及其他）、姓名。本
書與前文海出版社影印清末民初留日陸軍士官學校人名簿（列入近代
中國史料叢刊第67輯）所載姓名，略有差異，郭氏曾加以校補。

東三省官紳錄

　　田邊種治郎撰　民58年　臺北　古亭書屋　867面　影印

民國62年文海出版社影印時，改名：東三省官紳人名錄。

臺灣人物表錄

　　王詩琅撰　民68年　高雄　德馨室出版社　299,148面　（張良
澤編王詩琅全集第8冊）

　　就著者「臺灣人物誌」中，較特殊人物爲之立表立傳。分甲乙兩
篇，甲篇爲臺灣人物表，共十七表，如：明鄭三世轄屬渡臺文職人物
表，明鄭三世轄屬渡臺武職人物表，清代巡察臺灣御史人物表，清代
臺灣進士人物表、清代臺灣舉人人物表，日據時期臺灣總督人物表，
日據時期臺灣軍司令官人物表等；乙篇爲臺灣人物錄，如：新文學、
新劇運動人名錄，臺灣民俗學家羣像，龍塘王氏家譜等。

作家地址本

　　應鳳凰編　民71年　臺北　爾雅出版社　60面（爾雅書目資料叢
書4）

　　收錄我國當代作家一千零七十人的地址、電話。其中國外作家一
百六十餘人，只列居留國名。國內作家不同意刊出地址的，只列姓名
或電話，地址保留空白，供認識的親友自己塡寫。

　　依姓名或常用筆名的筆劃排列。書後附有逝世作家一覽表，收五
十八人，注明逝世的年月日；另有文藝雜誌一覽表、報社一覽表、重
要文學創作類出版社一覽表等，均分別注明地址、電話及郵政劃撥號。

臺灣藝術專長人才名錄

　　國立臺灣藝術專科學校編　民71年　臺北　臺灣省政府教育廳

1 冊

版權頁題臺灣民間藝人名錄。

收錄具有藝術專長的人物三四一人。分三部分：1.大專教師，依服務學校排；2.各縣市藝人，依縣市排；3.民俗技藝人物，分南北管、歌仔戲、九甲戲、傀儡戲、皮影戲、車鼓、布馬陣、牛犁陣、廟宇雕塑、寺廟壁畫、神像雕刻、石雕、木雕、刺繡、捏塑、吹糖及燈籠製作等。

每人注明：類別、姓名、年齡、籍貫、專長、經歷、通訊處或電話。

中國電影電視名人錄

　　黃　仁等編　民71年　臺北　今日電影雜誌社　719面

臺灣省藝術界名錄

　　林志華編　民53年　臺北　中外文獻出版社　298面

國際體壇名人錄

　　孫鍵政撰　民69年至72年　臺北　聯經出版事業公司　5冊

五輯共收二百二十人，依類別分，書後有英文人名索引。

姓　　　氏

國學文獻館現藏中國族譜資料目錄　初輯

　　盛清沂主編　民71年　臺北　聯經出版事業公司　153面（聯合報文化基金會國學文獻館書目叢刊2）

聯合報國學文獻館曾於民國七十一年九月十五日舉行「中國族譜學術研討會」及「族譜資料展覽」，後者曾展出該館收藏族譜二一五四種，包括二三一姓。本書是就展出資料選出一千九百餘種，編為目錄。每種族譜注明：族譜名稱、卷冊數、成書年代、編修者姓名、地區（如省縣）。資料不詳者，不予著錄。

按姓氏筆劃多寡爲序，同一姓氏的族譜，再照出版年代排列。

有關臺灣族譜的收藏情形，可見王世慶、王錦雲合編的「臺灣公私藏族譜目錄初稿」，刊登臺灣文獻第二十九卷第四期，民國六十七年十二月，頁六十九至一百六十三。

臺灣公藏族譜解題

昌彼得撰　民58年　臺北　國立中央圖書館　106面

臺灣公私藏族譜目錄初稿

王世慶　王錦雲主編　臺灣文獻第29卷第4期，民國67年12月，頁69—163。

哈佛燕京學社漢和圖書館所藏中國族譜敍目

羅香林編　國立中央圖書館館刊新2卷第4期，民國58年4月，頁7—17

中美著名圖書館所藏中國明代屬於善本類之族譜敍錄

羅香林編　國立中央圖書館館刊新4卷第2期，民國59年4月，頁22—27

元和姓纂　十卷

（唐）林　寶撰　民65年　京都　中文出版社　259,27面　影印

另有元和姓纂四校記，岑仲勉選輯，民國64年由臺聯國風出版社印行，2冊（1126面）。

是現存較早的人名工具書之一。原本十八卷，早已失傳，清人從永樂大典中輯出，缺卷首「國姓」（李姓）一門。排列方法：按照廣韻的二百零六韻排比諸姓，每姓都記載得姓受氏的源流和各家的譜系。

中華姓府

王素存編撰　民58年　臺北　中華叢書編審委員會　2冊

著者於民國四十九年刊行姓錄一冊，包括單姓三千二百餘，兩字

複姓二千餘，三字複姓一百二十，四字複姓六，五字複姓二，共計五千三百餘，以補宋本百家姓之簡。分單姓及複姓兩篇。各以康熙字典部首排列，同部首者，以筆劃多少爲序。附篇分列遼姓、金姓、元姓、清姓及清本百家姓。民國五十八年加以增訂，用手稿本影印，收姓六千三百六十三，計單姓三千七百三十，複姓，兩字者二千四百九十八，三字者一百二十七，四字者六，五字者二。書前有部首目錄，書後無姓氏筆劃索引。

關於講姓氏的書，再列舉四種：

姓解　三卷

　　(宋) 邵　思纂　民55年　臺北　臺灣商務印書館　126面　影印　(叢書集成簡編第809冊)

姓氏考略

　　(清) 陳廷煒撰　收在中國人名大辭典附錄一，又收在叢書集成簡編第807冊，與風俗通姓氏篇合刊。

姓氏新著二種：北朝胡姓考、兩漢迄五代入居中國之蕃人氏族研究

　　姚薇元　蘇慶彬撰　民67年　臺北　鼎文書局　435,598 面　影印

中國姓氏集

　　鄧獻鯨編　民60年　臺北　至大圖書文具教育用品公司　656面

日本姓氏字典

　　丁祖咸撰　民70年　臺北　聯經出版事業公司　336面

收日本姓氏八千餘，依日文字母拼音順序排列，注明羅馬拼音及漢字。如爲：ささき，注明 SASAKI　佐佐木。

書後附：1.現代日文漢字、中國字對照表；2.日文專有漢字；3.檢字索引，依姓氏第一個漢字中文筆劃多少排列。

是第一部中英日三種語言對照的日本姓氏辭典。

附錄：明清畫家印鑑

Contag, Victoria 王季銓合編　民54年　臺北　臺灣商務印書
館　631面　影印

民國29年1月商務印書館印行。

由德人孔達（Victoria Contag）博士與畫家王季銓合編，搜集
明清畫家印鑑，自明迄清得畫家四百三十家，藏家六十五家，兩共印
章六千餘枚，朱色套印，中德兩國文字對照刊行，所採各家印章少則
二三方，多則百餘方。附宋元畫家二十三家，印家八十三方。每家各
繫以小傳，分姓名、字號、籍貫、時代、畫科、師承、世系、著述、
雜記等九項。每印銓釋其文字，並附該印係從何畫攝得，該畫係何年
何月所作，及收藏者何人，以明來源。附有姓名索引及字號索引兩
種，檢查稱便。

附錄：書林藻鑑　十二卷

馬宗霍編　民54年　臺北　臺灣商務印書館　2冊　影印

本書所收，都是歷代品題書法之語，首列書法家的姓名，再彙引
各書各家對他的評語於其後。其間有些大家，所彙得的評語，有多至
數十百條者，使讀者可以因人見書，或者因書知人，是研究書法史重
要的工具書。

全書體例，排列以類相從，其次序是先帝王、次諸家、次方外、
次閨閣、順遞而下，以便尋檢。所引評語，或用書名；或用人名，皆
依次而貫聯，大略以時代分先後。

每卷之前，各有序論，凡歷代書體的變遷，書法的升降，書家的
派別，均提綱挈領，予以說明。

本書共十二卷，釩錄書家，始自五帝，至於清末，其間除五帝、
三代，各立一卷外，大抵以一朝為一卷，以便翻檢。至於清末書家，
則以馬氏著書時是否在世為準，已逝世者錄之，尚在世者，未可論

定，故不著錄。

　　卷首尚有人名目錄，以時代先後排列，然並無以筆劃爲序或其他方式的助檢，稍覺不便。（中文工具書指引）

第八章　地理參考資料

地理資料的種類

地理資料是所有參考書中最不穩定，最複雜的一種資料。各種辭典、百科全書如須修訂，地理資料一定首當其衝。墨菲（Murphrey）認爲無論研究那一學科，要想完全摒棄地理的因素，幾乎是不可能的事。美國的圖書館事業，英國的議會，法國的藝術等，均脫離不了「地理」的關連。

由於地理資料是牽涉範圍最廣的資料，所以地理資料的種類也是形形色色。沈寶環在西文參考書指南中，將其分爲十種：百科全書、百科全書補篇年鑑曆書、普通字典、期刊雜誌、政府出版品、工商界及私人機構有關旅行的出版品、地圖集、地理字典、地理手冊、導遊書籍等。

上述分類，並不十分適合中文的地理資料，如百科全書，我國僅在臺灣商務印書館出版的雲五社會科學大辭典中有地理學一冊，包括自然地理及人文地理，每一條目均有著者署名，類似西洋的百科全書。我們也缺西洋式百科全書的補編。本書將地理資料，按照體裁的型式，分爲下列七類：

1.**書目與索引**　我國曾出版那些地理學的書籍？或那些地圖？是否有關於地理學的論著？如關於東北問題、康藏問題的論文等。地理學書目與地理學索引，可提供綫索，再根據綫索，可直接找到答案。

2.**地名辭典**　普通辭典，如辭源、辭海，對於重要地名，也有收錄，名詞下記載屬於什麼國家、郡一省份、自然環境、人口、物產、歷史背景、名稱的沿革等。淸人李兆洛編的歷代地理志韻編今釋，收

正史地理志的郡縣名稱，是我國最早的地名辭典。民國以後所編的地名辭典，範圍較廣，如包括山川名勝古蹟等。

　　3.地圖　　古人稱左圖右史，地圖的功用，可以濟文字之所窮，也可以補文字說明的不足。地圖依形式可分爲單張地圖及地圖集兩種。如依時間可分爲歷史地圖及現勢地圖二種。

　　4.沿革地理　　沿革地理專門研究古今名稱的不同，疆域及城邑的變遷，不但是研究地理的重要部份，也是研究歷史所應特別注意的。我國的沿革地理，向來就很發達，其最早著作，當首推禹貢。晉人裴秀曾撰禹貢地域圖十八篇，上考禹貢與古九州，及晉州郡國邑的建置；清人胡渭著禹貢錐指，對於九州分域，山水脈絡，古今不同的地方，一一詳細討論。

　　5.地理總誌　　彙編很多地方的志書，使其成爲全國性的，這是方志另一發展方向。從元代開始，有「一統志」的出現，清嘉慶年間，也修過一統志，都是取材於各省送來的志書，因成於衆手，所以沿襲訛謬不少。爲了避免翻檢無數志書的麻煩，用一統志來備檢查，也是不可少的。

　　　如就一國或一區域，詳述其地形、氣候、物產、交通、居民、政治等項的書，如正史上的地理志，也是地理志的一種。

　　6.方志　　李泰棻著方志學：「方志者地方之志也。蓋以區別國史也，依諸史例，在中央者謂之史，在地方者謂之志，故志卽史，如某省志，卽某省史，而某縣志，亦卽某縣史也。」

　　　方志一詞，在周禮上曾經出現過。現在最早的方志，可說是東漢建武二十八年（公元28）修的越絕書。隋唐時代，各地方都有「圖經」，記載各地方的山川形勢，風土人情。到了宋代，方志的內容比以前更加充實，舉凡輿地、疆域、山川、名勝、賦稅、物產、人物、藝文、災異等，均加記載。然而只限於大地方。到了明清兩代，大至一

省一府，小至一縣，甚至一處鎮市，一所寺院，幾乎無一不有志書。

　　方志的功用，是保存了許多地方上較正確而具體的資料，尤其是當地人物的略歷、著述、外患的防禦、賦稅的負擔、經歷的天災人禍、特殊的風俗等。

　7.**旅遊指南**　旅遊指南的功用，顧名思義，在於便利人們旅遊，這種指南主要是提供若干名勝古蹟、百貨公司、娛樂場所的旅行路綫，並附有地圖及照片。較詳細的旅遊指南，還彙及各地的沿革、歷史背景、政治社會及風俗習慣的介紹等。在國外，旅客要到外地去旅遊時，常向圖書館尋找其目的地有關的資料，所以圖書館仍須蒐集各種旅遊指南備用。

地理資料的參考工作

　　關於地理資料的參考工作，有下列幾點難題：

　1.**資料蒐集的困難**　有些國家，或因爲政治、國防、經濟的關係，若干地理資料，難於獲取。例如我國古代賜書外藩，就不送地方志書。

　2.**圖書館對於整理地理資料的疏忽**　有些地理資料以小冊子的形態發行，探訪人員不予重視；圖書館不加編目；有些單張地圖雖有編目，但閱覽部門沒有妥善管理，都影響參考工作的順利進行。

　3.**時間是地理資料的致命傷**　常因時間的因素，使地理資料失去時效，戰爭、政變、人口的增加、疆域的變動、新興國家的成立，使地理資料無法跟上時間。往往一個月前出版的地圖，今日使用時幾乎等於廢物。

　4.**參考書的缺乏**　地理資料變動性太大，參考書無法經常修訂；同時此類書籍，性質過於專門，銷路不佳，出版商也不願經常修訂，所以在所有參考書中地理資料是較爲貧乏的。

　　由於上述幾點難題，要想做好地理資料的參考工作，參考員本身要隨時注意資料的蒐集。尤其是方志的書目，各出版社、同鄉會出版方志的情形，各雜誌社出版地方文獻刊物的概況，一定要有所瞭解。其他如報紙上有有關新國家獨立的消息，或中央日報每週一次的地圖週刊等，均應隨時剪貼，建立豎立檔案，或編成索引。

　　現在由於觀光旅遊事業的發達，有關國內外旅遊的書籍，或有關旅遊雜誌，如香港印行的旅行雜誌等，每期的目次內容，要略加以翻閱。參考室至少應在牆上懸掛最新世界地圖、中華民國、臺灣省地圖及臺北市地圖等。國家圖書館最好能成立一個輿圖室，將各種歷史地圖、地形圖、地質圖、海圖或交通分佈圖等，集中一處，以便讀者查閱的方便。

書 目 與 索 引

　　我國地理資料的參考工具，書目最為缺乏，索引次之。除民國十八年，金陵大學農業圖書研究部編的金陵大學圖書館中文地理書目，及民國二十五年，王文萱編的西北問題圖書目錄，是屬於單行本外，其餘的都是附刊在期刊上，其中大部份是附載在禹貢半月刊。（禹貢臺灣有影印本）

　　民國三十六年，王庸編撰中國地理圖籍叢考（收在成文出版社編書目類編第54冊），內容有：明代總輿圖彙考、明代北方邊防圖籍錄、明代海防圖籍錄、中國歷史上之土地疆域圖等，可視為地理書目兼地圖目錄。

　　王庸與茅乃文於民國二十二年編中文輿圖目錄，是我國第一部輿圖目錄，內容分區域圖與類圖兩部份。區域圖分世界地圖及本國地圖。類圖分天文、地形、山脈、河流、名勝古蹟建置、地質、產業、交通、行政、國界、軍事等。

　　如果要查目前臺灣各圖書館收藏地圖書籍的情形，只有檢查各圖書館的藏書目錄了。如：

　　1.國立中央圖書館善本書目增訂本第一冊頁二五六至三二六爲地理類，收錄九百九十四部。頁三二六至三四六爲輿圖類，收錄地圖二百八十六種。

　　2.國立故宮博物院普通舊籍目錄頁七十至一八八，都是屬於地理、方志及遊記的圖書。

　　3.中央研究院歷史語言研究所普通本綫裝書目頁四二〇至五九〇爲地理總志、方志、外國史地。

中國邊疆圖籍錄

　　鄧衍林撰　民63年　臺北　文海出版社　329,64,37面　影印（近代中國史料叢刊續輯105冊）

　　收錄邊疆史地資料及少數民族之文獻近萬種，包括古今專著、方志及輿圖。方志僅擇其重要省志著錄；地圖以有關史地者爲限，其府縣鎮市輿圖，槪不著錄。

　　排列先依地區再以著者時代先後爲序。西夏、契丹、遼、金、元、明代邊疆史料及明倭寇史料等，皆爲治邊疆問題及中華民族史者所必須，特別列爲專目。一般論著、邊疆輿圖、叢書及期刊爲綜合性資料，亦各另爲一目。各書著錄其書名、卷數、編撰者、版本、附注及其他有關事項。書後附書名與著者索引，依四角號碼排列。

中國地學論文索引

　　王　庸　茅乃文合編　民59年　臺北　臺灣學生書局　2冊　影印

　　分正續編，前者民國23年出版，後者25年出版。出版者爲國立北平圖書館。

　　正編所收各雜誌，自清光緒二十八年（1904）起，至民國二十二年六月（1933年），共一百二十三種（書前有本編「所收雜誌一覽表

」）。收錄論文不限於純粹地理學，凡所述自然狀態及人文事實之有地域性質者，均可見本編中，因此，本索引不但可供研究地理學者搜集材料之資，卽從事經濟政治社會及其他人文現象之研究者，亦可以此爲參考。然而，本編收錄論文範圍雖廣，但仍以有關中國地理者爲限，一些無地域性質的地學通論，及中國地域以外的論著，便不收錄，惟論題之牽涉中國與外國者，則可見於編中。

論文分爲八大類，卽地誌及遊記、地文、民族、政治、交通、經濟、歷史、地理圖書等項目。每類之下又再細分子目。但本書的分類法，不是完全依照地理學正式科目分編，而大半以論文多寡分合。因此，若干地理上重要科目，因論文較少，而分目甚簡，更有併爲一類，亦有論文較多，而分目頗細，這是情勢上如此，並非本書分類之不當。

一些論文，除按性質分類外，更有以地域區分，而遇到一些問題，其性質與地域均極複雜，不能僅入一類，本書便採用互見例，或在目錄標題下，注明可互相參考。如以歷史地理論題，有特種門類分編者，本書不互見於歷史類中，檢者翻查，宜加注意。

本書後有地名索引與著者索引，都是以筆劃多少順序排列。（中國歷史研究工具書叙錄）

正編出版於民國二十三年六月，續編所收乃賡續前編，兩年來新出版的刊物，比較與地理有關係者，大致均已探集，期限則以民國二十四年終截止。分類體例，大致與前編相同，所收地學論文約四千條。

書後附有地名索引，著者索引。

清代地理學者論文目錄

王重民編　民63年　香港　中山圖書公司　（原載禹貢3卷8、9、12期，4卷3、5、11—12期，民國24年6—12月）

新疆研究文獻目錄　1886—1962

　　袁同禮　渡邊宏合編　民51年　東京　The Works of Shoei—Insatsu Co.，本書分日文、中文、西文三種文字。

附錄

地理統計要覽

　　劉鴻喜編　民70年　臺北　國立臺灣師範大學地理研究所　122面

辭　典

歷代地理志韻編今釋　二十卷

　　（清）李兆洛撰　民57年　臺北　臺灣商務印書館　1冊　影印（在國學基本叢書第348冊）

　　另有民國55年，臺灣中華書局，四部備要本，2冊。爲李兆洛及其門人六承如等編輯。自道光二年至十七年(1871—86)，錄正史地志（共十四部）所載郡縣的名稱，以韻編排，更分別時代，條其同異，釋以清代所在之處。體例與地名辭典相似。惟其書取材只限於正史地志，如果地名見於無地志的正史，或正史以外的史籍地誌，均不收錄。所收地名只限於郡縣鎮堡名，山川陵谷的名稱，皆不收。

中國歷代地名要覽

　　青山定雄編　民62年　臺北　樂天出版社　721面　影印

　　原名爲：支那歷代地名要覽，又名：讀史方輿紀要索引支那歷代地名要覽，民國二十一年 (1932) 東京東方文化學院研究所印行，民國五十六 (1967) 日本大安書局再予影印。

　　讀史方輿紀要，清人顧祖禹 (1631—1692) 撰，全書一百三十五卷，正編一百三十卷，輿圖要覽四卷，序例一卷。臺灣影印者有商務印書館、樂天出版社及新興書局。

正編一百三十卷，前九卷總論州邑形勢，使讀者對於疆域分合，形勢的輕重，有個全盤的瞭解。餘一百十四卷係分省紀要，各省都有一序，綜括大義，可以與史傳參稽，是全書精華所在，次六卷專論河渠水利，最後一卷講天文分野。全書所蒐錄的地名，在三萬條以上，一一敍述其沿革，是研究我國沿革地理最重要的一部書。

除目錄外，沒有索引，因此，如要查檢歷代地理的沿革、地名的變遷，頗感不便。日人青山定雄，針對此點，乃編成索引，書名即爲支那歷代地名要覽，本索引將讀史方輿紀要的地名析爲條目，每條注明今地，以及在讀史方輿紀要中的卷數，原屬府、州、或縣，實際上具備了索引與辭典兩種性質。排列以日本五十音順爲序，書末附筆劃索引。

所載地名，有很多是中國地名大辭典、中國古今地名大辭典等辭書所沒有著錄的，如分水嶺關二處，都不見於中國古今地名大辭典，却見於本索引；又如龍山見於中國古今地名大辭典者凡十六，見於本索引者凡二十一，其中惟十處相同，因此，本索引有與各種地名辭書相互參考的價值。

中國古今地名大辭典

臧勵龢等編　民55年　臺北　臺灣商務印書館　1410面（正文），11面（補遺），117面（續編），250面（索引），93面（附錄）

民國20年5月上海初版。

自經始至出版歷時十年，收錄地名約四萬餘條。凡古今地名，以及州郡縣邑、鄉鎮村落、山川道路、名城要塞、鐵路商港等，都在收編之列，至於名勝古蹟寺觀亭園，也酌加採錄。對於古代地名，皆詳其沿革，當代地名，則著其形要。蒐羅頗爲齊全，遠非北平研究院出版的中國地名大辭典所可及。

地名依首字筆劃多少排列，書前附列檢字表，按筆劃排列，查閱

中國古今地名大辭典

一畫

【一泡江】源出雲南祥雲縣北梁王山。南流至九鼎山。歧為三支。一東流曰萬花溪。下流為白崖江。一東北流潴為青龍海。一東流潴為青龍海。東北會為旬河。至姚四洮潴經之。

【一宿河】在貴州廣順縣東。從仁相傳。俗傳明建文帝入白雲山時宿於此。因名。

【一逃河】見伊勒門河條。

【一條山鎮】在甘肅靖遠縣西北。

【一棵樹鎮】在遼寧遼源縣東南。

【一都村】在浙江於潛縣北。嘗京西兩天月山之間。楓柿成林。秋時紅葉滿目。

【一線天】在江蘇吳縣四洞庭山之石公山。有洞穴深可二丈。廣僅容人。其外方向東斜下。乃一石壁之縫。長可十餘尺。仰望青天。如拖一線。俗稱一線天。⦿旭出京口。因水涸。後人建橋。又名羅溪洞。又曰觀音洞。卯溪。洞內甚狹。長則五十餘尺。實則五層。中通一峽。寬可尺許。至數寸不等。上露天光。故僅一線天。亦曰一字天。（此外以一線天名者甚多。不及備載。）

【一柱觀】在湖北松滋縣東丘家湖中。〔渚宮故事〕宋臨川王義慶在鎮。於羅公洲立觀甚大。而惟一柱。故名。

【一前嶺】在浙江於潛縣鰾鱠山。光一線。上透極頂。⦿在浙江樂清縣雁蕩山之靈峯。舉有洞。名羅溪洞。⦿旭出京口。玉孫。洗心諸泉。自洞外望。稍一…南四百四十里。

【一面坡】在吉林延壽縣南螞蜒河。唐咸通中高僧孜舊鷹窠山。洞中有玉孔洞。

【一面城】在遼寧鐵嶺縣。

【一畝泉河】源出河北滿城縣賢溪。方廣一畝。故夾山中有基鎮之四。頂鎮玄巖二字。即遂溪。四溪。沙溪三水之會口也。以形似名。

【一倉河鎮】在江蘇東臺縣東。南。四距安豐鎮六十里。將南為三倉。

【一斗泉】在河北房山縣西南上方山。後漢時華歆讀書龍門山。龍湫山泉以行。禪師以錫杖觸之。水滴。經兩時成泉。相傳頗有遊踪瞻此。涸而成泉。故名。

【一片石】在河北臨楡縣北七十里。有關城。明末李自成率攻吳三桂。於山海關。以別將從一片石越關外。清兵來採。先敗。遂入關。破自成。穆有朱將駐防。

【一合塢】在河南宜陽縣四。又作一全塢。

【一全塢】亦曰一泉塢。晉永嘉中魏。又作一全塢。

【一女關】在雲南洱源縣。〔明史〕地理志。滇等縣東北有佛光山。山後南流曰萬花溪。險凡。名一女關。方山彝王羅慶塞。其上多大谷鎔乳海。水滴。經兩時成泉。涸而成泉。故名。

【一禿河】詳伊通河條。

【一拉溪】在吉林永吉縣四。路名。

二畫

丁

【丁山鎮】即卸山鎮。

【丁令溪水】在甘肅鎮番縣四北。〔水經注〕丁令溪水北出丁令谷。源出泰州。南巡…丁令溪也。清一統志。

【丁字水】在福建南平縣東南。

【丁吉牙城】在西藏札什倫布西南四百四十里。

【丁令橋】在江蘇鎮江縣城南三里丁卯橋。

【丁卯橋】在江蘇鎮江縣城南三里。晉元帝子裒鎮廣陵。運糧用丁卯制。遂名為丁卯橋。唐許渾集別墅於其側。故其辭集名丁卯橋。

時，應先利用本表，如精通四角號碼者，可利用書後所附的四角號碼索引。

本書因時隔三十多年，變遷甚多，必須有所補充；益以臺灣重入版圖，對於全省縣市鄉鎮，以至山川名勝地名，都應詳細補輯，俾成完璧。由陳正祥任續編工作，增加部份均爲臺灣的地名，每一地名詳列其方位、面積、人口數字以及交通狀況，也依地名筆劃多少排列。

書後列有附錄五種：全國行政區域表，全國鐵路表、全國商埠表、各縣異名表、勘誤表等。

王以中曾評本書的缺點有四：1.遺漏；2.同地異名而復見；3.史家未考定的地名，編者爲之含糊代斷；4.與考古學有關之地名，作者未加注明。話雖如此說，而瑕不掩瑜，至今本書仍爲我國檢查地名最完備的辭書。

中國歷史地名大辭典

劉鈞仁原著　鹽英哲編撰　民69年　東京　凌雲書房　6冊（3160面）

收地名十二萬條，包括城名、市名、府名、鎮名、江名、水名、縣名、部落名、寨名、隘名、關名、堡名、湖名、泉名、墟名、旗名、嶺名、島名、站名等。日人鹽英哲據民國十九年中國郵政調查資料、陳正祥編臺灣地名辭典、漢語拼音中國地名手冊等，加以增訂，增加資料以人口、海拔、經緯度、物產、歷史沿革爲主。按部首排列，書前有筆劃檢字表。第六冊有和讀五十音順檢字表及總索引（依羅馬字排）。

中國地名大辭典

劉君任撰　民56年　臺北　文海出版社　〔240〕1118面　影印民國19年初版，國立北平研究院印行，著者劉鈞仁。

收錄的地名有二萬餘條，包括郡縣城鎮堡塞及各種小地名，不收

山水名稱及各省區名。本書係作者個人的力量編成的，遺漏重要地名頗多，如樓蘭、敦煌、千佛洞、黑城等，均無著錄。即以一般地名而論，商務印書館的中國古今地名大辭典，也較本書爲多，如以「太平」爲名的地名，商務本有八十一條，本書只有六十一條，以「安陽」爲名的，商務本有二十條，本書有十五條。

　　地名按照康熙字典的部首排列，另附有羅馬字音索引。書後附有編者自撰本書的六點特點：1.訂正古書謬誤；2.詳載新誌地名；3.特重邊省地名；4.記載力求詳明；5.搜羅至爲宏富；6.中西地名對照。

新編中國地名辭典

　　　陸景宇編　民66年　臺北　維新書局　935面

中國史地詞典

　　　龍倦飛（王雲五）編　民48年　臺北　華國出版社　49,343面
　　　收二千四百條。

中國歷史地理大辭典

　　　章　嶔編撰　民63年　臺北　新文豐出版社　2冊(1782面)　影印

英漢對照中國地名辭典

　　　竹之内安己撰　民67年　日本　鹿耳島短期大學附屬南中國文化研究所　2冊

滿蒙歷史地理辭典

　　　佐藤種治撰　民65年(1976)　東京　國書刊行會　386面　影印
　　　民國24年（昭和10年）初版。

甲骨地名通檢

　　　馬宗霍編　民60年　臺北　文海出版社

臺灣地名辭典

　　　陳正祥編　民49年　臺北　敷明產業地理研究所　349面（敷明產業地理研究所研究報告第105種）

收臺灣省行政區地名，地形地名，共六千三百六十八條。行政區地名，包括所有縣、市、區、鄉、鎮各級地名，並記錄其人口面積等基本統計數字；地形地名，包括島嶼及主要的山嶺、河川、港灣、海峽、鼻、角、岩等。地名次序，概以筆劃多寡排列。地名後附注英文，示其方位，並略作說明。間亦附圖。

陳氏於民國四十八年，另編有臺灣地名手冊，收臺灣地名五千六百條。也包括全省所有行政區地名及地形地名。書由臺灣省文獻會印行，列入臺灣叢書第七種。

高雄市鳳山市地名表

行政院農業發展委員會　國立臺灣大學地理學系　臺灣省政府林務局農林航空測量所編　民70年　臺北　編者　82,15面　（臺灣地區基本圖地名叢刊第1號）

臺灣省政府林務局農林航空測量所曾費數年之力測繪製成臺灣地區大比例尺像片基本圖。「基本圖」（五千分之一）上地名約在十萬個以上，舉凡山川、河岳、海峽、港灣、鼻角、岩洲、溫泉、農場等；因其尺度之大，名稱巨細不遺。至於城市中之街道建築、公共設施、重要機構，凡有名稱亦皆悉備。惟使用地圖時，往往只知地名，不知座落。進步國家每製一套地圖，必有一套地名索引，配合檢查。編者有鑑於此，乃將此十萬地名編為地名表（索引），俾可按名查出其經緯度，所轄行政區名及所在圖幅號數，以發揮地圖的效用。此套書訂名為「臺灣地區基本圖地名叢刊」。本書為叢刊第一號，收錄高雄市·鳳山市地名，按地名筆劃之多寡及起筆為序。地名後列舉：類別（如圖書館、體育場屬公共場所）、經緯度、行政區域、圖號等。叢刊第二號為「臺南市·屏東市·嘉義市·新營市地名表」，於民國七十一年一月出版，共一三三面；叢刊第三號為「臺中市·豐原市·新竹市·彰化市·苗栗市地名表」，於七十一年四月出版，共一九七

面。體例與第一號相同。

　　讀者如需要這些「基本圖」，可向農林航空測量所（臺北市和平西路二段一○○號之一）洽取「出版通報」，申請價購。

高雄市舊地名探索

　　高雄市文獻委員會編　　民72年　　高雄　　1冊

西域地名

　　馮承鈞撰　　民65年　　臺北　　華世出版社　　100面　　影印

　　民國19年初版，44年再版。

　　收錄中國歷史上常見的亞洲各國地名　，　以及部分歐非地名一千條。每條目用羅馬字拼音，再加簡要考釋。依羅馬字母順序排列。本書可補中國古今地名大辭典的缺失。

增訂中西對照東南亞地名街名錄

　　潘醒農編　　民56年　　新加坡　南島出版社　　534面　　地圖12幀

　　民國41年初版。

外國地名辭典

　　陸景宇編　　民55年　　臺北　　維新書局　　878,166面

　　我國迄無外國地名辭典，只有國立編譯館公布的外國地名譯名，共一五三面，收集外國地名八五○四條，按外文字母排列，加中文譯名，中英對照而已。本書擴大收集，收外國地名一萬五千餘條。每一地名注明位置、人口、國別等。地名依筆劃多寡為序排列，有書前中文索引及書末英文索引可稽。附錄世界主要的島嶼、湖泊、河流、山峯、瀑布、沙漠、隧道、水壩、世界有名的橋樑、通航運河、洞穴、世界各大都市間的空中距離及美國各大都市間的空中距離。

外國地名錄

　　宋功忍編　　民43年　　臺北　　華國出版社　　217,41面

中外地名辭典

　　秦兆啓編譯　左秀靈校　民68年　香港　東亞圖書公司　332面

國際漢譯地名辭典

　　胡子丹譯　民69年　臺北　國際文化事業公司　282面

中國韓國地名別稱索引

　　國書刊行會編　民66年　東京　該會　306面

地理學辭典

　　孫宕越編撰　民71年　臺北　正中書局　452面

　　收錄地理學的名詞約一千四百條。包括地形學、氣候學、生物地理學、土壤地理學、經濟地理學等。以自然地理及地形學方面的名詞居多，人文地理則佔少部分。

　　依中文筆劃排列，中文名詞後用圓括弧注明西文原文。其次注明該名詞的主要歸屬，加上方括弧，如「冰床」注明〔冰河〕，指該名詞主屬冰河學；又如「汚染」注明〔生物地理〕，指該名詞主屬生物地理學。最後詳釋其義。對於某一些名詞，因各國學者見解不同，所以就有不同的意義，如平原和高原，丘陵和山岳的高度界限，皆無一致的標準。對於此，編者分述各國不同的學說，再加一些個人的評判。此外，某些名詞，如在本條內言之未盡時，條末即附「參見某某條」，如「經濟地理」注明〔參見地理學、系統地理、人文地理等〕，「瀑布」注明〔參見吊谷〕。

　　書後有中英文名詞索引。

中國地圖的歷史

　　中國輿圖的發展，大致可以分為三期：自太古至周為上古期；自秦統一至明末為中古期；這二期可說是地圖的創始時代。自清初至民

初爲近世期，可說是地圖的發展時代。

在上古時期，依據山海經、禹貢、職方等書的研究，以及周官、管子等書的記載，我們知道，古代已有把各種象物配布描畫於地圖的形式，並用文字記注道路關隘的道里和方向。雖談不上測量的方法，但大多是由實際旅行觀察所得，也可說相當正確。

在中古時期，自秦至唐末，可說是我國固有地圖製法時代；自元至明，可說是西洋地圖傳入時代。這一期，著名著者和地圖出版，重要的有：

1.**裴秀**　晉代人，曾參閱隨軍校驗的吳蜀地圖，並考證禹貢上的山海、川流、原隰、河澤，繪成禹貢地圖十八幅。原圖雖不得見，但尚存序於晉書裴秀傳。

2.**賈耽**　唐德宗時的地理學家，曾受裴秀的影響，根據自己探訪考證所得，畫成隴右山南圖及海內華夷圖，後者廣三丈，縱三丈三尺，又以朱墨辨別古今郡縣。

3.**沈括**　北宋人，其所著夢溪筆談中，曾談到測量地形，製作地圖模型。

4.**朱思本**　元代人，曾周遊各地，遍訪四方使臣，費十年之力，編成輿地圖，原本雖不可見，但根據明代羅洪先所增補的廣輿地，可以推知其梗概。

5.**利瑪竇、艾儒略**　明萬曆十年（1582）意大利人利瑪竇至澳門，其後搜讀我國地理書籍，融以西洋新知識，作成漢譯坤輿萬國全圖，介紹於我國；同時又將我國的地理事情，介紹於西洋。後來利氏到北京，獻與萬曆的貢品有萬國圖誌一冊。天啓三年（1623），艾儒略撰職方外紀，第三冊有萬國全圖。崇禎九年（1636）德人湯若望著渾天儀說五冊，其中插圖有地球十二長圓形圖，共六頁。這些地圖，對當時的士大夫確有相當影響。

　　清代地圖學的發展，主要是由於清初幾代皇帝的重視。貢獻最大的是康熙。他每次出巡，到盛京（瀋陽），巡北塞，到江南，都請南懷仁、徐日昇、白晉等西方敎士，帶着內廷測天測地儀器跟着他。以後又派他們往蒙古和中國各省去測量，遍覽山川、城廓，繪製地圖。

　　在康熙五十七年（1718）繪製成皇輿全圖，也叫內府輿圖或欽定輿地全圖，是我國地圖上一大成就，也是以後我國地圖最重要的依據。大體說來，內府輿圖測繪得校好的，是關內十五省及關外滿蒙各地。西藏和新疆不精密，直到乾隆時，又花了二十年時間，才完成這兩個地區的測繪工作。內府輿圖完成後，就藏在大內，僅少數大臣可以看到。直到乾隆九年到二十六年所印行的大淸一統輿圖，同治初年湖北印行的皇朝一統輿圖，都是根據內府輿圖印成的。

　　內府輿圖的眞本，自康、乾以來，從未見有傳本。後來北平故宮博物院發現地圖銅版一百零四方，認爲是乾隆皇輿全圖，該院題爲「乾隆內府輿圖」印以問世，內府秘本才流傳於外。此圖民國五十五年，國防研究院曾予影印。

地　　　圖

世界地圖集

　　張其昀主編　民54至57年　臺北　國防研究院　5冊

　　已出三冊。第一冊東亞諸國；第二冊亞洲與俄國；第三冊非洲與歐洲。所列地名均中英對照。中譯地名除採用我國政府審定的習用者外，多依據Webester地名大辭典注音迻譯。末附中英地名索引。

中華民國地圖集

　　張其昀主編　民48至51年　臺北　國防研究院　5冊

　　第一冊臺灣省；第二冊中國大陸邊疆（西藏、新疆、蒙古）；第三冊中國北部（東北、華北、西北）；第四冊中國南部（華中、華

南、西南）；第五冊中華民國總圖。所有重要地名，均採中英文對照。除第五冊外，均附有中英文地名索引。每冊列有參考圖書目錄，分地圖及書刊二類。

中國地圖集　（Atlas of China）

謝覺民編撰　民62年　美國紐約　McGraw—Hill 12,282面

分四部份：1.自然環境；2.人文經濟；3.全國各大區域；4.歷代疆域。另外，有五萬多字的說明。國立中央圖書館有收藏本書。

書評：評介謝覺民著中國地圖集　任以都，中國文化研究所學報第 7 卷第 1 期，民國63年12月，頁351—355。

中華民國臺灣區地圖集

內政部地政司　聯勤總司令部測量署合編繪　民70年　內政部發行（幼獅文化事業公司經銷）　81面

編輯目的：供社會大眾、研究機構及中學以上學校教學參考之用。

分地圖及說明兩部分。地圖包括：總圖、臺灣省各縣市及臺北、高雄二院轄市行政區圖、重要都市街道圖、各縣縣治市鎮圖及參考圖（世界全圖、中華民國全圖、臺灣海峽圖）五類，計四十四幅。除世界全圖用圓柱投影法外，概採正形投影法編繪，以彩色精印。

地圖上地名字體的表示方法：河川、湖泊、水庫、海灣用藍色斜等線體；市縣鄉鎮市行政區名稱用朱色隸書；一般地名、山名、市街道路名稱用黑色等線體；山脈名稱採用黑色聳肩等線體。

說明文字均配合地圖，以便參閱，共三十六篇，除闡述地學原理外，參採各圖內容，及有關機關提供或出版的最新統計資料或重要報告書刊，說明我國近年來，各項建設發展概況，以供國人參考。

中華民國臺灣區分縣市圖

內政部地政司　聯勤總司令部測量署編繪　民71年　臺北　內政

部　21張

　　爲單張彩色地圖，比例尺爲六萬分之一。包括二院轄市及臺灣省十九縣市。其圖目如下：臺北市、高雄市、臺北縣、桃園縣、新竹縣、苗栗縣、臺中縣、彰化縣、雲林縣、南投縣、嘉義縣、臺南縣、高雄縣、屏東縣、臺東縣、花蓮縣、宜蘭縣、澎湖縣、基隆市、臺中市、臺南市等。

　　屬人文地圖，備載鄉鎮市區公所、觀光名勝古蹟、學校、醫院、寺廟、港口、燈塔、銅像、佛像、河流、湖泊、水庫、魚塭、鹽田等。如爲縣轄市，另附有街道圖。

　　各圖設色清晰，一目了然。

中國的版圖

　　趙宋岑撰繪　民46年　臺北　臺灣中華書局　2冊(208,190面)

現代世界地理圖集

　　葉顯鎧等編　民50年　臺北　臺光出版社　1冊

中華民國分省詳圖

　　蔡正倫編繪　民50年　臺北　宜文出版社　1冊

中華標準地圖

　　張其昀主編　民53年　臺北　中國地學研究所　1冊

最新世界分國圖

　　莫光熊編繪　民57年　臺北　文化圖書公司　1冊

詳明世界地圖

　　李勉世　戴廷禮合編　民57年　臺中　三友出版社　1冊

中國區域地理圖

　　莫光熊編繪　民56年　臺北　文化圖書公司　1冊

最新世界分國地圖

　　李鹿芊　黃新南編繪　民62年　臺北　文化圖書公司　1冊

最新中國區域地圖

　　李鹿苹　黃新南編繪　民62年　臺北　文化圖書公司　1冊

中國大地圖

　　田中啓爾監修　民62年（1973）　東京　京文閣　284面

　　南華出版社出版多種單張地圖及地圖集，如：

1.臺北市分區地圖。

2.臺灣省五市十六縣地圖合訂本。

3.中華民國地圖（2大張）。

4.最新世界地圖（4大張）

5.臺灣省各縣地圖（16種）

6.外國地圖（10種）

　　黎明文化事業公司也出版單張地圖，如：

1.世界全圖（三千萬分之一）二全張。

2.中華民國全圖（四百萬分之一）二全張。

3.臺灣省地形圖（五十萬分之一）一大張。

4.臺灣省臺北市觀光圖（六十萬分之一）。

　　大輿出版社出版多種掛圖及單張地圖，如：

1.中國分省地形掛圖（33幅）	4.臺中市街道圖。
2.世界分洲地形掛圖（6幅）	5.高雄市街道圖。
3.臺北市街道圖。	6.臺北市十六區分區圖。

滿州分省地圖　地名總覽

　　國際地學協會編　民69年　東京　國書刊行會　161面

歷代輿地沿革圖

　　（清）楊守敬編繪　民64年　臺北　聯經出版事業公司　精裝10冊

　　爲目前最完備的歷史地圖集。

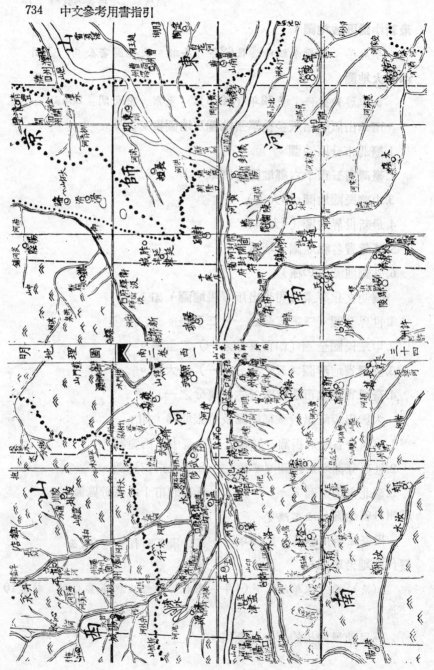

歷代輿地沿革圖

　　楊氏爲清代研究中國地理沿革的有名學者，曾窮畢生精力研究水經注，撰成注疏，並繪水經注圖，在清光緒三十一年（1905）刊行。楊氏又研究沿革地理，繪成歷代輿圖沿革險要圖，三十四冊。此書首卷有總圖一冊，另有歷代疆域分圖四十四種，由春秋列國圖、戰國疆域圖、秦郡縣圖、前漢地理志圖，至明地理志圖等。各代視其疆域大小，酌爲繪製，如西漢有圖九十五幅。各有縱橫座標。除秦代外，均用同一比例尺，每冊可拼成一幅。圖外並有文字說明一代疆域區劃的分合，於光緒三十二年（1906）校訂刊印，用朱墨兩色套印。

　　本書不易查檢，因爲在分域圖上的標注，有欠詳盡，同一地名分在各州，所以聯經出版事業公司重印時，請喬衍琯先生將所有地名編成索引。

歷代輿地沿革圖索引

喬衍琯主編　民70　臺北　聯經出版事業公司　1300面

　　清末學者楊守敬、鄧鴻臚等人，搜集自禹貢以下至明代的地理文獻，精心繪製成歷代輿地沿革圖多幅，紅黑套印，堪稱目前查閱中國歷代輿地變遷情況最精詳實用的參考工具。民國六十四年，聯經出版事業公司曾據清光緒校刻本照相印製，分裝十冊問世；嗣後，又增印大清一統圖，別裝一冊，以成全璧。唯吾國幅員廣大，地名繁多，查尋不易，爲便利使用，另編索引以爲輔助，實爲當務之急。

　　本書乃按照楊氏原書順序編製。自總圖（歷代輿地沿革險要圖）至明地理志圖，南北朝諸國，均別爲一朝。索引所據地名，取自黑色所印各朝輿地圖；清朝部分，則採自紅色印刷之大清一統圖。各圖地名索引依筆劃爲序，偶有名同地異者，則依出現順序排列。索引之地名及符號悉照原圖，唯〣〢改作▲。各圖索引前均有檢字表，除各具獨立頁次外，版口右下角並加總編號，俾便檢索。讀者使用本書，宜先閱讀凡例第六條所述查索方法。

中國歷史地圖

　　箭內亙編撰　和田清增補　李毓澍編譯　民66年　臺北　九思出版社　圖26幅　解說32面　(九思叢書3)

　　據箭內亙編撰東洋讀史地圖第四度修訂本影印，其中包括和田清增補的三圖：日本西伯利亞出兵圖，瀋陽事變圖、當代中國圖（內含僞滿及僞蒙）。圖內日文地名及戰前日人習用的地名，均經漢譯及改正，原圖的解說，也一併迻譯，列於書後。

　　全書共二十六張圖，另附圖二十四，均以彩色印製。內容有：禹貢九州圖、春秋時代形勢圖、戰國時代亞洲形勢圖、戰國七雄圖、秦統一圖及漢初封建圖、西漢武帝時代亞洲形勢圖、三國時代亞洲形勢圖、南北朝時代亞洲形勢圖、唐代亞洲形勢圖、唐代之滿洲及朝鮮、宋金對立時代亞洲形勢圖、元初亞洲形勢圖、明初亞洲形勢圖、俄國侵略亞洲圖、中日日俄兩戰役圖、清末亞洲形勢圖、清末中國全圖等。

中國歷史地圖集

　　程光裕　徐聖謨合編撰　民44年　臺北　中華文化出版事業委員會　2冊（現代國民基本知識叢書第3輯）

　　第一冊爲地圖之部，共七十六幅；第二冊爲說明之部。均分五篇：疆域、都會、水道、交通及戰役。

　　關於歷史地圖，國內出版者還有下列數種：

中國歷史地圖

　　程光裕　徐聖謨主編　民69年　臺北　中國文化大學出版部　2冊（已出上冊）

　　爲從事史學與地學者教科適用之基本圖籍，亦爲一般國民瞭解國史國情之參考書。（序）

　　共分二冊，上冊爲疆域篇，包括：史前文化遺址分布圖、禹貢九州圖、夏商周三代圖、周初封建圖、春秋列國圖、戰國七雄圖、秦代

統一圖⋯⋯清代臺灣建置圖、日據時代臺灣全圖等，共八十三圖。下册爲都市、社會、美術、經濟、交通等篇。

疆域篇圖幅之圖面設計，係據我國傳統歷史地圖之古今地名分色慣例，惟今地名版爲背景資料，旨在指示古地名之今日位置，故用淺藍色，並加套淺灰色暈渲地形。古地名版爲主題部分，分別用紅色、黑色，以資醒目。

古地名版之點註記，包括國都名、各級行政區治所名與重要地名，一律用黑色細黑體。表面註記包括國名與各級行政區名，依照等次分別用紅色或黑色，大致國名與第一級行政區名用紅色隸書體，第二級行政區名則用黑色粗圓體，非國名則用黑色隸書體。線符號以國界與行政區界爲主，河流與海岸線次之，均用黑色。

疆域篇多採王恢撰中國歷史地理附圖，略予增删。

書後附古今地名索引。（編輯例言）

中國歷史疆域古今對照圖說

吳開印撰 民68年 臺北 徐氏基金會 138面，古今對照地圖30幅

「中國傳統歷史地圖的缺點是古今地名無法連貫起來。政府遷臺後，程光裕與徐聖謨編『中國歷史地圖集』，以現今中國地圖爲底，用綠色印刷，把某個朝代的疆域和重要地名，用黑色直接印在上面，讓讀者能够古今對照。它的下册即是文字部分，對各代地名有所說明。但是它的缺點是字太小，二十四開本，縮小地圖後，上面的字就小得難以辨認；現代中國地圖用綠色印刷，與黑色的歷史地圖重疊後，更顯得模糊。

本書據上書的缺點改進。一方面放大爲八開，一方面把歷史地圖和現代中國地圖分開。將現代中國地圖用透明紙印刷。兩相對照，古今地名的位置，清楚的顯示出來」（節錄宋光宇：評樊著「中國歷史

疆域古今對照圖說」，書評書目第八十四期，民國六十九年四月，頁七十三至八十五）。

本書共收三十圖，每朝代至少有一圖，凡重要的縣及縣以上的城市，均編列圖上。其他如長城的建築、黃河的變遷、運河的系統等，也一併列入。

圖前對各朝代的簡史、古代的行政區域、古今地名做了一番考證和說明。其考釋有待商榷處，見宋光宇的書評。

中國歷史參考圖譜

董作賓主編　民46年　臺北　藝文印書館

分爲遠古時代、五帝、夏、殷商、西周、東周末、兩漢、魏晉南北朝、隋唐五代、宋、元、明、淸共十二幅。每幅包括：年代、世系、疆域圖、國勢概要、大事年表、社會生活等各種實物圖片五百幀，並加簡要賅明的解說。

中國歷代疆域形勢圖

文光書局編　民46年　香港　該書局　1冊

歷代疆域形勢圖

童吉亨撰　民71年　臺北　廣文書局　1冊　影印

另有民國55年香港中興書局印本，著者題董世亨，書名冠「中國」二字。

三輔皇圖　六卷

唐兩京城坊考

不著撰者　民63年　臺北　世界書局　1冊　影印

另有民國66年臺北藝文印書館影印本。

中國歷史・文化地理圖册

陳正祥編撰　民70年　東京　原書房　圖119葉

中國歷史地圖

　　蔣君章編繪　民52年　臺北　正中書局

The Chater Collection（中國通商圖　1655—1860）

　　Orange, J.編　民62年　臺北　中國出版社　528面　影印
收通商圖430幅。

清代一統地圖

　　張其昀編　民55年　臺北　國防研究院　206面

　　原名：乾隆內府輿圖，印製於清乾隆二十五年（1760）。全圖共
一百零四幅，採榴形投影，除內地各省及邊疆各地區外，圖幅範圍，
北盡北冰洋，南抵印度洋，西至波羅的海、地中海與紅海，不僅爲我
國最早最完整的實測地圖，也是最早的亞洲大陸全圖，對有清一代歷
史地理的研究，貢獻至鉅，可與清史及清代一統志相輔而行。

臺灣古輿圖集

　　賴永祥編　民46年　臺北　臺北市文獻委員會　1冊

臺灣輿圖

　　（清）夏獻綸撰　民48年　臺北　臺灣銀行經濟研究室　1冊
影印

臺灣府輿圖纂要

　　臺灣銀行經濟研究室編　民52年　臺北　該室　2冊

臺灣地輿全圖

　　臺灣銀行經濟研究室編　民52年　臺北　該室　80面

An Historical Atlas of China

　　Albert Hermann; North Ginsbury 合編　民55年　美國芝加哥
Aldine Publishing Co., 25,88面

　　共載地圖六十四幅，前五十四幅爲赫爾曼（Hermann）原作，
從史前時期至民國十九年，後十幅爲金斯堡（Ginsbury）所製，
爲中國大陸的近況。書後附有：1.重要參考資料；2.地名及專門名

詞的英文索引；3.中文地名索引。

西洋歷史地圖

巴瑪（Palmer, R. R.）著　王曾才編譯　民66年　臺北　九思出版社　155面（九思叢書11）

人類的歷史活動係以地理為舞臺，因而對地理知識的探求，可以說是由來已久。目前所知的西方最古老的地圖，是西元前二千三百年在巴比倫用陶土製成的。歷史地圖可使我們獲悉先民賡續創獲的痕跡，為治學所必須的工具書。

本書以美國史學家巴瑪所主編的 Historical Atlas of the World為藍本所編成。原書包括目錄及索引僅有四十面。本書另加三十六面的中文說明及十四面中英地名索引。

包括三十七張圖，均以彩色印製，有關亞洲的佔五幅。附錄有：羅馬帝國皇統簡表、東羅馬帝國皇統簡表、囘教帝國諸帝（迄一二五六）、英國王統簡表、法國王統及各政府簡表、俄國皇統及政府簡表、美國總統任期表、歐洲各古老大學表、新世界各主要古老大學表等十四種。

沿　革　地　理

歷代地理沿革表　四十七卷

（清）陳芳績撰　民54年　臺北　臺灣商務印書館　2968面　影印　（叢書集成簡編）

另有臺北鼎文書局印本，民國62年出版。

分三部分：1.部表，三卷；2.郡表，十五卷；3.縣表，二十九卷。部表以虞的十二州為綱，郡表以秦的四十郡為綱，縣表則以漢的一千四百五十縣為綱。郡縣的次序，則根據班固的漢書地理志。

對於一郡一縣的廢置、分併、遷徙、升降，均詳加考證，可以說

對九州的疆土，古今的異名，城邑的變遷，有此一編在手，都瞭若指掌了。

　　對於檢查歷代地理沿革是很有用的一部參考工具書，此外，也可參考段長基輯歷代沿革表　三卷、歷代疆域表三卷。這兩部書不及陳書的細密，也有參考的價值。這兩部書都收編在民國五十五年臺灣中華書局的四部備要。

春秋左氏傳地名圖考

　　程發軔撰　民56年　臺北　廣文書局　348面，另圖11張

　　共分四篇，第一篇春秋地名考要，收有關春秋地名考證的論文，共十六篇。第二篇春秋地名今釋，以春秋經傳中所見的地名，依春秋十二公年次，及經傳序次，分別考證，並以今地注釋，所釋今地，則以大清一統志，及民國改定的省縣爲主。

　　第三篇爲春秋地名檢查表，依地名筆劃多寡爲序，彙編簡表，以便檢查，爲本書地名今釋的索隱。凡同一地之屢見者，僅記其勸見之年，其後不再贅錄；其一地三四見者，則分記其所見之年，不重列其古地今地；其名同而地異者，則分列其不同之時地，以免執彼誤此；其一地之考證有兩說者，則附錄另一說於備考欄中，以資參考；其一地有兩名者，亦附備考；其他之無考者，則闕其地，或考其近似之地，而附以問號。

　　第四篇爲春秋列國地圖，於總圖之外，又附分圖，其地名之見於經傳者，必有注釋；見於注釋者，必有表有圖，以備互相參證。本篇計列總圖五，分圖十一，末後並附載禹貢九州圖，以供參考。

　　所收地名，以見於春秋左氏傳者爲主體，每一地名皆釋以自古至今沿革實況，欲知古代地理之變遷，讀此書是不可或緩的。（中文工具書指引）

地　理　總　誌

嘉慶重修一統志　五六〇卷

（清）嘉慶官撰　民55年　臺北　臺灣商務印書館　11冊　影印

據民國23年刊本影印。

所謂一統志，就是全國地志與人物志的總匯。我國志書，最稱完備；縣有縣志，府廳州有府廳州志，省有省志，全國則有一統志。有清一代，疆域最廣，其一統志始修於康熙間，僅三百五十六卷，繼修於乾隆八年及四十九年，增爲四百二十四卷，卽通稱的大淸一統志。嗣又纂至嘉慶二十五年，凡五百六十卷，卽通稱的嘉慶一統志。

內容包括：表、圖、疆域、分野、建置、沿革、形勢、風俗、城池、學校、戶口、田賦、稅課、職官、山川、古蹟、關鑑、津梁、堤堰、陵墓、祠廟、寺觀、名臣、人物、流寓、列女、仙釋及土產等。如以編次言，則京師、直隸、盛京以下爲：江蘇、浙江、安徽、山西、山東、河南、陝西、甘肅、江西、湖北、湖南、四川、福建、廣東、廣西、雲南、貴州、新疆、蒙古各藩部及朝貢各國。自京師以下，每省有統部，總敍一省大要；各府廳直隸州各有分卷，蒙古各藩部分卷，悉照各省體例。

包括的地名、人物名、制度名，有十四萬條，雖有目錄可查，仍不便檢查。商務乃將書內所有山川、古蹟、人物、圖表等條文依四角號碼編爲詳盡的索引。所以本書又稱爲「索引本嘉慶重修一統志」，有此索引，則此書兼有淸代人名地名辭典之用。

張元濟曾將一統志地理表部份輯出。卽嘉慶一統志表二十卷，於民國二十四年由上海商務印行。民國六十四年，臺北新文豐出版社曾影印徐午輯大淸一統志表，共二冊。

太平寰宇記　二百卷

　　（宋）樂　史撰　民52年　臺北　文海出版社　2册　影印

　　據清嘉慶八年（1803）刊本影印。原書佚八卷，由清人陳蘭森輯補。

　　係作者據各種輿圖、正史地理誌及詩賦雜記等，對於每一地方考其沿革，並載其州境府境、四至八到疆域、戶口、風俗、姓名、人物、土產等。所記始於東漢，迄唐宋，並及邊遠之地。依宋代地方區域排列。本書成於太平興國間，卽冠以太平二字。

　　爲便查考本書地名，王恢編有太平寰宇記索引。每一地名著錄其在本書卷數，所屬州、縣，並加附注。地名依中華大字典的部首筆劃排列。索引由文海出版社影印，民國六十四年刊行，共一〇二三面。

元和郡縣圖志

　　（唐）李吉甫撰　民62年　京都　中文出版社　694面　影印

　　我國現存最古的地理總志，南宋時失附圖，書名略稱爲元和郡縣志。內容係將當時十道所屬的各府、縣的人口、沿革、道里、山川、貢賦、古蹟等，依次作了介紹。四庫總目稱本書「體例最善，後來雖遞相損益，無能出其範圍」。

元豐九域志　十卷

　　（宋）王　存等奉敕撰　民51年　臺北　文海出版社　504面影印

　　將宋代地名，依宋代地方行政區域排列。每一地名，先略述沿革、次列地理、戶口數目、土員。

　　日人嶋居一康編有元豐九域志索引（民國六十五年京都中文出版社印行，二〇八面），將書中的語句，單獨的地名全部收錄，此外還收編土貢、職官和軍號等資料，按筆劃順序排列，檢查時就方便多了。

輿地廣記 三十八卷

　　（宋）歐陽忞撰　民51年　臺北　文海出版社　724面　影印

大明一統志 九十卷

　　（明）李　賢等奉敕撰　民54年　高雄　百成書店　10冊　影印

寰宇通志 一百十九卷

　　（明）陳　循等撰　民57年　臺北　廣文書局　10冊　影印

中國區域志 甲乙編

　　張其昀編撰　民47年　臺北　中華文化出版事業委員會　4冊

（現代國民基本知識叢書第五輯）

方　　志

中國地方志綜錄

　　朱士嘉編　民64年　臺北　新文豐出版社　2冊　影印

　　據民國24年商務版影印。民國47年出版增訂本，423面

　　據中國大陸四十一所主要圖書館收藏的方志彙編爲聯合目錄，共

收七千四百一十三種，較初編增一千五百八十一種。按清代行政區劃

省、府、州、廳、縣的次序排列。每書注明書名、卷數、纂修人、纂

修時間、版本、收藏者、備考等。按表格式著錄。如有稀見版本或國

外收藏的珍本，在備考欄說明。

臺灣公藏方志聯合目錄

　　國立中央圖書館特藏組編　民70年　臺北　該館　248,32面　增

訂本

　　該館於民國四十六年編「臺灣公藏方志聯合目錄」，收國內學術

文化機關及黨政機構圖書館十一所藏地方志，約三千三百二十餘種。

著錄起自宋高宗紹興四年（1134），迄民國四十四年止。

　　本書係據前書重編，約共收三千八百餘種。增加部分爲該館代

管前國立北平圖書館所藏明代方志、行政院大埔書庫贈該館方志及孫逸仙博士圖書館所藏方志。另收部分學生書局及成文出版社方志影印本。

編排與四十六年版略有不同。前編分省後，多數府志集中於前；也有先按地區分，再依府縣次序集中於一處。本書於分省後，依地區分，再按府、州、縣順序排列。

各地方志之著錄，列：志名、卷數、纂修朝代、撰修者、刊印年代、藏書者、附注。

影印本收成文出版社者一千二百四十種 ， 學生書局者二百二十種，列爲附錄，其他出版單位影印者，未加收入。

書後附地名索引。

孫逸仙博士圖書館館藏中國方志目錄

中國國民黨中央委員會孫逸仙博士圖書館編　民70年　臺北　該館　216,29面

收該館、中山文化敎育館、國防研究院圖書館所藏中國方志一千七百二十三種。自清順治十七年（1660），迄民國六十五年止，包括三十五行省、兩地方、十二院轄市。

依省、府、州、縣、鄕排列。院轄市附在所在地省內。著錄款目，列：書名、卷數、纂修年代、纂修人姓名、刊印年代、版本、冊數、藏書分類號、附注。凡各志地名與今名不同，或併入某縣志，均以附注說明。

書後附方志書名索引，按筆劃排列。

國會圖書館藏中國方志目錄（A Catalog of Chinese Local Histories in the Library of Congress）

朱士嘉編　民31年（1942）　美國華盛頓　國會圖書館

是國會圖書館所藏中國地方志的總目。當時，除國立北平圖書館

以外，國內外收藏方志最富的應推國會圖書館。

著錄中國地方志二千九百三十九種，時代自宋熙寧九年（1076）起，至民國三十年止，賅括各省、府、州、縣、鄉鎮的志書。由於所收志書多修於清代，所以排列次序依照大清一統志，不過行省則依照民國當時的行政區劃編列。

條目內首列志名、次卷數、編修人、版本（先刻本，次叢刻本，各本再依時代先後為序）、冊數。間附按語，其重點在注釋，地名更易，編修的經過，記載的斷限，內容的增損，收藏家的印鑑，並兼載重要及特異的篇目。篇目之下注明所在卷數，檢者可據此翻查。其中所舉篇目範圍甚廣，較之國立北平圖書館方志目錄，只舉出金石目錄二類篇目，更為進步。檢者可從這些重要篇目中找尋參考材料，而作進一步的專題研究。

書末附有：1.筆劃索引和拼音索引（節錄中國歷史研究工具書叙錄）

中國地方志連合目錄

　　東洋學文獻センター連絡協議會編　民53年　東京　東洋文庫
267面　油印

是日本四個機關：東洋文庫、東京大學東洋文化研究所、京都大學人文科學研究所，及內閣文庫四處所藏中國地方志的總目。

賅括中國二十六行省。排列順序以朱士嘉編的中國地方志綜錄為準。方志隸所屬省分之內。每頁分為番號、書名、卷數、纂修者、編刊年、藏書者（再細分四欄，即東洋、東研、人文、內閣等）及備注七欄。每欄分割清楚，極為醒目，檢者可一目了然。在備注一欄內所記的是重刊、影印、寫本、寫眞、增補刊行、欠佚的卷號、續刻、叢書名與其他必要事項。

書後附有依筆劃及日本五十音順兩種索引，後者為通日文而不諳

英國各圖書館所藏中國地方志總目錄 (Union List of Chinese Local Histories in British Libraries)

　　Morton, Andrew 編輯　民68年　英國牛津　倫敦大學亞非研究院　140面

　　收錄大英圖書館及劍橋大學圖書館等七所圖書館所藏河北、浙江等二十四省，及西藏、內蒙古等地方的方志，共二千八百種，其中重印本有一千七百種。

　　依各省排列。各省首列省志，次列縣志。方志著錄的款目有：方志全名、卷數、出版年、收藏地點等。書後有依羅馬拼音及筆劃排列的省縣地名索引。

日本歐洲公私庋藏豫省方志錄

　　陳祚龍編　中原文獻 5 卷 5 期，民國62年，頁1—10。

湖北省地方志聯合目錄

　　陳祚龍編　湖北文獻29期，民國62年，頁89—97。

清代一五九家所見各專籍方志論文索引

　　盛清沂編　臺灣文獻第21卷第 3 期，民國59年 9 月，頁47—67

臺灣地方志彙目

　　陳漢光編　載文獻專刊第 3 卷第 2 期，民國41年10月，頁31—57。

國防研究院圖書館借藏交通部地方志目錄

　　國防研究院圖書館編　民50年　臺北　該館　52面　油印本

臺灣光復後印行官撰地方志書彙目

　　陳漢光編　載臺灣文獻第16卷第 1 期，民國54年 3 月，頁142—154。

國立故宮博物院中央圖書館所藏明代方志聯合目錄

　　昌彼得　喬衍琯合編　載故宮季刊１卷３、４期　民國56年１、４月，共25面

中國古方志考

　　張國淦撰　民63年　臺北　鼎文書局　782面　影印
民國51年中華書局初版。

廣東方志彙目

　　鄭良樹編　載書目季刊第９卷第２期，民國64年９月，頁79—98。

旅　遊　指　南

臺灣山岳旅遊手冊

　　交通部觀光局　臺灣省林務局合編　民67年　臺北　該局　111面
　　山岳旅遊，既可欣賞大自然的風光和呼吸新鮮空氣，也是鍛鍊身體、陶冶心性的最佳活動。所以世界各國，均致力於國家公園、森林遊樂區以及自然風景保護區的設立，以鼓勵國民前往遊覽，旨在增進國民的康樂活動，實爲進步國家的新措施。

　　內容主要在介紹本省山岳遊樂狀況及登山應注意事項。現狀介紹包括二十個山區、遊樂區，如烏來山區、阿里山區、大霸尖山區、南橫公路西段等。每一山區介紹的項目，有：概況、氣象、交通、住宿設施、景觀、旅程圖、概勢圖、彩色風景圖等。登山注意事項、有登山前應有的準備、山區意外事件的防止、求生要訣等。

　　附錄：全省主要河流水系暨英文對照表、登山裝備圖解、臺灣百岳一覽表、度量衡暨溫度換算表、林務局暨所屬各林區管理處。

臺灣導遊

　　臺灣旅行社　民41年　臺北　該社　4,104面

臺灣名勝導遊

　　吳啓亭撰　民50年　高雄　慶芳書局　4,216面

臺灣觀光指南

　　陳逸人主編　民60年　臺北　南華出版社　1冊

臺灣地區觀光旅館

　　交通部觀光事業局編　民60年　臺北　該局　240面

臺灣公路指南

　　南華出版社編　民60年　臺北　該社　49面

渡假系列

　　戶外生活雜誌社編　民66至67年　臺北　該社　11冊

　　要目有：北臺灣一百個露營地、北臺灣最佳去處、北臺灣機車汽
車旅行手冊、中臺最佳去處、東臺最佳去處、臺灣離島最佳去處、
臺灣的溫泉等。

美加旅遊手冊

　　東南旅行社編　民67年　臺北　華僑文化出版社　271面

觀光旅遊指南

　　許耀文編撰　民68年　臺北　聯合報社　431面

臺灣古蹟旅遊手冊

　　陳豐麟編　民70年　臺北　渡假出版社　375面

　　選錄較具文化價值的古蹟一百五十處，介紹其興修始末、現狀、
特色、交通資料及地圖。另附黑白彩色照片三百餘張。

臺灣風景名勝古蹟簡介

　　交通部觀光局編　民70年　臺北　該局　290面

臺灣地區溫泉資料簡介

　　交通部觀光局編　民70年　臺北　該局　136面

第九章 法規 統計

法 規 的 意 義

我國對法律一詞，有各種不同的稱呼，如單名有：法、律、憲、章、典、則、綱、紀等是；複名有：法律、法紀、法度、律法、律令、典律、典章、章程等是。

法律的定義，根據我國憲法第一百七十條的規定，爲「經立法院通過，總統公布之法律」，意卽一經立法機關立法，並經行政元首公布者，卽成爲法律。

英德學者對法律所作的定義如下：

英國張克士（Jenks, E.）：「法律者，國家所賦予效力之社交上行爲之規則也」。

德國施密提（Schmidt, R.）：「法律者，一種以國家權力所擔保的人類生活秩序也」。

綜合地說，「法律者，國家所制定或承認之行爲規範也」。

條約與法律，都是經由立法院議決。在解釋上，兩者都具有同等的效力。

法規包括法律與規章。規章指各機關發布的命令而言。命令不得與法律相抵觸，法律與憲法抵觸者無效。

附帶一述法令的基本格式。通常法令都是分條敍述，若在某條之中分有段落，每段都是另行敍起者，稱之爲「項」；若於每條或每項文句中，再分段落，而冠以一、二、三等數字者，則稱爲「款」；在每款之中，又分段冠以㈠、㈡、㈢等數字敍述者，則稱爲「目」；在每款每項或每款中，文意忽然轉折，而以「但」字繼續敍述的，「但

」字以下之規定稱爲「但書」。茲例示法規的制定形式如下：

　　第某條　　○○○○○○○（第一項）

　　　　　　　○○○○○，但○○○（第二項，但書）

　　　　一、○○○○○　　　　（第二項第一款）

　　　　二、○○○○　　　　　（第二項第二款）

　　　　　　㈠○○○○○　　　（第二項第二款第一目，以

　　　　　　㈡○○○○○　　　　　下類推）

法　規　的　歷　史

　　我國法律的歷史，周代以前，具體的內容，已不可考，現在所知的，只是一些刑名而已。如周禮：

　　大司徒以鄉八刑糾萬民：一曰不孝之刑，二曰不睦之刑，三曰不婣之刑，四曰不弟之刑，五曰不任之刑，六曰不恤之刑，七曰造言之刑，八曰亂民之刑。

　　春秋的時候，相傳也各有法典，見於史籍的有齊管子七法，晉刑書刑鼎，鄭刑書竹刑等。戰國魏文侯師李悝根據各國刑典，作法經六篇：盜、賊、囚、捕、雜、具。

　　漢高祖入關，與父老約法三章：殺人者死，傷人及盜抵罪，餘悉除秦苛法。後又命蕭何、孫叔通等制定法律，合計共六十篇，名爲漢律。漢後歷魏晉南北朝以迄於隋，雖代有新律規定，要不過爲漢律的增損而已。

　　唐朝是我國法律集大成的時代。唐律的編製，始自高祖，高祖命裴寂等根據隋開皇律撰定律令，是爲武德律；太宗即位命長孫無忌等加以釐改，是爲貞觀律；高宗永徽二年（651），長孫無忌、李勣等奏上新撰律十二卷，是爲永徽律，其後長孫無忌、李勣等奉命撰述「唐律疏議」（在唐時名爲律疏，宋始用今名），計十二篇（內容見下

文）三十卷。宋朝仍沿用唐律十二篇。

元代不仿古制以成律斷獄，但取一時所行之事爲條格。至仁宗時定格例，凡二千五百三十九條，內斷例七百十七條，格一千一百五十一條，詔赦九十四條，令類五百七十七條，名曰大元通制。

明洪武大明律十二篇，係直承唐律，其後大事更張 ，以名例，吏、戶、禮、兵、刑、工六律概括。清律又係承自明律。泊光緒二十八(1902)年詔沈家本、伍廷芳等改訂法律，三十年(1904)設修訂法律館，將「大淸律例」修改爲「大淸現行刑律」，嗣又擬訂「大淸新刑律」。

民國成立後，先有臨時約法的頒布，其他民、商、刑法也陸續制定，民國十七年國民政府奠都南京，尤注重立法事業 ，遂有現行民法、刑法、民訴法、刑訴法，及商事法等的頒行，探大陸法系的立法例，並參入三民主義的立法精神。抗日勝利後，頒行憲法，完成近代法制國家應具備的規模。

以上略述我國法系自古迄今演進的情形。

法 規 的 種 類

法規包括法律與命令，命令的主要功用是補充法律的不足。如再予細分，又可分成下列十七種：

1. **法** 　　如「憲法」、「刑法」、「出版法」等是。
2. **律** 　　現行有效的，只有「戰時軍律」一種而已。
3. **條例** 　　如「實施耕者有其田條例」、「華僑囘國投資條例」等是。
4. **條款** 　　如「動員戡亂時期臨時條款」是。
5. **通則** 　　如憲法第一一二條的「省縣自治通則」是（尚待中央立法。
6. **規程** 　　如「各省市公立圖書館規程」、「商務仲裁協會組織規

程」等是。

7. **規則**　如「土地登記規則」、「土地賦稅減免規則」等是。

8. **細則**　如「工會施行細則」、「律師法施行細則」等是。

9. **辦法**　如「臺灣省各級法院檢察處申告鈴使用辦法」、「外滙貿易管理辦法」等是。

10. **綱要**　如「動員戡亂時期國家安全會議組織綱要」。

11. **標準**　如「減免營利事業所得稅獎勵標準」是。

12. **令**　如「憲兵勤務令」等是。

13. **須知**　如「民刑訴訟及非訟事件當事人或利害關係人領取款物須知」等是。

14. **要點**　如「改進民事強制執行提示要點」等是。

15. **應行注意事項**　如「辦理刑事訴訟案件應行注意事項」等是。

16. **表**　如「年齡換算表」等是。

17. **電**　如「國家行局大陸撤退前所有各項債務暫緩支付電」是。

　　本書收編法規，兼及法律的解釋，不收判例，如判例與解釋彙編，酌加採錄。凡重要或常用法規，略加內容摘要；其餘列為簡目，只著錄書名、編者、出版年、出版地、出版者、頁數等項。內容摘要法規分為：清代以前法規、憲法、法律彙編、行政法規等四類。法規簡目分為：法規目錄、清代法規、憲法、法規彙編、行政法規、考試法規、監察法規、中譯外國法規等類。

　　法規資料經常變動，如修訂、廢止等，查閱法規時應注意是否為最新的資料。各種法律工具書對於新資料均來不及登載，補救的辦法就是利用公報。公報被列為官書中優先採集的對象，凡是新公布或經常修訂的法規，均先刊登於公報。

清 朝 以 前 法 規

唐律疏議　三十卷

　　（唐）長孫無忌等撰　民54年　臺北　臺灣商務印營館　4冊
　影印（萬有文庫薈要）

　　另有日本刻本（文化二年，1805）影印本，民國64年由東京汲古書院印行，三六一面，由島田正郎解注。

　　本書譯爲今名，就是唐朝法律解釋大全。分十二篇五百條，計名例五十七條、衞禁三十三條、職制五十八條、戶婚四十六條、廐庫三十八條、擅興二十四條、賊盜五十四條、鬥訟五十九條、詐僞二十七條、雜律六十二條、捕亡十八條、斷獄三十四條。每條疏議、句推字解，闡發詳明，補律文之所未備，間附回答，互相辨難，尤助於剖析疑義。卷前有總目。

宋刑統　三十卷

　　民53年　臺北　文海出版社　2冊　影印

　　據民國7年國務院法制局刊本影印。

　　係據「大周刑統」，其篇目總數，據玉海所載，有三十一卷、二百十三門、律十二篇、五百二條、並疏令格式敕條一百七十七、起清條三十二。本書爲沈家本據范氏天一閣鈔傳，並經方樞校勘付印，殘缺不全。本書十二律爲：名例律、衞禁律、職制律、戶婚律、廐庫律、擅興律、賊盜律、鬥訟律、詐僞律、雜律、捕亡律及斷獄律。卷前有王式通序，詳述刑統源流及其損益興革。

　　有關宋代法令方面的專書，除本書外，另有慶元條法事類（書名陳振孫直齋書錄解題卷七作「嘉泰條法事類八十卷」，民國六十五年由臺北新文豐出版公司印行，共六一七，六十四面。本書可視爲南宋前期所編定的法規大全，包括自建炎三年（1129），至嘉泰元年（1201），七十二年間所頒布的政令。

大明律集解附例　三十卷

明萬曆十三年官撰　民58年　臺北　成文出版社　5冊　影印

據清光緒十四年重刊本影印。民國五十九年臺灣學生書局也影印本書，書名：大明律集解附例，據明萬曆間浙江官刊本影印。

明洪武六年（1373）詳定大明律，七年書成，篇目與唐律相同。後又有增修，以名例冠首，而分吏、戶、禮、兵、刑、工六律，律之外又有條例，三十年（1397）又命刑官取大誥條目撮要，附載於律。嘉靖二十九、三十四年（1550.1555）年又增修，附於律文之後。

收：名例律四十七條，吏律三十三條，戶律九十五條，禮律二十六條，兵律七十五條，刑律一百七十一條，工律十三條，共計四百六十條。

為研究明代律令的重要參考書。

皇明條法事類纂　五十卷

戴　金奉敕撰　民55年　東京　古典研究會　2冊(823,745面)

清　代　法　規

大清法規大全

政學社編　民61年　臺北　考政出版社　6冊　影印

收錄的法規，起自光緒二十七年（1901），迄宣統元年（1909）。內容分：

1. 憲政部（資政院、諮議局、地方自治、籌備立憲、調查統計）

2. 吏政部（吏治、升轉、參處、選補……使領事）

3. 民政部（調查戶口、國籍、巡警、違警律、護衛、報律、結社集會律、習藝所、工程、禁煙、保存古蹟）

4. 財政部（清理財政、田賦、貨稅、免稅、印花稅、鹽課、膏捐、錢幣、銀行、公債）

5. 教育部（學堂總章、大學堂、高等學堂、中學堂、師範學堂、譯

學館、進士館、游學、圖書館）

6. 禮制部（禮典……服制）

7. 軍政部（變通軍政…海軍）

8. 法律部（新定專律……法典草案）

9. 實業部（振興實業、農林茶商業、工業、商業、墾荒）

10. 交通部（鐵路、輪船、郵政）

11. 旗藩部（旗務、藩務）

12. 外交部（條約、遊歷傳教）

奏定學堂章程

　　（清）張百熙等編　　民59年　　臺北　　臺聯國風出版社　964面
影印

　　據清光緒年間湖北學務處刻本影印。

　　首列清光緒二十九年（1903）擬章程名摺，以下分各種章程：1.
學務綱要；2.大學章程（附通儒院章程）；3.高等學堂章程；4.中學
堂章程；5.高等小學堂章程；6.初等小學堂章程；7.蒙養院及家庭教
育法章程；8.初級師範學堂章程；9.實業教員講習所章程；10.高等
農工商學堂章程；11.初等農工商業學堂章程；12.譯學館章程；13.
進士館章程；14.各學堂管理通則……18.獎勵規則。

大清律例會通新纂　　四十卷

　　（清）姚雨鄉纂　胡仰山增訂　民53年　　臺北　文海出版社　5
冊　影印

約章分類輯要

　　（清）蔡乃煌等撰　民57年　臺北　華文書局　8冊　影印

　　按本書所收條約自康熙二十八年（1689），至光緒二十五年（18
99）。

通商約章類纂　　三十五卷

　　（清）張鑰肪等輯　民57年　臺北　華文書局　6冊　影印

收清光緒十一年（1885）前的條約章程，分類排列。

欽定戶部則例　一百卷

　　（清）承　啓等奉敕撰　民57年　臺北　成文出版社　14冊　影印

皇朝政典類纂

　　（清）席裕福編　民58年　臺北　成文出版社　30冊　影印

法律草案彙編

　　修訂法律館編　民62年　臺北　成文出版社　2冊　影印

清國行政法

　　臨時臺灣舊慣調查會編　民68年　臺北　南天書局　8冊　影印

憲　法

世界各國憲法大全

　　世界各國憲法大全編輯委員會編　民54、60年　臺北　國民大會憲政研討會　5冊

　　民國55年中華大典編行會印行第一至四冊縮印本，共1189面。

　　分爲前篇、正篇、補篇三大部份。前篇爲世界各主要國家憲法述要，申論其制憲的歷史、思想的基礎，及其內容的特點。計有中、美、英、德、法、日本、瑞士、瑞典等八國，並冠以各國憲法的新趨勢一篇，以爲緒論。正篇載世界各國現行憲法的條文，共一百二十五國，並於各國憲法條文前面，撰述簡要說明一篇，介紹各該國的環境背景、政治社會情況、憲法制定的經過及其精神特點等。補編則就各國憲法的內容，如政治體制、專門名詞，及附屬法令等，加以分析，編列爲各種索引、統計表、比較表等，以供參考。

　　第五冊補充前四冊，收各國修訂的憲法九種，新頒布的憲法十一種，書後附各國憲法年表。第六冊最近出版，書未見。

各國憲法彙編

　　司法行政部編　民48年　臺北　該部編務司　2冊（1456面）

法 律 彙 編

中華民國法律彙編

　　中華民國法律彙編審訂委員會編訂　民69年　臺北　第一屆立法
院秘書處　4冊

　　立法院於民國四十七年編印中華民國法律彙編第一版，五十一年
出版續編，五十七年出版第二版，本書爲第三版。所載法律，截至六
十九年一月二十二日止。凡行憲前後經完成立法程序並經公布而現行
有效之法律，概予輯入。共爲五九二種。

　　比照中華民國憲法的章次，分爲十類，卽：1.憲法及行憲程序
法；2.國民大會；3.總統府；4.行政；5.立法；6.司法；7.考試；8.
監察；9.地方制度；10.依據動員戡亂時期臨時條款制定頒布的法規。
另列有關法規及暫停適用與停止使用的法律。

　　各類法律的編列，係依下列原則排列：組織法、通則、各有關機
關組織法所定的職掌、中央法規標準法所定法、律、條例先後、制定
時間等。

中華民國現行法規彙編

　　中華民國現行法規編纂小組編　民59年　臺北　臺聯國風出版社
6冊

　　收集中華民國現行有效的法律，各院及其所屬各部會公布或核准
的所屬機關頒行的行政規章。所載法規，以民國五十八年六月底爲截
止日期。分爲憲法、國民大會、總統、行政、立法、司法、考試、監
察等八篇。又根據編例，「將自五十九年度起每年編印續編一冊，以
資補充。」民國六十年，該社另出一冊續編，共一七○五面，收民國

五十八年七月至五十九年底，中央新頒布或修改的法規。書後附有廢
止法規目錄。

中華民國現行法規彙編

　　中華民國現行法規彙編編印指導委員會編　　民70年　臺北　該會
34冊（21864面，索引129面）

　　　　收錄中華民國現行法規二八五五種。如為依法暫停適用或業經公
布尚未施行之法規，則附錄其名稱。編排參照國家體制及憲法之規
定，分為憲法、國民大會、總統、行政、立法、司法、考試、監察八
編。除憲法、國民大會兩編外，其他各編並依主管機關及法規性質酌
予分類、分目。

　　　　查閱本書可利用法規分類目錄與書後索引（依法規名稱筆劃排），
查知所需法規之冊頁。

司法法規彙編

　　司法行政部編　　民63年　臺北　該部　　6冊

　　　　第一次彙編於民國四十四年出版，書名：中華民國司法法令彙編
，以司法實務的分類為主排列，收集法律二百八十三種，命令五百三
十七種。民國五十五年出版第二次彙編。本編以第二次彙編的資料為
依據，另加五十五年以後公布的法令。編輯體例，仍以司法實務的分
類為主，而以政府組織的分類為輔。計分：1.憲法及其有關法規；2.
組織類法規（司法行政部份）；3.民事類法規；4.刑事類法規；5.監
所類法規；6.服務類法規；7.有關法規（內政、外交、國防、教育…
…）等七類。每類之中，按其內容，再分細目，另附廢止停止適用法
律。

最新六法全書

　　陶百川編　　民65年　臺北　三民書局　　1998面　修訂版

　　　　六法指憲法、民法、商法、刑法、民事訴訟法及刑事訴訟法等六

種法典而言。但自民國十八年採民商合一後，商事法規已分別納入民法和行政法規內，而以行政法作爲六法之一。

　　內容卽包括前述的六法，而六法之中又分別彙列其法律與命令部份。茲將本書的目錄列擧如下：

　1.憲法及其關係法規

　2.民法及關係法規

　3.民事訴訟法及關係法規

　4.刑法及關係法規

　5.刑事訴訟法及關係法規

　6.行政法規（含內政、軍政、地政、財政、經濟、人事、律師會計師、行政救濟）

　　利用本書應注意所查閱的法規，最近有無修正；查閱某一項法規時，可利用書後按法規名稱的筆劃排列的索引。

　　與本書名雷同的，還有張知本及傅秉常編的最新六法全書，前者由大中國圖書公司印行，後者由新陸書局印行。

司法院解釋彙編

　　司法院解釋編輯委員會編　　民62年　　臺北　　司法院秘書處　　5冊　3版

　　初版民國43年12月印行，共2冊；二版民國58年印行，共3冊。

　　收編的資料，自民國十七年該院成立時起，至三十七年六月止，解釋令共四千零九十七號；並附錄該院成立以前最高法院的解釋令二百四十五號。各類解釋文並附有各請求機關來文，以便明瞭始末，而利研究。

　　編製係就解釋令的性質，並參酌現行體制，分爲九大類排列：憲法及有關法令、行政法令、立法法令、考試法令、監察法令、司法法

令、民事有關法令、刑事有關法令、地方制度及人民團體法令。

　　在關係法令目錄中，凡現行有效法令，均於其名稱下，注明公布及施行日期，其曾經修正者，並載明修正的年月日及法條。已廢止的，在法令標題上附「×」記號。其失效者，附「△」記號。

　　查閱本書要利用第一冊的檢查表，該表係就解釋原文，摘錄要旨，分類編列。

司法院大法官會議解釋彙編

　　司法院解釋編輯委員會編輯　　民63年　　臺北　　司法院秘書處
　631面

　　所載的解釋，係自司法院大法官會議議決案的釋字第一號至一百三十七號止，按解釋號數順序排列。

　　依分類排列，計分：憲法及有關法令、行政法令、立法法令、考試法令、監察法令、司法法令、民事有關法令、刑事有關法令等。解釋文包括：關係法令、條文、解釋字號、解釋要旨、公布年月日。正文解釋後，其有理由書及不同意見者，一併列入。

　　書前冠檢查表，書後附載遷臺後至六十二年底的歷年法規變更目錄。

最新綜合六法要旨增編判解指引法令援引事項引得全書

　　陶百川　王澤鑑編撰　　民69年　　臺北　　三民書局　　1322面

　　通常的六法全書，只是將現行的法規，依憲法、民法、民事訴訟法、刑法、刑事訴訟法及行政法六類排列。本書在法規條文前後，增加三項資料：1.條文要旨，列於法律條文之前；2.相關法令，列於條文之後；3.有關判解，列於相關法令之後，包括全部司法院大法官會議解釋文及精選最高法院判例，行政法院判決要旨。

　　書後列有法規索引、法規簡稱索引，及主要法律事項法條索引（如：一人一票主義、一夫一妻制、一身專屬權）。均按筆劃次序排

列。

六法判解彙編

　　段紹禋編輯　民63年　臺北　編者　2288面　3版

　　民國61年初版，62年修訂再版，增列索引。

　　蒐集的判解，凡判例、解釋、最高法院民刑庭總會決議、於現行法規，能適用者，皆予輯載。卽包括司法院院字第一號至二八七五號（民十八年二月至三十四年四月），院解字第二八七六號至四○九七號（民三十四年五月至三十七年六月）；司法院大法官會議釋字第一號起的全部解釋（見「司法院大法官會議解釋彙編」一書）；最高法院自民國十六年起至五十七年的判例；以及最高法院民刑庭總會自十七年起至本書出版時的決議紀錄；惟法律已廢止者，則不予輯列。

　　按法規性質，循例分爲：憲法及關係法、民法及特別法、民事訴訟法及關係法、刑法及特別法、刑事訴訟法及關係法、行政法規，合稱六法。

立法專刊　第一輯至　輯

　　立法院秘書處編輯　民37至　年　臺北　該院

　　將立法院三讀通過的法案定期彙編而成。

中華民國現行法規大全

　　中華民國現行法規大全編纂委員會編　民43年　臺北　該會　3冊

中華民國現行法規彙編

　　中華民國現行法規彙編編委會編　民62年　臺北　蔚成出版社　1928面

最新實用中央法規彙編

　　葉潛昭編　民62年　臺北　彥明出版公司　5冊

標準六法全書

　　李志鵬編　民66年　臺北　金玉出版社　1191面

按本書彙及國際法規及國際公約。

最新六法全書

名遠出版社編輯　民70年　臺北　該社　1063面

中華民國六法理由判解大全

陳開洲編　民47年　臺北　編者　6冊

行　政　法　規

臺灣省政府法規彙編

臺灣省政府秘書處編　民69年　南投縣　該處　8冊

收編民國六十九年三月截止的臺灣省單行法規，計八百五十四種。扣除臺灣省臺中港務警察勤務實施細則等十二種警察機關勤務法規，共輯入八百四十二種。全書分十八類，即：組織、臺灣省政府通用類、民政、財政、教育、建設、農林、社會、警政、交通、衛生、主計、人事、糧食等。書後附歷年廢止法規目錄。

臺北市單行法規彙編

臺北市政府編　民71年　臺北　臺北市政府　1930面

係就民國五十六年七月臺北市改制起至七十一年三月止之該市現行有效單行法規整理編訂而成，計收二百八十七種。並依性質分為：基本法規、組織類、民政類、財政類、建設類、教育類、工務類、社會類、警察類、衛生類、地政類、環境清潔類、自來水事業類、人事類、主計類、其他等十六類。

最新主計法令輯要

平衡出版社編輯　民71年　臺北　該社　10冊

內容包括：歲計、會計、統計、審計、待遇、財產管理、公庫、財務、福利。附錄多種有關法規。

精編實用主計法令

革新文化出版社編　民64年　高雄　該社　**1462面**

分十二篇：歲計、會計、統計、審計、公庫、待遇、財務、旅費、財務管理、主計人事交待、退休資遣撫卹、各項補助保險福利。收錄的法規以省政府、臺北市政府公布的爲主，至各省市屬廳處局會的單行法規與釋令，如涉及統一性及參考需要者，也一併編列。資料截至六十四年六月底止。

關於主計法令，還有下列數種：

主計法令彙編

行政院主計處編　民40年　臺北　該處　**396面**

主計法令彙編

主計法令彙編輯委員會編　民54年　臺北　該會　**1797面**

最新主計法令編彙（續編一）

李氏出版社編輯委員會編　民56年　臺北　該會　**754面**

實用政府會計法令全書

劉建華編　民56年　臺北　華僑文化出版社　**874,690面**

主計財物法令索引

盧山出版社編　民61年　臺北　該社　**590面**

最新實用主計法令全書

劉建華　鄭孝淳合編　民61年　臺北　革新文化出版社　**914面**（上中冊）

出版及大衆傳播事業法令彙編

臺北市政府新聞處編　民71年　臺北　該處　**305面**

係據出版法、著作權法及大衆傳播事業法規彙編而成。全書分十篇：1.出版法；2.出版法施行細則；3.出版法之解釋；4.國家總動員法及其他；5.新聞機構輔導及優待；6.著作權法規；7.電影與廣播電視法規；8.新聞事業組織章程；9.新聞事業道德規範；10.財團法人登

記法規。

每類除列舉有關法規、章程外，大部分的文字是案例解釋。

新聞出版有關法令及解釋彙編

　　張明堡編　民52年　臺北　中國長虹出版社　150面

新聞出版法令彙編

　　張明堡編　民56年　臺北　聯合圖書公司　162面

內政法令解釋彙編（社政類）

　　內政部法規委員會編　民66年　臺北　該會　1456面

臺灣省地方自治法規

　　臺灣省政府民政廳編　民56年　臺北　該廳　576面

苗栗縣單行規章彙編

　　苗栗縣政府編　民65年　苗栗　該府　1冊

嘉義縣單行規章彙編

　　嘉義縣政府編　民65年　嘉義　該府　1冊

社會救濟法令彙集

　　臺灣省政府社會處編　民62年　臺北　該處　180面

勞工法規專輯

　　臺灣省政府社會處編　民47年　臺北　該處　1冊

中華民國勞工法令彙編

　　內政部編　民47年　臺北　該部　887面

勞工法令全集

　　中國工業安全衛生協會編　民59年　臺北　中國文化學院勞工研
　究所與中國工業安全衛生協會　2冊

勞工法令輯要

　　臺灣省政府社會處編　民71年　南投縣　該處　211面

中華民國國籍法規

內政部編　民51年　臺北　該部　137面

臺灣省日僑管理法令輯要

臺灣省日僑管理委員會秘書室編　民35年　臺北　該會　124，211面

警察法規

內政部編　民45年　臺北　該部　210面

社會工作有關法規選輯

蔡漢賢編　民64年　臺北　中國文化學院社會工作學系　988面

合作法令彙編

臺灣省合作事業管理處編　民63年　臺北　該處　512面

工商團體法規彙編

內政部社會司編　民64年　臺北　該司　136面

農會法規彙編

內政部社會司編　民65年　臺北　該司　174面

中華文化復興運動推行委員會法規彙編

中華文化復興運動推行委員秘書處編　民61年　臺北　該會　148面

現行地政法令大全

盧山出版社編　民62年　臺北　該社　1248面

中國藥事六法

謝清雲編　民52年　臺北　編者　338面

出國法規年報

臺灣觀光推廣雜誌社編輯部編　民64年　臺北　該雜誌社　361面

編輯的旨趣在報導國人因出國申請有關的重要法規及行政規定等，以供旅遊事業及國內各業人士的參考。內容分：出入境、出國護照、僑民進修留學、各行業、出國結匯、旅客查驗、旅客行李、旅行

業務、簽證移民及其他等十一類。

同年該雜誌社另出版出國手續集要一書，也可供參考。

出入境辦法大綱

張　誠編　民61年　臺北　五洲出版社　304面

最新營建法令解釋彙編

內政部編　民64年　臺北　該部　609面　增訂本

包括的範圍，以與建築管理業務直接有關者爲限。分三大部門：建築管理的法令解釋、都市計劃的法令解釋、建築師管理及工程招標的法令解釋等。

至如自來水法、市區道路條例、工程受益費徵收條例等法令解釋，與建築管理業務無直接關係，而且解釋令爲數甚少，故僅列其法規。至於國民住宅方面，僅列與建國民住宅貸款條例。

包括的法令解釋，以中央機關如行政院、內政部等所頒發的解釋爲主，省市政府所發布的解釋令，如屬於補充中央的解釋令，同時具有實際應用價值的，也予選擇納入。收錄截止日期爲六十三年九月底。

最近國內出版關於建築法規的工具書很多，列舉重要者如下：

最新建築法規集

周金裕編　民59年　臺北　臺北市營造會館　369面。

附錄有臺灣地區營造廠商名錄及開業建築師名錄。

建築法規總覽（附圖解）

趙志孔編　民60年　臺北　詹寶玉印行　672面

最新營造法規大全

銀來圖書出版公司編　民63年　臺北　該公司　1冊

建築法規彙編

臺北市建築師公會編　民63年　臺北　該會　1028面

書後附有臺北市建築師公會會員名錄。

最新建築法暨建築技術規則

　　茂榮圖書公司編　民63年　臺北　該公司　449面

建築技術規則

　　內政部訂頒　民63年　臺北　豐登出版社　322面

建築管理法規暨實務

　　張德周編撰　民69年　臺北　文笙書局　932面　增訂版

都市計劃行政國民住宅管理法規

　　陳志熹編　民71年　臺北　茂榮圖書公司　515面

教育法規彙編

　　教育部教育法規委員會編　民70年　臺北　正中書局　99,1658面

　　分組織、處務、通則、高等教育、技術職業教育、師範教育、中等教育、國民教育、社會教育、訓育、體育、軍訓、青年輔導、僑民教育、國際文教等十五類。書前有法規目錄，書後有已廢除之法規一覽表。

社會教育重要法令彙編

　　高雄市政府教育局編　民71年　高雄　該局　402面

　　收編社會教育法規六十九種，其中民眾教育佔四十一種，補習教育佔二十八種。與高雄市有關的社會教育法規，如高雄市文化基金設置保管運用辦法、高雄市中山學術講座實施要點、高雄市短期補習班設立及管理規則等，均列入。惟漏收有關圖書館、美術館、體育場等社會教育機關的現行法規。有些法規，如各級學校資深優良教師獎勵辦法、各級學校資深優良教師獎章規格等，似以歸入學校教育法令為宜。

五、函授學校或函授班之設立變更及停辦，由縣、市（院轄及省轄）主管教育行政機關核准，並轉報上級主管教育行政機關備查。

六、函授學校或函授班所設置之函授科目，應呈報市主管教育行政機關核准。

七、函授學校或函授班所採用之函授教材，應於每期開始函授前，呈報縣（市）主管教育行政機關。

八、函授學校或函授班學生納費標準，由縣市主管教育行政機關訂定，並呈報上級主管教育行政機關備查。

九、本辦法自公布之日施行。

五　各省、市公私立圖書館規程

四十一年十二月五日行政院臺教字第六八一○條令核准
同年十二月十八日教育部臺社字第一○八一七號令公布
四十三年一月十三日教育部社字第五○二號令修正第十條條文

第一條　各省（市）公私立圖書館以儲集各種圖書及地方文獻供衆閱覽爲目的，並得舉辦其他各種社會教育事業，以提高文化水準。

第二條　各省、市（行政院直轄市，以下仿此）至少應各設置省、市立圖書館一所，各縣、市（普通市以下仿此）應於民衆教育館內附設圖書室，其人口衆多、經濟充裕、地域遼闊者，得單獨設立縣、市立圖書館。

第三條　圖書館之設立變更及停辦，由省、市設立者，應由省、市政府呈請教育部核准備案，由縣、市設立者，應由縣、市政府呈轉教育部核准備案，應開具左列事項，由省、市政府或縣市政府隨文附送，以憑審核。

（一）名稱
（二）地址
（三）經費（分開辦、經常兩門，並註明來源。）
（四）建築（圖式及說明）
（五）藏書（詳報現有書籍種冊數）
（六）章則
（七）職員（館長、館員之學歷、經歷、職務、薪給等）

第四條　圖書館得由私人或私法人設立，稱私立圖書館。
私立圖書館得由董事會爲其設立者之代表，負經營該圖書館之全責，有處分財產、推選館長、監督用人行政、議決預算決算之權。第一任董事由創辦人延聘，以後由董事會自行推選。

第五條　私立圖書館之設立、變更及停辦，應由董事會申請當地主管教育行政機關核准，並轉呈上級教育行政機關備案。

第六條　私立圖書館設立時，應開具左列事項，隨文附送，以憑審核：
（一）名稱
（二）地址
（三）經費（詳載基金數目及常年收入，支出方面分開辦與經常兩門）。
（四）建築（圖式及說明）
（五）藏書（詳載現有書籍種類冊數）
（六）章則
（七）董事（姓名、籍貫、職業及住址）
（八）職員（館長、館員之學歷、經歷、職務、薪給等）

第七條　省市立圖書館設置三組至五組，分掌左列各事項：
（一）關於選購、微集、交換、登記、分類、編目等事項。
（二）關於閱覽庋藏參考互借等事項。

教育法規彙編

教育人事法規釋例彙編

　　教育部人事處編　民66年　臺北　該處　2冊（2109面）

　　將教育人事法規分十三篇：組織、遴用甄選、教師資格審查登記檢定、敘薪、兼職兼課、差假勤惰、考核獎懲、訓練進修、待遇福利、退休眷遣、撫卹、出國、其他（人事管理、資料管理、工友管理）。每種法規，附有釋例。

　　該處於民國六十二年曾將學校教職員退休撫卹有關法令彙編，單獨刊行，共四十面。

　　有關教育人事法規的參考書，另有民國六十四年臺北人事叢書編輯委員會印行的教育人事法規彙編，共一四四二面。內容分十五類，以各級學校現行適用者爲範圍，涵蓋中央頒布的法律、行政命令、銓釋事例及省市單行法令規章等。內容也頗爲詳細。

臺灣省教育法令彙編

　　臺灣省政府教育廳編輯　民60年　臺北　臺灣書店　20,986面

高等教育法規選輯

　　教育部高等教育司編　民63年　臺北　該司　170面

中等學校教育法令彙編

　　臺北市政府教育局編　民65年　臺北　該局　766面

　　本書包括下列十部份：總則、教務、訓導、體育、事務、人事、私立學校、中等學校教師登記及規定、臺北市中小學校教職員福利金管理委員會、一般行政。

最新適用精選教育公報

　　賴清火編　民70年　新竹　世象出版社　1023面

　　編者於民國六十四年另出教育專用公報索引，一九六面。

臺灣省國民體育有關法令彙編

　　臺灣省政府教育廳編　民68年　臺中　該廳　966面

體育法令彙編

　　教育部國民體育委員會編　民41年　臺北　該會　95面

附錄一：最新運動規則彙編

　　敬業出版社編　民55年　臺北　該社　1382面

附錄二：運動規則專輯

　　臺灣省立體育專科學校體專學苑編　民63年　臺中　該雜誌社
1382面

附錄三：最新各項運動規則全集

　　健行文化出版事業公司編　民67年　臺北　該公司　2冊

實用稅務法令彙編

　　戴立寧主編　民70年　臺北　實用企業管理顧問公司　10冊

　　從立法、司法及行政方面蒐羅各種稅務法令判解等資料。卽每一
單元依稅法內容的邏輯順序，分章節編列，按基本法規、參考法規、
關係法規、司法判解、行政解釋等五綱目編纂。

　　各冊的名稱如下：營利事業所得稅（2冊）、獎勵投資條例、綜
合所得稅、稅捐稽徵法、印花及證券交易稅、營業稅、遺產及贈與
稅、貨物稅、土地及房屋稅等。

中華民國各機構貸款辦法彙編

　　巨浪出版社編　民70年　臺北　該社　534面

　　內容分十六類，卽：外銷融資、進口融資、購買機器融資、購料
貸款、開發信用狀貸款、購買土地及建造廠房貸款、中小企業貸款、
住宅及建築貸款、農業貸款、青年創業貸款、助學貸款、其他擔保放
款、機器設備租賃、利用金融機構發行商業本票‧出差交易‧票券與
票據貼現‧保證、貸款程序範例、會計師辦理融資財務報告查核簽證
應注意事項等。

最新稅務法則大全

　　　稅務旬刊社編　　民55年　　臺北　　該社　　640面

現行稅務法規

　　　王靖濤編　　民55年　　臺北　　立坤出版社　　880面

新舊財稅法全書

　　　劉叔範編　　民59年　　臺中　　義士書局　　〔16〕390面

最新稅務法規

　　　周亞杰編　　民60年　　臺北　　編者　　208面

現行工商稅法全書

　　　許國藩　何元傑合編　　民60年　　臺北　　今日民生畫刊社　　1冊

中華民國工商法規大全

　　　李繼武編　　民60年　　臺北　　工商實務雜誌社　　2冊

現行工商財稅法令彙編

　　　華夏文獻資料出版社編　　民61年　　臺中　　該社　　662面

臺灣省縣市現行財務法規

　　　財經出版社編　　民64年　　臺北　　該社　　〔426〕面

國稅法規

　　　財政部臺北市國稅局編　　民63年　　臺北　　該局　　764面

中華民國最新稅務法規大全

　　　鄭邦琨主編　　民64年　　臺北　　稅務旬刊社　　2冊

最新稅務法規大全

　　　王佐才編　　民64年　　臺北　　財政金融雜誌社　　2冊

最新工商稅法全書

　　　革新文化出版社編　　民65年　　高雄　　該社　　794,528面

中華民國最新稅務法規大全

　　　臺灣工商稅務出版社編　　民67年　　臺北　　該社　　3冊

所得稅法

　　財政部稅制委員會編　民60年　臺北　該會　50面

中華民國所得稅法令全書

　　鄭邦琨主編　民64年　臺北　稅務旬刊社　2冊

所得稅扣繳法令彙編

　　李仍晃編　民67年　臺北　計信聯合會計師事務所　587面

印花稅法令彙編

　　財政部賦稅研究小組編　民56年　臺北　該小組　514面

營建業稅務法令彙編

　　張龍憲編　民66年　臺北　稅務旬刊社　2冊（1051面）

國有財產有關法令彙編

　　財政部國有財產局編　民67年　臺北　該局　877面

金融法規大全

　　林恭平編　民47年　臺北　華南商業銀行　1冊

金融法規大全　（民國36年）

　　中央銀行經濟研究處編　民60年　臺北　臺灣學生書局　1冊
影印（中國史學叢書）

現行財物分類標準暨財產管理法規彙編

　　行政院編　民59年　臺北　革新文化出版社　1冊

公用事業費率應用法令輯要

　　行政院公用事業費率審議委員會編　民56年　臺北　該會　520
面

國家賠償法與現行稅務法規

　　黃榮裕編撰　民71年　臺北　山河出版社　518面

農業法規彙編

　　臺灣省政府農林廳編　民64年　南投縣　該所　1冊
　　分為中央法規及臺灣省法規兩部分。前者分：農業、林業、漁

業、牧業及其他五大類；後者係根據臺灣省法規委員會編印的臺灣省政府法規彙編農林類原版抽印而成，分爲農業、農經、農民輔導、林業、漁業、畜牧、山坡地發展、農業行政管理等八大類。

採用活頁裝訂，以每一法規爲單元編訂頁碼，缺總編頁碼。

中華民國企業管理規章範例

中華民國企業管理規章範例編纂委員會編　民67年　臺北　哈佛企業管理顧問公司出版部　1283面

蒐集國內三十五家大小型企業公司現行的管理規章，分門別類彙編而成。內容包括：組織規程、職員管理辦法、職員待遇辦法、職員考核辦法、檔案資料管理辦法、財務與會計管理規章等。

內容分爲三部分，第一部分爲目錄，收三十五家公司的規章目錄；第二部分爲各種管理規章的本文；第三部分爲索引，以規章名稱爲標題（如考績、考核、資料管理等），按筆劃排列。

經濟法規彙編

經濟部經濟法規修編小組編　民55年　臺北　該小組　1046面

經濟法規彙編

經濟部法規委員會編　民64年　臺北　該會　3冊（2464面）

中華民國經濟貿易租稅法規彙編

李荷生編　民68年　臺北　今日文化出版社　1144面

最新工業行政管理法令輯要

臺北市工業會編　民65年　臺北　該會　1冊

以有關工廠經營法規爲主。

商業行政法令彙編

臺北市政府建設局編　民62年　臺北　該局　288面

最新電業法規輯要

樓　鎰主編　民60年　臺北　仙華出版社　443面

電工法規

　　沈溥時編　民62年　臺北　大中國圖書公司　310面

最新電工規則及法規

　　潘錫淵編　民70年　臺北　文笙書局　620面

林政法令彙編

　　臺灣省政府林務局編　民66年　臺北　該局　203面

自來水法規彙編

　　姚南山編　民62年　臺北　編者　611,150面

證券管理法令彙編

　　經濟部證券管理委員會編　民67年　臺北　該會　789面

最新商標專利法令判解實用

　　蘇良井編　民63年　臺北　編者　664面

申請專利、商標、正字標記、公司、廠商、符號全書

　　朱春輝編撰　民63年　高雄　編撰者　597面

　附錄一：**中華民國商標彙編**

　　經濟部法規修編小組編　民57年　臺北　該小組　2冊

　附錄二：**中華民國專利彙編**

　　吳昌標等編　民58年　臺南　南一書局　2冊

　附錄三：**中華民國商標彙編**

　　經濟部中央標準局編　民63年　臺北　該局　2冊 (3217面)

外滙貿易法規彙編

　　行政院外滙貿易審議委員會編　民57年　臺北　該會　763面

貿易法規彙編

　　經濟部國際貿易局編　民64年　臺北　該局　1冊

中華民國獎勵投資法令彙編

　　鄭邦琨主編　民64年　臺北　稅務旬刊社　1226,26面

經濟部所屬事業機構人事法令彙編

經濟部編　民51年　臺北　該部　2冊

觀光事業有關法規彙編

交通部觀光局編　民65年　臺北　該局　668面

民國61年該部觀光事業局，也出版與本書同名的法規彙編，960面。

收錄現行觀光事業適用的各項法律、施行細則、有關法規及具有法規性質的行政命令爲限。

分七類：1.觀光法規；2.護照入境出境管理法規；3.風景區管理法規；4.外匯管理法規；5.建築法規；6.旅行遊樂業法規；7.經濟賦稅法規。

探活頁裝訂形式，法規如有修正，另以活頁付印，分送持有人隨時更換。

交通法規彙編

交通部編　民63年　臺北　該部　6冊

中外條約輯編

外交部條約司編　民47至71年　臺北　臺灣中華書局　臺灣商務印書館　6冊

已印行五輯。第一輯收錄自民國十六年北伐完成，至四十六年前後，三十年間所訂的雙邊條約；第二輯於五十二年印行，收錄自四十七年至五十年間所訂的雙邊條約。上述二輯均由臺北商務印書館印行；第三輯於五十四年印行，收錄自五十一年至五十三年間我國與外國所訂的雙邊條約。第四輯於六十二年印行，收錄自五十四年至六十一年間我國與外國所訂的雙邊條約。第五輯於六十六年印行，收六十二年至六十五年新條約。第三至五輯改由臺北中華書局印行。第六輯收民國六十六年至七十年新條約，又由臺灣商務印書館印行。

　　編排依國家英文字母順序分。每種條約包含：名稱、簽訂日期、生效日期及全文。條約約文依條約原具約本的約文為準。如僅有外文約本而無中文約本的，則以該外文約本的中譯文刊列；另有少數無中譯文者，則中文從略。自第三輯起，增加附錄一項，收錄前輯所載失效、中止實施或廢止的條約，並略加訂正說明或補充。

　　關於我國編印中外條約經過，可參見彙編中外條約始末一文，沈克勤撰，刊登書目季刊七卷二期，六十一年十二月，頁七九至八十。此文遺漏民國十四年，商務印書館增訂出版的國際條約大全，該書專載中國與各國所訂條約章程等，彙集其自清朝以來至民國十四年六月止，僅限於有效者。

中外條約彙編

　　民53年　臺北　文海出版社　645面　影印

　　據民國24年商務版影印，為黃月波、于能模等人所編。

　　根據官印本，輯錄我國在二十四年以前所訂的條約、協定、合同等。未經官印者從略。所謂官印本者，指「歷朝條約」及「中外約章彙編」而言。其時訂約的國家有二十七國，按國別排列，最後為國際條約及補遺。「在編排各國條約之前，將其重要之點，如關於訂約緣起及廢約修約等經過認為應加說明者，先行簡述。在每約之前，對於該約個別要點，復略加聲敍」（凡例）。卷首有分類檢查表，按條約規定事項分一百十七類，按筆劃為序排列。

中俄西北條約集

　　袁同禮校訂　民52年　臺北　臺灣商務印書館　1冊　（收在新疆研究叢刊第4冊）

外交法規彙編

　　外交部條約司編　民62年　臺北　該司　410面

最新軍法彙編

　　　國防部軍法局編　民41年　臺北　該局　1631面

國防法規彙編

　　　國防部法規司編　民56年　臺北　該司　6冊

國防法規解釋彙編

　　　國防部法規司編　民56年　臺北　該司　884面

兵役法令輯要勤務類

　　　大業書局編輯部編　民61年　高雄　該書局　919面

蒙藏法規彙編

　　　蒙藏委員會編　民56年　臺北　該會　〔234〕面

各地移民律例初編

　　　僑務委員會編　民46至48年　臺北　該會　2冊〔784〕面

人事行政法規釋例彙編

　　　人事叢書編輯委員會編　民71年　臺北　該會　2冊（2710面）

　　所輯法規及釋例，以行政機關普通適用者爲範圍，按其類別分爲憲法及其他有關行政法規、組織、人事管理、職位分類、考試分發、任用、服務、訓練進修、考績獎懲、俸給、待遇、福利、保險、退休資遣、撫邮、人事資料管理、技工工友及其他，計十八大類。所輯釋例均附印於各類法規之後，以便查證引用。

　　所輯法規取材至民國七十一年七月底止，釋例取材至七十一年五月底止。書後附人事行政法規索引，依法規名稱筆劃排列。

人事行政法令彙編

　　　人事叢書編輯委員會編　民59年　臺北　該會　1冊

中央文職公敎人員實物配給法令彙編

　　　行政院配給室編　民61年　臺北　該室　102面

現行人事行政法規大全

　　　盧山出版社編　民66年　臺北　該社　4冊

事務有關法令彙編

　　陳文英編　民54年　高雄　編者　2册

事務管理法規彙編

　　謝重光編　民54年　臺北　編者　1095面

事務管理法規彙編

　　事務管理法規彙編社編　民64年　臺北　蔚成出版社　1236面

衞生法規彙編

　　林四海編　民70年　臺北　編者（三民書局經售）　746面

　　闡述衞生法規的概念及其立法原則，並就現行衞生法規，分門別類，做系統的介紹。在本法之前，對法規的因革損益，先作簡要概說，俾讀者明其制訂始末，並將法規內容，析述於概要之中。

　　全書分二十二章，包括：衞生法規之概念（含衞生法規常用法律名詞解釋）、衞生行政組織法規、醫師法、醫院診所管理規則、藥師法等。附錄八十種，有醫事人員檢覈辦法、中醫師檢覈辦法、鑲牙生管理規則等。

公害法令彙編

　　趙成意編　民67年　臺北　臺灣商務印書館　1118面

　　收編與公害有關諸法令、條約、政府擬議中之公害草案及外國公害法規等。

　　內容分三章：行政法部分、刑事法部分、民事法部分。行政法部分又分七節：綜合性規定、空氣污染管制、水污染管制、噪音管制、地層下陷、放射能管制、日照妨礙。

司　法　法　規

中華民國司法法令彙編

　　司法行政部編　民44年　臺北　該部　1册

公司法法令大全

　　徐光前　劉會春合編　民62年　臺北　立本會計師事務所　402面

現行勞工保險業務法規大全

　　盧山出版社編　民67年　臺北　該社　1冊

強制執行法資料彙編

　　司法行政部民事司主編　民62年　該部總務司　464面

特別刑事法令彙編

　　徐　軍編　民42年　臺北　編者　387面

總動員法規彙纂

　　章逸夫編　民44年　臺北　編者　711面

總動員法規彙纂續編

　　章逸夫編　民49年　臺北　國民出版社　975面

少年事件處理法及其補助法規

　　司法行政部編　民62年　臺北　該部　121面

中國民商事習慣調查報告錄

　　北京政府司法部修訂法律館編　民58年　臺北　古亭書屋　250,
1822面　影印

中華民國民法判解、釋義全書

　　新陸書局編輯部編　民60年　臺北　該書局　1290面

大理院解釋例全文

　　郭　衛編輯　民61年　臺北　成文出版社　1176面　影印

　　該出版社同年影印大理院解釋全文、檢查表，可供參考。

最新民刑法律判解彙編

　　王玉成等編　民64年　臺北　編者　2冊 (1968面)

考　試　法　規

考銓法規彙編

考試院秘書處編纂室編　民69民　臺北　該處　1868面

蒐集民國六十九年一月以前制定及修訂的考選、銓敍暨有關法規四百餘種。除法、條例外，大部分爲該院發布的規程、規則、細則、辦法、綱要、標準、準則等。

依法規性質分爲八類：憲法及有關法規、官制、官規、考選、銓敍、其他、參考法規、附錄等。其他類收列現行法規久未適用或不能適用的；參考法規收列冠有六十七、八兩年年分的考試法規；非該院所主管而與考銓法規有關必須參考或引用的法規條文，列入附錄。

銓敍法規彙編

銓敍部編　民56年　臺北　公保月刊社　2冊

考銓法規彙編續編

銓敍部編　民59年　臺北　該部　190面　活頁本

考銓法規彙編

考試院考銓法規編印小組編　民61年　臺北　該院　2冊 (1762面)

考銓法規彙編續編

考銓法規編印小組編　民64年　臺北　該院　310面　油印本

現行考銓法規彙編

陳鑑波編　民65年　臺北　三民書局　311面

監　察　法　規

監察法規輯要

監察院秘書處編　民43年　臺北　該處　230面

中 譯 外 國 法 規

日本法令選輯

　　司法行政部研究室編譯　民46年　臺北　該部　418面

各國廣播法規彙編

　　教育部廣播事業管理委員會編　民47年　臺北　該會　1冊

各國中央銀行法彙編

　　行政院美援運用委員會編　民50年　臺北　該會　130面

各國都市計劃法令概要

　　行政院美援運用委員會法律修編籌劃組編　民51年　臺北　該小

　組　315面

德國瑞士刑法

　　司法行政部研究室編譯　民53年　臺北　該部　213面

日本證券法令彙編

　　經濟部證券管理委員會譯　民58年　臺北　該會　160面

美日家事審判法規選輯

　　黃謙恩等譯　民63年　臺北　司法行政部總務司　210面

日本民商法規彙編

　　司法行政部民事司編譯　民64年　臺北　司法通訊社　860面

　　鄭邦琨主編　民64年　臺北　稅務旬刊社　1226,26面

法 規 目 錄

中華民國現行法律目錄稿本

　　立法院法規整理委員會編　〔民43年〕　臺北　該會　352面

　　按本書截至四十二年十二月底止，後又出版一冊，截至四十三年

　五月八日止，共二三七面。

中外法規翻譯目錄

　　司法行政部民事司編　民59年　臺北　該部總務司　121面

附錄：中華民國職業分類典

內政部編　民67年　臺北　該部　567面

臺灣省政府社會處於民國五十一年編臺灣省職業分類典，是我國最早的職業分類典。該書分職業為九大類，七十中類，二〇八小類，一四二三細類。本書仍分為九大類，惟中類增為八十五類，小類增為三〇八類，細類增為一六四六類。每一職業均有其職業名稱及定義，附分類號。定義包括其所從事之工作項目。

書後附：職業分類名稱及編號一覽表、職業分類名稱及編號索引表、中華民國行業標準定義與分類表等。

統 計 的 意 義

統計是統計資料（Statistical Data）的簡稱。統計資料是由點計或度量社會現象或自然現象的羣體的特性而得的資料。所謂羣體（Population）是具有若干特性的人、事、或物的個體。

統計資料必須具備時間、空間、特性等三大要素，所以任何統計資料，必須注明：1.時點或時間；2.地點或地區；3.特性的名稱及其單位。三種缺一不可。如政府曾於民國五十五年十二月十六日零時舉行臺閩地區戶口普查；上項統計資料的時間為五十五年十二月十六日零時，地區為臺閩地區，特性為總人口數、性別、籍貫等。

統計資料也都具有下列三點特質：

1.**數字性**　統計資料乃由點計或度量得來，因此，均為數量資料，非數量資料，不能視為統計資料。

2.**群體性**　統計資料是由大量觀察羣體而得來，任何表示單項事物（一人、一事、一物）特性的數字資料，不能視為統計資料。

3.**客觀性**　統計資料其原始必由調查、實驗或登記而來，所以任何數值，均是客觀地根據事實而來，而非虛構。

　　統計資料的功用，可藉以明瞭當前的事實，以爲處理某事的參考，例如敎育統計，可以做各級學校設班的參考；或藉以瞭解旣往的事實，以便推測將來，例如氣象的紀錄；或藉以明瞭某些事項間的相互關係，例如每畝地施肥多少與收穫量的關係。因此，愈進步的國家，對於數字的運用愈多，而且愈精確。

中國統計事業簡史

　　我國統計學的發展，淵源甚早。夏書禹貢篇，劃分全國爲九州，三代的時候有井田制度，有所謂萬乘之國和千乘之國，對於土地和人口，諒皆有簡略的統計。秦漢以後，統計資料散見於歷代官書中，可以說是有統計之實，而無統計之名。明淸兩朝，有詳盡的戶籍統計，但僅有男性資料，不足以代表全部人口；史籍載有農田統計，也僅及課稅的土地，而非耕地的全部。雖然李吉甫編有元和國計簿，也只是供帝王披覽而已。

　　鴉片戰爭以後，五口通商，但是仍缺乏對外貿易統計，一直到咸豐八年（1858），天津條約訂立，稅關引用外人，始有貿易統計的刊行，我國最早的貿易統計手冊，創刊於咸豐九年（1859）的海關冊。同治三年（1864）海關中外貿易年刊創刊，海關總稅務司署統計科編，爲硏究中國早期國際貿易，不可或缺的參考書。至於我國政府正式成立最高統計機關，實始於光緒三十二年（1906）憲政編查館內設立統計局，兩年後，京內各部及大理院，也先後組設統計處。光緒三十四年（1908）淸廷籌備立憲，乃參考歐洲各國成例，公布編查戶口章程，先查戶數，再查口數，於是宣統元年（1909）民政部擧辦我國歷史上第一次戶口普查。此外，農工商部也曾完成二次農工商部統計表，學部及郵傳部也均編印各項統計圖表。

　　民國成立後，中央政府各部先後設立統計專科，辦理調查統計事

宜。民國五年國務院內設置統計局，中央正式成立了最高統計機關；
地方方面，也自民國二年起先後設立統計處或統計科股。至於統計事
業，也頗多足以稱述者，如民國元年內務部舉辦的人口清查，包括直
蘇浙贛等十九省及京兆綏遠兩特別區；工商部舉辦的工業清查，也是
同年舉行；民國四年交通部創刊國有鐵路統計，詳載營業里程、運客
人數、貨運噸數等。

　　民國十七年國民政府定都南京後，先有內政部舉辦戶口調查，後
有立法院成立統計處。十九年中央各機關推立法院統計處召集聯席會
議，決議設立中央統計聯合會，以聯絡中央各機關的統計工作，而收
分工合作之效；並成立中國統計學社，以促進學術上的研究與溝通。

　　民國二十一、二十三年又先後公布統計法、統計法施行細則，確
定了推動全國統計事務的機關及法令依據，而我國的統計事業，也就
呈現出蓬勃發皇的現象。其詳細情形，可參見朱君毅著中國之統計事
業一文，刊登東方雜誌第三十八卷第十三期，民國三十年七月，十二
至十七面。

國內統計資料出版概況

　　我國目前發行的統計資料，如以出版者來說，行政院主計處負責
編印全國性的統計資料，如中華民國統計提要、中華民國統計月報
等；區域性或專業性的統計資料，則分由各機關的統計單位負責辦
理，如臺灣省政府主計處編印臺灣省統計要覽，經濟部與中央銀行合
編中華民國臺灣生產統計月報，中華民國臺灣地區家庭計劃推行委員
會編印中華民國臺灣地區家庭計劃統計年報等。依現行法令規定，各
地方政府或各部會整理完成的統計資料，須依照規定的統一格式，製
成報表，循序由行政系統，逐級遞送審查彙轉，最後由行政院主計
處，彙編為全國統計總報告。

目前的統計資料，如以發行的刊期來說，以按期發行的定期刊物佔多數，其中又以年刊及月刊居多。不定期的的統計調查次之，單本統計資料較少（如臺灣省五十一年來統計提要）。關於政府遷臺後政府機關所發行的統計資料，可參考國立中央圖書館民國五十九年編印的中華民國臺灣區公藏中文人文社會科學官書聯合目錄，該目錄收編的統計資料包括圖書與期刊，資料截至五十八年止。至於近年出版或現仍刊行的統計刊物，可參考下列四種資料：

1.宋建成撰中華民國政府統計刊物選介一文，刊登圖書館學與資訊科學半年刊第三卷第二期，該文收錄截至民國六十六年六月止仍在定期發行的統計刊物九十六種，依其內容分爲：綜合性、人口、經濟、勞工、生產、貿易、交通、物價、國民所得等十五類，每種期刊均加內容提要。

2.宋建成、莊芳榮合撰我國政府機關主要出版刊物簡目一文，刊登出版家雜誌第四十八期，該文收錄六百十六種，其中有一部分是統計刊物。

3.鄭恆雄撰分別於民國六十一及六十六年出版的全國雜誌指南一書，收編的統計刊物，列於公報類。

4.國立中央圖書館民國六十六年出版的國立中央圖書館期刊目錄一書，收編統計期刊，約一百十種。

本書收編的統計資料有六十二種，其中十五種有內容介紹，其餘列爲簡目。排列順序，略照：綜合性、內政、教育、財政、經濟、交通、僑務、人事、司法、考試、銓敍等排列。

統計資料的重要性，日趨顯著。政府的施政，舉凡政策的擬定、設計、結果的考核，無不以統計爲主要的根據；尤其近年來工商業的發達，更需要依靠調查統計的支援，國內出版的統計資料，也以此類佔大部分；最近國內的學術研究或個人的治學方法，也常要利用統計

136　農林漁牧業

表 46. 臺灣地區主要糧食每人每日平均消費量及所攝取的熱量

中華民國五十八年至六十五年

年　　　次	農　戶　及　非　農　戶　別								
	白　米　(公分)			甘　藷　(公分)			麵　粉　(公分)		
	平　均	農戶	非農戶	平　均	農戶	非農戶	平　均	農戶	非農戶
五 十 八 年	384	461	326	42	89	8	9	3	13
五 十 九 年	385	457	328	33	66	6	9	3	9
六 十 年	390	457	326	22	45	5	9	3	14
六 十 一 年	374	451	322	24	49	7	10	3	14
六 十 二 年	364	436	316	25	51	7	14	4	21
六 十 三 年	367	440	322	20	40	8	13	3	18
六 十 四 年	364	434	324	23	45	10	13	3	19
六 十 五 年	350	426	310	17	35	8	15	4	21

年　　　次	地　方　結　構　別									熱　量　(卡)	
	白　米　(公分)			甘　藷　(公分)			麵　粉　(公分)			農戶	非農戶
	都市	城鎮	鄉村	都市	城鎮	鄉村	都市	城鎮	鄉村		
五 十 八 年	...	...	...	...	...	...	...	...	...	1 781	1 229
五 十 九 年	...	...	...	...	...	...	...	...	...	1 755	1 237
六 十 年	...	...	...	...	...	...	...	...	...	1 709	1 250
六 十 一 年	...	...	...	...	...	...	...	...	...	1 737	1 412
六 十 二 年	300	378	425	3	10	24	11	4	1 641	1 321
六 十 三 年	301	382	424	3	10	44	23	11	4	1 640	1 275
六 十 四 年	300	377	424	4	10	58	23	12	4	1 629	1 248
六 十 五 年	289	364	408	4	40	26	12	5	1 589	1 201

資料來源：臺灣省糧食局。

表 47. 臺 灣 地 區 森 林 面 積

中華民國六十五年　　　　　　　　　單位：公頃

林　　區　　別	合　　計	針　葉　樹　林	針闊葉混育林	闊葉樹林及竹林
總　　　　　計	2 224 472	449 098	55 300	1 720 074
臺　北　區	343 974	61 781	3 400	278 793
新　竹　區	293 278	49 620	13 600	230 058
臺　中　區	418 945	175 957	9 400	233 588
臺　南　區	201 749	22 621	2 300	176 828
高　雄　區	317 044	11 460	9 900	295 684
臺　東　區	276 580	22 987	6 100	247 493
花　蓮　區	370 870	104 666	10 600	255 604
澎　湖　區	2 032	6	—	2 026

資料來源：經濟部。

中華民國統計提要

資料。但是國內的圖書館，對於此種資料的蒐藏，却是最弱的一環。
由各圖書館的藏書目錄，可以證明。國內圖書館對於統計資料的處
理，也常當做一般圖書分類編目，沒有當參考書處理，都是應該改進
的地方。

綜 合 性 統 計

中華民國統計提要

行政院主計處編　民44至　年　臺北　該處　年刊

爲全國性及綜合性統計書刊。創刊於民國二十四年，其後於二十
九、三十四年及三十六年各刊行一次，自民國四十四年在臺復刊後，
每年刊行一次。原爲中英對照，自民國六十四年起另編英文本（Sta-
tistical Yearbook of the Republic of China）。

主要內容爲：1.全國性靜態統計資料；2.中央政府及所屬機構近
年來在臺灣的施政成果或業務實績；3.臺灣地區各種基本統計資料；
4.近年政府舉辦的各種專案調查統計資料。

所列統計表分爲：土地氣象、人口、勞動力、農林漁牧業、工礦
商業、對外貿易、交通運輸、工資與物價、國民所得、金融、政府收
支、國營事業、衛生、社會福刊、教育文化及一般公務等十六類。

本書是我國統計書刊中最重要的工具書。

附記：民國二十四年及二十九年出版的中華民國統計提要，臺北
學海出版社曾有影印本。

臺灣省統計要覽

臺灣省政府主計處編　民35年10月創刊　南投縣　該處　年刊

創刊時由臺灣省行政長官公署統計室編印。第一期爲接收一年來
施政情形專號，第四、五期合刊爲公營生產事業概況特輯，第七期爲
行政組織職掌及員額特輯，並自本期起由臺灣省政府統計處編。

報導臺灣省一般概況及重要施政成果，內容分：土地、人口、行政組織、農林漁牧、工礦商業、財稅金融物價、交通運輸、教育文化、衛生、社會福利、警務、家庭收支及國民所得等十三類資料。

自民國五十七年第二十七期起，不載臺北市資料。

臺灣省五十一年來統計提要（1894—1945）

臺灣省政府行政長官公署統計處編　民　年　臺北　古亭書屋 1386面　影印

民國35年初版。

為臺灣省於民國前十八年（1894），至民國三十四年間各項統計的綜合紀錄加以整理訂正而成。內容包羅宏富，可以窺見過去的實況，以資研究臺灣近代史的參考。內容分：曆象、土地、人口、行政組織、司法、農業、林業、水產、畜牧、礦業、工業、勞工、商業、財政、專賣、金融、郵電、鐵路、公路、航務、教育、衛生、救濟及宗教、警衛等二十四大類，五百四十表。

本書特點有三：

1. 原來間斷年份，已盡量搜集補充，許殘缺為完整。

2. 度量衡單位經過嚴密折算，改為最新標準制，應用稱便。

3. 數字可靠，經過精細校對。

中華民國臺灣省統計提要（民國35—56年）

臺灣省政府編　民60年　南投縣　編者　986面

本書係從臺灣光復以迄民國五十六年七月一日（臺北市改制為院轄市），二十二年間各項施政統計資料，整理彙編成三四二表，三十七圖。時間及資料均與「臺灣省五十一年來統計提要(1894—1945)」相銜接。惟內容增自然環境、農地改革、社會、電力、市政建設、製造業等類，然亦減少曆象、土地、工業、勞工、救濟及宗教等類。

中華民國電子計算機資源要覽

行政院主計處電子處理資料中心編　民69至　年　臺北　該中心

我國對於電子計算機的應用，是在民國五十一年由聯合國資助國立交通大學裝設 IBM-650 型機器首開其端。二十年來對於電子計算機處理資料的方式逐漸受到國內的重視和採用。編者爲瞭解國內電子計算機的應用概況，自六十八年起舉行公私用戶問卷調查。本書卽據統計分析彙編而成。內容分五個單元：1.電子計算機系統之設置；2.電子計算機的應用與投資；3.電子計算機業者；4.電子計算機從業員；5.電子計算機的科技教育；6.電子計算機科技的研究發展。各單元以圖表爲主，六十九年版共有三十九表，七十年版有四十一表，三十一圖。每種圖表有文字配合說明。

書後附週邊設備（如磁碟機設置概況、磁帶機設置概況等）及各型電子計算機之分類。

中華民國統計月報

行政院主計處編　民55至　年　臺北　該處

臺北市統計要覽

臺北市政府主計處編　民36至　年　臺北　該處　年刊

金門統計年報

金門防衛部政務委員會主計室　金門縣政府主計室合編　民43年至　年　金門　該室

臺南市統計提要

臺南市政府主計室編　民35至　年　臺南　該室

臺中縣統計要覽

臺中縣政府主計室編　民36至　年　臺中　該室

按：目前臺灣省十六縣及四省轄市，均按年出版統計要覽，內容均爲報導各縣市一般概況及重要施政成果。報導的要目有：土地、人口、農業、林業、漁業、畜牧、工商、公用事業、財政、水利、公

路、教育、衛生等。

內 政 統 計

中華民國臺閩地區人口統計

內政部戶政司編　民64至　年　臺北　該司　年刊

前身為臺灣省民政廳民國五十二年創刊的中華民國臺灣省人口統計，六十一年起改由內政部編印，稱為中華民國臺灣人口統計，六十四年起與臺閩地區戶籍人口統計報告合刊，改稱今名。

內容分：1.臺閩地區人口統計：載依年齡分配、教育程度、經濟特徵、婚姻狀況、出生、死亡、生命表、結離婚等八項統計；2.臺灣地區人口統計：包括依年齡分配、人口密度、婚姻狀況、出生、死亡、境內遷徙六項統計；3.歷年臺灣人口統計：列近十年來臺灣地區有關人口重要數字；4.生命表。

中華民國勞工統計年報

行政院主計處編　民65年　臺北　該處　年刊

刊登我國勞工統計資料，包括：勞動經濟指標、總人口及勞動力、受雇員工、就業安全、工時薪資，勞動生產力、勞工生活、工業災害、工業關係、社會保險等，並選刊各國勞工統計。書後附有我國勞工統計十二種的編製說明。

該處於六十二年創刊中華民國勞工統計月報，內容與本書大同小異。另外，臺灣省政府建設廳，於四十三年創刊中華民國臺灣勞工統計報告（初名臺灣省勞工統計報告），也是記載臺灣省及臺北市有關勞工人口、工時、工資、生活費指數及零售物價、社會安全等統計資料。

（中華民國）社會指標統計

行政院主計處編　民70至　年　臺北　該處

原名：臺灣地區重要社會指標月報，民國六十七年創刊，自七十年起改稱「中華民國〇〇年社會指標統計」。

編製之目的，在於明瞭經濟高速發展之後其對增進社會福利，改善人民生活素質之實際情況。內容分為人口與家庭、經濟狀況、就業、教育、醫療保健、交通運輸、生活環境、公共安全、社會保障、文化與休閒、社會參與及大眾意向等十二類。每類約有六、七張圖表。各項指標之數列並追溯至民國五十年，俾易觀察比較其長期發展趨勢，以利研究分析。各表注明資料來源，必要時加以注釋。為供國際交流起見，統計資料採中英對照。

臺灣地區國民對家庭生活與社會環境意向調查報告

行政院主計處編　民71年　臺北　該處　494面

據行政院主計處編「中華民國社會指標」年報十二類指標中，就「大眾意向」一類，加以擴充改進，擬定調查問卷（共三十題，附在書後），舉辦「臺灣地區國民對家庭生活與社會環境意向調查」，抽出臺灣地區全部家庭之千分之四共一五二八七戶為樣本，並以每戶經濟主要負責人為調查對象。調查內容包括：1.對現況滿意之程度；2.對家庭生活之意向；3.對社會環境之意向；4.綜合意向（如對從業人員之信賴程度，對政府各項措施辦理緩急之程度）。本書即據該項調查，編為結果分析（共六十七面）及結果統計表（共四七四表）。

此種統計資料，可供探討生活素質及研究社會問題之依據，亦可供設計社會發展計劃及釐訂社會福利政策之參考。

中華民國青少幼年統計

行政院主計處編　民71年　臺北　該處　128面

據「國立中央圖書館藏中華民國政府出版品目錄」所載，行政院主計處曾於民國六十二年出版「中華民國青少年統計」。本書增列幼

年部分。全書共有統計表九十八，其中簡表四十二，詳表五十六。依
內容性質，可分爲七類：1.靑少幼年人口成長及結構；2.靑少幼年之
健康；3.靑少幼年之敎育；4.靑少年參與勞動狀況；5.靑少幼年之犯
罪；6.靑少年之意向；7.有關靑少幼年之社會福利措施。每類再分細
目。簡表部分，均有分析說明。如靑少年之意向，由統計資料顯示，
個人生活方面，靑少年認爲受敎育主要目的爲「學習做人的道理」，
認爲「升學主義太盛」爲當前敎育的最大問題；社會生活方面，靑少
年認爲目前最嚴重的問題是「靑少年犯罪」，並認爲靑少年走入歧途
最主要的原因是受「社會不良風氣的感染」，而覺得社會上最需要的
育樂設施爲「闢建遊樂場所」及「社區圖書館」。

臺灣省靑少年生活狀況調查報告

　　臺灣省政府社會處編　民69至71年　南投縣　3冊　（第 1 期136
面，第 2 期151面，第 3 期287面）

　　調查目的：在於瞭解當前臺灣省靑少年之心理傾向與生活適應上
及其需要等各種問題之普遍性與特殊性，以供政府有關機關改進敎育
措施，釐訂社會政策，做爲靑少年有效輔導策略與工作方案之參考。

　　調查臺灣省八縣市，十三個鄉鎮市，十二至二十歲靑少年四千
人，以問卷方式進行。調查項目分：個人背景資料、個人生活、家庭
生活、社會生活、政治生活等。第三期在政治生活部分增列三民主義
統一中國的題目。每項問題均有統計、分析與說明，書後有結論。

高雄市家庭收支調查報告

　　高雄市政府主計處編　民69至　年　高雄　該處

　　臺灣省政府主計處自民國五十九年逐年出版「臺灣省家庭收支調
查報告」；六十七年高雄市因改制，遂自行辦理家庭收支調查報告，
六十九年出版第一期，收編六十七年的資料。調查項目有：1.家庭戶
口組成概況　；2.家庭設備及住宅概況　；3.收支：所得收支、消費支

出、資本移轉收支；4.固定資產變動；5.金融性資產負債；6.其他有
關事項等。

　　另將調查結果加以分析，並彙編製成統計表。

內政統計提要

　　　　內政部統計處編　民46至　年　臺北　該處　年刊

臺灣省民政統計

　　　　臺灣省政府民政廳編　民48至　年　臺北　該廳　年刊

中華民國戶口普查報告書

　　　　臺灣省戶口普查處編　民48年　臺北　該處　10冊

中華民國五十五年臺閩地區戶口及住宅普查報告

　　　　臺灣省戶口普查處編　民48年　臺北　該處　14冊

中華民國六十九年臺閩地區戶口及住宅普查報告

　　　　行政院戶口普查處編　民71年　臺北　該處　13冊

臺灣省戶籍統計要覽（1946—1962）

　　　　臺灣省政府民政廳編　民48至52年　南投縣　該廳　不定期

中華民國臺灣人口統計季刊

　　　　內政部戶政司編　民64至　年　臺北　該司　季刊
　　　　本刊接臺灣省戶籍統計月刊。

中華民國臺灣地區戶籍人口統計

　　　　臺灣省警務處編　民59至　年　臺北　該處　年刊

臺灣刑案統計

　　　　內政部警政署刑事警察局編　民62年　臺北　該局　143面

臺灣省社會事業統計

　　　　臺灣省政府社會處編　民35至　年　南投縣　該處　年刊

中華民國職業訓練統計

　　　　內政部勞工司編　民56至　年　臺北　該司　年刊

中華民國臺灣地區勞動力調查報告

　　臺灣省勞動力調查研究所編　民52年　臺北　該所　季刊

臺閩地區勞工保險統計

　　臺閩地區勞工保險局編　民52至　年　臺北　該局　年刊

臺灣省六十二年貧戶調查統計

　　臺灣省政府社會處編　民63年　南投縣　該處　1冊

教 育 統 計

中華民國教育統計

　　教育部編　民46至　年　臺北　該部　年刊

　　內容分八大類，即：總表、學前教育、初等教育、中等教育、高等教育、特殊教育、補習教育、成人教育等。刊載的細目，包括：各級學校校數、教職員人數、班級數、學生人數、畢業生人數、教育經費、升學率、核准出國留學生數、外國在華留學生數、返國服務留學生數等資料。

　　記載頗為簡略，缺少圖書設備及圖書館方面的統計資料。因此，利用本書時，還須參考下列兩種統計：

　　1.臺灣省教育統計　　臺灣省教育廳編印，民國三十九年創刊，每年刊行一期，內容分十類：高等教育、中等教育、初等教育、學前教育、補習教育、特殊教育、社會教育、技藝訓練、教育經費等。

　　2.臺北市教育統計　　臺北市政府教育局編印，民國五十三年創刊，每年刊行一次。內容與臺灣省教育統計相同。

　　如需查閱民國三十八年以前的教育統計，可利用第一次中國教育年鑑第四編教育統計及第二次中國教育年鑑第十四篇教育統計上的資料。有關清末的教育統計，也可參考清朝學部總務司編的光緒三十三

年份第一次教育統計表，本書共九百六十頁，民國六十二年由臺北中國出版社（天一出版社經售）影印出版。

財 政 統 計

臺灣省財政統計年報

　　臺灣省政府財政廳編　民42至　年　南投縣　該廳　年刊

　　原稱：臺灣省財政統計，自六十一年第十四期起改稱今名。

　　首載提要分析，對財政收支、稅收、稅源、菸酒公賣、金融、省營事業、公產管理，就該年情況作一說明。次爲統計表，計分：預決算、稅收、稅源與稅率、公賣、公庫、金融、公營事業、公產管理、行政組織等九類，以數字表示臺灣省財政金融措施的成果。

　　書後附載國內外經濟統計參考資料。

中華民國財政統計年報

　　財政部統計處編　民62至　年　臺北　該處　年刊

中華民國賦稅統計年報

　　財政部統計處暨稅制委員會編　民64至　年　臺北　該處會　年刊

臺北市國稅統計

　　財政部臺北市國稅局編　民57年　臺北　該局　年刊

中華民國進出口貿易統計月報

　　財政部海關總稅務司署編　民54至　年　臺北　該署

中國進出口貿易統計年刊

　　財政部海關總稅務司署統計處編　民40至　年　臺北　年刊

臺灣地區菸酒事業統計年報

　　臺灣省公賣局主計室編　民38至　年　臺北　該室　年刊

中華民國公務人員保險統計

　　中央信託局公務人員保險處編　民55至　年　臺北　該處　年刊

中國四十年海關商務統計圖表 (1876—1915)

黃炎培　龐　淞合編　民66年　香港　龍門書店　220面　影印

國立臺灣師範大學圖書館藏有此表。

財政部財稅資料處理及考核中心年報

財政部財稅資料處理及考核中心編　民61至　年　臺北

中華民國臺灣地區金融統計月報

中央銀行經濟研究處編　民67至　年　臺北　該處

銀行結匯統計　該中心　年刊

中央銀行外匯局編　民63至　年　臺北　該局

經 濟 統 計

臺灣貿易五十三年表 (1896—1948)

臺灣省政府主計處編　民　年　臺北　該處　441面

為臺灣省五十三年來貿易統計的重要紀錄，始自民前十六年（1896），迄民國三十七年。凡有關貿易統計資料，均經廣為蒐羅，擇其正確可靠者，詳細刊列。舉其要目如下：歷年對外貿易進口貨物價值、歷年對外貿易進出口貨物價值按國別之比較、歷年主要進口貨物數量及價值、歷年主要出口貨物數量及價值、民國三十五年以後各月自外洋進口洋貨數量及價值等。

書後附有臺幣對法幣及金圓券匯率表。

中華民國臺灣省建設統計

臺灣省政府建設廳編　民50至　年　南投縣　該廳　年刊

報導臺灣省建設部門一般概況及重要施政成果。資料分成四輯：1.載工商業、營建業、市鄉建設、組織與經費；2.水利工程（臺灣省水利局編），載水文與探測、防洪、農田水利、水庫及水壩工程、地下水開發、組織與經費；3.公共工程（臺灣省公共工程局編），載道

路、自來水、下水道、公園綠地整修工程、都市計劃規劃、自來水系統下水道系統規劃、組織與經費；4.礦業（臺灣省礦業局編），載礦業行政、礦場保安、煤焦購銷、輔導稽核、組織等。

表內所列度量衡單位，一律採用公制。

臺灣農業年報

臺灣省政府農林廳編　民36至　年　臺灣省臺中縣　該廳

民國三十六年創刊，每年刊行一期。六十四年一度改名「臺灣省農業年報第一輯綜合統計」，旋又恢復原刊名。

以統計數字報導分析臺灣區整個農業發展的情形。分八編：總說、土地及耕地、農業戶口、農作物生產、畜牧生產、林業生產、漁業生產、農業災害、農業資材等。每編再予細分子目。子目經常有變動，如六十七年版，耕地面積水田部分增列輪作田；蜂蜜改爲養蜂等。

各編首冠說明及專用名詞解釋。其次爲統計表，統計數字，均用國際計算單位。文字採中英對照。

本書歷史悠久，也是目前重要的統計刊物。

檢驗統計要覽

經濟部商品檢驗局編　民41至　年　臺北　該局　年刊

報導國內商品檢驗概況，如歷年物品檢驗、檢疫暨驗對總概況、當年檢驗、檢疫數量及國內市場商品檢驗等。

原由臺灣省政府農林廳檢驗局編印，檢驗僅限於農產品，四十八年第八輯起，改由臺灣省檢驗局編印。後因檢驗兼及工礦產品，乃於五十六年第十六輯起，改經濟部檢驗局接辦並編印。文字部分均中英對照。

中華民國臺灣經濟統計表

中央銀行經濟研究處編　民60至　年　臺北　該處　年刊

物資調節統計年報

　　臺灣省物資局編　民55至　年　臺北　該局　年刊

中華民國臺灣省物價統計月報

　　臺灣省政府主計處編　民62至　年　南投縣　該處　月刊

　　前身爲三十五年三月創刊的臺灣物價統計月報。

中華民國臺灣地區物價統計月報

　　行政院主計處編　民60至　年　臺北　該處　年刊

中華民國臺灣省第二次工商業普查總報告

　　臺灣省工商業普查執行小組編　民52年　臺北　該小組　4册

　　第一次報告於民國四十五年出版。

中華民國六十年臺閩地區工商業普查報告

　　行政院臺閩地區工商業普查委員會編　民62年　臺北　該會　8册

　　該會同年出版普查結果報告，分概况、統計圖、統計表三部份。

中華民國能源統計年報

　　經濟部能源政策審議小組編　民61至　年　臺北　該小組　年刊

臺灣電力公司統計年報

　　臺灣電力公司企劃處編　民47至　年　臺北　該處　年刊

中華民國五十年臺灣農業普查總報告

　　臺灣省農業普查委員會編　民52年　臺北　該會　2册

　　該會另編印臺灣省農業普查分析報告二輯。

臺灣省漁業普查報告

　　臺灣省漁業普查委員會編　民53年至55年　臺北　該會　5册

中華民國臺灣區漁業年報

　　臺灣省政府農林廳漁業局編　民44至　年　南投縣　該局

臺灣省公私有林調查報告　　　　　　　　　　　　　　　叢

　　臺灣省政府林務局編　民69年　臺北　該局　308面

臺灣省林業統計

　　臺灣省政府林務局編　民39至　年　臺北　該局　年刊

臺灣糖業公司糖業統計年報

　　臺灣糖業公司編　民46至　年　臺北　該公司　年刊

證券統計要覽

　　經濟部證券管理委員會編　民54年　臺北　該會　年刊

中華民國臺灣生產統計月報

　　經濟部與中央銀行合編　民46至　年　臺北　編者

中華民國臺灣工業生產統計月報

　　經濟部統計處編　民58至　年　臺北　該處

中華民國臺灣地區國民經濟動向統計季報

　　行政院主計處編　民67至　年　臺北　該處

中華民國七十年工業年報

　　經濟部工業局編　民72年　臺北　該局　170面

交 通 統 計

中華民國交通統計要覽

　　交通部編　民49至　年　臺北　該部　年刊

　　創刊時稱爲交通部統計要覽，五十九年起，改稱今名。爲交通政績及交通業務的數字記錄，以顯示交通設施的一般狀況。內容分：交通各業概況、郵政、電信、鐵路、公路、水運、港務、空運、觀光、氣象等十類。

　　該部另於五十七年起按月出版中華民國交通統計月報。

　　國內出版有關交通統計的書刊還有下列數種：

　1.中華民國郵政統計要覽　　交通部郵政總局編

　2.中華民國電信統計要覽　　交通部電信總局編

3.中華民國觀光統計年報　　交通部觀光局編

4.臺灣省交通統計年報　　臺灣省政府交通處編

5.臺灣交通統計月報　　臺灣省政府交通處編

6.臺灣鐵路統計年報　　臺灣省鐵路管理局編

7.臺灣省公路統計年報　　臺灣省政府交通處公路局編

司　法　統　計

臺灣司法統計專輯

　　臺灣高等法院編　民45至　年　臺北　該院　年刊

　　第一期收錄的資料，自民國三十七年起，至四十四年止，第二期自三十九年至四十六年，第三至七期，每兩年刊行一期，第八期爲收三十九年至五十八年資料，五十九年第九期起改爲年刊。

　　內容首列統計圖，以說明各地方法院民刑事案件辦理情形及各種案件數，高等法院及分院民刑事案件辦理情形，監獄看守所受刑人或被告出監所人數及作業收支金額及地方法院第一審終結案件主要罪名。次列臺灣各級法院民刑案件及非訟事件統計表、臺灣各監獄受刑人統計表、臺灣各地方法院看守所被告暨少年觀護所少年統計表。

臺灣法務統計專輯

　　臺灣高等法院檢察處編　民70至　年　臺北　該處

　　係於民國六十九年七月政府實施審檢分隸後，將屬於檢察業務之刑事資料，加以整理，按年刊行。

　　內容分下列六部分：

　　1.統計圖表及簡要說明：將近十年各級法院檢察處辦案結果，繪成圖表，並略加說明。

　　2.臺灣各級法院檢察處刑事案件統計表。

　　3.臺灣各監獄受刑人統計表（包括監獄員役人數）。

4.臺灣各看守所被告暨少年觀護所少年統計表。

5.臺灣各級法院檢察處辦案結果資料分析表。

6.附錄：最高法院檢察署刑事案件統計表。

衛 生 統 計

中華民國衛生統計

行政院衛生署　臺灣省政府衛生處等編　民63至　年　臺北　該署等　年刊

旨在報導重要衛生施政成果，凡與衛生有關的資料均廣爲搜集，分上下兩冊。上冊爲公務統計，刊載一般衛生施政概況，並分組織及行政、醫藥、保健、防疫、環境衛生等五類；下冊爲生命統計，凡有關土地、人口成長、人口組成、出生、生育力、死亡原因及死亡率、生命表、結離婚資料，均廣予列入。

臺灣省衛生統計要覽

臺灣省政府衛生處編　民37至　年　臺北　該處　年刊

人 事 統 計

臺灣省人事統計提要

臺灣省政府人事處編　民50至　年　南投縣　該處　年刊

着重於臺灣省公務人員任用概況的分析與比較，暨人事業務的成果。資料內容分爲：1.組織系統：載全省行政機關、公營事業機關及公立各級學校組織系統表，及其單位人數；2.人事管理：載全省各級機關學校人事管理機構設置及人事人員管理，及人事處組織編制職掌；3.任用概況：刊登各級機關學校公務人員任用的職等、性別、年齡、籍貫、教育程度、任職年資、薪俸等分析統計；4.業務統計：如人事異動、分發考試及格、獎懲、退休、撫邮、訓練、出國、福利互

助統計等。

僑務統計

中華民國僑務統計

　　僑務委員會編　民43至　年　臺北　該會　年刊

考　選　統　計

中華民國考選統計

　　考試院考選部編　民54至　年　臺北　該部　年刊

　　爲該部的業務統計報告，內容包括：總述、高等考試、普通考試、特種考試、分類職位考試、升等考試、雇員考試、檢定考試、檢覈及甄訓等十一篇。每種考試都載明報名、應考、錄取人數等資料。

　　每篇均附文字概述，除對該項業務作必要的說明外，並對該篇所轄統計表內容作扼要的提示。

銓敍統計

中華民國銓敍統計

　　考試院銓敍部編　民58至　年　臺北　該部　年刊

第十章 名錄 手册

名 錄

　　名錄英文稱爲Directory，又可譯爲「指南」「指引」，指各種教育文化、民間團體及工商業的公司行號的名錄，如圖書館、博物館、報社、雜誌社、學會協會、製造廠商、貿易商、寺廟教會等，名錄的主要內容爲：機關團體的名稱、負責人、地址、電話、沿革、組織、職員、經費、工作概況、出版品等。

　　各種會員名錄，以「人」爲主，本書將其歸入傳記參考資料，旅遊觀光指南，以介紹各地風光及各勝古蹟爲主，本書把它列入地理參考資料，其他如參考書指南、雜誌指南，以介紹圖書期刊的內容爲主，分別劃入第一、三章的參考工作與索引。

　　電話號碼簿具有指示機關會社地址的功能，也屬於指南的工具書。

　　國內出版的指南，民國二十六年以前出版者，有莊文亞編的全國文化機關一覽（內容見指南簡目），民國二十三年出版，民國二十四年許晚成編有全國圖書館調查錄，記載全國圖書館共有二千多所，內容款目不如前書完備。民國二十六年楊家駱編的全國機關公團名錄，收黨政、社會、教育、文化、經濟、生產各機關團體，約三萬所。每所約分地址、主持人、沿革、組織等。

　　政府遷臺後，因爲工商業和製造業的發達，出版的指南以工商名錄居多。這些名錄有各種不同的名稱，如指南、年鑑、寶鑑、機構錄、簡介、要覽等。其中編排詳實謹嚴的，首推中國生產力中心編印的中華民國工商名錄，臺灣企業指南公司編印的臺灣企業指南次之。

　　參考員經常遇到讀者詢問地址的問題，尤其是關於會社或雜誌社

書局的地址，如中國筆會、中國學術著作獎助委員會、天一出版社、文史哲出版社等，因此參考員身旁必備中華民國民眾團體活動中心編印的社團手冊及中國出版公司編印的中華民國出版年鑑。

　　本書收編有內容摘要的名錄十三種，簡目三十九種，均略照中國圖書分類法排列。

臺灣地區圖書館事業現況——中華民國圖書館年鑑調查錄

　　國立中央圖書館編　民69年　臺北　該館　238面

　　係中華民國圖書館年鑑之抽印本。內容分四部分：1.國家及公共圖書館；2.大專院校圖書館；3.專門圖書館；4.中小學圖書館。前三部分共收圖書館三〇二所，各館介紹其沿革、組織、人員、館舍、經費、館藏、分類法、服務對象、閱覽時間、出版品、地址電話等；第四部分共收圖書館二千四百餘所，簡略介紹其學生人數、圖書數、期刊數、工作人員、閱覽席位、分類法、借書冊數期限等。

　　書前冠國立中央圖書館王振鵠館長「我國圖書館事業之現況與展望」一文及臺灣地區省市立圖書館統計表、臺灣地區大專院校圖書館館藏資料統計表等。

全國圖書館簡介

　　劉崇仁編　民64年　臺北　國立中央圖書館　221面

圖書出版業名錄

　　中國出版公司編　載民國71年中華民國出版年鑑頁673—834。

　　我國在民國三十八年計有出版社一百多家，目前已達二千二百多家。本書收一千九百餘家。不包括未辦理登記的政府學術機關出版社及非以營利為目的的出版單位。

　　各出版社著錄的款目，包括：發行人、登記證、地址、電話等。

　　據統計，能經常出版圖書者約在三百多家左右；每年出書在百種以上者，只有十家而已。

國 立 中 央 圖 書 館

地　址　台北市南海路43號
電　話　3147320—1

沿　革	民國22年籌設於南京，抗戰時遷至重慶，38年再遷至台灣，43年在台北市現址復館，62年接管台灣省立台北圖書館改為台灣公館。	
組　織	館長以下分設採訪組　編目組　閱覽組　特藏組　總務組　出版品國際交換處　會計室　人事管理員	
人　員	120人（館長1　組主任6　編纂3　編輯25　幹事12　雇員8　臨時員43　工友22）	
館　舍	6,200平方公尺　座位525席	
經　費	128,057,020元（含圖書資料費3,000,000元）	
館　藏	圖書596,234冊（善本143,998冊）中文204,514冊　西文75,067冊　日韓文50,591冊　官書79,776冊　期刊42,288冊）金石拓片5,581種　報紙：中文193種　外文44種　期刊：中文3,538種　外文2,079種	
分類編目	中文：中國圖書分類法　國立中央圖書館編目規則　首尾五筆檢字法　西文：美國國會分類法　美國圖書館協會編目規則　克特表	
服務對象	年滿二十歲之民眾或大專在學學生	

閱覽時間　普通閱覽室每星期84小時（星期一～日
9：00～21：00）
參考室、期刊室每星期56小時（星期一
～日　9：00～17：00）
善本室每星期35.5小時（星期一～五
9：00～12：00　13：30～17：00　星
期六9：00～12：00）
官書室、目錄室、美術室每星期48小時
（星期一～六　9：00～17：00）

推廣服務　輔導全國圖書館事業及文化中心設計
參與國內外館際合作及互借複印
參加或主辦國內外圖書展覽
成立全國目錄中心編印聯合目錄

出 版 品　期刊：中華民國出版圖書目錄（月刊）、
中華民國期刊論文索引（月刊）、新到
西文圖書選目（月刊）、國立中央圖書
館通訊（英文本）季刊、國立中央圖書
館通訊（中文本）季刊、國立中央圖書
館館刊（半年刊）。　專書：（67—68年
度出版者）　中華民國學術機構錄（英
文本）第五版、全國圖書館簡介、國立
中央圖書館藏政府出版品目錄、國立
中央圖書館善本圖書微捲目錄、國立中
央圖書館善本圖書幻燈片選輯。

國 立 中 央 圖 書 館 台 灣 分 館

地　址　台北市新生南路1段1號
電　話　（02）7718528　7218271　7218274
7510722　7413028　7410795

沿　革	民國3年（日據時期）台灣總督府圖書館成立，35年4月合併南方資料館成立台灣行政長官公署圖書館，37年5月改為台灣省立台北圖書館，62年7月改為國立中央圖書館台灣分館。	
組　織	館長以下設編組　典藏閱覽組　參考諮詢組　推廣服務組　總務組　會計員　人事管理員	

人　員　81人（館長1　組主任5　編纂3　編輯
4　助理編輯2　幹事10　助理幹事14
書記11　會計員1　人事管理員1　臨時
人員29）

館　舍　5,893.59平方公尺

經　費　68年預算數11,560,031元（含購書費
1,200,000元）

館　藏　圖書436,311冊　點字書2,627冊　有聲

臺灣地區圖書館事業現況——中華民國圖書館年鑑調查錄

雜誌社名錄

中國出版公司編　載民國71年中華民國出版年鑑頁73—292。

收編國內現仍刊行的中英文雜誌二千二百種，依雜誌名稱筆劃排列。每種注明：性質、刊期、發行人、登記證、地址、電話。缺著錄創刊年月。另收七十八種內銷僑辦雜誌及一千一百種各大專院校刊物。

出版法所指稱的雜誌係指刊期在三個月以內者而言。惟圖書館所認定的期刊則包括半年刊、年刊、雙年刊及不定期的連續性出版品，範圍較出版法所規定者爲廣。如欲查考或訂閱半年刊以上的雜誌，可利用「中華民國期刊論文索引彙編本」書後的收錄期刊一覽表。

臺灣省出版事業登記一覽

臺灣省政府新聞處編　民71年　臺中　該處　224面

臺北市出版事業機構一覽

臺北市政府新聞處編　民72年　臺北　該處　794面

中華民國學術機構錄 (Directory of the Cultural Organizations of the Republic of China)

國立中央圖書館交換處編　民67年　臺北　該館　572面　5版

以英文撰寫，介紹我國學術機關、圖書館及大學學院的概況。學術機關，包括各種學會團體及研究機構。每一機構介紹的內容，包括：中英文的機關名稱、地址、電話、會員或機關人數、首長、組織（包括各單位負責人姓名）、成立宗旨、出版品。如爲圖書館則介紹其藏書量，如爲學校機關則介紹其所設的科系等。

本書共收五百六十單位。書後有機關名稱的中英文索引。

全國文化機關一覽

莊文亞編　民62年　臺北　中國出版社（現改由天一出版社）66,523面　影印

民國23年初版。收四百所以上，均載明地址、沿革、組織、工作概況、職員、經費、出版品等。全書按機關性質分類，如大學、民衆教育館、研究機關、圖書館、協會等。

中華民國人文社會科學研究機構概況及發展方向調查報告

中央研究院中美人文社會科學合作委員會中美聯合研究工作室編　民60年　臺北　該會　366面

中華民國五十年來民衆團體

中華民國五十年來民衆團體編纂委員會編　民50年　臺北　中華民國民衆團體活動中心　1125面

收集全國性及地方性社團，介紹其發起、沿革、組織、經費、業務、活動與工作績效等。凡與文字敍述有關的照片圖表，也挿入文字之中。介紹文字，全國性團體以二千字爲限，區省級團體以一千五百字爲限，臺北市團體以一千字爲限。本書的排列，分全國性民衆團體、區級民衆團體、省級民衆團體、臺北市民衆團體、海外華僑民衆團體等類，每類再分職業團體及社會團體二組。篇首冠以我國民衆團體的歷史回顧一文。

該會另於民國67年出版中華民國六十七年社團手冊，介紹各社團的名稱、理事長、總幹事、會址、電話等。

民衆團體名錄

中華民國民衆團體活動中心編　民71年　臺北　該中心　288面

中華民國教會名錄

姚國祥編　民71年　臺北　中華民國華福會　105,6面

華人基督教會名錄

余炳甫編　民64年　臺北　中國福音聯誼會　1冊

中華民國科學研究機構　第二輯

行政院國科會科學技術資料中心編　民69年　臺北　該中心　232

面

第一輯民國六十四年印行。

介紹國內一百八十所科學研究機構的名稱、地址、負責人、沿革、設立目的、電話、研究人員（學校機關注明專任教職人數）、設備、研究計劃、研究範圍等。

依機構性質分為十二類，即：數學及應用數學、物理及應用物理、化學及化工、地質與礦冶、生物學、工程學、金屬機械及電子機械、醫藥學、公共衛生、農藝學、森林與畜牧業、資訊與管理。書後附機構名稱索引。

中華民國技術研究機構　第二輯

行政院國科會科學技術資料中心編　民69年　臺北　該中心
281面

第一輯民國六十四年印行。

介紹國內二百三十所技術研究機構的名稱（注明公營或民營）、地址、行業名稱、負責人、代表人、電話、員工人數、產品類型、研究人員、儀器及設備、研究計劃等。

依機關性質分為十一類，即：礦業、食品及菸酒業、化工業、紡織業、紙及印刷業、金屬及機械業、電子及電機業、農牧業、製藥業、運輸及服務業、其他。書後附機構名稱索引。

臺灣地區特殊教育暨傷殘福利機構簡介

國立臺灣師範大學特殊教育中心編　民68年　臺北　該中心
349面　增訂本

民國67年5月初版。

收錄臺灣區特殊教育暨傷殘福利機構三百六十個單位。其中國中國小智能不足的益智班佔一百五十六所，肌體殘障機構及社會福利機構各三十所。

　　各機構介紹的內容有：地址、負責人、電話、機構性質（公立或私立）、業務範圍、服務對象、容納人數、住宿型態、收費情形、成立簡史、交通要圖等。

中華民國大學暨獨立學院簡介

　　國立教育資料館主編　民62年　臺北　大聖書局　820，〔50〕面

　　介紹全國大學及獨立學院三十二所。分大學及獨立學院暨軍警院校二部份。所介紹每一院校的內容，含下列各點：簡史、現設所系科組名稱(以六十一學年度設有者爲範圍)、各系科組概況（含設系科組目的、設系科組日期、系科組名稱演變沿革，曾任及現任系科組主任姓名、修業年限與應修學分、可選修之輔系、授予學位、師資陣容、課程及學分、畢業生人數及就業概況、圖書設備、附屬實習或建教合作機構名稱等項）、各科系入學資格、各種公費及獎學金設置情形等。附列六十一學年度大學及獨立學院各系科組錄取標準，六十二學年度大學暨獨立學院聯合招生簡章。

　　國立教育資料館同年另編中華民國專科學校簡介，也由大聖書局印行，共九五二面。收國內專科學校七十八所（含比敍專科之軍校二所），體例如同前編。

　　關於介紹專科以上學校概況的書籍，民國六十四年以後出版者有下列各書，可供參考：

研究所簡介

　　高牧成編　民66年　臺北　學教出版社　83，112面

　　介紹國內研究所的概況，包括：研究所的名稱、招生名額、報名資格、考試科目、修業年限等。依國立、省立、私立及軍事學校排列。

　　附錄有：各校六十五學年度研究所（碩士班）入學日期、我國教育部認可的美國大學及學院，依各州字母順序排列。

中華民國大學暨獨立學院概況

教育部高等教育司主編   民國64年   臺北   大聖書局   195面

大專院校簡介

高木盛編   民64年   臺北   學毅出版社   376面

公私立大學獨立學院暨專科學校一覽表

教育部編   民70年   臺北   該部   192面

五年制專校簡介

高牧成編   民66年   臺北   學毅出版社   139面

公私立大學及獨立學院研究所概況

教育部編   民70年   臺北   該部   766面

介紹國內公私立大學院校三十研究所概況，包括下列各項：研究所成立年月及現有研究生人數、所長姓名、師資及所任課程與研究專題、本所研究生修讀學分數、已有畢業人數。

書前冠研究所有關法令、各校研究所及研究生人數統計表、五所科學研究中心概況。

大學暨獨立學院概況

教育部高等教育司編   民71年   臺北   大中國圖書公司   205面

中華民國專科學校簡介

國立教育資料館編   民69年   臺北   該館   907面

新編美國各大學及學院資料（1975年版）

鍾嘉天編撰   民69年   臺北   華南出版社   797面

內容包括：1.教育部認可及根據美國教育評審會審定的各大學及學院的詳細情況及獎學金申請狀況、學校地址；2.美國各州的介紹及教育概況；3.可申請獎學金的各科系大學；4.1975年前教育部新認可的美國各大學及學院名單。

關於介紹國外大學概況的，還有下列各書：

歐洲著名大學簡介

　　駐比利時大使館文化參事處編　民55年　臺北　教育部　296面
介紹十二個國家，四十四所大學。

最新美國研究院指南

　　時　超編　民59年　臺北　文致出版社　496面

最新加拿大各大學學院詳介

　　時　超編　民59年　臺北　文致出版社　159面

最新美國各大學、學院研究所指南

　　劉訓法編　民62年　臺北　編者　409面　英文本

日本全國大學介紹（1975—6年）

　　日本梧桐書院編撰　臺灣教授書局譯　民64年　臺北　561面

日本各大學院校簡介

　　奧村嘉一編　民59年　臺北　大新書局　32,636面

留學及旅遊德國指引

　　詹安仁譯　民70年　臺北　中央圖書出版社　288面

臺灣區企業名錄　'82/'83

　　中華徵信所編　民71年　臺北　該所　4冊（第1冊366面，第
2冊340面，第3冊344面，第4冊488面）

　　本書於民國六十八年出版，分製造業、貿易業（進出口）、服務
業、買賣業（如百貨公司、汽車零件）、外國在華投資廠商等五類，
各業再細分產品索引、廠商分類索引、廠商名錄等。此種體例，基本
上與中國生產力中心編「中華民國工商名錄」相同。六十九年版將製
造業與貿易業合併，另將在華投資廠商併入附錄，廠商的介紹，增列
資本額及往來銀行。

　　本版與前二版的編排又不相同。第一點不同是前二版各產品索引
與廠商分類索引，分散在各業，因此，有十多種索引。本版合併成三

亞東保險代理有限公司
ORIENTAL INSURANCE ADVISORY
CORP.
(105)台北市八德路三段12巷67弄17
號三樓
3rd Fl., 17, Alley 67, Lane
12, Pa Teh Rd., Src. 3,
Taipei
Tel: (02) 7817276
POB: 39-94 Taipei
Cbl: "DEYOUNGA"
Tx : 26830 DEYOUNGA
Est: 1976　　　Emp: 8
總經理 (GM): 林秋洋 Deyoung Lin
CAP: NT$1,000,000

亞東證券投資股份有限公司
ORIENTED INVESTMENT CORP.
(100)台北市延平南路130號6樓
6F, 130, Yen Ping S. Rd.,
Taipei
Tel: (02) 3115015
Est: 1979　　　Emp: 20
CAP: NT$140,000,000
董事長 (BC):柏舜如 S. R. Po
總經理 (GM):徐旭東 S. T. Hsu

亞洲信託投資股份有限公司
ASIA TRUST AND
INVESTMENT CORPORATION
(104)台北市南京東路二段116號
116, Nanking E. Rd., Sec.
2, Taipei
Tel: (02) 5353678
POB: 59295 Taipei
Cbl: ASIAGRP
Tx : 25329 ASIAGRP
Est: 1972　　　Emp: 340
CAP: NT$580,000,000
董事長 (BC): 鄭周敏 C. M. Cheng
總經理 (GM): 黃杜權 C. C. Huang

亞洲租賃股份有限公司
ASIA LEASING CORPORATION
(104)台北市南京東路2段116號16樓
16th Fl. 116, Nanking E.
Rd., Sec. 2, Taipei
Tel: (02) 5971622-6
Tx : 25329 ASIAGRP
Est: 1978　　　Emp: 14
CAP: NT$50,000,000
董事長 (BC):李保謙 P. T. Lee
總經理 (GM):張碖舟 Y. C. Chang

亞信租賃股份有限公司
ASIACOM LEASING INCORPORATED
(104)台北市長安東路一段9號2樓
2nd Fl., 9, Chang-An E. Rd.,
Sec. 1, Taipei
Tel:(02)5622233

東華租賃股份有限公司
CHINA ORIENT LEASING CORPO-
RATION
(104)台北市南京東路二段125號6樓
6F, No. 125, Sec. 2,Nanking
East Rd. Taipei
Tel: (02) 5422577
Est: 1980
CAP: NT$40,000,000
董事長 (BC):徐旭東 D. S. To
總經理 (GM): 莊銘忠 Enrique
　　　　　　　　　Chuang

明台產物保險股份有限公司
MING TAI FIRE & MARINE INSU-
RANCE CO., LTD.
(104)台北市松江路156之1號
156-1 Sung Chiang Rd.,Taipei
Tel:(02)5711231
POB:67-410
Tx :22792 MTIC
Est:1961　　　Emp:500
CAP:NT$121,000,000
董事長 (BC):林攀輝 P. L. Lin
總經理 (GM):陳曉堂 S. T. Chen

忠興投資股份有限公司
CHUNG SHING INVESTMENT CO.,
LTD.
(100) 台北市南陽街90號
90,Nan Yang St.,Taipei
Tel:(02)3816767
Est:1971　　　Emp:7
CAP:NT$50,000,000
董事長 (BC):蔡萬才 W. T. Tsai

九畫

美亞保險有限公司中華民國聯絡處
AMERICAN INTERNATIONAL
UNDERWRITERS, LTD.
REPRESENTATIVE OFFICE
(104)台北市南京東路二段 111號9樓
　　901 室
Rm. 901, 9th Fl., 111,
Nanking E. Rd., Sec. 2,
Taipei
Tel: (02) 5719677
Cbl: AMINTERSUR TAIPEI
Tx : 24758 AIUTP
Est: 1972　　　Emp: 7
負責人 (REP):蔡多昌 T. C. Tsai
項目:保險
Item: insurance

美商大通銀行台北分行
THE CHASE MANHATTAN BANK,N
A.
(104)台北市南京東路二段72號

美商信孚銀行台北分行
BANKERS TRUST COMPANY
(TAIPEI BR.)
(105)台北市敦化北路205號8樓
Bank Tower, 8th Fl., 205, Tun
Hwa North Road, Taipei
Tel: (02) 731-2888
POB: 81-231, Taipei
Cbl: BANKTRUS TAIPEI
Tx : 11550 BANKTRUS
Est: 1981　　　Emp: 40
CAP: NT$2,000,000
總經理 (BC):羅亞倫 Roy W. Allen

美商美國運通銀行
AMERICAN EXPRESS INTERNA-
TIONAL BANKING CORP.
(104)台北市南京東路二段137號
137, Nanking E. Rd., Sec. 2,
Taipei
Tel: (02) 5633182
POB: 1753 Taipei
Cbl: AMEXBANK TAIPEI
Tx : 11349
Est: 1967　　　Emp: 95
董事長 (BC):柯爾 James M. Kaul

美商第一聯美銀行台北分行
FIRST INTERSTATE BANK OF
CALIFORNIA TAIPEI BRANCH
(104)台北市南京東路三段221號
No. 221, Sec. 3, Nanking East
Road, Taipei
Tel: (02) 7717572
POB: 59584
Cbl: FICALTN
Tx : 11830
Est: 1974　　　Emp: 58
總經理 (GM):施乃德
　　　　　　Donald D. Snyder

美商華友銀行台北分行
CHEMICAL BANK TAIPEI
BRANCH
(105)台北市南京東路三段261號
261, Nanking E. Rd., Sec. 3,
Taipei
Tel: (02) 7411181
POB: 48-11 Taipei
Cbl: CHEMBANK
Tx : 22411
Est: 1974　　　Emp: 80
總經理 (GM):庫伯春 Jeroge J.
　　　　　　　　　Cooper
CAP: NT$73,600,000

美商瑞年銀行台北分行
RAINIER NATIONAL BANK
(104)台北市松江路125號
125, Sung Chiang Rd., Taipei

種：行業分類索引、商品中英文索引、廠商公司中英文名稱索引，並集中在第一冊。這樣不但便於查閱，也精簡篇幅。第二點不同是前二版全書粗分為製造業、貿易業、買賣業等數類；本版則按廠商業別細分為二十餘類，並分裝四冊，較便檢索和利用。茲將各冊內容列舉如下：

第一冊：服務業（如金融、保險、觀光飯店、船務代理、報關、市場調查）、百貨業、超級市場、一般工商查詢資料與工商業有關的政府機關、工商業同業公會、我國駐國外各地使領館等。

第二冊：食品、紡織、服飾、皮革及化學業等。

第三冊：金屬、五金、機械、儀器、設備、電工器材及運輸工具等。

第四冊：運動用品、建材、家具、木竹柳製品、營建、進出口貿易、電力煤氣及雜項等。

第二至四冊均按分類排，同類的依廠商名稱筆劃分先後。每一廠商注明：公司名稱、總經理、經理、成立年月、員工數、電話、地址、電報號碼、郵箱號碼、資本額、產品等。

讀者利用本書先要熟悉第一冊的內容。如已知某項商品的中文名稱，欲查其製造或進出口商，查第一冊「產品索引」，各項商品按其名稱筆劃排列，在各項產品後，有冊數別及細目行業代號，翻開該冊的各細目行業中，即可查到該項商品的製造或進出口商。

如已知某家廠商的中文名稱，欲查其詳細資料。先查第一冊「廠商中文名稱索引」，各公司按其名稱筆劃順序排，則在各公司名稱後，有一細目行業代號及冊數、頁碼，翻開該冊的頁碼，即可查到該公司的徵信資料。

中華民國工商名錄 民國71—72年版

中國生產力中心公共關係處編 民71年 臺北 該中心 約2000

函 15版

民國四十七年創刊，原爲雙年刊，自六十八年起改爲年刊。改爲年刊後，一度改爲中英文版，分開刊行。自十三版（民國69－70年）起改爲中英對照版。

全書依內容分爲四編：

第一編製造業。包括：1.製造產品索引，依產品英文字母順序排；2.製造產品分類索引；3.製造廠商名稱索引，依廠商名稱筆劃排；4.製造廠商名錄，按中華民國商品標準分類法排。

第二編進出口業。包括：1.進出口商品分類索引；2.進出口商名稱索引；3.進出口商名錄。

第三編服務業。包括：1.一般工商服務；2.航空公司；3.空運、船運及陸運；4.貨櫃、倉儲及報關；5.保險；6.旅館；7.廣告；8.旅行社等。

第四編附錄。包括：1.工商業同業公會；2.中華民國對外貿易發展協會及遠東貿易服務中心駐海外單位；3.臺灣地名英漢對照表；4.1900至1999年月曆換算表；5.國際時刻對照表等。

廠商部分共收一萬五千家，各廠家注明：中英文名稱、地址、電話、電報交換、產品、郵政信箱、成立日期、員工人數、資本額、來往銀行、負責人姓名、商標、分支代銷機構。如爲外銷績優廠商產品，均予注明。

本書據七十年該中心調查所得編成，對於不良紀錄的廠商，不予刊登。

本書自創刊以來，在編排與體例方面，均有小幅度的改進。

華商名錄（Chinse Traders Directory）

世界華商貿易會聯絡處編　民55至　年　臺北　雙年刊

民國五十七年版，收列華商單位二千五十八家，分布六十九國及

地區。按華商營業性質分爲十二類。即：1.貿易商、批發商、進出口商；2.生產事業；3.航運交通業；4.旅運服務業；5.金融保險業；6.公證業；7.建築建材業；8.旅餐館業；9.旅遊業；10.房地產業；11.百貨雜貨業；12.其他。編排方式：係以地區爲單元編列，再依事業單位首字筆劃多寡爲序。並爲便於檢查參閱，特編訂索引三種：1.地區別；2.事業類別；3.華商事業負責人。

臺灣企業指南 1976—1977

臺灣企業指南公司出版部編 民65年 臺北 該公司 763面 4版

分四個主要部分：

第一部份：產品與服務分類索引。

每一種產品或服務，均編有兩組號碼。第一組號碼代表該產品或服務的工業類別，第二組號碼代表其所屬的次要工業類別。

第二部份：產品與服務分類

這一部份是用電腦把各公司的產品或服務有系統地分類，在每一張圖表的左邊是供應該類產品或服務的公司。這些公司是按照英文字母順序排列的。

圖表裡有六種符號表示各公司的性質。以下就是這六種符號代表的意義：

　　• ＝製造商或直接提供服務者

　　▲ ＝在臺灣沒有自設工廠的製造商

　　△ ＝批發商或間接提供服務者

　　○ ＝分銷商或代理商

　　E ＝出口商

　　I ＝進口商

P 則表示該公司在第四（公司資料）部份中，除了基本資料外，更詳

細的介紹其業務性質和其他資料者。

第三部份：中英文公司名稱索引

讀者可以根據公司的中文名稱迅速查到英文名稱，然後在第四部份查該公司的詳細資料。

第四部份：公司資料

這一部份刊載在臺灣註冊的九千家公司行號的資料。這些公司是按照英文字母順序排列的。

簡介其使用法如下：

1.翻開產品與服務的分類索引，查出你要查的產品或服務的分類號碼。例如你要查「編帶」這一類產品，你可以在英文的分類索引中查出其兩組號碼是23—48。第一組號碼（23）表示該產品是屬於編號為23的主要工業類別，即紡織工業裏。而第二組號碼（48）則表示該產品是屬於紡織工業編號為48的「各類編帶」。

2.然後翻開第二部份（產品與服務分類），找到紡織工業（23）這一主要工業類別，再翻到23—48這一次要工業類別的分類。你可以找到供應這類產品或服務的公司。

3.當其中某些公司引起你的興趣時，請翻到第四部份（公司資料），你就可以找到這些公司更詳細的資料。這些公司是按照英文字母順序編排的。

臺灣貿易要覽 1975—1976

　　臺北市進出口商業同業公會編　民65年　臺北　該會　791面

內容分三部份：1.臺灣對外貿易概況，由國立政治大學國際貿易研究所撰寫，分對外貿易與經濟發展、出口、進口、進出口作業程序等文；2.會員名錄，會員商號按貨品分類索引次序排列，另有中英文會員名錄；3.附錄，包括：中華民國駐外各地使領館、中華民國駐外商業單位及代表、各國駐華使領館、本國及外國銀行、信託投資公司

等的地址。

臺閩地區公司名錄（中華民國66—67年版）

中華民國臺閩地區公司名錄編輯委員會編 民66年 臺北 全民
出版事業公司 5冊 (8596面)

收編近十萬家臺閩地區的公司行號。按其經營的性質，分為十
類：農林漁牧及狩獵業、礦業及土石採取業、製造業、水電煤氣業、
營建業、貿易及國內商業、運輸倉儲及通訊業、金融不動產及商品經
紀業、文化及其他服務業、其他。每家公司記載其名稱、負責人、核
准日期、營業項目。

檢查本書，可先利用筆劃、地區、行業三種索引。

國內出版很多工商名錄，以本書蒐羅最為繁富。

績優外銷工廠名錄（中華民國67年版）

中華民國績優外銷工廠名錄編輯委員會編 民67年 臺北 全民
出版事業公司 1冊

坊間出版的工商名錄，多偏重於公司行號的資料，或將公司行號
與生產工廠混合併列。本書是純「生產者的工廠名錄」，且都有外銷
實績，無退貨或交貨延誤紀錄的。

全書分為十二類：食品飲料、紡織及服飾、木竹籐柳製品、紙及
紙製品、化學工業、非鐵金石礦產物製品、基本金屬、金屬製品、機
械業、電器機械器材、運輸工具、其他製造業等。每一廠商注明：中
英文名稱、負責人姓名、資本額、員工、地址、電話、外銷產品名稱
等。書前有產品名稱、中文工廠名稱、英文工廠名稱等三種索引。

另附有經濟部表揚近三年來每年外銷均超過百萬美元的績優廠商
名冊（含貿易商），及有關貿易的參考資料數種，如：工商同業公
會、駐外商務貿易據點、國際時刻對照表、我國主要經濟指標等。

中華民國七十年外銷績優廠商名錄

經濟部編　民71年　臺北　該部　1034面

著錄七十年外銷金額在一百萬美元以上的廠商。分爲：超過一億美元、五千萬美元、一千萬美元、五百萬美元、一百萬美元等。書後有廠商中英文索引及產品索引。

中華民國資訊廠商名錄

姚正聲　江東益　李琇瑕等合編　民71年　臺北　經濟日報社　16,212面

收資訊廠商二百一十餘家。每一廠家介紹的內容有：地址、電話、負責人（包括董事長、總經理、副總經理、業務經理）、公司簡介（包括成立時間、經營簡史、工作人員的學經歷、目前營業狀況）、營業項目等。依廠商名稱筆劃排列。

書後附廠商分類索引。將廠商分爲十四類，如電腦設備代理與經銷、國產電腦系統、中文電腦及端末機系統、電腦圖形及測試系統、軟體服務、微縮影設備及器材、電腦學習機構及發展系統、電腦週邊設備等。讀者使用本書可先查此索引。

科學儀器廠商名錄

李華光編輯　民71年　新竹　行政院國科會精密儀器發展中心　401面

本書共五篇：第一篇國產儀器製造廠，包括兩部分：1.製造廠名錄，依廠商名稱筆劃排，接着列舉該公司的資料，如公司中英文名稱、地址、電話、創立年代、資本額、員工人數、主要產品等；2.國產儀器分類，把產品分爲：化學分析儀器、光學儀器、材料試驗儀器、量測儀器、電子儀器、實驗室與教學設備、醫療儀器與設備等八類。第二篇儀器代理商名錄，依各代理商名稱筆劃排，每一代理商列有中英文名稱、地址、電話、信箱號碼等。第三篇國外儀器製造廠名錄，按各廠家名稱的英文字母順序排，列有地址及在臺代理商代號。

第四篇國外儀器分類，將國外儀器按英文字母順序排，在儀器名稱之下列出生產此一儀器的廠家及該製造商在臺代理商之代號。第五篇附錄，有三種：1.國產儀器製造廠中文名稱索引；2.儀器代理商中文名稱索引；3.儀器代理商英文名稱索引。

使用方法：已知儀器名稱，要查國產儀器製造廠。則先查第一篇「國產儀器分類」，找到該類儀器刊登頁碼後，查得製造商的代號，再按代號利用「製造廠名錄」，即可找到廠家的詳細資料。如已知國產儀器製造廠家名稱，擬查其詳細資料；或已知代理商英文名稱，擬查代理商資料，則可查附錄的中英文索引。

中華民國儀器製造廠名錄

楊縣豐編　民71年　新竹　行政院國科會精密儀器發展中心
102面

收編國內儀器製造廠商一百二十五家。每一廠家介紹的基本項目，有廠址、電話、創立年代、資本額、負責人、員工人數、主要產品等。有的廠家提供較詳細的資料，如公司組織、經營歷史、產品內外銷狀況等。各廠家的排列，依廠名筆劃為序。這一部分較具參考價值。

另有二部分，一是按廠家性質，一是按儀器性質，各分為八類，如分為化學分析儀器、光學儀器、材料試驗儀器、量測儀器、電學儀器等。這部分可供儀器採購人員參考。

工業器材採購指南

鄭明哲主編　民69至　年　臺北　亞洲專業出版社

報導製造工業用品的廠商及其產品。創刊於六十九年，半年刊，已出版五期，每期內容大同小異。內容分五類：1.工業機械，包括：工作母機、金屬機械、加工機械、電工機械、輸送機械、印刷機械等；2.工業設備，包括：鑄造模具、鍋爐熔爐、焊接熔接、空調照

明、資訊電腦等；3.工業器具，包括：度量衡器、電氣工具、消防防護等；4.工業材料，包括：機械五金、電子零件、油料塗料等；5.工業服務，包括：技術服務、公害防治、商標顧問等。

廠商注明負責人、地址、電話及產品。依廠商名稱筆劃排列。

臺灣地區各業工廠名錄

經濟部工廠校正調查聯繫小組編　民70年　臺北　該小組　6冊

經濟部爲加強輔導工作，每年舉辦工廠校正調查一次，並將接受校正的工廠名單彙編成書，予以刊行。

本書把工廠依中華民國行業分類標準分爲二十類，每業再按各工廠所在地區順序排列。各工廠著錄的款目有：廠名、廠址、代表人、電話、登記資本額、使用動力馬力數、員工人數、主要產品名稱等。

全書共分六冊：

第一冊包括：食品製造業、飲料及菸草製造業。

第二冊包括：紡織業、成衣及服飾品製造業、皮革、毛皮及其製品製造業。

第三冊包括：造紙、紙製品及印刷出版業、化學材料製造業、化學製品製造業、塑膠製品製造業。

第四冊包括：金屬基本工業、金屬製品製造業。

第五冊包括：機械設備製造修配業、電力及電子機械器材製造修配業、運輸工具製造修配業等。

第六冊包括：木竹製品及非金屬家具製造業、非金屬礦物製造業、雜項工業製品製造業。

臺灣進口商名錄 (Taiwan Importers Directory)

慶宜文化事業公司編　民71年　臺北　該公司　377面　再版

以英文介紹國內五千家進口商的產品資料。內容分二部分：第一部分列舉進口產品，產品項下列各進口公司名稱，兩者均按英文字母

順序排列。第二部分為進口商名錄，依中文筆劃排列；各進口商的資料，包括：公司名稱、地址、電話、郵政信箱號碼、來往銀行、資本額、經理姓名、重要進口產品名稱等。

國內此種工商名錄，均編有附錄，收集與該業務有關的政府機關、工商業同業公會、我國駐國外各地領事館及商業單位的地址等。此等資料，具有參考價值，希望本書再版時能注意及此。

中華民國工業產品指南(A Guide to Republic of China Products)

全國萬國出版公司編　民71年　臺北　該公司　1019面　5版

以英文介紹國內工業產品。全書分三部分：1.把工業產品，分成二百零九類，依產品的英文字母順序排，產品項下列出廠商的英文名稱；2.商標索引，依英文字母順序排；3.廠商分類，按前述第一部分的順序排列，列舉廠商下列資料：公司名稱、地址、電話、電報、員工數、來往銀行名稱、經理及業務單位負責人姓名、產品介紹等。如為優良廠商，另用中文注明公司名稱、產品、地址及負責人姓名、商標等。

書後附航空海運、航空公司、銀行、保險、旅館及旅行社等地址資料。

中華民國最大民營企業　七十一年版

中華徵信所編　民71年　臺北　該所　160面

提供國內一千三百餘家公民營製造業與非製造業的營運財務資料，並略述近十年來國內工業成長的概況。

全書主要內容有下列各項：

1.近十年工業成長總分析：包括中華民國最大民營企業取決點之成長比較、總營收淨額及總純益的成長比較、總資產及總淨值的成長比較、總員工人數及平均每人銷貨額比較等。

2.民國七十年全國最大五百家民營製造業排名表。先列排名及公

司名稱（中英文），次列營收淨額、資產總額及排名、稅前純益及排名、淨值及排名、員工總數及排名、純利率、淨值報酬率、資產報酬率、營收成長率、負債比率等。

　　3.第五〇一名至九九六名民營製造業營收淨額排名。

　　4.公民營企業混合排名表，收四百家，列排名、公司名稱及營收淨額。

　　5.所有列名企業之中英文索引，包括排名、公司名稱、地址、電話、董事長、總經理、資本額、主要產品。

臺北市工廠名冊

　　臺北市政府建設局編　民71年　臺北　該局　689面

　　收錄臺北市登記有案的工廠五八四〇家，較六十八年版，增加近千家。按登記順序、行政區別、行業類別及筆劃順序編排。每家工廠著錄的項目，有：廠名、廠址、代表人、資本額、廠地面積、廠房面積、電力、男女員工數、主要產品等。

中華民國金屬及機械工業廠家名錄　1980/1981

　　齊世基主編　陳定國等編　民70年　高雄　工業技術研究院金屬工業研究所　1冊

　　收錄國內金屬機械製造廠家五千六百家，介紹廠家及產品，供海內外採購者參考。

　　全書共分七篇：

　　1.產品分類　按產品性質，參照「中華民國商品標準分類」，區分為七十三大類，四百九十九小類，一千五百九十六項。

　　2.產品名稱中文索引　依中文名稱的筆劃及部首順序排列。

　　3.產品名稱英文索引。

　　4.產品指南　按首篇產品分類的順序，分別以中英文載明具有各該項產品供應能力的公司名稱、地址、電話及金屬工業發展中心對該

公司該項產品產製能力的評估等。

　　5.廠商索引　爲該所調查所得的國內金屬產品及機械設備生產者的名稱。依廠商名稱筆劃順序排列，載有廠商名稱、公司地址、電話、電報、工廠地址、電話、負責人、登記資本額、創立日期、工廠動力數及主要產品等資料。

　　6.產品型錄　選傑出製造廠家共一六四家，依廠商名稱筆劃排，每家用彩色圖片介紹其產品並列出產品的詳細規範。

　　7.附錄　收錄與工商界有關的政府機關及團體的名稱、地址、電話、負責人等。

　　民國七十一年出版增訂版，書名「中華民國金屬及機械工業廠家名錄1982年增補版」，就廠商資料有出入的部分，加以訂正，並收錄各類金屬機械品的代表性製造廠家之最新型錄一九四張。

建築專業電話號碼簿

　　鄭明哲編　民63至　年　臺北　亞洲建築專業出版社

　　蒐集建築相關行業，近萬家。分爲四大類，卽：建築工程、建築材料、建築設備、建築服務。每類再酌予細分。共分四十二小類。如建築工程細分爲：建築師、建設公司、營造工程、土木包工業、水電工程、玻璃工程、瓦斯配管工程等。建築服務細分爲：晒圖、複印、印刷、代書服務等。

　　各行業著錄名稱、地址、負責人姓名及電話。

全國公司電話簿

　　中華民國公司名錄編輯委員會編　民67年　臺北　全民出版事業公司　202面

　　以全國登記有案的公司組織爲對象，凡借用電話、不予收錄。排列以公司筆劃爲序。

臺灣圖書教育用品同業名鑑

臺灣省圖書教育用品商業同業公會聯合會編　民65年　臺南　該會　354面

臺灣省公營廠礦名冊

臺灣省建設廳編　民39年　臺北　該廳　1冊

臺北市公司行號名錄

臺北市商會編　民40年　臺北　該會　1冊

臺灣南部工商行名錄

臺灣南部工商行名錄出版所編　民42年　1冊

臺灣官廳社團商工名錄

中國聯合文化服務社編　民42年　臺北　該社　647面

臺灣省食品工商界名鑑

林志華編　民51年　臺北　中外文獻出版社　160面

臺灣省服裝百貨布業針車工商界綜合名鑑

林志華編　民52年　臺北　中外文獻出版社　197面

臺灣省公民營公司名錄

臺灣省建設廳編　民54年　南投縣　該廳　2冊

美、加、德、東南亞、大洋洲十八國市場暨進口商名錄

高景炎編　民58年　臺北　編者　286面

歐洲中東廿一國市場暨進口商名錄

高景炎編　民58年　臺北　臺灣徵信雜誌社　189面

臺灣省中部地區工商寶鑑

臺中市商業會編　民65年　臺北　該會　907面

中華民國包裝廠商分類目錄

中華民國工業設計及包裝中心包裝組編　民65年　臺北　該中心　466面

中華民國工商年鑑（民國五十八年）

中華民國工商年鑑編輯委員會編 民60年 臺北 中華民國工商協進會 2冊 (1952面)

臺灣企業集團彙編

中華徵信所編 民60年 臺北 該所 1冊 活頁本

本書收企業集團五十一單位，包括企業三百八十家及工商人士一千五百餘人。

世界工商名錄 1972—1973

謝明恭等編 民61年 臺北 國貿出版社 18,1241面

中華民國貿易商名錄

臺灣省進出口商業同業公會聯合會編 民62年 臺北 該會 744面

分進出口商及製造商兩部份。

中華民國貿易廠商名錄

姚正聲編 民70年 臺北 經濟日報社 120面

中華民國工商年鑑 六十五年度

中國工商服務中心工商實務雜誌社編 民65年 臺北 該社 2冊

民國60年版分臺灣省臺北市兩種版本，民國61年改出合訂本，民國63及65年又分開兩版。

中華民國工商寶鑑

一聯工商服務中心編 民66年 臺北 新力出版社 1474面

中華民國各級商業團體名錄

中華民國全國商業總會編 民66年 臺北 該會 58,681面

中華民國工商企業指南

英文臺灣企業雜誌社編 民71年 臺北 東興文化出版社 1020面

建築材料製造業名錄

　　王榮吉編　民70年　臺北　臺灣省建築材料商業同業公會　218面

釣具廠商名錄

　　釣魚雜誌社編　民70年　臺北　該社　232面

中華民國海外通滙銀行名錄

　　中華民國對外貿易發展協會編　民63年　臺北　該會　63面

金融機構一覽

　　中央銀行金融業務檢查處編　民65年　臺北　該處　318面

臺灣佛教寺院庵堂總錄

　　朱其昌主編　民66年　臺北　佛光出版社　560面

臺灣寺廟大全

　　林衡道編　民63年　臺北　青文出版社　380面

臺灣寺廟概覽

　　陳　澤編　民67年　臺中　臺灣省文獻委員會　628面

臺灣地區觀光旅館

　　交通部觀光事業局編　民60年　臺北　該局　240面

手　　册

　　手册英文稱爲Handbooks，有時與便覽（Manuals），被認爲是同義字。美國圖書館協會術語名詞字典，把手册解釋爲一種便覽。事實上兩者略有差別。手册是蒐集某一主題，或學科有關的旣成知識，或旣成資料，有系統地彙編在一起。以便參考人員迅速答覆讀者有關事實性的問題，同時也可供某種專業人員參考之用。便覽所强調的是教人如何做。如圖書館工作便覽，卽介紹圖書館的工作程序及各種規則，俾便館員工作有所遵循。

國內近年來出版很多適合各階層及各種職業參考的手冊。如有可供學術研究用的「歷史學手冊」「研究報告寫作手冊」，另有可供科學技術用的「中國工程師手冊」，又有可供教育人員用的「訓導手冊」「最新導師手冊」，也有可供農民用的「農友手冊」「農作物病蟲害防治手冊」等。

手冊在圖書館的參考資料中，地位日趨重要。但是有些圖書館對於手冊的處理，都當做普通圖書編目，參考室的書架上，很少陳列手冊。希望能加强這方面的收藏，以廣應用。

本書收手冊九十八種，其中有內容摘要的佔二十九種，列入簡目者六十九種，略照「中國圖書分類法」排列，性質相同的，依出版年代爲序。

研究報告寫作手冊

　　曹俊漢編撰　民67年　臺北　聯經出版事業公司　310面

國內學生撰寫研究報告，最感困難的是不知如何決定題目與蒐集資料，尤其是不知如何利用期刊學報上的論文資料；其次，不能掌握一篇研究報告的基本格式，諸如如何註釋，徵引等。

內容包括兩個單元，卽針對上述兩個難題而爲。第一單元爲：研究報告寫作的技巧，分七章：對研究報告的基本認識、選擇一般性主題、確定具體題目的技巧、蒐集資料、製作資料卡等；第二單元爲研究報告寫作的格式，分十三章：研究報告的結構、數字與省略字使用的規則、引文、注釋、書目、注釋與書目並列範例比較說明、圖表製作規則、提出論文報告注意事項等。

怎樣撰寫學術論文

　　張春興撰　收在怎樣突破讀書的困境頁207—267，民國71年，東華書局印行。

此文專爲研究生提供論文寫作的基本觀念，主要內容有：1.學術

論文與學術研究的關係；2.如何選擇理想的題目；3.學術論文的一般
形貌；4.論文主體部分的寫法；5.學術論文的撰寫體例（如引證注釋
的寫法，參考書目的寫法等）。本書另有二文：王振鵠師及宋建成撰
怎樣利用圖書館，五位博碩士關於「怎樣寫讀書報告」的座談會紀
錄，亦可供蒐集寫作資料及大學生撰寫研究報告的參考。

　　與本書內容相同的專書或論文，近年頗有出版，較重要者，還有
宋楚瑜編撰學術論文規範，民國六十六年由正中書局印行。上述二書
都是以美國 Kate L. Turabian 編著的大學論文研究報告寫作指導(
Student's Guide for Writing College Papers) 爲藍本，該書馬
凱南已譯成中文，民國六十六年由黎明文化事業公司印行，林慶彰
撰有書評，刊登書評書目第九十期，民國六十九年十月，頁二十五至
三十一。又宋楚瑜另編如何寫學術論文，近由三民書局印行，共二
三八面。

學術工作與論文
　　房志榮　沈宣仁合編　民61年　臺北　現代學苑月刊社　51面
論文研究方法寫作格式
　　文致出版社編　民63年　臺北　該社　81面
研究論文寫作方法——其格式・內容與整理程序
　　方瑞民撰　民65年　臺北　撰者　227面
論文寫作研究
　　段家鋒　孫正豐　張世賢等編　民72年　臺北　三民書局
應用文
　　張仁青編撰　成惕軒校訂　民69年　臺北　文史哲出版社　16，
923面　四版

　　據著者在大學講授應用文教材編撰而成。

　　全書分十二章，首章爲導言，敍述應用文的界說、由來、種類、

特質、寫作要點等。自第二章至十二章分別敍述十一種應用文的意義、種類、作法、應用範例等。這十一種應用文的名稱是：公文、書牘、柬帖、便條、名片、慶賀文、祭弔文、對聯、題辭、契約、規章、啓事廣告。

　　坊間的應用文，率多擧例而無注解，即有注解亦多簡略，本書不僅所擧範例特多，且均作詳細詮釋。各項範例如公文、柬帖、啓事廣告等也多照報章、雜誌、公報或廣告上所載的款式排印，重要部分，且加套色。「實用書牘」一章的術語，如稱謂、提稱語、開頭應酬語、濶別語、疏候祝福語等，列表分欄編排，條目清晰，有說明，加解釋。此外，本書對於婦女酬酢之作，也加兼顧，所擧範例，足敷婦女應世之用。

　　第二章「公文」之後附錄三種：行政機關公文處理手册、民國二十年至六十四年高普特考公文全部試題及民國六十五年至六十八年高普特考公文試題解答等，頗富實用與參考價值。

新聞業務手册

　　臺灣省政府新聞處編　民64年　臺中　該處　182面

　　內容分下列九部份：1.出版法規；2.著作權法規及其他；3.國家總動員法及其他有關法令規定；4.出版法令的解釋（包括：設立登記、變更登記、註銷登記、出版品發行人編輯人的適任範圍、處理登記案件應注意事項）；5.報社、通訊社、雜誌社、出版業、唱片及錄音帶業、連環圖畫及資料社應注意事項；6.違法出版品的處理；7.新聞機構輔導及優待；8.新聞文化事業組織章程。附錄：中國新聞記者信條。

臺灣天主敎手册（Taiwan Catholic Directory）

　　同同（Bonaventura Tung O. F. M.）編　民59年　臺北天主敎務協進委員會　534面

全書中英對照，分臺北總敎區、新竹敎區、臺中敎區、嘉義敎區、臺南敎區、高雄敎區、花蓮敎區。附錄金馬宗座署理區及人名、修會索引。各敎堂列其地址、電話、本堂神父。各敎區則說明其成立年月、管轄區域。對於敎宗、樞機及各主敎，則依次簡介其生平。

佛學入門手册

　　馬來西亞佛敎總會編　民65年　臺北　佛敎出版社　**242**面

數學手册

　　史皮格 (Spiegel, Murra R.) 撰　楊維哲譯　民68年　臺北
正中書局　306面

　　據 Mathematical Handbook 編譯而成。收編四十一種公式與五十七種表，僅限於常用者爲限，內容包含高中的代數、幾何、三角、解析幾何、微積分及微分方程、向量分析等。是針對理工農醫商諸學科的大專學生而編的。

　　書後有中英文索引。中文索引按國音排。

實用數學手册

　　布朗斯坦 (Bronstein, I.) 西曼雅也夫 (Semendjew, K.) 合
撰　繆龍驥譯　民62年　臺北　徐氏基金會　**711**面

醫師手册

　　蔡坤喜等編譯　民69年　臺北　新陸書局　608面

　　據 Physicians Handbook 一書的第十八版，並參考若干中文資料編輯而成，俾符合國內醫學院學生及醫師應用。中文專有名詞之譯名係根據道氏醫學大辭典及高氏醫學辭典。

　　全書分三十三章，如：急診檢查、病歷獲取和物理治療診斷概論、心動電流描記術──心電圖、單純的實驗診斷步驟、肝功能實驗、細菌學的檢查、血清學的診斷方法、毒物與毒素、診斷和治療步驟之選擇等。

附錄：染色方法、理想體重表、小孩的平均身高和體重等。書後
有英文索引。

現代護理手冊

張秀平 蔡孟君合撰 民70年 臺北 新陸書局 654面

據現代護理新知和我國現況需要編輯而成。全書分九篇，篇下又
細分章節。九篇爲：護理技術、內外科護理學、產科護理學、小兒科
護理學、神經精神科護理學、營養學、家庭訪視、醫院護理之一般常
規、藥物學。

附有國際護理法典草案、關於醫學之有關符號等。

中國草藥手冊

中國生草藥研究發展中心編 民65年 臺北 宏業書局 1040面

選載中國草藥四百種，並附類似品種四十種。每一種草藥，均說
明其別名、識別特徵、生長環境、採集加工、性味功能、主治用法，
附圖注明藥物的科屬。

書後附六十六種農村常見疾病及防治處方三百三十三條。另附有
正名、別名索引，按筆劃排列。

葛田氏藥理手冊

吳東龍編譯 民60年 臺南 供學出版社 697面

食物營養手冊

鄭美瑛編 民60年 臺北 正中書局 60面

保健物理手冊

鄭振華主編 王哲成編譯 民63年 臺北 行政院原子能委員會
341面

最新內科治療手冊

李仁智等譯 民65年 臺北 杏文出版社 1冊

中醫師臨床手冊

馬康慈編　民65年　臺北　臺灣時代書局　該公司　1冊

世界最新醫療儀器手冊

胡潤生編譯　民68年　臺北　編譯者　675面

日用藥品手冊

王　一編　民70年　臺北　建宏書局　1258面

常用藥品手冊

蔡靖彥編　民70年　嘉義　杏欣出版社　1062面　增訂版

痳醉學手冊

張北葉　林肇堂合譯　民70年　臺北　合記圖書出版社　590面

醫用縮寫手冊

王茂才譯　民71年　臺北　茂昌圖書公司　170面

國民急救手冊

沈思明撰　民68年　臺北　星光出版社　444面

婦幼保健手冊

徐千田編　民70年　臺北　建宏書局　373面

婦女手冊

中國電視週刊社編　民62年　臺北　該社　530面

臺灣農家要覽

行政院農家要覽策劃委員會編　民69年　臺北　豐年社　2675面

以臺灣農家及農業基層推廣人員爲對象，蒐集農業應用性專門知識編輯而成。全書分成十七部門：農業資源、農場經營、農產運銷、土壤肥料、糧食作物、特用作物、園藝作物、林業、水土保持、農田水利、植物保護、畜牧獸醫、漁業、農產品處理及加工、農業機械、農村環境及衛生等。介紹文字通俗易解，是一部適合農民隨時查閱的手冊。

農業手冊

彭品光主編　民64年　臺北　中華日報社　1244面

全書八十萬言，共分生產指導、生產獎勵、農民組織、農業法令及附錄等五大編。各編再加細分，如生產指導細分爲十六小類：糧食作物、特用作物、種子、土壤肥料………。有些小類再酌分子目，如養殖漁業分吳郭魚養殖、鰻魚養殖、斑節蝦養殖、文蛤養殖等四子目。全書共分一百十二子目。

附錄有：六十四年日曆節氣表、臺灣各地日出日沒時刻表、中外度量衡換算表、百歲年齡生相對照表等，也都相當實用。

農作物病蟲害防治手冊

林豪光編　民66年　臺北　編者　28,604面

主要介紹經濟部核發的四千二百多種農藥的名稱、使用範圍、登記許可證的號碼、農藥廠商名稱等。

除外，另設專章討論農作物病蟲害防治方法。爲使用方便起見，並編有多種農藥中英文名稱、藥廠的索引，均按英文字母順序或筆劃排列。

與本書性質相同的手冊，還有農業圖書供應社出版的植物保護手冊，共一六二面，內容有：水稻病害、雜糧病害、疏菜病害、甘蔗病害、果樹病害等，所用藥劑名稱、施藥量、施藥時間及次數等。

中國工程師手冊　基本類

中國工程師學會編　民60年　臺北　頁數不等　增訂版民國52年初版。

爲基本、土木、水利、電機、機械、化工、鑛冶及紡織八種手冊的第一部。分十四篇：算表、數學、換算表、應用力學、材料力學、流體力學、熱力學、電磁學、光學、聲學、化學、金屬材料、非金屬材料、工業工程與管理及電子計算機。末爲索引。

第二部中國工程師手冊土木類於六十五年出版，共三冊。內容分

二十二篇，如：測量、土壤力學、混凝土及污土、公路、鐵路、飛機場、自來水工程、下水道工程、隧道、房屋建築、施工規劃等。

該會另於民國五十七年出版袖珍工程手册，分總類、交通工程、土木建築市政工程、水利工程、機械工程、電機電力工程、電子電信工程、化學工程、鑛冶工程、造船工程等。

石油工業手册

中國石油有限公司石油工業手册編校委員會編　民43年　臺北中國石油有限公司　970面

以介紹石油工業的一般情形，以及工業各階段技術爲目的。包括石油工業有關各方關，除了技術部門外，對於石油工業的規範、名詞、術語，以及世界石油工業的概況，均予編入。附錄有：1.石油工業名詞；2.石油工業應用語彙；3.中國石油事業概況。名詞的釐訂，以意譯爲主，有關化工、機械方面的，參照教育部公佈的化學命名原則、化學工程名詞，及其他各種標準名詞；關於探勘方面的，參照三十七年石油公司出版的探油工程中英名詞。

成本會計及管理會計手册

陳振銑主編　王量　巫永森等編輯　民70年　臺北　中華企業管理發展中心　3冊（1992面）

滙集會計人員及企業管理人士經常需要參考的文獻資料編輯而成。全書分十四篇七十五章。十四篇爲：1.成本會計之背景及其觀念；2.產品成本之計算；3.製造業成本會計制度；4.成本控制與成本抑減；5.其他經濟活動之成本會計；6.管理會計；7.損益兩平分析；8.利潤規劃；9.供管理決策用之資訊；10.責任中心；11.績效評估；12.管理會計技術；13.成本會計與管理會計之新趨向及其所面臨的挑戰；14.其他經濟活動之管理會計。

書後附「名詞彙編」，收成本會計及管理會計名詞二百六十二

條,依英文字母順序排列,釋文後注明該名詞出現於本書的第幾章。

糖業手冊

　　臺灣糖業公司　民68年　臺北　該公司　2436面

工程師手冊

　　楊　廉譯　民61年　臺北　徐氏基金會　272面

實用工程手冊

　　臺灣時代書局編　民64年　臺北　該書局　1冊

都市計劃手冊

　　臺北市都市計劃委員會編　民60年　臺北　該會　268面

無線電技術手冊

　　俞祖祿編　民59年　臺北　中國電視工程公司　516面

電晶體技術手冊

　　俞祖祿編　民59年　臺北　中國電視工程公司　614面

黑白電視檢修手冊

　　修廷壁編譯　民61年　臺北　大中國圖書公司　277面

彩色電視機檢修手冊

　　修廷壁編譯　民62年　臺北　大中國圖書公司　145面

機械技術手冊

　　張之鈐編　民64年　臺南　北一出版社　515面

機械公式實用手冊

　　張澤厚編　民68年　臺北　徐氏基金會　355面

鑄造工程手冊

　　王念光編譯　民63年　臺北　徐氏基金會　255面

住宅修理手冊

　　王崑山譯　民59年　臺北　徐氏基金會　363面

防洪工程設計手冊

中國水利工程學會編　民58年　臺北　該會　448面

雙手萬能手冊

楊　光編譯　民66年　臺北　牧童出版社　266面

機械設計手冊

翁通楹等編譯　民72年　臺北　高立圖書公司　已出上冊

據日人兼重寬九郎等著「新版機械設計便覽」編譯。

金工手冊

夏遠香譯　民68年　臺北　徐氏基金會　232面

塗料油漆手冊

塗料油漆手冊編輯委員編　民69年　臺北　臺灣區塗料油漆同業公會　712面

每種油漆注明：適用範圍、品質（又分容器內狀態、施工性、塗膜狀態、黏度、水分、閃點等）、成分、檢驗。

會計實務手冊

張人偉編　民48年　臺北　主計月報社代售　2冊

會計工作手冊

洪月琴撰　民61年　臺北　五洲出版社　152面

青年升學就業手冊

行政院青年輔導委員會等編　民62年　臺北　該會　1冊

編輯宗旨，在於使國中、高中、高職學生，能夠瞭解升學與就業有關的理論與資料，作爲輔導青年升學就業的依據。

內容分爲五部份：1.青年升學就業應有的基本認識；2.國中學生的升學與就業；3.高中高職學生的升學與就業；4.大專學生的進修與就業；5.附錄：包括高中、高職及大專院校最近數年招生報名人數及錄取人數統計表。

中國紀念節日手冊

孫鎮東編撰　民71年　臺北　張慶煌　496面　增訂本

　　民國五十七年初版，書名爲「紀念節日手册」，六十九年再版，書名爲「新編紀念節日手册」。

　　收編紀念節日九十四種，包括國定紀念日及一般節日。按照日期順序排列。其僅有陰曆月日者，編在各該月陽曆月底之後；僅注明某星期幾而無日期者，則按照日期推算，排在適當的位置。例如母親節，爲五月第二個星期日，則排在五月七日之後。同一天有兩個以上節日者，以核定先後爲序。

　　每一節日先記其略史，再述及紀念辦法，最後列文獻及參考資料，多半爲機關首長或學者名流的講詞。

　　書前有前言、特載（如國旗、國歌、國花的歷史），書後附有明令合併舉行的節日或內政部已頒布停止紀念的節日，共四十五種。

國民生活手册

中華文化復興運動推行委員會編　民56年　臺北　該會　126面

職業秘書手册

Luck, M. S.著　何翠英　洪麗娟合譯　民65年　臺北　見聞文化事業公司　399面

中華民國女童軍服務員手册

女童軍雙月刊社編　民61年　臺北　女童軍臺灣省分會　184面（女童軍雙月刊叢書4）

訓導手册

教育部訓育委員會編　民60年　臺北　該會　310面

　　原稱：訓育綱要，民國四十一年刊行，民國五十三年刊行時易名爲訓導手册，收錄訓導法令五十六種，附錄有關訓育的中小學課程標準八種。民國六十年版收錄教育部歷年頒發有關各級學校訓導工作的綱要、大綱、條例、細則、辦法、規程、通令等，共一百三十七種。

最新導師手冊

　　趙棻輔編撰　民65年　臺北　羣育出版社　440面

　　著者自序中說：「現在一般的訓導書籍，大都是理論多，而缺乏實際具體可行法則，對一般身臨其境的導師來說，實有隔鞋抓癢之感。」因此，本書所述的都是實際問題，這是著者多年擔任導師和訓導工作的實際經驗。

　　分九章一二八節。九章名稱如下：1.教師的任務及修養；2.青少年學生的生理及心理衛生；3.教學方法；4.指導工作輔導；5.訓導工作及各項計劃；6.問題學生的輔導方法；7.各項活動的輔導計劃；8.趣味生動教學及訓導參考資料；9.有關訓導及教師須知法令規章。

師範手冊

　　莊秀貞主編　民67年　國立臺灣師範大學六十七年級畢業生聯誼會　413面

　　創編於民國66年，目的在使每一位師範大學應屆結業學生，能認識和瞭解有關中等教育的種種法令規章，以為日後教學和行政上的依據。本書據六十六年版，再參照最新教育法令，予以增減，重新編成。

　　內容以中華民國教育宗旨及其實施方針，和中華民國憲法第十三章第五節教育文化為首，以下共分十部份，計有：基本法規、甄遴任用、敍薪待遇、考核獎懲、差假勤惰、兼（代）課及兼職、退休撫邮保險、福利、深造進修、和其他等十章。第十章含有：臺灣省省縣市暨臺北市中學一覽表、金門地區國民中小學教師申請赴臺服務實施要點、省市國中教師辦理互調注意事項。

　　綜觀其內容，都是較為實際而切身的法令條文。不但是剛踏出校門的師範生，需要人手一冊，也是每一位教師或教育行政人員必備的工具書。

中等學校導師手册

臺灣省教育廳編　民45年　臺北　臺灣書店　1册

國民中學行政人員手册

劉述先編　民57年　臺北　國民中學教師訓練班　252面

國中高中導師實用手册

趙榮輔撰　民72年　臺北　天工書局　558面

貿易手册

經濟部國際貿易局編　民65年　臺北　該局　1册

內容爲介紹我國對外貿易的實務。分下列八篇：貿易機構、貨品分類、輸出、輸入、加工出口區、貿易廠商管理、進出口物資的稽核、國際貿易糾紛的處理。附錄：出口簽證及結匯方式、進口簽證及結匯方式、各外匯指定銀行。

述及某一辦法或某一規定時，只述其要點，未附原文。如本書內容與原辦法或原規定有出入時，以原辦法或原規定爲準。本書有中英文兩種版本。

英制公制換算手册

張　松編　民69年　臺北　正文書局　341面

目前世界通用的度量衡制度，有「萬國公制」及「英制」兩種。前者是大部分國家（包括我國在內）所採用的，後者只限於美國、英國、加拿大、澳大利亞等國。萬國公制長度單位爲公尺，重量單位爲公克，容量單位爲公升。其主要單位和輔助單位之間，都採用十進的方式。英制的長度單位爲碼，重量基本單位爲磅，容量基本單位爲加侖。英制度量衡的主要單位與輔助單位之間頗爲複雜。如一碼分成三英尺，一磅分成十六英兩。不但不容易記，而且換算極爲麻煩。

本書專供英制換算萬國公制之用。全書分成長度單位的換算，面積單位的換算、容積體積單位的換算、質量的換算、單位長度質量的

換算、單位面積質量的換算、單位體積質量的換算、速度的換算、力的換算、力矩的換算等。

附錄：計量單位的數值、公制的名稱、符號及數值。

公司工廠暨營業登記申請大全

蔡宏達編　民71年　臺北　編者　528面　增訂本

公司工廠暨營業登記申請大全

蔡宏達編　民71年　臺北　編者　528面　增訂本

民國六十四年初版。

按公司係以營利爲目的，依公司法登記、組織成立之社團法人。登記是公司成立的基本條件。本書編者蒐集公司、工廠暨營業登記的各種範例、表格及注意事項，供讀者參考使用。

全書分爲六篇：有限公司、股份有限公司、資格印鑑證明申請、查閱抄錄申請、營利事業登記、工廠登記等。書後附參考資料，收錄公司登記有關規章，如有限公司及股份有限公司最低資本額標準、公司登記規費收費準則、公司行號申請登記資本額查核辦法、營利事業登記規則等。

消費手冊

消費手冊編輯委員會編　民65年　臺北　中華日報　〔725〕面

是一部廣大消費者頗爲實用的生活工具書。內容分衣食住行育樂六篇，每篇再酌予細分，如衣部份，細分爲：細說衣料，怎樣選購成衣、穿的藝術、衣服的洗濯和保存、化裝方法等。如住的部分，細分爲：理想房屋的選購與必備常識，購屋置產的基本法律稅務常識、室內設計與家具布置、裝潢材料、家庭電器的選購、瓦斯器具的選購與使用方法等。均偏重於日常生活的知識介紹。

共一百萬言，附彩色照片六十多幀，黑白照片及插圖二百五十幅。

綜合所得稅結算申報指南

邱新登編撰　民71年　中壢　著者　547面

　由於稅務法規繁多，一般納稅義務人不易深入，且目前我國租稅教育尚未普及，是以綜合所得稅申報制度雖施行有年，仍有很多納稅義務人對稅務政令法規與稽核程序缺乏充分瞭解。每年綜合所得稅結算申報期間，政府在有限人力下仍需投以大批人力、物力來推動輔導申報及代填申報書表工作，尤其每逢退稅及補稅作業期間，稽徵機關為納稅人查詢課稅資料及複查案件頗感人力困乏，致影響一般為民服務之正常作業，徵納雙方均感不便。

　編者服務於稅捐稽徵機關，主辦綜合所得稅業務多年，特編輯本書，分八章：綜合所得稅之申報、扣繳、外僑與綜合所得稅、綜合所得稅課稅所得資料之查詢、綜合所得稅違章漏稅之罰則、行政救濟、申報書的填寫方法等。

　書後附有關法規二十種及歷年來財政部等財稅主管機關對綜合所得稅有關之重要解釋函令二百餘則。

工商手冊

　中國工業經濟研究所編　民36年　上海　工商經濟出版社　1217面

商業經營指南

　稽　雲編　民56年　臺北　大聖書局　678面

新國際貿易手冊

　張天寧編撰　民64年　臺南　光田出版社　331面

商業英文信寫作手冊

　方有恆編　民65年　臺北　聯經出版事業公司　271面

船員實用手冊

　中華民國船長公會編　民66年　臺北　該會　470面

勞工保險業務手冊

　　勞工月刊社編　民67年　臺北　該社　**731面**

中華民國專利商標文獻檢索手冊

　　經濟部中央標準局編　民71年　臺北　該局　53面

日本專利商標文獻檢索手冊

　　經濟部中央標準局編　民71年　臺北　該局　68面

行銷管理手冊

　　現代企業經營管理公司編　民70年　臺北　該公司　111面

金融從業人員標準用語暨服務手冊

　　孫昭仁撰　民71年　臺北　著者　139面

國有財產估價手冊

　　財政部國有財產局編　民71年　臺北　該局　3冊

臺北市民手冊

　　臺北市政府新聞處編　民57年　臺北　該處　204面（臺北市政叢書6）

　　凡與市民有密切關係的法令規章，以及辦理各項申請手續，本手冊中均有簡要說明。主要內容，包括：臺北市政府組織系統，一級單位業務職掌，以及民政、財政、建設、教育、工務、社會、警政、衛生、國民住宅、違章建築等部門的主要業務概況。

爲民服務手冊

　　臺灣省政府新聞處編　民72年　臺中　該處　208面

匪情手冊

　　中華民國政治研究所編　民57年　臺北　該所　**494面**

歷史學手冊

　　張存武　陶晉生合編　民65年　臺北　食貨出版社　222面

　　爲治文史工作者，頗爲實用的工具書。全書分六部份：1.研究論文格式，包括哈佛大學論文格式，亞洲研究學報格式；2.史學理論與史學方法的參考書，包括中西文；3.中國朝代及帝系表；4.外國歷史

三、中國朝代及帝系表

夏 以 前

黃帝軒轅氏——少昊金天氏——顓頊高陽氏——帝嚳高辛氏——唐堯——虞舜

夏

(約西元前21世紀～西元前16世紀)

禹——啓——太康——仲康——相——寒浞——少康——杼——槐——芒——泄——不降——扃——厪——孔甲——皋——發——履癸（桀）

```
(1)禹——(2)啓——┬──(3)太康
              └──(4)仲康——(5)相——(6)少康——(7)杼——(8)槐——(9)芒——
┌─────────────────────────────────────────────────────────────┘
(10)泄──┬(11)不降──(14)孔甲──(15)皋──(16)發──(17)桀
        └(12)扃──(13)厪
```

商、殷（盤庚起稱殷）
(約西元前16世紀～西元前11世紀)

湯——外丙——仲壬——太甲——沃丁——太庚——小甲——雍己——太戊——仲丁——外壬——河亶甲——祖乙——祖辛——沃甲——祖丁——南庚——陽甲——盤庚——小辛——小乙——武丁——祖庚——廩辛——庚丁——武乙——太丁——帝乙——帝辛（紂）

年代簡表，附有歐洲主要統治者表（161—1953）；5.中國紀元與公元的換算；6.國史研究工具書簡錄。

活用歷史手冊

　　楊碧川　石文傑合編　民70年　臺北　遠流出版社　491面

國文敎師手冊

　　臺灣中華書局編輯部編　民59年　臺北　該書局　1冊　影印

　　收集下列十三種參考書。前四種講述文字源流及字義字形的辨別。五至八種討論文章體制及作文修辭的事例。第九種則列舉閱讀的書目。十與十一種表列古今文字的音讀。十二與十三種爲綜錄重要歷史人物的事蹟。十三種參考書名如下：1.（清）張行孚撰說文揭原；2.（清）王引之撰經傳釋詞（節要）；3.（清）王言撰連文釋義；4.（清）龍啓瑞撰文字舉隅；5.（梁）任昉等撰文章緣起；6.（宋）陳騤撰文則；7.（金）王若虛撰文辨；8.（清）唐彪撰作文譜；9.梁啓超撰國學入門書目要目及其讀法；10.詩騷古音今讀表；11.國音字母表；12.歷代帝王紀元表；13.歷代名人字號籍貫年壽著述表。

國文手冊

　　王默人撰　民67年　臺北　林白出版社　145面

音樂百科手冊

　　許常惠撰　民58年　臺北　全音樂譜出版社　200面

　　作者爲提高國民音樂興趣，培養基本音樂觀念而寫此書。全書分爲十章：1.音樂與人生；2.音樂修養；3.音樂的哲學；4.如何做音樂家；5.樂理（樂譜的讀法）；6.音樂史；7.關於作品；8.指揮法；9.演奏形式；10.音樂的種類等。

學校體育敎師手冊

　　吳文忠主編　許義雄助編　民70年　臺北　健行文化出版公司　652面　影印

　　原書名「體育教師手冊」，民國三十二年初版，中華書局印行，五十九年增訂，國立臺灣師範大學體育學會印行。

　　編輯目的：供初任體育教師兼理行政或他科教師轉任體育者以爲藍本。內容着重均以實用爲依歸，即多擧具體實例，少做冗長理論探討，並擬定示範方法，俾備用者有定規可循。

　　全書共分十章，二十九節。十章即：1.體育教師的修養；2.各級學校的體育行政設施；3.體育課程及教學；4.體育經費及建築與設備；5.運動競賽的組織與實施；6.體育表演與體育展覽；7.體育行政應用文牘及表格；8.體育研究及進行；9.體育視導；10.體育法令彙編。

　　書後附體育教師態度問卷。

體育手冊

　　董錦地編撰　民55年　屏東　天同出版社　244面

體育手冊

　　傅臺隆撰　民61年　臺北　易知圖書出版公司　148面

演劇手冊

　　余春林編　民58年　臺北　宏業書局　221面

電影手冊

　　青雲祥等編　民42年　臺北　中山出版社　249面

攝影手冊

　　濟　陽編　民43年　臺北　文友書店　96面

運動安全手冊

　　趙國慶主編　民67年　臺北　教育部體育司　334面

登山實用手冊　585面

　　施再滿編　民71年　臺北　野外雜誌社　321面

書名著者索引檢字表

一	**劃**	川	858	月	873	田	876	共	879
一	855	女	858	化	873	申	877	成	879
二	**劃**	**四**	**劃**	分	874	甲	877	列	879
二	855	六	858	公	874	史	877	百	879
十	855	方	858	今	874	四	877	有	879
丁	855	文	858	允	874	出	877	羽	880
七	855	戶	858			生	877	光	880
卜	855	心	858	**五**	**劃**	矢	877	艾	880
九	855	王	858	立	874	包	877	早	880
人	855	井	861	主	874	册	877	同	880
八	856	元	861	市	874	外	877	曲	880
入	856	天	861	玄	874	仙	878	年	880
三	**劃**	支	861	永	874	白	878	朱	880
三	856	比	861	平	874	台	878	先	881
于	856	戈	861	玉	874			竹	881
万	856	五	861	末	874	**六**	**劃**	名	881
工	856	尤	861	正	874	字	878	各	881
土	856	太	862	亘	874	江	878	伊	881
大	856	尹	862	甘	874	池	878	任	881
己	857	孔	862	世	874	交	878	印	881
子	857	日	862	古	875	衣	878	自	881
上	857	中	862	本	875	次	878	向	881
口	857	中國	864	戊	875	米	878	行	881
山	857	中華民國	869	左	875	刑	879	全	882
小	857	內	873	布	875	夷	879	合	882
千	858	少	873	石	876	吉	879	企	882
久	858	水	873	民	876	老	879	好	882
丸	858	牛	873	司	876	考	879	如	883
		毛	873	加	876	地	879	**七**	**劃**
				北	876	西	879		

凌	902	翁	905	梅	911	**十 二 劃**		閔	922
益	902	紡	905	梭	911			開	922
秦	902	納	905	盛	911	游	920	强	922
敖	902			屠	911	渡	920	費	922
班	902	**十 一 劃**		張	911	湖	920	賀	922
索	902	淡	906	通	913	湯	920	隋	922
馬	902	淸	906	陸	913	溫	920	登	922
袁	902	梁	906	陵	913	童	920	菅	922
哲	903	淮	907	陳	913	詞	920	華	922
核	903	淵	907	陶	915	訴	921	荼	922
桂	903	翊	907	常	915	敦	921	虛	922
格	903	章	907	莫	915	馮	921	黑	922
匪	903	商	907	莊	915	補	921	景	922
夏	903	許	907	販	915	善	921	最	922
破	903	郭	907	野	915	舜	921	晚	923
原	903	麻	908	晦	915	普	921	單	923
晉	903	康	908	國	915	曾	921	喩	923
書	903	啓	908	崇	920	勞	921	飯	923
郡	903	視	908	崑	920	雲	921	鈕	923
桑	904	現	908	彩	920	超	921	欽	923
孫	904	理	908	釣	920	越	921	舒	923
草	904	敎	908	第	920	彭	921	筆	923
荀	904	都	909	符	920	博	921	無	923
財	904	培	909	造	920	堪	921	稅	923
時	904	堀	909	郵	920	項	921	稀	923
晏	904	連	909	動	920	期	921	程	923
特	904	專	909	逢	920	斯	921	喬	923
修	904	曹	909	僞	920	幸	921	傅	924
倫	904	基	909	健	920	植	921	焦	924
島	904	黃	910	悠	920	棚	921	進	924
師	905	乾	910	貨	920	森	921	集	924
留	905	麥	910	船	920	酉	921	粵	924
航	905	掃	911	婦	920	廈	922	貿	924
徐	905	授	911	參	920	雄	922	復	924

逐	924	歲	927	臧	936	輪	939	霍	942
統	924	過	928	聞	936	歐	939	靜	942
絳	924	農	928	闓	936	標	939	駢	942
		園	928	翟	936	模	939	駱	942
十三劃		愛	928	圖	936	樓	939	頼	942
塗	924	鈴	928	蒙	937	樊	939	燕	942
新	924	祿	928	對	937	厲	939	橋	942
詳	925	詹	928	嶄	937	鴉	939	機	942
詩	925	解	928	嶋	937	閲	939	歷	942
瘂	925	傳	928	銀	937	鄧	939	遼	943
週	925	微	928	銓	937	蔗	939	閻	943
資	925	會	928	管	937	蔣	939	蕘	943
裕	925	經	928	算	937	蔡	940	盧	943
扁	925			裴	937	墾	940	戰	943
義	925	十四劃		鳳	937	數	940	遺	943
道	925	實	929	僑	937	箴	940	錢	943
遂	925	頌	929	熊	937	穀	940	鋼	944
電	925	漢	929	綜	937	稻	940	錦	944
賈	926	滿	930			黎	940	錄	944
聖	926	齊	930	十五劃		滕	940	學	944
炎	926	說	930			魯	940	穆	944
楚	926	廣	930	窯	937	樂	940	鮑	944
楊	926	廏	930	潮	937	劉	940	儒	944
碑	927	精	930	潘	937	德	941		
羣	927	廖	930	諸	838	衞	941	十七劃	
群	927	趙	930	談	938				
當	927	臺	931	諏	938	十六劃		濟	944
葉	927	臺沿革	933	論	938			謝	944
萬	927	臺	935	慶	938	憲	941	廓	944
葛	927	嘉	936	鄭	938	寰	942	應	944
董	927	遠	936	震	939	澳	942	營	944
葡	927	監	936	慧	939	辨	942	霞	944
敬	927	輔	936	駐	939	龍	942	環	944
虞	927	疑	936	增	939	糖	942	聲	944

書 名 著 者 索 引

四劃王

十　　劃

十 一 劃

十 二 劃

十 三 劃

十　五　劃

十六劃

十 八 劃

十 九 劃